Recursos en línea en un solo paso

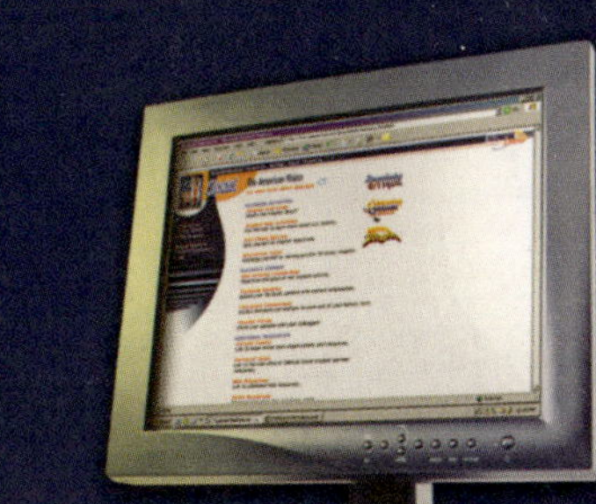

HERRAMIENTAS DE ESTUDIO EN LÍNEA

- Descripciones generales de los capítulos
- Tutor interactivo
- Pruebas de autocomprobación
- Tarjetas electrónicas de ayuda

INVESTIGACIÓN EN LÍNEA

- Actividades del estudiante en línea
- Más allá del libro de texto
- Recursos del estado
- Acontecimientos actuales
- Recursos en línea

EDICIÓN PARA EL ESTUDIANTE EN LÍNEA

- Edición completa interactiva para el estudiante
- Actualizaciones de los libros de texto

PARA MAESTROS

- Foro de maestros
- Planificación de las lecciones para las actividades en línea
- Conexiones con la literatura

En honor de Estados Unidos

Para los estadounidenses, la bandera siempre ha tenido un significado muy especial. Es un símbolo de la libertad y la democracia de nuestra nación.

Protocolo de la bandera

A través de los años, los estadounidenses han creado normas y costrumbres que corciernen el uso y el despliegue de la bandera. Una de las cosas más importantes que un estadounidense debe recordar es el tratar la bandera con respeto.

- La bandera debe ser izada y bajada manualmente y sólo se debe desplegar desde que sale el sol hasta que se pone. En ocasiones espciales, se puede desplegar por la noche, pero tiene que estar iluminada.

- La bandera puede ser desplegada cualquier día, siempre y cuando el clima lo permita, particularmente durante días feriados nacionales o estatales y en ocasiones históricas y especiales.
- Ninguna bandera puede ser desplegada encima de la bandera estadounidense, a la derecha o a la misma altura.
- La bandera nunca debe tocar el suelo o el piso por debajo de ella.
- La bandera puede ondear a media asta por orden del presidente, generalmente para llorar la muerte de algún funcionario público.
- La bandera puede ondear al revés sólo para indicar disgusto.
- La bandera nunca debe llevarse aplanada horizontalmente, sino arriba en lo alto, siempre libre.
- Cuando la bandera se pone vieja o harapienta, se bede quemar para ser destruida. Según la costumbre que ha sido aprobada, primero se corta la Unión (las estrellas sobre el fondo azul) y luego se corta en dos trozos, dejando de ser así una bandera y al final se quema.

★ ★ ★ ★ ★ ★ ★ ★

El credo de los estadounidenses

Creo en los Estados Unidos de América como un Gobierno de la gente, formado por la gente y dirigido a la gente, cuyos poderes justos están derivados del consentimiento de los gobernados; una democracia en una república; una Nación soberana formada por varios Estados soberanos; una sola unión perfecta e inseparable; establecida sobre los principios de libertad, igualdad, justicia y humanidad para los cuales los patriotas etadounidenses han sacrificado sus vidas y fortunas. Por lo tanto considero que es me deber amar a mi País; apoyar la Constitución; obedecer las leyes; respetar la bandera y defender a mi País contra cualquier enemigo.

Juramento de lealtad a la bandera

Yo prometo lealtad a la bandera de los Estados Unidos de América y a la República que representa, una Nación bajo Dios, entera, con libertad y justicia para todos.

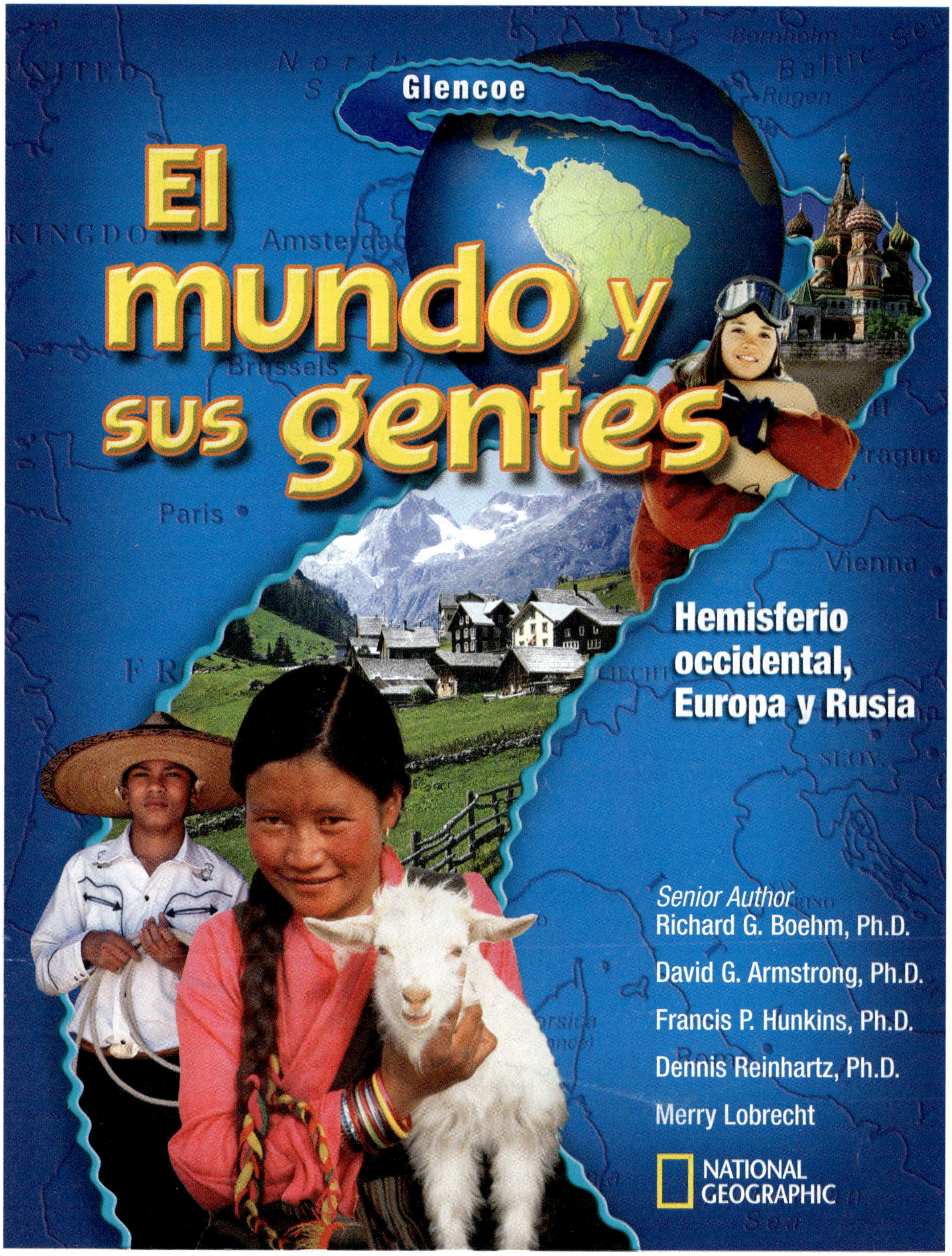
Glencoe
El mundo y sus gentes
Hemisferio occidental, Europa y Rusia
Senior Author
Richard G. Boehm, Ph.D.
David G. Armstrong, Ph.D.
Francis P. Hunkins, Ph.D.
Dennis Reinhartz, Ph.D.
Merry Lobrecht
NATIONAL GEOGRAPHIC

McGraw Hill Glencoe

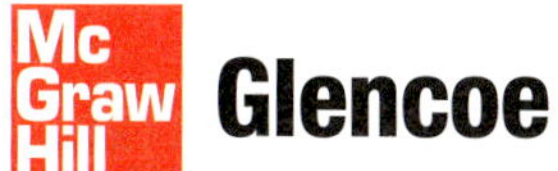

New York, New York Columbus, Ohio Chicago, Illinois Peoria, Illinois Woodland Hills, California

ACERCA DE LOS AUTORES

La National Geographic Society, fundada en 1888 para la ampliación y la extensión de los conocimientos geográficos, es la mayor organización educativa y científica del mundo con fines no lucrativos. La Sociedad utiliza sofisticadas tecnologías de comunicación para transmitir conocimientos geográficos a su membresía internacional. La División de Publicaciones Escolares apoya la misión de la Sociedad desarrollando programas educativos innovadores— que van desde publicaciones tradicionales hasta programas multimedia en CD-ROM, videos y software.

David G. Armstrong

David G. Armstrong, Ph.D., ha sido el Decano de la Facultad de Educación de la Universidad de Carolina del Norte en Greensboro. Experto en la educación en el campo de las ciencias sociales con avanzada preparación adicional en geografía, el Dr. Armstrong estudió en la Universidad de Stanford, en la Universidad de Montana y en la Universidad de Washington.

Merry Lobrecht

Merry Lobrecht es la Coordinadora del Currículum de Ciencias Sociales del distrito escolar de Humble. En el año 2001 recibió tanto el Premio de Maestra Distinguida por sus Logros por parte del National Council for Geographic Education (Consejo Nacional para la Educación en Geografía) como el Premio de Maestra Distinguida en Geografía otorgado por el Texas Council of Social Studies Texas Alliance (Consejo de Texas de Estudios Sociales de la Alianza de Texas).

AUTOR PRINCIPAL
Richard G. Boehm

Richard G. Boehm, Ph.D., fue uno de los siete escritores de *Geography for Life* (Geografía para toda la vida), el conjunto de normas educativas nacionales de geografía preparado bajo el proyecto Goals 2000: Educate America Act (Ley para Educar a América). En 1991, recibió la distinción George J. Miller del National Council for Geographic Education (NCGE, por sus siglas en inglés) [Consejo Nacional para la Educación en Geografía] por sus distinguidos servicios a la educación geográfica. Ha ganado dos veces el premio del *Journal of Geography* al mejor artículo. Actualmente ostenta la Cátedra Distinguida Jesse H. Jones de Educación Geográfica en Southwest Texas State University en San Marcos, Texas.

Francis P. Hunkins

Francis P. Hunkins, Ph.D., es Catedrático de Educación en la Universidad de Washington. Comenzó su carrera como maestro en Massachusetts. Recibió el título de Master en Educación de Boston University y el doctorado de Kent State University con especialización en currículum general y subespecialización en geografía. El Dr. Hunkins ha escrito numerorosos artículos y libros.

Dennis Reinhartz

Dennis Reinhartz, Ph.D., es Catedrático de Historia y Ruso en la Universidad de Texas en Arlington. Especialista en historia de Rusia y de Europa del Este, orientalasí como también en historia de la cartografía y geografía histórica, el Dr. Reinhartz ha escrito numerosos libros en estas áreas. Es asesor de los Departamentos de Estado y Justicia de los EE.UU. y del Museo en Memoria del Holocausto, en Washington, D.C.

Glencoe

The McGraw-Hill Companies

Impreso en los Estados Unidos de América

Puede enviar cualquier pregunta a:
Glencoe/McGraw-Hill
8787 Orion Place
Columbus, Ohio 43240-4027

ISBN 0-07-868380-7 (Edición del estudiante)
1 2 3 4 5 6 7 8 027/055 09 08 07 06 05

CONSULTORES ACADÉMICOS

Karl Barbir, Ph.D.
Catedrático de Historia
Sienna College
Loudonville, Nueva York

Brock Brown, Ph.D.
Catedrático Adjunto de Geografía y Planificación
Southwest Texas State University
San Marcos, Texas

Thomas H. Buckley, Ph.D.
Catedrático de Historia
Universidad de Tulsa
Tulsa, Oklahoma

Ramesh Dhussa, Ph.D.
Catedrático Adjunto de Geografía
Drake University
Des Moines, Iowa

Charles A. Endress, Ph.D.
Catedrático de Historia
Angelo State University
San Angelo, Texas

Dana A. Farnham, Ph.D.
Catedrático de Antropología
Lincoln College at Normal
Normal, Illinois

Anne Hardgrove, Ph.D.
Catedrática Adjunta de Historia
Universidad de Texas en San Antonio
San Antonio, Texas

Ken Hendrickson, Ph.D.
Catedrático de Historia
Sam Houston State University
Huntsville, Texas

Terry G. Jordan, Ph.D.
Catedrático de Geografía
Universidad de Texas en Austin
Austin, Texas

Monica Najar, Ph.D.
Catedrática Adjunta de Historia
Lehigh University
Bethlehem, Pennsylvania

Reverendo Marvin O'Dell
Faith Baptist Church
Thousand Oaks, California

Rex Peebles
Decano de Ciencias Sociales y Ciencias de la Conducta
Austin Community College
Austin, Texas

Bernard Reich, Ph.D.
Catedrático de Ciencias Políticas y Asuntos Internacionales
George Washington University
Washington, D.C.

PLEGABLES **Dinah Zike**
Consultor Educativa
Dinah-Might Activities, Inc.
San Antonio, Texas

CONSULTORRES DE LECTURA

Carol M. Santa, Ph.D.
CRISS: Creadora del Proyecto
Directora de Educación
Montana Academy
Kalispell, Montana

Bonnie Valdes
Entrenadora Principal de CRISS
Proyecto CRISS
Largo, Florida

Steve Qunell
Instructor de Ciencias Sociales
Montana Academy
Kalispell, Montana

MAESTROS REVISORES

Diana Bradford
Scobee Middle School
San Antonio, Texas

Kenneth E. Bridges
Huffines Middle School
Lewisville, Texas

Rosemary Conroy
St. Luke School
Shoreline, Washington

Nancy Eudy
Bammel Middle School
Houston, Texas

Carolyn Grogan
Mesa Elementary School
Somis, California

Pamela Kniffin
Navasota Intermediate School
Navasota, Texas

Sarah L. Matt
Irma Marsh Middle School
Fort Worth, Texas

Karen Muir
George Fox Middle School
Pasadena, Maryland

David Nienkamp
Sandy Creek Junior/Senior High School
Fairfield, Nebraska

Susan Pearson
La Academia para las Ciencias y Lenguas Extranjeras
Huntsville, Alabama

Megan Phelps
Moorpark Community College
Moorpark, California

Julie Scott
East Valley Middle School
Spokane, Washington

Michael Yell
Hudson Middle School
Hudson, Wisconsin

Marsha Yoder
Lawton Chiles Middle Academy
Lakeland, Florida

Contenido

Getty Ima

Recursos en línea en un solo paso

Este libro de texto contiene recursos de en línea en solo paso para maestros, estudiantes y padres. Entra a twip.glencoe.com para obtener más información. Las herramientas de estudio en línea incluyen descripciones generales de los capítulos, pruebas de autocomprobación, tutor interactivo, y tarjetas electrónicas de ayuda. Las investigación en línea incluyen actividades del estudiante en línea, más allá del libro de texto, acontecimientos actuales, recursos en línea, y recursos del estado. La edición interactiva para el estudiante en línea incluye edición completa interactiva para el estudiante junto con actualizaciones de los libros de texto. Especialmente para maestros, Glencoe ofrece foro de maestros en línea, planificación de las lecciones para las actividades la línea, y conexiones con la literatura.

Características

▲ Rana de flecha venenosa

Habilidades

Habilidades de estudios sociales

Habilidades de pensamiento crítico

Habilidades de tecnología

Habilidades para estudio y la redacción

Establecer conexiones

Arte

Ciencia

Cultura

Tecnología

Huevos de Pascua ucranianos

Jeff Schultz/Imágenes de ganado en Alaska

Los inuit saludan con un roce de nariz.

Bee hummingbird

escena de adolescentes

Teen from Nicaragua

¡Aunque no lo creas!

Fuentes informativas primarias

Literatura

Esta mujer está ejerciendo su derecho a votar.

Elaine Shay

TEMAS DE CIUDADANÍA

Una ilustración del lugar del nuevo monumento World Trade Center en la Ciudad de Nueva York

Torsten Sedel

Mapas

NATIONAL GEOGRAPHIC Atlas de referencia

NATIONAL GEOGRAPHIC Manual de geografía

Unidad 1 El mundo

Unidad 2 Los Estados Unidos y Canadá

Unidad 3 Latinoamérica

Unidad 4 Europa

NATIONAL GEOGRAPHIC

Europa Oriental: Mapa político

Unidad 5 Rusia y las repúblicas eurasiáticas

Cuadros y gráficos

NATIONAL GEOGRAPHIC Manual de Geografía

Unidad 1 El mundo

Unidad 2 Los Estados Unidos y Canadá

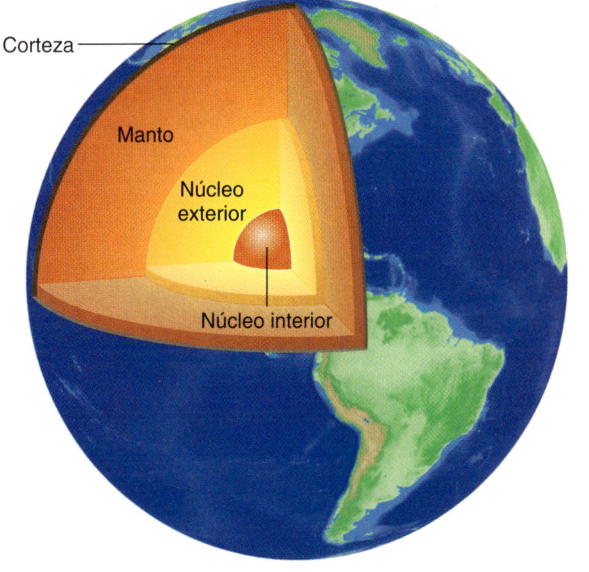

Unidad 3 Latinoamérica

Unidad 4 Europa

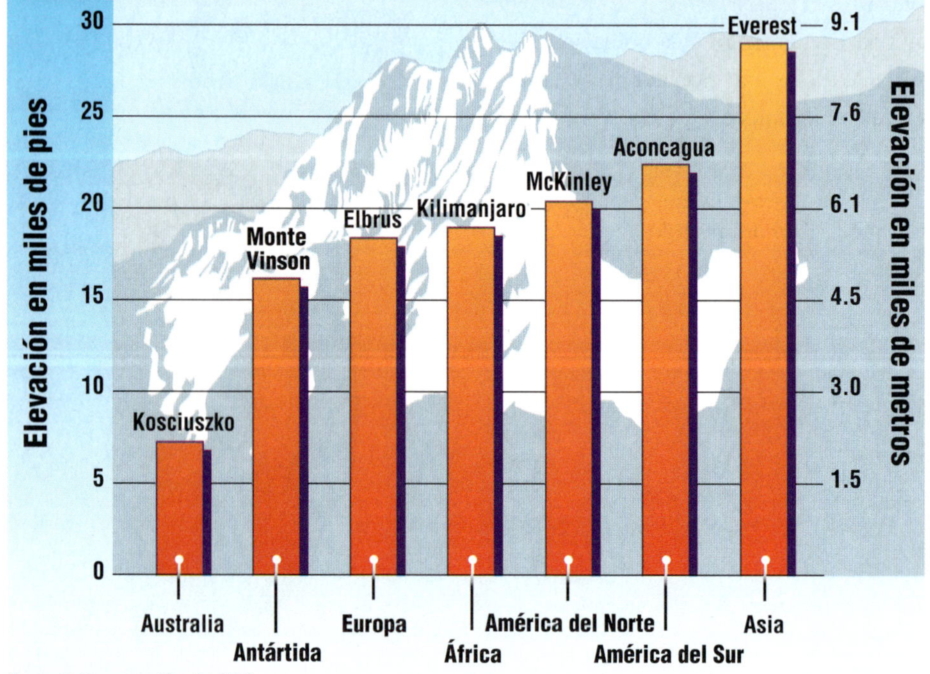

Fuente: *El Almanaque Mundial*, 2002.

Rusia y las repúblicas eurasiáticas

Rusia

Datos interesantes

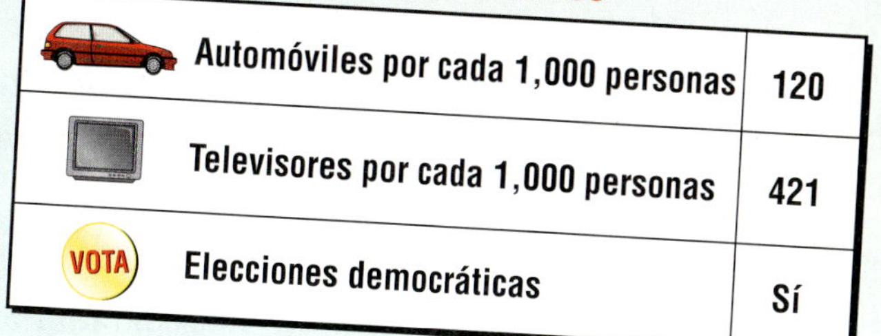

Automóviles por cada 1,000 personas	120
Televisores por cada 1,000 personas	421
Elecciones democráticas	Sí

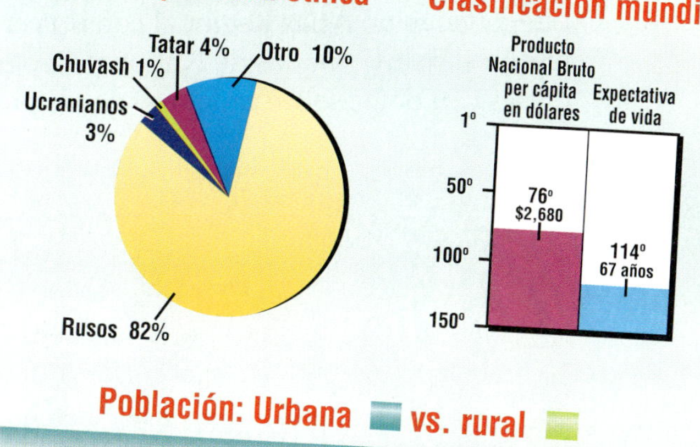

Población: Urbana vs. rural

73% | 27%

Fuentes: *World Desk Reference*, 2000; *Indicadores del Desarrollo Mundial*, 2002; *Almanaque Mundial*, 2004.

NATIONAL GEOGRAPHIC

Estación espacial internacional

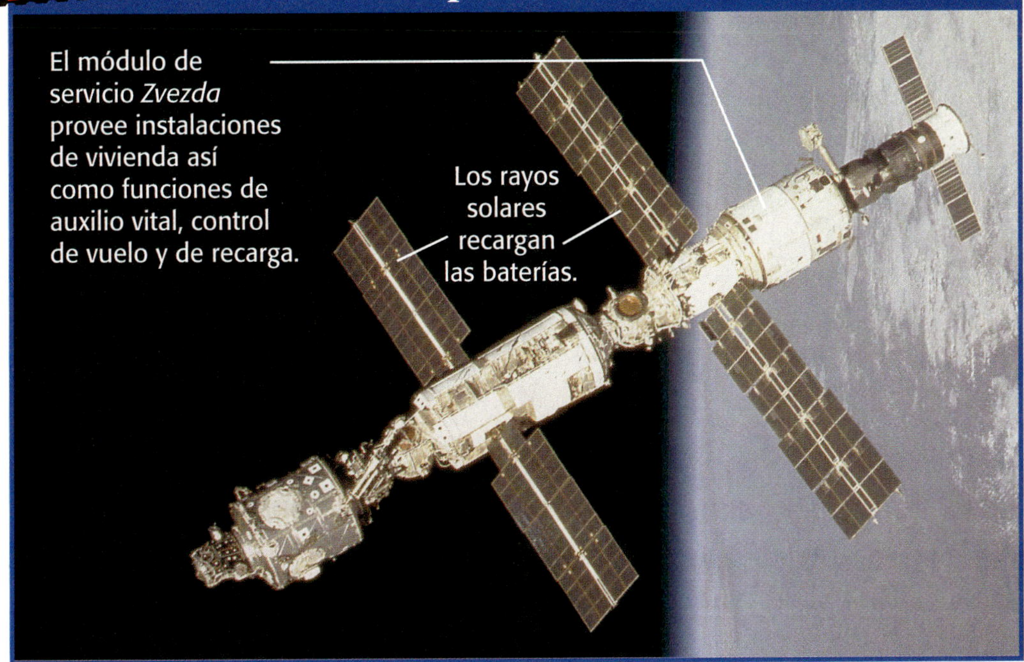

Revisión preliminar de tu libro de texto

Tu libro de texto ha sido organizado para ayudarte a aprender acerca de las distintas personas y lugares que forman el mundo. Sin embargo, antes de que empieces a leer, aquí tienes un mapa que te ayudará a entender lo que encontrarás en las páginas de este libro de texto. Sigue este mapa antes de leer, de manera que puedas entender cómo funciona tu libro de texto.

Unidades

Tu libro de texto está dividido en unidades. Cada unidad empieza con dos páginas de fotografías y una introducción a la región. Estas páginas te ayudarán a iniciar el estudio de la geografía, cultura e historia de esa región en particular. Luego verás un Atlas Regional con una característica que se concentra en la región e incluye mapas de National Geographic. También encontrarás reseñas de países con datos sobre cada uno de los países en la región.

Unidad 5

NATIONAL GEOGRAPHIC

Rusia y las repúblicas euroasiáticas

¡Si tuvieras que describir a Rusia en una palabra, esa palabra sería GRANDE! Rusia es el país más grande del mundo en cuanto a superficie. Sus casi 6.6 millones de millas cuadradas (17 millones de km^2) están dispersos en dos continentes, Europa y Asia. Como puedes imaginar, un país tan grande debe enfrentar retos igualmente grandes. En 1991 Rusia emergió de la Unión Soviética como un país independiente. Desde entonces ha estado luchando para unir sus numerosos grupos étnicos, establecer un gobierno democrático y construir una economía estable.

NGS EN LÍNEA
www.nationalgeographic.com/education

Trabajadores en la estatua *Llamado de la Madre Patria*, Volvogrado

Rusos frente a la Catedral de San Basilio, Moscú

▲ Tigre siberiano en un bosque de Rusia oriental

390 391

Materiales visuales

Las fotografías te muestran una visión de los paisajes, la vida y la cultura de la región.

Introducción

Un párrafo introductorio te da información y datos interesantes sobre la región que vas a estudiar.

Capítulos

Cada una de las unidades en *El mundo y sus gente* está compuesta de capítulos. Cada capítulo empieza con una breve reseña que te ayudará a sacar mejor provecho de cada capítulo.

Título del capítulo

El título del capítulo te indica el tema principal sobre el cual leerás.

Materiales visuales

Una fotografía muestra gente o lugares de la región.

Plegables

Usa la sección del Organizador de estudios Plegables para tomar apuntes a medida que lees.

Capítulo 14

El paisaje y la historia de Rusia

Plegables™ Organizador de estudios

Categorización de la información Al agrupar la información en categorías, será más fácil comprender lo que estás aprendiendo. Haz este plegable para ayudarte a aprender sobre el pasado y el presente de Rusia.

Paso 1 Dobla una hoja de papel por la mitad de arriba hacia abajo.

Paso 2 Dóblala de nuevo a la mitad de lado a lado.

Paso 3 Desdobla el papel sólo una vez. Corta el pliegue interior de la solapa superior únicamente.

Este corte hará dos lengüetas.

Paso 4 Voltea el papel y traza un mapa de la Unión Soviética y Rusia en las lengüetas del frente. Rotula tu plegable según se ilustra.

Pasado
Unión Soviética
Presente
Rusia

Lectura y redacción A medida que leas este capítulo, escribe bajo las solapas apropiadas de tu plegable lo que aprendas sobre la antigua Unión Soviética y la Rusia actual.

Por qué es importante

Un nuevo gobierno

Rusia es una tierra rica en recursos naturales, pero tiene una historia política problemática. Las diversas poblaciones de Rusia han tenido poca experiencia en actividades de gobierno. La experiencia es necesaria para que una democracia estable funcione. Por otra parte, se necesita un gobierno central fuerte para crear políticas que impidan la contaminación continuada del aire y el agua y para construir la economía. ¿Qué hará Rusia para lograr ambas metas? La respuesta es importante para todos nosotros.

◀ Estatua de Vladimir Lenin en la Exhibición del logro económico, Moscú, Rusia

El mundo y sus gentes NATIONAL GEOGRAPHIC

Para aprender más sobre la tierra y la historia de Rusia, mira el video ***The World and Its People*** Chapter 15.

Estudios sociales en línea

Descripción general del capítulo Visita el sitio Web ***El mundo y sus gentes*** en twip.glencoe.com y haz clic en **Chapter 14—Chapter Overviews** para ver información preliminar sobre Rusia.

402

Videos

Puedes ver estos videos de National Geographic para aprender más sobre la región en el capítulo. Verás de primera fuente a gente y lugares increíbles de nuestro mundo.

Sitio Web

La sección de Estudios sociales en línea te dirige a la Internet donde puedes encontrar más información, actividades y pruebas. También hay enlaces a recursos adicionales.

Por qué es importante

Por qué es importante te dice cómo la región que estudiarás se relaciona con el resto del mundo. También te indica por qué la región es única.

Secciones

Una sección es una división, o parte, del capítulo. La primera página de la sección, la introducción, te ayuda a determinar el propósito de la lectura.

Idea principal

La *Idea principal* de esta sección se presenta aquí. Debajo de ella hay algunos términos importantes que encontrarás a medida que leas la sección.

Estrategia de lectura

Completar la actividad de la *Estrategia de lectura* te ayudará a organizar la información a medida que leas la sección.

Exploración de nuestro mundo

Esta característica de National Geographic te entrega una perspectiva única del mundo con un relato y fotografía sobre un aspecto interesante de la región.

Guía de lectura

Idea principal

Rusia es un país inmenso con un clima frío debido a su ubicación al extremo norte.

Terminología

- estepa
- tundra
- permafrost
- taiga

Estrategia de lectura

Crea un cuadro como éste. Indica un nombre específico para cada tipo de característica física enumerada.

Rusia	
Llanuras	
Montañas	
Ríos	

Sección 1 Un vasto territorio

Los tigres siberianos cazan en los bosques del este de Rusia, algunas veces incluso subiendo árboles para encontrar alimentos. Sin embargo solamente unos pocos cientos de ellos viven en su hábitat natural. Los animales que cazan, como alces, venados y jabalíes salvajes, están desapareciendo, y la gente caza a los tigres. Los cazadores furtivos que matan ilegalmente a los tigres pueden vender la piel en $15,000. Rusia está tratando de hacer cumplir leyes para salvar a estos animales.

Rusia es el país más grande del mundo. Rusia tiene casi el doble de la extensión territorial de los Estados Unidos y se denomina un país euroasiático debido a que su territorio abarca dos continentes, Europa y Asia. Los **Montes Urales** forman la línea divisoria entre los dos continentes. La parte europea u occidental de Rusia colinda con países como Finlandia, Bielorrusia y Ucrania. La parte oriental mucho más extensa de Rusia se extiende a lo largo de Asia hasta el Océano Pacífico. La Península de Chukchi, en la frontera del lejano oriente de Rusia, está separada de Alaska por solamente 50 millas (80 km).

Rusia es un país tan amplio que tiene fronteras con otros 14 países. Incluye también 11 husos horarios de este a oeste. Cuando son las 12:00 P.M. (mediodía) en Rusia oriental y las personas están almorzando, la gente de Rusia occidental aún está durmiendo a la 1:00 A.M.

Clima de Rusia

Como puedes ver en el mapa del clima en la página 405, la frontera meridional de Rusia está en las latitudes medias, pero el norte llega hasta pasado el Círculo Polar Ártico. La mayor parte de la región occidental de Rusia tiene un clima húmedo continental. Los veranos son cálidos y lluviosos,

404 CAPÍTULO 14

Guía de lectura

Sacarás más provecho de tu libro de texto si puedes identificar los distintos elementos que te ayudan a entender lo que lees.

Mapas

Mapas de fácil lectura te muestran dónde están ubicados los países y regiones en el mundo. Las preguntas prueban tu comprensión de la información del mapa.

Comprobación de lectura

La *Comprobación de lectura* te ayuda a verificar tu comprensión de las ideas principales.

Expansión de Rusia

- Territorio de Kievan
- 1360–1524
- 1524–1689
- 1689–1917
- 1917–1945
- Fronteras de la Unión Soviética en 1945
- Frontera actual de Rusia

Aplicación de las habilidades con mapas

1. ¿Durante qué período de tiempo se añadió más territorio a Rusia?
2. ¿El territorio de Rusia era mayor en 1945 que hoy, o viceversa?

Busca en línea mapas de NGS en www.nationalgeographic.com/maps

412

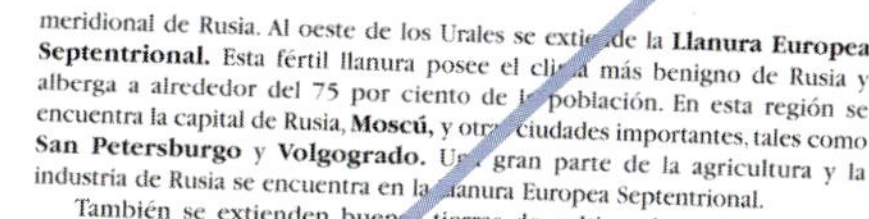

meridional de Rusia. Al oeste de los Urales se extiende la **Llanura Europea Septentrional.** Esta fértil llanura posee el clima más benigno de Rusia y alberga a alrededor del 75 por ciento de la población. En esta región se encuentra la capital de Rusia, **Moscú,** y otras ciudades importantes, tales como **San Petersburgo** y **Volgogrado.** Una gran parte de la agricultura y la industria de Rusia se encuentra en la Llanura Europea Septentrional.

También se extienden buenas tierras de cultivo al sur de la Llanura Europea Septentrional, a lo largo de los ríos Don y Volga. Esta área es parte de la estepa, la llanura casi sin árboles y cubierta de pastos que se extiende a través de Ucrania. En el extremo sur de Rusia europea se extiende las altas y accidentadas **Montañas del Cáucaso.** Las Montañas del Cáucaso, densamente cubiertas de pinos y otros árboles, son mucho más altas que los Urales.

✓ Comprobación de lectura ¿Qué es la estepa?

Al este de los Urales

La inmensa parte asiática de Rusia se extiende al este de los Montes Urales y se conoce como **Siberia.** El norte de Siberia posee uno de los climas más fríos del mundo. Ni siquiera los robustos árboles de hojas perennes pueden crecer aquí. En lugar de ellos, encuentras la tundra, una inmensa planicie sin árboles en donde sólo varias pulgadas del suelo de la superficie se deshielan durante el verano. Las capas de suelo permanentemente congeladas se denominan permafrost y cubren el 40 por ciento de la superficie de Rusia.

Los pocos habitantes de la tundra se ganan la vida pescando, cazando focas y morsas, o pastoreando renos. Con tan pocos árboles, muchas de las casas se hacen de piel de morsa. Debido a que las distancias son tan grandes y la tierra está normalmente cubierta de hielo y nieve, la gente usa a veces helicópteros para movilizarse.

La taiga Al sur de la tundra se encuentra el bosque [illegible] la taiga. A[illegible] de hojas perennes se extienden a lo largo de aproximadamente 4,000 millas (6,436 km) a través del país en un cinturón de 1,000 a 2,000 millas (1,609 a 3,218 km) de ancho. Al igual que en la tundra, esta área está muy poco poblada. Aquellos que viven allí, se mantienen con el comercio de madera o la cacería. Esta área está tan escasamente poblada que los incendios forestales a veces duran semanas sin que alguien los descubra.

Bosquejo

Piensa en los títulos como si formaran un bosquejo. Los títulos rojos son los encabezados principales. Los títulos azules son los subtítulos.

Vocabulario

Las palabras de color azul son los términos clave. Aquí también se incluye la definición.

National Geographic En el sitio

Fotografías

Las fotografías te muestran gente, lugares y hechos importantes de la región. Las preguntas te ayudan a interpretar las fotografías y a relacionarlas con lo que estás aprendiendo.

Sección de Evaluación

La sección de *Evaluación* es la última parte de cada sección. Aquí, podrás revisar tu comprensión de lo que has leído.

Sección 1 Evaluación

Definición de términos

1. **Define** estepa, tundra, permafrost, taiga.

Recuerdo de hechos

2. **Ubicación** ¿Qué cordillera de montañas separa a Europa de Asia?
3. **Región** ¿Con cuántos países tiene frontera Rusia?
4. **Lugar** ¿Qué constituye una circunstancia única respecto del Lago Baikal?

Pensamiento crítico

5. **Análisis de la información** ¿Por qué piensas que el tren es más importante que otro tipo de vehículos para la movilización de gente y mercancías a través de Rusia?
6. **Establecer comparaciones** ¿En qué difieren las aguas del Mar Caspio y las del Lago Baikal?

Organizador gráfico

7. **Categorización de la información** Crea un cuadro como éste. Luego coloca cada uno de los siguientes conceptos en la columna en la cual están ubicados: Moscú, Lago Baikal, Península de Kamchatka, San Petersburgo, Río Volga, Volvogrado, taiga.

Rusia europea	Rusia asiática

Aplicación de las habilidades en estudios sociales

8. **Análisis de mapas** Pasa al mapa de los climas en la página 405. Selecciona una ciudad rusa. Ahora observa el mapa del "Invierno ruso" en la página 398. En promedio, ¿cuántos días cubiertos de nieve por año tiene la ciudad que seleccionaste?

408 CAPÍTULO 14

Revisión preliminar de tu libro de texto

Características especiales

Una variedad de características especiales te ayudarán a medida que estudias *El mundo y sus genetes*.

ESTABLECER CONEXIONES

Esta característica te conecta con varias contribuciones del arte, la ciencia, la cultura y la tecnología en una región en particular.

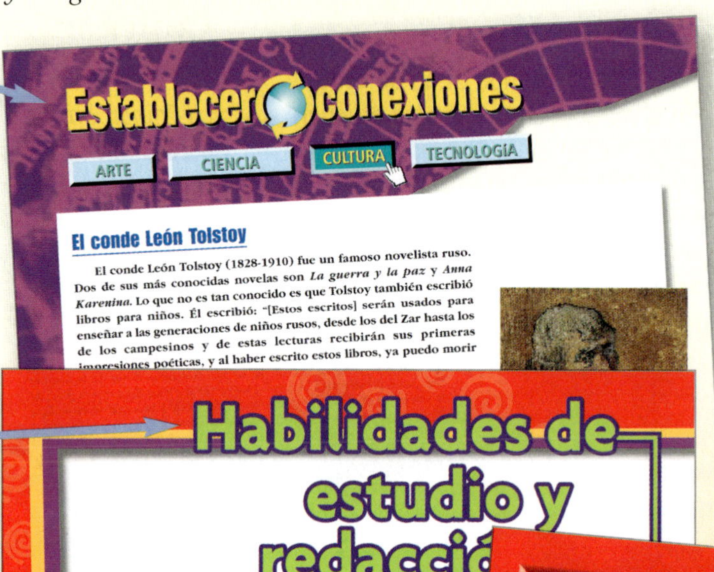

El conde León Tolstoy

El conde León Tolstoy (1828-1910) fue un famoso novelista ruso. Dos de sus más conocidas novelas son *La guerra y la paz* y *Anna Karenina*. Lo que no es tan conocido es que Tolstoy también escribió libros para niños. Él escribió: "[Estos escritos] serán usados para enseñar a las generaciones de niños rusos, desde los del Zar hasta los de los campesinos y de estas lecturas recibirán sus primeras impresiones poéticas, y al haber escrito estos libros, ya puedo morir

ACTIVIDADES DE HABILIDADES

Estas actividades te ayudan a aprender y practicar habilidades de estudios sociales, pensamiento crítico, tecnología y estudio y redacción.

Habilidades de estudio y redacció

Uso de fuentes principales y secundarias

Hoy en día tenemos a nuestra disposición mucha información. ¿Cómo puedes analizar esa

Práctica de

Lee el pasaje a co contesta las pregunta

Fui al sur a Ka tropecé con un tre

EXPLORACIÓN DE LA CULTURA

La sección de *Exploración de la cultura* examina el arte, la arquitectura, el vestuario y otros aspectos de una región en particular.

EXPLORACIÓN DE LA CULTURA

Arte

Peter Carl Fabergé no fue un joyero ruso ordinario. Su exitoso taller diseñó flores enjoyadas extravagantes, figurinas y animales. Su obra más famosa ha sido los huevos de Pascua que creó para el Zar y para otros nobles en Europa y Asia. Cada huevo era único y su creación tardaba un año. Al levantar la tapa del huevo se revelaba una sorpresa. Uno de los huevos Fabergé (se muestra aquí) tenía adentro un barco detallado.

Una mirada de cerca **¿Por qué crees que el taller de Fabergé cerró después de la Revolución Rusa de 1917?**

un tiempo vivieron en Rusia, han emigrado a otras áreas. Menos de un m de judíos viven hoy en Rusia.

Celebraciones, comidas y deportes Los rusos disfrutan d pequeñas reuniones familiares al igual que de los días festivos nacional noche de Año Nuevo es uno de los días de fiesta no religiosos más al Los niños rusos decoran un pinabete e intercambian regalos co familiares. Los rusos también celebran el primero de mayo con desf discursos. El primero de mayo rinde homenaje a los trabajadores rusos

Si tú cenaras con una familia rusa, la cena comenzaría con un grande de *borscht*, una sopa hecha de remolacha o *shchi*, una sopa he col. Luego, tal vez comieras una empanada de carne llamada *piroshki*. plato principal, lo más seguro es que comas carne, pollo, o pescad papas cocidas. En ocasiones especiales, a los rusos les gusta comer cavi golosina se hace con los huevos del esturión, un pez del Mar Caspio.

¿Alguna vez has visto las Olimpiadas? Si lo has hecho, seguramen visto a los jugadores rusos de hockey, a los patinadores artísticos gimnastas. Debido al clima frío de Rusia, los deportes de inviern puertas adentro son populares. Los rusos también disfrutan del fútbo excursiones, campamentos y alpinismo.

✓ **Comprobación de lectura** ¿De qué modo han cambiado las ciudades rus años recientes?

Tradiciones y riquezas culturales

Rusia tiene riquezas en sus tradiciones de literatura, arte y música. La tradición rusa de los narradores de cuentos es una de las más ricas y antiguas del mundo. Estos cuentos o *skazki*, han ido pasando oralmente de generación en generación, hasta finalmente quedar anotados en texto impreso. Las bestias

La nueva Rusia y las repúblicas independientes 433

TIME PERSPECTIVES

TIME Perspectives: exploración de asuntos mundiales te brinda un análisis profundo de los problemas en la región y te ayuda a entender y analizar esos problemas.

Búsqueda

El mundo y sus gentes contiene un caudal de valiosa información. El truco está en saber dónde buscar la información en el libro.

Si completas este ejercicio de búsqueda con tus profesores o tus padres, verás cómo está organizado el libro y cómo sacar mejor provecho de tu tiempo de lectura y estudios. ¡Empecemos!

1. ¿Cuántas unidades y cuántos capítulos tiene el libro?
2. ¿Qué región cubre la Unidad 3?
3. ¿Dónde puedes encontrar datos sobre cada país en la unidad?
4. ¿ En qué cuatro lugares puedes hallar los términos clave de la Sección 1 del capítulo 10?
5. ¿Qué te pide hacer el Organizador de estudios Plegables principio del capítulo 4?
6. ¿Cómo están resaltados los términos clave en la narrativa de todo el libro?
7. ¿Dónde encuentras los organizadores gráficos en tu libro?

8. Quieres encontrar rápidamente en el libro todos los mapas sobre Europa. ¿Dónde buscas?
9. El Atlas Regional de cada unidad incluye breves reseñas de los países. ¿En qué otra parte puedes encontrar información sobre los países en el libro de texto?
10. ¿Dónde puedes aprender la definición de un mapa físico, un mapa político y un mapa de propósitos especiales?

LEER PARA APRENDER

Este libro se enfoca en las habilidades y estrategias que pueden ayudarte a entender las palabras que lees. Las estrategias que utilices para entender los textos completos dependen del tipo de texto que estás leyendo. En otras palabras, no lees un libro de texto la manera que lees una novela. Un libro de texto lo lees principalmente para adquirir conocimiento e información; una novela la lees principalmente para divertirte. Para sacar el mejor provecho de tu lectura, necesitas escoger la estrategia correcta que se ajuste al propósito de tu lectura.

USA ESTE LIBRO PARA AYUDARTE A APRENDER

- cómo identificar las palabras nuevas y crear tu vocabulario
- cómo ajustar la forma de leer para que se adapte al propósito de tu lectura
- cómo utilizar estrategias de lectura específicas para entender mejor lo que lees
- cómo utilizar las estrategias de pensamiento crítico para pensar más profundamente sobre lo que lees

También aprenderás sobre

- estructuras de texto
- lectura para investigar

ÍNDICE

Identificación de palabras y creación de un vocabulario

¿Qué haces cuando te encuentras con una palabra que no conoces en una lectura? ¿Te saltas la palabra y sigues leyendo? Si lees por diversión o por entretenimiento, es posible que así sea. Pero si lees para obtener información, una palabra desconocida puede interferir con la comprensión del texto. Cuando eso sucede, intenta emplear las siguientes estrategias para entender cómo decir la palabra y qué significa la palabra.

Palabras desconocidas

Pronunciación de la palabra Una forma de entender cómo decir una palabra nueva es pronunciándola, sílaba por sílaba. Mira detenidamente el comienzo, el medio y el final de la palabra. Dentro de la palabra, ¿ves una palabra que ya sabes pronunciar? ¿Qué vocales hay en las sílabas? Usa los siguientes consejos para pronunciar palabras nuevas.

- **Raíces y palabras base** La parte principal de una palabra se llama raíz. Cuando la raíz es una palabra completa, se le puede llamar palabra base. Cuando te encuentres con una palabra nueva, verifica si reconoces su raíz o la palabra base. Una buena ayuda será pronunciar la palabra y tratar de entender el significado.

PREGÚNTATE A TÍ

- ¿Qué letras forman el sonido inicial o la sílaba inicial de la palabra?

  Ejemplo: En la palabra *coagular, co* rima con *so.*

- ¿Qué sonidos generan las letras en el medio de la palabra?

  Ejemplo: En la palabra *coagular,* la sílaba *lar* tiene el mismo sonido que *ar* en la palabra *par,* y la sílaba *a* se pronuncia como la letra *a.*

- ¿Qué letras forman el sonido o sílaba final?

  Ejemplo: En la palabra *coagular, gu* es una sílaba conocida que ya sabes pronunciar.

- Ahora trata de pronunciar la palabra completa:

  co a gu lar.

- **Prefijos** Un prefijo es una parte de la palabra que se puede agregar al principio de una raíz o palabra base. Por ejemplo, el prefijo *pre-* significa "antes", de manera que *prehistoria* significa "antes de la historia". Los prefijos pueden cambiar, o incluso crear el opuesto del significado de una palabra. Por ejemplo, *anti-* significa "no", de manera que *anticonstitucional* significa "no constitucional".

- **Sufijos** Un sufijo es una parte de la palabra que se puede agregar al final de la raíz o palabra base para cambiar el significado de la palabra. Agregar un sufijo a una palabra también puede cambiar esa palabra de una parte de la oración a otra. Por ejemplo, la palabra *gozo*, un sustantivo, se transforma en un adjetivo cuando el sufijo *-oso* se le agrega. *Gozoso* significa "lleno de gozo".

Determinación del significado de la palabra

Uso de la sintaxis Como en todos los idiomas, el español tiene reglas y patrones para la distribución de las palabras en una oración. La forma en que está organizada una oración se llama la **sintaxis** de la oración.

En una oración simple en español, alguien o algo (el *sujeto*) hace algo (el *predicado* o *verbo*) a o con otra persona o cosa (el *objeto*): Los *soldados atacaron* al *enemigo.*

VERIFÍCALO

Saber sobre sintaxis te puede ayudar a entender el significado de una palabra desconocida. Nada más mira cómo la sintaxis te puede ayudar a entender las siguientes frases sin sentido (en inglés).

The blizzy kwarkles sminched the flerky fleans.

Tu experiencia con la sintaxis del inglés te indica que la palabra de acción, o verbo, en esta frase es *sminched.* ¿Quién hizo el *sminching?* Los *kwarkles.* ¿Qué tipo de kwarkles eran? *Blizzy.* ¿A quién *sminch ellos?* A los fleans. ¿Qué tipo de fleans eran? *Flerky.* Aunque no conozcas el significado de las palabras en la frase sin sentido, puedes darle cierto sentido a la frase entera estudiando su sintaxis.

Uso de claves contextuales En general, puedes entender el significado de una palabra desconocida mirando su contexto, las palabras y frases que la rodean. Para aprender palabras nuevas durante una lectura, sigue estos pasos para usar las claves contextuales.

1. Mira lo que hay antes y después de la palabra desconocida y busca:
   - una definición o sinónimo, otra palabra que signifique lo mismo que la palabra desconocida.
   - un tema general asociado con la palabra.
   - una clave que te indique a qué palabra es similar o diferente.
   - una acción o una descripción que tenga algo que ver con la palabra.
2. Conecta lo que ya sabes con lo que el autor ha escrito.
3. Da un significado posible.
4. Usa el significado en una frase.
5. Intenta de nuevo si tu presunción no tiene sentido.

Uso de materiales de referencia El uso de diccionarios y otras fuentes de referencia te puede ayudar a aprender palabras nuevas. Revisa estas fuentes de referencia:

- Un **diccionario** te da la pronunciación y el significado o los significados de las palabras. Algunos diccionarios también te dan otras formas de las palabras, sus partes de la oración, y sinónimos. También puedes encontrar el antecedente histórico de una palabra.
- Un **glosario** es una lista de palabras que aparece al final — o en el Apéndice— de un libro u otro trabajo escrito e incluye sólo palabras que aparecen en ese trabajo. Al igual que los diccionarios, los glosarios tienen la pronunciación y las definiciones de las palabras.
- Un **diccionario de sinónimos** presenta grupos de palabras que tienen el mismo, o casi el mismo, significado. Las palabras con significados similares se llaman *sinónimos.* Revisar los sinónimos de las palabras te puede ayudar a formar tu vocabulario.

Reconocimiento de los significados de las palabras en los temas

¿Alguna vez has aprendido una palabra nueva en una clase y luego has vuelto a ver la palabra en tu lectura de otros temas? Probablemente la palabra no tendrá el mismo significado en las distintas clases. Pero puedes utilizar lo que sabes del significado de la palabra como ayuda para entender su significado en un tema diferente.

VERIFÍCALO

Observa los siguientes ejemplo de tres materias:

Estudios sociales: Un **producto** importante fabricado en el Sur de EE.UU. es la tela de algodón.

Matemáticas: Después de multiplicar esos dos números, explica cómo llegaste al **producto.**

Ciencia: Un **producto** de las fotosíntesis es el oxígeno.

Leer con un propósito

¿Por qué lees esa novela de misterio? ¿Qué esperas obtener de tu libro de texto de geografía? ¿Vas a leer alguno de estos libros de la misma manera que lees el menú de un restaurante? El punto es que, tú lees por motivos distintos. El motivo por el cual lees algo te ayuda a decidir las estrategias de lectura que utilizarás. En otras palabras, cómo lees dependerá de **por qué** lees.

Conocer tus motivos de lectura

En la escuela y en la vida, tendrás muchas razones para leer, y esas razones te llevarán a una amplia gama de materiales. Por ejemplo,

- **para aprender y entender nueva información,** es posible que tengas que leer revistas de noticias, libros de texto, noticias en Internet, libros sobre tus pasatiempos favoritos, artículos de una enciclopedia, fuentes principales y secundarias para un informe de la escuela, instrucciones sobre cómo utilizar una tarjeta de llamadas telefónicas, o instrucciones para una prueba estandarizada.
- **para encontrar información específica,** es posible que tengas que mirar informes del tiempo, estados de cuenta bancarios, listas con los programas de televisión, la sección de deportes para ver el resultado del juego de anoche, o un aviso para saber dónde hay que registrarse para la gira de estudio.
- **para entretenerte,** es posible que tengas que leer tu revista favorita, mensajes de correo electrónico o cartas de amigos, las tiras cómicas del domingo, o incluso novelas, cuentos cortos, obras de teatro o poemas.

Ajuste de la velocidad de tu lectura

Qué tan rápido o qué tan detenidamente debes leer un texto depende del propósito que tengas para leerlo. Puesto que hay muchos motivos y formas para leer, piensa en tu propósito y elige la estrategia que funcione mejor. Intenta estas estrategias:

- **Vistazo rápido** significa dar una mirada rápida a todo el material, en busca de las *palabras* o *frases clave* que se relacionen con la información que estás buscando. Da un vistazo rápido cuando necesites encontrar un tipo de información específica. Por ejemplo, puedes dar un vistazo rápido al periódico para ver el horario de exhibición de las películas en un cine.
- **Lectura veloz** significa dar una lectura rápida del texto para *hallar la idea principal* o para *obtener una visión general* del texto. Por ejemplo, puedes leer rápidamente la sección de deportes del periódico para saber cómo le está yendo a tu equipo favorito. O puedes leer rápidamente un capítulo de tu libro de texto para prepararte para una prueba.
- **Lectura detenida implica** *leer lentamente y con atención* teniendo en mente un propósito. Lee detenidamente cuando aprendas conceptos nuevos, cuando sigas instrucciones complicadas, o cuando te prepares para explicar algo a otra persona.

Comprensión de lo que lees

Los lectores experimentados adoptan una cantidad de estrategias antes, durante y después de leer para asegurarse de entender lo que leen.

Lectura preliminar

Cuando lees con anticipación un texto, lo que tratas es de obtener una idea sobre el contenido de ese texto. Si sabes lo que te espera antes de leer, se te hará más fácil entender las ideas y las conexiones.

¡HAZLO!

1. **Observa el título y todas las ilustraciones que se incluyen.**
2. **Lee los títulos, subtítulos y todas las palabras en negritas.**
3. **Lee rápidamente el pasaje para ver cómo está organizado. ¿Está dividido en muchas partes? ¿Es un poema largo o un cuento corto? No olvides examinar las gráficas —fotografías, mapas o diagramas.**
4. **Determina un propósito para tu lectura. ¿Estás leyendo para aprender algo nuevo? ¿Estás leyendo para hallar información específica?**

Utilizar tus conocimientos

Aunque lo creas o no, tú ya sabes bastante del tema sobre el cual vas a leer. Tú aportas conocimientos y experiencia personal a la selección. Hacer una inferencia con tu propio conocimiento se llama *activación del conocimiento previo,* y te puede ayudar a crear el significado de lo que lees. Pregúntate tú mismo, *¿Qué es lo que ya sé sobre este tema?*

Predicciones

No necesitas ningún conocimiento especial para hacer *predicciones* cuando lees. Las predicciones ni siquiera tienen que ser exactas. Haz suposiciones basadas en tu conocimiento antes y durante la lectura sobre lo que podría pasar en la historia o el artículo que estás leyendo.

Visualización

Crear imágenes en tu mente cuando lees —lo que se llama *visualización*— es un una buena ayuda para la comprensión. Mientras lees, levanta un cine en tu imaginación. Imagínate el ambiente—las calles de la ciudad, el desierto o la superficie de la luna. Si puedes visualizar lo que lees, las selecciones serán más vívidas, y las recordarás mejor más adelante.

Identificación de secuencia

Cuando descubres el orden lógico de los acontecimientos o las ideas, estás identificando la *secuencia.* Encuentra claves y palabras que te ayuden a encontrar la forma en que está organizada la información.

Determinación de la idea principal

Cuando busques la *idea principal* de una selección, debes buscar la idea más importante. Los ejemplos, las razones y los detalles que posteriormente explican la idea principal se llaman *detalles de apoyo.*

Hacer preguntas

Mantén una conversación contigo mismo cuando leas *haciéndote preguntas* sobre el texto. Pregúntate sobre la importancia de la información que estás leyendo. Pregúntate cómo un hecho se vincula con otro. Pregúntate si entendiste lo que acabas de leer. Al responder tus preguntas, te estás asegurando que entiendes lo que está pasando.

Clarificación

Aclara, o *clarifica,* los pasajes difíciles o confusos a medida que leas. Vuelve a leer el pasaje.

- *Vuelve a leer* las partes confusas lenta y detenidamente.
- *Busca en un diccionario* las palabras desconocidas.
- Simplemente *"clarifica"* la parte contigo mismo.

Repaso

En la escuela probablemente *repasas* lo que aprendiste el día anterior, de manera que las ideas queden firmes en tu mente. Repasar cuando lees es la misma cosa. Tómate un poco de tiempo de vez en cuando y repasa lo que has leído. Piensa en las ideas principales y reorganízalas para ti mismo, de manera que las puedas recordar más adelante. Completar materiales auxiliares de estudio como organizadores gráficos te sirve para repasar.

Monitoreo de tu comprensión

Al leer, revisa tu comprensión utilizando las estrategias siguientes.

- **Resume** lo que has leído haciendo una pausa de vez en cuando e indica tú mismo las ideas principales de lo que acabas de leer. Responde las preguntas *¿Quién? ¿Qué? ¿Dónde? ¿Cuándo? ¿Por qué?* y *¿Cómo?* Hacer un resumen sirve para probar tu comprensión y te anima a clarificar los puntos clave con tus propias palabras.

- Usa el **parafraseo** como una prueba para ver si realmente entendiste el punto. Parafrasear es volver a contar algo con tus propias palabras. trata de decir lo que acabas de leer con tus propias palabras. Si no lo puedes explicar claramente, probablemente debas dar otra mirada al texto.

Pensar en tu lectura

A veces es importante pensar más profundamente sobre lo que has leído, de manera que puedas sacar el mejor provecho de lo quiere decir el autor. Estas habilidades de pensamiento crítico te ayudarán a ahondar más allá de las palabras y captar los mensajes importantes de tu lectura.

Interpretación

Interpretar un texto, primero pregúntate tú mismo, *¿Qué está diciendo realmente el autor aquí?* y luego utilizar lo que sabes sobre el mundo para responder esa pregunta.

Inferencias

Escritores proveen claves y detalles interesantes, sugieren cierta información. *Inferencias* implica pensar y el uso de tu experiencia para llegar a una idea basada en lo que el autor sugiere. En una lectura, *infieres* cuando usas claves contextuales y tu propio conocimiento para entender el significado del autor.

Conclusiones

Los lectores experimentados siempre están *sacando conclusiones,* o tratando de entender mucho más de lo que el autor dice directamente. El proceso es equivalente a un detective que trata de resolver un misterio. Combinas información y pruebas que proporciona el autor para llegar a una aseveración sobre el tema. Sacar conclusiones te ayuda a encontrar conexiones entre las ideas y los acontecimientos, y te da una mejor comprensión de lo que estás leyendo.

Análisis

Analizar, o examinar las partes de algo para entender el todo, es una forma de pensar críticamente sobre un trabajo escrito. Al analizar un *texto informativo,* debes considerar cómo están organizadas las ideas para ver qué es más importante.

Distinguir un hecho de una opinión

Distinguir entre un hecho y una opinión es una de las habilidades de lectura más importantes que puedes aprender. Un *hecho* es una aseveración que se puede probar con información de respaldo. Una *opinión,* por otro lado, es lo que el escritor cree, basado en su punto de vista personal.

POR EJEMPLO

Observa los siguientes ejemplos de hecho y opinión. Hecho: George III fue el rey británico durante la Revolución Estadounidense.

Opinión: El rey George III fue un tirano malvado.

Puedes probar que George III fue rey durante ese período. Es un hecho. Sin embargo, no todo el mundo puede ver que el rey George III fue un déspota. Ésa es una opinión personal.

Cuando examines una información, siempre pregúntate tú mismo, *"¿es un hecho o una opinión?"* No pienses que las opiniones son siempre malas. A menudo son exactamente lo que quieres. Cuando lees las editoriales y los ensayos lo haces en busca de las opiniones de sus autores. Las críticas de libros, películas y discos compactos te pueden ayudar a decidir si invertir o no tu tiempo y tu dinero en algo. Pero cuando las opiniones están basadas en un razonamiento o prejuicio errado o cuando están establecidas como hechos, las mismas se convierten en un problema.

Evaluación

Cuando te formas una opinión o emites un juicio sobre algo que estás leyendo, estás *evaluando.*Pregúntate tú mismo si el autor parece tener una opinión sesgada, si la información proviene de un solo lado, y si el argumento presentado es lógico.

Síntesis

Cuando *sintetizas*, combinas ideas (incluso pueden ser de otras fuentes) para traer a colación algo nuevo. Por ejemplo, puedes leer un manual sobre el entrenamiento de fútbol, combinar esa información con tus propias experiencias en el juego del fútbol, e idear un nuevo plan de entrenamiento para ayudar al equipo de tu hermana esta primavera.

Comprensión de la estructura del texto

Los buenos escritores estructuran cada uno de los párrafos de una forma específica para un propósito específico.El patrón de organización se llama *estructura del texto.* Cuando conoces la estructura de texto de una selección, encontrarás más fácil localizar y recordar las ideas de un autor. He aquí cuatro formas utilizadas por los escritores para organizar un texto.

Comparación y contraste

La estructura de comparación y contraste muestra las similitudes y diferencias entre la gente, las cosas y las ideas. Este estudiante está utilizando una estructura de comparación y contraste. Cuando los escritores utilizan la estructura de comparación y contraste, a menudo te quieren mostrar *cómo las cosas que parecen similares son diferentes, o cómo las cosas que parecen diferentes son similares.*

- **Palabras y frases indicadoras:** *similarmente, por otro lado, en contraste*

Causa y efecto

Casi todo lo que pasa en la vida es la causa o el efecto de otro hecho o acción. Los escritores utilizan la causa y el efecto para explorar las razones de algo que sucede y para examinar los resultados de acontecimientos anteriores. Esta estructura ayuda a responder la pregunta que todos se hacen: *¿Por qué?La estructura de causa y efecto tiene que ver completamente con la explicación de las cosas.*

- **Palabras y frases indicadoras:** *de manera que, porque, como resultado*

Problema y solución

¿Cómo los científicos superaron la dificultad de mandar a alguien a la luna? ¿Cómo me lavaré los dientes si me olvidé de mi pasta de dientes? Estas preguntas pueden ser muy diferentes en importancia, pero tienen una cosa en común: Cada una identifica un problema y pregunta cómo resolverlo. Los *problemas* y las *soluciones* son parte de lo que hace interesante la vida. Los problemas y las soluciones también ocurren en los textos de ficción y no ficción.

- **Palabras y frases indicadoras:** *cómo, ayuda, problema, obstrucción, dificultad, necesidad, intento, tener que, deber*

Secuencia

Da una mirada a estas tres formas comunes de secuencia, o el orden en que están ordenadas las ideas y pensamientos.

1. **Orden cronológico** se refiere al orden en que se desarrollan los acontecimientos. Primero te levantas; luego tomas el desayuno; luego te vas a la escuela. Esos acontecimientos no tienen sentido en ningún otro orden.
   - **Palabras indicadoras:** *primero, próximo, entonces, más adelante, finalmente*
2. **Orden espacial** te indica el orden en el cual mirar los objetos. Por ejemplo, da una mirada a esta descripción de un plato de helado bañado de sirope: *En el fondo del plato hay dos cucharadas de helado de vainilla. Las cucharadas de helado están cubiertas de chocolate y coronadas con crema batida y una cereza.* Tus ojos siguen al helado de arriba abajo. El orden espacial es importante en la escritura descriptiva, ya que te ayuda como lector a ver una imagen de la manera que quiere el autor.
   - **Palabras indicadoras:** *arriba, abajo, detrás, al lado de*
3. **El orden de importancia** va del más importante al menos importante o al revés. Por ejemplo, un artículo típico de noticia tiene una estructura de más a menos importante.
   - **Palabras indicadoras:** *principal, central, importante, fundamental*

Atlas de referencia

NATIONAL GEOGRAPHIC

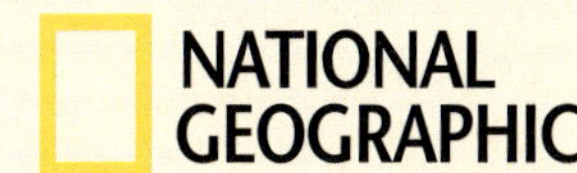

SIGNOS DEL ATLAS

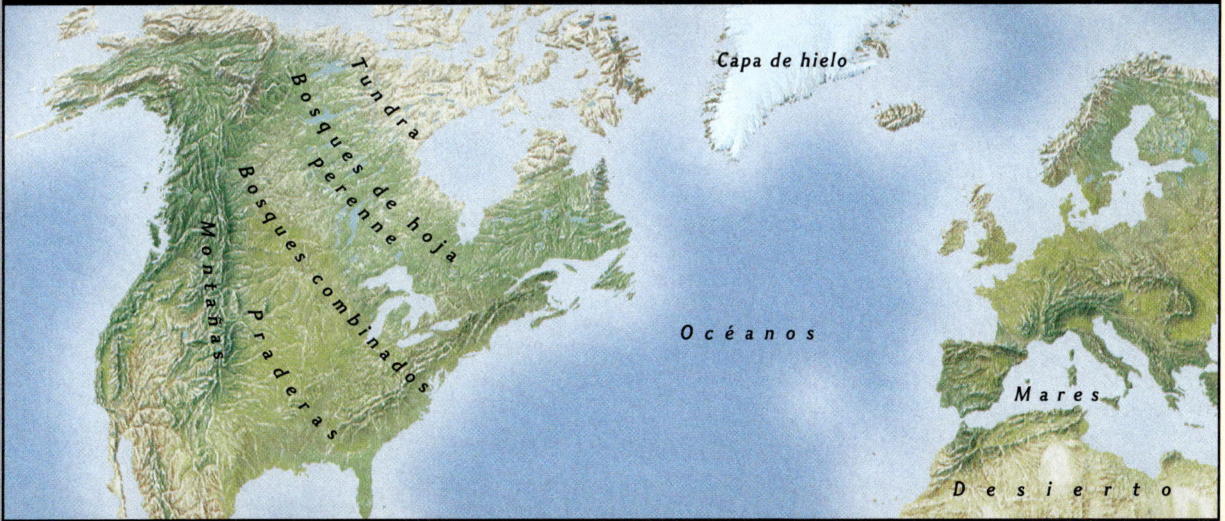

SÍMBOLOS

- Canal
- Límite reclamado
- Límite internacional
- Depresión
- Elevación
- Capital del país
- Ciudades
- Por debajo del nivel del mar
- Lago de agua salada
- Lago
- Ríos
- Lava
- Arena
- Pantano

MAPA POLÍTICO DEL MUNDO
0 mi 2000
0 km 2000
PROYECCIÓN TRIPLE DE WINKEL
NATIONAL GEOGRAPHIC
OCÉANO GLACIAL ÁRTICO
Islas de la Reina Isabel
Mar Chukchi
Mar de Beaufort
RUSIA
ALASKA
EE.UU.
Anchorage
Mar de Bering
Golfo de Alaska
Islas Aleutianas
Gran Lago del Oso
Gran Lago del Esclavo
Bahía de Baffin
Tierra de Baffin
GROENLANDIA (KALAALLIT NUNAAT)
Dinamarca
Mar de Groenlandia
Nuuk
CÍRCULO POLAR ÁRTICO
Reikiavic
ISLANDIA
Bahía de Hudson
CANADÁ
Mar del Labrador
Vancouver
Seattle
Calgary
REINO UNIDO
Dublín
IRLANDA
Londres
Isla de Terranova
Ottawa
Toronto
Chicago
Nueva York
Washington
OCÉANO PACÍFICO SEPTENTRIONAL
San Francisco
Los Ángeles
ESTADOS UNIDOS
Atlanta
Houston
OCÉANO ATLÁNTICO SEPTENTRIONAL
Madrid
PORTUGAL
España
Azores
Port.
Islas Madeira
Rabat
MARRUECOS
Islas Canarias
España
SAHARA OCCIDENTAL
Marruecos
MAURITANIA
30°N
TRÓPICO DE CÁNCER
Islas Hawai
EE.UU.
MÉXICO
Golfo de México
BAHAMAS
La Habana
CUBA
Guadalajara
Ciudad de México
BELICE
HAITÍ
JAMAICA
REPÚBLICA DOMINICANA
Santo Domingo
PUERTO RICO EE.UU.
GUATEMALA
Ciudad de Guatemala
HONDURAS
EL SALVADOR
NICARAGUA
Mar Caribe
SAN CRISTÓBAL Y NEVIS
ANTIGUA Y BARBUDA
DOMINICA
SANTA LUCÍA
BARBADOS
GRANADA
SAN VICENTE Y LAS GRANADINAS
TRINIDAD Y TOBAGO
Cabo Verde
SENEGAL
GAMBIA
GUINEA-BISSAU
GUINEA
MALÍ
BURKINA FASO
SIERRA LEONA
LIBERIA
COSTA DE MARFIL
GHANA
COSTA RICA
PANAMÁ
Caracas
VENEZUELA
Medellín
Bogotá
COLOMBIA
GUYANA
SURINAM
GUAYANA FRANCESA
Fr.
Islas Christmas
Kiribati
0°
ECUADOR
Quito
ECUADOR
Islas Galápagos
Manaus
PERÚ
BRASIL
Recife
Islas Marquesas
Fr.
Lima
Salvador (Bahía)
Brasilia
La Paz
BOLIVIA
Sucre
SAMOA
SAMOA DE ESTADOS UNIDOS
EE.UU.
POLINESIA FRANCESA
Fr.
TONGA
PARAGUAY
Río de Janeiro
São Paulo
TRÓPICO DE CAPRICORNIO
Asunción
Córdoba
Porto Alegre
Santiago
URUGUAY
Buenos Aires
Montevideo
CHILE
30°S
OCÉANO PACÍFICO MERIDIONAL
ARGENTINA
OCÉANO ATLÁNTICO MERIDIONAL
Islas Falkland (Malvinas)
R.U.
Tierra del Fuego
Georgia del Sur
R.U.
Estrecho de Magallanes
Pasaje de Drake
MERIDIANO DE GREENWICH (LONDRES)
Península Antártica
60°S
CÍRCULO POLAR ANTÁRTICO
Mar de Weddell
Berkner Island
Mar de Ross
150°O
120°O
90°O
60°O
30°O
0°

ABREVIACIONES

AUST.	AUSTRIA
B.YH.	BOSNIA Y HERZEGOVINA
BELG.	BÉLGICA
CRO.	CROACIA
E.A.U	EMIRATOS ÁRABES UNIDOS
EC. GUINEA	ECUATORIAL GUINEA
ESLOV.	ESLOVENIA
EST.	ESTONIA
HUNG.	HUNGRÍA
LIT.	LITUANIA
MACED.	MACEDONIA
MOLD.	MOLDOVA
PA. BA.	PAÍSES BAJOS
REP. CHECA	REPÚBLICA CHECA
SERB. Y MONT.	SERBIA Y MONTENEGRO
SUI.	SUIZA

MAPA POLÍTICO DE
AMÉRICA DEL NORTE
0 mi 1000
0 km 1000
PROYECCIÓN ACIMUTAL EQUIDISTANTE
NATIONAL GEOGRAPHIC
ASIA
OCÉANO GLACIAL ÁRTICO
EUROPA
GROENLANDIA (KALAALLIT NUNAAT)
Dinamarca
Mar de Groenlandia
CÍRCULO POLAR ÁRTICO
Mar Chukchi
Mar de Bering
Estrecho de Bering
Cabo Barrow
Polo Norte Magnético
Islas de la Reina Isabel
Isla Ellesmere
Islas Parry
Mar de Beaufort
Isla de Banks
Bahía de Baffin
Qeqertarsuaq
Nuuk (Godthab)
Estrecho de Davis
Isla Victoria
Península Boothia
Tierra de Baffin
ALASKA
EE.UU.
Yukon
Golfo de Alaska
TERRITORIO DEL YUKÓN
Mackenzie
Gran Lago del Oso
NUNAVUT
TERRITORIOS DEL NOROESTE
Gran Lago del Esclavo
Isla de Southampton
Mar del Labrador
CANADÁ
COLUMBIA BRITÁNICA
ALBERTA
Athabasca
SASKATCHEWAN
MANITOBA
Churchill
Bahía de Hudson
TERRANOVA Y LABRADOR
QUEBEC
Lago Winnipeg
Severn
ONTARIO
Golfo de San Lorenzo
St. Pierre y Miquelon
Fr.
P.E.I.
N.B.
Nueva Escocia
Isla Vancouver
Montañas Rocosas
OCÉANO PACÍFICO
WASHINGTON
OREGÓN
IDAHO
MONTANA
Missouri
DAKOTA DEL NORTE
DAKOTA DEL SUR
MINNESOTA
WYOMING
Lago Superior
Ottawa
MAINE
VERMONT
NUEVA HAMPSHIRE
MASSACHUSETTS
RHODE ISLAND
CONNECTICUT
NUEVA YORK
Lago Hurón
Lago Ontario
Lago Erie
MICHIGAN
WISCONSIN
Lago Michigan
Gran Lago Salado
NEVADA
UTAH
COLORADO
NEBRASKA
IOWA
ILLINOIS
INDIANA
OHIO
FILADELFIA
NUEVA JERSEY
DELAWARE
MARYLAND
VIRGINIA OCCIDENTAL
Washington, D.C.
CALIFORNIA
ESTADOS UNIDOS
KANSAS
MISSOURI
KENTUCKY
VIRGINIA
CAROLINA DEL NORTE
TENNESSEE
CAROLINA DEL SUR
Arkansas
ARIZONA
NUEVO MÉXICO
OKLAHOMA
ARKANSAS
Mississippi
MISSISSIPPI
ALABAMA
GEORGIA
TEXAS
LUISIANA
FLORIDA
Río Grande
OCÉANO ATLÁNTICO
Islas Bermudas
R.U.
Isla Guadalupe
México
TRÓPICO DE CÁNCER
MÉXICO
Golfo de México
BAHAMAS
Nassau
La Habana
CUBA
ANTIGUA Y BARBUDA
SAN CRISTÓBAL Y NEVIS
BARBADOS
REPÚBLICA DOMINICANA
Santo Domingo
HAITÍ
Puerto Príncipe
PUERTO RICO
EE.UU.
DOMINICA
SANTA LUCÍA
SAN VICENTE Y LAS GRANADINAS
GRANADA
TRINIDAD Y TOBAGO
Islas Caymán
R.U.
JAMAICA
Kingston
Mar Caribe
Ciudad de México
BELICE
Belmopán
GUATEMALA
Ciudad de Guatemala
HONDURAS
Tegucigalpa
San Salvador
EL SALVADOR
NICARAGUA
Managua
COSTA RICA
San José
Canal de Panamá
Ciudad de Panamá
PANAMÁ
Isla de Cocos
Costa Rica
AMÉRICA DEL SUR
ECUADOR
1. BAJA CALIFORNIA NORTE
2. BAJA CALIFORNIA SUR
3. SONORA
4. CHIHUAHUA
5. SINALOA
6. DURANGO
7. COAHUILA
8. NUEVO LEÓN
9. ZACATECAS
10. TAMAULIPAS
11. NAYARIT
12. AGUASCALIENTES
13. SAN LUIS POTOSÍ
14. JALISCO
15. GUANAJUATO
16. QUERÉTARO
17. HIDALGO
18. COLIMA
19. MICHOACÁN
20. MÉXICO
21. DISTRITO FEDERAL
22. TLAXCALA
23. MORELOS
24. PUEBLA
25. VERACRUZ
26. GUERRERO
27. OAXACA
28. TABASCO
29. CHIAPAS
30. CAMPECHE
31. QUINTANA ROO
32. YUCATÁN

MAPA FÍSICO DE
AMÉRICA DEL NORTE
0 mi 1000
0 km 1000
PROYECCIÓN ACIMUTAL EQUIDISTANTE
NATIONAL GEOGRAPHIC
ASIA
EUROPA
OCÉANO GLACIAL ÁRTICO
Mar de Bering
Mar Chukchi
Mar de Beaufort
Mar Lincoln
Mar de Groenlandia
GROENLANDIA
ALASKA
CANADÁ
ESTADOS UNIDOS
MÉXICO
OCÉANO PACÍFICO
OCÉANO ATLÁNTICO
Golfo de Alaska
Golfo de México
Mar Caribe
Mar del Labrador
Bahía de Hudson
Bahía de Baffin
Monte McKinley (Denali) 20,320 ft 6,194 m
Gunnbjorn 12,139 ft 3,700 m
Monte Logan 19,551 ft 5,959 m
Monte Whitney 14,494 ft 4,418 m
Valle de la Muerte -282 ft -86 m
Orizaba 18,855 ft 5,747 m
Ottawa
Washington
Ciudad de México
La Habana
CUBA
JAMAICA
Kingston
HAITÍ
REPÚBLICA DOMINICANA
BELICE
Belmopán
GUATEMALA
Ciudad de Guatemala
HONDURAS
Tegucigalpa
EL SALVADOR
San Salvador
NICARAGUA
Managua
COSTA RICA
San José
PANAMÁ
Ciudad de Panamá
AMÉRICA CENTRAL
AMÉRICA DEL SUR
Nuuk (Godthab)
BAHAMAS
INDIAS OCCIDENTALES
Antillas Mayores
Antillas Menores
Puerto Rico
Islas Bermudas
Isla Terranova
LABRADOR
Península de Yucatán
Baja California
Golfo de California
Sierra Madre Occidental
Sierra Madre Oriental
Montañas Rocosas
Grandes Llanuras
Llanuras Centrales
Llanuras Costeras
Montes Apalaches
Escudo Canadiense
Gran Cuenca
Meseta de Columbia
Desierto de Sonora
Gran Cañón
Lago Superior
Lago Michigan
Lago Hurón
Lago Erie
Lago Ontario
Lago Winnipeg
Gran Lago del Oso
Gran Lago del Esclavo
Mississippi
Missouri
Río Grande
Yukón
Mackenzie
Círculo Polar Ártico
Trópico de Cáncer
ECUADOR

RUSIA
Estrecho de Bering
Isla San Lorenzo
Península Seward
Bahía de Norton
Cabo Barrow
OCÉANO GLACIAL ÁRTICO
Mar de Beaufort
Montes Brooks
Yukón
Isla Nunivak
ALASKA
Islas Aleutianas
Fairbanks
Cordillera de Alaska
Bahía de Bristol
Anchorage
Península de Alaska
Isla Kodiak
Golfo de Alaska
Juneau
Archipiélago Alexander
OCÉANO PACÍFICO
Tacoma
Seattle
Olympia
WASH.
Spokane
Portland
Salem
Eugene
Cordillera de las Cascadas
OREGÓN
IDAHO
Boise
Butte
Gran Lago Salado
Salt Lake City
UTAH
Reno
Carson City
NEVADA
Sacramento
San Francisco
CALIFORNIA
Sierra Nevada
Las Vegas
ARIZONA
Los Ángeles
San Diego
Phoenix
Tucson
Honolulu
HAWAI
Hilo
TRÓPICO DE CÁNCER

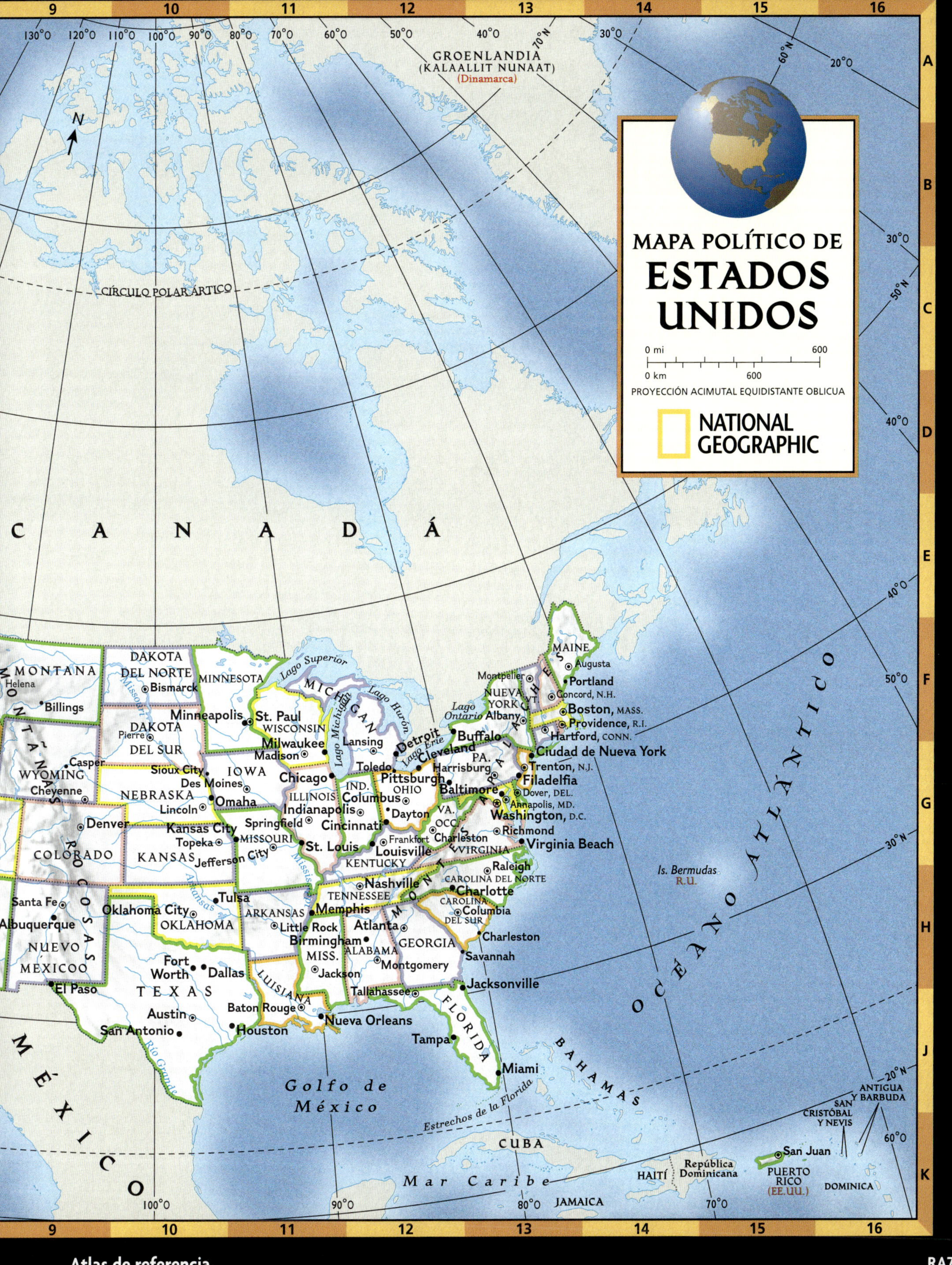
MAPA POLÍTICO DE
ESTADOS UNIDOS
0 mi 600
0 km 600
PROYECCIÓN ACIMUTAL EQUIDISTANTE OBLICUA
NATIONAL GEOGRAPHIC
GROENLANDIA
(KALAALLIT NUNAAT)
(Dinamarca)
CÍRCULO POLAR ÁRTICO
CANADÁ
OCÉANO ATLÁNTICO
Golfo de México
MÉXICO
Mar Caribe
Estrechos de la Florida
BAHAMAS
CUBA
JAMAICA
HAITÍ
República Dominicana
PUERTO RICO
(EE.UU.)
San Juan
DOMINICA
ANTIGUA Y BARBUDA
SAN CRISTÓBAL Y NEVIS
Is. Bermudas
R.U.
MONTANA
DAKOTA DEL NORTE
DAKOTA DEL SUR
MINNESOTA
WISCONSIN
MICHIGAN
IOWA
NEBRASKA
WYOMING
COLORADO
KANSAS
MISSOURI
ILLINOIS
IND.
OHIO
KENTUCKY
TENNESSEE
OKLAHOMA
ARKANSAS
NUEVO MEXICO
TEXAS
LUISIANA
MISS.
ALABAMA
GEORGIA
FLORIDA
CAROLINA DEL NORTE
CAROLINA DEL SUR
VIRGINIA
PA.
NUEVA YORK
MAINE
MONTAÑAS ROCOSAS
MONTES APALACHES
Lago Superior
Lago Michigan
Lago Hurón
Lago Erie
Lago Ontario
Helena
Billings
Bismarck
Pierre
Casper
Cheyenne
Denver
Minneapolis
St. Paul
Madison
Milwaukee
Lansing
Detroit
Sioux City
Des Moines
Omaha
Lincoln
Chicago
Toledo
Cleveland
Buffalo
Kansas City
Topeka
Jefferson City
Springfield
Indianapolis
Columbus
Dayton
Cincinnati
Pittsburgh
Harrisburg
St. Louis
Louisville
Frankfort
Charleston
Nashville
Memphis
Little Rock
Tulsa
Oklahoma City
Santa Fe
Albuquerque
El Paso
Fort Worth
Dallas
Austin
San Antonio
Houston
Baton Rouge
Nueva Orleans
Jackson
Birmingham
Montgomery
Atlanta
Tallahassee
Jacksonville
Tampa
Miami
Savannah
Charleston
Columbia
Charlotte
Raleigh
Richmond
Virginia Beach
Washington, D.C.
Annapolis, MD.
Dover, DEL.
Baltimore
Filadelfia
Trenton, N.J.
Ciudad de Nueva York
Hartford, CONN.
Providence, R.I.
Boston, MASS.
Concord, N.H.
Portland
Augusta
Montpelier
Albany
Río Grande
Arkansas
Missouri
Mississippi

Cabo Flattery
Monte Olimpo
7,965 pies
2,428 m
Seattle
CANADÁ
MONTAÑAS ROCOSAS
CORDILLERA DE LAS CASCADAS
CORDILLERAS COSTERAS
MESETA COLUMBIA
Columbia
Mtes. Azules
Mtes. Clearwater
Cordillera Bitterroot
Mtes. del río Salmon
Gran Desierto de Arena
Snake
Llanura del río Snake
Cataratas Shoshone
Cordillera Absaroka
Cordillera del río Wind
Mtes. Bighorn
Mtes. Laramie
Missouri
GRANDES LLANURAS
Colinas Negras
N. Platte
Colinas Arenosas
Platte
Cabo Mendocino
OCÉANO PACÍFICO
SIERRA NEVADA
Valle Central
Lago Tahoe
San Francisco
Gran Lago Salado
GRAN CUENCA
Cordillera Wasatch
Mtes. Uinta
Denver
14,433 pies
4,399 m
Monte Elbert
Monte Whitney
14,494 pies
4,418 m
Valle de la Muerte
-282 pies, -86 m
Lago Powell
Colorado
Lago Mead
Mtes. Sangre de Cristo
Arkansas
Mtes. San Juan
Desierto Mojave
Gran Cañón
Meseta de Colorado
Cabo Conception
Los Ángeles
Islas Aglonormandas
Mar Salton
San Diego
Phoenix
Desierto de Sonora
Río Grande
Mtes. Sacramento
Llano Estacado
R. Red
Dallas
Brazos
Meseta Eduardo
Río Grande
MÉXICO
TRÓPICO DE CÁNCER
OCÉANO ÁRTICO
Cabo Barrow
Mar de Beaufort
Mar Chukchi
RUSIA
Elevación Norte
Montes Brooks
Estrecho de Bering
CÍRCULO POLAR ÁRTICO
Península Seward
ALASKA
CANADÁ
Isla San Lorenzo
Yukon
Tanana
Kuskokwim
Cordillera de Alaska
Monte McKinley (Denali)
20,320 pies, 6,194 m
Anchorage
Isla Nunivak
Mar de Bering
Bahía de Bristol
Golfo de Alaska
Archipiélago Alexander
Península de Alaska
Isla Kodiak
OCÉANO PACÍFICO
ALASKA
0 mi 300
0 km 300

MAPA FÍSICO DE ESTADOS UNIDOS
0 mi 300
0 km 300
PROYECCIÓN CÓNICA DE ALBERS
NATIONAL GEOGRAPHIC
Lago de los Bosques
Isla Royale
Lago Superior
Península Superior
Lago Michigan
Península Inferior
Lago Hurón
Lago Champlain
Lago Ontario
Lago Erie
Cataratas del Niágara
Mtes. Adirondack
Mtes. Green
Mtes. White
Golfo de Maine
Boston
Cabo Cod
Long Island
Nueva York
Filadelfia
Baltimore
Washington
Bahía de Delaware
Bahía de Chesapeake
Cabo Hatteras
OCÉANO ATLÁNTICO
Minneapolis
Milwaukee
Chicago
Detroit
Cleveland
Pittsburgh
Indianapolis
St. Louis
Memphis
Atlanta
Jacksonville
Nueva Orleans
Houston
Miami
LLANURAS CENTRALES
LLANURAS COSTERAS
MONTES APALACHES
Meseta de los Apalaches
Mtes. Allegheny
Blue Ridge
Piedmont
Meseta de Cumberland
Mtes. Cumberland
Monte Mitchell 6,684 pies 2,037 m
Meseta de Ozark
Colinas Flint
Mtes. Boston
Mtes. Ouachita
Black Belt
Mississippi
Ohio
Wabash
Cumberland
Tennessee
Red
Savannah
Hudson
Connecticut
Delta del río Mississippi
Golfo de México
Cabo Cañaveral
Lago Okeechobee
Los Everglades
Cayos de la Florida
Estrechos de la Florida
TRÓPICO DE CÁNCER
CUBA
CANADÁ
Niihau
Kauai
Oahu
Honolulu
Molokai
Maui
Lanai
Kahoolawe
Hawai
Mauna Kea 13,796 Pies 4,205 m
OCÉANO PACÍFICO
LAS PRINCIPALES ISLAS HAWAIANAS
0 mi 100
0 km 100

OCÉANO GLACIAL ÁRTICO
RUSIA
ALASKA
EE.UU.
CÍRCULO POLAR GLACIER
Mar de Beaufort
Islas de la Reina Isabel
Polo Norte Magnético
Isla del Príncipe Patrick I.
Isla Melville
Isla Bathurst
Isla de Banks
Islas Somerset
Isla Príncipe de Gales
Isla Victoria
Península Boothia
Inuvik
TERRITORIO DEL YUKÓN
Monte Logan 19,551 pies 5,959 m
Meseta del Yukón
Mtes. Mackenzie
Mackenzie
Gran Lago del Oso
Whitehorse
TERRITORIOS DEL NOROESTE
NUNAVUT
Cataratas de Virginia
Yellowknife
Gran Lago del Esclavo
Esclavo
ESCUDO
Peace
Lago Athabasca
Churchill
Islas de la Reina Carlota
COLUMBIA BRITÁNICA
Cordilleras Costeras
Montañas Rocosas
ALBERTA
GRANDES LLANURAS
Athabasca
Meseta Fraser
Príncipe Jorge
Fraser
Mtes. de Columbia
Nelson
OCÉANO PACÍFICO
Edmonton
SASKATCHEWAN
MANITOBA
Saskatchewan
Isla Vancouver
Vancouver
Victoria
Calgary
Saskatoon
Lago Winnipegosis
Lago Winnipeg
Regina
Winnipeg
Lago de los Bosques
ESTADOS UNIDOS
60°N
70°N
80°N
50°N
40°N
170°O
160°O
150°O
140°O
130°O
120°O
110°O
100°O

MAPA FÍSICO Y POLÍTICO DE CANADÁ
0 mi 400
0 km 400
PROYECCIÓN ACIMUTAL EQUIDISTANTE
NATIONAL GEOGRAPHIC
GROENLANDIA (KALAALLIT NUNAAT)
Dinamarca
ISLANDIA
Isla Ellesmere
Islas Devon
Bahía de Baffin
Tierra de Baffin
Estrecho de Davis
Península de Melville
Cuenca Foxe
Iqaluit
Isla Southampton
Estrecho de Hudson
Mar del Labrador
Bahía de Ungava
Bahía de Hudson
Islas Belcher
Bahía James
TERRANOVA Y LABRADOR
Cartwright
Schefferville
Bahía de Happy Valley-Goose
Embalse de Smallwood
Cataratas de Churchill
Isla Terranova
St. John's
Península Avalon
QUEBEC
Embalse de Manicouagan
Sept-Îles
Isla Anticosti
Golfo de San Lorenzo
St.-Pierre y Miquelon
Fr.
Pen. Gaspe
ISLA DEL PRÍNCIPE EDUARDO
Isla del Cabo Breton
Charlottetown
NUEVA BRUNSWICK
Nueva Escocia
OCÉANO ATLÁNTICO
Chicoutimi
Ciudad de Quebec
Fredericton
Saint John
Halifax
Bahía de Fundy
San Lorenzo
Rouyn-Noranda
ONTARIO
Lago Nipigon
Bahía de Thunder
Lago Superior
Sudbury
Montreal
Ottawa
Lago Hurón
Toronto
Lago Ontario
Cataratas del Niágara
Londres
Lago Erie
Lago Michigan
CANADIENSE
NUNAVUT
90°O 80°O 70°O 60°O 50°O 40°O 30°O 20°O 10°O
80°N 70°N 60°N 50°N 40°N
10°O 20°O 30°O 40°O 50°O

ESTADOS UNIDOS
MÉXICO
Golfo de México
Bahía de Campeche
OCÉANO PACÍFICO
AMÉRICA CENTRAL
Golfo de California
Sierra Madre Occidental
Sierra Madre Oriental
Sierra Madre del Sur
Tijuana
Mexicali
Desierto de Sonora
Ciudad Juáez
BAJA CALIFORNIA
BAJA CALIFORNIA SUR
SONORA
CHIHUAHUA
Chihuahua
COAHUILA
Río Grande
Nuevo Laredo
Monterrey
Matamoros
NUEVO LEÓN
TAMAULIPAS
DURANGO
SINALOA
La Paz
Cabo False
Mazatlán
ZACATECAS
SAN LUIS POTOSÍ
NAYARIT
Ciudad Madero
Tampico
AGUASCALIENTES
San Luis Potosí
QUÉRETARO
Guadalajara
León
JALISCO
VERACRUZ
HIDALGO
TLAXCALA
GUANAJUATO
COLIMA
Ciudad de México
MICHOACÁN
Orizaba 18,855 pies 5,747 m.
Popocatepetl 17,802 pies 5,426 m.
DISTRITO FEDERAL
PUEBLA
Veracruz
MÉXICO
MORELOS
Acapulco
GUERRERO
OAXACA
Istmo de Tehuantepec
Golfo de Tehuantepec
TABASCO
CHIAPAS
CAMPECHE
YUCATÁN
Merida
Península Yucatán
QUINTANA ROO
Ciudad de Belice
Belmopán
BELICE
Golfo de Honduras
GUATEMALA
Ciudad de Guatemala
Sierra Madre
EL SALVADOR
San Salvador
Tegucigalpa
HON
León
Islas Revillagigedo
México
Isla de Cocos
Costa Rica
MAPA FÍSICO Y POLÍTICO
AMÉRICA CENTRAL
0 mi 400
0 km 400
PROYECCIÓN ACIMUTAL EQUIDISTANTE
NATIONAL GEOGRAPHIC
N
110°O
100°O
90°O
30°N
20°N
10°N
0°

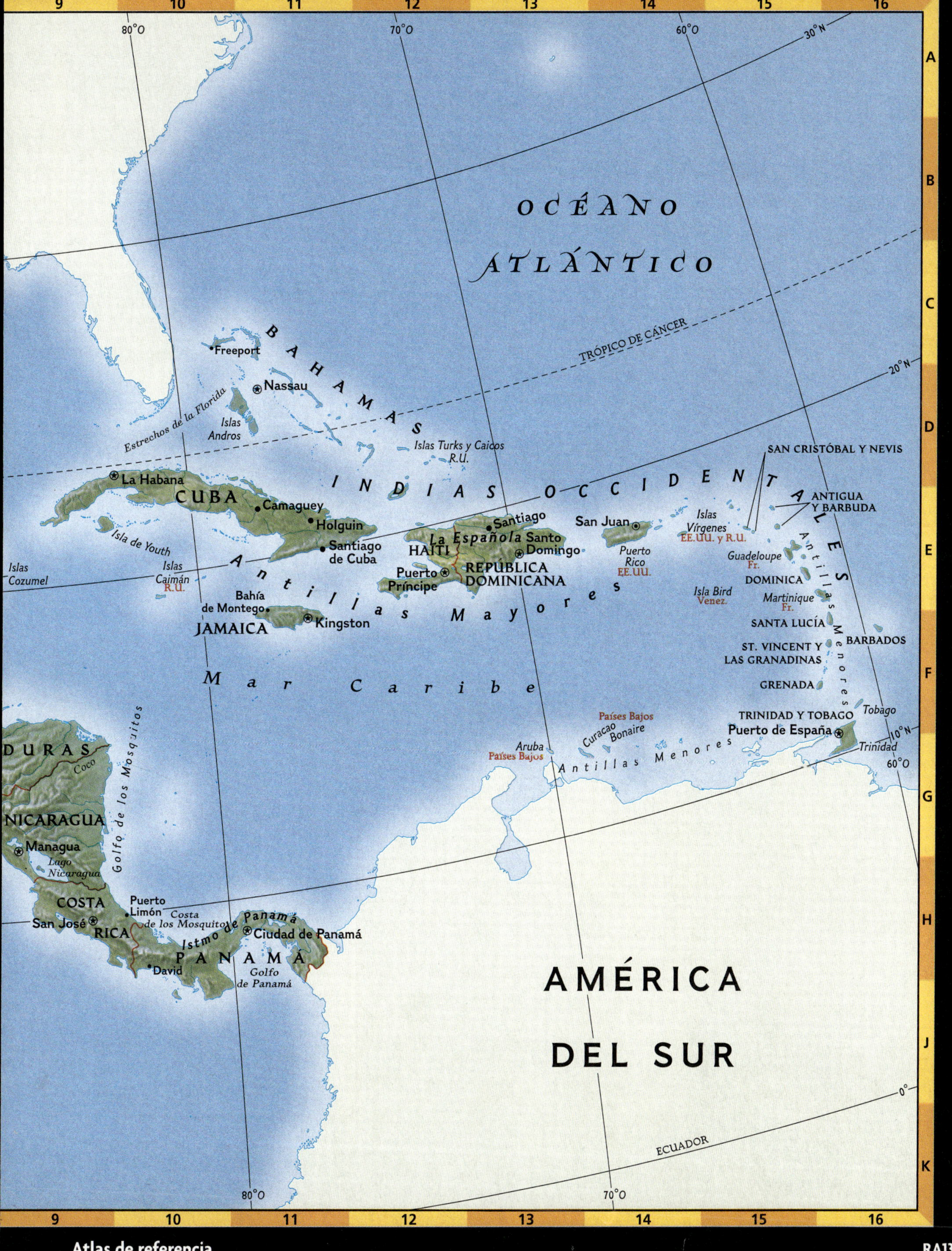
OCÉANO ATLÁNTICO
TRÓPICO DE CÁNCER
BAHAMAS
Freeport
Nassau
Estrechos de la Florida
Islas Andros
Islas Turks y Caicos R.U.
INDIAS OCCIDENTALES
La Habana
CUBA
Camaguey
Holguin
Santiago de Cuba
Isla de Youth
Islas Cozumel
Islas Caimán R.U.
Antillas Mayores
Bahía de Montego
JAMAICA
Kingston
HAITI
Puerto Príncipe
La Española
Santiago
Santo Domingo
REPÚBLICA DOMINICANA
San Juan
Puerto Rico EE.UU.
Islas Vírgenes EE.UU. y R.U.
SAN CRISTÓBAL Y NEVIS
ANTIGUA Y BARBUDA
Guadeloupe Fr.
DOMINICA
Isla Bird Venez.
Martinique Fr.
SANTA LUCÍA
ST. VINCENT Y LAS GRANADINAS
BARBADOS
GRENADA
Antillas Menores
Tobago
TRINIDAD Y TOBAGO
Puerto de España
Trinidad
Mar Caribe
Países Bajos
Curacao
Bonaire
Aruba Países Bajos
Antillas Menores
DURAS
Coco
NICARAGUA
Managua
Lago Nicaragua
Golfo de los Mosquitos
COSTA RICA
San José
Puerto Limón
Costa de los Mosquitos
Istmo de Panamá
Ciudad de Panamá
PANAMÁ
David
Golfo de Panamá
AMÉRICA DEL SUR
ECUADOR
80°O
70°O
60°O
30°N
20°N
10°N
0°
9 10 11 12 13 14 15 16
A B C D E F G H J K

MAPA POLÍTICO DE AMÉRICA DEL SUR
OCÉANO ATLÁNTICO
OCÉANO PACÍFICO
Mar Caribe
VENEZUELA
COLOMBIA
ECUADOR
PERÚ
BRASIL
BOLIVIA
PARAGUAY
CHILE
ARGENTINA
URUGUAY
GUYANA
SURINAME
GUYANA FRANCESA
Fr.
CUENCA DEL AMAZONAS
Límite reclamado por Surinam
Isla Malpelo
Col.
Colombia
Isla de San Félix
Isla de San Ambrosio
Chil.
Islas Juan Fernández
Islas Falkland (Malvinas)
(Islas Malvinas)
Administrado por el Reino Unido
(Claimed by Arg.)
Estrecho de Magallanes
TIERRA DEL FUEGO
Cabo de Hornos
Isla Georgia del Sur
R.U.
Isla Marajó
TRÓPICO DE CAPRICORNIO
ECUADOR
Caracas
Bogotá
Quito
Lima
La Paz
Sucre
Asunción
Montevideo
Buenos Aires
Santiago
Brasilia
Georgetown
Paramaribo
Cayenne
Stanley
0 mi 800
0 km 800
PROYECCIÓN ACIMUTAL EQUIDISTANTE
NATIONAL GEOGRAPHIC

MAPA FÍSICO DE
AMÉRICA DEL SUR
0 mi
800
0 km
800
PROYECCIÓN ACIMUTAL EQUIDISTANTE
NATIONAL GEOGRAPHIC
Mar Caribe
OCÉANO ATLÁNTICO
OCÉANO PACÍFICO
Caracas
Lago Maracaibo
Orinoco
VENEZUELA
GUYANA
Georgetown
SURINAM
Paramaribo
Cayenne
GUAYANA FRANCESA
Cataratas del Ángel
Caída total de 3,212 pies 979 m.
Bogotá
COLOMBIA
LOS LLANOS
MACIZO DE LAS GUAYANAS
Límite reclamado por Surinam
Isla Malpelo
Quito
ECUADOR
Negro
Amazonas
Isla de Marajó
CUENCA DEL
Selvas
AMAZONAS
Madeira
Tapajós
Xingu
Purús
Ucayali
Teles Pires
Tocantins
São Francisco
BRASIL
ANDES DEL PERÚ
Lima
Machu Picchu
Lago Titicaca
BOLIVIA
La Paz
Altiplano
Sucre
Salar de Uyuni
MESETA DE MATO GROSSO
MESETA BRASILEÑA
Brasília
PARAGUAY
Paraguay
GRAN CHACO
Asunción
Cataratas de Iguazú
TRÓPICO DE CAPRICORNIO
Paraná
Uruguay
Aconcagua 22,834 pies 6,960 m
Santiago
Islas Juan Fernández
Buenos Aires
URUGUAY
Montevideo
Río de la Plata
PAMPAS
ARGENTINA
ANDES CHILENOS
Negro
Isla Grande de Chiloé
-131 Pies -40 m
Península Valdés
PATAGONIA
Golfo de San Jorge
Península Taitao
Isla de Wellington
Islas Falkland (Islas Malvinas)
Stanley
Estrecho de Magallanes
Tierra del Fuego
Cabo de Hornos
Isla Georgia del Sur
ECUADOR
10°N
0°
10°S
20°S
30°S
40°S
50°S
100°
90°0
80°0
70°0
60°0
50°0
40°0
30°0
20°0
1
2
3
4
5
6
7
A
B
C
D
E
F
G
H
J
K

MAPA POLÍTICO DE
EUROPA
0 mi 400
0 km 400
PROYECCIÓN ACIMUTAL EQUIDISTANTE
NATIONAL GEOGRAPHIC
OCÉANO ATLÁNTICO
ISLANDIA
Reikiavic
Akureyri
CÍRCULO POLAR ÁRTICO
MERIDIANO DE GREENWICH (LONDRES)
Mar de Noruega
Islas Faroe
Dinamarca
Torshavn
Islas Shetland
Lerwick
Islas Orcadas
Rockall
R.U.
Isla de Lewis
Inverness
Aberdeen
REINO UNIDO
ESCOCIA
Glasgow
Edimburgo
IRLANDA DEL NORTE
Belfast
IRLANDA
Dublín
Cork
Mar de Irlanda
Liverpool
Manchester
GALES
Birmingham
INGLATERRA
Cardiff
Londres
Southampton
Land's End
Mar Céltico
Canal de la Mancha
Mar del Norte
NORUEGA
SUECIA
Tromso
Trondheim
Are
Alesund
Sundsvall
Bergen
Stavanger
Oslo
Uppsala
Estocolmo
Golfo de
Skagerrak
Goteborg
Gotland
DINAMARCA
Arhus
Copenhague
Malmo
Mar Báltico
Kiel
Hamburgo
Gdansk
Bydgoszcz
Berlín
PA. BA.
La Haya
Amsterdam
ALEMANIA
POLONIA
Bruselas
BÉLGICA
Bonn
Rin
Frankfurt
Lodz
Wroclaw
Oder
LUXEMBURGO
Praga
REP. CHE.
ESLOVAQUIA
Bratislava
Viena
Munich
LIECHTENSTEIN
AUSTRIA
Budapest
HUNGRÍA
ESLOVENIA
Liubliana
Zagreb
CROACIA
BOSNIA Y HERZEGOVINA
Sarajevo
Le Havre
Brest
Rennes
París
Estraburgo
Nantes
FRANCIA
La Rochelle
Limoges
Golfo de Vizcaya
Burdeos
Zürich
Berna
SUIZA
Ginebra
Lyon
ALPES
Milán
Turín
Venecia
Génova
Toulouse
MÓNACO
Niza
Marsella
SAN MARINO
ITALIA
Mar Adriático
Córcega
Fr.
CIUDAD DEL VATICANO
Roma
Tirana
ALBANIA
Nápoles
Cerdeña
Italia
Cagliari
Mar Tirreno
Mar Jónico
Palermo
Sicilia
Messina
Catania
La Valletta
MALTA
Mar Mediterráneo
A Coruña
Vigo
Oporto
Bilbao
Donostia-San Sebastián
Pirineos
Valladolid
Coimbra
PORTUGAL
ANDORRA
Zaragoza
Madrid
Lisboa
ESPAÑA
Barcelona
Valencia
Palma
Islas Baleares
España
Cabo San Vicente
Córdoba
Sevilla
Murcia
Cádiz
Málaga
Cartagena
GIBRALTAR
R.U.
Estrecho de Gibraltar, 492
ÁFRICA
60°N
50°N
40°N
30°N
70°N
40°O
30°O
20°O
10°O
0°
10°E
1 2 3 4 5 6 7 8
A B C D E F G H J K

Mar de Barents
Murmansk
Península de Kola
Kirovsk
Umba
Mar Blanco
Kem
Archangelísk
Severodvinsk
Tobseda
Pechora
MONTES URALES
Una división comúnmente aceptada entre Asia y Europa aquí marcada con una línea gris está formada por los Montes Urales, el río Ural, el Mar Caspio, el Cáucaso y el Mar Negro con sus salidas, el Bósforo y el Estrecho de los Dardanelos.
Límite entre Europa y Asia
ASIA
LAPLANDIA
Ivalo
Kiruna
Kemi
Lulea
Oulu
Umea
Botnia
FINLANDIA
Vaasa
Kuopio
Pori
Tampere
Turku
Helsinki
Lago Onega
Lago Ladoga
San Petersburgo
Syktyvkar
RUSIA
Perm
Kirov
Ufa
Kazán
Tallinn
ESTONIA
Velikiy Novgorod
Yaroslav
Nizhniy Novgorod
Tver
Moscú
Samara
Orenburg
Riga
LETONIA
Daugavpils
LITUANIA
Vilna
Vilnius
Smolensk
Riazán
Penza
RUSSIA
Kaunas
Minsk
BELARRUSIA
Briansk
Saratov
Volga
Oral
Ural
KAZAJSTÁN
Homyel
Varsovia
Kursk
Chernihiv
Sumy
Kharkiv
Volvogrado
Kiev
Poltava
Krakow
Lvov
UCRANIA
Vinnitsa
Dniéster
Donetsk
Astracán
Mtes. Cárpatos
Dnepropetrovsk
Rostov
MOLDAVIA
Kishinev
Mar de Azov
Stavropol
Odesa
Kerch
Crimea
Grozni
RUMANÍA
Simferopol
Yalta
Sevastopol
CÁUCASO MONTES
GEORGIA
AZERBAIYÁN
Mar Caspio
Belgrado
SERBIA Y MONTENEGRO
Bucarest
Danubio
Constanta
Bakú
Mtes. Balcanes
Varna
Mar Negro
BULGARIA
KÍSOVO
Sofía
Skopje
MACED.
Bósforo
Estambul
TURQUÍA
Tesalónica
Dardanelos
Mar de Mármara
GRECIA
Mar Egeo
Atenas
Peloponeso
ASIA
Rodas
Nicosia
Creta
Iraklio
CHIPRE

MAPA FÍSICO DE
EUROPA
0 mi 400
0 km 400
PROYECCIÓN ACIMUTAL EQUIDISTANTE
NATIONAL GEOGRAPHIC
OCÉANO ATLÁNTICO
Reikiavic
ISLANDIA
CÍRCULO POLAR ÁRTICO
MERIDIANO DE GREENWICH (LONDRES)
Mar de Noruega
Islas Faroe
Islas Shetland
Islas Orcadas
Hébridas Exteriore
Islas Británicas
Mesetas
Edimburgo
Belfast
EL REINO UNIDO
IRLANDA
Dublín
Mar de Irlanda
Gran Bretaña
Cardiff
Londres
Mar del Norte
ESCANDINAVIA
SUECIA
Oslo
Estocolmo
Golfo de
Jutlandia
DINAMARCA
Copenhague
Zelanda
Mar
Amsterdam
PA. BA.
Berlín
LLANURA
POLONIA
Oder
Canal de la Mancha
BÉLGICA
Bruselas
Rin
ALEMANIA
LUXEMBURGO
Elba
Praga
REP. CHE.
Sena
París
Bretaña
Loira
FRANCIA
Danubio
Bratislava
ESLOVAQUIA
LIECHTENSTEIN
Viena
Golfo de Vizcaya
Monte Blanco 15,771 pies 4,807 m
Berna
SUI.
AUSTRIA
Budapest
HUNGRÍA
ALPES
Macizo Central
Ródano
ESLOVENIA
Drava
Liubliana
Zagreb
CROACIA
Sava
Danubio
Po
Mar Adriático
Cordillera Cantábrica
Pirineos
MÓNACO
Riviera
SAN MARINO
BOSNIA Y HERZEGOVINA
Sarajevo
Duero
PORTUGAL
PENÍNSULA IBÉRICA
ESPAÑA
Madrid
Tajo
Ebro
Lisboa
ANDORRA
Córcega
Apeninos
ITALIA
CIUDAD DEL VATICANO
Roma
DE
Tirana
ALBANIA
Cerdeña
Mar Tirreno
Islas Baleares
GIBRALTAR
Cordilleras Béticas
Estrecho de Gibraltar
Mar Mediterráneo
Mar Jónico
Sicilia
Etna 10,902 pies 3,323 m
ÁFRICA
La Valeta
MALTA

Mar de Barents
Cabo del Norte
Península de Kola
Mar Blanco
Pechora
Montes Urales
Dvina Septentrional
Botnia
FINLANDIA
Región de los lagos
Lago Onega
Lago Ladoga
Límite entre Europa y Asia
ASIA
RUSIA
Helsinki
Golfo de Finlandia
Tallinn
ESTONIA
Báltico
Riga
LETONIA
LITUANIA
Vilna
RUSIA
Minsk
BELARRUSIA
Varsovia
Vístula
Moscú
Volga
Kama
Ural
Okā
MESETA DE RUSIA CENTRAL
Dniéper
Don
EUROPA SEPTENTRIONAL
KAZAJSTÁN
Depresión del Caspio
Mar Caspio
Kiev
UCRANIA
MONTES CÁRPATOS
Dniéster
MOLDAVIA
Kishinev
Mar de Azov
Crimea
Elbrus 18,510 pies 5,642 m
Cúcaso Urales
AZERBAIYÍN
Bakú
GEORGIA
RUMANÍA
Tisza
Belgrado
Bucarest
Danubio
PENÍNSULA DE LOS BALCANES
SERB. Y MONTENEGRO
Balcanes Urales
BULGARIA
Sofía
Skopje
MACED.
Mar Negro
Bósforo
TURQUÍA
GRECIA
Dardanelos
Mar de Mármara
Mar Egeo
Atenas
Peloponeso
Creta
Rodas
Nicosia
CHIPRE
ASIA
30°E
40°E
50°E
60°N
70°N
80°E
70°E
50°N
60°E
40°N
30°N
9
10
11
12
13
14
15
16
A
B
C
D
E
F
G
H
J
K

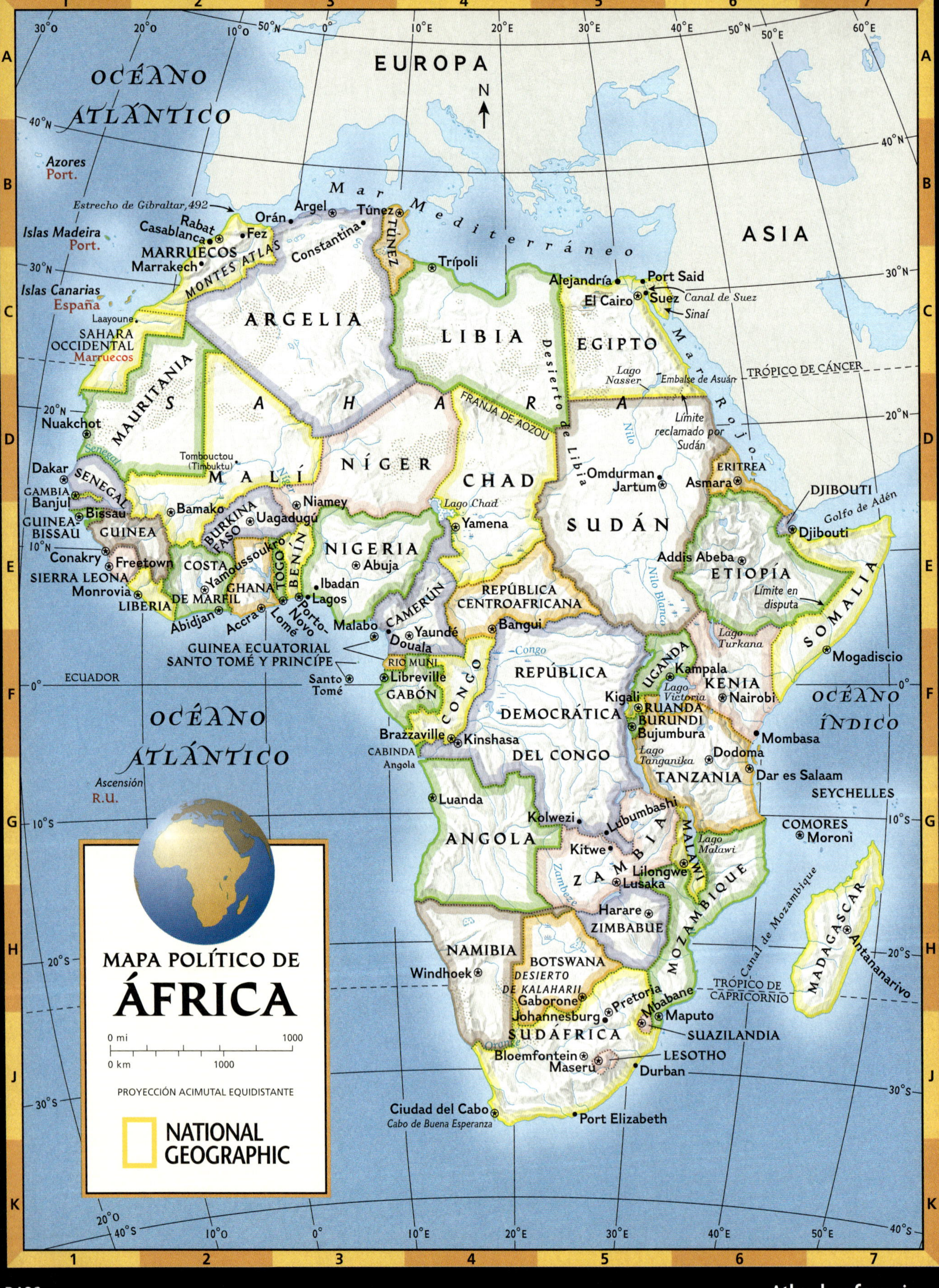
MAPA POLÍTICO DE
ÁFRICA
0 mi
1000
0 km
1000
PROYECCIÓN ACIMUTAL EQUIDISTANTE
NATIONAL GEOGRAPHIC
EUROPA
ASIA
OCÉANO ATLÁNTICO
OCÉANO ATLÁNTICO
OCÉANO ÍNDICO
Mar Mediterráneo
Mar Rojo
Golfo de Adén
Canal de Mozambique
Canal de Suez
Sinaí
Estrecho de Gibraltar, 492
Azores
Port.
Islas Madeira
Port.
Islas Canarias
España
Ascensión
R.U.
TRÓPICO DE CÁNCER
TRÓPICO DE CAPRICORNIO
ECUADOR
MONTES ATLAS
SAHARA
Desierto de Libia
DESIERTO DE KALAHARI
Franja de Aozou
MARRUECOS
ARGELIA
TÚNEZ
LIBIA
EGIPTO
SAHARA OCCIDENTAL
Marruecos
MAURITANIA
MALÍ
NÍGER
CHAD
SUDÁN
ERITREA
DJIBOUTI
ETIOPÍA
SOMALIA
SENEGAL
GAMBIA
GUINEA-BISSAU
GUINEA
SIERRA LEONA
LIBERIA
COSTA DE MARFIL
BURKINA FASO
GHANA
TOGO
BENÍN
NIGERIA
CAMERÚN
REPÚBLICA CENTROAFRICANA
GUINEA ECUATORIAL
SANTO TOMÉ Y PRÍNCIPE
RÍO MUNI
GABÓN
CONGO
REPÚBLICA DEMOCRÁTICA DEL CONGO
CABINDA
Angola
UGANDA
KENIA
RUANDA
BURUNDI
TANZANIA
SEYCHELLES
COMORES
ANGOLA
ZAMBIA
MALAWI
MOZAMBIQUE
ZIMBABUE
NAMIBIA
BOTSWANA
SUDÁFRICA
SUAZILANDIA
LESOTHO
MADAGASCAR
Rabat
Casablanca
Fez
Marrakech
Orán
Argel
Túnez
Constantina
Trípoli
Alejandría
El Cairo
Port Said
Suez
Laayoune
Nuakchot
Dakar
Banjul
Bissau
Conakry
Freetown
Monrovia
Tombouctou (Timbuktu)
Bamako
Niamey
Uagadugú
Yamoussoukro
Abidján
Accra
Lomé
Porto-Novo
Lagos
Ibadan
Abuja
Malabo
Yaundé
Douala
Libreville
Santo Tomé
Yamena
Bangui
Brazzaville
Kinshasa
Luanda
Omdurman
Jartum
Asmara
Djibouti
Addis Abeba
Mogadiscio
Kampala
Nairobi
Kigali
Bujumbura
Mombasa
Dodoma
Dar es Salaam
Moroni
Kolwezi
Lubumbashi
Kitwe
Lilongwe
Lusaka
Harare
Antananarivo
Windhoek
Gaborone
Pretoria
Johannesburgo
Mbabane
Maputo
Bloemfontein
Maseru
Durban
Ciudad del Cabo
Cabo de Buena Esperanza
Port Elizabeth
Lago Nasser
Embalse de Asuán
Límite reclamado por Sudán
Nilo
Nilo Blanco
Níger
Senegal
Lago Chad
Congo
Lago Turkana
Lago Victoria
Lago Tanganika
Lago Malawi
Zambeze
Orange
Límite en disputa
N

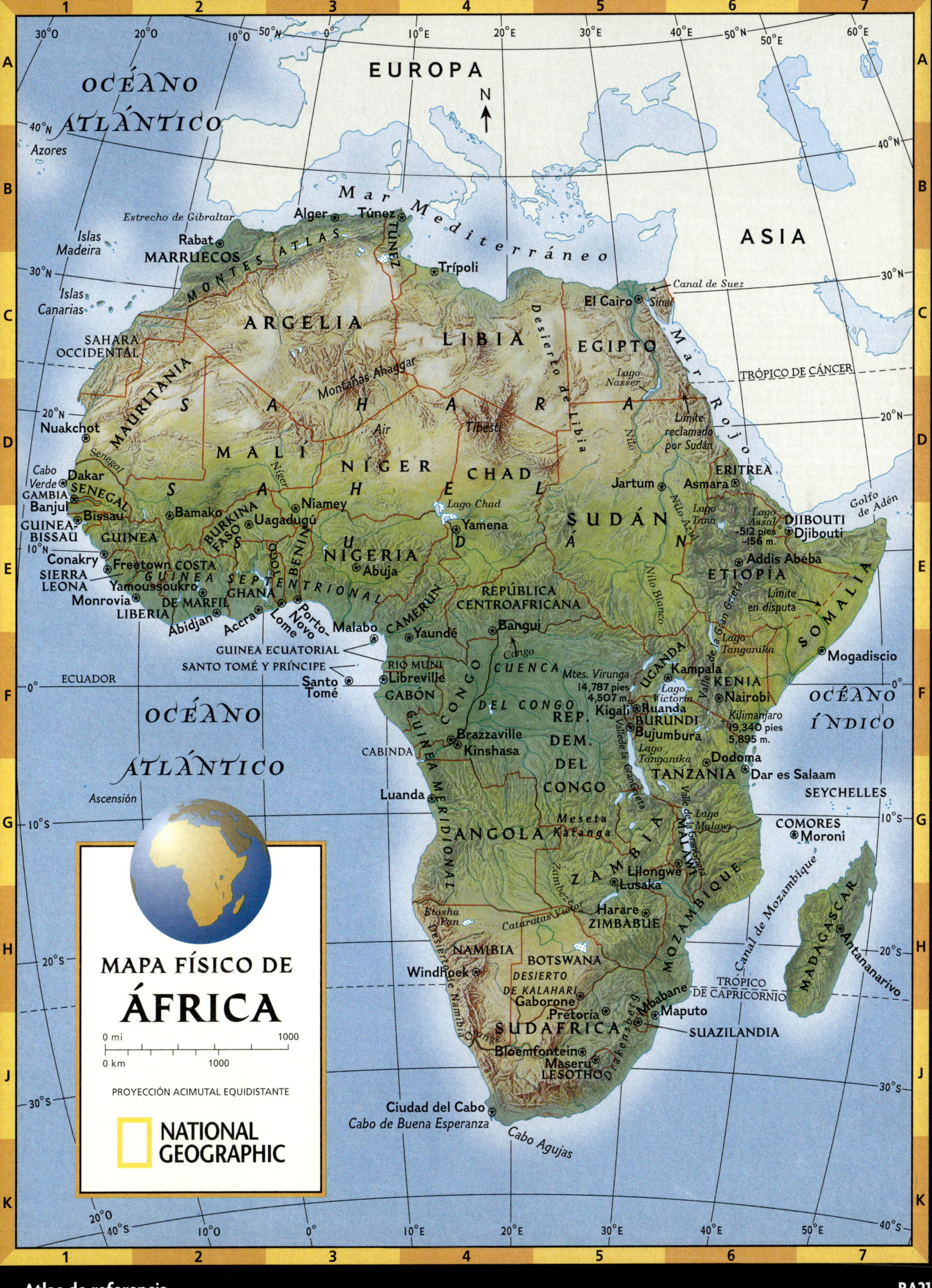

MAPA FÍSICO DE
ÁFRICA
0 mi
1000
0 km
1000
PROYECCIÓN ACIMUTAL EQUIDISTANTE
NATIONAL GEOGRAPHIC
EUROPA
ASIA
OCÉANO ATLÁNTICO
OCÉANO ATLÁNTICO
OCÉANO ÍNDICO
Azores
Islas Madeira
Islas Canarias
Estrecho de Gibraltar
Mar Mediterráneo
Canal de Suez
Sinaí
Mar Rojo
Golfo de Adén
TRÓPICO DE CÁNCER
ECUADOR
TRÓPICO DE CAPRICORNIO
Ascensión
MARRUECOS
Rabat
MONTES ATLAS
Alger
Túnez
TÚNEZ
Trípoli
ARGELIA
LIBIA
EGIPTO
El Cairo
Desierto de Libia
Lago Nasser
SAHARA OCCIDENTAL
MAURITANIA
Nuakchot
Montañas Ahaggar
Air
Tibesti
S A H A R A
Límite reclamado por Sudán
Nilo
ERITREA
Asmara
Jartum
SUDÁN
MALI
NÍGER
CHAD
Lago Chad
Yamena
Níger
Senegal
Cabo Verde
Dakar
SENEGAL
GAMBIA
Banjul
GUINEA-BISSAU
Bissau
GUINEA
Conakry
SIERRA LEONA
Freetown
LIBERIA
Monrovia
COSTA DE MARFIL
Yamoussoukro
Abidján
Bamako
BURKINA FASO
Uagadugú
Niamey
S A H E L
GHANA
Accra
TOGO
Lomé
BENIN
Porto-Novo
GUINEA SEPTENTRIONAL
NIGERIA
Abuja
Lago Tana
Nilo Azul
Nilo Blanco
Lago Assal -512 pies -156 m.
DJIBOUTI
Djibouti
ETIOPÍA
Addis Abeba
Límite en disputa
SOMALIA
Mogadiscio
CAMERÚN
Yaundé
Malabo
GUINEA ECUATORIAL
SANTO TOMÉ Y PRÍNCIPE
Santo Tomé
RÍO MUNI
Libreville
GABÓN
REPÚBLICA CENTROAFRICANA
Bangui
Congo
CUENCA DEL CONGO
CONGO
Brazzaville
Kinshasa
CABINDA
REP. DEM. DEL CONGO
Mtes. Virunga 14,787 pies 4,507 m.
UGANDA
Kampala
Lago Victoria
KENIA
Nairobi
Valle de la Gran Grieta
Lago Tanganika
Kigali
Ruanda
BURUNDI
Bujumbura
Kilimanjaro 19,340 pies 5,895 m.
Dodoma
TANZANIA
Dar es Salaam
SEYCHELLES
COMORES
Moroni
Luanda
GUINEA MERIDIONAL
ANGOLA
Meseta Katanga
Lago Malawi
MALAWI
Lilongwe
ZAMBIA
Lusaka
Zambeze
Cataratas Victoria
Harare
ZIMBABUE
MOZAMBIQUE
Canal de Mozambique
MADAGASCAR
Antananarivo
Etosha Pan
Desierto de Namibia
NAMIBIA
Windhoek
BOTSWANA
DESIERTO DE KALAHARI
Gaborone
Pretoria
Mbabane
Maputo
SUAZILANDIA
SUDÁFRICA
Drakensberg
Bloemfontein
Maseru
LESOTHO
Ciudad del Cabo
Cabo de Buena Esperanza
Cabo Agujas

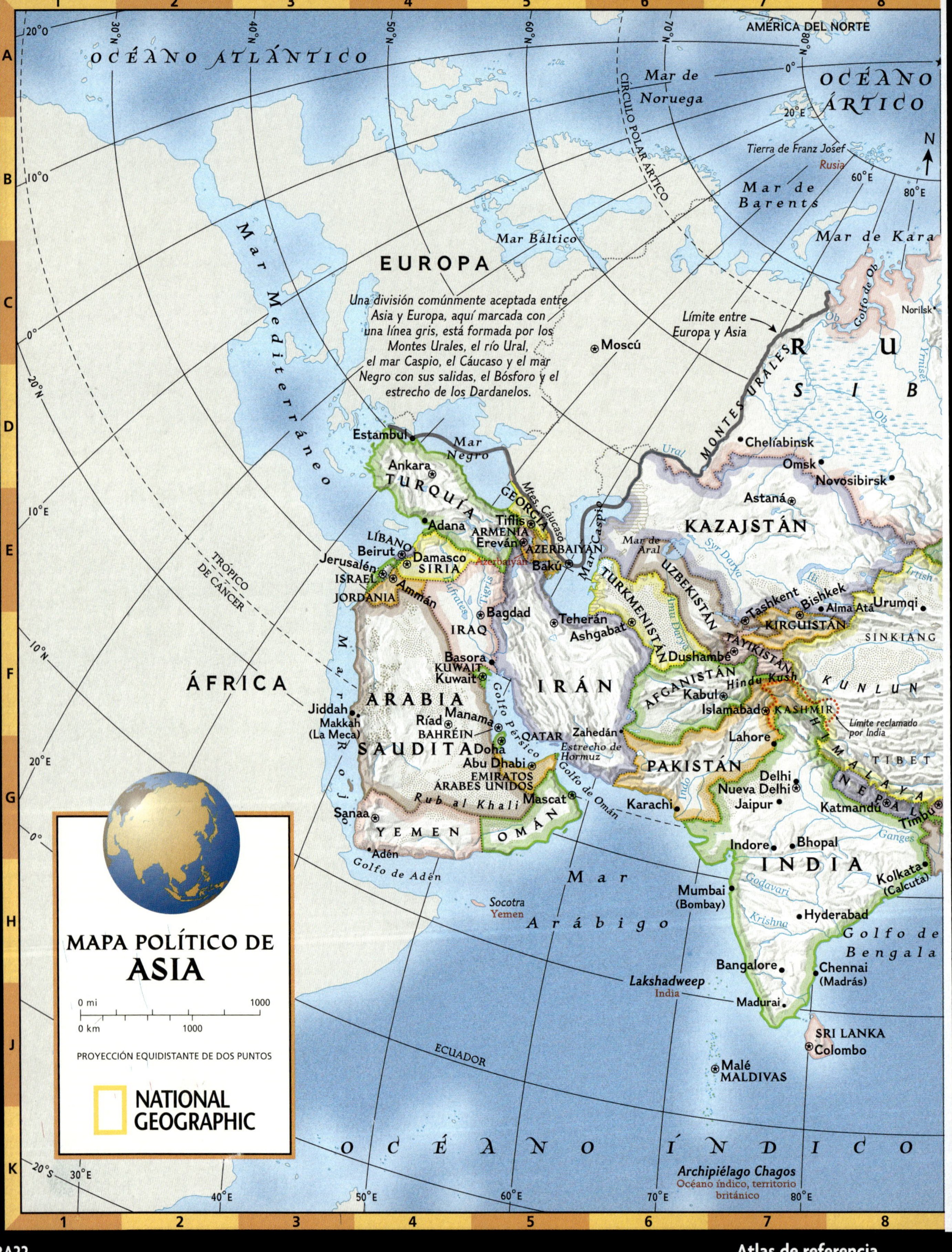

MAPA POLÍTICO DE
ASIA
0 mi 1000
0 km 1000
PROYECCIÓN EQUIDISTANTE DE DOS PUNTOS
NATIONAL GEOGRAPHIC
Una división comúnmente aceptada entre Asia y Europa, aquí marcada con una línea gris, está formada por los Montes Urales, el río Ural, el mar Caspio, el Cáucaso y el mar Negro con sus salidas, el Bósforo y el estrecho de los Dardanelos.
EUROPA
ÁFRICA
OCÉANO ATLÁNTICO
OCÉANO ÁRTICO
OCÉANO ÍNDICO
AMÉRICA DEL NORTE
Mar de Noruega
Mar de Barents
Mar de Kara
Mar Báltico
Mar Mediterráneo
Mar Negro
Mar Caspio
Mar de Aral
Mar Rojo
Mar Arábigo
Golfo Pérsico
Golfo de Omán
Golfo de Adén
Golfo de Bengala
Golfo de Ob
Estrecho de Hormuz
CÍRCULO POLAR ÁRTICO
TRÓPICO DE CÁNCER
ECUADOR
Tierra de Franz Josef
Rusia
Límite entre Europa y Asia
MONTES URALES
Mtes. Cáucaso
RUSIA
Moscú
Norilsk
Cheliabinsk
Omsk
Novosibirsk
Astaná
KAZAJSTÁN
TURQUÍA
Estambul
Ankara
Adana
GEORGIA
Tiflis
ARMENIA
Ereván
AZERBAIYÁN
Azerbaiyán
Bakú
LÍBANO
Beirut
Damasco
SIRIA
Jerusalén
ISRAEL
Ammán
JORDANIA
IRAQ
Bagdad
Basora
KUWAIT
Kuwait
IRÁN
Teherán
Zahedán
TURKMENISTÁN
Ashgabat
UZBEKISTÁN
Tashkent
KIRGUISTÁN
Bishkek
Alma Atá
TAYIKISTÁN
Dushambe
AFGANISTÁN
Kabul
Hindu Kush
Islamabad
KASHMIR
Límite reclamado por India
PAKISTÁN
Lahore
Karachi
SINKIANG
Urumqi
KUNLUN
TIBET
HIMALAYA
NEPAL
Katmandú
Timbu
INDIA
Delhi
Nueva Delhi
Jaipur
Indore
Bhopal
Kolkata (Calcuta)
Mumbai (Bombay)
Hyderabad
Bangalore
Chennai (Madrás)
Madurai
SRI LANKA
Colombo
Malé
MALDIVAS
Lakshadweep
India
ARABIA SAUDITA
Jiddah
Makkah (La Meca)
Ríad
Manama
BAHRÉIN
QATAR
Doha
Abu Dhabi
EMIRATOS ÁRABES UNIDOS
Rub al Khali
Mascat
OMÁN
Sanaa
YEMEN
Adén
Socotra
Yemen
Archipiélago Chagos
Océano Índico, territorio británico
Ural
Ob
Yenisei
Syr Darya
Amu Darya
Ili
Irtish
Éufrates
Tigris
Indo
Ganges
Godavari
Krishna

AMÉRICA DEL NORTE
Estrecho de Bering
Mar Chukchi
Polo Norte
GLACIAL
Isla Wrangel
Golfo de Anadyr
Anadyr
Mar de Bering
Mar de Siberia Oriental
Tierra del Norte
Nuevas Islas Siberianas
Mar de Laptev
Cordillera Kolyma
Cordillera Chersky
Montes de Verjoiansk
Isla Commander
Península de Kamchatka
Magadán
Mar de Ojotsk
Yakutsk
Lena
Aldan
Sakhalin
Islas Kuriles
Amur
Lago Baikal
Irkutsk
Yenisey
Hokkaido
Sapporo
MANCHURIA
Vladivostok
Mar de Japón
JAPÓN
Tokio
Ulan Bator
Herlen
Changchun
MONGOLIA
MTES. ALTAI
GOBI
Shenyang
COREA DEL NORTE
Honshu
Kioto
Osaka
Pyongyang
Seúl
Pekín
COREA DEL SUR
Hiroshima
Kyushu
Shijiazhuang
Qingdao
Mar Amarillo
Xuzhou
Lanzhou
Xi'an
Mar de China Oriental
Shanghai
Nanjing
CHINA
Okinawa
Islas Ryu-kyu
Isla Marcus Japón
TRÓPICO DE CÁNCER
Isla Bonin Japón
Isla Volcano Japón
Parece Vela Japón
OCÉANO PACÍFICO
Chengdu
Yangtze
Amarillo
Nanchang
Fuzhou
Taipei
Changsha
TAIWAN
Límite reclamado por China
BHUTAN
BANGLADESH
Dacca
Guiyang
Kunming
Cantón
Hong Kong
Macao
La República Popular de China reclama Taiwan como su provincia 23.
Irrawaddy
Mar Filipino
MYANMAR (BIRMANIA)
Hanoi
Haiphong
Luzón
LAOS
Hainan
Mar de China Meridional
Quezón City
Manila
Samar
FILIPINAS
Yangon (Rangoon)
Vientiane
Da Nang
Mindoro
Leyte
TAILANDIA
Panay
Negros
Bangkok
VIETNAM
Palawan
Mindanao
CAMBOYA
ECUADOR
Islas Andamán India
Phnom Penh
Ciudad Ho Chi Minh
Golfo de Tailandia
Mar de Andamán
Bandar Seri Begawan
BRUNEI
SABAH
Morotai
Halmahera
Biak
Jayapura
Nueva Guinea
SARAWAK
MALASIA
Islas Nicobar India
Kuala Lumpur
Medan
Molucas
Ceram
Buru
Isla Aru
Kepi
Merauke
Dolak
SINGAPUR
Borneo
Celebes
INDONESIA
Sumatra
Isla Tanimbar
Jambi
GRANDES ISLAS DE SUNDA
Islas Mentawai
Mar de Java
Dili
TIMOR ORIENTAL
Timor
Mar de Timor
AUSTRALIA
Yakarta
Java
Kupang
80° N
70° N
60° N
50° N
40° N
30° N
20° N
10° N
0°
10° S
20° S
180°
160° E
120° E
100° E
110° E
130° E
140° E
150° E
170° E
160° O
170° O
A
B
C
D
E
F
G
H
J
K
9
10
11
12
13
14
15
16

MAPA FISÍCO DE
ASIA
0 mi
1000
0 km
1000
PROYECCIÓN EQUIDISTANTE DE DOS PUNTOS
NATIONAL GEOGRAPHIC
OCÉANO ATLÁNTICO
AMÉRICA DEL NORTE
OCÉANO GLACIAL ÁRTICO
Mar de Noruega
CÍRCULO POLAR ÁRTICO
Mar de Barents
Mar de Kara
Mar Báltico
RUSIA
EUROPA
Mar Mediterráneo
Moscú
Límite entre Europa y Asia
Montes Urales
LLANURA DE SIBERIA OCCIDENTAL
Golfo de Ob
Ob
Yenisei
Ural
Mar Egeo
Mar Negro
ANATOLIA
TURQUÍA
Ankara
Cáucaso
GEORGIA
Depresión del Caspio
Mar Caspio
ESTEPAS
Astaná
Irtish
KAZAJSTÁN
TRÓPICO DE CÁNCER
Tbilisi
ARMENIA
Ereván
AZERBAIYÁN
Bakú
Mar de Aral
Syr Darya
Mar Caspio
Lago Baljash
LÍBANO
SIRIA
Beirut
Damasco
Desierto de Siria
Jerusalén
ISRAEL
Sinaí
JORDANIA
Ammán
Mesopotamia
Tigris
Éufrates
IRAQ
Baghdad
Mtes. Elbrus
Teherán
Ashgabat
TURKMENISTÁN
UZBEKISTÁN
Amu Darya
Tashkent
Bishkek
Alma Atá
KIRGUISTÁN
TIAN SHAN
TAYIKISTÁN
Dushanbe
Mar Muerto
-1,349 pies
-411 m.
Montes Zagros
DESIERTO DE TAKLIMAKÁN
KUWAIT
Kuwait
ÁFRICA
ARABIA SAUDITA
IRÁN
AFGANISTÁN
Kabul
HINDU KUSH
Islamabad
Kunlun Shan
Mar Rojo
Ríad
BAHRÉIN
Golfo Pérsico
QATAR
Estrecho de Hormuz
MESETA DEL TIBET
Monte Everest
29,035 pies
8,850 m.
Península Arábiga
EMIRATOS ÁRABES UNIDOS
PAKISTÁN
Indo
Gran Desierto Índico
Nueva Delhi
HIMALAYA
NEPAL
Katmandú
Timbu
Rub al Khal
Mascate
Golfo de Omán
Sanaa
YEMEN
OMÁN
Ganges
INDIA
Golfo de Adén
Mar Arábigo
Mar Laccadive
Ghats Occidentales
MESETA DECÁN
Ghats Orientales
Golfo de Bengala
ECUADOR
SRI LANKA
Colombo
Islas Maldivas
Malé
MALDIVAS
OCÉANO ÍNDICO

AMÉRICA DEL NORTE
Estrecho de Bering
Polo Norte
Mar Chukchi
Península de Chukchi
Isla Wrangel
Golfo de Anadyr
Mar de Siberia Oriental
Mar de Bering
Tierra del Norte
Nuevas Islas Siberianas
Mar de Laptev
Islas Aleutianas
Islas Commander
Península de Taimir
Cordillera Kolyma
Cordillera Cherskiy
Península de Kamchatka
Montes de Verjoiansk
MESETA DE SIBERIA CENTRAL
Mar de Ojotsk
Sakhalin
Islas Kuriles
A S I A
Angara
Lago Baikal
Cordillera Yablonovyy
Amur
Cordillera Sikhote Alin
Hokkaido
OCÉANO PACÍFICO
Yenisei
Gran Cordillera Khingan
Llanura Manchuriana
Mar de Japón (Mar Oriental)
JAPÓN
Tokio
Ulan Bator
MONGOLIA
MONTAÑAS ALTAI
GOBI
COREA DEL NORTE
Honshu
Pyongyang
Seúl
COREA DEL SUR
Shikoku
Kyushu
Nampo Shoto
TRÓPICO DE CÁNCER
Pekín
Llanura Norte de China
Amarillo
Mar Amarillo
Mar de China Oriental
Islas Ryu-kyu
Cuenca Qaidam
CHINA
Yangtze
Mekong
Salween
Cuenca Sichuan
Gongga Shan 24,790 pies 7,556 m.
Islas Marianas
Taipei
TAIWAN
Mar Filipino
BHUTÁN
Brahmaputra
BANGLADESH
Dacca
MYANMAR (BIRMANIA)
Hanoi
LAOS
Hainan
Luzón
ISLAS FILIPINAS
Islas Carolina
Vientiane
Yangon (Rangoon)
Manila
Filipinas
Mar de China Meridional
TAILANDIA
Bangkok
CAMBOYA
VIETNAM
Phnom Penh
ECUADOR
Islas Andamán
Mar Sulu
Mindanao
Golfo de Tailandia
Mar Andamán
Península de Malaca
Bandar Seri Begawan
BRUNEI
Mar Celebes
Nueva Guinea
Islas Nicobar
MALASIA
Kuala Lumpur
Singapur
Borneo
Celebes
Molucas
Sumatra
INDONESIA
Mar de Arafura
GRANDES ISLAS DE SUNDA
TIMOR-LESTE (TIMOR ORIENTAL)
Dili
Mar de Timor
AUSTRALIA
Islas Mentawai
Mar de Java
Yakarta
Java
9 10 11 12 13 14 15 16
A B C D E F G H J K

EUROPA
Mar Negro
Mar de Mármara
Estambul
ANATOLIA
Ankara
TURQUÍA
Túnez
TÚNEZ
Trípoli
Mar Mediterráneo
LIBIA
Montes Taurus
Aleppo
CHIPRE
SIRIA
LÍBANO
Damasco
Beirut
ISRAEL
Desierto de Siria
Jerusalén
Ammán
Alejandría
El Cairo
JORDANIA
Al-Giza
Península de Sinaí
Mira el recuadro de abajo
EGIPTO
R. Nilo
Hejaz
Embalse de Asuán
Mar Rojo
SAHARA
Límite reclamado por Sudán
SUDÁN
ÁFRICA
Jartum
Mar Mediterráneo Oriental
TURQUÍA
Aleppo
CHIPRE
SIRIA
Mar Mediterráneo
LÍBANO
Beirut
Damasco
Mar de Galilea
Alturas del Golán
Río Jordán
Tel Aviv-Yafó
Cisjordania
Canal de Suez
Jerusalén
Ammán
Franja de Gaza
Mar Muerto
ISRAEL
JORDANIA
Al-Giza
El Cairo
EGIPTO
ARABIA SAUDITA
Golfo de Aqaba
Golfo de Suez
Río Nilo
Mar Rojo
0 mi 100
0 km 100

MAPA FÍSICO/POLÍTICO DE
MEDIO ORIENTE
0 mi 500
0 km 500
PROYECCIÓN ACIMUTAL EQUIDISTANTE
NATIONAL GEOGRAPHIC
ASIA
UZBEKISTÁN
Tashkent
TAYIKISTÁN
Dushanbe
TURKMENISTÁN
Achkabad
Mashhad
Kabul
AFGANISTÁN
Mar Aral
Mar Caspio
Cáucaso
GEORGIA
Tbilisi
Erevan
ARMENIA
Mte. Ararat (16,854 pies 5,137 m)
Baku
AZERBAIYÁN
Montes Elbrús
Teherán
Meseta de Irán
Río Tigris
IRAQ
Bagdad
Montes Zagros
Río Éufrates
IRÁN
PAKISTÁN
Al Basrah
KUWAIT
Kuwait
Golfo Pérsico
Manama
BAHRÉIN
QATAR
Doha
Abu Dhabi
Golfo de Omán
TRÓPICO DE CÁNCER
Mascaté
Mar Arábigo
ARABIA SAUDITA
Ríad
EMIRATOS ÁRABES UNIDOS
OMÁN
PENÍNSULA ARÁBIGA
Asir
Rub al Khali (Area vacía)
YEMEN
Sanaa
Golfo de Adén
Adén
N
50°E
60°E
70°E
40°N
30°N
20°N
40°E

RUSIA
Lago Baikal
Cordillera Yablonovyy
Ulan Bator
MONGOLIA
MONTAÑAS ALTAI
GOBI
Gran Cordillera Khingan
Llanura de Manchuria
Amur
Cordillera Sikhote Alin
Sakhalin
PENÍNSULA DE KAMCHATKA
Mar de Ojotsk
Mar de Bering
ISLAS ALEUTIANAS
ISLAS KURILES
Hokkaido
Mar de Japón
COREA DEL NORTE
Pyongyang
Seúl
COREA DEL SUR
Pekín
Amarillo
Mar Amarillo
Honshu
JAPÓN
Tokio
Shikoku
Kyushu
NAMPO SHOTO
OCÉANO PACÍFICO
CHINA
Yangtze
Mekong
INDIA
Mar de China Oriental
Taipei
ISLAS RYU-KYU
TAIWAN
MYANMAR (BIRMANIA)
LAOS
Hanoi
Vientiane
Hainan
VIETNAM
TAILANDIA
Bangkok
Yangon (Rangoon)
CAMBOYA
Phnom Penh
Mar Andamán
Mar de China Meridional
Luzón
Manila
ISLAS FILIPINAS
FILIPINAS
Mar Sulu
Mindanao
Bandar Seri Begawan
BRUNEI
Kuala Lumpur
MALASIA
SINGAPUR
Sumatra
Borneo
Mar Célebes
INDONESIA
GRANDES ISLAS DE SUNDA
Célebes
MOLUCAS
Mar de Java
Yakarta
Java
ISLAS SUNDA MENORES
Dili
TIMOR ORIENTAL
Mar de Arafura
NUEVA GUINEA
PAPÚA NUEVA GUINEA
Port Moresby
ISLAS MARIANAS
ISLAS MARIANAS SEPTENTRIONALES EE.UU.
GUAM EE.UU.
MICRONESIA
Mar Filipino
PALÁU
Koror
ISLAS CAROLINAS
ESTADOS FEDERADOS DE MICRONESIA
Palikir
Arco Ralik
Arco Ratak
ISLAS MARSHALL
Majuro
POLINESIA
Tarawa
Islas Gilbert
Yaren
NAURU
KIRIBATI
Islas Phoenix
MELANESIA
Islas Salomón
ISLAS SALOMÓN
Honiara
Islas Santa Cruz
TUVALU
Funafuti
Tokelau N.Z.
SAMOA
WALLIS Y FUTUNA Fr.
SAMOA EE.UU.
Apia
TERRITORIO DE LAS ISLAS DEL MAR DEL CORAL Austral.
VANUATU
Port-Vila
NUEVA CALEDONIA Fr.
Suva
FIYI
TONGA
Niue N.Z.
Nukúalofa
TRÓPICO DE CAPRICORNIO
Mar del Coral
AUSTRALIA
Islas Norfolk Austral.
Isla Lord Howe Austral.
Islas Kermadec N.Z.
Darling
Gran Bahía Australiana
Canberra
Mar de Tasmania
NUEVA ZELANDA
Wellington
Tasmania
Islas Chatham N.Z.
OCÉANO ÍNDICO
105°E
120°E
135°E
150°E
165°E
180°
1 2 3 4 5 6 7 8
A B C D E F G H I J K

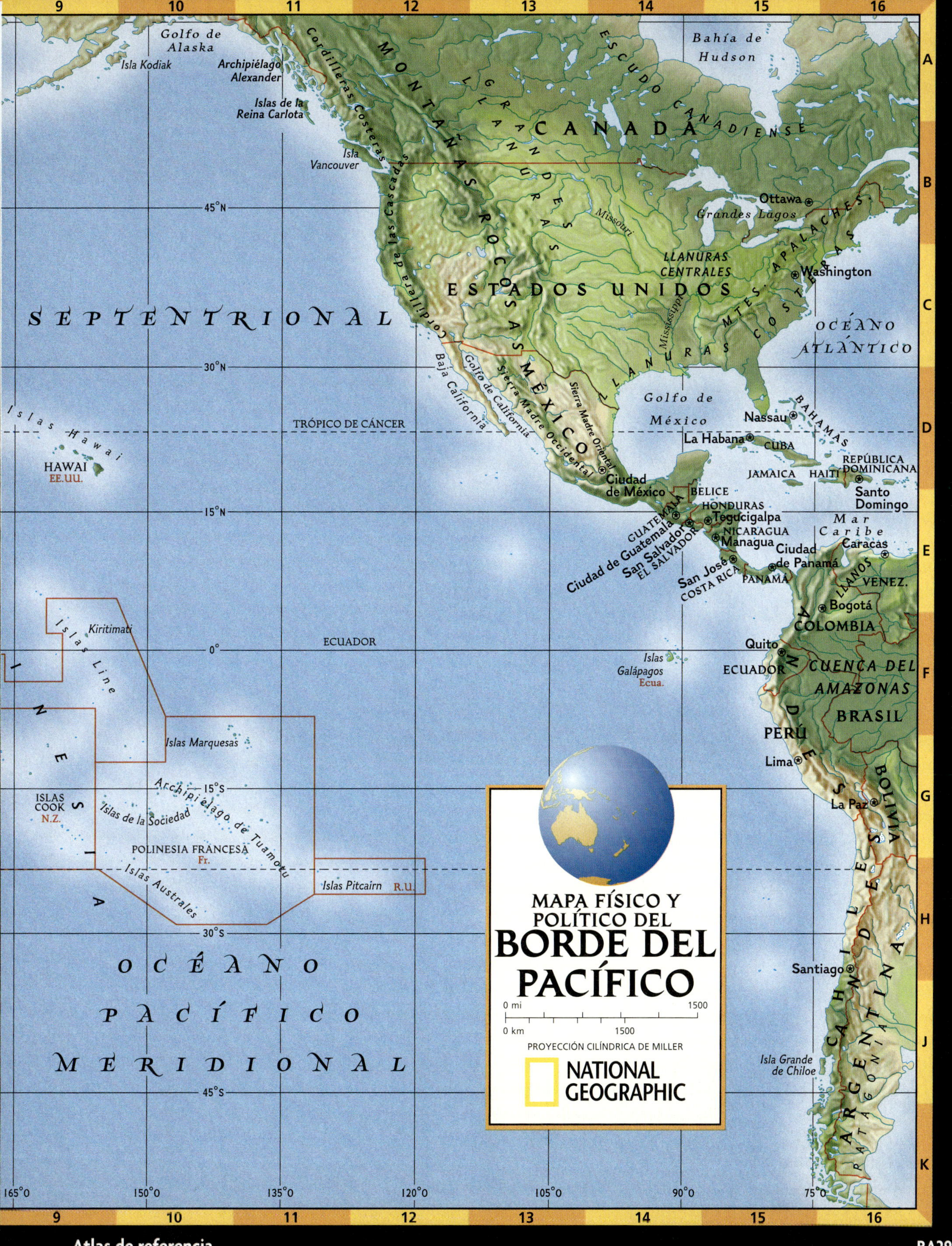

MAPA FÍSICO Y POLÍTICO DEL
BORDE DEL PACÍFICO
PROYECCIÓN CILÍNDRICA DE MILLER
NATIONAL GEOGRAPHIC
CANADÁ
ESTADOS UNIDOS
MÉXICO
OCÉANO PACÍFICO SEPTENTRIONAL
OCÉANO PACÍFICO MERIDIONAL
OCÉANO ATLÁNTICO
Golfo de Alaska
Bahía de Hudson
Golfo de México
Mar Caribe
TRÓPICO DE CÁNCER
ECUADOR
HAWAI
EE.UU.
POLINESIA FRANCESA
Fr.
ISLAS COOK
N.Z.
COLOMBIA
ECUADOR
PERÚ
BRASIL
BOLIVIA
ARGENTINA
CHILE
Ottawa
Washington
Ciudad de México
La Habana
Nassau
Bogotá
Quito
Lima
La Paz
Santiago

MAPA POLÍTICO DEL
OCÉANO GLACIAL ÁRTICO
0 mi 800
0 km 800
PROYECCIÓN ACIMUTAL EQUIDISTANTE
NATIONAL GEOGRAPHIC
R U S I A
Yeniséi
Ob
Golfo de Ob
Mar Blanco
FINLANDIA
SUECIA
NORUEGA
ALEMANIA
LUX.
BÉLGICA
DINAMARCA
PA. BA.
FRANCIA
Mar del Norte
REINO UNIDO
IRLANDA
50°N
Mar de Kara
Novaya Zemlya
Mar de Barents
Península de Taimir
Mar de Noruega
CÍRCULO POLAR ÁRTICO
60°N
70°N
80°N
Lena
90°E
60°E
30°E
0°
Svalbard
Tierra del Norte
Tierra de Franz Josef
Mar de Laptev
120°E
Mar de Groenlandia
ISLANDIA
OCÉANO ATLÁNTICO
OCÉANO GLACIAL ÁRTICO
Nuevas Islas Siberianas
Isla Oodaaq
Polo Norte
150°E
30°O
Estrecho de Dina
Mar de Okhotsk
PENÍNSULA KAMCHATKA
Mar de Siberia Oriental
Mar Lincoln
GROENLANDIA
180°
Islas de la Reina Isabel
Isla Ellesmere
Península de Hayes
60°O
Cabo Farewell
Isla Wrangel
150°O
120°O
90°O
Bahía de Baffin
Estrecho de Davis
Mar Chukchi
Península Chukchi
Estrecho de Bering
Cabo Barrow
Islas Devon
Isla Somerset
Isla Melville
Tierra de Baffin
Islas Aleutianas
Mar de Bering
Canal de San Lorenzo
Península Seward
North Slope
Montes Brooks
Mar de Beaufort
Islas de Banks
Isla Príncipe de Gales
Península Boothia
Península de Melville
Cuenca Foxe
Estrecho de Hudson
Isla Victoria
Isla Nunivak
Yukón
ALASKA
Mackenzie
Isla de Southampton
OCÉANO PACÍFICO
Bahía de Bristol
Gran Lago del Oso
C A N A D Á
Bahía de Hudson
OCÉANO ATLÁNTICO MERIDIONAL
Islas Orcadas del Sur
30°O
15°O
0°
15°E
30°E
45°E
45°O
60°O
60°S
CÍRCULO POLAR ANTÁRTICO
Plataforma Hielo de Fimbul
Plataforma de Hielo de Ruser-Larsen
60°E
Islas Shetland del Sur
PENÍNSULA ANTÁRTIDA
70°S
Mar de Weddell
TIERRA DE COATS
TIERRA DE LA REINA MAUD
TIERRA DE ENDERBY
OCÉANO ÍNDICO
TIERRA DE GRAHAM
Plataforma de Hielo Larsen
Monte Jackson 13,747 pies 4,190 m
TIERRA DE PALMER
Plataforma de Hielo de Filchner
Isla Berkner
Valkyrie Dome
75°O
75°E
Isla Alejandro
Plataforma de Hielo de Ronne
Plataforma de Hielo de Amery
MESETA DE AMÉRICA
OCÉANO PACÍFICO MERIDIONAL
Mar de Bellingshausen
TIERRA DE ELLSWORTH
Vinson Massif 16,067 pies 4,897 m
Mtes. Ellsworth
MONTES TRANSANTÁRTICOS
A N T Á R T I D A
MESETA POLAR
Polo Sur
Plataforma de Hielo de West
90°O
90°E
ANTÁRTIDA ORIENTAL
ANTÁRTIDA OCCIDENTAL
Zanja Subglaciar Bentley -8,327 pies -2,538 m
105°O
TIERRA DE MARIE BYRD
Plataforma de Hielo Ross
Plataforma de Hielo de Shackleton
Dome Concordia
TIERRA DE WILKES
105°E
120°O
Isla Roosevelt
Isla Ross
Monte Erebus 12,448 pies 3,794 m
OCÉANO ÍNDICO
Mar de Ross
TIERRA DE VICTORIA
Talos Dome
135°O
150°O
165°O
180°
165°E
150°E
135°E
120°E
MAPA FÍSICO DE LA
ANTÁRTIDA
0 mi 600
0 km 600
PROYECCIÓN ACIMUTAL EQUIDISTANTE
NATIONAL GEOGRAPHIC

NATIONAL GEOGRAPHIC

Manual de geográfia

La historia del mundo comienza con la geografía, el estudio de la Tierra y toda su variedad. La geografía describe el territorio, el agua y la vida de las plantas y los animales de la Tierra. Es el estudio de lugares y las relaciones complejas entre el hombre y su ambiente.

Los recursos que aparecen en este manual te ayudarán a obtener el máximo de aprendizaje de tu libro de texto, y te proporcionarán habilidades que utilizarás por el resto de tu vida.

El Río Gui, Guilín, China

Dunas de arena en el Sahara, Marruecos

El Amazonas, Brasil

¿Como estudio la geográfica?

***P**ara entender cómo está relacionado nuestro mundo, algunos geógrafos han dividido el estudio de la geografía en cinco temas. Los **cinco temas de la geografía** son (1) ubicación, (2) lugar, (3) interacción del hombre con el medio ambiente, (4) movimientos y (5) regiones. Verás estos temas resaltados en las evaluaciones de la sección y del capítulo en El mundo y sus gentes.*

Seis elementos esenciales

Recientemente, los geógrafos han subdividido el estudio de la geografía en **seis elementos esenciales**, que aquí se explican. Conocer estos elementos te servirá para poner en orden lo que aprendas sobre geografía.

Elemento 2

Lugares y regiones

La palabra **lugar** tiene un significado especial en geografía. No se refiere sólo a una ubicación geográfica. También describe las características. Puede describir características físicas como los accidentes geográficos, el clima y la vida de las plantas o de los animales. O puede que describa características del ser humano, incluyendo el idioma y la forma de vida.

Como ayuda para organizar su estudio, los geógrafos a menudo agrupan los lugares en regiones. Las **regiones** están unidas por una o más características comunes.

Elemento 1

El mundo en términos espaciales

Lo primero que los geógrafos hacen es dar una mirada a la ubicación del lugar. La **ubicación** sirve como un punto de inicio basado en la pregunta "¿dónde está?" Saber la ubicación de los lugares te ayuda a desarrollar una percepción del mundo que te rodea.

Elemento 3

Sistemas físicos

Para estudiar los lugares y las regiones, los geógrafos analizan cómo los **sistemas físicos** —como los huracanes, los volcanes y los glaciares— forman la superficie de la Tierra. También investigan las comunidades de plantas y animales que dependen de la interacción entre ellas y de su entorno para sobrevivir.

Elemento 4

Sistemas humanos

Los geógrafos también examinan los **sistemas humanos**, o cómo los seres humanos han formado nuestro mundo. Ellos investigan la forma en que se determinan las líneas divisorias, y analizan por qué la gente pobló ciertos lugares y no otros. Un tema clave en geografía es el **movimiento** constante de gente, ideas y productos.

Elemento 5

El medio ambiente y la sociedad

¿De qué manera la relación entre el hombre y su entorno natural influye en la forma de vida de la gente ? Los geógrafos estudian cómo el hombre usa el **medio ambiente** y cómo sus acciones afectan al medio ambiente.

Elemento 6

Los usos de la geografía

El conocimiento de la geografía te ayuda a entender las relaciones entre la gente, los lugares y los medio ambientes a través del tiempo. Aplicar habilidades geográficas te ayuda a entender el pasado y a prepararte para el futuro.

¿Cómo uso mapas y globos terráqueos?

Los hemisferios

Para ubicar un lugar sobre la Tierra, los geógrafos utilizan un sistema de líneas imaginarias que cruzan al globo terrestre de un lado al otro. Una de estas líneas, el **Ecuador,** hace un círculo alrededor de la Tierra como un cinturón. Divide la Tierra en "mitades de una esfera" o **hemisferios.** Todo lo que está al norte del Ecuador está en el Hemisferio Norte. Todo lo que está al sur del Ecuador está en el Hemisferio Sur.

Otra línea imaginaria se extiende de norte a sur. Ayuda a dividir la Tierra en mitades de una esfera en el otro sentido. Encuentra esta línea llamada el **Primer Meridiano** en un globo terráqueo. Todo lo que está al este del Primer Meridiano hasta 180 grados está en el Hemisferio Oriental. Todo lo que está al oeste del Primer meridiano hasta 180 grados está en el Hemisferio Occidental.

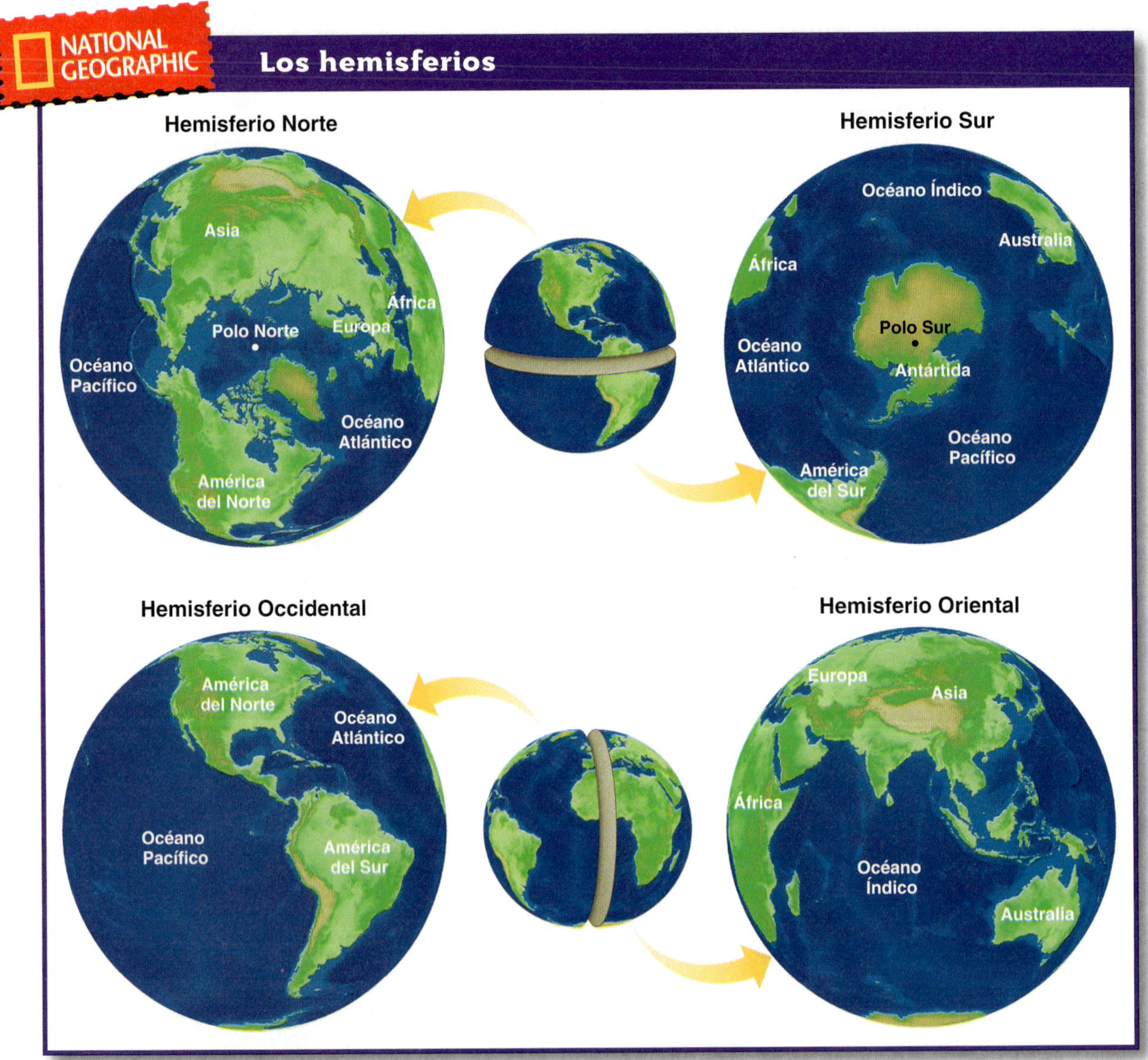

Comprensión de latitud y longitud

*Las líneas en los mapas y globos terráqueos proveen información que te sirve para ubicar fácilmente lugares en la Tierra. Estas líneas –llamadas **latitud** y **longitud**– se entrecruzan, formando un patrón llamado sistema de cuadrícula.*

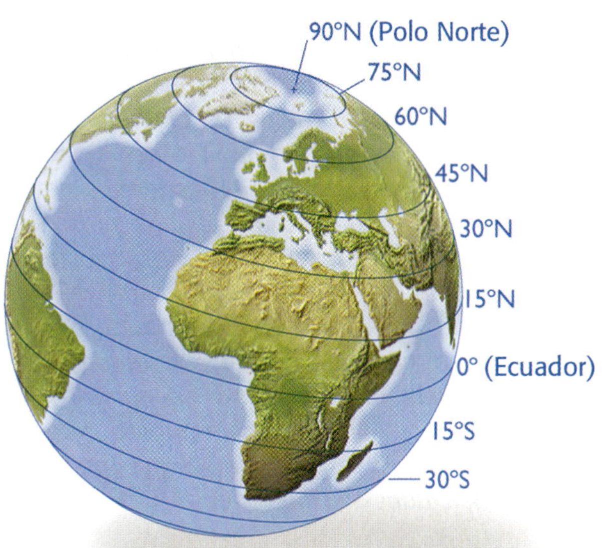

Latitud

Las líneas de latitud, o **paralelos,** circundan la Tierra en forma paralela al **Ecuador** y miden en grados la distancia hacia el norte o el sur del Ecuador. El Ecuador está en la latitud 0°, mientras que el Polo Norte está en la latitud 90°N (norte).

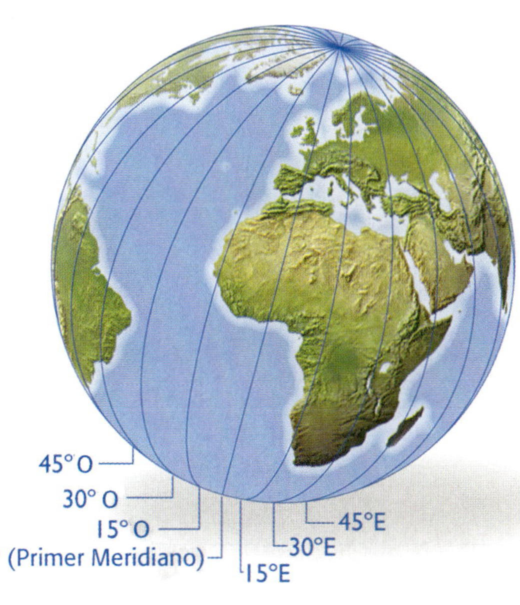

Longitud

Las líneas de longitud, o **meridianos**, circundan la Tierra de Polo a Polo. Estas líneas miden las distancias al este o al oeste de la línea de origen, que se encuentra en la longitud 0° y se llama el **Primer Meridiano**. El Primer Meridiano pasa por el Observatorio Real en Greenwich, Inglaterra.

Ubicación absoluta

El sistema de cuadrícula formado por las líneas de latitud y longitud hace posible hallar la ubicación absoluta de un lugar. Sólo puede haber un lugar en el punto donde una línea de latitud específica cruza a una línea de longitud específica. Mediante el uso de grados (°) y minutos (′) (puntos entre grados), la gente puede identificar el lugar preciso donde una línea de latitud cruza a una línea de longitud, una **ubicación absoluta**.

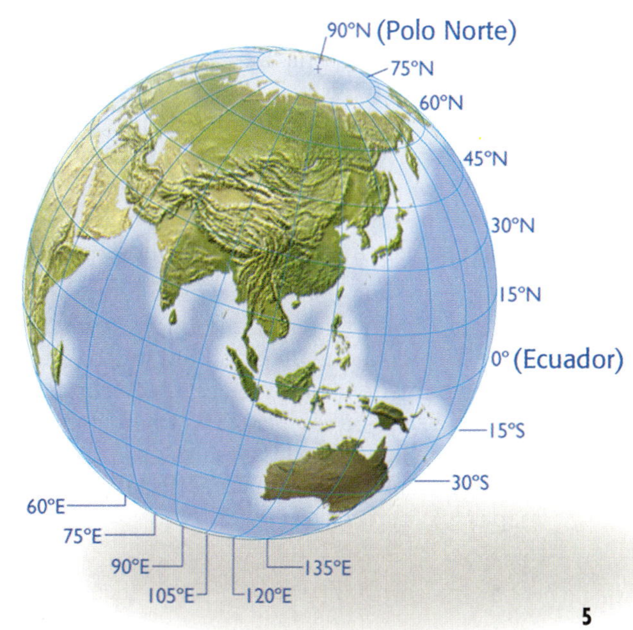

De globos terráqueos a mapas

*La forma más exacta de describir la Tierra es decir que es como un **globo terráqueo,** un modelo redondo a escala de la Tierra. Un globo terráqueo brinda una representación fiel de los tamaños relativos de los continentes y de las formas de las masas de tierra y de agua. Los globos terráqueos representan fielmente los rumbos y las distancias.*

*Un **mapa** es una representación plana de toda la superficie de la Tierra o de alguna parte de ella. De manera distinta a los globos terráqueos, los mapas pueden mostrar zonas pequeñas con muchos detalles. Los mapas también pueden mostrar límites políticos, densidades de población o inclusive resultados de votaciones.*

De globos terráqueos a mapas

No obstante, los mapas tienen sus limitaciones. Como te podrás imaginar, es muy difícil dibujar un objeto redondo sobre una superficie plana. Los **cartógrafos**, o dibujantes de mapas, utilizan fórmulas matemáticas para transferir información de un globo terráqueo a un mapa plano. Sin embargo, cuando las curvas de un globo se convierten a líneas rectas en un mapa, el tamaño, la forma, la distancia o el área pueden cambiar o distorsionarse.

Trayectos de línea de rumbo

Los cartógrafos han resuelto algunos problemas para pasar de un globo terráqueo a un mapa. Una **línea de rumbo** es una línea imaginaria que sigue la curvatura de la Tierra. La línea trazada a lo largo del Ecuador es un ejemplo de línea de rumbo. Viajar a lo largo de una línea de rumbo es seguir un **trayecto de línea de rumbo**. Los pilotos de aviones usan trayectos de línea de rumbo ya que éstas representan las distancias más cortas de una ciudad a otra.

La idea de una línea de rumbo muestra una diferencia importante entre un globo terráqueo y un mapa. Debido a que un globo terráqueo es redondo, el mismo puede mostrar las líneas de rumbo con gran precisión. Sin embargo, en un mapa plano, el trayecto de línea de rumbo entre dos puntos puede no verse como la distancia más corta. Mira los mapas a la derecha.

Cartografía con tecnología

La tecnología ha cambiado la forma de hacer los mapas. La mayoría de los cartógrafos utilizan programas de computación llamados **sistemas de información geográfica (GIS**, por sus siglas en inglés). Este programa ordena los datos del mapa obtenidos de imágenes de satélite, texto impreso y estadísticas. Un **sistema global de navegación (GPS**, por sus siglas en inglés) ayuda a los cartógrafos y a los consumidores a ubicar lugares basado en coordenadas emitidas por satélites.

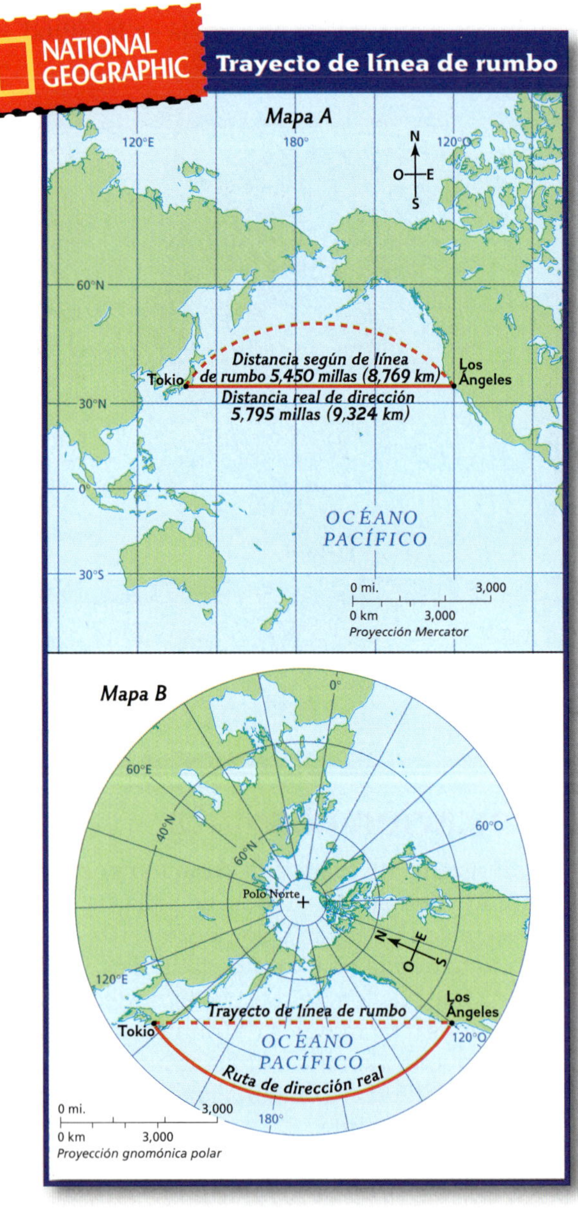

Proyecciones de mapas comunes

Imagínate tomar la cáscara completa de una naranja y tratar de aplastarla sobre una mesa. Probablemente tendrías que cortarla o estirar partes de ella. Los cartógrafos confrontan un problema similar para representar la superficie curva de la Tierra en un mapa plano. Cuando la superficie de la Tierra se aplasta, se abren grandes espacios o separaciones. Para rellenar esas separaciones, los cartógrafos estiran las partes de la Tierra. Optan por mostrar ya sea las formas correctas de los lugares o sus tamaños correctos. Es imposible mostrar ambas cosas. Como resultado, los cartógrafos han desarrollado diferentes proyecciones, o formas de mostrar la Tierra en un pedazo de papel plano.

Proyección interrumpida equivalente de Goode

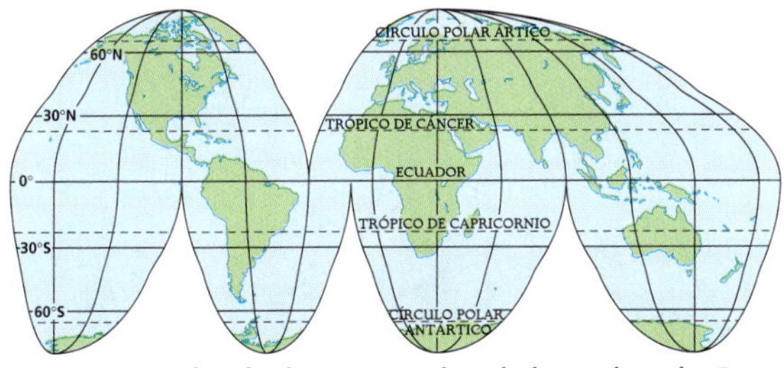

▲ Da una segunda mirada a tu naranja pelada y aplastada. Es posible que tengas algo que se ve como un mapa basado en la proyección **interrumpida equivalente de Goode**. Un mapa con esta proyección muestra a los continentes muy parecidos a sus formas y tamaños reales. Esta proyección es útil para comparar áreas de tierra entre los continentes.

Proyección Robinson

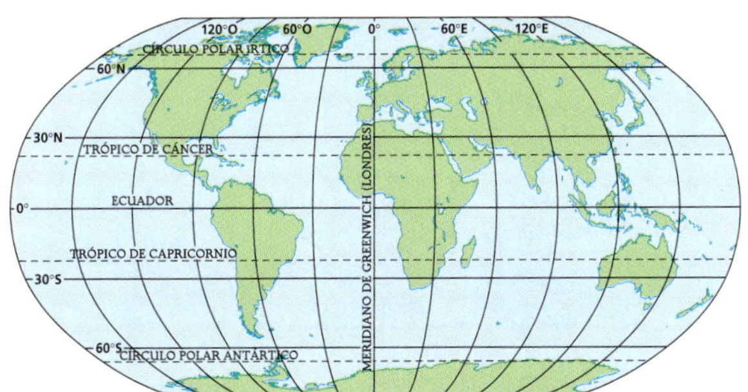

▲ Una mapa que emplea la proyección **Robinson** tiene menos distorsiones. La tierra en el lado oeste y en el lado este de un mapa con proyección Robinson se ve tan igual como en un globo terráqueo. Las áreas más distorsionadas en un mapa con esta proyección están cerca de los Polos.

Proyección Winkel Tripel

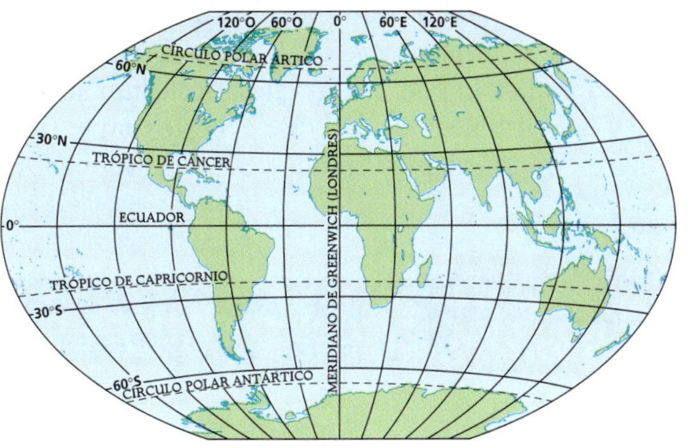

▲ La proyección **Winkel Tripel** brinda una buena visión general de las formas y tamaños de los continentes. Las áreas terrestres en una proyección Winkel Tripel no están tan distorsionadas cerca de los Polos como lo están en una proyección Robinson.

Proyección Mercator

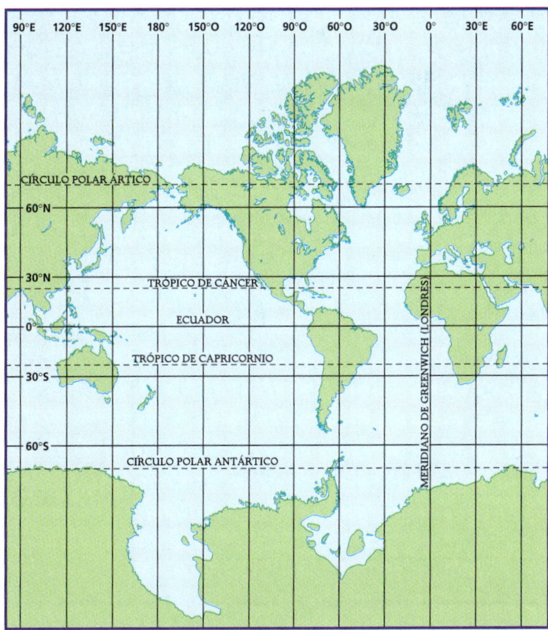

▲ La proyección **Mercator** muestra el sentido exacto y las formas de la tierra de manera relativamente exacta, pero no el tamaño ni la distancia. Las zonas que están ubicadas lejos del Ecuador se ven bastante distorsionadas en esta proyección. Alaska, por ejemplo, se ve más grande en un mapa con proyección Mercator que en un globo terráqueo.

Partes de mapas

Clave del mapa Un primer paso importante al leer un mapa es considerar la clave del mapa. La **clave del mapa** explica las líneas, los símbolos y los colores utilizados en el mapa. Por ejemplo, el mapa de esta página muestra las diversas regiones climáticas de los Estados Unidos y los diferentes colores que las representan. Por lo general las ciudades están simbolizadas por un punto negro (•) y las capitales por una (⍟). En este mapa, puedes ver la capital de Texas y las ciudades de Los Ángeles, Seattle, Nueva Orleans y Chicago.

Barra de medir la escala Una línea de medición, a menudo llamada una **barra de medir la escala,** te ayuda a calcular la distancia en un mapa. La escala del mapa te indica qué distancia sobre la Tierra está representada por la medida en la barra de medir la escala.

La rosa de los vientos Un mapa tiene un símbolo que te indica dónde se encuentran ubicados los **puntos cardinales** —norte, sur, este y oeste. Este símbolo se llama la rosa de los vientos.

Tipos de mapas

Mapas de propósitos generales

Los mapas son instrumentos increíblemente útiles. Puedes utilizarlos para conservar información, para mostrar datos y para hacer conexiones entre cosas aparentemente no relacionadas. Los geógrafos utilizan muchos tipos diferentes de mapas. Los mapas que muestran una amplia variedad de información general sobre una zona se llaman **mapas de propósitos generales.** Dos de los mapas de propósitos generales más comunes son los mapas físicos y políticos.

Mapas físicos ▼

Los **mapas físicos** muestran las características de los accidentes geográficos y de las masas de agua. El mapa físico de Sri Lanka de más abajo muestra sus ríos y montañas. Los colores utilizados en los mapas físicos incluyen marrón o verde para la tierra y azul para el agua. Estos colores y matices pueden mostrar el **relieve** —o qué tan plana o accidentada es la superficie del terreno. Además, los mapas físicos pueden utilizar colores para mostrar la **elevación** —la altura de una zona con respecto al nivel del mar. Una clave explica lo que representa cada símbolo y color.

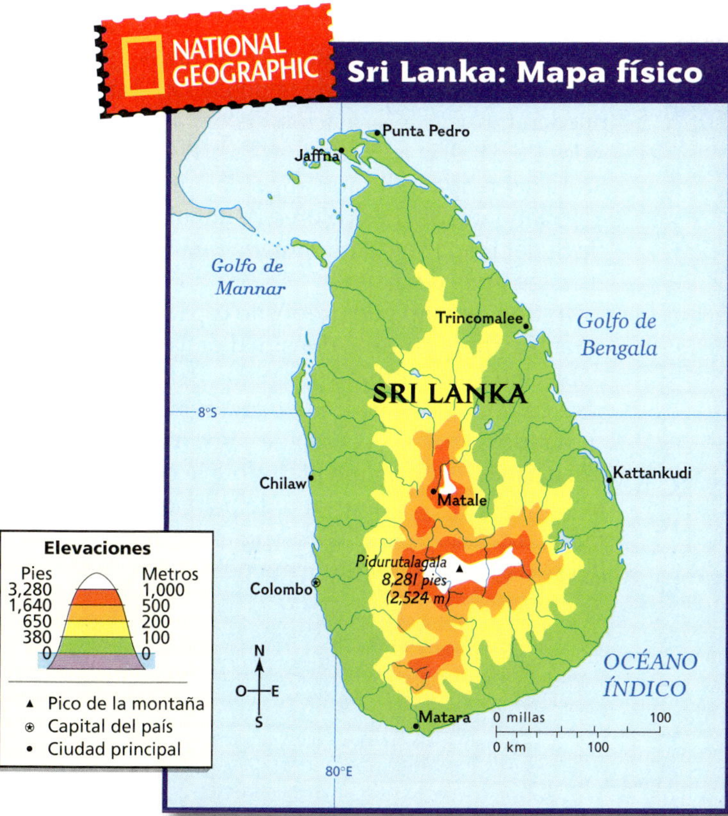

Mapas políticos ▲

Los **mapas políticos** muestran los nombres y los límites de los países, la ubicación de las ciudades y otras características de un lugar (hechas por el hombre), y comúnmente identifican las características físicas principales. Por ejemplo, el mapa político de España de arriba, muestra los límites de España con otros países. También muestra las ciudades y los ríos dentro de España, y las masas de agua que la rodean.

Mapas topográficos ▼

Un tipo de mapa físico, llamado mapa **topográfico**, también muestra la elevación. Un mapa topográfico tiene **líneas topográficas** —una línea por cada nivel mayor de elevación. Toda la tierra que se encuentra a la misma elevación se conecta con una línea. Estas líneas generalmente forman círculos u óvalos— uno dentro del otro. Si las líneas topográficas están muy cercas una de la otra, la superficie es pronunciada. Si las líneas están bien separadas, la tierra es plana o se eleva muy gradualmente. Compara el mapa topográfico de Sri Lanka de más abajo con su mapa físico en la página 9.

Mapas de propósitos especiales ▶

Algunos mapas se hacen para presentar tipos específicos de información. Se les llama mapas **temáticos** o de **propósitos especiales**. Generalmente muestran temas específicos en detalle. Los mapas de propósitos especiales pueden representar el clima, los recursos naturales o la densidad de la población. También pueden mostrar información histórica, como sitios de batallas o expansiones territoriales. El título del mapa indica qué tipo de información especial muestra. Los colores y símbolos en la clave del mapa son especialmente importantes en estos tipos de mapas.

Un tipo de mapa de propósito especial utiliza colores para mostrar la densidad de la población, o la cantidad promedio de gente que vive en una milla cuadrada o en un kilómetro cuadrado. Como en el caso de otros mapas, es importante leer primero el título y la clave. El mapa de arriba de densidad de población de Egipto muestra que el valle y la desembocadura del río Nilo están densamente poblados.

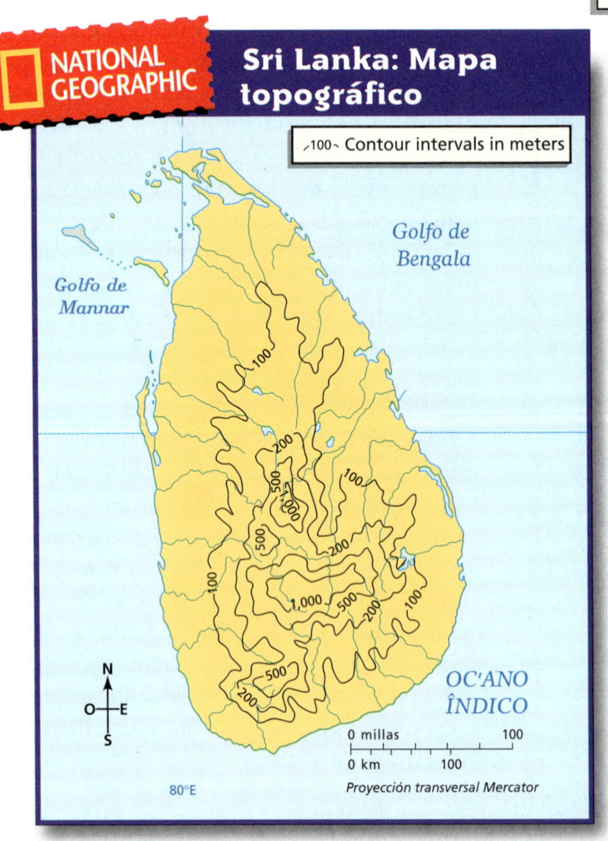

Uso de cuadros, gráficos y diagramas

Gráficas

Una gráfica es una forma de resumir y representar visualmente la información. Cada parte de una gráfica entrega información útil. Primero debes leer el título general de la gráfica para enterarte del tema. Luego lee los títulos a lo largo de los **ejes** de la gráfica —la línea vertical a lo largo del lado izquierdo y la línea horizontal a lo largo de la base de la gráfica. Un eje te indica lo que se mide. El otro te indica qué unidades de medida se utilizan.

Gráficas de barras y lineales

Las gráficas que utilizan barras o líneas anchas para comparar datos visualmente se llaman **gráficas de barras**. Observa detenidamente la gráfica de barras de arriba que compara los idiomas del mundo. El eje vertical indica los idiomas. El eje horizontal mide a los hablantes del idioma en millones. Si comparas las longitudes de las barras, podrás ver rápidamente cuál es el idioma que habla la mayoría de la gente. Las gráficas de barras son especialmente útiles para comparar cantidades.

Una **gráfica lineal** es un instrumento útil para mostrar cambios en un período de tiempo determinado. Las cantidades que se miden se ponen en una cuadrícula sobre cada año, y luego se conectan por medio de una línea. A veces las gráficas lineales tienen dos o más líneas trazadas sobre la cuadrícula. La gráfica lineal a la izquierda muestra que la cantidad de granjas en los Estados Unidos ha disminuido desde el año 1940.

NATIONAL GEOGRAPHIC
Granjas existentes en EE.UU., 1940–2000
Cantidad de granjas (en millones)
0 1 2 3 4 5 6 7
1940 1950 1960 1970 1980 1990 2000
Año
Fuente: *El Almanaque Mundial*, 2003.

Gráficas de circulares

Puedes utilizar **gráficas circulares** si quieres mostrar cómo el *todo* de algo se descompone en sus *partes*. Debido a su forma, por lo general a las gráficas circulares se les llama gráficas de pastel. Cada "tajada" representa una parte o porcentaje de todo el "pastel". En la gráfica circulares de más abajo, el círculo completo (100 por ciento) representa a la población del mundo en el año 2002. Las tajadas muestran como está dividida la población entre los cinco continentes más grandes del mundo.

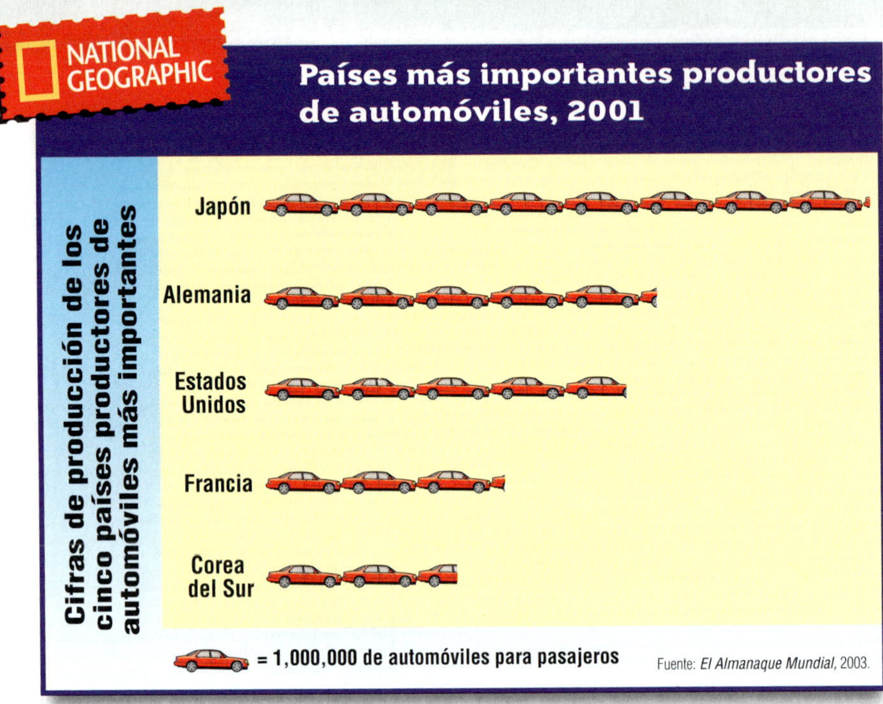

Cuadros

Los **cuadros** presentan datos y cifras de una manera organizada. En ellos se distribuyen datos, especialmente cifras, en hileras y columnas para una referencia sencilla. Mira el cuadro llamado "Crecimiento de la población" en la página 88. Para interpretar el cuadro, primero lee el título. Te indica qué información contiene el cuadro. Luego, lee los títulos arriba de cada columna y a la izquierda del cuadro. Éstos te explican qué miden las cifras o los datos en el cuadro.

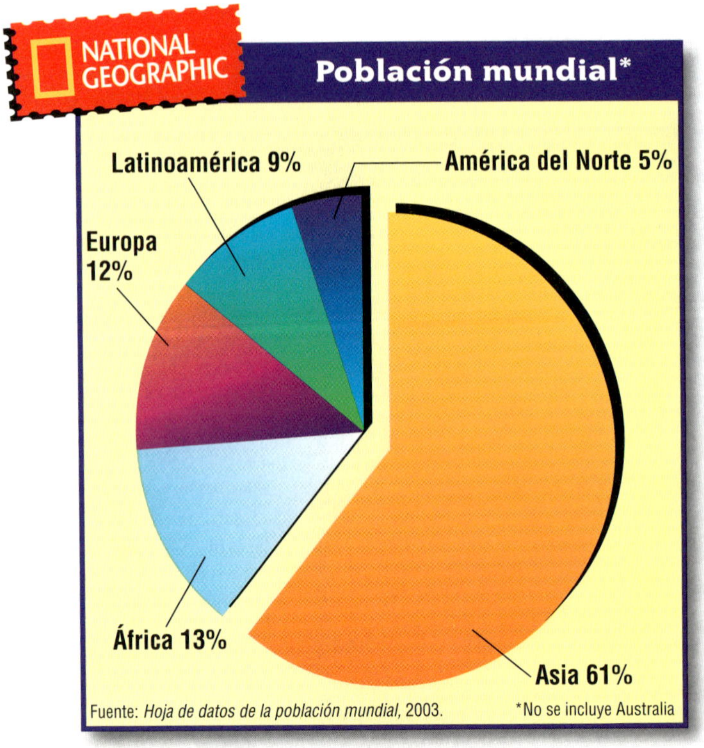

NATIONAL GEOGRAPHIC

Población mundial*

Latinoamérica 9%
América del Norte 5%
Europa 12%
África 13%
Asia 61%

Fuente: *Hoja de datos de la población mundial*, 2003.

*No se incluye Australia

Pictogramas ▲

Al igual que las gráficas de barras y lineales, los pictogramas son buenos para hacer comparaciones. Los **pictogramas** usan hileras de dibujos o símbolos pequeños, donde cada dibujo o símbolo representa una cantidad. Mira el pictograma de arriba, que muestra la cantidad de automóviles producidos en los cinco países más importantes productores de automóviles en el mundo. La clave te indica que un automóvil representa a 1 millón de automóviles. La cantidad total de automóviles en una hilera equivale a la producción de automóviles en cada país seleccionado.

Gráficas de clima ▸

Una **gráfica de clima** combina una gráfica lineal y una gráfica de barras. Muestra una visión general de los patrones climáticos a largo plazo en un lugar específico. Las gráficas de clima incluyen varios tipos de información. Las barras verticales verdes en la gráfica de clima de Moscú, a tu derecha, muestran las cantidades mensuales promedio de precipitaciones (lluvia, nieve o aguanieve). Estas barras se miden contra el eje en el lado derecho de la gráfica. La línea roja trazada sobre las barras representa los cambios en la temperatura promedio mensual. Debes medir esta línea contra el eje en el lado izquierdo.

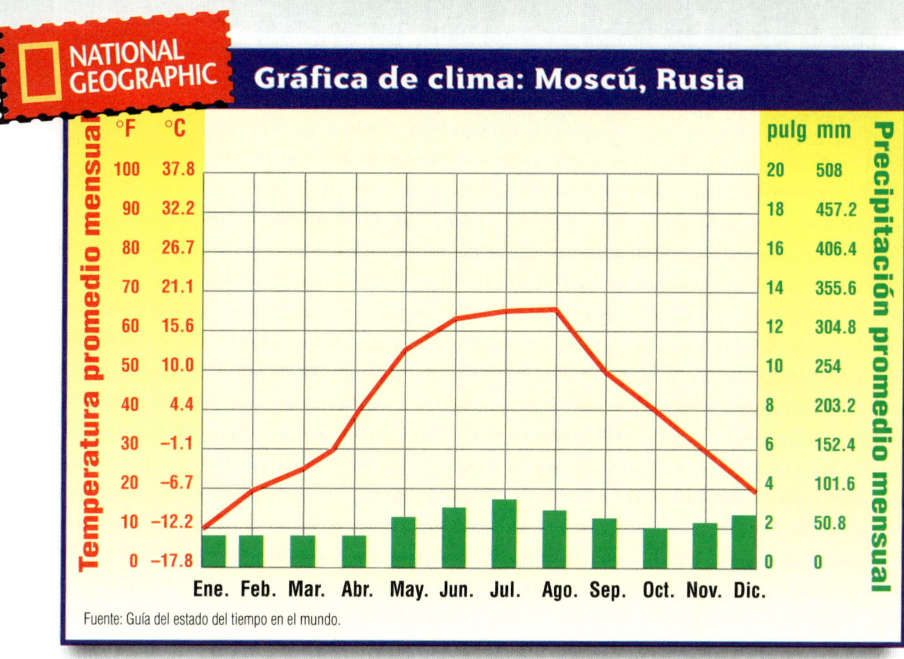

Diagramas ▾

Los **diagramas** son dibujos que muestran los pasos de un proceso, muestran las partes de un objeto o explican cómo funciona algo. Un **perfil de elevación** es un tipo de diagrama que puede ser útil para comparar las elevaciones, o alturas, de un área. Muestra una vista lateral exagerada de la tierra, como si ésta estuviese rebanada y tú estuvieras viéndola desde el costado. El perfil de abajo de elevación de África muestra claramente el nivel del mar, las áreas bajas y las montañas.

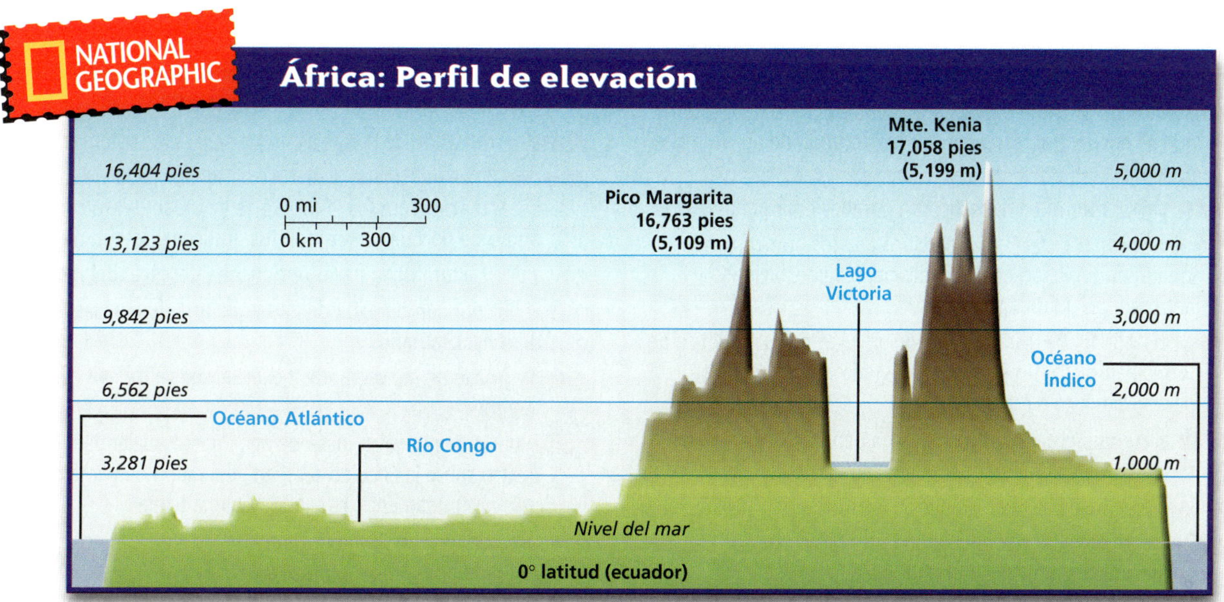

acantilado pared de roca, tierra o hielo alta y escarpada

bahía parte de una gran masa de agua que se extiende hacia dentro sobre la línea costera, en general más pequeña que un golfo

brazo de mar masa de agua entre una línea costera y una o más islas junto a la costa

cabo punta de terreno que se extiende hacia dentro de un río, lago u océano

cadena de montañas serie de montañas conectadas

canal estrecho ancho o paso de agua entre dos masas de tierra que se encuentran cercanas; parte profunda de un río o paso de agua

cañón valle profundo y estrecho con paredes escarpadas

característica cultural característica que los humanos han creado en un lugar, como el idioma, religión, vivienda y patrón de asentamiento

característica física característica de un lugar que se produce de forma natural, como accidente geográfico, masa de agua, patrón climático o recurso

colina terreno elevado con costados en pendiente y cima redondeada, en general de menor tamaño que una montaña

continente una de las siete grandes masas de tierra del planeta

corriente abajo dirección en la que un río o corriente fluye desde su origen hasta su desembocadura

corriente arriba dirección opuesta al flujo del río, hacia el origen del río o de la corriente de agua

corriente oceánica corriente de agua fría o cálida que se mueve en una dirección definida a través de un océano

costa marina tierra que se encuentra junto al mar o el océano

cuenca área de tierra drenada por un río y sus ramificaciones; área rodeada por tierras de mayor elevación

delta tierra baja y plana originada por la acumulación de tierra transportada corriente abajo de un río y depositada en su desembocadura

desembocadura (de un río) lugar donde una corriente o río fluye hacia una masa mayor de agua

división extensión de tierras altas que separa los sistemas de un río

ecuador línea imaginaria que corre alrededor de la Tierra a mitad de distancia entre los Polos Norte y Sur; se utiliza como punto de partida para medir los grados de latitud norte y sur

elevación altura de la tierra por encima del nivel del mar

estrecho porción de agua delgada que une dos masas de agua de mayor tamaño

glaciar masa de hielo grande y espesa que se mueve con lentitud

golfo parte de una gran masa de agua que se extiende hacia dentro sobre la línea costera, en general de mayor tamaño y más profundamente insertada que una bahía

isla área de terreno de menor tamaño que un continente, rodeada por completo por agua

istmo delgada extensión de tierra que conecta dos áreas de tierra de mayor tamaño

lago una masa de agua rodeada de tierra, de tamaño apreciable

latitud distancia al norte o sur del ecuador, medida en grados

llanura área de terreno nivelado, en general a baja elevación y a menudo cubierta por pasto.

longitud distancia al este u oeste del primer meridiano, medida en grados

mapa dibujo de la Tierra mostrado en una superficie plana

mar gran masa de agua rodeada en parte o totalmente por tierra

meridiano una de varias líneas de una cuadrícula que cubre el mundo, desde el Polo Norte al Polo Sur, utilizados para medir los grados de longitud

mesa ancha forma de terreno plana con laderas escarpadas, de menor tamaño que una meseta

meseta área de terreno plano o con elevaciones por encima del nivel del mar, alrededor de 300–3,000 pies (91–914 m) de altura

montaña terreno con laderas escarpadas que se alza a grandes alturas (1,000 pies [305 m]o más) desde la tierra que la rodea; en general, de mayor tamaño y más pronunciada que una colina

nivel del mar posición del nivel del terreno respecto de la superficie de un mar u océano cercano

océano una de las cuatro masas principales de agua salada que rodean a los continentes

origen (de un río) lugar donde comienza un río o una corriente de agua, a menudo en tierras altas

pico de la montaña cumbre punteaguda de la montaña

puerto lugar protegido a lo largo de la línea costera donde los barcos pueden anclar de forma segura

paralelo una de varias líneas de una cuadrícula que cubre el mundo que rodea a la tierra al norte o sur del ecuador y se utiliza para medir grados de latitud

peninsula masa de tierra que se introduce en un lago u océano, rodeada por tres lados por agua.

primer meridiano línea de la cuadrícula que cubre el mundo, que se extiende desde el Polo Norte hasta el Polo Sur y que pasa por Greenwich, Inglaterra, y es el punto de partida para medir los grados de longitud este y oeste

tierras altas área de terreno elevado, como una colina, montaña o meseta

tierras bajas terreno, en general nivelado, con menor elevación

relieve cambios en la elevación en un área de terreno dado

río gran corriente natural de agua que corre a través del terreno

tributario pequeño río o corriente que fluye hacia un río o corriente de mayor tamaño; rama de un río

ubicación absoluta ubicación exacta de un lugar en la Tierra descrita por las coordenadas globales

valle área de tierras bajas entre colinas o montañas

volcán montaña creada como roca líquida o ceniza eruptiva desde el interior de la Tierra

Sé un lector activo

Piensa que tu libro de texto es una herramienta que te ayuda a aprender más sobre el mundo que te rodea. Es como si se tratara de una obra de no ficción —describe la vida real, los acontencimientos, la gente, las ideas y los lugares. Aquí hay un menú con estrategias para la lectura que te ayudarán a convertirte en un mejor lector de libros de texto. Si te encuentras con pasajes en tu libro de texto que no entiendes, consulta estas estrategias para la lectura.

Antes de leer

Establece un propósito

- ¿Por qué lees el libro de texto?
- ¿Cómo relacionas este tema con tu vida?
- ¿De qué manera podrías usar lo que estás aprendiendo en tu propia vida?

Presentación preliminar

- Lee el título del capítulo para saber cuál va a ser el tema.
- Lee los subtítulos para saber lo que vas a aprender del tema.
- Echa una ojeada a las fotos, los cuadros, las gráficas y los mapas. ¿Cómo respaldan el tema?
- Busca las palabras azules del vocabulario. ¿Cómo están definidas?

Saca de tu propia experiencia

- ¿Qué has leído o escuchado que sea nuevo y guarde relación con el tema?
- ¿De qué manera la nueva información es diferente a la que ya conocías?
- ¿Cómo te podría ayudar la información que ya conocías a entender la que acabas de aprender?

A medida que lees

Pregunta

- ¿Cuál es la idea principal?
- ¿Cómo respaldan las fotos, los cuadros, las gráficas y los mapas la idea principal?

Conecta

- Piensa en la gente, los lugares, los acontecimientos de tu propia gente. ¿Qué parecido guardan con los que aparecen en el libro de texto?
- ¿Puedes relacionar la información del libro de texto con otras partes de tu vida?

Predice

- Predice los acontecimientos o los resultados usando las pistas y la información que ya sabes.
- Cambia tus predicciones a medida que vas leyendo y obteniendo información nueva.

Visualiza

- Presta atención a los detalles y a las descripciones.
- Dibuja organizadores gráficos para demostrar las relaciones que encuentras en la información.

Busca pistas a medida que lees

Oraciones de comparación y contraste

- Busca las palabras y las frases clave que indiquen comparación, como por ejemplo *igualmente, como, ambos, en común, además* y *también*.
- Busca las palabras y las frases clave que indiquen contraste, como por ejemplo *por un lado, a diferencia de, sin embargo, diferente, en vez de, preferible, pero* y *distinto de*.

Oraciones de causa y efecto

- Busca las palabras y frases clave, como por ejemplo *porque, como resultado, por eso, es por eso que, ya que, así, por esta razón* y *por consiguiente*.

Oraciones cronológicas

- Busca las palabras y frases clave, como por ejemplo *después, antes, primero, siguiente, último, durante, finalmente, más temprano, luego, desde* y *entonces*.

Después de leer

Resume

- Describe la idea principal y cómo la respaldan los detalles.
- Con tus propias palabras, explica lo que has leído.

Evalúa

- ¿Cuál era la idea principal?
- ¿Respaldaba claramente el texto la idea principal?
- ¿Aprendiste algo nuevo del material?
- ¿Puedes usar la información nueva en otra escuela o en casa?
- ¿Qué otras fuentes podrías usar para obtener más información sobre el tema?

Joven peruana

Ciudad de Kiev, Ucrania

Vista aérea de campos y pueblos de Irlanda

NATIONAL GEOGRAPHIC

El mundo

Vas a iniciar una aventura en los densos bosques húmedos, desiertos sombríos, ciudades y mercados animados, y remotas aldeas. En tu estudio de la Tierra, vas a aprender sobre diferentes lugares y diferentes gentes. Imagínate que pudieras visitar cualquier lugar en el mundo. ¿Adónde te gustaría ir? ¿Qué te gustaría ver?

NGS EN LÍNEA
www.nationalgeographic.com/education

Capítulo 1

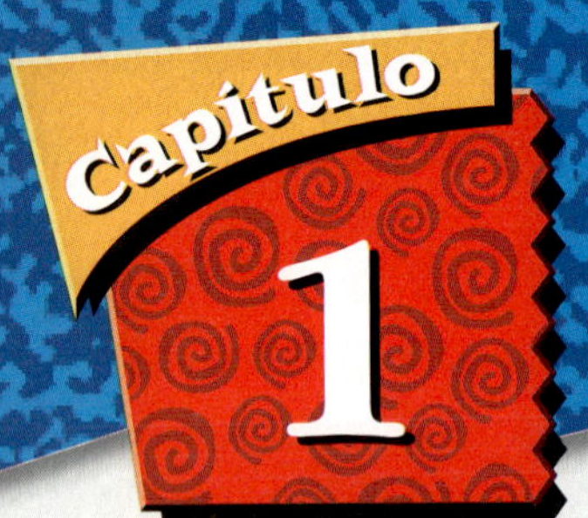

Una mirada hacia la Tierra

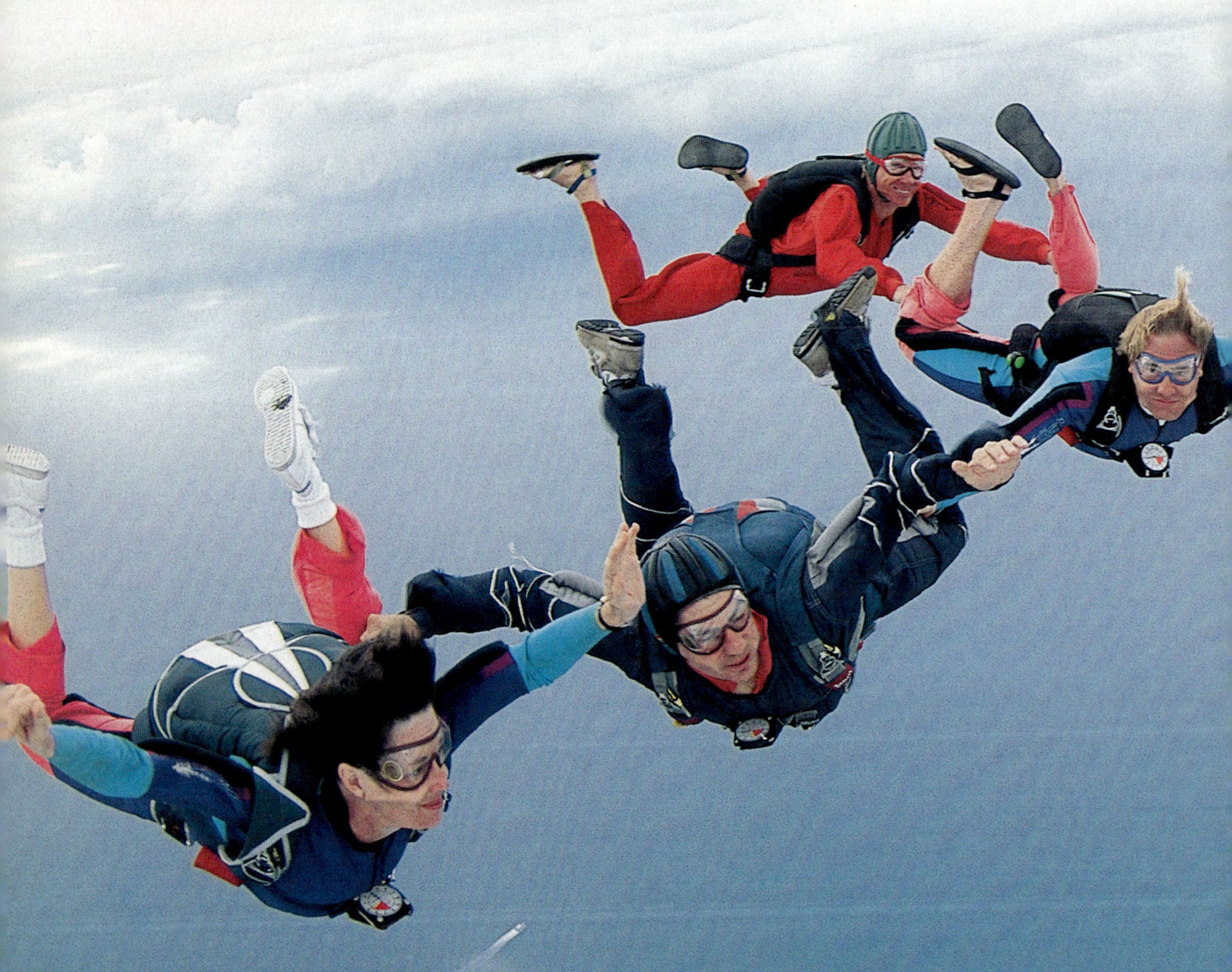

El mundo y sus gentes NATIONAL GEOGRAPHIC

Para aprender más sobre la estructura y los accidentes geográficos de la Tierra, mira el video ***The World and Its People*** **Chapter 1.**

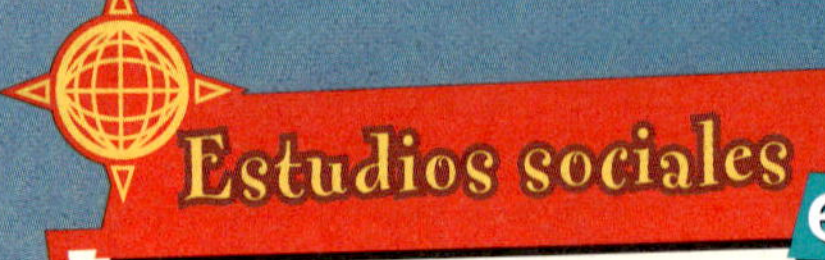

Estudios sociales en línea

Descripción general del capítulo Visita el sitio Web ***El mundo y sus gentes*** en twip.glencoe.com y haz clic en **Chapter 1–Chapter Overviews** para ver información preliminar sobre la Tierra.

Por qué es importante

Nave espacial Tierra

Un famoso inventor una vez comparó al planeta Tierra con una gran nave espacial que vuela por la galaxia. La nave espacial-planeta lleva todos los recursos necesarios para su viaje. Como pasajeros de esta "nave", necesitamos saber algo sobre su funcionamiento para evitar costosas reparaciones y averías.

◀ Paracaidismo sobre Key West, Florida

PLEGABLES™ Organizador de estudios

Resumen del plegable de estudio Para entender completamente lo que lees, debes poder identificar y explicar los términos clave del vocabulario. Utiliza este plegable para identificar, definir y utilizar términos importantes en el Capítulo 1.

Paso 1 Dobla una hoja de papel de cuaderno por la mitad de lado a lado.

Paso 2 En un lado, corta a lo largo de cada tercera línea.

Paso 3 Marca tu plegable a medida que leas el capítulo. El primer término del vocabulario está marcado en el modelo de abajo.

Lectura y redacción A medida que leas el capítulo, selecciona y escribe los términos del vocabulario principales en las etiquetas delanteras de tu plegable. Luego escribe la definición de cada término bajo las etiquetas. Después de cada definición, escribe una oración usando correctamente cada término del vocabulario.

Sección 1: Cómo piensa un geógrafo

Guía de lectura

Idea principal

Los geógrafos utilizan diversas herramientas para comprender el mundo.

Terminología

- geografía
- accidente geográfico
- medio ambiente
- Sistema global de navegación (GPS, por sus siglas en inglés)
- sistemas de información geográfica (GIS, por sus siglas en inglés)
- artefacto
- fósil

Estrategia de lectura

Crea un cuadro como éste, y escribe tres ejemplos para cada encabezamiento.

Cómo los geógrafos ven el mundo 1. 2. 3.
Herramientas de la geografía 1. 2. 3.
Usos de la geografía 1. 2. 3.

¿Cómo harías *tú* para hacer un mapa exacto del mundo? Los científicos decidieron que la mejor forma de hacer un mapa de la Tierra era viéndola desde el espacio. Colocaron una cámara con radar en un trasbordador espacial y tomaron fotografías del continente africano. Al utilizar el radar, la cámara no fue obstaculizada por las nubes o la oscuridad.

¿Por qué los geógrafos quieren saber exactamente cómo se ve la Tierra? Piensa sobre lo siguiente: El monte Etna en **Italia** es uno de los volcanes más activos del mundo. Dos erupciones entre 2001 y 2003 fueron las más explosivas en la historia del volcán. Los científicos que estudian volcanes constantemente observan el monte Etna. Al hacerlo, esperan aprender lo suficiente sobre el volcán como para poder predecir las erupciones y advertir a la gente que vive en los alrededores. Los sismos que usualmente ocurren antes de la erupción de un volcán también pueden dar un aviso anticipado a los residentes locales. Además, los científicos estudian los movimientos bajo la superficie de la Tierra para predecir la actividad volcánica.

Éste sólo es un ejemplo sobre cómo la gente alrededor del mundo utiliza la información geográfica reunida de diversas fuentes. La **geografía** consiste en el estudio de la Tierra en toda su diversidad. Cuando estudias geografía, aprendes sobre la Tierra, el agua, las plantas y los animales del mundo. Esto es la geografía física. También aprendes sobre cómo se formaron los continentes y qué es lo que causa la erosión. También estudias a la gente: dónde vive, cómo vive, cómo han cambiado y cómo ha influido sobre ellos el medio ambiente, y cómo se comparan entre sí los diferentes grupos. Ésta es la geografía humana.

La forma en que un geógrafo visualiza los lugares

Los geógrafos observan los asuntos principales, como las erupciones del monte Etna, que afectan a muchas personas en un área muy amplia. También observan los asuntos locales, como por ejemplo ver cuál es el mejor lugar para que una compañía construya una nueva tienda en el pueblo. Ya sea que el asunto sea mundial, nacional o local, los geógrafos tratan de entender tanto las características físicas como humanas, o las particularidades del asunto.

Características físicas Los geógrafos estudian los lugares. Observan *dónde* está ubicado algo en la Tierra. También tratan de entender cómo *es* el lugar. Se preguntan: ¿Qué características hacen que un lugar sea parecido o diferente a otros lugares?

Para responder a esta pregunta los geógrafos identifican los accidentes geográficos en el lugar. Los **accidentes geográficos** son las características individuales de la Tierra, tales como las montañas y los valles. Los geógrafos también observan el agua. ¿El lugar está cerca de un océano o de un río? ¿Tiene abundante agua dulce o muy poca? Toman en cuenta si va a ser posible cultivar la Tierra. Evalúan la cantidad de lluvia que el lugar recibe y qué tan caliente o fría es el área. Investigan si el lugar tiene minerales, árboles u otros recursos.

Accidentes geográficos variados

Este valle montañoso en Francia y este desierto en Chile tienen características físicas muy diferentes.

Lugar **Indica dos características físicas que se muestran en cada fotografía.**

Características humanas Los geógrafos también observan las características sociales de la gente que vive en el lugar. ¿Vive mucha o poca gente allí? ¿Vive mucha o poca gente allí? ¿Viven juntas o separadas? ¿Por qué? ¿Qué tipo de gobierno tienen? ¿Qué religiones practican? ¿Qué tipo de trabajo hacen? ¿Qué idiomas hablan? ¿De dónde provienen sus antepasados?

La gente y los lugares Los geógrafos tienen un interés especial en ver cómo la gente interactúa con su **medio ambiente,** o su entorno natural. La gente puede tener un impacto muy grande en el medio ambiente. En muchas partes del mundo la gente ha construido diques en los ríos. Como resultado de ello han cambiado las formas en que los ríos se comportan en la temporada de inundaciones.

El *lugar* en que la gente vive frecuentemente tiene una fuerte influencia sobre *cómo* viven. Los primeros asentamientos fueron cerca de los ríos, ya que brindaban agua para las cosechas y un medio de transporte. Hoy en día la gente que está cerca del mar puede pescar y construir barcos para el comercio. Aquellos que viven tierra adentro pueden cultivar la Tierra o dedicarse a la ganadería. Actualmente cada vez más gente está utilizando las computadoras y otras tecnologías en su trabajo. Esto significa que la gente depende cada vez menos de su entorno físico para ganarse el sustento.

Regiones Los geógrafos estudian detenidamente cada una de las ciudades, los ríos y otros accidentes geográficos. También observan el panorama general, o cómo cada uno de los lugares se relacionan a otros lugares. En otras palabras, los geógrafos observan una región o un área que comparte características comunes. Las regiones pueden ser relativamente pequeñas, como tu estado, pueblo o distrito escolar. También pueden ser enormes, como la región oeste de los **Estados Unidos.** Algunas regiones también pueden llegar a incluir varios países si tienen medio ambientes similares o si su gente tiene formas similares de vida y hablan el mismo idioma. Los países de la región oeste de América del Sur son tratados frecuentemente como una región. Se les llama los países andinos debido a que los **Andes,** una serie de cordilleras, los atraviesa.

✓ Comprobación de lectura ¿Qué estudian los geógrafos para determinar las características humanas de un lugar?

Las herramientas de la geografía

Los geógrafos necesitan herramientas para estudiar a la gente y a los lugares. Los mapas y los globos terráqueos son las herramientas principales que utilizan. Así como lo lees en el **Manual de geografía** en la página 9, los geógrafos usan muchos tipos de mapas diferentes. Cada tipo brinda a los geógrafos una variedad particular de información sobre un lugar.

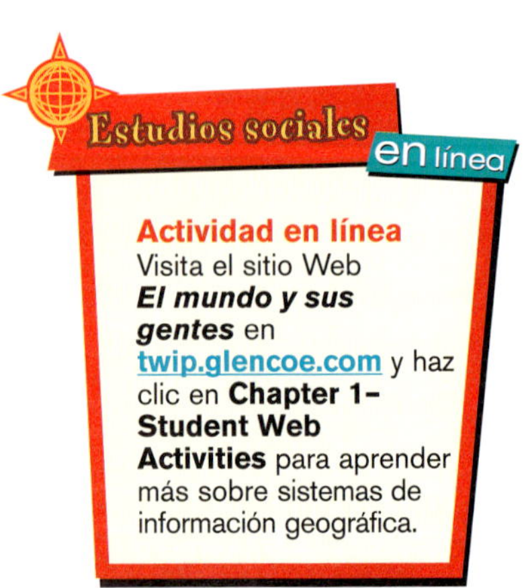

Recolección de datos para trazar mapas de la Tierra ¿Cómo recopilan información los geógrafos para poder hacer mapas precisos? Una forma consiste en tomar fotografías por encima de la Tierra. Las imágenes de satélite son fotografías tomadas por satélites que dan vueltas alrededor de la Tierra. Esas imágenes muestran detalles tales como la forma de la Tierra, qué plantas cubren un área determinada, y cómo se está utilizando la Tierra. Las cámaras con radar pueden revelar hasta la información oculta. Las fotos de la **Antártida,** tomadas por cámaras con radar, muestran ríos de hielo de 500 millas (805 km) de extensión, ocultos totalmente por la nieve.

¿Cómo es que los geógrafos designan precisamente la ubicación exacta de los lugares en un mapa? Aunque no lo creas, la mejor forma de encontrar

NATIONAL GEOGRAPHIC En el sitio

Monte Everest

Los satélites GPS miden así como localizan lugares en la Tierra. Un receptor GPS colocado en la cima del monte Everest, la montaña más alta del mundo, mostró que tiene siete pies (2.1 m) más de altura que lo que la gente pensaba anteriormente.

Ubicación ¿Por qué es importante para los geógrafos saber exactamente dónde están ubicados los lugares en la Tierra?

un lugar es desde el espacio sideral. Otro grupo de satélites que viajan alrededor de la Tierra forman parte del **Sistema global de navegación (GPS, por sus siglas en inglés).** Un receptor GPS es un dispositivo especial que recibe señales de estos satélites. Cuando se coloca el receptor en un lugar determinado, el satélite GPS puede dar la latitud y longitud exacta de dicho lugar. Como resultado de ello, la persona que hace mapas puede saber exactamente en qué parte de la Tierra está ubicada dicha área en particular. Los dispositivos GPS también se instalan en los vehículos para ayudar a los conductores a encontrar su camino.

Sistemas de información geográfica Hoy en día los geógrafos utilizan otra poderosa herramienta en su trabajo, las computadoras. Un software de computación especial llamado **sistemas de información geográfica (GIS, por sus siglas en inglés)** ayuda a los geógrafos a recopilar muchos tipos diferentes de información sobre el mismo lugar. Primero los geógrafos ingresan toda la información que recopilan. Luego utilizan el software para combinar y superponer la información en mapas especiales.

A comienzos de la década del año 2000, los científicos desarrollaron la tecnología GIS para ayudar a conservar las plantas y los animales que viven en la selva tropical del Amazonas. Más de 50 millones de acres de selva tropical se destruyen cada año debido a la tala, minería y otras actividades similares. Utilizando la tecnología GIS, los científicos pueden comparar la información recopilada desde la Tierra con la información obtenida de las fotografías de satélite. Por ejemplo, pueden ver qué especies viven dentro de la selva tropical. Los que planifican el uso de la Tierra utilizan esta información para ayudar a la gente local a tomar buenas decisiones sobre cómo utilizar la Tierra. Estas actividades ayudan a prevenir la destrucción del bosque húmedo.

✓ **Comprobación de lectura** **¿Cuál es la diferencia entre GPS y GIS?**

Artefactos

La pintura de las cuevas, la cerámica, las puntas de las flechas y otros artefactos brindan claves sobre cómo vivían los primeros pobladores.

Historia **¿Qué claves puedes deducir sobre la sociedad que hizo esta punta de flecha?**

Usos de la geografía

¿Has hecho alguna vez un viaje de largo recorrido en un auto o un viaje por subterráneo? Si utilizaste un mapa del camino o un mapa del subterráneo para averiguar adónde ibas, estabas utilizando la geografía. Éste es sólo uno de los muchos usos de la información geográfica.

La información geográfica se utiliza en la planificación. Los líderes de gobiernos utilizan la información geográfica para planificar nuevos servicios en sus comunidades. Pueden planificar cómo manejar los desastres o la cantidad de nuevas viviendas que permitirán en un área. Los negocios estudian las tendencias de la población para observar dónde se está trasladando la gente en una región. Por ejemplo, si la gente se está trasladando fuera de un área, un negocio puede decidir cerrar o trasladarse.

Además, la información geográfica le permite a la gente tomar decisiones sensatas. Es posible que surja una pregunta sobre si un nuevo edificio debe ser construido. Los líderes de la ciudad observan el uso de las calles para ver si el área puede soportar tráfico adicional. Se aseguran que el área tenga los sistemas de electricidad, agua potable y aguas residuales que necesitará el edificio.

Finalmente, la información geográfica ayuda a la gente a administrar los recursos. Los recursos como los árboles o el agua pueden ser reemplazados o renovados. Otros recursos naturales tales como el petróleo o el carbón están disponibles sólo en cantidades limitadas. La gente puede utilizar la información geográfica tanto para localizar una mayor cantidad de estos recursos naturales limitados como para administrarlos con prudencia.

✓ **Comprobación de lectura** **¿Por qué la gente tiene que administrar los recursos con mucho cuidado?**

Pistas sobre nuestro pasado

Hasta ahora has aprendido sobre las herramientas que los geógrafos usan para estudiar el mundo y cómo pensar como un geógrafo. Vas a utilizar estas herramientas a medida que leas sobre la gente y los lugares de hoy en día, así como cuando aprendas sobre el pasado, desde las civilizaciones antiguas a la historia moderna. Los historiadores, arqueólogos y antropólogos son científicos que tratan de descifrar los misterios de los tiempos antiguos. Al igual que los geógrafos, estos científicos también tienen herramientas para ayudarles en su trabajo.

Documentos escritos Los historiadores se basan principalmente en documentos escritos para crear sus historias del pasado. Por ejemplo, ellos buscan en diarios, periódicos y documentos legales para obtener información sobre cómo acostumbraba vivir la gente. Sin embargo no existen documentos escritos para la prehistoria del género humano. De hecho, la *prehistoria* corresponde a la época anterior al desarrollo de la escritura. ¿Entonces cómo es que sabemos sobre los tiempos antiguos y los primeros humanos?

Artefactos y fósiles Una gran parte de lo que sabemos sobre los pueblos antiguos proviene de estudios efectuados por arqueólogos y antropólogos. Estos científicos estudian las sociedades antiguas analizando lo que la gente dejó atrás. Excavan y examinan **artefactos**: herramientas, cerámica, pinturas, armas y otros objetos. También estudian los restos de los humanos, o **fósiles** humanos, para determinar cómo vivían los pueblos antiguos. Por ejemplo, al examinar artefactos, tales como herramientas y armas, los científicos pueden aprender lo que una sociedad antigua era capaz de sembrar y si tenía poderío militar. Al analizar los huesos, las pieles de los animales y las semillas de las plantas, pueden deducir qué es lo que los primeros pobladores comieron y qué animales cazaron.

Comprobación de lectura ¿De qué manera la prehistoria es diferente de la historia?

Evaluación

Definición de términos

1. **Define** geografía, accidente geográfico, medio ambiente, Sistema global de navegación (GPS, por sus siglas en inglés), sistemas de información geográfica (GIS, por sus siglas en inglés), artefacto, fósil.

Recuerdo de hechos

2. **Lugar** ¿Cuáles son los dos tipos de características de un lugar que estudian los geógrafos?
3. **Tecnología** ¿Cuáles son las herramientas principales de la geografía?
4. **Interacción del hombre con el medio ambiente** ¿Cuáles son los tres usos de la geografía?

Pensamiento crítico

5. **Comprensión de causa y efecto** ¿En qué medida las características físicas de tu región afectaron a la forma en que las personas vivían allí?
6. **Categorización de la información** Da cinco ejemplos de regiones. Comienza con un área cercana que comparte características comunes, luego piensa en regiones cada vez más grandes.

Organizador gráfico

7. **Organización de la información** Dibuja un diagrama como éste. En el centro, escribe el nombre de un lugar que te gustaría visitar. En los óvalos externos, identifica los tipos de información geográfica que te gustaría conocer sobre este lugar.

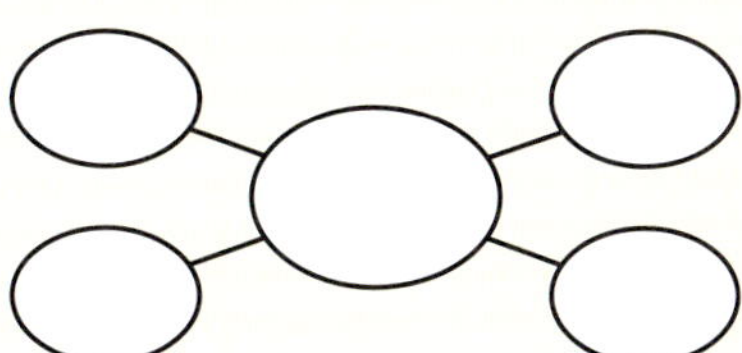

Aplicación de las habilidades en estudios sociales

8. **Análisis de mapas** Encuentra México en el mapa en la página RA12 del **Atlas de referencia.** ¿En qué región del país crees que vive la mayoría de los mexicanos? ¿Por qué? Ve al mapa de densidad de la población de México en la página 205 para ver si estás en lo correcto.

Establecer conexiones

ARTE | CIENCIA | CULTURA | **TECNOLOGÍA**

Sistemas de información geográfica

¿Qué ocurriría si un agricultor puede ahorrar dinero sólo aplicando fertilizantes a los cultivos que lo necesiten? Hoy en día, gracias a una tecnología de computación llamada sistemas de información geográfica (GIS), los agricultores lo pueden hacer.

La tecnología

Los sistemas de información geográfica (GIS) utilizan software de computación para combinar y desplegar la amplia variedad de información sobre un área. Los programas de GIS comienzan con un mapa que muestra una ubicación específica en la Tierra. Este mapa luego se une con otra información sobre el mismo lugar, tal como fotos de satélite, cantidad de lluvia, o dónde están ubicadas las casas.

Piensa en los sistemas de información geográfica como una pila de transparencias de proyector. Cada transparencia muestra el mismo entorno general pero destaca información diferente. La primera transparencia puede mostrar un mapa básico del área. Sólo las fronteras aparecen. La segunda transparencia es posible que sólo muestre ríos y carreteras. La tercera puede destacar montañas y otras características físicas, edificios o ciudades.

De forma similar, la tecnología GIS coloca niveles de información en un mapa básico. Luego puede encender o apagar cada nivel de información, permitiendo que los datos sean vistos en muchas formas diferentes. En el caso del agricultor mencionado arriba, el software GIS combina información sobre el tipo de tierra, las necesidades de las plantas y la cosecha del año pasado para señalar las áreas exactas donde se necesitan fertilizantes.

Cómo se utiliza

La tecnología GIS permite a los usuarios reunir información de manera rápida proveniente de fuentes muy diferentes y construir mapas orientados a necesidades específicas. Esto ayuda a analizar los elementos del pasado, predecir posibilidades en el futuro y tomar decisiones sensatas.

La persona que está considerando construir una nueva tienda puede utilizar la tecnología GIS para que le ayude a seleccionar el mejor lugar. El proceso podría comenzar con una lista de posibles lugares. El propietario de la tienda reúne información sobre las áreas circundantes a cada lugar. Esto podría incluir la edad, ingresos y nivel de educación de los compradores, dónde viven los compradores, patrones de tráfico y otras tiendas de las áreas. El software GIS luego construye un mapa computarizado integrado por estos niveles de información. El propietario de la tienda puede utilizar la información para decidir sobre la ubicación de una nueva tienda.

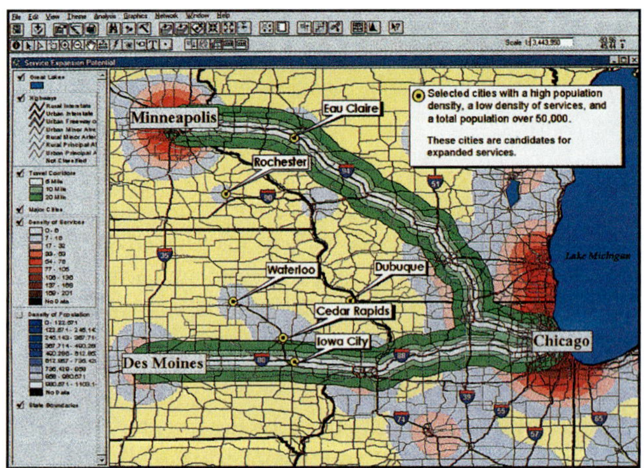

Las imágenes gráficas fueron creadas usando el software ArcView® GIS, y fueron brindadas por cortesía de Environmental Systems Research Institute, Inc.

Establecer la conexión

1. ¿Qué es la tecnología GIS?
2. ¿En qué formas analizan los datos los programas GIS?
3. **Formulación de preguntas** ¿Qué preguntas te gustaría hacer para ubicar el mejor lugar para añadir una nueva escuela a tu distrito?

Sección 2
La Tierra en el espacio

Guía de lectura

Idea principal

La Tierra tiene vida gracias al sol. La Tierra tiene diferentes estaciones debido a su inclinación y rotación alrededor del sol.

Terminología

- sistema solar
- órbita
- atmósfera
- terrestre
- revolución
- año bisiesto
- solsticio de verano
- solsticio de invierno
- equinoccio

Estrategia de lectura

Dibuja un diagrama como éste y enumera tres hechos sobre el sol en la primera columna. En la segunda columna escribe cómo estos hechos contribuyen a la vida en la Tierra.

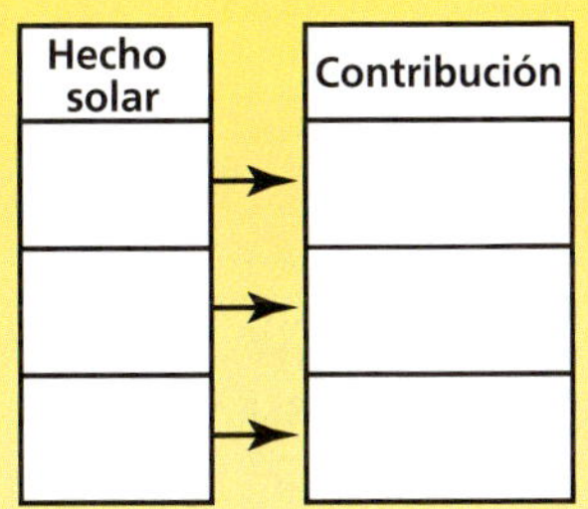

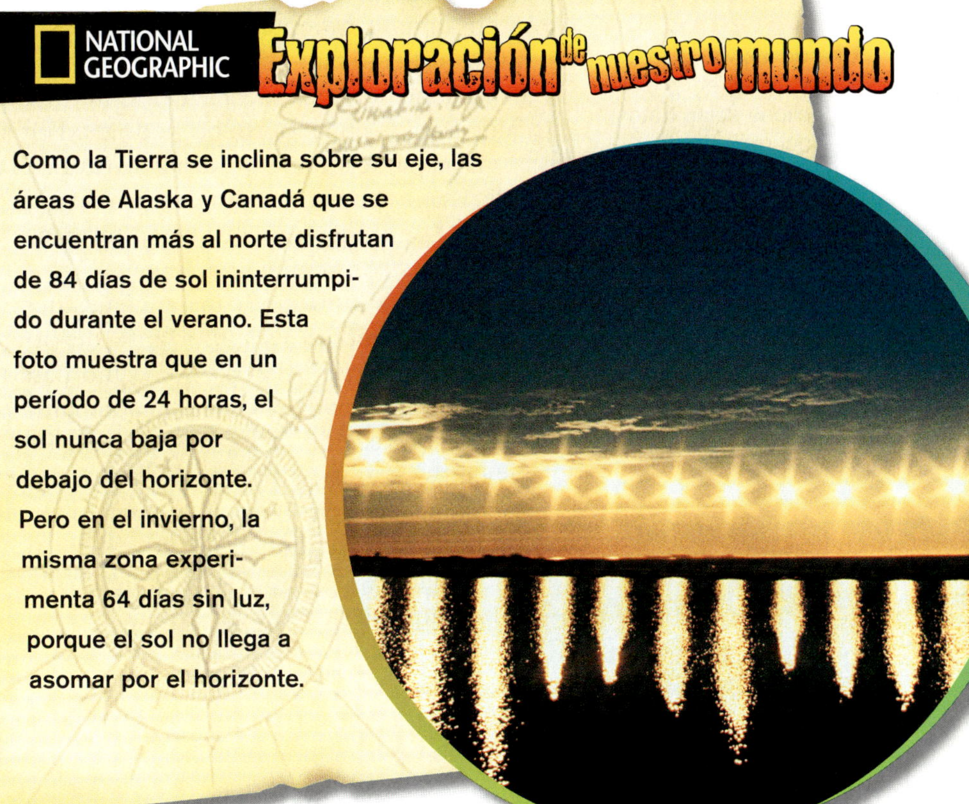

Como la Tierra se inclina sobre su eje, las áreas de Alaska y Canadá que se encuentran más al norte disfrutan de 84 días de sol ininterrumpido durante el verano. Esta foto muestra que en un período de 24 horas, el sol nunca baja por debajo del horizonte. Pero en el invierno, la misma zona experimenta 64 días sin luz, porque el sol no llega a asomar por el horizonte.

El calor del sol da vida en nuestro planeta. La Tierra, junto con ocho otros planetas y miles de cuerpos celestes más pequeños, gira alrededor del sol. Junto con el sol, estos cuerpos celestes componen el sistema solar. Mira el diagrama del **sistema solar** en la página 30. Como puedes ver, la Tierra es el tercer planeta desde el sol.

El sistema solar

Cada planeta viaja por su propio camino, o su **órbita,** alrededor del sol. Los caminos por los que viajan son elipses, que son como círculos expandidos. A cada planeta le toma una cantidad diferente de tiempo para completar una vuelta completa alrededor del sol. La Tierra hace un viaje en 365¼ días. Mercurio gira alrededor del sol en tan sólo 88 días. ¡Al lejano Plutón le toma casi 250 años!

Los planetas pueden ser clasificados en dos tipos: aquellos que son como la Tierra y aquellos que son como Júpiter. Los planetas similares a la Tierra son Mercurio, Venus, Marte y Plutón. Estos planetas son sólidos y pequeños. Tienen muy pocas o ninguna luna. También rotan o giran relativamente despacio.

Los otros cuatro planetas: Júpiter, Saturno, Neptuno y Urano son inmensos. Urano, el más pequeño de los cuatro, es 15 veces más grande que

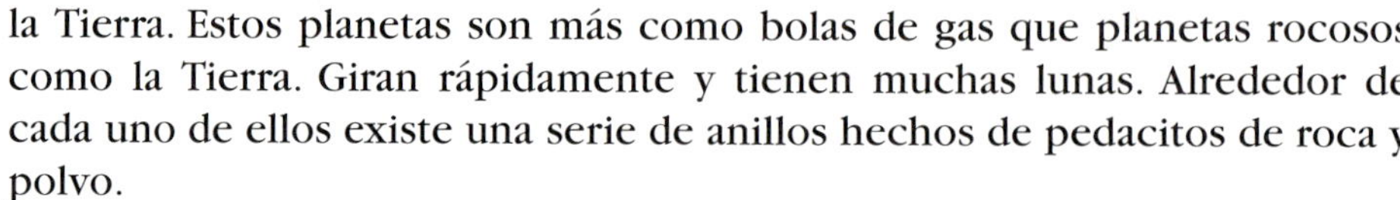

la Tierra. Estos planetas son más como bolas de gas que planetas rocosos como la Tierra. Giran rápidamente y tienen muchas lunas. Alrededor de cada uno de ellos existe una serie de anillos hechos de pedacitos de roca y polvo.

El sol, la Tierra y la luna El sol, aproximadamente a 93 millones de millas (150 millones de kilómetros) de la Tierra, está formado mayormente de gases intensamente calientes. Las reacciones que ocurren dentro del sol hacen que se caliente tanto como a 27 millones de grados Fahrenheit (alrededor de 15 millones de grados Celsius). Como resultado de ello, el sol brinda luz y calor. La vida en la Tierra no podría existir sin el sol.

La capa de aire que rodea a la Tierra, la **atmósfera,** también mantiene la vida. Este cojín de gases mide aproximadamente 1,000 millas (1,609 km) de ancho. El nitrógeno y el oxígeno forman el 99 por ciento de la atmósfera y otros gases componen el resto.

Los seres humanos y los animales necesitan el oxígeno para respirar. La atmósfera también es importante de otras maneras. Esta capa protectora retiene suficiente calor del sol como para hacer que sea posible la vida, tal como un invernadero conserva suficiente calor para proteger a las plantas. Sin esta protección, la Tierra sería demasiado fría para la mayoría de los seres vivientes. Al mismo tiempo, la atmósfera también refleja algo del calor de vuelta al espacio. Como resultado de ello, la Tierra no está demasiado caliente. Finalmente, la atmósfera protege a los seres vivientes. Filtra algunos rayos del sol que son peligrosos. Vas a aprender más sobre la atmósfera en el Capítulo 2.

El vecino más cercano de la Tierra en el sistema solar es la luna. La luna gira alrededor de la Tierra y le toma aproximadamente 30 días para completar cada vuelta. Como una esfera fría y rocosa, la luna no tiene agua ni atmósfera. La luna no da luz propia. Cuando ves que la luna está brillando, en realidad está reflejando la luz del sol.

¡Aunque no lo creas!

Eclipse solar

Una de las vistas más espectaculares en el cielo es un eclipse solar. Este evento ocurre cuando la luna pasa entre la Tierra y el sol y cubre una parte o todo del sol. La fotografía que se incluye aquí muestra un eclipse total, cuando la luna bloquea completamente al sol. Cuando la luna bloquea la luz del sol, cae una gran sombra sobre parte de la Tierra.

NATIONAL GEOGRAPHIC

El sistema solar

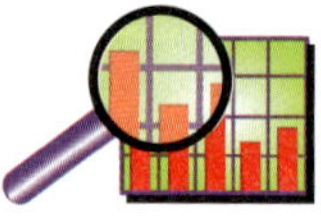

Análisis del diagrama

La Tierra y ocho otros planetas en nuestro sistema solar viajan alrededor del sol.

Movimiento ¿Entre la órbita de cuáles dos planetas está la órbita de la Tierra?

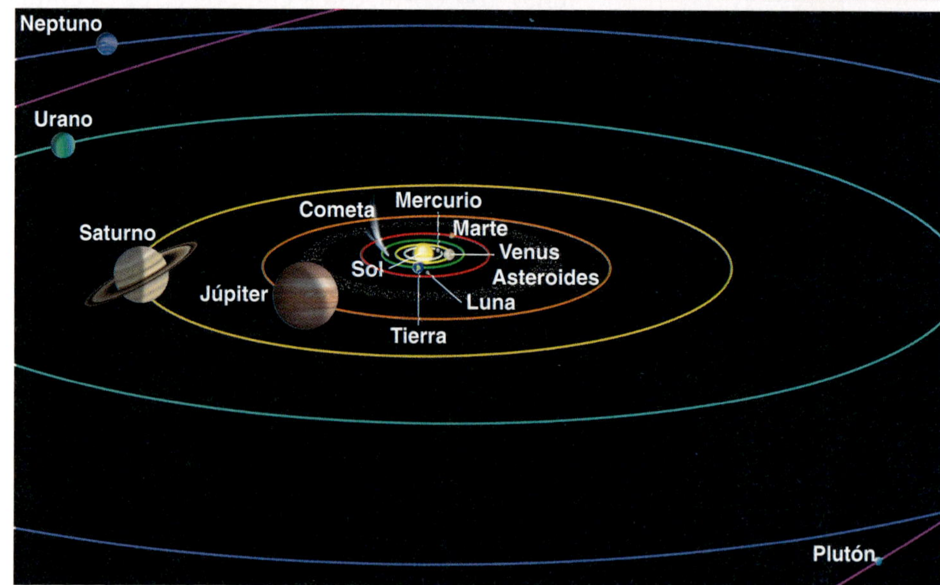

Estaciones

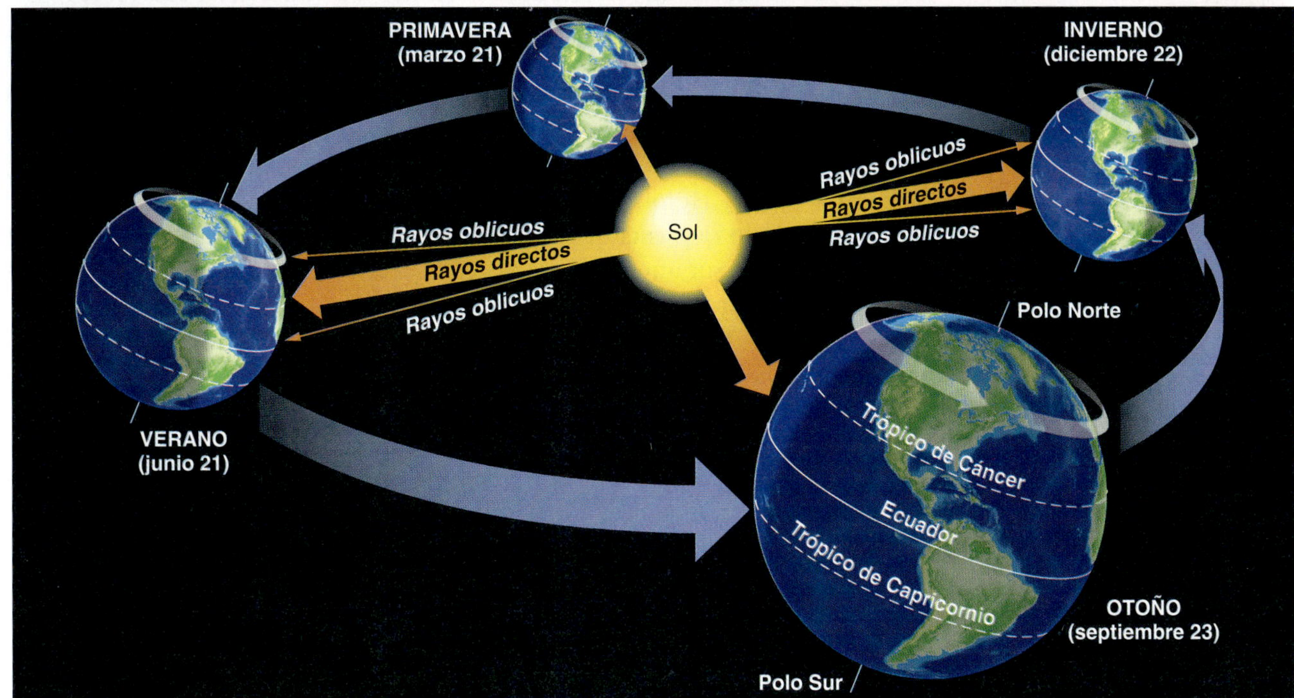

Dado que la Tierra está inclinada, diferentes áreas reciben rayos directos del sol en diferentes épocas del año.

Movimiento **¿Cómo es que este hecho causa cambios en las estaciones?**

Movimiento de la Tierra Como todos los planetas, la Tierra rota o gira, sobre sus ejes. El **eje terrestre** es una línea imaginaria que corre a través del centro de la Tierra, entre el Polo Norte y el Polo Sur. A la Tierra le toma 24 horas terminar una vuelta completa sobre su eje. Como resultado de ello, un día tiene 24 horas. A medida que la Tierra gira, diferentes partes del planeta reciben la luz del sol o están en oscuridad. En la parte que mira al sol es de día, y en la parte más alejada es de noche.

La Tierra también tiene otro movimiento. El planeta también hace una **revolución,** o una órbita completa alrededor del sol en 365¼ días. Este período es lo que definimos como un año. Cada cuatro años, se combinan los restantes cuartos de día y se agregan al calendario como febrero 29. El año que contiene uno de estos días extras se llama **año bisiesto.**

✓ **Comprobación de lectura** **¿Cómo te afecta la órbita de la Tierra?**

El sol y las estaciones

La Tierra está inclinada 23½ grados sobre su eje. Como resultado de ello, cambian las estaciones a medida que la Tierra completa su órbita de un año de duración alrededor del sol. Para ver por qué ocurre esto, mira los cuatro globos terráqueos en el diagrama de arriba. Observa cómo la luz del sol cae directamente en la mitad del norte o del sur de la Tierra en diferentes épocas del año. Los rayos directos del sol generan mayor calor que los rayos indirectos. Cuando los habitantes de un hemisferio reciben estos rayos directos del sol, disfrutan del calor del verano. Cuando sólo reciben rayos indirectos, ellos están en el invierno, que es más frío.

Solsticios y equinoccios Cuatro días del año tienen nombres especiales debido a la posición del sol en relación a la Tierra. Estos días marcan el inicio de las cuatro estaciones. Alrededor del 21 de junio, el Polo Norte está inclinado hacia el sol. Al mediodía de ese día, el sol aparece directamente por encima de la línea de latitud llamada el Trópico de Cáncer (latitud 23½°N). En el Hemisferio Norte, este día es el **solsticio de verano,** el día con el mayor número de horas de luz solar y el menor número de horas de oscuridad. Es el comienzo del verano, pero sólo en el Hemisferio Norte. Recuerda que el Hemisferio Norte incluye todo lo que está al norte del Ecuador. Todo lo que está al sur del Ecuador corresponde al Hemisferio Sur. En el Hemisferio Sur aquél mismo día es el día con el menor número de horas de luz solar y marca el comienzo del invierno.

Seis meses después, alrededor del 22 de diciembre, el Polo Norte está inclinado lejos del sol. Al mediodía, los rayos directos del sol cubren la línea de latitud conocida como el Trópico de Capricornio (latitud 23½°S). En el Hemisferio Norte, este día es el **solsticio de invierno,** el día con el menor número de horas de luz solar. El mismo día marca el comienzo del verano en el Hemisferio Sur.

La primavera y el otoño comienzan a mediados, entre los dos solsticios. Éstos son los **equinoccios,** cuando el día y la noche son de igual duración en ambos hemisferios. Alrededor del 21 de marzo, se presenta el equinoccio vernal (primavera). Alrededor del 23 de septiembre, se presenta el equinoccio otoñal. En ambos días, el sol del mediodía brilla directamente sobre el Ecuador.

✓Comprobación de lectura ¿Cuáles estaciones comienzan en los dos equinoccios?

Evaluación

Definición de términos

1. **Define** sistema solar, órbita, atmósfera, eje terrestre, revolución, año bisiesto, solsticio de verano, solsticio de invierno, equinoccio.

Recuerdo de hechos

2. **Región** ¿Qué cuerpos celestes componen el sistema solar?
3. **Ciencia** Enumera dos gases presentes en la atmósfera.
4. **Movimiento** ¿Cuáles son los dos movimientos que hace la Tierra en el espacio?

Pensamiento crítico

5. **Análisis de la información** ¿En qué medida la posición de la Tierra determina si un día es uno de los días solsticios o equinoccios?
6. **Resumen de información** En un párrafo describe por qué las estaciones cambian.

Organizador gráfico

7. **Organización de la información** Dibuja dos diagramas como los de abajo. Primero enumera los efectos de la rotación de la Tierra en la vida humana, vegetal y animal. Luego enumera los efectos que tendrían si la Tierra dejara de girar.

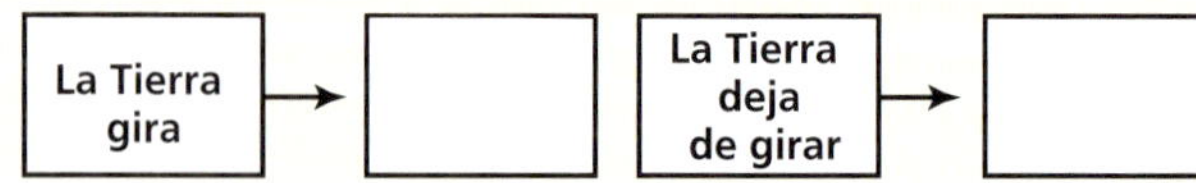

Aplicación de las habilidades en estudios sociales

8. **Análisis del diagrama** Mira el diagrama en la página 31. ¿Qué estación es en el Hemisferio Norte, cuando los rayos directos del sol dan en el Trópico de Capricornio?

Habilidades de estudios sociales

Cómo usar la clave de un mapa

Para entender lo que muestra un mapa, debes leer la **clave del mapa,** o leyenda. La clave del mapa explica el significado de los colores especiales, símbolos y las líneas que figuran en el mapa.

Desarrollo de la habilidad

Los colores en la clave del mapa pueden representar diferentes elevaciones o alturas de Tierras, áreas climáticas o idiomas. Las líneas pueden representar ríos, calles o fronteras.

Los mapas también tienen una rosa de los vientos que indica las direcciones. Las direcciones cardinales son norte, sur, este y oeste. El norte y el sur son las direcciones del Polo Norte y del Polo Sur. Si te paras mirando al norte, el este está en la dirección de tu derecha. El oeste está en dirección de tu izquierda. Es posible que la rosa de los vientos también muestre direcciones intermedias, o aquellas que corresponden entre las direcciones cardinales. Por ejemplo, la dirección intermedia *noreste* corresponde entre el norte y el este. Para usar la clave de un mapa, sigue estos pasos:

- Lee el título del mapa.
- Lee la clave del mapa para averiguar qué información especial ofrece.
- Encuentra ejemplos de cada color, línea o símbolo de la clave del mapa en el mismo mapa.
- Utiliza la rosa de los vientos para identificar las cuatro direcciones cardinales.

Práctica de la habilidad

Mira el mapa de Washington, D.C. abajo para responder a las siguientes preguntas.

1. ¿Qué significa el cuadrado rojo?
2. ¿Qué significa el cuadrado azul?
3. ¿El monumento a Washington está situado al este o al oeste del monumento a Lincoln?
4. Desde la Casa Blanca, ¿en qué dirección irías para llegar al Capitolio?

Aplicación de la habilidad

Encuentra un mapa en un periódico o revista. Utiliza la clave del mapa para explicar tres cosas que el mapa esté mostrando.

IR A

Practica las habilidades clave con **Glencoe Skillbuilder Interactive Workbook, Level 1.**

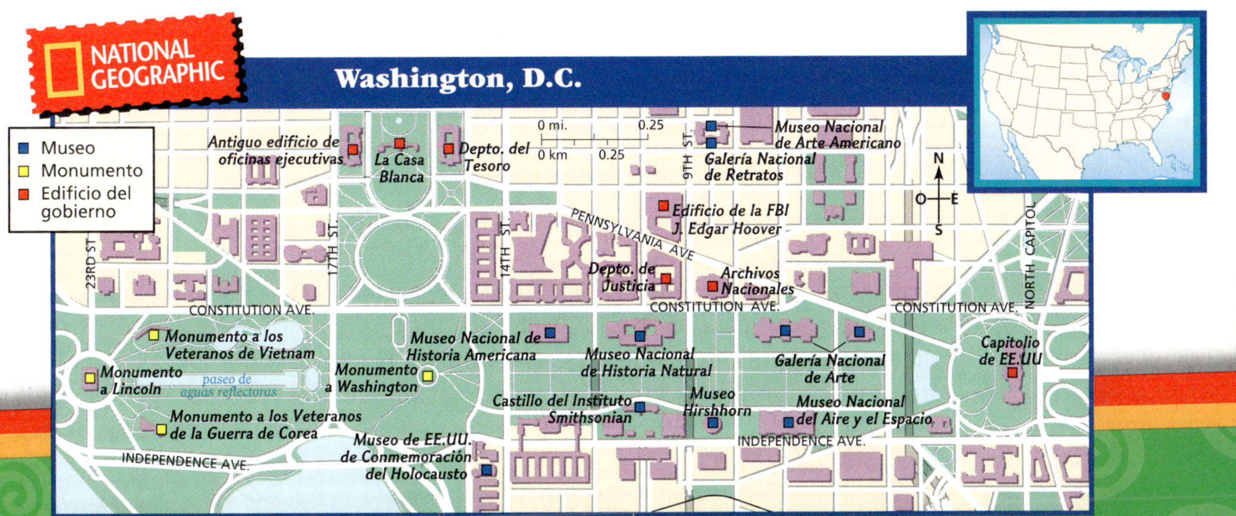

Sección 3

Las fuerzas que moldean la Tierra

Guía de lectura

Idea principal

Fuerzas tanto dentro de la Tierra como en su superficie afectan la forma de la Tierra.

Terminología

- núcleo
- manto
- magma
- corteza
- continente
- tectónica de placas
- terremoto
- tsunami
- falla
- desgaste
- erosión
- glaciar

Estrategia de lectura

Crea un cuadro como éste. Escribe tres fuerzas que cambian la forma de la Tierra. Luego escribe tres efectos que estas fuerzas pueden tener sobre la Tierra.

Fuerzas	Efectos
→	
→	
→	

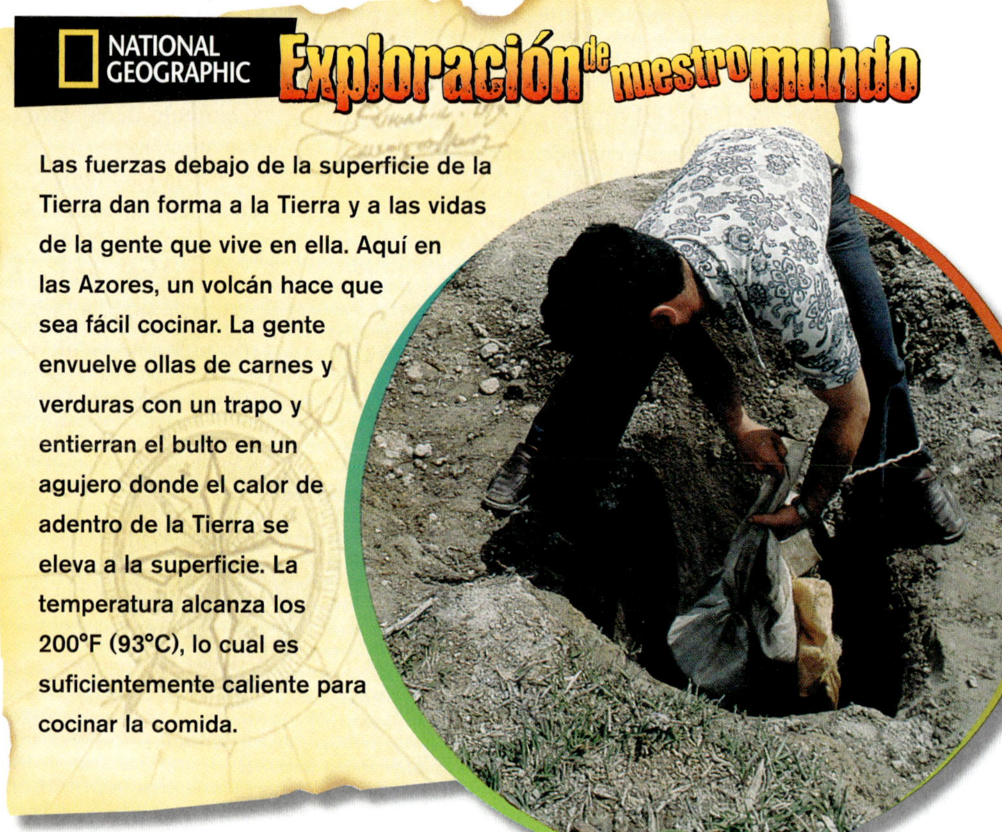

Las fuerzas debajo de la superficie de la Tierra dan forma a la Tierra y a las vidas de la gente que vive en ella. Aquí en las Azores, un volcán hace que sea fácil cocinar. La gente envuelve ollas de carnes y verduras con un trapo y entierran el bulto en un agujero donde el calor de adentro de la Tierra se eleva a la superficie. La temperatura alcanza los 200°F (93°C), lo cual es suficientemente caliente para cocinar la comida.

Miles de millas bajo tus pies, el calor de la Tierra ha convertido el metal en líquido. Es posible que tú no sientas estas fuerzas, pero lo que está dentro de la Tierra afecta lo que está encima de ella. Las montañas, desiertos y otros paisajes se formaron en millones de años gracias a fuerzas que actúan debajo de la superficie de la Tierra, y que aun hoy están todavía cambiando. Algunas fuerzas trabajan despacio y no muestran resultados por miles de años. Otras aparecen repentinamente y tienen efectos dramáticos y a muy bastante destructivos.

Dentro de la Tierra

Los científicos sólo han podido estudiar la capa superior de la Tierra pero se han hecho una idea de lo que está adentro. Han descubierto que la Tierra tiene tres capas: el núcleo, el manto y la corteza. ¿Has visto alguna vez un cantalupo cortado por la mitad? El núcleo de la Tierra es como el centro de un cantalupo, donde encuentras las semillas. El manto es como la parte de la fruta que comes, entre el centro y la cáscara, o capa externa. La corteza es como la cáscara del melón. Observemos de cerca las tres capas de la Tierra.

En el centro de la Tierra hay un denso **núcleo** de hierro caliente mezclado con otros metales y rocas. El interior del núcleo es sólido pero la parte exterior está tan caliente que el metal se ha derretido en un líquido. Alrededor del núcleo está el **manto,** una capa de roca de un espesor de alrededor de 1,800 millas (2,897 km). Al igual que el núcleo, el manto también tiene dos partes. La sección más cercana al núcleo permanece sólida, pero la roca en el manto exterior a veces se derrite. Si has visto fotografías de un volcán activo, entonces has visto esta roca derretida, llamada **magma.** Fluye a la superficie durante la erupción de un volcán.

La capa superior de la Tierra, la **corteza,** es relativamente delgada. Sólo tiene una profundidad de 31 a 62 millas (50 a 100 km). La corteza incluye los pisos de los océanos. También incluye siete áreas masivas de Tierra conocidas como **continentes.** La corteza es más delgada en los pisos de los océanos. Es más gruesa debajo de los continentes. Ve al mapa en la página 41 para ver dónde están ubicados los siete continentes de la Tierra.

Comprobación de lectura ¿Cuál capa de la Tierra es la más delgada?

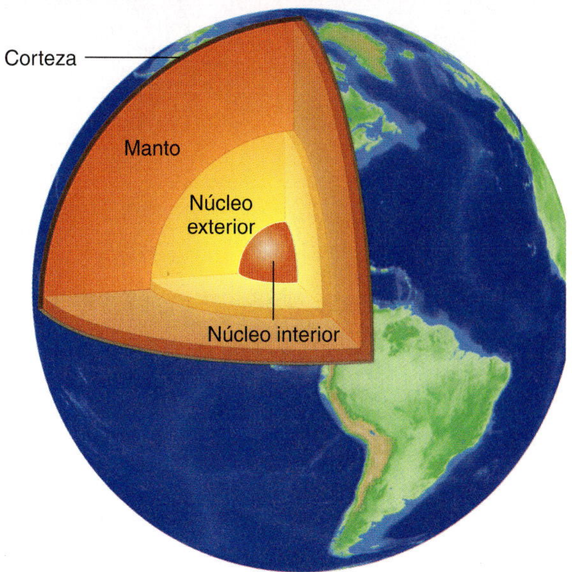

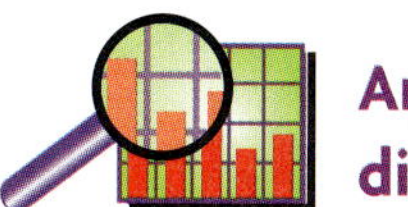

Análisis del diagrama

El centro de la Tierra está lleno de rocas calientes y metal parcialmente líquido.

Región ¿Cómo se llama la capa más interna dentro de la Tierra? ¿En qué capa se encuentran los continentes?

Fuerzas debajo de la corteza de la Tierra

Probablemente has mirado programas de ciencias sobre terremotos y volcanes. También posiblemente has visto noticias en la televisión sobre la destrucción causada por los terremotos. Estos eventos resultan de fuerzas que se desencadenan al interior de la Tierra.

Movimientos de placas Los científicos han desarrollado una teoría llamada **tectónica de placas** para explicar la estructura de la Tierra. Esta teoría afirma que la corteza no es una cáscara sin romper sino que consiste de placas, o enormes bloques de roca, que se mueven. Las placas flotan sobre roca líquida justo debajo de la corteza de la Tierra. Se mueven, pero frecuentemente en direcciones diferentes. Los océanos y continentes están localizados sobre estas placas gigantes, tal como se muestra en la página 36.

¿Alguna vez has observado que la parte este de **América del Sur** parece encajar en la parte oeste de **África?** Esto se debe a que estos dos continentes alguna vez estuvieron unidos en una masa de tierra que los científicos llaman **Pangea.** Sin embargo hace millones de años los continentes se separaron. La actividad tectónica hizo que se movieran. Las placas todavía están en movimiento hoy en día, pero se mueven tan despacio que tú no lo sientes. La placa bajo el Océano Pacífico se mueve hacia el oeste a una velocidad de aproximadamente cuatro pulgadas (10 cm) por año. Esto es aproximadamente la misma velocidad con que crece la barba de un hombre. La placa a lo largo del extremo oeste de América del Sur se mueve hacia el este a una velocidad de aproximadamente 1.8 pulgadas (5 cm) por año. Esto es un poco más rápido que lo que crecen tus uñas. Ve a la página 45 para observar cómo se veía antes Pangea y luego que sufrió este movimiento, conocido como el movimiento de los continentes.

Límites de las placas tectónicas

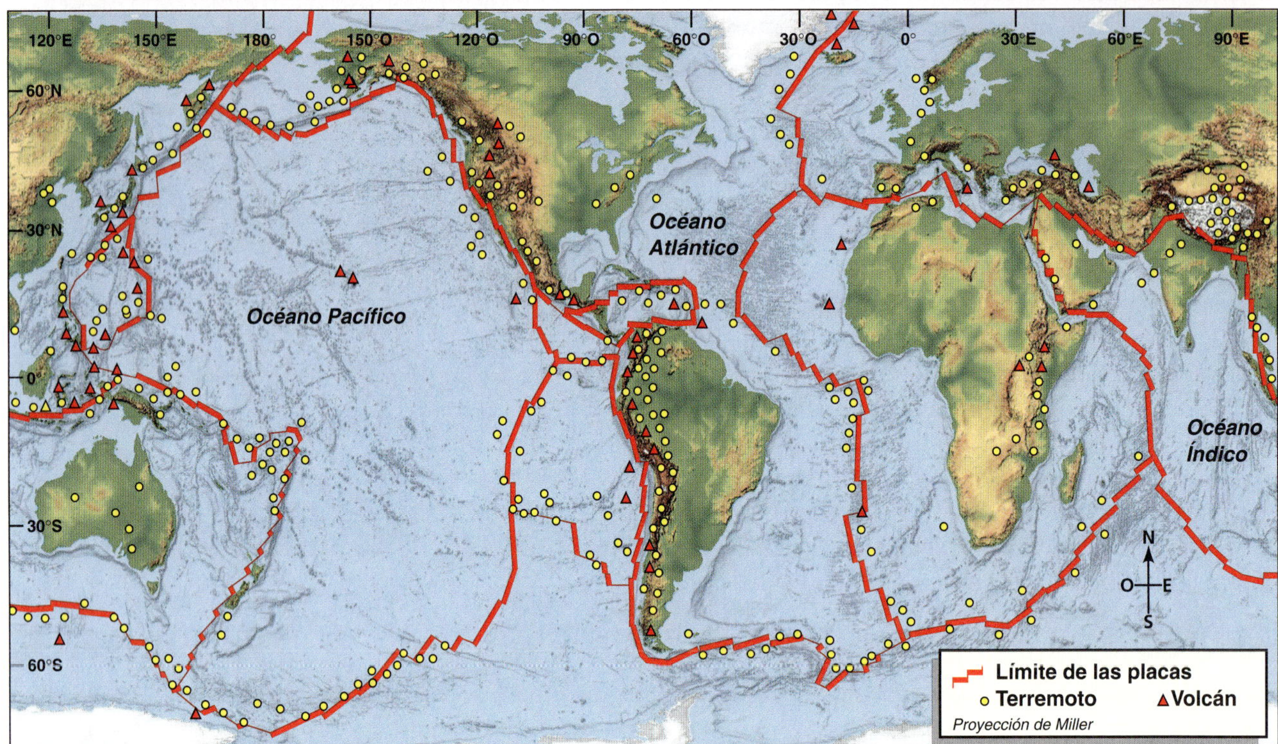

Análisis del diagrama

La mayor parte de América del Norte reposa en una placa.

Región **¿Qué patrón observas entre los límites de las placas, los terremotos y los volcanes?**

Cuando las placas se encuentran Los movimientos de las placas de la Tierra han formado en realidad la superficie de la Tierra. A veces las placas se expanden, o se alejan entre ellas. Este tipo de acción tectónica separó a América del Sur y África hace millones de años. Sin embargo, a veces las placas se empujan unas contra otras. Cuando esto sucede ocurre uno de tres eventos, dependiendo de qué tipo de placas están involucradas.

Si dos placas continentales chocan una contra la otra, la colisión produce cordilleras elevadas. Este tipo de colisión produjo el **Himalaya** en el sur de Asia.

Si una placa continental y una placa oceánica se desplazan chocando entre sí, la placa continental, que es más gruesa, resbala sobre la placa oceánica, que es más delgada. La fuerza hacia abajo de la placa inferior causa la acumulación de roca fundida. Entonces, como magma, erupciona para formar montañas volcánicas. Otro proceso puede ocurrir proveniente de la presión que se acumula entre las dos placas que se deslizan. Esta presión puede causar que una placa se mueva repentinamente. El resultado es un **terremoto,** o un movimiento violento y repentino de la corteza de la Tierra.

Los terremotos pueden ser muy dañinos tanto para las estructuras físicas como para las vidas humanas. Pueden hacer que se caigan los edificios, se destruyan los puentes y se rompan las tuberías de agua o gas que están bajo tierra. Los terremotos submarinos puede causar enormes olas llamadas **tsunamis.** Estas olas pueden llegar a tener una altura de 98 pies (30 m). Estas olas pueden causar graves inundaciones de los pueblos costeros.

A veces dos placas no chocan de frente sino que se desplazan una al lado de la otra. Para tener una idea de esto, pon tus manos juntas y luego muévelas en direcciones opuestas. Cuando esto ocurre en la Tierra, las dos placas se deslizan una en contra de la otra. Este movimiento crea **fallas,** o rajaduras en la corteza de la Tierra. Pueden ocurrir violentos terremotos cerca de estas fallas. Por ejemplo, en 1988, un terremoto afectó al país de Armenia. Cerca de 25,000 personas murieron y otras 500,000 perdieron sus hogares. Una de las más famosas fallas en los Estados Unidos es la **falla de San Andrés** en California. El movimiento de la Tierra a lo largo de esta falla causó un terremoto severo en San Francisco en 1906 y otro terremoto menos serio en 1989.

✓ Comprobación de lectura **¿Qué ocurre cuando dos placas continentales chocan?**

Fuerzas que dan forma a los accidentes geográficos

Las fuerzas bajo la corteza de la Tierra que mueven las placas tectónicas pueden causar volcanes y terremotos que cambian los accidentes geográficos de la Tierra. Sin embargo, una vez formados, estos accidentes geográficos continuarán cambiando debido a las fuerzas que operan en la superficie de la Tierra.

Desgaste El **desgaste** es el proceso de romper la superficie rocosa en peñas, grava, arena y suelo. El desgaste puede ser causado por el agua y las heladas, los químicos e inclusive por las plantas. El agua se filtra por las rajaduras de las rocas y luego se congela. Al congelarse, el hielo se expande y rompe la roca. A veces, los laderas enteras de acantilados se caen debido a que la helada ha hecho una cuña y ha separado la roca. Los químicos también pueden causar desgaste cuando los ácidos de la contaminación del aire se mezclan con la lluvia y caen nuevamente a la Tierra. Los químicos corroen las superficies de las estructuras de piedra y rocas naturales. Incluso las pequeñas semillas pueden caer en las rajaduras y echar raíces, causando que enormes rocas posteriormente se rompan.

Erosión La **erosión** es el proceso de consumo o movimiento del material desgastado. El agua, el viento y el hielo son los mayores factores que erosionan

Arquitectura

En las partes del mundo que tienen tendencia a sufrir terremotos, los ingenieros diseñan nuevos edificios que puedan soportar temblores, o sacudidas de la Tierra. Las estructuras flexibles permiten que los edificios oscilen en lugar de que se rompan. Colocar un edificio sobre almohadillas o rodillos amortigua la estructura del movimiento del piso. Algunos de los llamados edificios inteligentes responden automáticamente a los temblores, desplazando su peso o ajustando o soltando las uniones.

Una mirada de cerca ¿Cómo el estudio de edificios dañados por terremotos puede ayudar a los diseñadores a mejorar las construcciones en el futuro?

San Francisco, California, 1989 ▶

o consumen el material de la superficie. La lluvia y el agua que corre en los océanos, ríos y arroyos puede erosionar con el tiempo hasta la piedra más fuerte. El agua de lluvia que se desplaza a los arroyos y ríos levanta y mueve tierra y arena. Estas partículas hacen que el agua del río sea similar a un gigantesco cepillo que pule constantemente la ribera de los ríos y cualquier otra superficie en el camino del agua.

El viento es también una causa principal de la erosión en cuanto levanta la Tierra y arena desgastados. Las áreas que pierden tierra con frecuencia pierden la capacidad de ser tierras de cultivo y de mantener algún tipo de vida. Las áreas que reciben la Tierra que viene con el viento también se benefician de los nutrientes adicionales en la Tierra. Sin embargo, el viento que lleva arena actúa como una lija. Las rocas y otros estructuras son talladas en formas lisas.

La tercera causa de la erosión es el hielo. Los pedazos gigantes de hielo, de lento movimiento, son llamados **glaciares.** Los glaciares cambian la Tierra en la medida que avanzan lentamente sobre ella al formarse en la parte elevada de las montañas. En forma similar a las tormentas de viento, los glaciares actúan como lijas al recoger y cargar rocas bajando por el lado de las montañas, puliendo todo lo que está debajo de ellos. Algunos glaciares tienen un espesor de miles de pies. El peso de la presión de miles de pies de hielo también corta valles profundos en la base de la montaña.

✓ Comprobación de lectura Enumera tres cosas que causan el desgaste.

Evaluación

Definición de términos

1. **Define** núcleo, manto, magma, corteza, continente, tectónica de placas, terremoto, tsunami, falla, desgaste, erosión, glaciar.

Recuerdo de hechos

2. **Región** ¿Cuáles son las tres capas de la Tierra?
3. **Movimiento** ¿En qué tres formas pueden moverse las placas tectónicas?
4. **Ciencia** ¿Cuáles son los tres factores más grandes que causan la erosión?

Pensamiento crítico

5. **Establecer comparaciones** ¿En qué forma el agua desempeña una función en los procesos de desgaste y erosión?
6. **Comprensión de causa y efecto** ¿En qué medida la erosión daña algunas áreas pero beneficia otras?

Organizador gráfico

7. **Organización de la información** Dibuja un diagrama como éste, luego marca las flechas interiores con fuerzas internas que den forma a los accidentes geográficos. Marca las flechas exteriores con fuerzas de superficie que cambian los accidentes geográficos de la Tierra.

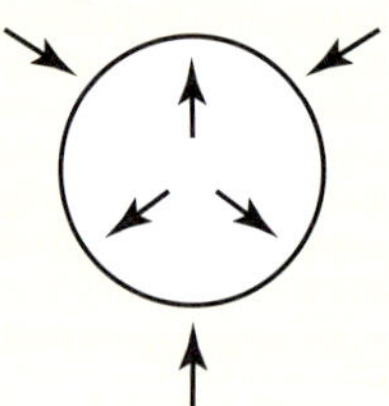

Aplicación de las habilidades en estudios sociales

8. **Análisis del diagrama** Mira el diagrama de los límites de las placas tectónicas en la página 36. ¿Por qué podría ser un problema que mucha de la gente del mundo viva a lo largo del extremo oeste del Océano Pacífico?

Accidentes geográficos y vías navegables

Guía de lectura

Idea principal

Los accidentes geográficos en toda su variedad afectan la forma en que vive la gente.

Terminología

- elevación
- llanura
- meseta
- istmo
- península
- isla
- plataforma continental
- fosa marina
- estrecho
- canal
- delta

Estrategia de lectura

Dibuja un diagrama como éste. En cada uno de los círculos que lo rodean escribe el nombre de un accidente geográfico y algún hecho sobre él.

NATIONAL GEOGRAPHIC **Exploración de nuestro mundo**

Las fuerzas debajo de la corteza de la Tierra se combinan con las fuerzas de la superficie para crear accidentes geográficos y vías navegables. Éstas son las espectaculares Cataratas de Iguazú en la frontera de Brasil y Argentina, en América del Sur. Son el resultado de la caída de agua del Río Iguazú sobre la Meseta del Paraná. Miles de turistas de todo el mundo visitan a diario las Cataratas de Iguazú.

La superficie de la Tierra consiste de 7 continentes: América del Norte, América del Sur, Europa, África, Asia, Australia y Antártida. Todos tienen una diversidad de accidentes geográficos, inclusive la helada Antártida.

Tipos de accidentes geográficos

Mira la ilustración en las páginas 14–15 del **Manual de geografía.** Observa las muchas formas diferentes que la Tierra puede tomar. ¿Cuáles conoces? ¿Cuáles son nuevas para ti?

En la tierra Las montañas son inmensas torres de rocas formadas por la colisión de las placas tectónicas de la Tierra o por los volcanes. Algunas montañas pueden tener varios miles de pies de altura. Otras pueden llegar a tener más de 20,000 pies (6,096 m). La montaña más alta del mundo es el **monte Everest,** localizada en las cordilleras del Himalaya al sudeste de Asia. Tiene una altura de 29,035 pies (8,850 m), cerca de 5.5 millas (8.9 km) de alto.

Valles versus cañones

Este valle de Grecia está rodeado por el macizo del Pindo (arriba). Los cañones, como el Gran Cañón en Arizona (derecha), tallan las mesetas.

Lugar **¿En qué forma son similares los valles y los cañones?**

Generalmente, las montañas tienen cimas elevadas y laderas empinadas y escarpadas. Las colinas por lo general son más bajas y más redondas. Algunas colinas se forman al pie, o base de las montañas. Como resultado de ello, a estas colinas se les llama estribaciones.

Por contraste, las llanuras y mesetas son por lo general planas. Lo que las hace diferentes entre sí es su **elevación,** o su altura sobre el nivel del mar. Las **llanuras** son explanadas bajas de tierras planas y vastos campos. Al-gunas llanuras se extienden desde la mitad de un continente hasta la costa, tal como la **Llanura de Europa del Norte.** Las **mesetas** también son planas pero tienen una elevación mayor. En el caso de algunas mesetas, se forma un empinado acantilado cuando la meseta se eleva sobre tierras bajas cercanas. Al igual que otras, tal como la **meseta de México,** la meseta está rodeada por montañas.

Entre las montañas y las colinas están los valles. Un valle es un largo trecho de tierras más bajas que las tierras en cualquiera de los lados. Por lo general los ríos se encuentran en la parte baja de los valles. Los cañones son tierras bajas de laderas escarpadas que los ríos han cortado a través de una meseta. Uno de los cañones más famosos es el **Gran Cañón** en Arizona. Por millones de años el Río Colorado corrió a través de una meseta y esculpió la roca formando el Gran Cañón.

Los geógrafos describen algunos accidentes geográficos por su relación con las áreas de tierras más grandes o con masas de agua. Un **istmo** es una parte delgada de tierra que conecta a dos partes más grandes de tierra. Una **península** es una parte de tierra con agua en tres lados. Una masa de tierra más pequeña que un continente y completamente rodeada de agua es una **isla.**

Bajo los océanos Si fueras a explorar los océanos, verías accidentes geográficos bajo el agua que son similares a aquellos en la Tierra. Frente a la costa de cada continente existe una meseta llamada **plataforma continental** que se prolonga por varias millas debajo del agua. Al margen de la plataforma, existen acantilados empinados que caen hasta el lecho del océano.

En el lecho del océano existen montañas elevadas y valles muy profundos. Aquí los valles se denominan **fosas marinas,** y son los lugares más bajos en la corteza de la Tierra. La más profunda, en el Océano Pacífico occidental, se denomina la **fosa de las Marianas.** Esta fosa marina se sumerge 35,840 pies (10,924 m) bajo el nivel del mar. ¿Qué tan profundo es esto? Si se colocara al monte Everest en esta fosa marina, la montaña tendría que crecer 1.3 millas (2 km) más sólo para alcanzar la superficie del océano.

Los accidentes geográficos y la gente Los seres humanos se han adaptado a todos los tipos de accidentes geográficos. En las cordilleras de los Andes de América del Sur algunas personas viven a alturas considerables. La mayor parte de la población de Canadá vive a orillas del Río San Lorenzo y alrededor de los Grandes Lagos. Los agricultores de Brasil cultivan la tierra en una meseta llamada la Meseta Brasileña.

¿Por qué la gente decide vivir en un área en particular? El clima, es decir, la temperatura promedio y la lluvia de una región, es una de las razones. Vas a leer más sobre el clima en el capítulo siguiente. La disponibilidad de recursos es otra de las razones. La gente se establece donde pueden obtener agua dulce y cultivar alimentos, pescar o criar animales. Es posible que se establezcan en un área porque tiene una buena provisión de recursos útiles tales como árboles para la construcción, hierro para la fabricación, o petróleo para obtener energía. Vas a leer más sobre los recursos en el Capítulo 3.

Comprobación de lectura **¿En qué se parecen las llanuras y mesetas? ¿Cómo son diferentes?**

Aplicación de las habilidades con mapas

1. ¿Cuáles son los nombres de las siete grandes masas de tierra en la Tierra?
2. ¿Cuáles son los cuatro océanos más importantes de la Tierra?

Busca en línea mapas de NGS en www.nationalgeographic.com/maps

NATIONAL GEOGRAPHIC

Continentes y océanos del mundo

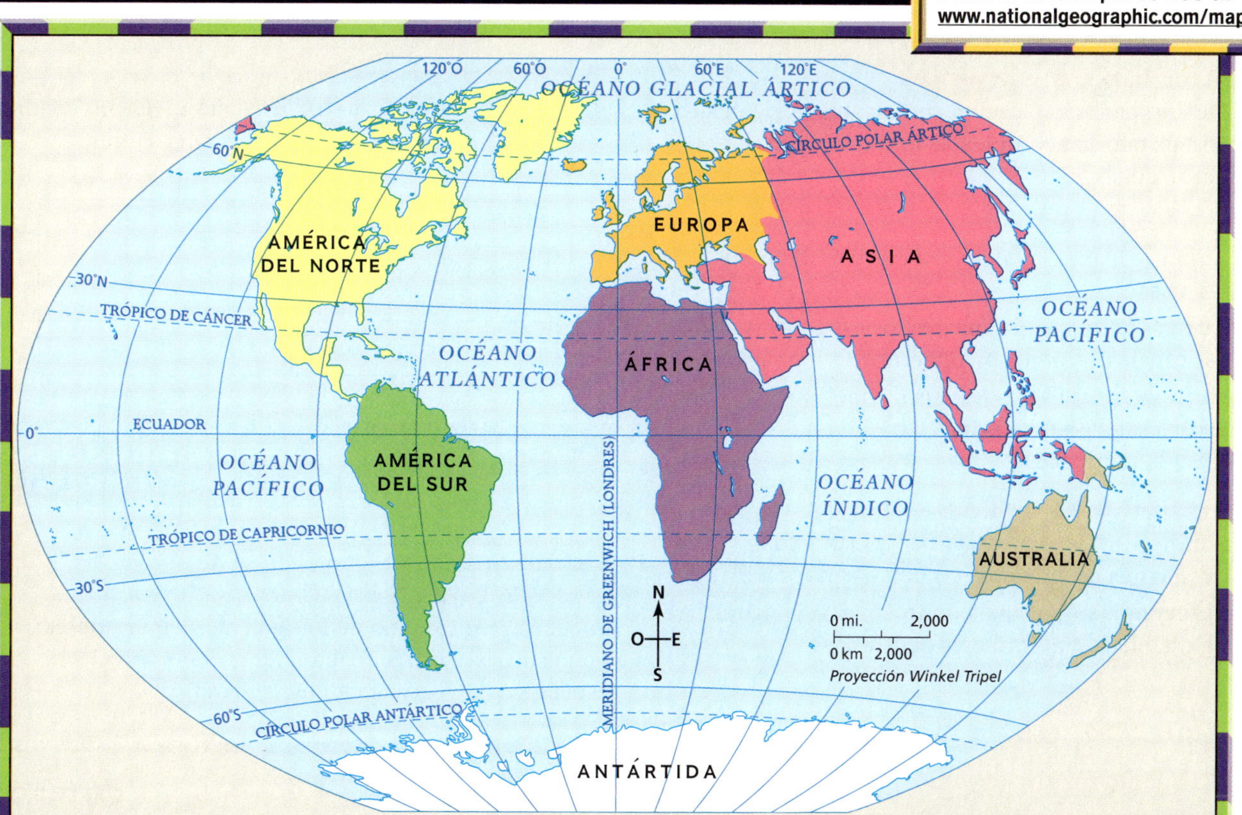

Masas de agua

Alrededor del 70% de la superficie de la Tierra es agua. La mayoría de esa agua es agua salada que la gente y muchos animales no pueden tomar. Sólo un pequeño porcentaje es agua dulce, que se puede tomar. Los océanos, que consisten de agua salada, agua son las masas de agua más grandes de la Tierra. Otras masas de agua salada más pequeñas están conectadas a los océanos pero están circundadas por tierra por lo menos parcialmente. Estas masas incluyen mares, golfos y bahías.

Otros dos tipos de agua conforman pasajes que conectan a dos masas de agua más grandes. Un **estrecho** es una masa de agua angosta entre dos partes de tierra. El **Estrecho de Magallanes** corre entre el extremo sur de América del Sur y una isla llamada Tierra del Fuego. Este estrecho conecta a los Océanos Atlántico y Pacífico. A un pasaje más ancho se le llama un **canal.** El Canal de la Mancha separa las islas de Gran Bretaña de Francia, en el continente europeo.

Ciertas masas de agua dulce aparecen en los continentes e islas del mundo. Éstas incluyen masas más grandes, como los lagos y ríos, al igual que más pequeñas, como las lagunas y arroyos. El lugar donde se origina un río, generalmente en una parte elevada de las montañas, se llama su fuente. La desembocadura de un río es el lugar donde éste vierte sus aguas hacia otra masa de agua. Tal como aprendiste en la Sección 3, los ríos cargan tierra y arena. Posteriormente depositan esta tierra en la desembocadura, que se acumula a través del tiempo para formar un **delta.**

✓ Comprobación de lectura ¿Cuál es la diferencia entre la fuente y la desembocadura de un río?

Evaluación

Definición de términos

1. **Define** elevación, llanura, meseta, istmo, península, isla, plataforma continental, fosa marina, estrecho, canal, delta.

Recuerdo de hechos

2. **Lugar** ¿Cuál es la diferencia entre montañas y colinas?
3. **Lugar** ¿En qué son similares los estrechos y los canales? ¿Cómo son diferentes?
4. **Cultura** ¿Cuáles son las dos razones por las cuales la gente decide instalarse en un área en particular?

Pensamiento crítico

5. **Análisis de la información** ¿Cuáles dos accidentes geográficos son creados por ríos?
6. **Inferencias** ¿Por qué con frecuencia la gente se establece en las riberas de los ríos?

Organizador gráfico

7. **Organización de la información** Haz un cuadro como éste y da tres ejemplos para cada punto señalado.

Accidentes geográficos			
Accidentes geográficos bajo el océano			
Tipos de masas de agua			

Aplicación de las habilidades en estudios sociales

8. **Análisis de mapas** Mira el mapa de Asia en las páginas RA24–RA25 del **Atlas de referencia.** Encuentra un ejemplo de lo siguiente: llanura, meseta, península, isla, estrecho. Enumera los nombres específicos de cada accidente geográfico.

Repaso de la lectura

Sección 1 Cómo piensa un geógrafo

Terminología

geografía
accidente geográfico
medio ambiente
Sistema global de navegación (GPS, por sus siglas en inglés)
sistemas de información geográfica (GIS, por sus siglas en inglés)
artefacto
fósil

Idea principal

Los geógrafos utilizan diversas herramientas para comprender el mundo.

- ✓ **Lugar** Los geógrafos estudian las características físicas y sociales de los lugares.
- ✓ **Interacción del hombre con el medio ambiente** Los geógrafos tienen un interés especial en ver cómo la gente interactúa con su medio ambiente.
- ✓ **Tecnología** Para estudiar la Tierra, los geógrafos usan mapas, globos terráqueos, fotografías, el Sistema global de posición y sistemas de información geográfica.
- ✓ **Economía** La gente puede usar información proveniente de la geografía para planificar, tomar decisiones y administrar recursos.

Sección 2 La Tierra en el espacio

Terminología

sistema solar
órbita
atmósfera
eje terrestre
revolución
año bisiesto
solsticio de verano
solsticio de invierno
equinoccio

Idea principal

La Tierra tiene vida gracias al sol. La Tierra tiene diferentes estaciones debido a su inclinación y rotación y gira alrededor del sol.

- ✓ **Ciencia** La luz y calor del sol permiten que exista vida en la Tierra.
- ✓ **Ciencia** La atmósfera es un cojín de gases que protege a la Tierra y provee el aire para respirar.
- ✓ **Movimiento** La Tierra gira sobre su eje produciendo el día y la noche.
- ✓ **Movimiento** La inclinación de la Tierra y su rotación alrededor del Sol producen los cambios en las estaciones.

Sección 3 Las fuerzas que moldean la Tierra

Terminología

núcleo
manto
magma
corteza
continente
terremoto
tectónica de placas
tsunami
falla
desgaste
erosión
glaciar

Idea principal

Fuerzas tanto dentro de la Tierra como en su superficie afectan la forma de la Tierra.

- ✓ **Región** La Tierra tiene un núcleo interior y exterior, un manto y una corteza.
- ✓ **Movimiento** Los continentes están sobre grandes placas de roca que se mueven.
- ✓ **Movimiento** Los terremotos y los volcanes pueden dar nueva forma a la Tierra.
- ✓ **Ciencia** El viento, el agua y el hielo pueden cambiar la apariencia de la Tierra.

Sección 4 Accidentes geográficos y vías navegables

Terminología

elevación
llanura
meseta
istmo
península
isla
plataforma continental
fosa marina
estrecho
canal
delta

Idea principal

Los accidentes geográficos en toda su variedad afectan la forma en que vive la gente.

- ✓ **Lugar** Las montañas, mesetas, valles y otros accidentes geográficos se encuentran en la tierra y bajo los océanos.
- ✓ **Ciencia** Alrededor del 70 por ciento de la superficie de la Tierra es agua.
- ✓ **Cultura** La gente se ha adaptado para vivir en diferentes accidentes geográficos.

Evaluación y actividades

Uso de términos clave

Haz corresponder los términos de la parte A con sus definiciones en la parte B.

A.

1. elevación
2. accidente geográfico
3. solsticio de verano
4. tectónica de placas
5. sistemas de información geográfica
6. Sistema global de navegación
7. erosión
8. equinoccio
9. falla
10. desgaste

B.

a. altura sobre el nivel del mar
b. desgaste de la superficie de la Tierra
c. teoría que sostiene que la corteza de la Tierra consiste de enormes bloques de roca que se mueven
d. un grupo de satélites alrededor de la Tierra
e. un software especial que ayuda a los geógrafos a recopilar y utilizar información
f. cuando el día y la noche son de igual duración
g. un proceso que rompe la superficie rocosa en grava, arena y suelo
h. una rajadura en la corteza de la Tierra
i. el día con el mayor número de horas de luz
j. las características particulares de la tierra

Repaso de las ideas principales

Sección 1 Cómo piensa un geógrafo

11. **Lugar** Da tres ejemplos de las características físicas de un lugar.
12. **Región** ¿En qué forma es diferente una región de un lugar?
13. **Interacción del hombre con el medio ambiente** Da un ejemplo de cómo la gente utiliza el conocimiento geográfico.

Sección 2 La Tierra en el espacio

14. **Región** ¿Cuántos planetas hay en el sistema solar?
15. **Movimiento** ¿Qué movimiento de la Tierra produce el día y la noche?
16. **Movimiento** ¿En qué forma las revoluciones de la Tierra alrededor del sol se relacionan a las estaciones?

Sección 3 Las fuerzas que moldean la Tierra

17. **Movimiento** ¿En qué forma se mueven las placas de la corteza de la Tierra?
18. **Movimiento** Da un ejemplo de erosión.

Sección 4 Accidentes geográficos y vías navegables

19. **Lugar** ¿Cuál tiene una elevación mayor, las llanuras o las mesetas?
20. **Movimiento** ¿Cuáles son las dos razones por las cuales la gente se establece en una región en particular?

El mundo

Actividad para localizar un lugar

En una hoja separada de papel, empareja las letras en el mapa con los lugares numerados indicados abajo.

1. América del Norte
2. Océano Pacífico
3. África
4. América del Sur
5. Antártida
6. Australia
7. Océano Atlántico
8. Asia

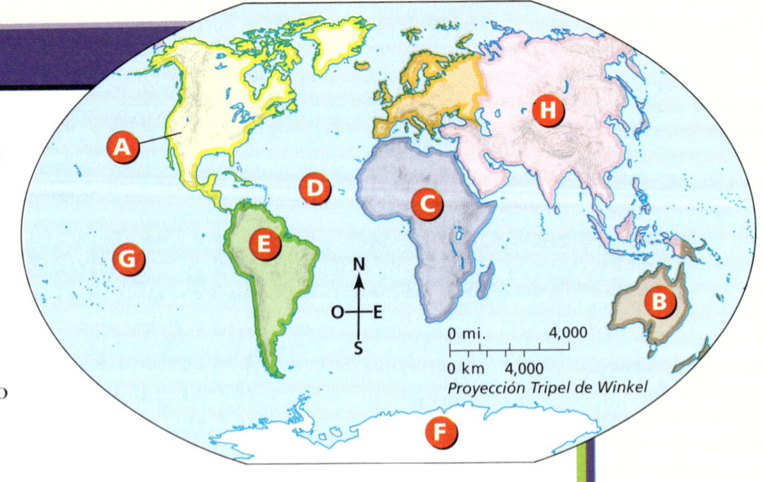

Prueba de autocomprobación Visita el sitio Web ***El mundo y sus gentes*** en twip.glencoe.com y haz clic en **Chapter 1–Self-Check Quizzes** para prepararte para el examen del capítulo.

Pensamiento crítico

21. **Conclusiones** ¿Por qué la gente en Australia esquía en la nieve durante los meses de verano del Hemisferio Norte?
22. **Comprensión de causa y efecto** Crea un diagrama como éste. En el cuadrado de "causa" escribe "movimientos de las placas". En el cuadrado de "efecto" describe el efecto que esta fuerza tiene en la Tierra. Dibuja cuatro pares de casilleros más y haz lo mismo para las otras fuerzas que forman la Tierra: terremotos, volcanes, desgaste y erosión.

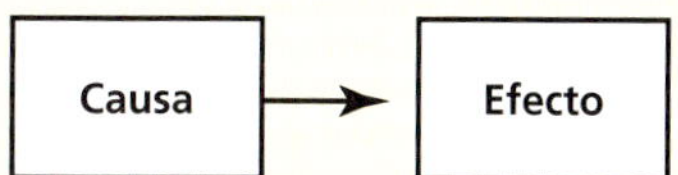

Actividad de comparación de las regiones

23. **Geografía** Piensa sobre tu vecindario. Enumera las características que hacen que sea una región. Organízate en pares y compara las características de tu región con la región de tu compañero.

Actividad mental de trazado de mapas

24. **Enfoque en la región** Dibuja un mapa simple del contorno de la Tierra, luego marca lo siguiente:
    - núcleo
    - manto
    - corteza
    - atmósfera

Actividad de habilidades tecnológicas

25. **Construcción de una base de datos** Utiliza un programa de procesamiento de textos para hacer una base de datos como la que se incluye a continuación. En la primera columna enumera las fuerzas dentro de la Tierra que han dado forma a la Tierra. Luego escribe el resultado de la fuerza en la segunda columna. En la tercera columna investiga para encontrar un ejemplo de cada resultado. La primera fila se ha llenado para ti.

Fuerza	Resultado	Ejemplo
colisión de placas	montañas	Himalaya

Práctica de la prueba estandarizada

Instrucciones: Estudia los mapas de abajo y luego responde a la pregunta que sigue.

1. **¿Cuál "supercontinente" creen los científicos que existió hace 200 millones de años?**

   A Eurasia
   B Pangea
   C Gondwana
   D Antártida

Consejo para el examen: Utiliza la información en los mapas para responder a esta pregunta. Lee el título que está encima de los mapas y luego los dos subtítulos. Si vuelves a leer la pregunta observarás que está preguntando sobre un determinado período de tiempo. Asegúrate que utilices el mapa correcto de arriba para responder a la pregunta.

Capítulo 2

El agua, el clima y la vegetación

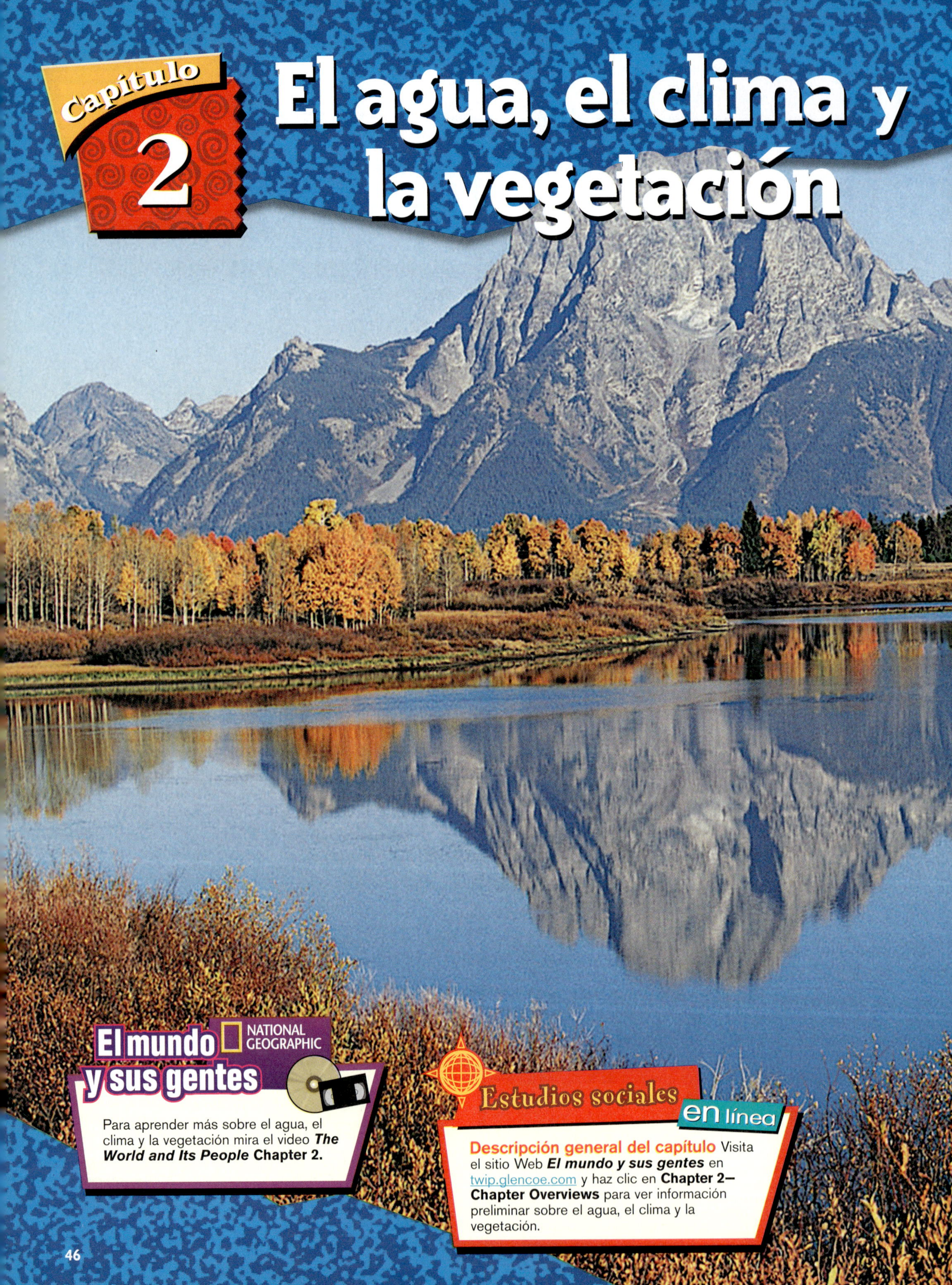

El mundo y sus gentes NATIONAL GEOGRAPHIC

Para aprender más sobre el agua, el clima y la vegetación mira el video ***The World and Its People*** **Chapter 2.**

Estudios sociales en línea

Descripción general del capítulo Visita el sitio Web ***El mundo y sus gentes*** en twip.glencoe.com y haz clic en **Chapter 2—Chapter Overviews** para ver información preliminar sobre el agua, el clima y la vegetación.

Por qué es importante

Un acto de malabarismo

Muchas de las decisiones diarias que tomas tienen que ver con el tiempo y el clima. El clima afecta dónde vives, la ropa que usas, lo que comes, y en qué actividades participas. El clima también afecta qué tipo de vegetación crecerá en determinadas áreas. El primer paso para comprender la necesidad de tener un equilibrio en el medio ambiente global es comprender el clima y las actividades humanas que lo pueden modificar.

◀ Parque Nacional Grand Teton, Wyoming, Estados Unidos

PLEGABLES™ Organizador de estudios

Resumen Haz este plegable y utilízalo para organizar las tarjetas de apuntes con información sobre el agua, el clima y la vegetación.

Paso 1 Dobla una lengüeta de dos pulgadas a lo largo del margen largo de una hoja de papel.

Paso 2 Dobla el papel en tres partes de tal manera que la lengüeta esté en el interior.

Paso 3 Abre el bolsillo plegable de papel, dóblalo y pega juntos los bordes de los bolsillos.

Paso 4 Marca los bolsillos tal como se muestra.

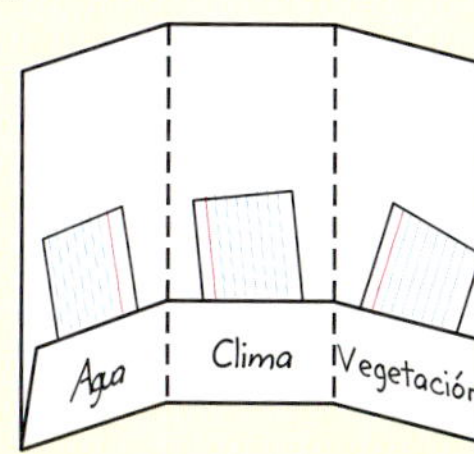

Lectura y redacción A medida que lees cada sección del capítulo, haz un resumen de los hechos más importantes sobre el agua, el clima y la vegetación en tarjetas de apuntes o en cuartillas del papel de apuntes. Organiza tus apuntes colocándolos en tu plegable dentro del bolsillo apropiado.

El planeta del agua

Guía de lectura

Idea principal

El agua es uno de los recursos más valiosos de la tierra.

Terminología

- vapor de agua
- ciclo hidrológico
- evaporación
- condensación
- precipitación
- drenaje
- glaciar
- agua subterránea
- manto acuífero

Estrategia de lectura

Dibuja un diagrama como éste. Comenzando por la parte de arriba, escribe los pasos del ciclo hidrológico, cada uno en un cuadrado separado, en la secuencia correcta.

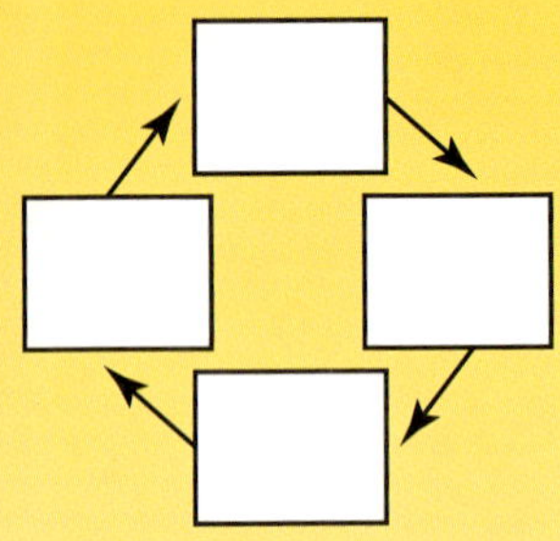

Todos los humanos, árboles, otras plantas y los animales necesitan agua. No podemos sobrevivir sin ella. Aquí un bañista disfruta de una vista admirable, una piscina de agua permanente en el medio del Desierto de Chihuahua de México. El agua burbujea hacia la superficie desde un manantial subterráneo. Sin embargo, el agua clara hace algo más que atraer a los bañistas. Mantiene una variedad de vida animal y vegetal.

Algunas personas llaman a la Tierra "el planeta del agua". ¿Por qué? El agua cubre alrededor del 70% de la superficie de la Tierra. El agua existe en muchas formas diferentes en todas partes a tu alrededor. Los arroyos, ríos, lagos, mares y océanos contienen agua en forma líquida. La atmósfera retiene **vapor de agua,** o agua en la forma de gas. Los glaciares y las capas de hielo son masas de agua que se han congelado. De hecho, el cuerpo humano en sí tiene alrededor de un 60% de agua.

El ciclo hidrológico

El monto total de agua en la tierra no cambia. Tampoco se queda en un solo lugar. En lugar de ello, el agua se mueve constantemente. En un proceso llamado el **ciclo hidrológico,** el agua va de los océanos al aire y a la tierra, y de regreso finalmente a los océanos.

Mira el diagrama de la página 49 para que veas cómo trabaja el ciclo hidrológico. El Sol dirige el ciclo evaporando el agua mayormente de la superficie de los océanos pero también de los lagos y arroyos. En la **evaporación,** el calor del Sol convierte el agua líquida en vapor de agua, también llamado humedad. La cantidad de vapor de agua que el aire retiene depende de la temperatura del aire. El aire caliente puede retener más humedad que el aire fresco. Esto explica los días de verano calientes y húmedos.

Además, el aire caliente tiende a elevarse. A medida que el aire caliente se eleva más en la atmósfera, se enfría. El aire más frío pierde su capacidad de retener humedad en la misma cantidad. Como resultado de ello, el vapor de agua cambia de regreso a un líquido en un proceso llamado **condensación.** Pequeñas gotas de agua se juntan para formar nubes. Posteriormente, el agua cae de regreso a la tierra en alguna forma de **precipitación,** sea de lluvia, nieve, aguanieve, o granizo, dependiendo de la temperatura del aire circundante.

Cuando esta precipitación llega a la superficie de la tierra, empapa el suelo y se acumula en los arroyos y lagos. Durante el **drenaje,** los arroyos y ríos tanto sobre como por debajo de la tierra llevan el agua de regreso a los océanos. Entonces comienza el ciclo nuevamente.

¿Qué tipo de aire, caliente o frío, retiene la mayor cantidad de vapor de agua?

Recursos hidrológicos

Es un día muy caluroso y te apresuras en regresar a casa para tomar un vaso de agua. Al igual que el resto de la gente, y todas las plantas y animales, necesitas agua para sobrevivir. Piensa sobre las muchas formas en que utilizas el agua en un solo día. La utilizas para bañarte, cepillarte los dientes, preparar tu comida y saciar tu sed. La gente y la mayoría de los animales necesitan agua dulce para sobrevivir. Otras criaturas crean sus hogares en el tipo de agua más abundante de la Tierra: el agua salada.

Agua dulce Sólo alrededor del 2 por ciento del agua existente en la Tierra es agua dulce. El ochenta por ciento de esa agua dulce está congelada en casquetes polares o **glaciares,** que son grandes capas de hielo. Sólo una pequeña fracción de todo el agua dulce, que no llega ser ni siquiera cuatro centésimas de un porcentaje, se encuentra en los lagos y ríos.

NATIONAL GEOGRAPHIC

El ciclo hidrológico

Análisis del diagrama

El ciclo hidrológico comprende la evaporación, condensación, precipitación y el drenaje del agua sobre y debajo de la tierra.

Movimiento **¿En qué forma llega el agua de la tierra a los océanos?**

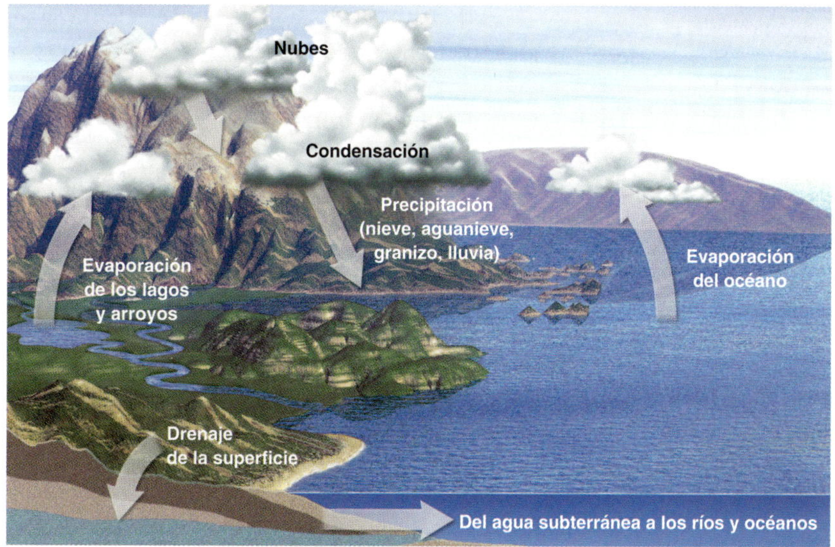

Cuando piensas en el agua dulce, probablemente piensas en poderosos ríos y enormes lagos. Sin embargo, la gente puede obtener agua dulce de otra fuente. El **agua subterránea** es el agua que llena muchas de las pequeñas grietas y huecos en las capas de roca debajo de la superficie de la tierra. Ésta es una fuente vital de agua dado que hay diez veces más agua subterránea que la que se encuentra en los ríos y lagos. Se puede sacar agua subterránea de los pozos. Algunas áreas tienen **mantos acuíferos,** o capas subterráneas de rocas por donde corre el agua. En regiones donde hay poca lluvia, tanto los agricultores como los habitantes de la ciudad tienen que depender a veces de los mantos acuíferos y de otras aguas subterráneas para gran parte de su suministro de agua.

Agua salada Todos los océanos de la Tierra son parte de una enorme y continua masa de agua salada, casi el 98 por ciento del agua del planeta. Mira el mapa en la página 57. Podrás observar que los cuatro principales océanos son el **Océano Pacífico,** el **Océano Atlántico,** el **Océano Indico** y el **Océano Glacial Ártico.**

El Océano Pacífico es el más grande y profundo de estos cuatro océanos. Cubre casi 64 millones de millas cuadradas (166 millones de kilómetros cuadrados), más que las áreas de tierras combinadas del planeta. Tal como aprendiste en el Capítulo 1, a las masas de agua salada que son más pequeñas que los océanos se les llama mares, golfos, bahías o estrechos. Retrocede al diagrama en las páginas 14–15 del **Manual de geografía** para ver nuevamente estas características.

Comprobación de lectura ¿Cuál es la diferencia entre el agua subterránea y los mantos acuíferos?

Evaluación

Definición de términos

1. **Define** vapor de agua, ciclo hidrológico, evaporación, condensación, precipitación, drenaje, glaciar, agua subterráneas, manto acuífero.

Recuerdo de hechos

2. **Región** ¿Qué porcentaje de la tierra está cubierta por el agua?
3. **Movimiento** ¿En qué parte del ciclo hidrológico el agua regresa a la tierra?
4. **Región** ¿Cuáles son los cuatro océanos del mundo?

Pensamiento crítico

5. **Comprensión de causa y efecto** ¿En qué forma la temperatura del aire afecta la cantidad de humedad que sientes? ¿En qué forma la temperatura del aire también influye en la forma de precipitación que cae?
6. **Conclusiones** ¿Por qué piensas que es importante conservar el agua subterránea libre de sustancias químicas peligrosas?

Organizador gráfico

7. **Organización de la información** Dibuja un diagrama como éste. Enumera por lo menos cuatro fuentes de agua dulce y agua salada en las líneas bajo cada encabezamiento.

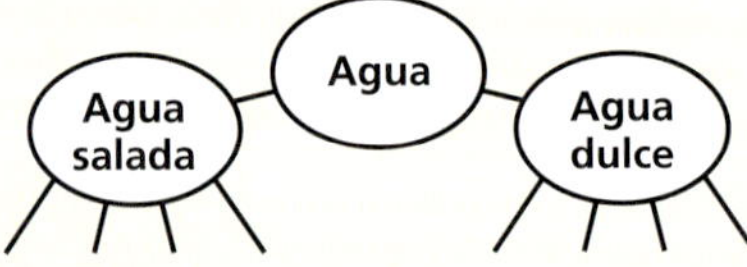

Aplicación de las habilidades en estudios sociales

8. **Análisis de diagramas** Mira el diagrama del ciclo hidrológico en la página 49. ¿De dónde se evapora el agua?

Establecer conexiones

ARTE | CIENCIA | CULTURA | TECNOLOGÍA

Exploración del agua de la tierra

Más de dos tercios de la superficie de la Tierra está cubierta por agua; sin embargo, los científicos saben más sobre la superficie de la luna que sobre el fondo del océano. Usando un AUV, o vehículo submarino autónomo, llamado el *Autosub*, los investigadores esperan obtener nuevos conocimientos sobre la superficie de agua de la Tierra.

¿Qué es lo que hace?

Se parece a un gran torpedo, pero el *Autosub* es en realidad un robot submarino que funciona con baterías y tiene 23 pies (7 m) de largo. Su misión consiste en explorar las partes del océano que están fuera del alcance de otras naves de investigación o que son muy peligrosas para los seres humanos. Aunque aún está siendo probado, el *Autosub* ya ha llevado a cabo cientos de misiones submarinas.

Exploración de plataformas de hielo

Una de las áreas de investigación más prometedoras para el *Autosub* es el mar frente a las plataformas de hielo cerca de Groenlandia en el Ártico y cerca de la Antártida en el extremo sur del globo terráqueo. Los submarinos tradicionales no son capaces de explorar estos lugares con seguridad. Las fotografías de satélite muestran que el área de las plataformas de hielo está cambiando. Los científicos quieren utilizar el *Autosub* y su tecnología para medir los cambios en el grosor del hielo en el mar. Ellos piensan que esta información puede revelar importantes datos sobre el posible aumento de la temperatura de la Tierra.

El hielo del mar desempeña un importante rol en mantener estable el clima de la Tierra. Actúa como un aislante, es decir, un tipo de protección, entre el océano y la atmósfera. El hielo del mar refleja la luz, así que limita la cantidad de calor que absorbe el agua. Esto hace que el océano no se vuelva muy caliente. En el invierno, el hielo del mar ayuda a prevenir que el calor salga de los océanos calientes hacia la atmósfera.

Lo que nos depara el futuro

Hasta ahora, el *Autosub* ha tenido desplazamientos relativamente cortos en sus misiones. Los científicos esperan algún día programar el *Autosub* para que haga largos viajes, tomando muestras del agua de mar y recolectando datos del lecho de los océanos. La información que el *Autosub* brinde ayudará a que los científicos puedan hacer mejores pronósticos sobre el clima de la Tierra.

▲ Es posible lanzar el *Autosub* desde la costa, remolcarlo al mar usando un pequeño bote o bajarlo al agua con grúa.

Establecer la conexión

1. ¿Qué es el *Autosub*?
2. ¿Por qué los científicos quieren utilizar el *Autosub* para explorar bajo las plataformas de hielo?
3. **Comprensión de causa y efecto** ¿En qué forma una pérdida de hielo de mar puede afectar al clima de la Tierra?

El clima

Guía de lectura

Idea principal

El viento y el agua llevan la lluvia y el calor del Sol alrededor del mundo para crear diferentes climas.

Terminología

- estado del tiempo
- clima
- Trópicos
- sequía
- El Niño
- La Niña
- corriente
- viento local
- sombra pluviométrica
- efecto invernadero
- bosque húmedo

Estrategia de lectura

Dibuja un cuadro como éste. Escribe por lo menos dos ejemplos que expliquen cómo cada fuerza contribuye al clima.

Sol	Viento	Agua

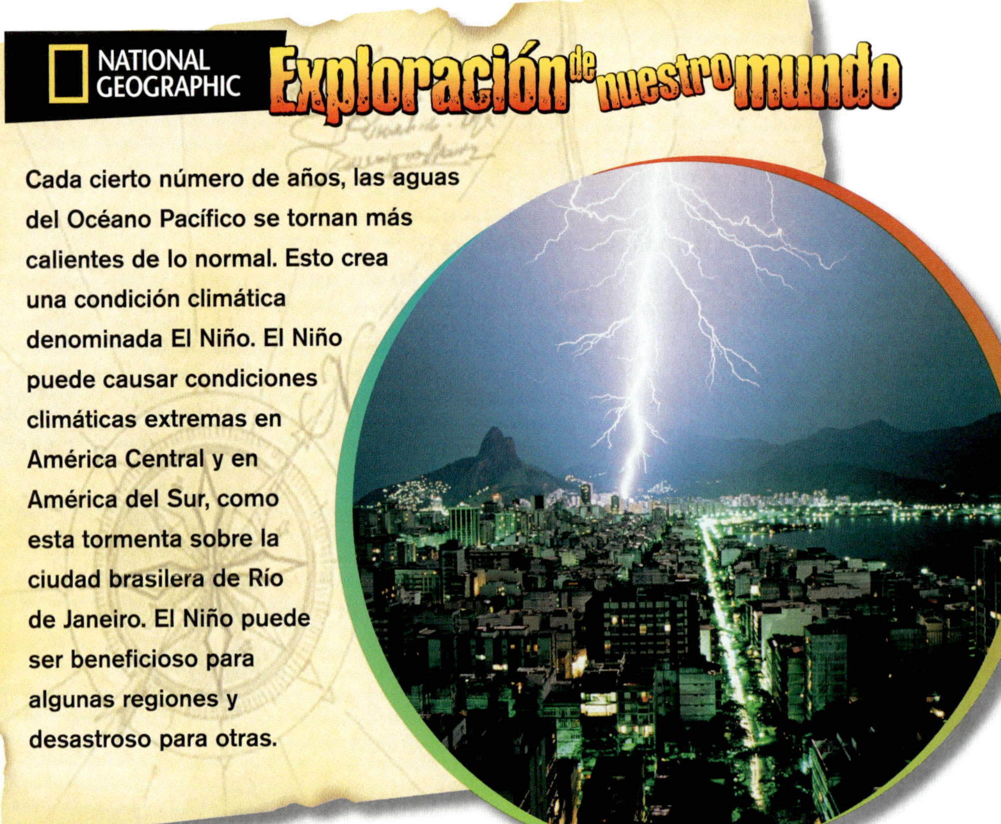

Cada cierto número de años, las aguas del Océano Pacífico se tornan más calientes de lo normal. Esto crea una condición climática denominada El Niño. El Niño puede causar condiciones climáticas extremas en América Central y en América del Sur, como esta tormenta sobre la ciudad brasilera de Río de Janeiro. El Niño puede ser beneficioso para algunas regiones y desastroso para otras.

¿Por qué hay algunas áreas del mundo llenas de bosques exuberantes mientras otras están cubiertas por desiertos completamente secos? ¿Por qué algunas gentes luchan contra inviernos fríos mientras otros disfrutan de un día en la playa? Para entender estos misterios necesitas desentrañar los secretos del clima.

El estado del tiempo y el clima

Tal como aprendiste en el Capítulo 1, la Tierra está rodeada por la atmósfera, que retiene una combinación de gases a la que llamamos aire. Las diversas capas de la atmósfera protegen la vida en la Tierra de los dañinos rayos del sol. La capa de la atmósfera más cercana a la Tierra es también donde encontrarás los patrones del estado del tiempo. Imagínate que un amigo te llama y te pregunta cómo está afuera. Es posible que le digas, "¡Es un día bonito, cálido y soleado!" Estás describiendo el estado del tiempo. El **estado del tiempo** se refiere a los cambios impredecibles en el aire que se llevan a cabo en un corto período de tiempo.

Imagínate que alguien de otro país te pregunta cómo son los veranos y los inviernos en tu área. Es posible que le respondas, "Los veranos son usualmente cálidos y lluviosos, y los inviernos son frescos pero secos". Esta respuesta no describe el estado del tiempo sino más bien el clima de tu área. El **clima** es el patrón usual y predecible del estado del tiempo en un área en un período de tiempo prolongado. Los estudios del clima muestran las alzas y bajas de la temperatura y la precipitación en el curso de 30 años o más.

Comprobación de lectura **¿Cuál es la diferencia entre el estado del tiempo y el clima?**

El sol y el clima

El Sol y el clima ¿Qué es lo que causa el clima? La fuente original del clima es el sol, que brinda la energía y luz que todas las plantas y animales necesitan para sobrevivir. Los rayos del Sol calientan el aire, el agua y la Tierra en nuestro planeta. Los gases y líquidos cálidos son más livianos que los gases y líquidos fríos. Debido a que son más livianos, los gases y líquidos cálidos se elevan. Luego el viento y el agua llevan este calor alrededor del globo terráqueo, extendiendo el calor del sol.

Latitud y clima El clima también se ve afectado por el ángulo al que caen los rayos del sol sobre la Tierra. Tal como aprendiste en el Capítulo 1, los rayos del sol caen a distintos ángulos sobre diversos lugares y en épocas diferentes del año. Estos cambios los causa la inclinación de la Tierra y su rotación alrededor del sol. Los rayos del Sol caen más directamente sobre ciertos lugares en las regiones de latitudes bajas cerca al **Ecuador,** que sobre otros lugares en latitudes más elevadas. Las latitudes bajas cerca del Ecuador, conocidas como los **Trópicos,** están situadas entre el **Trópico de Cáncer** (23½°de latitud N) y el **Trópico de Capricornio** (23½°de latitud S). Si has vivido en los Trópicos, casi siempre habrás experimentado un clima caluroso salvo que hayas vivido en las elevadas montañas donde las temperaturas son más frescas. Busca los Trópicos en el mapa de la página 54. (Para aprender cómo usar la latitud y longitud, ve a la página 60.

NATIONAL GEOGRAPHIC **En el sitio**

Washington, D.C.

Un esquiador a campo traviesa lucha contra una tormenta de nieve en la capital de los Estados Unidos.

Lugar **Cuando los científicos estudian el clima, ¿cuáles son los dos factores que analizan?**

NATIONAL GEOGRAPHIC

Patrones de viento predominantes

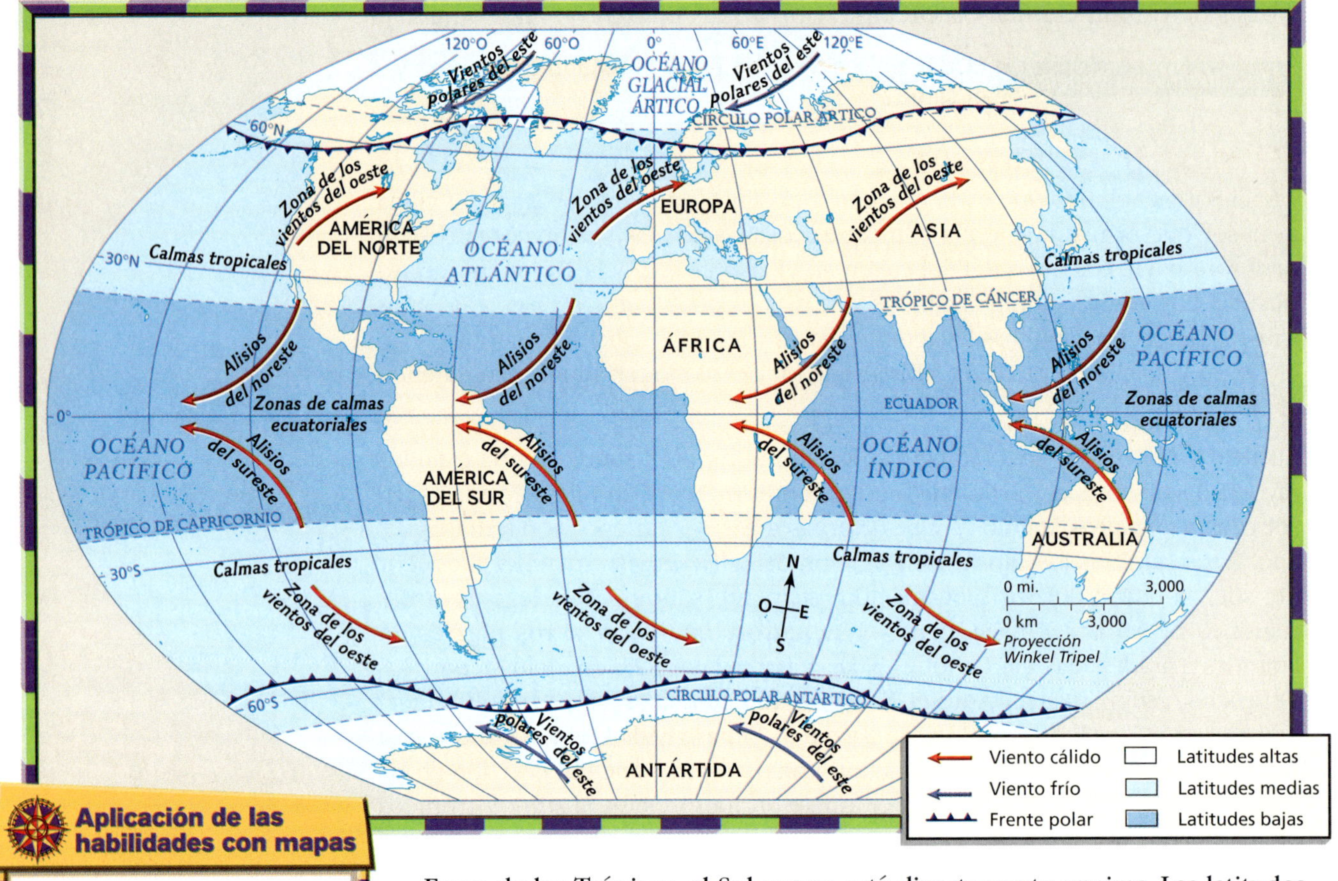

Aplicación de las habilidades con mapas

1. ¿En qué dirección general sopla el viento sobre América del Norte?
2. ¿Qué vientos utilizaron los marineros europeos para llegar a América del Sur y a las islas al norte de ella?

Busca en línea mapas de NSG en www.nationalgeographic.com/maps

Fuera de los Trópicos, el Sol nunca está directamente encima. Las latitudes medias se extienden desde los Trópicos hasta alrededor de 60° tanto al norte como al sur del Ecuador. Cuando el Polo Norte está inclinado hacia el sol, los rayos del Sol caen más directamente sobre el Hemisferio Norte. Esto afecta nuestro clima al darnos días de verano cálidos. Seis meses después, el Polo Sur está inclinado hacia el sol, y las estaciones se invierten. En las latitudes elevadas cerca del Polo Norte y Sur, los rayos del Sol caen muy indirectamente. El clima en estas regiones es siempre fresco o frío.

✓ **Comprobación de lectura** **¿En qué forma la inclinación de la Tierra afecta al clima?**

El efecto del viento en el clima

A los movimientos de aire se les llama vientos. Cada año, los vientos siguen patrones predominantes o típicos. Estos patrones son muy complejos. Una de las razones es porque los vientos hacen más que desplazarse del este al oeste o del norte al sur. También suben y bajan. Como aprendiste antes, el aire caliente se eleva y el aire frío cae. Por ello, los vientos más cálidos cerca del Ecuador se elevan y se desplazan al norte y sur hacia los Polos de la Tierra. Los vientos más fríos provenientes de los Polos descienden y se desplazan hacia el Ecuador. Este intercambio se complica por el hecho de que la Tierra gira, lo que causa que los vientos estén curvados. Entonces los vientos están en movimiento constante en muchas direcciones.

Otro patrón de viento importante es el monzón. Los monzones son vientos estacionales formidables que soplan sobre continentes durante meses seguidos. Se encuentran principalmente en Asia y en algunas áreas en África. Aunque frecuentemente son destructivos, los monzones del verano en el sur de Asia traen fuertes lluvias que son muy necesarias.

Tormentas Tal como leíste en la Sección 1, una parte del ciclo hidrológico es la lluvia y otros tipos de precipitación que caen en la Tierra. Un poco de lluvia puede arruinar un picnic o echar a perder un partido, pero no constituye un problema serio. A veces, sin embargo, la gente debe soportar fieras tormentas. ¿Qué es lo que causa estos eventos destructivos?

Cuando los sistemas de aire caliente y húmedo se encuentran con los sistemas de aire frío, entonces es posible que se desarrollen tormentas eléctricas. Estas tormentas incluyen truenos, rayos y lluvia fuerte. Suelen ser cortas, durando sólo aproximadamente 30 minutos. En algunas áreas es más posible ver tormentas eléctricas que en otras. En el área central de Florida, es posible tener hasta 90 días de tormentas eléctricas por año.

Una tormenta eléctrica puede producir otro peligro, un tornado. Los tornados son tormentas de viento en forma de embudo que a veces se forman durante las grandes tormentas eléctricas. Ocurren en todo el mundo pero los Estados Unidos tiene más tornados que cualquier otra área. Los vientos en los tornados con frecuencia alcanzan las 250 millas (402 km) por hora.

Los huracanes, o sistemas violentos de tormentas tropicales, se forman sobre el cálido Océano Atlántico a finales del verano y en el otoño. Los huracanes traen fuertes vientos que pueden alcanzar más de 150 millas (241km) por hora. También producen mares agitados y lluvias torrenciales. Los huracanes afectan a América del Norte y a las islas en el Mar Caribe. También afectan al Asia, aunque en esa región se les llama tifones. Estas tormentas pueden causar enormes daños. Sus fuertes vientos destruyen edificios y tiran abajo los cables de alta tensión. Las fuertes lluvias pueden inundar las áreas bajas.

El Niño y La Niña En 1998 el mundo experimentó un estado del tiempo poco usual. Las fuertes lluvias produjeron inundaciones en el Perú que se llevaron aldeas enteras. Europa, África oriental y la mayor parte del sur de los Estados Unidos también tuvieron serias inundaciones. Normalmente las fuertes lluvias nunca ocurren en la parte oeste del Pacífico. Indonesia sufrió una **sequía,** un largo período de extrema sequedad. Allí la Tierra estuvo tan seca que los incendios forestales quemaron miles de acres de árboles. ¡El denso humo proveniente de los incendios forzó a los conductores a encender sus faros al mediodía!

¿Por qué ocurrieron estos desastres? Resultaron de una combinación de temperatura, viento y efectos del agua en el Océano Pacífico llamado **El Niño**. El nombre "El Niño" fue acuñado por los primeros exploradores españoles en el Pacífico. Ellos usaron esta frase, porque se refiere al niño Jesús y significa "el niño", ya que el efecto ocurre en América del Sur alrededor de la Navidad.

El Niño se forma cuando los vientos fríos provenientes del este son débiles. Sin estos vientos fríos, el Océano Pacífico central se calienta más de lo usual. Cuanta más agua se evapora, más nubes se forman. La franja ancha de nubes cambia los patrones del viento y de la lluvia. Algunas áreas reciben lluvias más fuertes de lo normal y otras tienen lluvias en menor cantidad de lo normal.

¿Acaso El Niño aparece cada año? Los científicos han descubierto que El Niño ocurre aproximadamente cada tres años. También han descubierto que

Monte Pinatubo

El monte Pinatubo es un volcán en las islas Filipinas. Su erupción a comienzos de la década de 1990 tuvo un impacto en el clima del mundo. La poderosa explosión disparó ceniza y dióxido de azufre en la atmósfera de la Tierra. Esto bloqueó e impidió que algunos de los rayos del Sol llegaran a la Tierra. El clima del mundo fue más frío por dos años después de la erupción del volcán.

CONDICIONES NORMALES

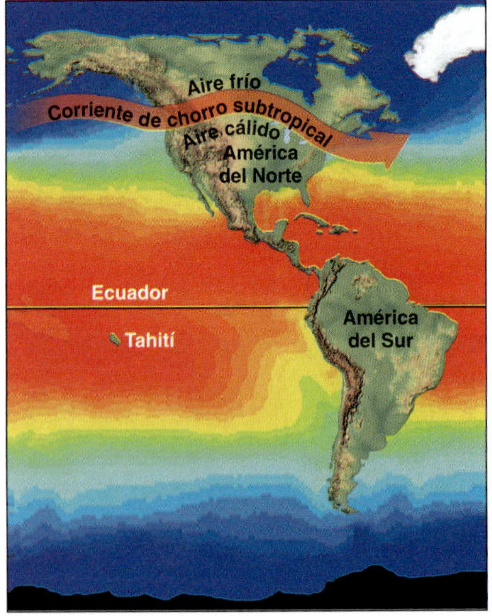

CONDICIONES DE EL NIÑO

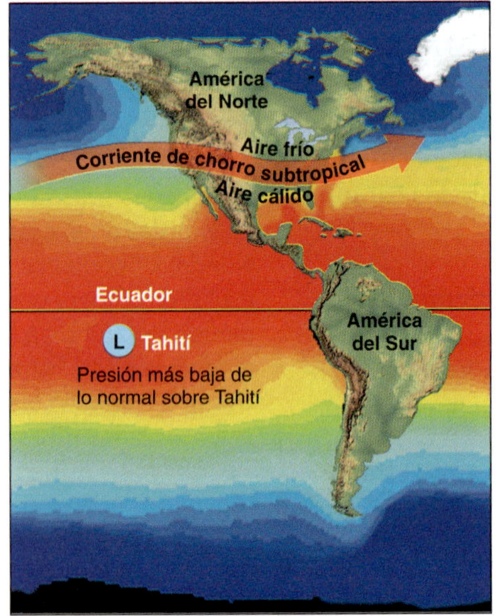

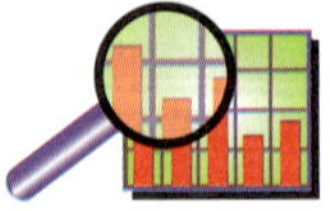

Análisis del diagrama

La temperatura de los océanos varía desde cálida (rojo oscuro) a muy fría (violeta oscuro).

Movimiento ¿Qué ocurre con la corriente de chorro durante las condiciones de El Niño?

en algunos años ocurre el tipo opuesto de estado del tiempo poco usual. A este evento se le ha llamado **La Niña**, debido a que sus efectos son los opuestos a los de El Niño. Los vientos del este se vuelven muy fuertes, refrescando una mayor parte del Pacífico. Cuando esto ocurre, se forman nubes pesadas al oeste del Pacífico.

Comprobación de lectura ¿Por qué ocurren los fenómenos de El Niño?

Corrientes oceánicas

Los vientos llevan grandes masas de aire caliente y frío alrededor de la Tierra. Al mismo tiempo, flujos en movimiento de agua llamados **corrientes** llevan agua caliente o fría a través de los océanos del mundo. Mira el mapa en la página 57. Como puedes ver, estas corrientes siguen determinados patrones. Observa cómo las corrientes calientes tienden a desplazarse a lo largo del Ecuador o del Ecuador a los Polos. Las corrientes frías llevan el agua polar fría hacia el Ecuador.

Estas corrientes afectan al clima de las áreas de tierras. Observa la corriente cálida llamada Corriente del Golfo. Fluye del golfo de México a lo largo de la costa este de América del Norte. Luego cruza el Océano Atlántico hacia Europa, donde se la llama Corriente del Atlántico Norte. Los vientos que soplan sobre estas cálidas aguas traen aire caliente a Europa occidental. Debido a que estos vientos soplan del oeste al este, determinadas áreas en Europa disfrutan de un clima más caluroso que otras áreas ubicadas al oeste de la Corriente del Golfo en el Canadá.

Comprobación de lectura ¿Qué áreas del mundo se verían afectadas por un cambio en la Corriente del Golfo?

Accidentes geográficos y el clima

El viento y el agua afectan al clima pero la forma de la Tierra también tiene un efecto sobre el clima. Donde los accidentes geográficos están relacionados entre sí y con el agua, también influyen en el clima.

Accidentes geográficos y vientos locales Aunque los geógrafos estudian los principales patrones de viento que soplan en la Tierra, ellos también observan los vientos locales. Los **vientos locales** son patrones de vientos causados por accidentes geográficos en un área en particular. Algunos vientos locales ocurren debido a que la Tierra se calienta y enfría más rápidamente que el agua. Como resultado de ello, las brisas marinas templadas mantienen frías durante el día a las áreas costeras. Luego que se pone el sol, ocurre lo opuesto. El aire sobre la Tierra

Corrientes oceánicas mundiales

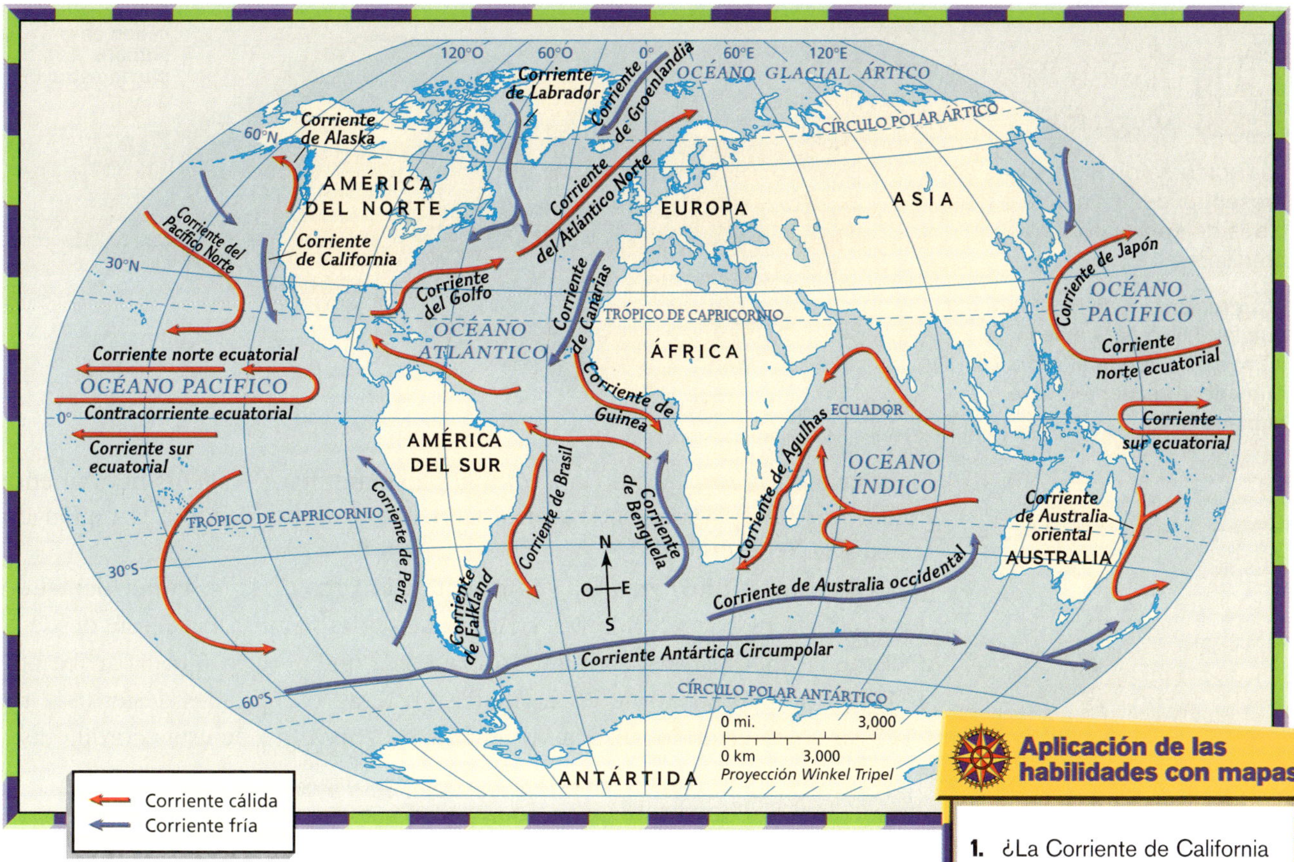

enfría más rápidamente que el aire sobre el agua. Luego, en la noche, una brisa templada sopla desde la Tierra hacia el mar.

Un efecto similar ocurre cerca de las montañas. El aire calentado por el Sol se eleva sobre la pendiente de las montañas durante el día. Por la noche, el aire más templado se desplaza bajando desde la montaña hacia el valle. ¿Alguna vez has visto la neblina reposando en un valle en una mañana fría? La neblina la formó un aire frío que bajó de la montaña durante la noche.

Las montañas, la temperatura y la lluvia Mientras más alta es la elevación de un lugar en particular, más baja será la temperatura que tenga ese lugar. En las montañas más altas, el aire se vuelve menos denso y no puede retener tanto calor del sol. La temperatura baja. Aun en los Trópicos, la nieve cubre las cimas de las montañas más elevadas.

Las montañas también tienen un efecto sobre la lluvia. Cuando los vientos templados y húmedos soplan hacia el interior desde el océano en dirección a una cordillera costera, éstos son empujados hacia arriba de las montañas. A medida que estos vientos cálidos se elevan, el aire se enfría y pierde su humedad. La lluvia o la nieve cae sobre las montañas. El clima en esta ladera de barlovento, o zona que está frente al viento, de las cordilleras es húmedo y con frecuencia nublado. Los árboles son frondosos y verdes.

Para cuando el aire se desplaza sobre las cimas de las montañas, éste está frío y seco. Esto crea una **sombra pluviométrica,** un área seca del lado de las montañas que no está frente al viento. Los geógrafos llaman a este lado el lado

Aplicación de las habilidades con mapas

1. ¿La Corriente de California es cálida o fría?
2. ¿Adónde fluye la corriente de Perú?

Busca en línea mapas de NSG en www.nationalgeographic.com/maps

Sombra pluviométrica

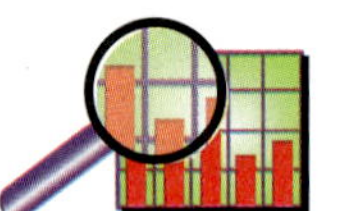

Análisis del diagrama

Las sombras pluviométricas se presentan generalmente en los lados de sotavento de la cordillera.

Ubicación **¿Cuál es el término que se utiliza para el lado de la montaña donde el clima es húmedo y frecuentemente nublado?**

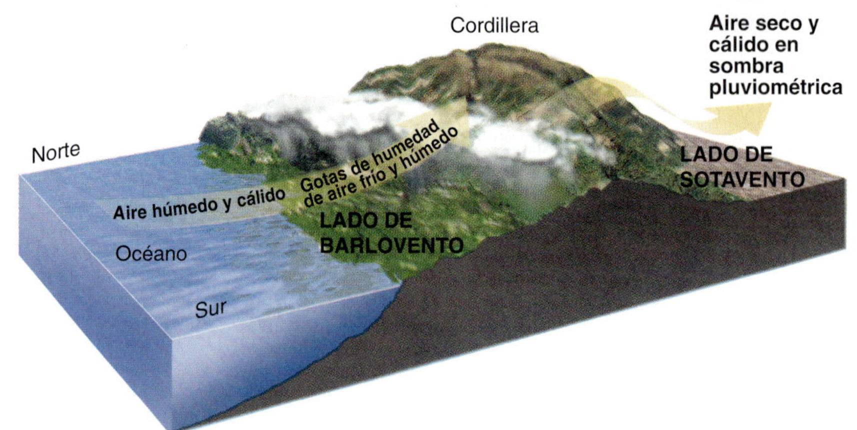

de sotavento. El aire seco de una sombra pluviométrica se calienta nuevamente mientras se desplaza bajando por el lado de sotavento, dando a la región un clima seco o desértico.

Una sombra pluviométrica se presenta a lo largo de la costa occidental de los Estados Unidos y Canadá. Los vientos que se desplazan hacia el este desde el Océano Pacífico pierden su humedad a medida que se dirigen hacia arriba por la ladera de barlovento de las montañas costeras. Los grandes desiertos y las cuencas secas están localizadas en el lado de sotavento de estas cordilleras.

✓ Comprobación de lectura **¿Por qué las áreas de mayor elevación son usualmente más frías?**

El impacto de la gente en el clima

Las acciones de la gente pueden afectar el clima. Puedes haber observado que las temperaturas en las ciudades grandes son generalmente más altas que aquellas en las áreas rurales cercanas. ¿A qué se debe? Las calles y edificios de las ciudades absorben una mayor parte de los rayos del Sol que las plantas y árboles de las áreas rurales.

Las calles son inclusive más calientes en el invierno. La gente quema combustibles para calentar las casas, propulsar la industria, y mover los automóviles y autobuses a lo largo de las calles. Este consumo eleva la temperatura en la ciudad. También libera una nube de químicos en el aire. Estos químicos cubren la ciudad y retienen una cantidad mayor del calor del Sol creando lo que se llama una isla de calor.

El efecto invernadero En los últimos doscientos años, la gente ha empleado carbón, petróleo y gas natural como fuentes de energía. Al quemar estos combustibles se liberan ciertos gases en el aire. Algunos científicos advierten que la acumulación de estos gases representa ciertos peligros. Crea un **efecto invernadero,** que como en un invernadero, los gases evitan que el aire caliente se eleve y escape hacia la atmósfera. Como resultado de ello, las temperaturas globales de la Tierra se incrementarán. Algunos científicos predicen resultados desastrosos de este calentamiento global. Afirman que el hielo en los Polos Norte y Sur se va a derretir. Luego, los niveles del océano se elevarán e inundarán las ciudades costeras. Algunas áreas que ahora son fértiles no podrán ser cultivables.

No todos los científicos están de acuerdo respecto al efecto invernadero. Algunos alegan que el mundo no se está calentando. Otros afirman que inclusive si lo está, las predicciones del desastre son extremadas. Muchos científicos estudian de cerca las tendencias de la temperatura mundial. Esperan poder descubrir si el efecto invernadero constituye una amenaza real.

Tala en el bosque húmedo A lo largo del Ecuador, espesos bosques llamados **bosques húmedos** reciben grandes cantidades de lluvia cada año. En algunos países, la gente está talando grandes áreas de estos bosques. Quieren vender la madera proveniente de estos árboles. También quieren usar la Tierra para cultivar o como pasto para el ganado. Sin embargo, la tala del bosque húmedo puede perjudicar al clima del mundo.

Otro peligro está relacionado al efecto invernadero. La gente con frecuencia tala los bosques quemando los árboles. Estos incendios liberan más gases al aire, igual que lo harían el petróleo o el gas natural que se consumen. Otro peligro de la tala del bosque húmedo está relacionado a la lluvia. ¿Recuerdas el ciclo hidrológico tratado en la Sección 1? El agua en la superficie de la Tierra se evapora en el aire y luego cae como lluvia. En el bosque húmedo, gran parte de esta agua se evapora de las hojas de los árboles. Si se cortan los árboles, se evaporará una menor cantidad de agua. Como resultado, caerá menos lluvia. Los científicos temen que, con el tiempo, el área que en la actualidad tiene bosque húmedo se convertirá en un área seca donde no se pueda sembrar nada.

Actividad en línea
Visita el sitio Web ***El mundo y sus gentes*** en twip.glencoe.com y haz clic en **Chapter 2—Student Web Activities** para aprender más sobre la destrución de los bosques húmedos.

✓ Comprobación de lectura **¿Cuáles son los dos peligros de talar el bosque húmedo?**

Evaluación

Definición de términos

1. **Define** estado del tiempo, clima, Trópicos, sequía, El Niño, La Niña, corriente, viento local, sombra pluviométrica, efecto invernadero, bosque húmedo.

Recuerdo de hechos

2. **Movimiento** ¿Cuáles son los cinco elementos que afectan el clima?
3. **Ubicación** ¿Entre cuáles dos líneas de latitud están los Trópicos?
4. **Lugar** Da un ejemplo de cómo los accidentes geográficos influyen en al clima.

Pensamiento crítico

5. **Establecer comparaciones** ¿En qué medida la cantidad de lluvia en el lado de barlovento de una montaña difiere de aquella en el lado de sotavento?
6. **Resumen de información** ¿Qué patrones generales siguen el viento y las corrientes?

Organizador gráfico

7. **Organización de la información** Dibuja un diagrama como se muestra. Primero, enumera tres acciones humanas que conducen al efecto invernadero. En el tercer cuadrado, enumera cuatro resultados del efecto invernadero.

Aplicación de las habilidades en estudios sociales

8. **Análisis de mapas** Mira las corrientes oceánicas mundiales en la página 57. ¿Qué continente está ubicado completamente fuera de los Trópicos?

Habilidades de estudios sociales

Uso de la latitud y la longitud

Desarrollo de la habilidad

Para encontrar un lugar exacto, los geógrafos utilizan un conjunto de líneas imaginarias. Un conjunto de líneas, las líneas de **latitud,** trazan un círculo alrededor de la superficie de la Tierra como un grupo de anillos. El lugar de inicio para enumerar las líneas de latitud es el Ecuador, que es la latitud 0°. Las líneas de latitud están numeradas del 1° al 90° y están seguidas de una N o S para indicar si están al norte o al sur del Ecuador. Las líneas de latitud también son denominadas paralelos.

Un segundo conjunto de líneas, las líneas de **longitud,** corren verticalmente del Polo Norte al Polo Sur. Estas líneas también son llamadas meridianos. El punto de inicio de longitud, 0°, es denominado el Primer Meridiano (o Meridiano de Greenwich). Las líneas de longitud están numeradas del 1° al 180° seguidas por una E u O, para indicar si están ubicadas al este u oeste del Primer Meridiano.

Para encontrar la latitud y la longitud, escoge un lugar en el mapa. Identifica el paralelo más cercano, o la línea de latitud. ¿Está localizado al norte o sur del Ecuador? Ahora identifica el meridiano más cercano, o la línea de longitud. ¿Está ubicado al este o al oeste del primer meridiano?

Práctica de la habilidad

1. En el mapa de abajo, ¿cuál es la ubicación exacta de Washington, D.C.?
2. ¿Qué ciudades del mapa están ubicadas al sur de la latitud 0°?
3. ¿Qué ciudad está ubicada cerca del 30°N, 30°E?

Aplicación de destreza

Ve a las páginas RA2–RA3 del **Atlas de referencia.** Determina la latitud y longitud de una ciudad. Pídele a un compañero de clase que utilice la información para encontrar y nombrar la ciudad.

NATIONAL GEOGRAPHIC

Zonas climáticas y vegetación

Guía de lectura

Idea principal

Los geógrafos dividen el mundo en diferentes zonas climáticas.

Terminología

- sabana
- clima marítimo de la costa oeste
- clima mediterráneo
- clima continental húmedo
- clima subtropical húmedo
- subártico
- tundra
- estepa

Estrategia de lectura

Crea un cuadro como éste enumerando las categorías de cada tipo de clima al lado de los encabezamientos correctos.

Tipo de clima	Categorías
Tropical	
Latitud media	
Latitud alta	
Seco	
Montaña	

NATIONAL GEOGRAPHIC **Exploración de nuestro mundo**

En los Estados Unidos existe una gran variedad de vida vegetal, desde el cactus hasta la anea y desde los musgos microscópicos hasta los árboles gigantes. El increíble árbol que se muestra aquí es una secoya gigantesca. Aunque no es el más alto, es el más grande detodos los árboles. Algunas secoyas llegan a tener más de 300 pies (91 m) de altura y miden 100 pies (30 m) a lo ancho en su base.

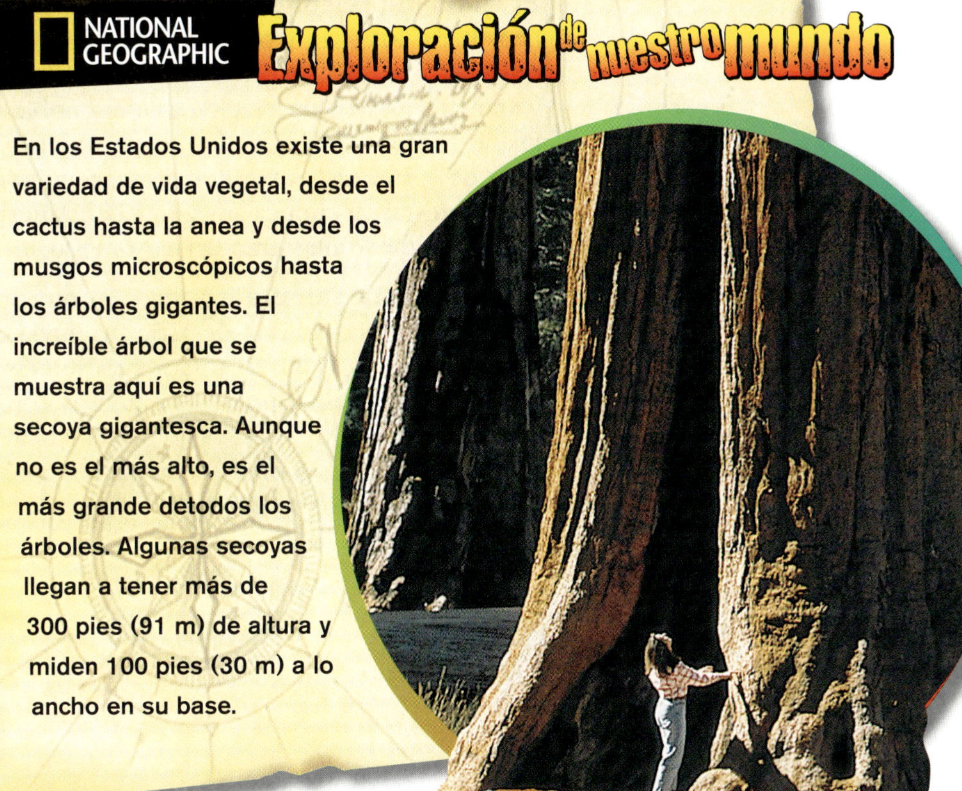

¿Qué piensas que hace una fotografía de un árbol gigante en un capítulo sobre el clima? La razón es que el clima y la vegetación andan juntos. Considera lo siguiente: el estado de Washington está localizado al lado del estado de Idaho. Sin embargo, la vida vegetal al oeste de Washington es mucho más parecida a aquella del Reino Unido, localizada a miles de millas de distancia, que a la vida vegetal al este de Washington y Idaho, que colindan el uno con el otro. ¿Por qué? Los patrones de temperatura, viento y precipitación al oeste de Washington y en el Reino Unido son similares.

Los científicos utilizan estos patrones para agrupar los climas en muchos tipos diferentes. Ellos han clasificado los climas del mundo en cinco grupos principales: tropical, latitud media, latitud alta, seco y de montaña. Tres de estos grupos, es decir, tropical, latitud media y latitud alta, se basan en la latitud del área, o su distancia del Ecuador. Algunos de estos grupos principales tienen subcategorías de zonas climáticas dentro de ellos. Además, cada zona climática tiene tipos particulares de plantas que crecen en ella.

Climas tropicales

El clima tropical deriva su nombre de los Trópicos, las áreas a lo largo del Ecuador que van desde 23½°N a 23½°S. Si te gusta el clima cálido, te encantaría un clima tropical. La región de clima tropical puede separarse en dos tipos: el bosque húmedo y la sabana tropical. El clima del bosque húmedo recibe cada año hasta 100 pulgadas (254 cm) de lluvia. Como resultado de ello, el clima del bosque húmedo es húmedo en la mayoría de los meses. El clima de la sabana tropical tiene dos temporadas diferenciadas: una húmeda y una seca.

El clima del bosque húmedo Las lluvias durante todo el año en algunas partes de los Trópicos producen una vegetación exuberante y densos bosques húmedos. En estos bosques existen millones de tipos de vida vegetal y animal. Los árboles altos de madera noble tales como la caoba, la teca y el ébano conforman la bóveda, o capa superior del bosque. La vegetación en la capa de la bóveda es tan densa que muy poca luz del Sol alcanza a llegar al suelo forestal. La cuenca amazónica en América del Sur es una de las áreas de bosque húmedo más grandes del mundo.

El clima de la sabana tropical En otras partes de los Trópicos, tal como al sur de la India y al este de África, la lluvia cae sólo unos cuantos meses del año. A esto se le llama la temporada lluviosa. El resto del año es caliente y seco. Las **sabanas,** o praderas extensas con pocos árboles, son el principal tipo de vegetación en esta región climática. Busca las áreas climáticas de la sabana tropical en el mapa de la página 63.

✓Comprobación de lectura **¿Dónde se encuentran las zonas climáticas tropicales?**

NATIONAL GEOGRAPHIC **En el sitio**

Vegetación tropical

El clima del **bosque húmedo** permanece húmedo la mayor parte del año (extremo izquierdo), en cambio el clima de la **sábana tropical** tiene estaciones húmedas y secas claramente diferenciadas (abajo).

Región **¿Qué es una sabana?**

Regiones climáticas mundiales

Tropical
- Bosque húmedo
- Sabana tropical

Seco
- Estepa
- Desierto

Latitud media
- Marítimo de la costa oeste
- Mediterráneo
- Subtropical húmedo
- Continental húmedo

Latitud alta
- Subártico
- Tundra
- Manto glaciar
- Montañas (el clima varía con la altura)

0 mi. 2,000
0 km 2,000
Proyección Winkel Tripel

Aplicación de las habilidades con mapas

1. ¿Cuál clima cubre la mayor parte del sureste de los Estados Unidos?
2. ¿Cuál clima es el más común en los países situados directamente en el Ecuador?

Busca en línea mapas de NSG en www.nationalgeographic.com/maps

Climas de latitud media

Los climas de latitud media, o moderados, se encuentran en las latitudes medias de Hemisferios Norte y Sur. Se extienden aproximadamente desde 23½° a 60° tanto al norte como al sur del Ecuador. La mayor parte de la gente del mundo, lo que probablemente te incluye, vive dentro de estas dos bandas alrededor de la Tierra. Las zonas climáticas que se encuentran aquí se llaman de latitud media porque están ubicadas a mitad tanto del Hemisferio Norte como del Hemisferio Sur. Los climas de latitud media no están tan cerca del Ecuador como los climas tropicales ni tan cerca de los Polos como los climas de latitud alta.

La región de latitud media incluye un número mayor y variado de zonas climáticas que otras regiones. Esta variedad resulta de una combinación de masas de aire. Tal como recuerdas de la Sección 2, el aire caliente proviene de los Trópicos. El aire fresco proviene de las regiones polares. En la mayoría de los climas de latitud media, la temperatura cambia con las estaciones. Algunas veces las zonas climáticas en esta región se denominan climas templados.

Clima marítimo de la costa oeste Las áreas costeñas que reciben vientos del océano tienen usualmente un **clima marítimo de la costa oeste** moderado. Si vives en una de esas áreas, tus inviernos serían lluviosos y templados, y tus veranos frescos. La mayoría de las áreas con este clima, tal como la zona noroeste de los Estados Unidos, recibe muchas lluvias. Esto

Regiones de vegetación natural del mundo

- Bosque húmedo
- Chaparral
- Bosques caducifolios y mezclados de caducifolios y coníferos
- Bosque conífero
- Pastizales tropicales
- Pastizal templado
- Matorrales y desechos desérticos
- Tundra
- Montañas (la vegetación varía según la altura)
- Manto glaciar

0 mi. 2,000
0 km 2,000
Proyección Winkel Tripel

Aplicación de las habilidades con mapas

1. ¿Qué tipos de vegetación rodean a Washington, D.C. y Buenos Aires?
2. ¿Qué tipo de vegetación crece alrededor de Seattle?

Busca en línea mapas de NSG en www.nationalgeographic.com/maps

favorece el crecimiento de árboles caducifolios, o aquellos que pierden sus hojas en el otoño. Los bosques coníferos, de hojas perennes con conos y agujas, también crecen mucho.

Clima mediterráneo Otro clima costeño de latitud media es el llamado **clima mediterráneo** porque es similar al clima que existe alrededor del Mar Mediterráneo. Este clima tiene inviernos moderados y lluviosos como el clima húmedo marítimo de la costa oeste. Sin embargo, en lugar de veranos frescos, la gente que vive en un clima húmedo mediterráneo tiene veranos calientes y secos. La vegetación que crece en este clima incluye el chaparral, o arbustos, y árboles bajos. Algunos son de hojas perennes, pero otros pierden sus hojas en la estación seca.

Clima continental húmedo Si vives en áreas del interior de América del Norte, Europa o Asia, generalmente tienes un riguroso **clima continental húmedo.** En estas áreas los inviernos pueden ser prolongados, fríos y nevosos. Los veranos son cortos pero pueden ser muy calientes. Los árboles caducifolios crecen en los bosques y enormes pastizales florecen en algunas áreas de esta zona.

Clima subtropical húmedo Las regiones de latitud media cercanas a los Trópicos tienen un **clima subtropical húmedo.** La lluvia cae durante todo el año pero es más intensa durante los meses del verano que son calientes y húmedos. Los inviernos subtropicales húmedos son, por lo general, cortos y templados. Los árboles como el roble, la magnolia y la palmera crecen en esta zona.

✓ **Comprobación de lectura** **¿Qué es lo que causa que la región de latitud media tenga más zonas climáticas y más diversas que otras regiones?**

Climas de latitud alta

Las regiones de clima de latitud alta están ubicadas mayormente en las latitudes altas de cada hemisferio, desde 60°N al Polo Norte y 60°S al Polo Sur. Estos climas son, por lo general, fríos pero algunos son más crudamente fríos que otros.

Clima subártico En las altas latitudes cerca de las zonas de altitud media, encontrarás el clima **subártico.** Las pocas personas que viven aquí confrontan inviernos muy fríos y glaciales, pero las temperaturas ascien-den por encima del nivel de congelación durante los meses del verano. Enormes

Vegetación de latitud media

Los abetos (abajo izquierda) crecen en un clima **marítimo de la costa oeste.** Los arbustos y los olivos (arriba derecha) crecen en un clima **mediterráneo.** Los árboles caducifolios (abajo derecha) florecen en un clima **continental húmedo.** Las palmeras son comunes en las zonas **subtropicales húmedas.**

Lugar ¿Cuál tipo de vegetación es el más común en tu área?

bosques de árboles de hoja perenne llamados taiga crecen en la región subártica, especialmente en el norte de Rusia.

Clima de la tundra Más cerca de los Polos que de la zona subártica están las áreas de la **tundra,** o enormes planicies sin árboles. El clima en esta zona es severo y seco. En la tundra y partes de las regiones subárticas, los niveles inferiores del suelo se llaman permafrost porque permanecen permanentemente congelados. Sólo unas pocas pulgadas en la parte superior del suelo se derriten durante los meses de verano. Debido al permafrost, la nieve que se derrite no se filtra en la Tierra. En vez de ello, la tundra se vuelve pantanosa durante el verano. Esto proporciona la humedad que las plantas necesitan para crecer. Sin embargo, los árboles no pueden echar raíces, por ello sólo los pastos robustos y arbustos bajos crecen en la tundra.

Clima de mantos glaciares En los mantos glaciares polares y en las grandes capas de hielo de la Antártida y Groenlandia, el clima es brutalmente frío. El promedio mensual de las temperaturas es por debajo del nivel de congelación. ¡Las temperaturas en la Antártida han llegado a alcanzar −128°F (−89°C)! Aunque aquí no crece otro tipo de vegetación, el liquen, o las plantas tipo hongos y los musgos, pueden vivir en las rocas.

✓ **Comprobación de lectura** **¿Cuáles son los tres tipos de clima de latitud alta?**

NATIONAL GEOGRAPHIC **En el sitio**

Vegetación de latitud alta

La vegetación en los climas de latitud alta incluye pastos y arbustos de la **tundra** (arriba izquierda), bosques **subárticos** de hoja perenne (abajo izquierda), y líquenes en los **mantos glaciares** (fondo).

Región **¿En qué forma el permafrost afecta a la vegetación en la tundra y en las regiones subárticas?**

NATIONAL GEOGRAPHIC **En el sitio**

Vegetación de clima seco

La vegetación que sobrevive el clima **desértico** y la **estepa** incluye el cactus (arriba) y los pastos cortos (izquierda).

Región **¿Son los climas muy secos siempre calientes? Explica.**

Climas secos

Los climas secos se refieren a las áreas secas o parcialmente secas que reciben poca o ninguna lluvia. Las temperaturas pueden llegar a ser extremadamente calientes durante el día y muy frías en la noche. Los climas secos también pueden tener inviernos brutalmente fríos. Se pueden contrar regiones de clima seco en cualquier latitud.

Clima desértico Los climas más secos reciben menos de 10 pulgadas (25 cm) de lluvia por año. A las regiones con tales climas se les llama desiertos. Sólo las plantas dispersas tales como los matorrales y los cactus pueden sobrevivir en el clima desértico. Con raíces cercanas a la superficie, el cactus puede acumular toda la lluvia que cae. La mayoría de los cactus se encuentran sólo en América del Norte. Sin embargo, en otros países existen pequeñas áreas de vida vegetal densa distribuida en los desiertos. Surgen a lo largo de los ríos o en los lugares donde los manantiales subterráneos alcanzan la superficie.

Clima de estepa Muchos desiertos están rodeados por praderas y llanuras parcialmente secas llamadas **estepas.** La palabra estepa proviene de una palabra rusa que significa "llanura sin árboles". Las estepas reciben más lluvia que los desiertos, con un promedio de 10 a 20 pulgadas (25 a 51 cm) por año. Los arbustos y los pastos cortos cubren el panorama de la estepa. Las Grandes Llanuras de los Estados Unidos tienen un clima de estepa.

✓ **Comprobación de lectura** **¿Dónde están ubicadas usualmente las zonas de clima de estepa?**

En el sitio

Vegetación de montaña

Las flores silvestres y arbustos que crecen en las praderas por encima del límite de la vegetación con árboles "timberline" son frecuentemente llamadas vegetación *alpina*.

Ubicación **¿En qué medida la elevación afecta al clima?**

Clima de montaña

Tal como leíste en la Sección 2, la elevación de un lugar modifica drásticamente su clima. Las montañas tienden a tener climas frescos, y las montañas más elevadas tienen climas muy fríos. Esto es cierto inclusive para las montañas que están en el Ecuador. El clima de las tierras altas o montañosas tiene temperaturas frescas o frías durante todo el año.

Si escalas una montaña, alcanzarás un área que es el límite de la vegetación con árboles. Este límite es la altura más allá de la cual no crecen árboles. Una vez que alcanzas este límite "timberline" sólo encontrarás pequeños arbustos y flores silvestres que crecen en la pradera.

Comprobación de lectura **¿Qué es el "timberline"?**

Evaluación

Definición de términos

1. **Define** sabana, clima marítimo de la costa oeste, clima mediterráneo, clima continental húmedo, clima subtropical húmedo, subártico, tundra, estepa.

Recuerdo de hechos

2. **Región** ¿Cuáles son los cinco tipos de regiones climáticas?
3. **Región** ¿En qué forma se diferencian las zonas climáticas en la región de latitud media?
4. **Región** ¿Qué tipo de vegetación crece en la zona climática de la tundra?

Pensamiento crítico

5. **Establecer comparaciones** ¿Qué tienen en común los climas de la sabana tropical y el continental húmedo?
6. **Conclusiones** ¿Cómo es posible que exista nieve en los Trópicos a lo largo del Ecuador?

Organizador gráfico

7. **Organización de la información** Dibuja un globo como éste. Marca las tres regiones climáticas que están basadas en la latitud, luego identifica las líneas de la latitud que separan a las regiones climáticas.

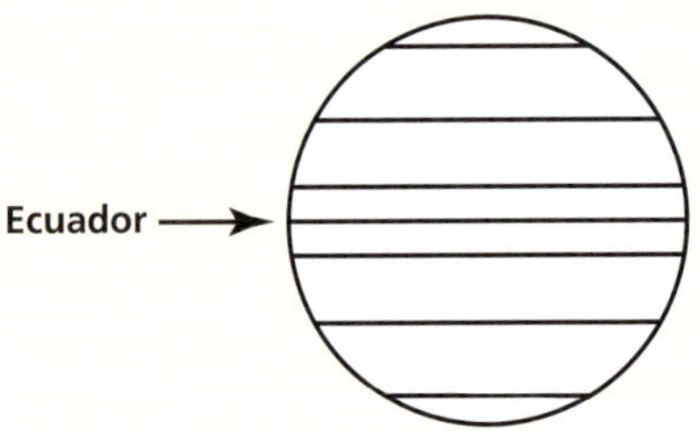

Aplicación de las habilidades en estudios sociales

8. **Análisis de mapas** Mira el mapa de regiones de vegetación natural del mundo en la página 64. ¿Qué tipo de vegetación natural crece alrededor de la Ciudad de México?

El equilibrio en el medio ambiente

Guía de lectura

Idea principal

Las acciones de la gente pueden afectar al medio ambiente.

Terminología

- lluvia ácida
- deforestación
- rotación de cultivos
- conservación
- irrigación
- pesticida
- ecosistema

Estrategia de lectura

Dibuja un diagrama como éste. Luego escribe por lo menos dos problemas que surgen con el uso humano del agua, tierra y aire.

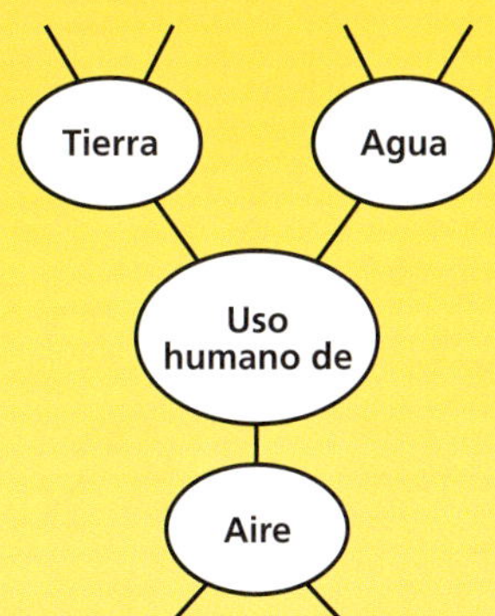

Cada año en los Estados Unidos, los incendios forestales y la industria de la tala eliminan muchos árboles de los bosques de la nación. Las personas preocupadas, inclusive grupos ambientalistas, agencias gubernamentales y las compañías madereras, siembran miles de árboles cada año para ayudar a conservar los bosques y sus ecosistemas. Esta funcionaria del Servicio de Bosques de los EE.UU. está plantando árboles en un área dañada por un incendio.

La geografía física de la Tierra está integrada por cuatro partes básicas. La atmósfera, tal como leíste en el Capítulo 1, es la capa de gases, o de aire, que está alrededor de la Tierra. La litósfera es la capa exterior dura de la Tierra, o lo que vemos como áreas de tierra. La hidrósfera incluye todo el agua en los océanos, lagos, ríos y glaciares, más todas las precipitaciones. Los seres humanos son parte de la biósfera, que incluye a todos los seres vivientes y a los ambientes en los que viven. Existe un delicado equilibrio entre estas cuatro "esferas". La gente del mundo debe actuar para conservar este equilibrio.

La atmósfera

A través del mundo, los gases y químicos provenientes de los vehículos e industrias contaminan el aire. La contaminación del aire también incluye partículas sólidas tales como cenizas y polvo. Cuando la contaminación del aire está concentrada en las áreas urbanas, el aire resulta dañino para respirar. Pero la contaminación del aire tiene un efecto aún mayor sobre la Tierra en su conjunto.

Alemania

Los vehículos y las fábricas agregan químicos peligrosos al aire.

Interacción del hombre con el medio ambiente ¿Cuáles son algunos de los efectos de la contaminación del aire?

Los efectos globales de la contaminación del aire incluyen el calentamiento global, la disminución de la capa de ozono y la lluvia ácida. Algunos científicos creen que las cantidades cada vez mayores de contaminantes en la atmósfera han causado que la Tierra se caliente. Aprendiste antes sobre este efecto invernadero.

La contaminación del aire también afecta a la capa de ozono en la atmósfera. La capa de ozono sirve como un escudo protector ya que filtra los rayos dañinos del sol. Cuando algunos químicos se desplazan hacia la atmósfera superior, destruyen las moléculas del ozono. Sin ozono, los nocivos rayos ultravioleta pueden ocasionar cáncer de la piel en los humanos y destruir las plantas.

Los químicos en la contaminación del aire también se pueden combinar con la precipitación la cual luego cae como **lluvia ácida.** La lluvia ácida mata a los peces y corroe las superficies de los edificios. Puede inclusive destruir bosques enteros.

Comprobación de lectura ¿Cuáles son las dos formas de contaminantes que se encuentran en el aire?

La litósfera

El teléfono que utilizas, el horno de microondas en el que calientas tus refrigerios y los alimentos que comes todos provienen de recursos de la tierra. El cobre, hierro, aluminio y otros minerales como la mena se extraen de la tierra. Para llegar a estos recursos es necesario remover grandes cantidades de tierra y rocas. Esto daña al medio ambiente. En los Estados Unidos se obliga a las compañías mineras a restablecer la tierra y replantar la vegetación cuando terminan sus operaciones mineras.

Capa superior del suelo La rica capa superior del suelo es una parte vital de la litósfera. Si la gente no administra cuidadosamente la tierra, el viento o el agua se la podrían llevar. En los Trópicos, la erosión por agua presenta un problema, especialmente si los agricultores siembran sus cosechas en tierras en declive. Cuando vienen las lluvias fuertes, la tierra puede simplemente bajar por la ladera. Algunos agricultores han resuelto este problema construyendo terrazas para sus campos, o sembrando sus cosechas sobre terrenos en la forma de peldaños de escalera en las laderas.

La **deforestación,** o la tala de bosques sin volver a plantarlos, es otra forma en que se pierde la tierra vegetal. Cuando ya no existen raíces de árboles para que sostengan la tierra, el viento y el agua se la pueden llevar.

Para enriquecer la capa superior del suelo, muchos agricultores utilizan abono. Algunos también hacen **rotación de cultivos,** alternando lo que se siembra en el campo. Esto evita que se agoten todos los minerales de la tierra. Algunos cultivos como el frijol en realidad restauran valiosos minerales en la tierra. Algunos agricultores ahora siembran frijoles cada tres años para mejorar su tierra.

Comprobación de lectura ¿En qué forma la deforestación conduce a la erosión?

La hidrósfera

La gente, las plantas y la mayoría de los animales necesitan agua dulce para vivir. Recuerda sin embargo que sólo una pequeña parte del agua dulce del mundo no está congelada. Dado que el suministro de agua de la Tierra es limitado, la gente tiene que aprender a administrar con cuidado el agua dulce.

Administración del agua La administración de las existencias de agua involucra dos pasos importantes. El primer paso es la **conservación,** o el uso cuidadoso de los recursos para que no sean desperdiciados. ¿Sabías que se usan 6 ó 7 galones (23 a 27 litros) de agua cada minuto que estás en la ducha? Tomar duchas más cortas es una forma muy fácil de prevenir el desperdicio del agua.

En la mayoría de las áreas del mundo, los agricultores usan la **irrigación,** o la práctica de recolectar agua y distribuirla a sus cultivos. De hecho, casi el 70 por ciento de todo el agua que se utiliza se destina a la agricultura. La mayoría de los métodos de irrigación malgastan el agua porque con frecuencia el agua se evapora o se filtra a la Tierra antes de que alcance los cultivos. Sin embargo, muchos agricultores hoy en día están tratando de utilizar prácticas más eficaces, como por ejemplo, la irrigación por goteo.

El segundo paso en la administración de los recursos hidrológicos es evitar su contaminación. La mayoría de los procesos industriales utilizan el agua. Algunas veces estos procesos causan que químicos peligrosos ingresen al suministro de agua. Los agricultores que aplican abono a sus tierras también es posible que utilicen **pesticidas,** o poderosos químicos que matan los insectos que destruyen los cultivos. Estas sustancias ayudan a incrementar la producción de alimentos pero también se filtran en los ríos y aguas subterráneas, contaminando los conductos de agua.

✓ **Comprobación de lectura** **¿En qué medida la industria y la agricultura dañan el suministro de agua?**

Perú

Los pueblos antiguos construyeron terrazas en estas pendientes escarpadas montañosas de Perú para sembrar cultivos.

Interacción del hombre con el medio ambiente
¿En qué medida los campos en terrazas ayudan a evitar la erosión?

La biósfera

A medida que la población humana aumenta y la gente expande sus comunidades, se invaden los **ecosistemas.** Éstos son lugares donde las plantas y los animales dependen entre sí y de su medio para sobrevivir. Los ecosistemas pueden encontrarse en cada clima y región de vegetación del mundo. Por ejemplo, algunas personas pueden querer drenar un pantano, o un área pantanosa, para deshacerse de los mosquitos que transmiten enfermedades y hacer que la Tierra sea útil para la agricultura o para la construcción de hogares. Sin embargo, cuando esa área se drena se destruye el ecosistema. Se altera el delicado equilibrio de la biodiversidad del pantano existente entre los distintos insectos, reptiles, pájaros y plantas acuíferas.

La gente está tomando más conciencia de la necesidad de proteger los ecosistemas, y las comunidades están haciendo esfuerzos cada vez mayores para lograrlo. En la actualidad los pantanos son reconocidos como valiosos ecosistemas. En los Estados Unidos los pantanos están protegidos de la urbanización. También ha surgido una preocupación a nivel mundial por los ecosistemas del bosque húmedo.

Sin embargo, a veces la protección del medio ambiente para el futuro entra en conflicto con el proporcionar alimento a la gente en el presente. Recuerda que la gente, así como las plantas y otros animales, también son parte de la biósfera. Por ello, los agricultores en el bosque húmedo queman o talan árboles, no porque lo quieran hacer, sino porque necesitan alimentar a sus familias. Antes de detener la tala de estos bosques, estos agricultores necesitan encontrar nuevas formas de sobrevivir.

✓ Comprobación de lectura ¿En qué medida la conservación del bosque húmedo entra en conflicto con las necesidades humanas actuales?

Evaluación

Definición de términos

1. **Define** lluvia ácida, deforestación, rotación de cultivos, conservación, irrigación, pesticida, ecosistema.

Recuerdo de hechos

2. **Región** ¿Cuáles son las cuatro "esferas" de la Tierra?
3. **Interacción del hombre con el medio ambiente** ¿Cuáles son las dos formas de administrar el agua?
4. **Economía** ¿Por qué los agricultores practican la rotación de cultivos?

Pensamiento crítico

5. **Comprensión de causa y efecto** ¿Por qué son ineficaces la mayoría de los métodos de irrigación?
6. **Análisis de la información** ¿Cuáles ecosistemas se vieron afectados por el crecimiento de tu comunidad?

Organizador gráfico

7. **Organización de la información** Dibuja un diagrama como éste y enumera tres resultados de la contaminación del aire.

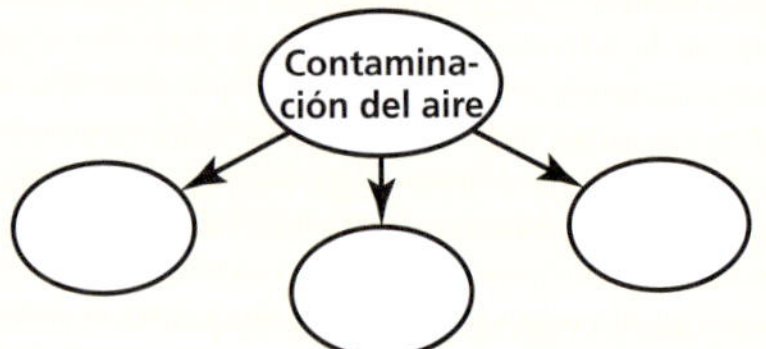

Aplicación de las habilidades en estudios sociales

8. **Análisis de mapas** Mira el mapa de vegetación en la página 64. ¿En qué partes del mundo están localizados los bosques húmedos?

Repaso de la lectura

Sección 1 El planeta del agua

Terminología

vapor de agua
ciclo hidrológico
evaporación
condensación
precipitación
drenaje
glaciar
agua subterránea
manto acuífero

Idea principal

El agua es uno de los recursos más valiosos de la Tierra.

✓ **Región** El agua cubre alrededor del 70 por ciento de la superficie de la Tierra.

✓ **Movimiento** El agua sigue un ciclo de evaporación, condensación, precipitación, y drenaje en la tierra y debajo de ella.

✓ **Ciencia** Los seres humanos y la mayoría de los animales necesitan del agua dulce para sobrevivir. Sólo una pequeña fracción del agua del mundo se encuentra en los ríos y lagos.

Sección 2 El clima

Terminología

estado del tiempo
clima
Trópicos
sequía
El Niño
La Niña
corriente
viento local
sombra pluviométrica
efecto invernadero
bosque húmedo

Idea principal

El viento y el agua llevan la lluvia y el calor del Sol alrededor del mundo para crear diferentes climas.

✓ **Región** El clima es el patrón usual del estado del tiempo durante un período de tiempo prolongado.

✓ **Región** Los Trópicos, cerca del Ecuador, reciben la mayor parte del calor del Sol en comparación a otras regiones.

✓ **Ubicación** Los accidentes geográficos y la ubicación cercana al agua afectan al clima en un área local.

✓ **Cultura** Las acciones de los seres humanos, como por ejemplo, construir ciudades, quemar combustibles, y talar el bosque húmedo pueden afectar al clima.

Sección 3 Zonas climáticas y vegetación

Terminología

sabana
clima marítimo de la costa oeste
clima mediterráneo
clima continental húmedo
clima subtropical húmedo
subártico
tundra
estepa

Idea principal

Los geógrafos dividen el mundo en diferentes zonas climáticas.

✓ **Región** El mundo tiene cinco regiones climáticas principales que están basadas en la latitud, cantidad de humedad, y/o elevación. Estas regiones son tropical, latitud media, latitud alta, seca, y de montaña.

✓ **Región** Cada zona climática tiene tipos particulares de vegetación.

Sección 4 El equilibrio en el medio ambiente

Terminología

lluvia ácida
deforestación
rotación de cultivos
conservación
irrigación
pesticida
ecosistema

Idea principal

Las acciones de la gente pueden afectar al medio ambiente.

✓ **Interacción del hombre con el medio ambiente** Existe un delicado equilibrio entre la hidrósfera, litósfera, atmósfera y la biósfera de la tierra.

✓ **Interacción del hombre con el medio ambiente** La gente necesita administrar y conservar cuidadosamente los recursos de agua y tierra.

Capítulo 2

Evaluación y actividades

Uso de términos clave

Haz corresponder los términos de la parte A con sus definiciones en la parte B.

A.

1. evaporación
2. sabana
3. rotación de cultivos
4. tundra
5. condensación
6. efecto invernadero
7. bosque húmedo
8. El Niño
9. precipitación
10. corriente

B.

a. corrientes de agua en movimiento en los océanos
b. llanura sin árboles en la cual sólo la parte superior de la tierra se derrite en el verano
c. patrón del estado del tiempo en el Océano Pacífico
d. alternar lo que se siembra en el campo
e. la acumulación de ciertos gases en la atmósfera que retiene el calor del sol
f. agua que regresa a la tierra
g. bosque denso que recibe mucha lluvia
h. el vapor de agua se vuelve a transformar en un líquido
i. el calor del sol convierte el agua en vapor de agua
j. amplios pastos en los Trópicos

Repaso de las ideas principales

Sección 1 El planeta del agua

11. **Movimiento** ¿Cuáles son los cuatro pasos del ciclo hidrológico?
12. **Región** ¿Qué porcentaje del agua del mundo es agua dulce?
13. **Región** ¿Cuál tiene más agua dulce, los lagos y ríos o el agua subterránea?

Sección 2 El clima

14. **Movimiento** ¿Cómo afectan al clima el viento y el agua?
15. **Ubicación** ¿En qué medida las montañas afectan a la lluvia?
16. **Interacción del hombre con el medio ambiente** ¿Por qué las ciudades son más calientes que las áreas rurales cercanas?

Sección 3 Zonas climáticas y vegetación

17. **Región** ¿Cuál región climática tiene el mayor número de zonas climáticas? ¿Por qué?
18. **Lugar** ¿Qué tipo de vegetación crece en los climas del mediterráneo?

Sección 4 El equilibrio en el medio ambiente

19. **Interacción del hombre con el medio ambiente** ¿Cómo pueden los agricultores restaurar los minerales de la tierra?
20. **Región** ¿Qué es lo que integra la biodiversidad de un pantano?

Corrientes y océanos del mundo

Actividad para localizar un lugar

En una hoja de papel aparte, empareja las letras del mapa con los lugares enumerados a continuación.

1. Océano Glacial Ártico
2. Océano Atlántico
3. Corriente de California
4. Corriente del Japón
5. Océano Índico
6. Corriente del Golfo

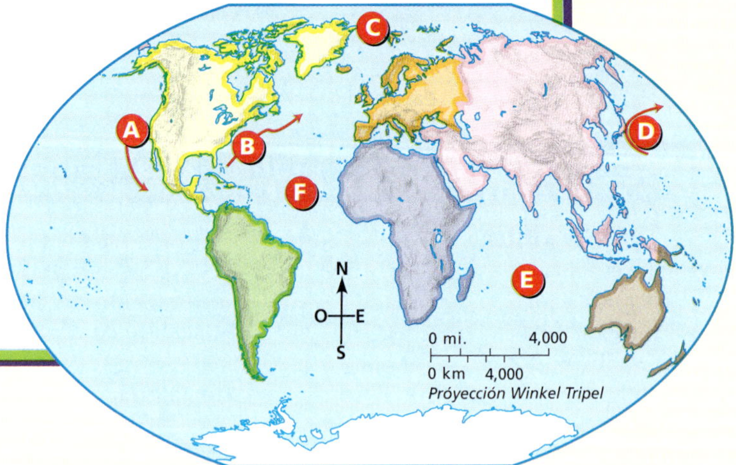

Prueba de autocomprobación Visita el sitio Web ***El mundo y sus gentes*** en twip.glencoe.com y haz clic **Chapter 2–Self-Check Quizzes** para prepararte para el examen del capítulo.

Pensamiento crítico

21. **Análisis de la información** ¿De dónde proviene el agua dulce en tu comunidad? ¿Cómo lo puedes averiguar?
22. **Categorización de información** Crea cinco redes como la que se muestra aquí. En cada óvalo grande, escribe el nombre de una región climática. En los óvalos de tamaño mediano escribe el nombre de cada zona climática en esa región. Para cada zona, llena en los tres pequeños óvalos el estado del tiempo usual en el verano, en el invierno y el tipo de vegetación.

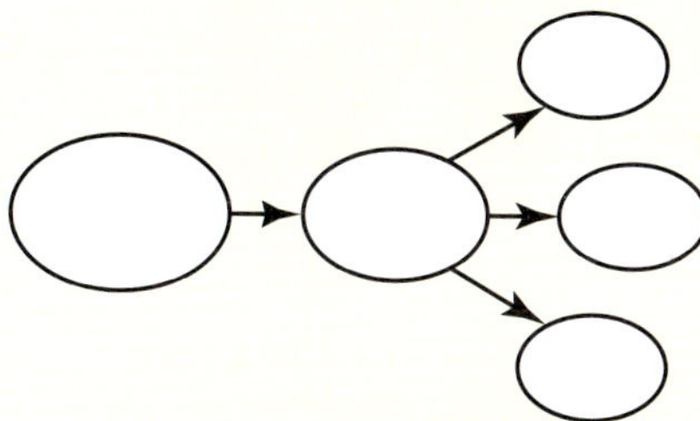

Actividad de comparación de las regiones

23. **Cultura** Tal como has aprendido, el clima de una región ayuda a determinar cómo vivirá la gente. Revisa tu libro de texto o una revista de geografía para encontrar fotografías de gente en su medio ambiente. ¿Qué puedes inferir sobre sus climas?

Actividad mental de trazado de mapas

24. **Enfoque en la región** Dibuja a mano un mapa de los océanos y continentes del mundo. Marca lo siguiente:
    - Ecuador
    - Océano Pacífico
    - América del Norte
    - África
    - regiones climáticas de latitud alta
    - regiones climáticas tropicales

Actividad de habilidades tecnológicas

25. **Uso de Internet** Investiga un reciente huracán o tornado. Averigua cuándo y dónde ocurrió, cuánta fuerza tuvo la tormenta y qué daño causó.

Práctica de la prueba estandarizada

Instrucciones: Estudia la gráfica de abajo y luego responde a la pregunta que sigue.

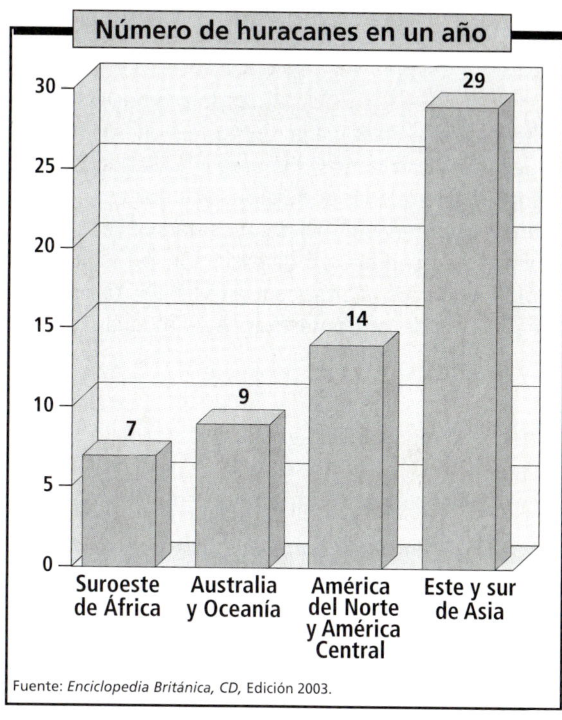

Fuente: *Enciclopedia Británica, CD,* Edición 2003.

1. **¿Cuántos huracanes más hay en el este y sur de Asia en un año que en América del Norte y América Central?**

   F 29

   G 14

   H 9

   J 15

Consejo para el examen: Asegúrate de leer cuidadosamente la pregunta. No está preguntando por el número total de huracanes en el este y sur de Asia. En lugar de ello, la pregunta trata sobre cuántos huracanes *más* tiene una región en comparación con la otra.

OJO en el medio ambiente

Espacios en peligro

Reducción de los hábitats Cuando piensas en África, ¿qué imágenes se te vienen a la mente? ¿Leones rugiendo? ¿Guepardos corriendo? ¿Elefantes moviéndose lentamente? Salvo que las condiciones cambien, algunos animales salvajes del África sólo serán un recuerdo. Muchos están en peligro de extinción, principalmente debido a que sus hábitats, sus pastos y hogares en los bosques, están siendo destruidos de muchas formas.

 Aumento de población — La región sur del Sahara en África tiene la tasa de crecimiento de población más elevada del mundo. Los agricultores y rancheros convierten las tierras silvestres en sembríos y pastos para cultivar alimentos. La expansión urbana descontrolada también destruye los hábitats.

 Tala — Las compañías madereras construyen caminos y talan árboles valiosos, destruyendo los hábitats de los bosques.

Minería — Las minas de cantera dañan la tierra, contaminan el agua, y destruyen los árboles.

A medida que los hábitats desaparecen, también desaparecen las poblaciones de animales africanos.

 Los guepardos viven en las praderas de África. A medida que la gente se desplaza hacia el hogar de los guepardos, estos gatos grandes luchan por sobrevivir. Sólo quedan alrededor de 12,000 chitas en libertad.

 Los gorilas montañosos viven en los bosques ques neblinosos de África central y del este. La industria maderera y minera está destruyendo estos bosques. Sólo sobreviven alrededor de 650 gorilas montañosos.

Éstos y otros animales africanos en extinción sólo sobrevivirán si se salvan sus hábitats.

Los leñadores destruyen un bosque en la República Democrática del Congo.

Los guepardos están quedándose sin espacio en el África.

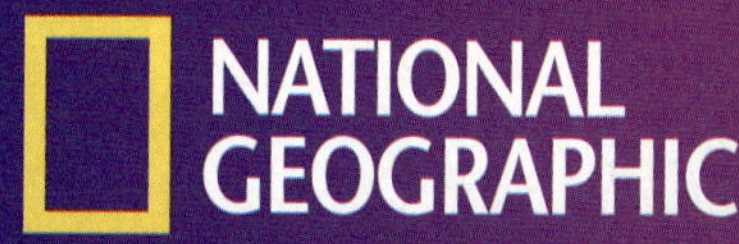

Cómo ejercer una influencia

Fondo de Conservación de los Guepardos Los guepardos en África obtienen ayuda del Fondo de Conservación de los Guepardos (CCF, por sus siglas en inglés). Esta organización está basada en Namibia, donde viven alrededor de 2,500 guepardos. Los rancheros de Namibia con frecuencia atrapan y disparan contra los guepardos para proteger su ganado. La CCF ha donado a los rancheros alrededor de 80 perros de pastoreo especiales. Los perros protegen al ganado y al mismo tiempo alejan a los guepardos. La CCF también enseña a los pobladores y a los niños sobre los guepardos y por qué es importante salvar a estos grandes gatos y a sus hábitats.

Los niños de Namibia aprenden sobre los chitas.

Protección de gorilas Por cerca de 20 años, Dian Fossey estudió a los gorilas montañosos en Ruanda. A través de su libro, *Gorillas in the Mist (Gorilas en la niebla)*, en base al cual se hizo una película, Fossey informó a todos sobre los gorilas montañosos y cómo se amenazaba su existencia debido a la destrucción de su hábitat y a la caza furtiva. Fossey fundó el Karisoke Research Center (Centro de Investigación de Karisoke) y un fondo internacional para apoyar la conservación de los gorilas.

Dian Fossey combatió aguerridamente para abolir la caza furtiva de gorilas. Aunque Fossey fue asesinada en Karisoke en 1985, el Fondo Internacional para los Gorilas de Dian Fossey continúa su trabajo protegiendo a los gorilas montañosos y a su hábitat.

Gorila montañoso

¿Qué puedes hacer?

Adopta un guepardo

Tú y tus compañeros de clase pueden ayudar a salvar a los guepardoss en libertad al adoptar a uno de ellos. Para obtener más información, contacta al Cheetah Conservation Fund en www.cheetah.org

Averigua más

¿Cuáles hábitats de animales están en peligro de extinción donde tú vives? Trabaja con un compañero para investigar los espacios en peligro de extinción de tu área. Haz un resumen de tus descubrimientos en un informe para la clase.

Capítulo 3

La gente del mundo

El mundo y sus gentes NATIONAL GEOGRAPHIC

Para aprender más sobre las regiones culturales del mundo, mira el video ***The World and Its People*** **Chapter 3.**

Estudios sociales en línea

Descripción general del capítulo Visita el sitio Web ***El mundo y sus gentes*** en twip.glencoe.com y haz clic en **Chapter 3, Chapter Overviews** para ver la información preliminar sobre la gente del mundo.

PLEGABLES™
Organizador de estudios

Organización de la información Haz este plegable para ayudarte a organizar lo que aprendas sobre la cultura, la población del mundo, los recursos y el efecto de la tecnología en el mundo.

Paso 1 Dobla los lados de un pedazo de papel por la mitad para hacer un doblez cerrado.

Paso 2 Dobla la hoja por la mitad de lado a lado.

Paso 3 Abre y corta a lo largo de las líneas del doblez interior para formar cuatro lengüetas.

Corta a lo largo de las líneas de los dobleces en ambos lados.

Paso 4 Coloca una etiqueta en las lengüetas como se ilustra.

Lectura y redacción A medida que leas cada sección en el capítulo, escribe notas debajo de la lengüeta correcta de tu plegable.

◀ **Vestidos con ropa tradicional, estas parejas bailan en Tallinn, Estonia.**

Por qué es importante

Descubrimiento de otras culturas

Poco tiempo atrás era común que lagente pasara la mayor parte de sus vidas en la misma ciudad o lugar en elcual habían nacido. Hoy en día tu vecino puede ser alguien de otro estado, otro país o de otro continente. ¿Cómo vive la gente en el resto del mundo? ¿Cómo nos llevamos con ellos? Este libro te ayudará a aprender sobre otra gente, lugares y qué asuntos son importantes para ellos.

Comprensión de la cultura

Guía de lectura

Idea principal

Por lo general la gente vive con aquellos que practican creencias similares aprendidas del pasado.

Terminología

- cultura
- grupo étnico
- dialecto
- democracia
- dictadura
- monarquía
- difusión cultural
- civilización
- región cultural

Estrategia de lectura

Dibuja un diagrama como éste. En cada sección, escribe uno de los ochos elementos de cultura y da un ejemplo de cada uno de los Estados Unidos hoy en día.

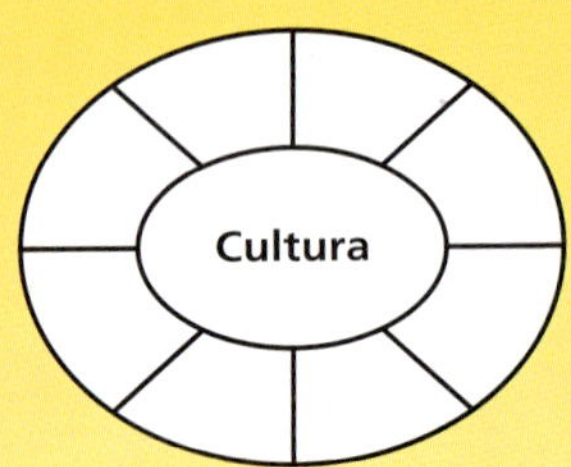

NATIONAL GEOGRAPHIC **Exploración de nuestro mundo**

Tres mil años atrás, la gente olmeca vivía en México. A veces ellos usaban pieles de jaguares, felinos que eran sagrados para ellos. Este niño pequeño vive en un área donde los jaguares todavía son honrados. Él se está preparando para la danza del jaguar. Un objeto de la cultura moderna, una botella de una bebida, se usa para hacer las manchas de "jaguar" con cenizas en la piel del niño cubierta de arcilla.

Si despiertas con música rock, usas pantalones de mezclilla (denim), y celebras el cuatro de julio, estas cosas son parte de tu cultura. Si comes tortillas, hablas español y honras al jaguar, estas cosas son parte de tu cultura.

¿Qué es la cultura?

Cultura es el modo de vida de las personas que comparten creencias y costumbres similares. Los sociólogos observan ocho elementos que llaman rasgos. Ellos estudian en qué grupos se divide una sociedad, qué idioma habla la gente y qué religiones practican. Examinan la vida diaria de la gente y observan su historia y obras de arte. También observan cómo está gobernada una sociedad y en qué se gana la vida la gente.

Grupos sociales Una forma de estudiar las culturas es observando a los diferentes grupos de gente en una sociedad. Por ejemplo, los científicos comparan el número de gente rica, pobre y de la clase media. Ellos miran cómo se trata a los jóvenes y ancianos. Además, estudian las funciones distintas de los hombres y mujeres. Los sociólogos también examinan los diferentes grupos étnicos de un país. Un **grupo étnico** es un grupo de gente que comparte la misma historia, idioma, religión y algunos rasgos físicos. Un grupo étnico en especial en un país puede ser el grupo de la mayoría. Este grupo de la sociedad controla gran parte de las riquezas y el poder. Los otros grupos étnicos en ese país son grupos minoritarios, gente cuya raza u origen étnico es diferente a la del grupo mayoritario en la región. Los grupos minoritarios étnicos más grandes en los Estados Unidos son los afroamericanos y los hispanoamericanos.

Idioma Una de las fuerzas unificadoras más fuerte de una cultura es compartir un idioma. A pesar de que incluso dentro de una misma cultura hay diferencias de idioma. Algunas personas pueden hablar un **dialecto** o un forma local de un idioma que difiere del mismo idioma en otras áreas. Las diferencias pueden incluir la pronunciación y el significado de las palabras. Por ejemplo, la gente del nordeste de Estados Unidos dice "soda", mientras que la gente en la llanura central dice "pop". No obstante, ambos grupos se están refiriendo a los refrescos.

Aplicación de las habilidades con mapas

1. ¿Cuál es la religión predominante en América del Sur?
2. ¿Cuál es la religión principal en Europa?

Busca en línea mapas de NGS en www.nationalgeographic.com/maps

Principales religiones del mundo

Religión	Líder Importante	Creencia
Budismo	Sidarta Gautama, el Buda	Los budistas creen que para escapar del sufrimiento causado por deseos terrenales, la gente debe seguir el Noble Camino Óctuple, o reglas que llevan a una vida de moralidad, sabiduría y buenos pensamientos. Al seguir el Noble Camino Óctuple, uno puede alcanzar el nirvana, un estado de gozo.
Cristianismo	Jesucristo	Los cristianos creen que Jesús, el hijo de Dios, fue enviado a la Tierra y murió en la cruz para salvar a la humanidad. Al tener fe en Jesús y a través de la gracia de Dios, los creyentes se salvan de los castigos de Dios por los pecados y reciben vida eterna con Dios.
Hinduismo	Desconocido	El hinduismo cree en la reencarnación, después de la muerte el alma vuelve a nacer en otra persona, animal o vegetal. Adónde vuelve a nacer el alma depende del karma, o la fuerza espiritual que resulta de las acciones en vidas pasadas de la persona. Los tres dioses principales del hinduismo son Brahmá, Vishnú y Siva.
Islam	Mahoma	Los seguidores del Islam, conocidos como musulmanes, creen en un Dios, Alá. Los musulmanes siguen las enseñanzas del Corán, que el profeta Mahoma dijo que Alá le había revelado. Al seguir los cinco pilares de la fe: profesión de fe, oración, caridad, ayuno y peregrinación, los creyentes van a un paraíso eterno.
Judaísmo	Abraham	Los judíos creen en un Dios, Yahvé. Al seguir las leyes de Dios, los judíos creen que ellos estarán en paz con Dios y entre sí. Las leyes y prácticas principales del judaísmo están contenidas en el Tora, los primeros cinco libros de la Biblia hebrea.

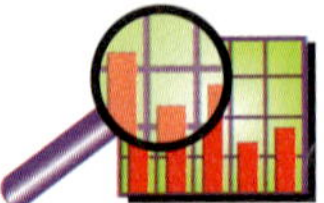

Análisis del cuadro

¿Cómo nos hacemos buenos? ¿Qué sucede cuando morimos? Estas son algunas de las preguntas que las religiones intentan responder.

Cultura ¿Quién fue el fundador del budismo?

Religión Otra parte importante de la cultura es la religión. En muchas culturas, la religión ayuda a la gente a dar respuesta a preguntas básicas sobre el significado de la vida. Las creencias religiosas varían en forma significativa en todo el mundo. Las luchas por diferencias religiosas son un desafío en muchos países. Algunas de las religiones más importantes del mundo se describen en el cuadro de arriba. El mapa de la página 81 te muestra las áreas principales donde se practican estas religiones.

Vida diaria ¿Comes pizza, tacos, yogur y rollitos primavera? Todos estos alimentos provienen de culturas diferentes. Lo que la gente come y cómo lo comen, con sus dedos, con cubiertos o palillos, refleja su cultura. Lo que la gente usa también refleja diferencias culturales. Lo mismo es cierto para cómo la gente construye casas tradicionales en sus sociedades.

Historia La historia determina cómo vemos el mundo. La gente recuerda los éxitos del pasado. A menudo celebramos feriados para honrar a los héroes y heroínas que trajeron esos éxitos. Las historias acerca de estos héroes revelan las características personales que la gente cree que son importantes. Un grupo también recuerda los períodos sombríos de la historia cuando la gente se vio enfrentada a desastres o derrotas. Estas experiencias también influyen en cómo un grupo de gente se ve a sí misma.

Artes La gente expresa su cultura a través de las artes. El arte no sólo son pinturas y esculturas, sino que también arquitectura, danza, música, teatro y literatura. Al observar las artes de una cultura, puedes entender lo que la gente de esa cultura piensa que es hermoso e importante.

Gobierno La gente necesita reglamentos con el fin de vivir juntos sin conflictos. El gobierno crea los reglamentos o leyes. Los países pueden tener gobiernos limitados o gobiernos ilimitados. En un gobierno limitado, todos los ciudadanos, incluyendo los líderes del país, deben obedecer las leyes de la tierra tal como están escritas en la constitución o la declaración de derechos. Una **democracia** es una forma de gobierno limitado en donde el poder descansa sobre la gente de la nación. Estados Unidos tiene una democracia representativa en donde los ciudadanos votan para elegir a representantes que luego crean y hacen cumplir las leyes.

En gobiernos ilimitados, los gobernantes tienen poderes que *no* son limitados por las leyes. Un tipo de gobierno ilimitado es una **dictadura,** en donde un dictador por lo general toma el poder por la fuerza. Para permanecer en el poder, la mayoría de los dictadores dependen de la policía y los militares. Los dictadores no son responsables hacia la gente y limitan la libertad de expresión, de asamblea y de prensa. En una **monarquía,** los reyes o reinas nacen en una familia gobernante y heredan el poder para gobernar. Hasta el siglo XVII, tales gobernantes eran monarcas absolutos con poder ilimitado. Ahora, en la mayoría de los países, las monarquías absolutas han dado paso a las monarquías constitucionales. El Reino Unido, por ejemplo, es tanto una monarquía constitucional como una democracia. La reina es el jefe simbólico de la nación, pero los líderes electos tienen el poder para gobernar. El cuadro de abajo resume las formas de gobierno.

La economía La cultura incluye actividades económicas o cómo la gente en una sociedad se gana la vida. Algunas personas cultivan la tierra o fabrican productos. Otras proveen servicios, tales como diseñar una página Web o preparar alimentos. Aprenderás más sobre sistemas económicos en la Sección 3.

✓ Comprobación de lectura ¿Qué es la cultura?

Tipos de gobierno

Tipo de gobierno	¿Quién tiene el poder?	Ejemplos
Democracia directa	Todos los ciudadanos votan directamente sobre los asuntos.	• Partes de Suiza • Algunas ciudades de Nueva Inglaterra
Democracia representativa	La gente vota por representantes quienes guían al país y crean leyes.	• Estados Unidos • Rusia • Francia
Monarquía constitucional	Un monarca hereda el derecho a gobernar, pero está limitado por las leyes y el cuerpo creador de leyes elegido por la gente.	• Reino Unido • Japón • Suecia • Jordania
Monarquía absoluta	Un monarca hereda el derecho a gobernar y tiene poder ilimitado.	• Arabia Saudita
Dictadura	Un dictador crea todas las leyes y reprime cualquier oposición.	• Cuba • Iraq bajo Saddam Hussein • Alemania bajo Adolfo Hitler

Análisis del cuadro

Estados Unidos es uno de varios países con un tipo de gobierno democrático.

Gobierno ¿Cuál es la diferencia entre una democracia directa y una democracia representativa?

NATIONAL GEOGRAPHIC

Regiones culturales del mundo

Aplicación de las habilidades con mapas

1. ¿Qué región cultural está ubicada al sur de los Estados Unidos?
2. ¿Qué región cultural está marcada con el color rosado?

Busca en línea mapas de NGS en www.nationalgeographic.com/maps

Cambio cultural

Las culturas no permanecen igual. Los humanos constantemente inventan nuevas ideas y tecnologías y crean nuevas soluciones a problemas. El comercio, el movimiento de la gente y la guerra pueden difundir estos cambios a otras culturas. El proceso de esparcir nuevos conocimientos y habilidades a otras culturas se llama **difusión cultural.** Hoy en día la televisión e Internet están haciendo que la difusión cultural tenga lugar más rápido que nunca.

Cultura a través del tiempo Los historiadores han analizado los cambios enormes que los humanos han hecho en sus culturas. En las primeras sociedades humanas, la gente vivía cazando animales y recolectando frutas y verduras. Eran nómadas, que iban de un lugar a otro, para seguir las fuentes de alimentos.

Hace alrededor de 10,000 años, la gente aprendió a cultivar alimentos sembrando semillas. Este cambio provocó la Revolución Agrícola. Los grupos permanecían en un lugar y construían poblados. Sus sociedades se hicieron más complejas. Como resultado, cuatro **civilizaciones,** o culturas altamente desarrolladas, surgieron en los valles de ríos en lo que hoy se conoce como **Iraq, Egipto, India** y **China.** Estas civilizaciones incluyeron ciudades, gobiernos, religiones complejas y sistemas de escritura. El mapa de la página 86 te muestra dónde se ubicaban estas civilizaciones.

Miles de años más tarde, en los siglos XVIII y XIX, se produjeron cambios nuevos en el mundo. Algunos países comenzaron a industrializarse, o usar máquinas y fábricas para fabricar productos. Estas máquinas podían trabajar más duro, más rápido y por más tiempo que la gente o los animales. Como resultado de la Revolución Industrial, la gente comenzó a llevar vidas más saludables, cómodas y a vivir por más tiempo.

Recientemente, el mundo comenzó una nueva revolución, la Revolución de la Información. Las computadoras hacen posible almacenar y procesar cantidades enormes de información. También permiten que la gente envíe instantáneamente esta información por todo el mundo. Aprenderás más sobre esta revolución y cómo ella conecta a las culturas del mundo en la Sección 4.

Regiones culturales Si te recuerdas, los geógrafos usan el término "regiones" para áreas que comparten características comunes. Los geógrafos de hoy a menudo dividen el mundo en áreas llamadas regiones culturales. Cada **región cultural** incluye países diferentes que tienen los mismos rasgos. Ellos comparten sistemas económicos similares, formas de gobierno y grupos sociales. Sus idiomas están relacionados y la gente puede seguir la misma religión. Su historia y arte son similares. Los alimentos, vestimenta y viviendas de la gente también pueden tener características comunes. En este libro de texto, estudiarás las diferentes regiones culturales del mundo.

Comprobación de lectura **¿Qué tres revoluciones han cambiado el mundo?**

Evaluación

Definición de términos

1. **Define** cultura, grupo étnico, dialecto, democracia, dictadura, monarquía, difusión cultural, civilización, región cultural.

Recuerdo de hechos

2. **Cultura** ¿Qué tipos de grupos sociales estudian los sociólogos?
3. **Gobierno** ¿Cuáles son las distintas formas de gobierno que puede tener una sociedad?
4. **Cultura** ¿En qué formas tiene lugar la difusión cultural?

Pensamiento crítico

5. **Comprensión de causa y efecto** ¿Cómo la historia da forma a las culturas?
6. **Establecer comparaciones** Describe las creencias de dos religiones principales.

Organizador gráfico

7. **Organización de la información** Crea un diagrama como éste que describa rasgos de tu cultura. En las líneas, escribe los tipos de alimento, ropa, idioma, música, etc.

Tu cultura

Aplicación de las habilidades en estudios sociales

8. **Análisis de mapas** Mira el mapa en la página 84. ¿En qué región cultural vives? ¿En qué región cultural o regiones culturales vivieron tus antepasados?

Habilidades de estudios sociales

Lectura de un mapa temático

Los mapas temáticos se concentran en un solo tema. Por ejemplo, este tema puede ser mostrar las batallas de una guerra específica o el hábitat de una especie en peligro de extinción.

Desarrollo de la habilidad

Sigue estos pasos para leer un mapa temático:

- Lee el título del mapa. Te dice qué tipo de información especial muestra el mapa.
- Busca la escala del mapa para determinar el tamaño general del área.
- Lee las claves. Los colores y símbolos en la clave del mapa son especialmente importantes en este tipo de mapa.
- Analiza las áreas en el mapa que están destacadas en la clave. Busca patrones.

Práctica de la habilidad

Mira al mapa de abajo para responder a las siguientes preguntas.

1. ¿Cuál es el título del mapa?
2. Lee la clave. ¿Qué cuatro civilizaciones se muestran en este mapa?
3. ¿Qué civilización estaba más lejos hacia el oeste? ¿y hacia el este?
4. ¿Qué tienen en común las ubicaciones de cada una de estas civilizaciones?

Aplicación de destreza

Encuentra un mapa temático en un periódico o revista. Escribe tres preguntas sobre el propósito del mapa y luego haz que un compañero responda a las preguntas.

IR A

Practica las habilidades clave con **Glencoe Skillbuilder Interactive Workbook, Level 1.**

NATIONAL GEOGRAPHIC

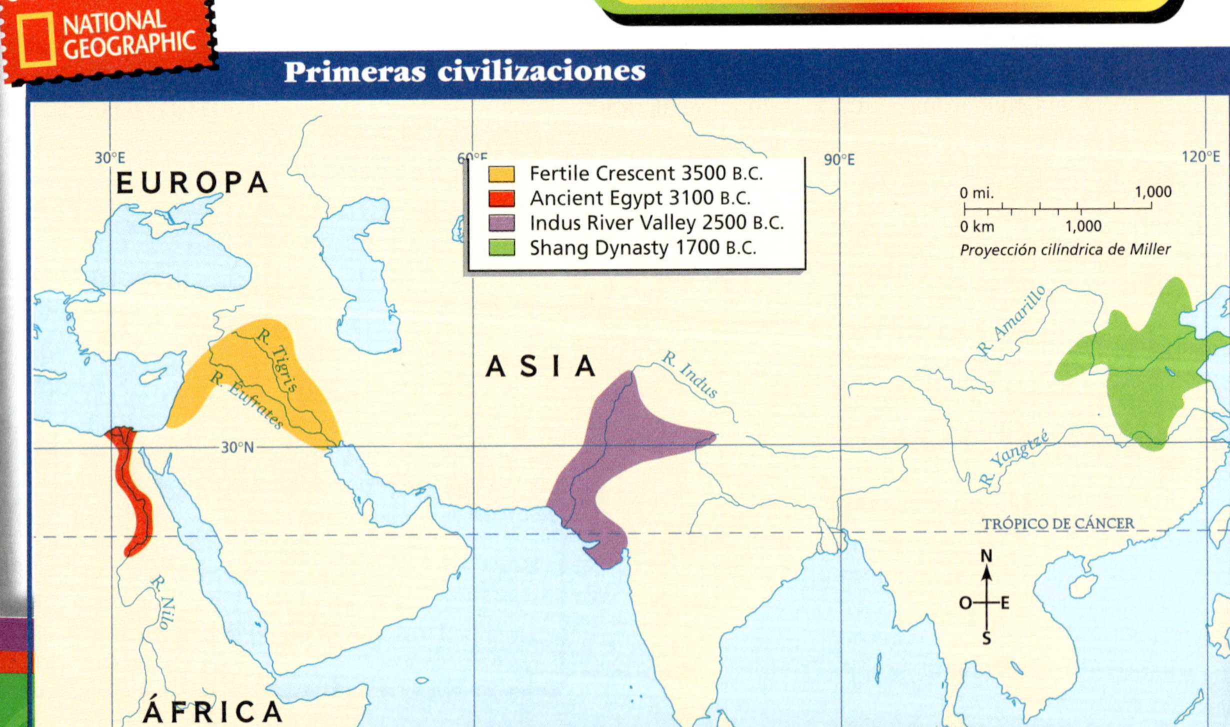

Guía de lectura

Idea principal

La población del mundo está creciendo rápidamente, y también está cambiando cómo y dónde vive la gente.

Terminología

- índice de mortalidad
- índice de natalidad
- hambruna
- densidad de población
- urbanización
- emigrar
- refugiado

Estrategia de lectura

Dibuja un cuadro como éste. En la columna de "Resultados", escribe el resultado de un hecho enumerado en la columna izquierda.

Hecho	Resultado
La población del mundo está aumentando.	
La población está distribuida en forma dispareja.	
La gente se va de un lado a otro.	

Patrones de población

Imagínate que te encuentras con tus amigos en Berlín, Alemania. ¿Puedes escuchar la música? Cada verano, cientos de miles de jóvenes se reúnen aquí para un festival de música. Aunque la mayoría de estos jóvenes están aquí sólo para visitar, otros miles más vienen en busca de trabajo y vidas nuevas. Alemania enfrenta desafíos para encontrar espacio para sus recién llegados.

El 12 de octubre de 1999 el mundo alcanzó un punto importante en su historia. En ese día nacieron alrededor de 370,000 bebés en todo el mundo. Uno de esos bebés, nadie sabe exactamente cuál de ellos, fue el seis mil millonésimo ser humano.

Crecimiento de la población

¿Qué tan rápido ha crecido la población de la Tierra? El gráfico de la página 88 muestra la población del mundo a través de los años. Verás que por más de mil quinientos años, la población del mundo permaneció más o menos igual. El mundo no alcanzó los mil millones de habitantes sino hasta 1800. No fue hasta 1930 que la población alcanzó los 2 mil millones. Hacia 1974 la población se había duplicado a 4 mil millones. En 1999 alcanzó 6 mil millones.

Razones para el crecimiento de la población ¿Por qué la población del mundo ha crecido tan rápido en los últimos 200 años? Una razón es que el índice de mortalidad ha disminuido. El **índice de mortalidad** es el número de personas de cada mil que mueren en un año. Las mejores condiciones de vida y del cuidado de la salud han disminuido el índice de mortalidad.

Otra razón para el crecimiento rápido de la población mundial es que en algunas regiones del mundo el índice de natalidad es alto. El **índice de natalidad** es el número de niños que nacen cada año por cada mil personas. En Asia, África y Latinoamérica las familias normalmente son grandes porque los niños ayudan con los cultivos. Los números altos de natalidad se han combinado con un índice de mortalidad bajo para aumentar el crecimiento de la población en estas áreas. Como resultado, en estas áreas la población ha aumentado el doble cada más o menos 25 años.

Desafíos del crecimiento de la población El crecimiento rápido de la población presenta muchos desafíos. Un aumento en el número de las personas significa que son necesarios más alimentos. Afortunadamente, desde 1950 la producción de alimentos ha aumentado más rápidamente que la población en todos los continentes, excepto en África. Puesto que mucha gente allí necesita comida, podría ser desastroso si hay mal tiempo o si una guerra arruina las cosechas. Millones pueden sufrir de **hambruna,** o falta de alimentos.

Además, las poblaciones que crecen con mayor rapidez pueden usar los recursos más rápidamente que las poblaciones que no crecen tan rápido. Algunos países enfrentan escasez de agua y vivienda. El crecimiento de la población también pone presión en las economías. Más gente significa que el país debe crear más trabajos. Algunos expertos sostienen que el crecimiento rápido de la población puede dañar el planeta. Otros son optimistas. Ellos predicen que a medida que el número de humanos aumenta, los niveles de tecnología y creatividad también aumentarán.

✓ Comprobación de lectura **¿En qué difieren las definiciones del índice de mortalidad y el índice de natalidad?**

Población mundial

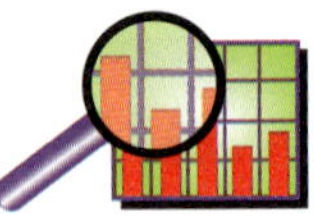

Análisis del gráfico y el cuadro

Se espera que la población mundial llegue a alrededor de los 9 mil millones hacia el 2050.

Lugar ¿Qué país ocupa el segundo lugar en cuanto al número más grande de gente?

Visita twip.glencoe.com y haz clic en **Chapter 3, Textbook Updates.**

CRECIMIENTO DE LA POBLACIÓN

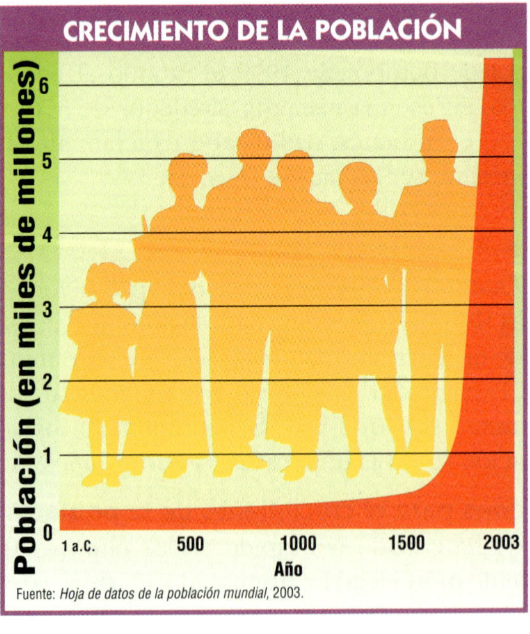

Fuente: *Hoja de datos de la población mundial,* 2003.

PAÍSES MÁS POBLADOS

País	Millones de personas
China	1,288.7
India	1,068.6
Estados Unidos	291.5
Indonesia	220.5
Brasil	176.5
Pakistán	149.1
Rusia	145.5

Fuente: *Hoja de datos de la población mundial,* 2003.

Aplicación de las habilidades con mapas

1. ¿Cuánta gente vive en Londres?
2. ¿Qué ciudades tienen más de 10 millones de habitantes?

Busca en línea mapas de NGS en www.nationalgeographic.com/maps

Dónde vive la gente

¿Dónde vive toda la gente? En realidad la gente del mundo vive en una parte sorprendentemente pequeña de la Tierra. Como aprendiste en el Capítulo 2, la tierra cubre sólo un 30 por ciento de la superficie de la Tierra. Sin embargo, los humanos no pueden usar la mitad de esta tierra. Grandes números de personas no pueden sobrevivir en una tierra cubierta con hielo, desiertos o montañas altas. Por lo tanto, la gente del mundo, vive en una pequeña fracción de la superficie de la Tierra.

Distribución de la población Incluso en la tierra usable, la población no está distribuida o repartida, en forma uniforme. Naturalmente, la gente prefiere vivir en lugares que tienen abundante agua, buena tierra y un clima favorable. Durante la era industrial, la gente se mudó a lugares que tenían recursos importantes tales como carbón o mineral de hierro para hacer funcionar o fabricar máquinas. La gente se reúne en otras áreas porque estos lugares tienen importancia religiosa o porque son centros de transporte o del gobierno. El cuadro en la página 88 te muestra los países más poblados del mundo. Cuatro de estos países se encuentran ubicados en el continente asiático.

Densidad de la población Los geógrafos tienen una forma de determinar qué tan lleno de gente se encuentra un país o una región. Ellos miden la **densidad de población,** el promedio de personas que viven en una milla cuadrada o kilómetro cuadrado. Para llegar a esta cifra, la población total se divide por el to-tal del área de la tierra. Por ejemplo, **Bolivia** y la **República**

NATIONAL GEOGRAPHIC **En el sitio**

Kosovo, Yugoslavia

En 1999 estalló una guerra civil en Kosovo, una provincia de Yugoslavia. A miles de personas se las obligó a abandonar sus hogares.

Movimiento ¿Qué hace que la gente se convierta en refugiados?

Dominicana tienen casi el mismo número de personas. Aunque ellos son muy diferentes en términos de la densidadde población. Con un área de tierra más pequeña, la Re-pública Dominicana tiene 463 personas por milla cuadrada (179 personas por km^2). Por lo tanto, la República Dominicana está llena de gente que Bolivia.

Recuerda que la densidad de población es un *promedio.* Se presume que la gente está distribuida uniformemente por el país. Por supuesto, esto raramente ocurre. Un país puede tener varias ciudades grandes donde vive la mayoría de la gente. En Egipto, por ejemplo, la densidad total de la población es 186 personas por milla cuadrada (72 personas por km^2). En realidad, cerca del 99 por ciento de la gente de Egipto vive dentro de 20 millas (32 km) del Río Nilo. El resto de Egipto es desierto. Así, algunos geógrafos prefieren calcular la densidad de población de un país en términos de tierra cultivable o utilizable en vez del área total de la tierra. Cuando la población de Egipto se mide de este modo, es igual a alrededor de 6,550 personas por milla cuadrada. El mapa de la página 10 del **Manual de geografía** muestra cómo la densidad de población puede variar dentro de un país. Las áreas con alta densidad en Egipto siguen el camino del Río Nilo.

Actividad en línea Visita el sitio Web ***El mundo y sus gentes*** en twip.glencoe .com y haz clic en **Chapter 3– Student Web Activities** para aprender más sobre el "reloj" de la población mundial.

✓Comprobación de lectura **¿Qué es la densidad de población?**

Movimiento de la población

Por todo el mundo, la gente se está mudando en grandes números de un lugar a otro. Algunas personas se mudan de una ciudad a otra, o de un suburbio a otro suburbio. Cada vez más la gente se está yendo de los pueblos y granjas y mudándose a las ciudades. Este movimiento a las ciudades se llama **urbanización.**

La gente se muda a las ciudades por muchas razones. La razón más común es encontrar trabajos. Las poblaciones rurales han crecido. Sin embargo, la cantidad de tierras que pueden cultivarse no han aumentado para satisfacer al número creciente de gente que necesita trabajar y comer. Como resultado, mucha gente encuentra trabajos en las ciudades en las áreas de la manufactura o en servicios, tal como el turismo.

Casi la mitad de la gente del mundo vive en las ciudades, un porcentaje mucho más alto que antes. Entre 1960 y el 2000, la población de la **Ciudad de México** se triplicó. Otras ciudades en Latinoamérica, así como también ciudades en Asia y África, han visto un crecimiento similar. Algunas de estas ciudades albergan una gran parte de la población total del país. Cerca de un tercio de la gente de Argentina, por ejemplo, vive en la ciudad de **Buenos Aires.** A medida que más y más gente viene a las ciudades en busca de trabajo, los límites de las ciudades y sus suburbios siguen expandiéndose hacia afuera. Esta situación se llama expansión urbana descontrolada.

Cierto movimiento de población también ocurre entre países. Algunas personas **emigran** o dejan el país donde nacieron y se van a otro. Ellos se llaman emigrantes en su país e inmigrantes en su nuevo país. En los últimos 40 años, millones de personas se han ido de África, Asia y Latinoamérica para buscar trabajos en las naciones más ricas de Europa y América del Norte. Muchas de estas personas se vieron obligadas a huir de sus países a causa de las guerras, disturbios políticos, escasez de alimentos u otros problemas. Ellos son los **refugiados,** o personas que huyen de un país a otro para escapar la persecución o un desastre.

✓ Comprobación de lectura ¿Qué es la expansión urbana descontrolada?

Evaluación

Definición de términos

1. **Define** índice de mortalidad, índice de natalidad, hambruna, densidad de población, urbanización, emigrar, refugiado.

Recuerdo de hechos

2. **Cultura** ¿Cuáles son tres de los problemas causados por la sobrepoblación?
3. **Interacción del hombre con el medio ambiente** ¿Por qué la gente vive solamente en una pequeña fracción de la Tierra?
4. **Economía** ¿Cuál es la razón principal del crecimiento de la urbanización?

Pensamiento crítico

5. **Establecer comparaciones** ¿Cuál es la diferencia entre un emigrante y un inmigrante?
6. **Comprensión de causa y efecto** ¿Por qué las poblaciones en áreas de Asia, África y Latinoamérica se han duplicado cada 25 años?

Organizador gráfico

7. **Organización de la información** Dibuja un diagrama como éste y enumera tres causas del crecimiento de la población.

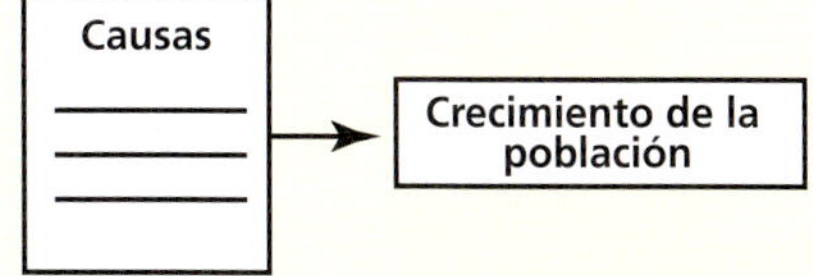

Aplicación de las habilidades en estudios sociales

8. **Análisis de mapas** Mira el mapa de densidad de población en la página 89. ¿Cómo describirías la densidad de la población en Tokio?

Guía de lectura

Idea principal

Muchos recursos son limitados y están distribuidos en forma dispareja, de modo que los países deben comerciar productos.

Terminología

- recurso natural
- recurso renovable
- recurso no renovable
- sistema económico
- exportar
- importar
- arancel
- cuota
- libre comercio
- país desarrollado
- país en vías de desarrollo

Estrategia de lectura

Dibuja un cuadro como éste. Escribe los nombres de los distintos recursos y cómo se usan.

Recurso	Uso

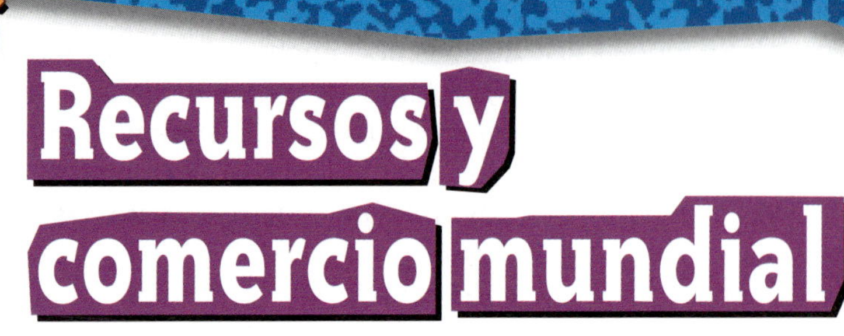

Recursos y comercio mundial

Alrededor de 7,000 molinos de viento se ubican en un pedazo de 80 millas cuadradas de colinas cerca de San Francisco. Ellos giran con los vientos fuertes que soplan por un paso cercano en las montañas de California. ¿Por qué se pusieron ahí? Estos molinos de viento generan electricidad. De hecho, generan suficiente electricidad cada año como para satisfacer las necesidades de todos los hogares de San Francisco.

Recursos naturales

Como aprendiste en la Sección 2, la gente se establece en ciertas áreas para lograr acceso a los recursos. **Recursos naturales** son productos de la Tierra que la gente usa para satisfacer sus necesidades. El viento, agua y petróleo son recursos que proveen energía a las máquinas eléctricas. La tierra buena y los pescados son recursos que la gente usa para producir alimentos. Las piedras como el granito y los depósitos tal como el mineral de hierro son recursos que la gente puede usar para fabricar productos.

Recursos renovables La gente puede usar algunos recursos naturales tanto como lo deseen. Estos **recursos renovables** no se gastan, o bien la naturaleza los puede reemplazar o se pueden cultivar de nuevo. El viento y el sol no pueden agotarse. Los bosques, pastos, plantas, animales y el suelo pueden reemplazarse, si la gente los administra con cuidado.

Hoy en día muchos países están tratando de buscar maneras eficaces de usar las fuentes de energía renovables. Algunos producen energía hidroeléctrica, la energía que se genera por caídas de agua. ¿Tienes una calculadora alimentada por energía solar? Si es así, sabes que el sol puede proveer energía para hacer funcionar las máquinas de la gente. Energía solar es fuerza producida por el calor del sol. El uso de esta energía a gran escala requiere de piezas inmensas de equipo. Debido a esto, todavía no es muy económico usar esta fuente de energía

Recursos no renovables Los minerales que se encuentran en la corteza de la Tierra también son recursos. Éstos son **recursos no renovables** porque la tierra provee suministros limitados de éstos y ellos no pueden reemplazarse. Estos recursos se formaron durante millones de años por fuerzas dentro de la tierra. De este modo, simplemente toma demasiado tiempo generar nuevos depósitos.

Una fuente de energía no renovable importante son los combustibles fósiles, como el carbón, petróleo y gas natural. La gente quema petróleo y gas para calentar sus hogares o hacer andar los automóviles. También queman combustibles fósiles para generar electricidad. El petróleo y el carbón también se usan como materia prima para fabricar plásticos y medicamentos.

Otra fuente de energía de recursos no renovables es la energía nuclear. Energía nuclear es la fuerza que se genera al crear una reacción atómica controlada. La energía nuclear puede usarse para producir electricidad, pero algunas personas temen su uso. Las reacciones nucleares producen residuos peligrosos que son difíciles de desechar. Aún así, algunos países dependen de la energía nuclear para generar electricidad. Francia y Japón son ejemplos.

✓ Comprobación de lectura **Enumera tres combustibles fósiles.**

Sistemas económicos

La gente y las naciones usan los recursos naturales para producir e intercambiar bienes y servicios. El **sistema económico** de un país establece reglas que determinan cuáles bienes y servicios se van a producir, cómo producirlos y quién los recibirá. Hay cuatro tipos de sistemas económicos principales: tradicional, planificado, de mercado y mixto.

Economías tradicionales En una economía tradicional, las decisiones económicas se basan en las costumbres que se han ido traspasando de generación en generación. Por ejemplo, si tus abuelos y padres pescaban para ganarse la vida, tú pescarías para ganarte la vida. Es posible que uses las mismas herramientas de pesca. Para obtener otros productos que necesitas, puedes hacer trueques o intercambiar parte de tu pesca, en vez de usar dinero.

Economías planificadas En una economía planificada, el gobierno toma todas las decisiones económicas. La gente tiene muy poca o ninguna participación en cuanto a qué bienes y servicios producir y cómo producirlos. El gobierno decide qué precio costará algo y a quién se capacitará para efectuar ciertos trabajos. El término "comunismo" se aplica a las economías planificadas.

Economías de mercado En una economía de mercado, la gente toma sus propias decisiones en cuanto a qué producir, cómo producirlo y para quién producirlo. La gente y los negocios hacen lo que ellos piensan que los clientes quieren (oferta). Los consumidores tienen alternativas sobre qué bienes o servicios comprar (demanda). Los precios son determinados por la oferta y la demanda.

Azafrán, un recurso valioso

Un recurso no tiene que producir energía para ser valorado. La gente en la región de Kashmir de la India está recogiendo un recurso que es preciado por los cocineros, flores de azafrán. Adentro de cada azafrán hay tres tallos naranjas pe-queños. Cuando se secan, los tallos se convierten en una especia llamada azafrán. Los cocineros la usan para agregar el delicado color naranja y para darle sabor a los alimentos. El azafrán, la especia más cara del mundo, está escaseando. ¡Los productores necesitan cerca de 4,700 flores para producir solamente 1 onza (28 g) de azafrán!

Tipos de sistemas económicos

Análisis del cuadro

Este cuadro muestra los sistemas económicos en teoría. En la realidad, gran parte de las naciones tiene una economía mixta.

Economía ¿Quién es dueño o controla los recursos en cada tipo de sistema?

Sistema económico	QUÉ, CÓMO y PARA QUIÉN producir	Ejemplos (en teoría)
Tradicional	Las costumbres y tradiciones determinan qué y cómo producir. Los recursos a menudo se comparten. Muchos sistemas tradicionales usan el trueque para intercambiar los bienes y servicios.	• Inuit • Algunas partes de África y América del Sur
Planificado	El gobierno es dueño de los recursos y controla la producción, precios y salarios. La escasez de bienes de consumo se produce porque el gobierno fija los precios bajos y los recursos a menudo se usan para la adquisición de equipo militar.	• China • Corea del Norte • La Unión Soviética antigua
De mercado	La gente es dueña de los recursos y determina qué producir y cómo producirlo. Los precios y salarios son determinados por la oferta del productor y la demanda del consumidor.	• Estados Unidos
Mixto	La gente es dueña de la mayoría de los recursos y determina qué producir y cómo producirlo. Los gobiernos regulan ciertas industrias.	• La mayoría de las naciones

Una economía de mercado se basa en la "libre empresa". Esta es la idea de que tienes derecho a ser dueño de propiedad o negocios y a obtener ganancias sin que el gobierno interfiera. Capitalismo es otro nombre para una economía de mercado o de libre empresa.

Economías mixtas La mayoría de las naciones tienen una economía mixta. Por ejemplo, China tiene principalmente una economía planificada, pero el gobierno ha permitido algo de libre empresa. En los Estados Unidos, gran parte de las decisiones la toma la gente, pero el gobierno regula ciertas áreas. Por ejemplo, las agencias gubernamentales inspeccionan la carne y otros productos.

✓ Comprobación de lectura ¿Qué es la libre empresa?

Comercio mundial

Los recursos, al igual que la gente, no están distribuidos en forma uniforme alrededor del mundo. Algunas áreas tienen grandes cantidades de un recurso. Otras no tienen nada de ese recurso, pero son ricas en otro. Estas diferencias afectan las economías de los países del mundo. La competencia por recursos escasos también puede llevar a conflictos.

Mira el mapa en la página 95. ¿Ves los centros de fabricación en el norte y este de Estados Unidos? Hay grandes cantidades de carbón en la región y depósitos de mineral de hierro cercanos. Estas áreas se convirtieron en centros industriales porque la gente sacó provecho de los recursos que tenían.

En la parte oeste de Estados Unidos, ves otro cuadro. La gente usa gran parte de la tierra para haciendas. El suelo y el clima son bastante adecuados para criar ganado. La agricultura comercial, o el cultivo de alimentos para la venta en los mercados, tiene lugar en casi todo Estados Unidos.

Los países responden a la distribución dispareja de recursos especializándose o concentrándose en las actividades económicas más adecuadas a sus recursos. Partes de **Brasil** tienen el suelo y clima perfecto para cultivar café. Como resultado, Brasil produce más granos de café que cualquier otro país.

Los países con frecuencia no usan todo lo que producen. Por lo tanto, ellos **exportan** lo que no necesitan, comercializándolo a otros países. Cuando no pueden producir lo que necesitan de un producto, ellos lo **importan,** o se lo compran a otro país. De esta manera, los países del mundo se conectan entre sí en una red compleja de comercio.

Barreras al comercio Los gobiernos tratan de administrar el comercio de modo que beneficie la economía del país. Algunos cobran un **arancel,** o un impuesto sobre el valor de bienes importados. Si hay un arancel en los vehículos, por ejemplo, la gente que compra un vehículo importado paga extra. A menudo los gobiernos crean aranceles para persuadir a su gente a que compre productos hechos en su propio país.

Los gobiernos a veces crean otras barreras para el comercio. Pueden imponer una **cuota** estricta, o un límite en la cantidad de un producto que se puede importar de un país en particular. Un gobierno puede incluso dejar de comerciar totalmente con otro país como una forma de castigo.

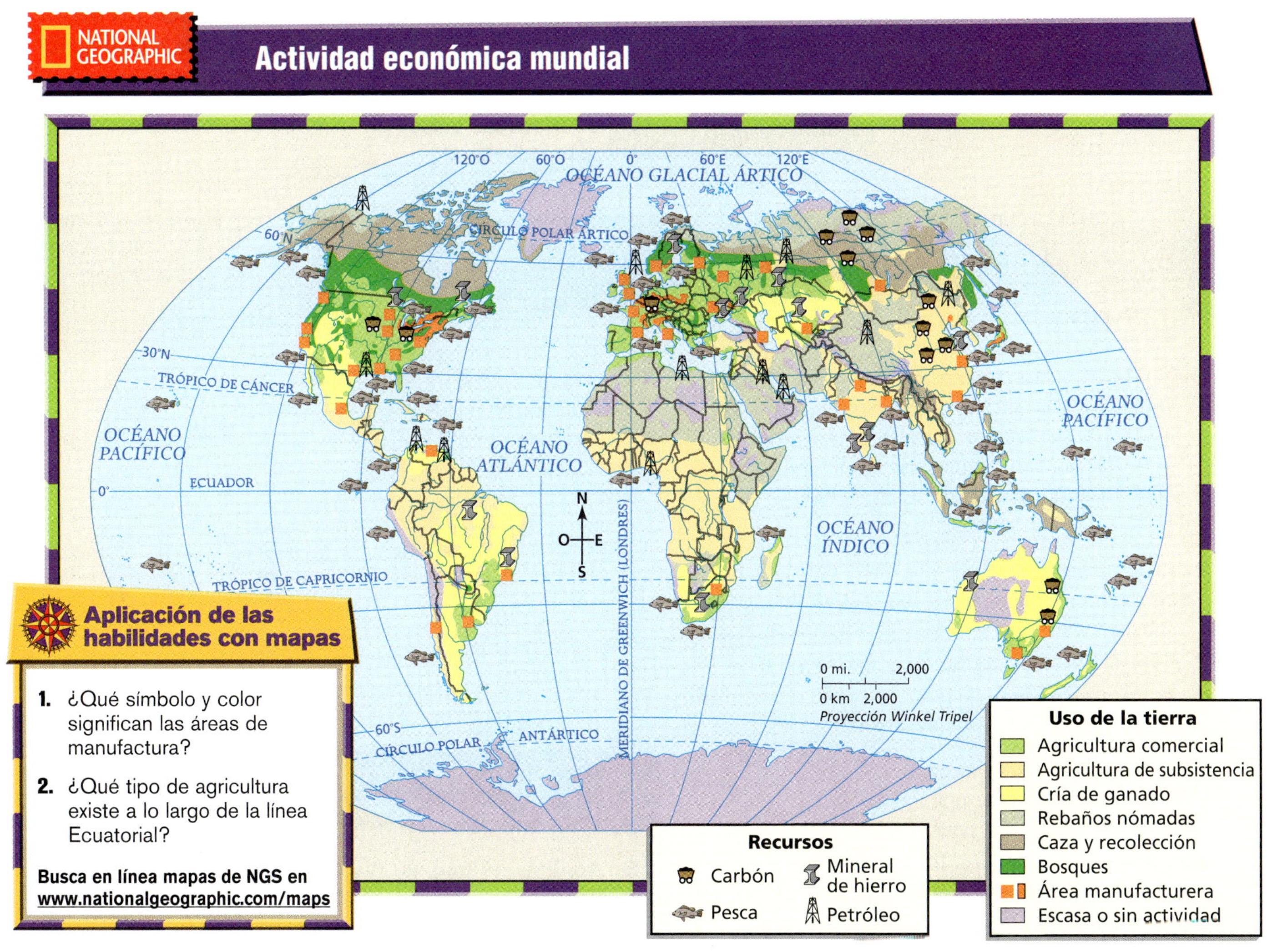

El "Tercer Mundo"

Hasta que la Unión Soviética colapsó en 1991, los países desarrollados y en vías de desarrollo estaban divididos en tres grupos. Los países desarrollados con economías de mercado se conocían como el "primer mundo". Los países con economías plani-ficadas comunistas se conocían como el "segundo mundo". Los países en vías de desarrollo afuera de estos dos grupos conjuntamente se conocían como el "tercer mundo".

Libre comercio Los gobiernos alrededor del mundo se están orientando hacia el libre comercio. **Libre comercio** quiere decir eliminar las barreras al comercio para que se puedan mover productos libremente entre países. Varios países se han unido para crear tratados de libre comercio en ciertas partes del mundo. Los Estados Unidos, México y Canadá han acordado eliminar todas las barreras de mercado entre sus productos. Estos tres países crearon el Tratado de Libre Comercio de América del Norte (TLCAN). La organización más grande de comercio libre, la Unión Europea (UE), incluye a varios países de Europa.

✓**Comprobación de lectura** ¿Cuáles son tres barreras al comercio?

Diferencias en el desarrollo

Los países en donde hay mucha manufactura de productos se llaman **países desarrollados.** Los países de Europa y América del Norte son países desarrollados. Así como también Australia y Japón. Otros países tienen muy pocos, o no tienen, centros de manufactura. Mucha gente en estas tierras practican la agricultura de subsistencia, lo que quiere decir que cultivan sólo la cantidad suficiente de alimentos para sus familias. Estos países, principalmente en África, Asia y Latinoamérica, se llaman **países en vías de desarrollo.** Sin embargo, ellos pueden ser ricos en recursos naturales, y están trabajando para industrializarse.

Los países quieren centros de manufactura porque con la industria generalmente se obtiene más dinero que con la agricultura. Como resultado, los países industriales son más ricos que los agrícolas. El esparcimiento de la industria ha creado economías florecientes en Singapur, Corea del Sur, China y Taiwán.

✓**Comprobación de lectura** ¿Por qué los países en vías de desarrollo quieren más industrias?

Evaluación

Definición de términos

1. **Define** recurso natural, recurso renovable, recurso no renovable, sistema económico, exportar, importar, arancel, cuota, libre comercio, país desarrollado, país en vías de desarrollo.

Recuerdo de hechos

2. **Economía** ¿Cuál es la diferencia entre la agricultura comercial y la agricultura de subsistencia?
3. **Economía** ¿Por qué se especializan los países?
4. **Economía** ¿Cómo difieren los países desarrollados de los países en vías de desarrollo?

Pensamiento crítico

5. **Conclusiones** ¿Por qué los aranceles y cuotas se llaman "barreras" para el comercio?
6. **Establecer comparaciones** Describe dos tipos de sistemas económicos.

Organizador gráfico

7. **Organización de la información** Dibuja un cuadro como éste, y da tres ejemplos para cada tipo de recurso.

renovables renovables	Recursos no Recursos

Aplicación de las habilidades en estudios sociales

8. **Análisis de mapas** Mira el mapa de actividad económica en la página 95. ¿Cuáles son los dos tipos de agricultura que se muestran en el mapa?

Guía de lectura

Idea principal

La tecnología moderna ha ayudado a acercar a los diversos pueblos del mundo.

Terminología

- derechos
- responsabilidades
- interdependencia
- globalización

Estrategia de lectura

Dibuja un diagrama como éste. En los rayos, enumera las razones por las cuales el mundo parece estar achicándose.

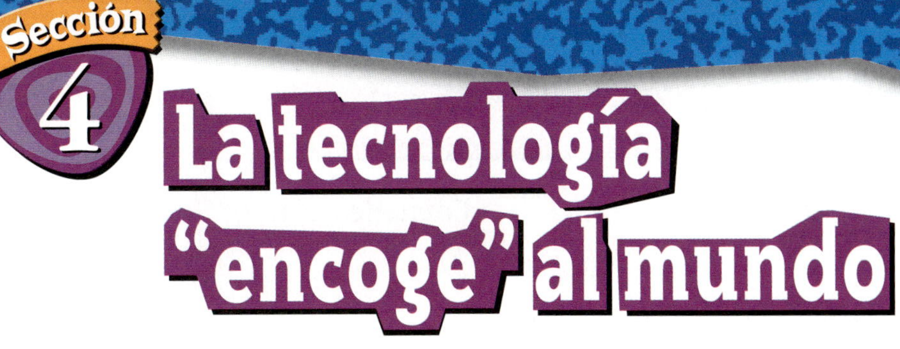

La tecnología "encoge" al mundo

NATIONAL GEOGRAPHIC **Exploración de nuestro mundo**

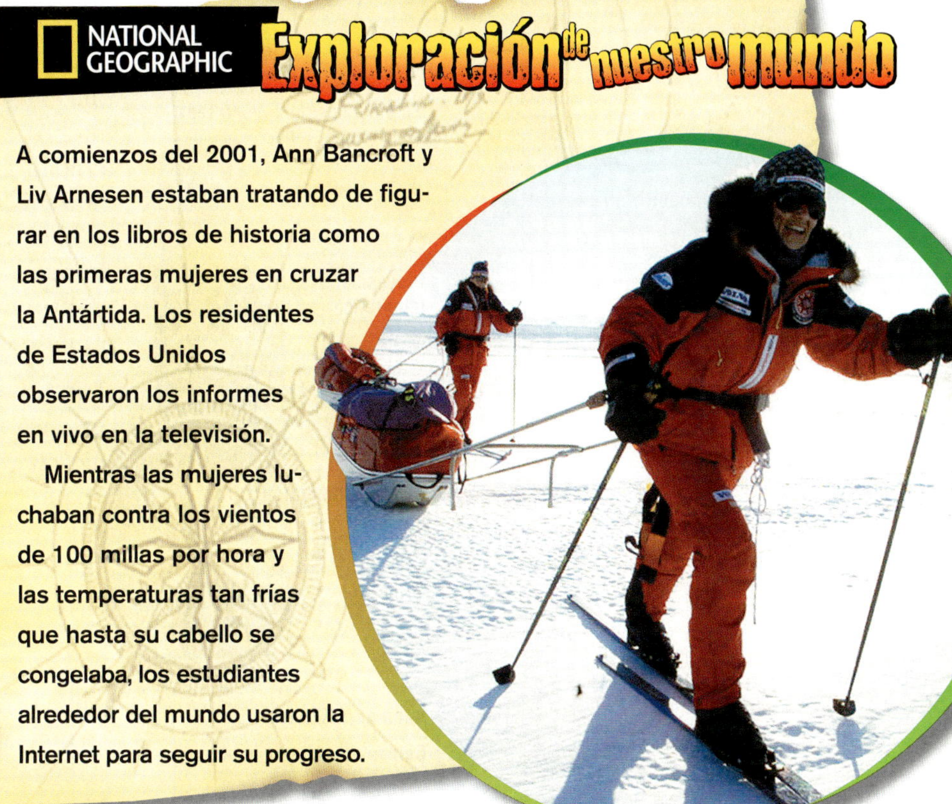

A comienzos del 2001, Ann Bancroft y Liv Arnesen estaban tratando de figurar en los libros de historia como las primeras mujeres en cruzar la Antártida. Los residentes de Estados Unidos observaron los informes en vivo en la televisión.

Mientras las mujeres luchaban contra los vientos de 100 millas por hora y las temperaturas tan frías que hasta su cabello se congelaba, los estudiantes alrededor del mundo usaron la Internet para seguir su progreso.

Hoy en día, la gente puede hablar atravesando océanos tan fácilmente como a través de una reja de un patio. Esto es lo que se quiere decir cuando escuchas a la gente decir que el mundo se está "encogiendo". La tecnología que ha traído la Revolución de la Información, permite que la gente hable en forma instantánea con otros que se encuentren prácticamente en cualquier lugar del mundo.

Efectos de la tecnología

La palabra "tecnología" se refiere a la capacidad de los seres humanos para hacer cosas que les ayudarán y darán cierto control sobre su medio ambiente. Tal como aprendiste en la Sección 1, las primeras civilizaciones surgieron alrededor del 8000 a.C. cuando los humanos aprendieron sobre la tecnología agrícola, o cómo cultivar cosechas en forma regular. En los últimos 100 años solamente, nueva tecnología ha emergido en el transporte y la comunicación. Es posible que esta nueva tecnología haya tenido un efecto igual, o tal vez mayor, en la sociedad humana que el que tuvo la Revolución Agrícola hace 10,000 años.

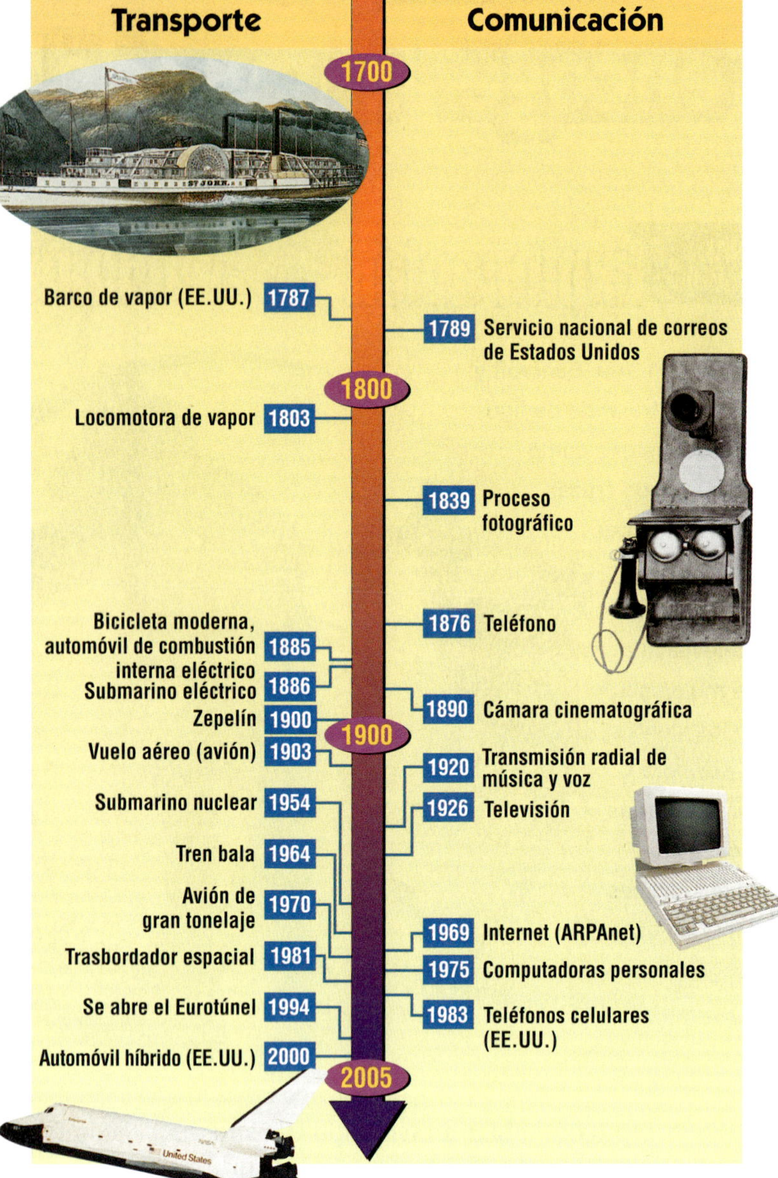

Análisis de la línea cronológica

En el último siglo, las tecnologías de comunicación y transporte han evolucionado a un ritmo sorprendente.

Tecnología **¿Qué invenciones del siglo diecinueve todavía están en uso hoy en día?**

Tecnología de transporte Cuando los barcos de vapor viajaron por primera vez corriente arriba, la gente se maravilló de la hazaña tecnológica. Los colonos en las regiones del oeste de Estados Unidos cele-braron cuando las vías férreas se insta-laron cerca de sus ciudades. Los trenes podían llevan pasajeros de la ciudad de Nueva York a San Francisco en aproxima-damente 10 días. Imagínate su asombro si los primeros estadounidenses pudieran ver cómo viaja la gente hoy en día. Los tre-nes bala llevan acelerada-mente a los traba-jadores de ciudad en ciudad, a menudo desplazándose a más de 300 millas (483 km) por hora. Los aviones a chorro cruzan los océanos en varias horas, lle-vando a la gente de un continente a otro. El resultado es un mundo que se encoge.

Tecnología de comunicación Nuevas invenciones también han permitido comunicarse más rápido a la gente. Por ejemplo, cuando el primer cable telefónico se colocó a lo largo del fondo del Océano Atlántico en 1956, podía llevar sólo 36 llamadas entre Europa y América del Norte a la vez. Casi cuarenta años más tarde, los cables de vidrio tan finos como cabellos llevaban 300,000 llamadas de larga distancia a la vez. Los satélites de comunicación que giran alrededor de la Tierra en el espacio reciben señales de radio, televisión y otras más. Las noticias pueden transmitirse en vivo a todo el mundo, de tal modo que ahora más gente que nunca puede ver simultáneamente lo que está pasando. Incluso los teléfonos celulares y máquinas de fax han acercado a las culturas del mundo.

Debido a los cables de teléfono mejorados y a los satélites, millones de personas hoy en día usan la **Internet,** una red global de computadoras. No obstante, otros inventos hicieron posible la Internet. Los más importantes de éstos fueron la computadora y los microchip. ¡Hoy en día las computadoras personales tienen más capacidad de procesamiento que las grandes computadoras de la década de 1960 que ayudaron a poner a un estadounidense en la Luna! Millones de personas usan la Internet para intercambiar correo, comprar, investigar, tomar clases, jugar juegos con amigos en otros países y mucho más. La Internet ayuda a hacer que el mundo sea más pequeño aún.

✓ Comprobación de lectura **Nombra dos formas en la que la tecnología hace parecer pequeño al mundo.**

Globalización

Puesto que el mundo parece estarse achicando, es probable que conozcas o que vayas a conocer a gente de muchas otras culturas. ¿Cuál es tu papel en este nuevo mundo que se está encogiendo?

Participación cívica Primero debes aprender lo que es la participación cívica. Esto significa ser un ciudadano que participa y se preocupa de los asuntos públicos de su comunidad, estado, nación y del mundo. Necesitas ser consciente de tus derechos y responsabilidades. **Derechos** son beneficios y protecciones que tienes garantizados por ley. En una democracia como la de Estados Unidos, por ejemplo, tienes el derecho a hablar libremente y a practicar la religión que escojas. **Responsabilidades** son deberes que le debes a otros ciudadanos y a tu gobierno. Tú tienes la responsabilidad de respetar la propiedad y privacidad de los demás. Cuando cumplas 18 años, serás responsable de elegir los líderes del gobierno al votar.

Segundo, puedes aprender acerca de las creencias y valores de otra gente en el mundo. Al estudiar otras culturas, serás capaz de ver conexiones entre Estados Unidos y el mundo a nuestro alrededor. Aprender a comprender y respetar lo que distingue a cada cultura, y reconocer las experiencias comunes que ligan a toda la gente, te ayudará a convertirte en un miembro más informado del gran pueblo que es el mundo.

Fuente principal

GLOBALIZACIÓN

Kofi Annan, secretario general de las Naciones Unidas, le habló a la Asamblea General sobre la globalización.

"Si una palabra [describe] los cambios que estamos viviendo, es la 'globalización'. (. . .) ¿Cuáles son [los] asuntos globales? Los he agrupado debajo de tres categorías, cada una de las cuales la relaciono con una libertad humana fundamental . (. . .) Primero, libertad de carencias. ¿Cómo podemos llamar a los seres humanos libres e iguales en dignidad cuando más de mil millones de ellos están luchando por sobrevivir con menos de un dólar por día? (. . .) La segunda (. . .) es libertad del temor. (. . .) Debemos hacer más para evitar que ocurran conflictos. (. . .) La tercera [es] libertad de las generaciones futuras para que puedan sustentar sus vidas en este planeta . . . Necesitamos recordar el viejo dicho africano que aprendí cuando niño, que la Tierra no es nuestra. Es un tesoro que estamos guardando para nuestros descendientes."

Informe Millennium, 3 de abril de 2000.

Análisis de la fuente principal

¿Piensas que éstos son los únicos problemas globales? ¿Afectan estos problemas tu vida diaria? Si lo hacen, ¿en qué forma? Si no lo hacen, ¿crees que deberías preocuparte de

Interdependencia ¿Por qué debemos preocuparnos de lo que sucede en el otro lado del globo? Los países del mundo son interdependientes. **Interdependencia** existe cuando los países dependen uno del otro para bienes, materia prima para producir bienes y mercados en los cuales vendan sus productos. Piensa en las muchas maneras en que usas productos de otros países. La fruta que pones en tu cereal del desayuno puede provenir de México o América del Sur. Tus zapatos para correr pueden provenir de China o Taiwán. Tu mochila pudo haberse fabricado en la India.

Los eventos alrededor del mundo tienen un efecto de onda expansiva debido a la interdependencia. Por ejemplo, una guerra o sequía en otro país, causa inestabilidad en ese país, pero también afecta a la gente y las economías que están ligadas a él por el comercio.

Mucha gente percibe las culturas en los países en vías de desarrollo como atrasadas porque ellas no tienen el mismo nivel de tecnología que los países desarrollados. Otros, sin embargo, aprecian las diversas culturas que existen en muchos países en vías de desarrollo. Ellos temen que la **globalización,** o el desarrollo de una cultura y una economía interdependiente mundiales, pueda borrar las tradiciones y costumbres de los grupos más pequeños. Así, un punto importante en el mundo de hoy es hacer que los productos, servicios y tecnología estén disponibles a los países en vías de desarrollo, pero preservando aún las culturas y valores locales. Lee más sobre este desafío en **TIME Reports: Enfoque sobre asuntos mundiales** en las páginas 101–107.

✓Comprobación de lectura **¿Por qué es importante aprender sobre otras culturas?**

Evaluación

Definición de términos

1. **Define** derechos, responsabilidades, interdependencia, globalización.

Recuerdo de hechos

2. **Tecnología** ¿Cuáles son dos ejemplos de tecnología de transporte nueva?
3. **Tecnología** ¿Cuáles son dos ejemplos de tecnología de comunicación nueva?
4. **Gobierno** ¿Qué responsabilidades tiene la gente en las democracias?

Pensamiento crítico

5. **Síntesis de información** ¿Qué productos que se encuentran en tu salón de clase se fabricaron en otros países?
6. **Establecer comparaciones** ¿Qué crees que tuvo un mayor impacto en la sociedad humana, la Revolución Agrícola o la Revolución de la Información? Explica.

Organizador gráfico

7. **Organización de la información** Dibuja un diagrama como éste. En los rayos exteriores, escribe formas en que la gente usa la Internet.

Aplicación de las habilidades en estudios sociales

8. **Interpretación de líneas cronológicas** Mira la línea cronológica en la página 98. ¿Alrededor de cuántos años después de la invención de los motores de combustión interna se inventaron los vuelos aéreos?

TIME PERSPECTIVES

EXPLORACIÓN DE ASUNTOS MUNDIALES

Nuestro mundo se encoge

Los indios en Perú usan la Internet para buscar compradores para sus productos agrícolas.

THOMAS MULLER

La economía global y tu futuro

Recopilado y adaptado de TIME.

EXPLORACIÓN DE ASUNTOS MUNDIALES

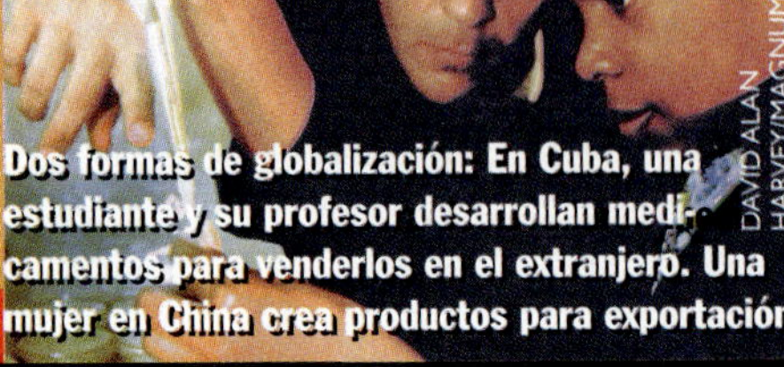

Dos formas de globalización: En Cuba, una estudiante y su profesor desarrollan medicamentos para venderlos en el extranjero. Una mujer en China crea productos para exportación.

DAVID ALAN HARVEY/MAGNUM

Cómo el comercio cambia vidas

Para Nora Lydia Urias Pérez, la vida nunca ha sido fácil. Ella, que es madre soltera, vivió con su hija de cinco años en el estado mexicano de Veracruz. El único trabajo que pudo encontrar allí fue en una granja, donde ganaba $5 al día. Eso no era suficiente.

En el 2000 se mudó a Nogales, una ciudad un poco al sur de la frontera con Nuevo México. Allí consiguió trabajo en una fábrica de grapas que se había mudado a Nogales de la ciudad de Nueva York. El trabajo de la Sra. Uria le pagaba $10 al día. Para ella, era una fortuna.

Gracias al Tratado de Libre Comercio de América del Norte (TLCAN), cientos de miles de mexicanos trabajan en fábricas como la Sra. Urias. Las compañías en México, Japón y Europa contrataron a sus trabajadores para ensamblar productos que provienen de Estados Unidos. Ellos envían los productos terminados, desde vestidos a televisores, devuelta a los Estados Unidos y Canadá.

Relaciones globales

Esta relación es un ejemplo de **globalización,** la unión de las naciones del mundo a través del comercio. La fuerza motora de la globalización hoy en día es la búsqueda de mano de obra barata. La obra de mano barata ayuda a los fabricantes a mantener bajos los costos. Los costos pueden significar precios más bajos para muchas cosas que compras.

El viaje global de una sudadera

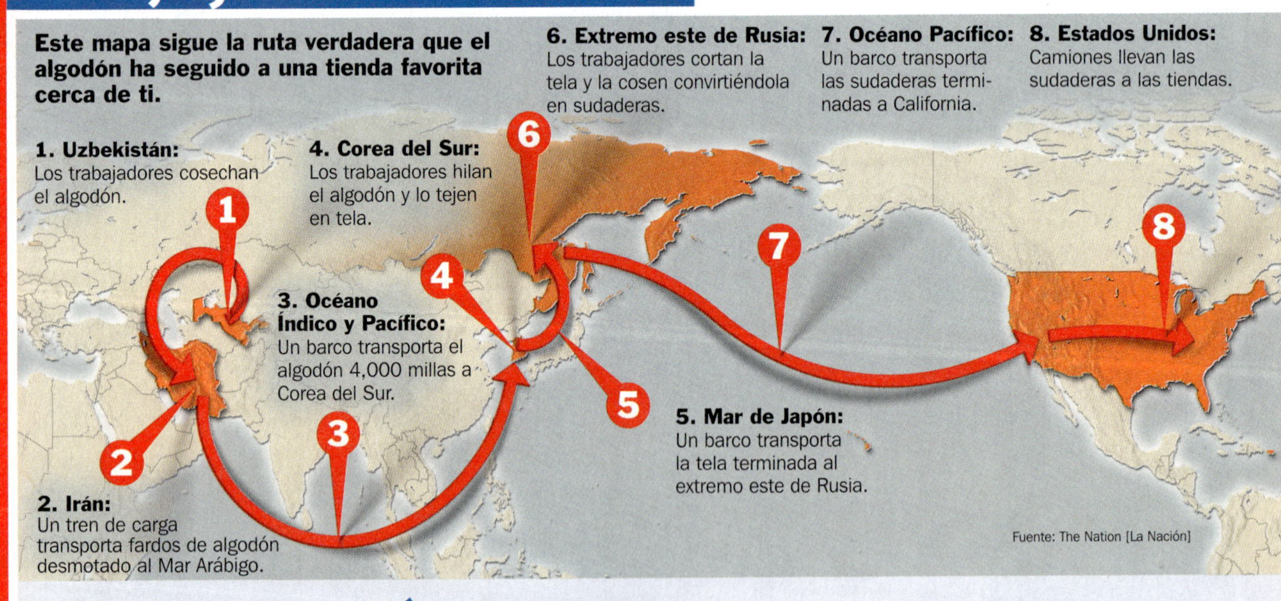

INTERPRETACIÓN DE MAPAS

Inferencias ¿Cómo piensas que el precio de la sudadera se vería afectado si ésta se fabricara totalmente en Estados Unidos?

SERGE ATTAL/GAMMA LIASON NETWORK

ROBIN MOYER

Algunos temen que las compañías globales pueden descuidar el medio ambiente.

ITSU INOUYE/AP

La policía bloquea una marcha de oponentes a la globalización.

REUTERS/TIMEPIX

Un residente de EE.UU. hizo esta película taiwanesa en China.

La globalización está cambiando no solamente los precios, sino mucho más. Ahora más que nunca, la gente, el dinero y los productos están cruzando fronteras nacionales.

El entretenimiento popular entra a nivel global

El entretenimiento popular no es una excepción. Una película popular en Estados Unidos es probable que sea favorita también en cualquier otro lado. A los asiáticos les encanta el baloncesto tanto como a los estadounidenses. Los niños por todos lados escuchan música popular latina y usan pantalones de mezclilla (denim) y zapatos de tenis para ir a la escuela.

Esto no quiere decir que todos los niños piensan y actúan de la misma manera. "Es importante ver diferencias individuales de un país a otro", aconseja una mujer que ha estudiado a los adolescentes en 44 naciones.

Choque de culturas

Las compañías que se olvidan de ese consejo pueden verse en problemas. Una compañía de Estados Unidos abrió un parque temático en las afueras de Paris, Francia. Pero los franceses se mantenían alejados. Ellos odiaban la comida rápida que se vendía en el parque. A ellos ni siquiera les gustaba el nombre del parque. Contenía la palabra "Euro", forma abreviada de "Europeo". Los franceses se ven a sí mismos como franceses primero y europeos en segundo lugar.

Cuando los dueños del parque se dieron cuenta de todo esto, hicieron el parque más francés. Por ejemplo, ofrecían comida y bebidas que eran del agrado de los franceses. Ellos incluso pusieron la palabra "París" en el nombre del parque. Hoy el parque temático es uno de los más populares en el mundo.

¿Bueno para todos?

Tal como aprendieron los dueños del parque, la globalización no es **"americanizar"** el mundo. Las **culturas** locales, o formas de vida, son demasiado fuertes para eso.

Pero la globalización no ha sido buena para todos. Los países más pobres han visto muy poco o casi nada de aumento en el comercio. Muchos trabajos estadounidenses se han trasladado a países donde los salarios son bajos. Y hasta ahora las vidas de la gente como la Sra. Urias no han mejorado mucho. Cuesta mucho más vivir en Nogales que en Veracruz. Así es que la Sra. Urias sigue siendo pobre.

Adquisición de habilidades

Los expertos dicen que estos problemas son sólo temporales. Recientemente, el comercio ha creado millones de empleos. Ha permitido a la gente de países más pobres, como México, adquirir nuevas destrezas. Mientras más hábiles sean los trabajadores, mejor es el pago que reciben.

La Sra. Urias espera con ansias tiempos mejores. "No estoy diciendo que será fácil comenzar una vida [en Nogales]", dijo ella. "Pero finalmente para mí existe la posibilidad de que las cosas van a mejorar. En Veracruz no había ninguna posibilidad. No tenía esperanzas". ■

EXPLORACIÓN DEL TEMA

1. **Causa y efecto** ¿Cómo podría la salud de la economía de Estados Unidos afectar a la vida de la Sra. Urias?
2. **Inferencias** ¿Por qué crees que los países más pobres han visto pocas ganancias de la globalización?

La nueva cara de la globalización

Los fenicios eran marinos excelentes. Vivián en el suroeste de Asia, en la costa del Líbano. Establecieron **rutas de comercio** por todo el Mar Mediterráneo. Algunos expertos piensan que ellos tal vez navegaron hacia Inglaterra para traer estaño. Ellos hicieron esto hace mucho tiempo, alrededor del siglo XIII a.C.

▲ **Un yagua (derecha) participa en una encuesta de Internet en las selvas tropicales de Perú.**

Como mostraron los fenicios, la globalización no es nueva. La gente ha comerciado en tierras lejanas, se ha mudado y ha mezclado culturas por miles de años.

Lo que es nuevo es la velocidad a la cual estos intercambios tienen lugar. La tecnología está encogiendo el mundo. Los teléfonos llevan velozmente nuestras voces por todo el mundo. Los aviones a chorro nos llevan grandes distancias en pocas horas. Los barcos de carga de alta velocidad cruzan los océanos llevando productos de nación en nación.

La Internet

La Internet también ha variado la forma en que intercambiamos productos. Hace veinticinco años una importadora estadounidense habría usado el correo postal para hacer un pedido de bicicletas francesas. Hoy en día puede ver las reservas del fabricante en su página Web. Luego, en segundos, puede enviar un correo electrónico con el pedido al otro lado del mundo.

Los tratos que ella hace no son muy diferentes de aquellos que hicieron los fenicios. Ellos comerciaban madera por caballos. Ella comercia dinero por bicicletas.

Lo que es diferente es que ella hace sus negocios en un santiamén, sin siquiera moverse de su asiento. Ella puede hacer negocios en menos tiempo y hacer negocios en cualquier parte. Los fenicios solamente podían hacer negocios en los lugares a los que ellos podían navegar.

EXPLORACIÓN DEL TEMA

1. **Inferencias** ¿Cómo podría el comercio ayudar a entenderse entre sí a la gente de culturas diferentes?

2. **Análisis de la información** ¿Cómo hace la Internet que tu crecimiento sea diferente al de tus padres?

Distribución de las ganancias de la globalización

Un poco más de 6 mil millones de personas viven en la Tierra. Alrededor de la mitad de ellas se las arreglan con menos de 2 dólares al día. ¿Qué significa para ellos la globalización? Hasta ahora, no mucho.

En general, el impacto del aumento del comercio ha sido sorprendente. La capacidad de la gente para ganar y gastar dinero ha aumentado en casi todos lados.

Pero los frutos de la globalización no se han esparcido en forma uniforme. **Los países industrializados** tienen más que comerciar que los **países en vías de desarrollo.** Las compañías extranjeras prefieren construir más fábricas en países ricos que en los pobres.

El resultado es que los países como Kenia tienden a crear lentamente trabajos nuevos. Lugares como Canadá tienden a crearlos más rápidamente. Algunos países en Asia y África apenas son capaces de crear trabajos nuevos.

Una brecha más grande

Estas diferencias preocupan a mucha gente. Si la tendencia continúa, los expertos dicen que la brecha entre los ricos y los pobres se ampliará aún más.

¿Qué se puede hacer para reducir esa brecha? No hay respuestas fáciles. Los negocios internacionales ciertamente son parte de ello. Durante la década de 1990, las compañías privadas gastaron más de $1 billón para construir fábricas en países en desarrollo.

Las naciones ricas también son parte de la respuesta. Ellas ya están ayudando a los países más pobres a pagar por nuevas carreteras, líneas telefónicas, puertos y aeropuertos. Y ellas están alentando a las naciones pobres a producir cosas que la gente en otros lugares desea comprar.

MARIE DORIGNY/TIMEPIX

▲ **En ninguna otra parte es la brecha entre los ricos y los pobres más clara que en Pakistán. Aquí un niño peón hace balones de fútbol para venderlos por todo el mundo.**

China se dio cuenta de cómo hacer eso hace años. Gracias al comercio, la capacidad de los chinos para ganar y gastar dinero ahora se duplica cada 10 años. Encontrar maneras para ayudar a alrededor de otras 200 naciones a igualar ese éxito, es uno de los desafíos más grandes.

EXPLORACIÓN DEL TEMA

1. **Inferencias** ¿Por qué crees que los expertos se preocupan del ensanchamiento de la brecha entre los países pobres y ricos?
2. **Resolución de problemas** ¿Qué harías para ayudar a distribuir los frutos de la globalización más uniformemente por todo el mundo?

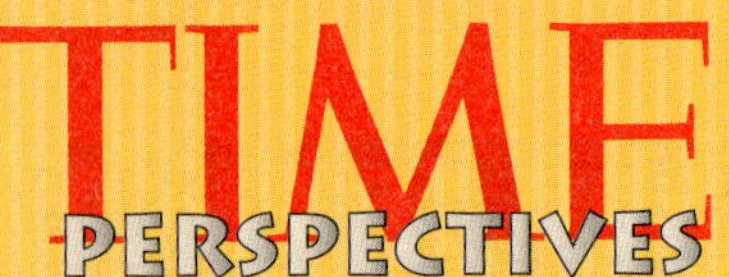

Preparación para un mundo más pequeño: ¿Qué puede hacer una persona?

Todos los días en el año 2000, medio millón de pasajeros de aerolíneas, 1.4 mil millones de mensajes por correo electrónico y $1.5 billones cruzaron las fronteras nacionales. Todo ese cambio de gente, ideas y dinero habría sido inconcebible hace 10 años. La Internet todavía estaba en pañales. La Web recién había nacido.

¿Cómo será el mundo dentro de 10 años? Nadie puede decirlo. Pero dos cosas son ciertas. Las invenciones que crean modos más rápidos para comunicarse harán al mundo parecer más pequeño de lo que lo es hoy en día. Y más y más estadounidenses tendrán trabajos que requerirán que ellos traten con gente de otras naciones.

DAVID STRICK/CORBIS OUTLINE

¿Cuál de los nueve miembros del equipo de la Universidad de Pepperdine nació en los Estados Unidos? Anh Nguyen, la cuarta desde la izquierda.

Conocimientos sobre otras culturas

Serás capaz de hacer bien eso siempre que te hayas tomado el tiempo para aprender sobre otros países. Para conocer realmente a gente de otras culturas, necesitas entender qué es lo que despierta su interés. Puedes hacerlo mejor si le hablas en su propio idioma.

No tendrás que salir de Estados Unidos para necesitar ese conocimiento. La globalización ha permitido que más y más gente cruce las fronteras para encontrar trabajo. Los empleadores van a querer contratar gente que pueda trabajar bien con personas nacidas en otros países.

Ellos también desearán saber si estás comprometido a toda una vida de aprendizaje. A medida que la tecnología cambia, también cambiará tu trabajo. Tu necesidad de aprender cosas nuevas no cesará cuando dejes la escuela o la universidad.

La globalización está forjando el mercado de trabajo del mañana. Solamente tú te puedes preparar para triunfar en él. Y el mejor momento para comenzar a hacerlo es hoy mismo.

EXPLORACIÓN DEL TEMA

1. **Determinación de causa y efecto** ¿Cómo hace parecer al mundo más pequeño la Internet?
2. **Análisis de la información** Las compañías modernas requieren que los empleados a todo nivel resuelvan los problemas que enfrentan en el trabajo. ¿Por qué las personas que aprenden toda su vida están mejor equipadas que otras para resolver problemas?

REPASO Y EVALUACIÓN

COMPRENSIÓN DEL TEMA

1. **Definición de términos clave** Redacta definiciones para los siguientes términos: *globalización, culturas, ruta de comercio, país industrializado, americanizando, país en vías de desarrollo.*

2. **Escribe para informar** Redacta un artículo corto acerca de cómo la globalización moldea la manera en que vive la gente y lo que hacen. Usa tantas palabras como puedas de la lista anterior.

3. **Escribe para persuadir** ¿En general, es la globalización buena o mala para el mundo? Defiende tu respuesta en una carta a un amigo imaginario que vive en un país en vías de desarrollo en África.

ACTIVIDAD DE INVESTIGACIÓN EN LÍNEA

4. Con la ayuda de tu maestro, usa recursos de Internet para ponerte en contacto con dos clases, una en un país industrializado y una en un país en vías de desarrollo. Intercambia listas de los productos importados que los niños de tu país y el de ellos poseen o usan. Compara las listas y debate lo que dicen sobre la importancia del comercio.

5. Usa la Internet para encontrar información sobre la historia de la Internet. Redacta una composición diciendo cómo la Internet aceleró la comunicación. Crea una línea cronológica que señale los avances importantes.

MÁS ALLÁ DEL SALÓN DE CLASE

6. **Lee tu periódico local durante una semana.** Busca artículos sobre temas relacionados con la globalización. Por ejemplo, busca historias sobre la Internet, importación y exportación, inmigración e incluso delitos como el tráfico de drogas. En un informe oral, di cómo los artículos sugieren que la globalización está haciendo el mundo más pequeño.

PHOTODISC

▲ **Más y más estadounidenses están cruzando las fronteras para divertirse.**

7. **Haz un inventario de tu cuarto en tu hogar.** Escribe el nombre de cada artículo hecho en otro país. Cuenta los artículos importados del mismo país. Luego haz un gráfico de barras para mostrar cuántos artículos importados posees. Haz que cada barra represente una categoría, ropa, discos compactos o equipos deportivos, por ejemplo. Escribe una leyenda explicando qué dice el gráfico acerca de lo importante que es el comercio para ti.

La división digital

(Personas con acceso a la Internet desde su hogar en el 2001)

En todo el mundo	7%
Naciones industrializadas	
Estados Unidos	58%
Corea del Sur	54%
Reino Unido	40%
Japón	36%
Alemania	34%
Naciones en vías de desarrollo	
México	3.4%
Sudáfrica	3.4%
China	2.0%
India	1.3%
Egipto	0.3%

Fuente: Neilsen//NetRatings, julio de 2001

¿En qué partes del mundo está la gente conectada a la Internet desde sus hogares? Casi en todas partes. Pero las naciones industrializadas tienen una ventaja grande. La gente con acceso desde sus hogares constituyen gran parte de la población de estas naciones más ricas. Lo opuesto ocurre justamente con las naciones en vías de desarrollo. La gente con acceso desde sus hogares constituyen una pequeña parte de la población de estas naciones más pobres. Los expertos llaman a esta brecha la "división digital" y a ellos les preocupa. La Internet es una herramienta. Las naciones deben usarla para participar totalmente en el mercado mundial.

DESARROLLO DE HABILIDADES EN LA LECTURA DE GRÁFICAS

1. **Comparación** Compara la cantidad de uso de Internet en las naciones industrializadas y en vías de desarrollo.

2. **Determinación de causa y efecto** ¿Qué necesita una nación aparte de acceso a la Internet para tener éxito en el comercio mundial?

PARA ACTUALIZACIONES DE ASUNTOS MUNDIALES, VISITA LA PÁGINA www.timeclassroom.com/glencoe

Establecer conexiones

ARTE | CIENCIA | CULTURA | TECNOLOGÍA

Recuento de cabezas

¿Cómo supimos que había casi 292 millones de personas en los Estados Unidos en el 2000? ¿Quién cuenta la gente? Cada 10 años desde 1790, la Oficina del Censo de los Estados Unidos ha contado cabezas en este país. ¿Por qué y cómo hacen esto?

El primer censo

Después de que las colonias estadounidenses pelearon la Guerra Revolucionaria y obtuvieron su independencia, el nuevo gobierno ordenó un censo. Al saber cuánta gente había en cada estado, el gobierno podía dividir los gastos de la guerra en forma justa. El censo también determinaría el número de personas que cada estado podía enviar al Congreso.

Este censo comenzó en agosto de 1790, cerca de un año después de que George Washington se hiciera presidente. La ley definía quién se contaría y requería que los encuestadores del censo visitaran a cada hogar. These workers walked or rode on horseback to gather their data. Cuando se terminó, el censo había contado 3.9 millones de personas.

En el primer censo se preguntaba algo más que el nombre y dirección de uno. Con el tiempo, el censo agregó preguntas para recolectar muchos más datos que tan sólo los de la població. Hacia 1820 había preguntas sobre el trabajo de la persona. Poco después, aparecieron preguntas sobre delitos, educación y salarios.

Cambios en la tecnología

A medida que la población del país creció y la cantidad de datos aumentó, la tecnología nueva ayudó a los encuestadores del censo. En 1890 los oficinistas comenzaron a usar una perforadora con teclado, inventada por un trabajador de la oficina del censo, para sumar los números. La máquina tabuladora, como se le llamó, usaba corriente eléctrica para detectar los agujeros en las tarjetas perforadas y para llevar el total de los datos. En 1950 el censo usó la primera computadora para procesar los datos. Ahora los datos del censo se entregan a través de Internet.

Sorprendentemente, una tecnología que ha cambiado lentamente ha sido la forma en que el gobierno toma el censo. No fue sino hasta 1960 que el servicio de correos de Estados Unidos se hizo uno de los medios principales para llevar el censo. Incluso hoy, los encuestadores del censo van de puerta en puerta para recolectar la información de aquellos que no devuelven por correo los formularios del censo.

▲ **La máquina tabuladora eléctrica procesó el censo de 1890 en 2½ años, un trabajo que habría tomado casi 10 años completarlo a mano.**

Establecer la conexión

1. ¿En qué dos formas se utilizaron los datos de la población en el primer censo
2. ¿Cómo ha cambiado la tecnología la forma en que los datos del censo se recolectan y procesan?
3. **Conclusiones** ¿Por qué crees que los gobiernos nacional y estatal desean información sobre la educación y trabajos de la gente?

Repaso de la lectura

Sección 1 Comprensión de la cultura

Terminología

cultura
grupo étnico
dialecto
democracia
dictadura
monarquía
difusión cultural
civilización
región cultural

Idea principal

Por lo general la gente vive con aquellos que practican creencias similares aprendidas del pasado.

✓ **Cultura** Cultura es la forma de vida de la gente que comparte creencias y costumbres similares.

✓ **Cultura** La cultura incluye ocho elementos o rasgos: grupos sociales, idioma, religión, vida cotidiana, historia, artes, un sistema de gobierno y un sistema económico.

✓ **Cultura** Las culturas cambian con el tiempo e influyen en otras regiones.

Sección 2 Patrones de población

Terminología

índice de mortalidad
índice de nacimiento
hambruna
densidad de población
urbanización
emigrar
refugiado

Idea principal

La población del mundo está creciendo rápidamente, y también está cambiando cómo y dónde vive la gente.

✓ **Historia** En los últimos 200 años, la población del mundo ha crecido a un ritmo muy rápido.

✓ **Movimiento** Algunas áreas están más densamente pobladas que otras.

✓ **Cultura** Alrededor del 50 por ciento de la gente del mundo vive en ciudades.

Sección 3 Recursos y comercio mundial

Terminología

recurso natural
recurso renovable
recurso no renovable
sistema económico
exportar
importar
arancel
cuota
libre comercio
país desarrollado
país en vías de desarrollo

Idea principal

Muchos recursos son limitados y están distribuidos en forma dispareja, de modo que los países deben comerciar productos.

✓ **Interacción del hombre con el medio ambiente** Los recursos renovables no pueden gastarse, o bien pueden reemplazarse con bastante rapidez.

✓ **Interacción del hombre con el medio ambiente** Algunos recursos, tales como los combustibles fósiles y minerales, no son renovables.

✓ **Economía** Los países se especializan produciendo lo que pueden producir mejor con los recursos que tienen.

✓ **Economía** Los países exportan sus productos especializados e importan lo que necesitan.

Sección 4 La tecnología "encoge" al mundo

Terminología

derechos
responsabilidades
interdependencia
globalización

Idea principal

La tecnología moderna ha ayudado a acercar a los diversos pueblos del mundo.

✓ **Tecnología** Los adelantos en la tecnología de transporte y comunicación, incluyendo la Internet, han "encogido" al mundo.

✓ **Interdependencia** Los países del mundo están ligados a través del comercio y algunas personas creen que la globalización borrará las culturas tradicionales.

Capítulo 3

Evaluación y actividades

Uso de términos clave

Haz corresponder los términos de la parte A con sus definiciones en la parte B.

A.

1. cultura
2. país desarrollado
3. democracia
4. globalización
5. densidad de población
6. emigrar
7. urbanización
8. cuota
9. país en vías de desarrollo
10. difusión cultural

B.

a. el poder descansa sobre la gente de una nación
b. esparcir conocimientos a otras culturas
c. país que está industrializándose
d. mudarse a otro país
e. un número límite de productos importados de un país
f. el número promedio de personas que viven en una milla cuadrada
g. país donde hay mucha manufactura de productos
h. el modo de vida de un grupo de personas que comparten creencias y costumbres similares.
i. movimiento hacia las ciudades
j. desarrollo de una cultura y una economía interdependiente mundiales

Repaso de las ideas principales

Sección 1 Compresión de la cultura

11. **Cultura** ¿Cuáles son las religiones principales?
12. **Movimiento** Da un ejemplo de difusión cultural.

Sección 2 Patrones de población

13. **Cultura** ¿Qué ha causado un crecimiento rápido de la población?
14. **Cultura** ¿Cómo calculas la densidad de la población?
15. **Movimiento** ¿Por qué mucha gente se ha mudado a las ciudades?

Sección 3 Recursos y comercio mundial

16. **Interacción del hombre con el medio ambiente** ¿Cuáles son tres fuentes de energía renovables?
17. **Economía** ¿Cuál es la diferencia entre una economía tradicional y de mercado?
18. **Economía** ¿Cómo responden los países a la distribución desigual de recursos?

Sección 4 La tecnología "encoge" al mundo

19. **Tecnología** ¿En qué formas se está encogiendo el mundo?
20. **Cultura** ¿Cómo puede la globalización afectar a las culturas en forma negativa?

Regiones culturales del mundo

Actividad para localizar un lugar

En una hoja de papel aparte, empareja las letras del mapa con los lugares enumerados a continuación.

1. Latinoamérica
2. El norte de África y el suroeste asiático
3. Europa
4. Rusia y las Repúblicas asiáticas centrales
5. Asia Oriental
6. Estados Unidos y Canadá
7. Australia, Oceanía y Antártida
8. África al sur del Sahara

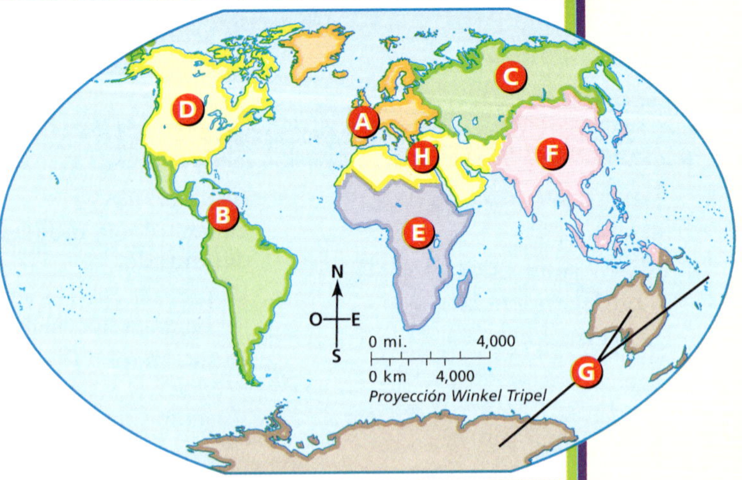

Estudios sociales en línea

Prueba de autocomprobación Visita el sitio Web ***El mundo y sus gentes*** en twip.glencoe.com y haz clic en **Chapter 3–Self-Check Quizzes** para prepararte para el examen del capítulo.

Pensamiento crítico

21. **Hacer predicciones** ¿En qué formas crees que una compañía que invierte en un país en desarrollo puede ayudar a la gente de ahí? ¿Cómo puede esa misma compañía dañar la cultura?
22. **Secuencia de información** Haz un cuadro como el de abajo y haz una lista de las formas en que usas electricidad desde el momento que te levantas hasta que te vas a dormir. En la segunda columna, escribe cómo harías la misma actividad si no pudieras depender de la electricidad.

Actividades con electricidad	Sin electricidad

Actividad de comparación de las regiones

23. **Cultura** Con la ayuda de tu maestro, encuentra un servicio que encuentre amigos por correspondencia de distintas regiones. En tu primera carta, describe tu ropa, los deportes que practicas y qué haces para divertirte. Pídele a tu amigo por correspondencia que haga lo mismo.

Actividad mental de trazado de mapas

24. **Enfoque en la región** Dibuja un mapa simple del contorno de los Estados Unidos. En tu mapa, rotula las áreas en donde tienen lugar las siguientes actividades:
    - Agricultura comercial
    - Manufactura
    - Crianza de ganado
    - Pesca
    - Obtención de petróleo

Actividad de habilidades tecnológicas

25. **Desarrollo de una presentación en multimedia** Investiga cómo el clima de tu estado influye su cultura, incluyendo atracciones turísticas, tipos de ropa y la economía. Usa tu investigación para crear un aviso publicitario promocionando tu estado.

Instrucciones: Estudia el gráfico de abajo y luego responde a la pregunta que sigue.

1. **De acuerdo al gráfico, ¿cuánto exportan Estados Unidos y Canadá?**
   A $991,000,000,000
   B $991,000,000
   C $991,000
   D $991

Consejo para el examen: Con el fin de entender cualquier tipo de gráfico, mira cuidadosamente alrededor del gráfico para ver claves que muestran cómo está organizado. En este gráfico de barras, los números a lo largo del lado izquierdo representan miles de millones de dólares. Por lo tanto, necesitas multiplicar el número en el gráfico por 1,000,000,000 para obtener la respuesta correcta.

Esquiador en el tramo de las Montañas Rocosas del estado de Idaho

Comerciante en el barrio chino de la ciudad de Nueva York

Una granja en las llanuras de Manitoba

Los Estados Unidos y Canadá

¿En cuál de las regiones culturales del mundo vives? Probablemente en los Estados Unidos y Canadá. Si miras al globo terráqueo, verás que los Estados Unidos y Canadá cubren la mayor parte de América del Norte. Estas dos naciones comparten muchos de los mismos accidentes geográficos, que incluyen las escarpadas montañas del oeste, los montes redondeados del este y las extensas llanuras del centro.

NGS EN LÍNEA
www.nationalgeographic.com/education

Enfoca en:

Los Estados Unidos y Canadá

CON UNA EXTENSIÓN DE MÁS DE 7 MILLONES de millas cuadradas (18 millones de kilómetros cuadrados), los Estados Unidos y Canadá cubren la mayor parte de América del Norte. Estos dos enormes países comparten muchos de los mismos paisajes, climas y recursos naturales.

La tierra

Los Estados Unidos y Canadá conforman una región que está bordeada por el muy frío Océano Ártico en el norte y está bañada por las cálidas corrientes del Golfo de México en el sur. La costa oeste mira hacia el Océano Pacífico. Las orillas del este están bordeadas por el Océano Atlántico.

Accidentes geográficos En la parte occidental de cada país encontramos montañas escarpadas. Las cordilleras del Pacífico siguen a lo largo de la costa. Más hacia el interior se encuentran los picos enormes y escabrosos de las Montañas Rocosas. Las Montañas Rocosas son relativamente jóvenes y se extienden por más de 3,000 millas (4,828 km), desde Alaska hasta el suroeste de los Estados Unidos.

Al este de las Montañas Rocosas se encuentran las Grandes Llanuras, amplias y batidas por los vientos. Este llano paisaje se extiende a través de grandes distancias y cubre la parte central de los Estados Unidos y Canadá.

Los Montes Apalaches, mucho más viejos que las Montañas Rocosas, son el accidente geográfico predominante en la parte este de la región. Al este y al sur de las bajas y redondeadas cimas de los Apalaches se encuentran las llanuras costeras que terminan en las orillas del Océano Atlántico.

Vías navegables El Río Mississippi es el mayor sistema fluvial de América del Norte. Fluye por el mismo centro de las Grandes Llanuras, desde las proximidades de la frontera de los Estados Unidos con Canadá por el norte hasta el Golfo de México por el sur.

El mayor sistema de lagos son los Grandes Lagos, compuestos por los lagos: Superior, Hurón, Michigan, Erie y Ontario. Las aguas de estos lagos interconectados fluyen hacia el Río San Lorenzo, que desemboca en el Océano Atlántico. El canal de San Lorenzo, construido por los Estados Unidos y Canadá, proporciona a los grandes buques una vía de navegación entre los Grandes Lagos y el Océano Atlántico. El diagrama de la página 159 muestra que el canal de San Lorenzo incluye una serie de canales, ríos y otras vías navegables interiores.

El clima

El enorme tamaño de esta región y los accidentes geográficos variados hacen que tenga una gran diversidad climática y de vegetación. En las partes remotas del norte de Alaska y Canadá, entre la

UNIDAD 2

Un paracaidista desciende sobre los Montes Apalaches, Virginia Occidental ▶

◀ Oso polar dormitando en el ártico canadiense

tundra sin árboles y los densos bosques de hojas perennes, prevalecen veranos cortos e inviernos glaciales. La costa del Pacífico, desde el sur de Alaska hasta el norte de California, tiene un clima moderado y húmedo. Las nubes cargadas de lluvia que soplan desde el océano son bloqueadas por las cordilleras del Pacífico. Despojadas de humedad, la tierra situada inmediatamente al este de las montañas es seca.

Veranos cálidos y húmedos e inviernos fríos y nevados es lo usual en las Grandes Llanuras. Este clima húmedo continental se extiende desde las llanuras a través del sureste de Canadá y el noreste de los Estados Unidos. Sin embargo, los estados del sureste tienen inviernos mucho más moderados. Los inviernos más moderados se encuentran en el extremo sur de la Florida, que es la única parte de los Estados Unidos continentales que tiene un clima tropical.

La economía

Los Estados Unidos y Canadá son países prósperos. Los recursos naturales abundantes y la gran cantidad de obreros calificados han sido los componentes claves en la creación de dos de las economías más exitosas del mundo. Ambos países operan bajo el sistema de la libre empresa, en el que los individuos y grupos, no el gobierno, controlan los negocios y las industrias.

La fuerte economía de la región fue construida sobre la base de la agricultura, que es importante aún hoy. Los suelos fértiles, numerosas vías navegables, un clima favorable y equipos de alta tecnología han dado lugar a que los Estados Unidos y Canadá sean dos de los principales productores de alimentos del mundo. Los agricultores de la región crían ganado y cultivan granos, verduras y frutas.

La región posee abundantes yacimientos de petróleo, carbón y gas natural. También existen yacimientos valiosos de minerales, como cobre, mineral de hierro, níquel, plata y oro. Estas fuentes de energía y materia prima han hecho posible que los Estados Unidos y Canadá desarrollen poderosas economías industriales. Hoy, sin embargo, la cantidad de personas que trabaja en oficinas es mayor que la que trabaja en las fábricas. Las industrias de los servicios, como los bancos, las comunicaciones, el entretenimiento, los seguros y la atención médica, emplean a la mayoría de las personas de la región.

La gente

Los Estados Unidos y Canadá tienen una gran mezcla de culturas. Los indios nativos americanos fueron los primeros habitantes de ambas naciones. Siglos después, llegaron colonizadores de Europa. Los que posteriormente fueron seguidos por inmigrantes de África, Asia, Latinoamérica, y de casi todas las otras partes del mundo. Algunos de ellos llegaron en busca de libertad religiosa o política. Otros llegaron como trabajadores esclavizados. Y otros llegaron para empezar de nuevo en estas tierras inmensas de ilimitadas oportunidades.

◀ Trabajador en bata estéril fabricando chips de computadores en Texas.

Incluso hoy, grandes números de inmigrantes siguen haciendo de Estados Unidos y Canadá su nuevo hogar. En ambos países se encuentran representados todos los grupos étnicos y religiosos. En las calles de muchas grandes ciudades se pueden escuchar diferentes idiomas.

Actualmente más de 324 millones de personas llaman a esta región su hogar. Treinta y dos millones de ellos viven en Canadá, mientras que los 292 millones restantes viven en Estados Unidos. En ambos lados de la frontera, la mayoría de la gente vive en zonas urbanas. Toronto, Vancouver y Montreal se encuentran entre las ciudades más grandes de Canadá. En Estados Unidos, la ciudad de Nueva York, Los Ángeles y Chicago son las ciudades con más habitantes.

Niños inuit examinando una escultura de los indios nativos americanos. ▼

Datos interesantes

País	Automóviles por cada 1,000 personas	Televisores por cada 1,000 personas
Estados Unidos	478	844
Canadá	459	709

Población: Urbana vs. rural

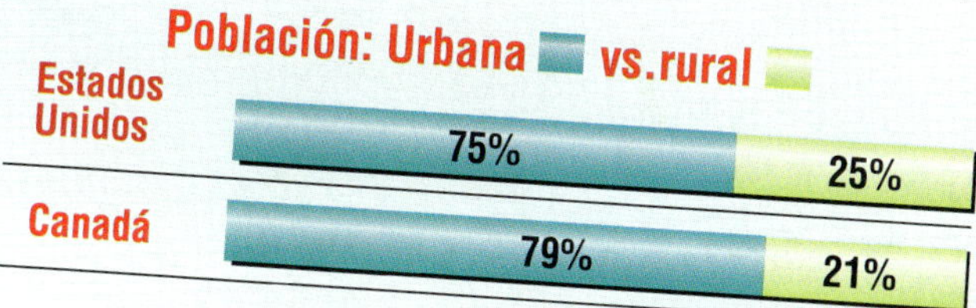

Fuerza laboral de los Estados Unidos

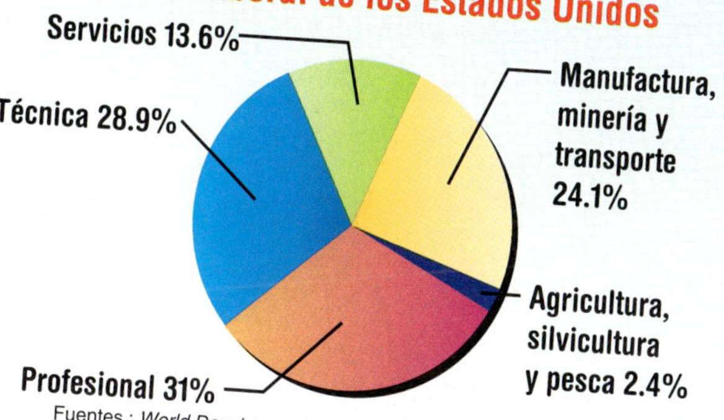

Fuentes : *World Development Indicators (Indicadores del Desarrollo Mundial) 2002; Libro de datos mundiales,* 2003; *AWorld Almanac (Almanaque mundial,* 2004

Exploración de la región

1. ¿Qué océanos bordean la región?
2. ¿Por qué el clima es seco un poco hacia el este de las cordilleras del Pacífico?
3. ¿Qué factores han ayudado a hacer próspera la región?
4. ¿En qué país vive la mayoría de la gente de la región?

ATLAS REGIONAL

NATIONAL GEOGRAPHIC

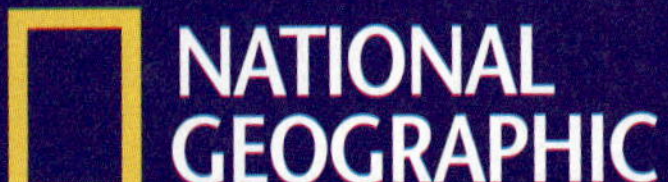

Los Estados Unidos y Canadá

Mapa físico

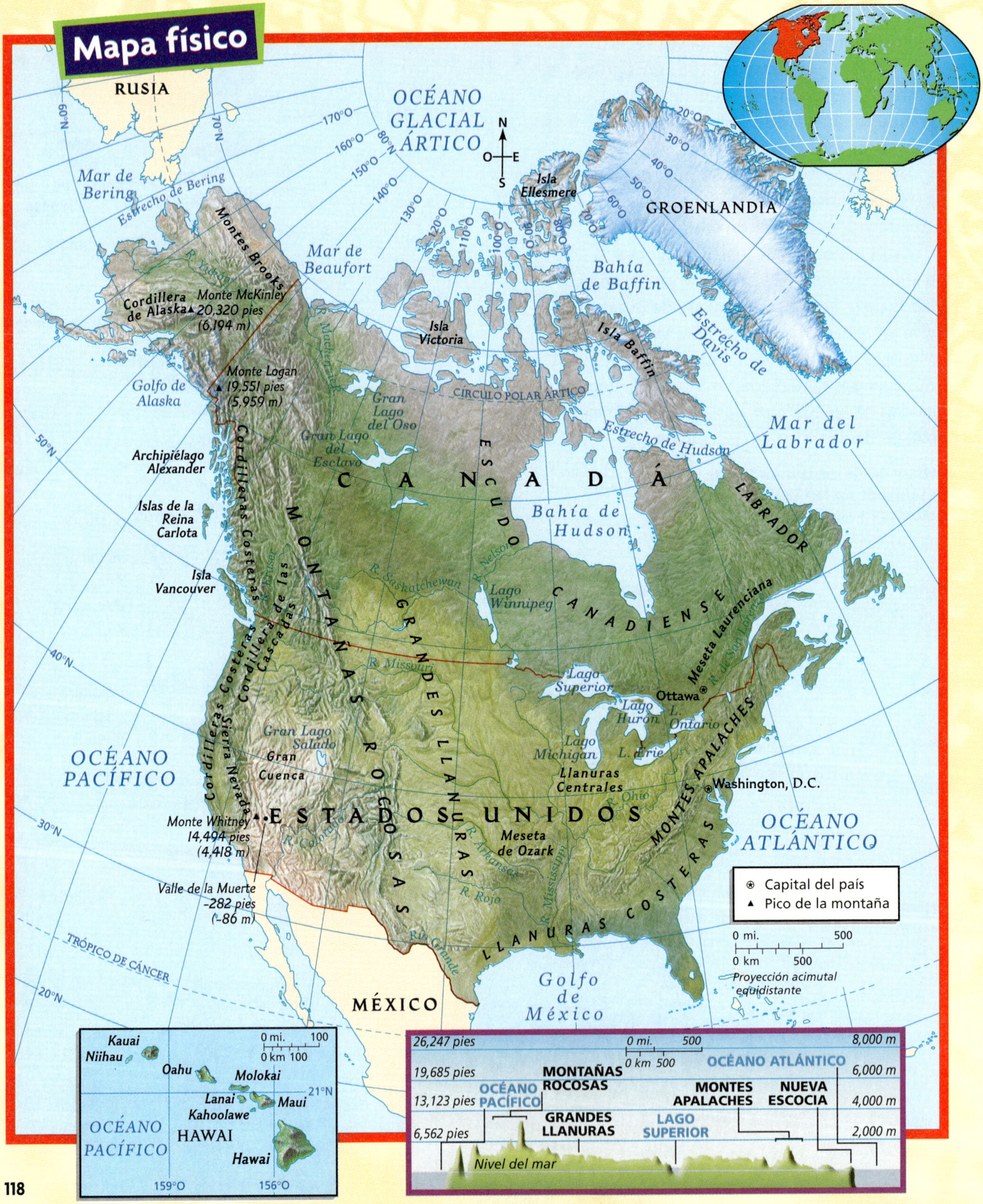

RUSIA
OCÉANO GLACIAL ÁRTICO
N O E S
Mar de Bering
Estrecho de Bering
Montes Brooks
Mar de Beaufort
Isla Ellesmere
GROENLANDIA
Bahía de Baffin
Isla Victoria
Isla Baffin
Estrecho de Davis
Cordillera de Alaska
Monte McKinley 20,320 pies (6,194 m)
Monte Logan 19,551 pies (5,959 m)
Golfo de Alaska
CÍRCULO POLAR ÁRTICO
Gran Lago del Oso
Gran Lago del Esclavo
Estrecho de Hudson
Mar del Labrador
Archipiélago Alexander
C A N A D Á
ESCUDO CANADIENSE
LABRADOR
Islas de la Reina Carlota
Bahía de Hudson
Isla Vancouver
Cordilleras Costeras
Cordillera de las Cascadas
MONTAÑAS ROCOSAS
GRANDES LLANURAS
R. Saskatchewan
R. Nelson
Lago Winnipeg
Meseta Laurenciana
R. San Lorenzo
R. Missouri
Lago Superior
Ottawa
Lago Hurón
L. Ontario
Lago Michigan
L. Erie
Gran Lago Salado
Gran Cuenca
Sierra Nevada
OCÉANO PACÍFICO
Llanuras Centrales
MONTES APALACHES
Washington, D.C.
R. Ohio
Monte Whitney 14,494 pies (4,418 m)
E S T A D O S U N I D O S
R. Colorado
Meseta de Ozark
R. Arkansas
R. Mississippi
OCÉANO ATLÁNTICO
R. Rojo
Valle de la Muerte -282 pies (-86 m)
LLANURAS COSTERAS
Río Grande
TRÓPICO DE CÁNCER
MÉXICO
Golfo de México
Capital del país
Pico de la montaña
0 mi. 500
0 km 500
Proyección acimutal equidistante
Kauai
Niihau
Oahu
Molokai
Lanai
Maui
Kahoolawe
HAWAI
Hawai
OCÉANO PACÍFICO
0 mi. 100
0 km 100
21°N
159°O
156°O
26,247 pies
19,685 pies
13,123 pies
6,562 pies
8,000 m
6,000 m
4,000 m
2,000 m
0 mi. 500
0 km 500
OCÉANO ATLÁNTICO
OCÉANO PACÍFICO
MONTAÑAS ROCOSAS
GRANDES LLANURAS
LAGO SUPERIOR
MONTES APALACHES
NUEVA ESCOCIA
Nivel del mar

UNIDAD 2

Mapa político

ESTUDIO DEL MAPA

1. ¿Qué región física cubre la mayor parte de la región central de los Estados Unidos y Canadá?
2. ¿Cuál es la capital de Canadá?

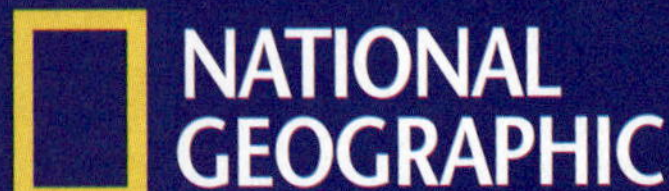

ATLAS REGIONAL

Los Estados Unidos y Canadá

Producción de alimentos

ESTUDIO DEL MAPA

1. ¿Qué regiones de Estados Unidos cultivan maíz?
2. ¿En qué parte de Canadá es más probable que quieras criar ganado?

Extremos geológicos

① **PUNTO MÁS ALTO**
Monte McKinley (Alaska)
20,320 pies (6,194 m) de altura

② **PUNTO MÁS BAJO**
Valle de la Muerte (California)
282 pies (86 m) debajo del nivel del mar

③ **RÍO MÁS LARGO**
Mississippi-Missouri (Estados Unidos)
3,710 millas (5,971 km) de largo

④ **LAGO MÁS GRANDE**
Lago Superior
31,700 mi ^{2}
(82,103 km^2)

⑤ **CAÑÓN MÁS GRANDE**
Gran Cañón (Arizona)
277 millas (446 km) de largo
1 milla (1.6 km) de profundidad

⑥ **MAREAS MÁS ALTAS**
Bahía de Fundy (Nueva Escocia)
52 pies (16 m)

COMPARACIÓN DE LA POBLACIÓN: Estados Unidos y Canadá

Fuente: *Population Reference Bureau (Oficina de Referencias Demográficas)*, 2003.

GRUPOS ÉTNICOS: Estados Unidos y Canadá

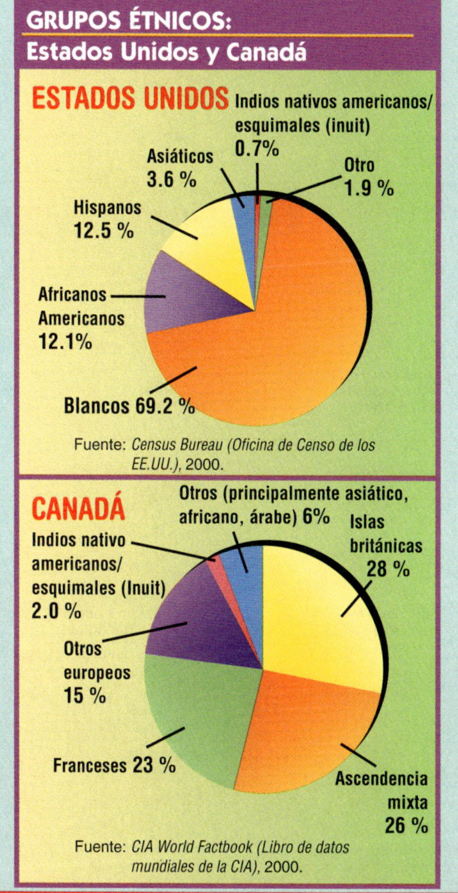

Fuente: *Census Bureau (Oficina de Censo de los EE.UU.)*, 2000.

Fuente: *CIA World Factbook (Libro de datos mundiales de la CIA)*, 2000.

ESTUDIO DEL GRÁFICO

1. ¿En qué parte de los Estados Unidos puedes encontrar el punto más bajo y el cañón más grande?
2. ¿Cómo se compara el porcentaje de la población de indios nativos americanos/ inuit en los Estados Unidos con su porcentaje de población en Canadá?

ATLAS REGIONAL

Reseñas de los países

Nombres de los estados de los EE.UU.: Significado y origen

Estado	Capital	Significado y origen
ALABAMA	 Montgomery	"cortadores de matorral" (Choctaw)
ALASKA	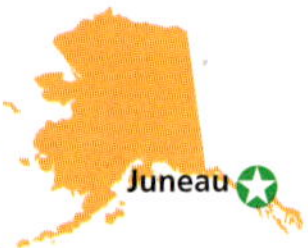 Juneau	"la gran tierra" (Aleut)
ARIZONA	 Phoenix	"pequeño manantial" (Papago), o "tierra seca" (español)
ARKANSAS	 Little Rock	"gente de río abajo" (Quapaw)
CALIFORNIA	 Sacramento	significado desconocido (español)
CAROLINA DEL NORTE	 Raleigh	nombrada en honor al Rey Carlos I de Inglaterra
CAROLINA DEL SUR	 Columbia	nombrada en honor al Rey Carlos I de Inglaterra
COLORADO	 Denver	"rojo" (español)
CONNECTICUT	 Hartford	"al lado del río largo con marea" (indio nativo americano)
DAKOTA DEL NORTE	 Bismarck	nombrada en honor a Dakota, un grupo de indios nativos americanos
DAKOTA DEL SUR	 Pierre	nombrada en honor a Dakota, un grupo de indios nativos americanos
DELAWARE	 Dover	nombrada en honor al gobernador colonial de Virginia, Barón De La Warr.
FLORIDA	 Tallahassee	"festín de las flores" (español)
GEORGIA	 Atlanta	nombrada en honor al Rey Jorge II de Inglaterra
HAWAI	 Honolulu	significado desconocido (nativo hawaiano)
IDAHO	 Boise	significado desconocido (indio nativo americano)
ILLINOIS	 Springfield	"tribu de hombres superiores" (indio nativo americano)
INDIANA	 Indianapolis	"tierra de los indios" (americano europeo)
IOWA	 Des Moines	significado desconocido (indio nativo americano)
KANSAS	 Topeka	"gente del viento sureño" (Sioux)
KENTUCKY	 Frankfort	"tierra del mañana" (Iroquoian)
LUISIANA	 Baton Rouge	nombrada en honor al Rey Luis XIV de Francia
MAINE	 Augusta	nombrada en honor a una antigua provincia de Francia
MARYLAND	 Annapolis	nombrada en honor a la esposa del Rey Carlos I de Inglaterra

Los países, estados, provincias y banderas no están dibujados a escala

UNIDAD 2

Para obtener más información sobre los EE.UU. y Canadá, consulta el Banco de datos de las naciones del mundo que se encuentra en el apéndice.

MASSACHUSETTS
Boston
"lugar de bellas montañas" (indio nativo americano)

MICHIGAN
Lansing
"gran lago" (Ojibway)

MINNESOTA
Saint Paul
"agua teñida por el cielo" (Sioux)

MISSISSIPPI
Jackson
"padre de las aguas" (indio nativo americano)

MISSOURI
Jefferson City
"pueblo de las canoas grandes" (indio nativo americano)

MONTANA
Helena
"montañoso" (español)

NEBRASKA
Lincoln
"agua calmada" (indio nativo americano)

NEVADA
Carson City
"cubierta de nieve" (español)

NUEVA HAMPSHIRE
Concord
nombrada en honor a Hampshire, un condado de Inglaterra

NUEVA JERSEY
Trenton
nombrada en honor a la Isla de Jersey, un territorio británico.

NUEVA YORK
Albany
nombrada en honor al Duque de York de Inglaterra

NUEVO MÉXICO
Santa Fe
nombrada en honor a México, su antiguo gobernador

OHIO
Columbus
"gran río" (indio nativo americano)

OKLAHOMA
Oklahoma City
"gente roja" (Choctaw)

OREGÓN
Salem
significado y origen desconocidos

PENNSYLVANIA
Harrisburg
"Los bosques de Penn", nombrado en honor al padre del fundador de Pensilvania, William Penn

RHODE ISLAND
Providence
significado y origen desconocidos

TENNESSEE
Nashville
nombrada por tana-see, "el lugar de los encuentros" (Yuchi)

TEXAS
Austin
"amigos" (Tejas)

UTAH
Salt Lake City
"gente de las montañas" (Ute)

VERMONT
Montpelier
"montaña verde" (francés)

VIRGINIA
Richmond
nombrada en honor a la reina soltera Isabel I de Inglaterra, conocida como la "Reina Virgen"

VIRGINIA OCCIDENTAL
Charleston
inicialmente era la parte oeste de Virginia antes de que se convirtiera en un estado en 1863

WASHINGTON
Olympia
nombrado en honor a George Washington

WISCONSIN
Madison
"lugar cubierto de hierba" (Chippewa)

WYOMING
Cheyenne
"sobre la gran llanura" (Delaware)

Nombres de las provincias y territorios de Canadá: Significado y origen

ALBERTA
Edmonton
nombrada en honor a la hija de la Reina Victoria de Inglaterra

COLUMBIA BRITÁNICA
Victoria
nombrada en honor a Cristóbal Colón y el patrimonio británico de la provincia

ISLA DEL PRÍNCIPE EDUARDO
Charlottetown
nombrada en honor al hijo del Rey Jorge III de Inglaterra

MANITOBA
Winnipeg
"dificultad del gran espíritu" (Algonquian)

NUEVA BRUNSWICK
Fredericton
nombrada en honor a la familia real inglesa de Brunswick-Luneburg

NUEVA ESCOCIA
Halifax
término latino basado en el patrimonio escocés de la provincia

NUNAVUT
Iqaluit
"nuestra tierra" (Inuktitut)

ONTARIO
Toronto
significado desconocido (Iroquoian)

QUEBEC
Quebec
"lugar donde el río se estrecha" (Algonquian)

SASKATCHEWAN
Regina
"río de caudal rápido" (Cree)

TERRANOVA Y LABRADOR
St. John's
"tierra recién descubierta", nombrada en honor al explorador John Cabot en 1497, lavrador, "trabajador" (portugués)

TERRITORIO DEL YUKÓN
Whitehorse
"gran río" (indio nativo americano)

TERRITORIOS DEL NOROESTE
Yellowknife
nombrados así por ser las tierras al norte y oeste del Lago Superior

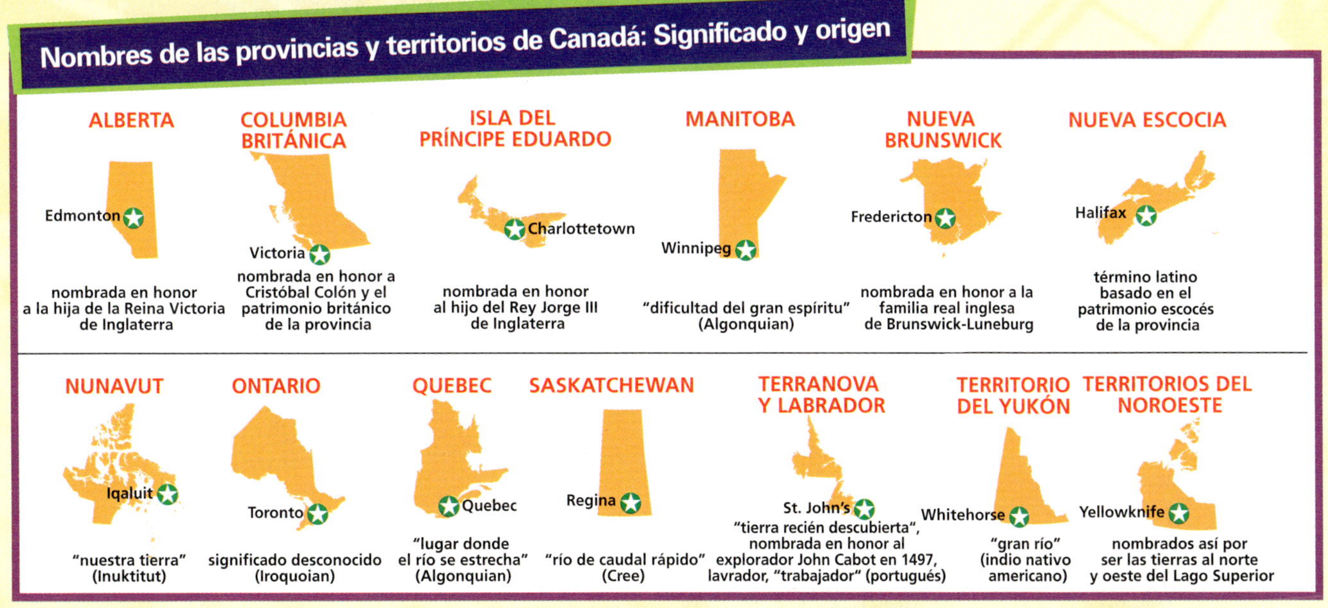

Capítulo 4

Los Estados Unidos

El mundo y sus gentes NATIONAL GEOGRAPHIC

Para aprender más sobre lugares en los Estados Unidos y su gente, mira el video de ***The World and Its People*** **Chapter 4.**

Estudios sociales en línea

Descripción general del capítulo Visita el sitio Web ***El mundo y sus gentes*** en twip.glencoe.com y haz clic en **Chapter 4—Chapter Overviews** para ver información preliminar sobre los Estados Unidos.

Identificación de las ideas principales Hacerte preguntas mientras lees te ayuda a concentrarte en las ideas principales del material y a entenderlo mejor. Haz este plegable y utilízalo como un diario para registrar y responder a tus propias preguntas acerca de los Estados Unidos.

Paso 1 Dobla una hoja de papel por la mitad de arriba hacia abajo.

Paso 2 Luego, dobla el papel a la mitad de lado a lado.

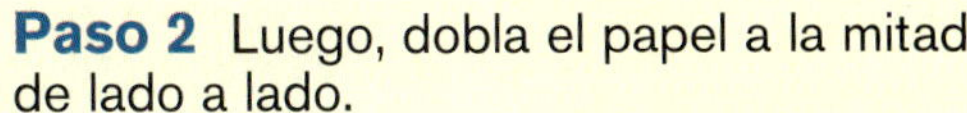

Paso 3 Rotula el plegable como se ilustra.

Lectura y redacción Antes de que leas este capítulo, numera las preguntas que tienes acerca de la tierra, la gente y la economía de los Estados Unidos. Luego, mientras lees el capítulo, escribe las demás preguntas que se te ocurran en las páginas de tu diario. Asegúrate de revisar las preguntas y llenar todas las respuestas correctas.

◀ Estatua de la Libertad en el puerto de la Ciudad de Nueva York, Nueva York

Por qué es importante

Líder del mundo libre

Estados Unidos es la nación más poderosa del mundo. Tiene la economía más grande del mundo y una destacada democracia representativa. Inmigrantes de casi todas las naciones del mundo han venido con el objetivo de disfrutar de la libertad que proporciona la Constitución de los Estados Unidos.

De costa a costa

Guía de lectura

Idea principal

Estados Unidos tiene una gran variedad de accidentes geográficos y climas.

Terminología

- contiguo
- megalópolis
- arrecife de coral

Estrategia de lectura

Crea un cuadro como el que se muestra a continuación. Llena los detalles acerca de cada una de las siete regiones físicas de los Estados Unidos.

Región	Detalles

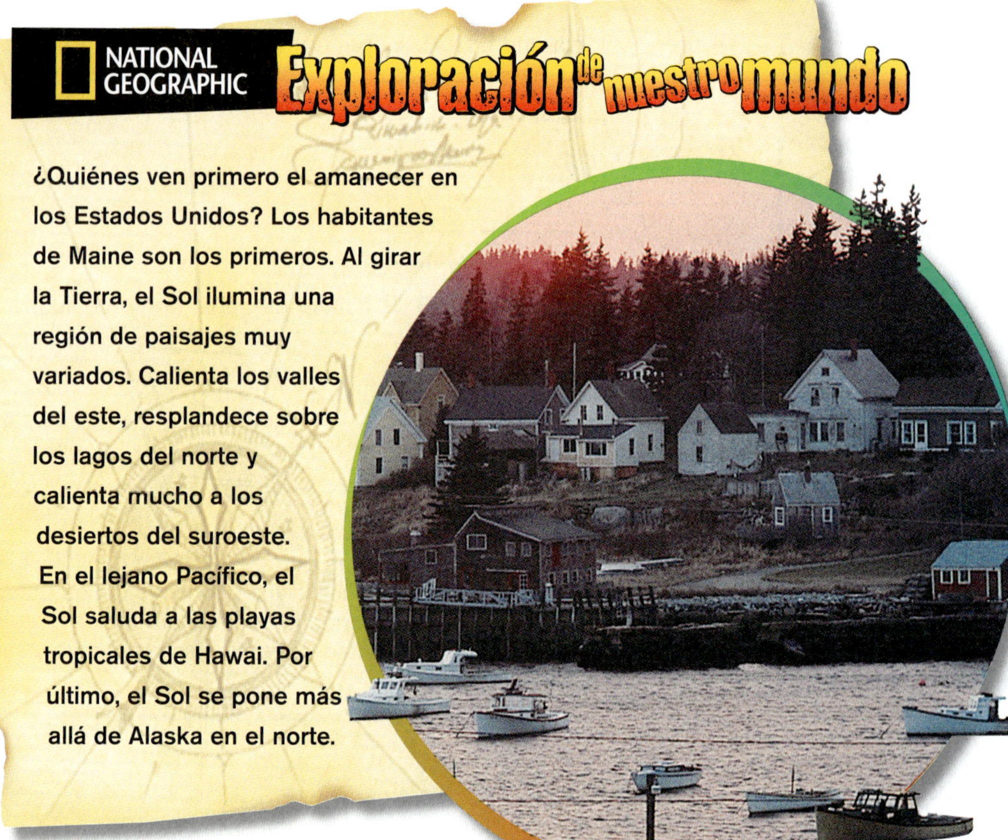

¿Quiénes ven primero el amanecer en los Estados Unidos? Los habitantes de Maine son los primeros. Al girar la Tierra, el Sol ilumina una región de paisajes muy variados. Calienta los valles del este, resplandece sobre los lagos del norte y calienta mucho a los desiertos del suroeste. En el lejano Pacífico, el Sol saluda a las playas tropicales de Hawai. Por último, el Sol se pone más allá de Alaska en el norte.

Los Estados Unidos abarcan 2,807 millas (4,517 km) a través de la parte media de América del Norte. Los 48 estados en esta parte del país son **contiguos,** unidos por una frontera común. Estos estados llegan hasta el Océano Atlántico, el Golfo de México y el Océano Pacífico. Hay dos estados aparte de los 48. Alaska se encuentra en la parte noroeste de América del Norte. Hawai se encuentra en el Océano Pacífico, cerca de 2,400 millas (3,862 km) al suroeste de California. Busca a Alaska y Hawai en la página RA6 del **Atlas de referencia.**

Una tierra vasta y pintoresca

Estados Unidos es el cuarto país más grande del mundo. Sólo Rusia, Canadá y China son más grandes. Los estados contiguos tienen cinco regiones físicas principales: las Llanuras Costeras, los Montes Apalaches, las Llanuras Interiores, las montañas y mesetas y la costa del Pacífico. Alaska y Hawai tienen cada uno sus propios accidentes geográficos.

Las Llanuras Costeras Una ancha región de llanuras se encuentra a lo largo de las costas este y sureste de los Estados Unidos. Las llanuras del este se conocen como las **Llanuras Costeras del Atlántico.** Las llanuras del suroeste se extienden a lo largo del Golfo de México y se les llaman **Llanuras Costeras del Golfo.** Busca estas llanuras costeras en el mapa de abajo. Los excelentes puertos a lo largo de las Llanuras Costeras del Atlántico condujeron al desarrollo de los puertos comerciales. La tierra en la parte norte de la región, sin embargo, tiende a ser arenosa y pedregosa.

Boston, Nueva York, Filadelfia, Baltimore y Washington, D.C., se encuentran todos en las Llanuras Costeras del Atlántico. Estas ciudades y sus suburbios forman un corredor de poblados casi continuo. Los geógrafos llaman a este tipo de área urbana una enorme **megalópolis.**

Las Llanuras Costeras del Golfo son más anchas que las llanuras del Atlántico. Las tierras en esta región son mejores que la tierra a lo largo de la costa

Aplicación de las habilidades con mapas

1. ¿Qué río forma parte de la frontera entre los Estados Unidos y México?
2. ¿Cuál es la montaña más alta de los 50 estados?

Busca en línea mapas de NGS en www.nationalgeographic.com/maps

Ciudad y campo

Las Llanuras Interiores de los Estados Unidos incluyen las ciudades industriales del norte, tales como Chicago (arriba) y las tierras agrícolas de las Grandes Llanuras, como esta área de Texas (arriba a la derecha).

Región **¿Cuál río divide gran parte de las Llanuras Interiores?**

del Atlántico. Las grandes ciudades en esta región incluyen a Houston y Nueva Orleans, que se muestran en el mapa de la página 149.

Los Montes Apalaches Al moverte hacia el oeste desde las Llanuras Costeras del Atlántico, te encuentras con una zona de lomas muy fértil llamada zona de Piedmont. Estas lomas se convierten en los **Montes Apalaches,** que se extienden desde el este de Canadá hasta Alabama. Los Apalaches son las montañas más viejas del continente. ¿Cómo puedes saberlo? Sus cimas redondeadas revelan su edad. La erosión las ha desgastado. El pico mayor, el Monte Mitchell en Carolina del Norte, alcanza 6,684 pies (2,037 m) de altura.

Las Llanuras Interiores Al cruzar los Apalaches hacia el oeste, entras en las enormes Llanuras Interiores. Esta región tiene dos partes. Al este del **Río Mississippi** se encuentra el área de las **Llanuras Centrales.** Aquí encontrarás lomas cubiertas de hierba, tierras llanas extensas y bosques densos. La tierra es fértil y las granjas son productivas. Esta área contiene también vías navegables importantes.

Los Grandes Lagos, que son el grupo más grande de lagos de agua dulce en el mundo, se encuentran en las Llanuras Centrales. Glaciares formaron los lagos Superior, Michigan, Hurón, Erie y Ontario en el pasado hace muchos años. Las aguas de estos lagos interconectados fluyen hacia el Río San Lorenzo, que desemboca en el Océano Atlántico.

Al oeste del Río Mississippi se extienden las **Grandes Llanuras.** En el paisaje de muchos lugares predominan los campos de granos y praderas muy bien cuidados que toman la forma de un tablero de ajedrez. Las Grandes Llanuras tienen alrededor de 500 millas (805 km) de ancho y se extienden hacia el oeste hasta las Montañas Rocosas, hacia el norte e interior de Canadá y hacia el sur hasta la frontera mexicana. En el pasado las ricas praderas de las Grandes Llanuras suministraron alimentos a millones de búfalos e indios nativos americanos que vivían allí. Hoy los granjeros cultivan granos y los rancheros crían ganado en las Grandes Llanuras.

Montañas y mesetas Las **Montañas Rocosas** comienzan en Alaska y se extienden hacia el sur hasta México. A lo largo de las cimas de estas montañas se encuentra una cadena llamada la Línea Divisoria. Esta cadena separa a los ríos que fluyen en dirección oeste, hacia el Océano Pacífico, de aquéllos que fluyen en dirección este, hacia el Río Mississippi. Muchos ríos comienzan en las altas cimas nevadas de las Montañas Rocosas. El Río Grande, así como los ríos Missouri, Platte, Arkansas y Rojo corren hacia el este. Los ríos Colorado, Snake y Columbia corren hacia el oeste.

Entre las Montañas Rocosas y la costa del Pacífico se encuentran mesetas, cañones y desiertos. Las mesetas son áreas de terreno llano que surgen por encima de la tierra que las rodea. Un cañón es un valle profundo con paredes empinadas. El más famoso es el Gran Cañón en Arizona.

La costa del Pacífico Cerca de la costa del Pacífico hay otras dos cordilleras montañosas. Las Cordilleras de las Cascadas se extienden desde el estado de Washington hacia California en el sur. Volcanes formaron estos altos picos, y algunos aún entran en erupción. A lo largo de lado este de California se extiende la Sierra Nevada. Aún en un lugar tan al sur como California, estas altas montañas permanecen cubiertas de nieve.

Hacia el oeste de estas cordilleras del Pacífico se encuentran valles fértiles. El valle de Willamette en Oregón y el Valle Central de California producen abundantes cosechas. Muchas de las frutas y verduras que comes quizás provengan de estos valles.

Alaska Cadenas montañosas forman un semicírculo sobre las partes norte, este y sur de Alaska. El **Monte McKinley,** que es la montaña más alta de América del Norte, tiene 20,320 pies (6,194 m) de altura y se encuentra en la Cordillera de Alaska. La parte norte del estado bordea el gélido Océano Ártico y casi puedes ver a Rusia desde las orillas occidentales de Alaska. La mayoría de la población de Alaska vive a lo largo de la llanura costera del sur o en el valle del Río Yukón que se encuentra hacia el centro.

Hawai Ocho grandes islas y más de 120 islas menores son partes de Hawai, la isla estado en el Océano Pacífico. Volcanes en el fondo del océano entraron en erupción y crearon estas islas. Algunas de las islas tienen **arrecifes de coral,** formados por los esqueletos de pequeños animales marinos. Estas estructuras se encuentran al nivel de la superficie del agua o inmediatamente debajo de ella.

¿Qué es la Línea Divisoria?

Vientos feroces, su gran altura y su posición en las altas latitudes hacen que el Monte McKinley sea una de las montañas más frías del mundo.

Ubicación **¿Por qué crees que el clima se hace más frío a medida que la elevación aumenta?**

Una variedad de climas

Como Estados Unidos es un país tan grande, podrás esperar que tiene una gran variedad de climas. ¡Tienes razón! La mayoría del país se encuentra en la región de latitud media, alrededor de 23½°N a 60°N de latitud. Como recordarás del Capítulo 2, esta parte de la Tierra tiene la mayor variedad de climas.

Mira el mapa climático del mundo en la página 63. Verás que el noreste de los Estados Unidos tiene un clima húmedo continental. Los inviernos aquí son fríos y los veranos son cálidos y largos. En el invierno, la región por lo regular se cubre de nieve, especialmente alrededor de los Grandes Lagos. Los estados del sureste tienen un clima húmedo subtropical. Los inviernos no son muy fríos y los veranos son calientes y húmedos. La cercanía al Golfo de México y al Mar Caribe crea a menudo violentos huracanes y tornados en el verano.

La costa del Pacífico, desde el norte de California hasta Washington, tiene el clima húmedo marítimo de la costa oeste. Las temperaturas son templadas durante todo el año y los vientos del Pacífico traen mucha lluvia. El sur de California, sin embargo, tiene un clima húmedo mediterráneo. Los habitantes disfrutan de veranos cálidos y secos e inviernos no muy fríos y lluviosos.

Una gran área de la parte occidental de las Grandes Llanuras tiene un clima seco de estepa. ¿Por qué? Las cordilleras del Pacífico bloquean los húmedos vientos que vienen del océano. Por lo tanto, el aire caliente y seco se ve atrapado entre las cordilleras del Pacífico y las Montañas Rocosas. En el suroeste, cae menos lluvia todavía. Esta región árida tiene un clima desértico caliente.

Alaska, en las altas latitudes, tiene climas subártico y de tundra. Hawai y el sur de la Florida tienen climas tropicales cálidos con mucha lluvia durante la mayor parte del año.

✓ Comprobación de lectura ¿Por qué se encuentran climas secos en las Grandes Llanuras occidentales?

Evaluación

Definición de términos

1. **Define** contiguos, megalópolis, arrecife de coral.

Recuerdo de hechos

2. **Lugar** ¿Cómo se comparan los Estados Unidos con los demás países del mundo en cuanto a su tamaño?
3. **Historia** ¿Qué región sustentó a los indios nativos americanos y millones de búfalos?
4. **Lugar** ¿Cuál es el grupo de lagos de agua dulce más grande del mundo?

Pensamiento crítico

5. **Comprensión de causa y efecto** ¿Cómo se crearon las islas de Hawai?
6. **Conclusiones** ¿Qué retos crees resultan de la distancia entre Alaska, Hawai y los demás estados?

Organizador gráfico

7. **Organización de la información** Crea un diagrama como éste para comparar las Llanuras Costeras del Atlántico y del Golfo. En las partes exteriores separadas de los óvalos, escribe las cualidades que hacen que cada región sea diferente. En las áreas que se traslapan, escribe las características que comparten las dos áreas.

Llanuras Costeras del Atlántico | Llanuras Costeras del Golfo

Aplicación de las habilidades en estudios sociales

8. **Análisis de mapas** Mira el mapa físico en la página 127 y el mapa de densidad de población en la página 149. ¿A qué alturas se encuentran las ciudades que tienen más de 5 millones de habitantes?

Un líder económico

Guía de lectura

Idea principal

La economía de los Estados Unidos funciona con abundantes recursos y el laborioso desempeño de los estadounidenses.

Terminología

- sistema de libre empresa
- industria de servicio
- navegable
- combustibles fósiles
- lluvia ácida
- vertedero de basura
- reciclaje
- libre comercio

Estrategia de lectura

Completa un cuadro como éste. Primero, numera las cinco regiones económicas de los Estados Unidos. Después, numera las actividades económicas que se llevan a cabo en cada región.

Región	Actividades económicas

NATIONAL GEOGRAPHIC **Exploración de nuestro mundo**

A mediados del siglo XX, muchos sureños se fueron al norte en busca de trabajo. A finales de ese mismo siglo, sin embargo, los norteños se dirigieron masivamente hacia las ciudades del sur. La ciudad de Atlanta, en Georgia, es una de esas ciudades en crecimiento. En 1980, la población de Atlanta alcanzaba los 2.2 millones de habitantes. Ya en 2000 tenía más de 4 millones de personas. Aquí se muestra a la alcaldesa de Atlanta, Shirley Franklin (al centro), ayudando a poner los cimientos para el nuevo acuario de la ciudad.

Estados Unidos tiene una economía de gran volumen, energética y en crecimiento. Toda esa actividad económica está estimulada por la libertad. Como recordarás del Capítulo 3, el **sistema de libre empresa,** cada persona tiene derecho a administrar su negocio para obtener ganancias. El gobierno interfiere poco. Los estadounidenses tienen la libertad de comenzar sus negocios y retener las ganancias después de los impuestos. Trabajan en los empleos que desean. Esa libertad ha contribuido al éxito económico.

El líder económico mundial

Estados Unidos es un país rico en recursos. Su gente es laboriosa e ingeniosa. Como resultado, el país ha creado la economía más robusta en cuanto a la cantidad de dinero que se genera por la venta de sus productos y servicios. La economía de Estados Unidos es más grande que las dos economías más grandes juntas que le siguen, las de China y Japón.

Las granjas producen cerca de la mitad del maíz, y un décimo del trigo del mundo. Los granjeros crían cerca del 20 por ciento del ganado vacuno, porcino y cordero del mundo. El país exporta más alimentos que cualquier otra nación, pero la agricultura es sólo una pequeña parte de la economía nacional. Los alimentos constituyen alrededor del 2 por ciento del valor de todas las mercancías producidas en el país.

Estados Unidos tiene ricos recursos minerales; una quinta parte del cobre y carbón y un décimo del petróleo del mundo proceden de este país. También tiene grandes cantidades de mineral de hierro, zinc, plomo, plata, oro y muchos otros minerales. Sin embargo, la minería representa sólo el uno por ciento de la economía nacional.

Los trabajadores de las fábricas fabrican automóviles, aviones, computadoras y electrodomésticos. Procesan alimentos y fabrican medicamentos. La manufactura representa cerca de una quinta parte de la economía del país.

Pero sin duda, el sector más grande de la economía es el del servicio. La **industria de servicio** está compuesta por negocios que dan servicio en lugar de producir mercancías. Por ejemplo, la banca, las finanzas, el entretenimiento y el turismo son industrias de servicio. La gente alrededor del mundo compra películas y CD de Estados Unidos y visitan el país. Los servicios por computadora y en línea son importantes aquí.

Comprobación de lectura **¿Cuál es el sector más grande de la economía de los EE.UU.?**

Regiones económicas de los Estados Unidos

Los geógrafos agrupan a los estados en cinco regiones económicas, el Noreste, el Sur, la Llanura Central, el Oeste Interior y el Pacífico.

El Noreste Algunos granjeros en el centro de Pensilvania y el oeste de Nueva York cosechan granos y frutas. Pero como leíste en la Sección 1, el suelo rocoso y las lomas empinadas en la región son un reto. La zona, sin embargo, tiene suficientes puertos de agua profunda y ríos de movimiento rápido. Por ello, la manufactura, el comercio y la pesca son cruciales en esta región. De hecho, en el Noreste se construyeron los primeros molinos de corriente de agua y carbón. Observa el mapa de actividad económica en la página 132. Como puedes ver, en Pensilvania y Virginia Occidental se extrae carbón.

Los puertos de bahías profundas y naturales de Boston, la Ciudad de Nueva York, Filadelfia y Baltimore son importantes. Desde ellos se transportan mercancías a todo el mundo, y se reciben también. Estas ciudades tienen centros importantes de banca, finanzas y de seguros. La **Ciudad de Nueva York** es una de las capitales financieras del mundo, y un centro mundial para mundo, y la moda, el entretenimiento y las comunicaciones. Más al sur, se encuentra la capital de la nación, **Washington, D.C.,** donde trabajan miles de personas en el gobierno y en el turismo.

El Sur Los ricos suelos en la mayor parte de las Llanuras Costeras, han promovido la agricultura en el sur. Debido al clima húmedo y caliente, los granjeros en Luisiana y Arkansas cosechan arroz y caña azúcar, y tabaco en Virginia y las Carolinas. En Florida, se cultivan cítricos. En Georgia encontrarás maní (cacahuates) y pecanas, y en Alabama maíz y soya. En el sur, como en Texas, se cultiva algodón. Texas, tiene más granjas que cualquier otro estado, y éstas cultivan algodón, sorgo, trigo y crían animales.

Sin embargo la imagen tradicional del sur como región agrícola está cambiando. En el sur las ciudades se están expandiendo, las industrias están creciendo y la población es diversa. Los nuevos centros de manufactura han atraído hacia el sur nuevos negocios y gente procedentes del noreste y de otros lugares. Los trabajadores fabrican textiles, equipos eléctricos y piezas de aviones. En Texas, Luisiana y Alabama hay petróleo, y por lo tanto se fabrican productos derivados del petróleo.

En el sur, las industrias de servicio también son importantes. Florida es un gran centro turístico. La gente disfruta de sus parques de diversiones en Orlando, el Centro Espacial Kennedy en Cabo Cañaveral y las bellas playas de ambas costas. Cada año, millones de personas viajan a Nueva Orleans para probar comidas condimentadas y escuchar su música.Houston, Dallas, Atlanta y Miami son sólo algunos de los grandes centros de negocios y financieros de la región.

La Llanura Central Esta zona del país se ha denominado el "granero de los Estados Unidos". Miles y miles de campos cultivados con granos y soya te "saludan" cuando viajas sobre la tierra llana y el suelo fértil. Aquí, los granjeros cosechan maíz, soya, avena y trigo para alimentar a los animales y a personas de todo el mundo. Las lecherías en la parte norte central producen leche y queso. Sin embargo, la tecnología ha convertido en muchas de estas granjas de operaciones pequeñas administradas por una familia a grandes negocios.

¡Surfing!

Shawn Kilgore, un niño de catorce años de edad, vive en la Isla Captiva de la Florida, en la costa del Golfo de México. "A mí realmente me gusta el clima cálido", dice él. "¿Quién necesita la nieve? Mi perro Sunny y yo no pudiéramos ir a las olas rompientes si viviéramos en Ohio donde están mis primos". Los padres de Shawn administran un resort para turistas. "Mi mamá y mi papá siempre me recuerdan que vivimos en uno de los países más ricos del mundo. Por eso, mi hermana mayor y yo les hacemos voluntariamente las compras de comestibles a personas que viven por aquí y que no pueden hacerlas por sí mismas".

Atracciones turísticas naturales

Turistas de todo el mundo visitan Los Estados Unidos para ver todo, desde Los Everglades de la Florida (derecha) hasta las olas en California (arriba).

Lugar **¿Qué otras atracciones naturales o artificiales atraen a los turistas a que visiten nuestro país?**

El gráfico en la página 11 del **Manual de geografía** muestra la disminución del número de granjas en las últimas décadas.

Muchos de los ríos de la región son **navegables,** porque son anchos y suficientemente profundos para el tránsito de barcos. Por ello, muchas ciudades son puertos importantes, aunque están lejos del océano. Las empresas de Cincinnati y Louisville transportan mercancías hacia el sur por el Río Ohio. Las ciudades de St. Louis y Memphis sirven como centros comerciales a lo largo del Río Mississippi. Las industrias de Chicago y Cleveland transportan mercancías por los Grandes Lagos y el Canal de San Lorenzo hacia puertos alrededor del mundo.

Debido a sus abundantes yacimientos de carbón y hierro, muchas ciudades en la llanura central son centros de manufactura. Una compleja red de ferrocarriles también ayuda a muchas industrias de la región. A Detroit se le llama "Motown", que significa en inglés "Pueblo de los Motores", porque la industria automovilística del país surgió y se desarrolló ahí. Otras industrias importantes son la siderúrgica, maquinaria pesada y piezas de autos.

El Oeste Interior Los bellos paisajes de esta región atraen a los visitantes. Sin embargo, esta zona carece de un recurso importante, el agua. Su clima seco no estimula la agricultura. A pesar de esto, el pasto crece muy bien en la mayoría de la tierra y se cultivan los terrenos irrigados. En extensas zonas se crían reses y ovejas. Aquí las fincas pueden ser enormes con extensiones de hasta 4,000 acres (1,619 ha). En el pasado, los peones trabajaban el campo y las praderas a caballo. Hoy todavía usan caballos y también poderosos camiones.

Observa el mapa de la página 132. Puedes ver ricos yacimientos minerales y recursos energéticos en el Oeste Interior. El descubrimiento de oro y plata en las montañas y lechos de los ríos atrajo colonos a este lugar hace más de 150 años. La extracción de minerales todavía es importante en la economía.

Muchas personas trabajan también en las industrias de servicio. Todos los años, los turistas viajan a Denver, Salt Lake City, Albuquerque y Phoenix. Usan estas ciudades como punto inicial para viajar a lugares como el Parque Nacional Yellowstone o el Gran Cañón. Algunos visitan las ruinas todavía es importante de los indios nativos americanos, como las de Mesa Verde en el suroeste de Colorado.

El Pacífico La región del Pacífico incluye los estados de la costa oeste, Alaska y Hawai. Los fértiles valles de California, Oregón y Washington producen grandes cantidades de alimentos. Como aprendiste en la Sección 1, muchas de las frutas y verduras que consumes proceden de estos estados. ¿Te gusta la piña? La piña que comes podría ser de Hawai, donde también se cultiva caña de azúcar, café y arroz debido a su clima tropical y su rico suelo volcánico.

En esta región, al igual que en la costa del Atlántico, la pesca es muy importante. Los estados de Washington y Oregón atraen a muchas personas para trabajar en la industria maderera. Los recursos minerales también son importantes en esta región. California tiene oro, plomo y cobre. Alaska tiene grandes reservas de petróleo.

Los trabajadores de las fábricas de California y Washington hacen aviones. Las zonas alrededor de San Francisco y Seattle se distinguen por la investigación en computadoras y software. **Los Ángeles** es la capital mundial de la industria cinematográfica. Estos estados del Pacífico también atraen a millones de turistas que visitan los bosques de secoya de California, las playas tropicales de Hawai y los deslumbrantes glaciares de Alaska.

✓ Comprobación de lectura **¿Qué mercancías se manufacturan en los estados del Pacífico?**

En el siglo XXI

La economía de los Estados Unidos, a pesar de estar fortalecida, no deja de enfrentarse a retos en el siglo XXI. Uno de los retos es cómo limpiar la contaminación y la basura. Los estadounidenses queman **combustibles fósiles,** como carbón, petróleo y gas natural, para alimentar con electricidad a sus fábricas y hacer funcionar sus automóviles. Al hacerlo, el aire se contamina, y pone en peligro a todos los que lo respiran. La contaminación también se mezcla con el vapor de agua en el aire y crea la **lluvia ácida,** una lluvia con alto contenido de contaminantes químicos que afecta los árboles, ríos y lagos.

La forma de vida apresurada de los estadounidenses crea también otro problema. La gente genera enormes cantidades de basura. Los **vertederos de basura,** o áreas donde

Tecnología

Un trabajador inspecciona componentes de computadoras. Junto a la agricultura, la economía de los Estados Unidos es pujante en la tecnología, las ciencias, la educación y la medicina.

Lugar **¿Qué zonas de los Estados Unidos son importantes centros de software?**

las compañías de basura depositan los desechos que recogen, cada año crecen más. Muchas comunidades ahora promueven el **reciclaje** o la reutilización de materiales en lugar de botarlos. El reciclaje disminuye la cantidad de basura.

Nuevas tecnologías La capacidad de desarrollar nuevas tecnologías ha sido una fuente importante para la economía de Estados Unidos. Investigadores trabajan constantemente para encontrar nuevos productos para que la vida sea sea más fácil y más saludable. Escuelas de buena calidad, que forman a personas educadas y creativas, han ayudado a que el país se convierta en el líder mundial en el campo de los satélites, computadoras, medicina y otros campos. Necesitarás aprender y usar nuevas tecnologías para ser productivo y tener éxito en tus trabajos futuros.

Comercio mundial Estados Unidos es el país del mundo con mayor volumen de importación y exportación. El trabajo de millones de estadounidenses depende de la comercialización. Por ello, los líderes de este país han trabajado arduamente para promover el libre comercio. Este **libre comercio** significa la eliminación de barreras comerciales, como tarifas y cuotas, para que las mercancías se comercialicen libremente entre los países. En 1993, Estados Unidos se unió a México y Canadá y firmaron el Tratado de Libre Comercio de América del Norte (TLCAN). Este acuerdo prometió quitar todas las barreras para el comercio entre estos países.

Comprobación de lectura **¿Cómo dañan las fábricas y los automóviles el medio ambiente en los Estados Unidos?**

Evaluación

Definición de términos

1. **Define** sistema de libre empresa, industria de servicio, navegable, combustibles fósiles, lluvia ácida, vertedero de basura, reciclaje y libre comercio.

Recuerdo de hechos

2. **Economía** ¿Por qué se le llama a la Llanura Central "el granero de los Estados Unidos"?
3. **Historia** ¿El descubrimiento de qué recursos trajo primero a colonos hacia la parte Oeste Interior?
4. **Economía** ¿Cuál es el objetivo de TLCAN?

Pensamiento crítico

5. **Análisis de la información** Describe dos características de Estados Unidos que lo hace un líder económico mundial.
6. **Comprensión de causa y efecto** ¿Qué razones puedes dar para los cambios económicos que están sucediendo en el sur?

Organizador gráfico

7. **Organización de la información** Dibuja un diagrama como éste. Nombra una región económica de los Estados Unidos en el óvalo central. En los óvalos de afuera, escribe ejemplos para cada subtema.

Aplicación de las habilidades en estudios sociales

8. **Análisis de mapas** Estudia el mapa de actividad económica en la página 132 y el mapa físico en la página 127. ¿Qué tipo de recursos se encuentran en las Montañas Rocosas o cerca de ellas?

TIME PERSPECTIVES

EXPLORACIÓN DE ASUNTOS MUNDIALES

Protección de las libertades de los Estados Unidos contra el terrorismo

STAN HONDA/AFP/GETTY IMAGES

Protección de la libertad

Recopilado y adaptado de TIME.

EXPLORACIÓN DE ASUNTOS MUNDIALES

Bomberos extinguen las llamas en la Zona Cero.

El día en que las torres cayeron

El 11 de septiembre de 2001 es un día que nadie olvidará. A las 8:46 a.m., un avión jumbo secuestrado chocó contra la torre norte del edificio World Trade Center (Centro de Comercio Mundial en la ciudad de Nueva York. Un segundo avión secuestrado se estrelló contra la torre sur a las 9:03 a.m. Alrededor de media hora después, la torre sur se desplomó. En las afueras de Washington, D.C., a las 9:43 a.m., un tercer avión secuestrado se estrelló contra el Pentágono, que es la jefatura de las fuerzas armadas de los EE.UU. Alrededor de 30 minutos después, un cuarto jumbo cayó en un campo en Shanksville, Pennsylvania. Su objetivo, que nunca fue alcanzado, podría haber sido la Casa Blanca, a 124 millas de distancia. En Nueva York, la torre norte del Centro de Comercio Mundial se desplomó. Eran las 10:28 a.m. En menos de dos horas, 19 terroristas habían asesinado a 2,976 personas inocentes.

La reacción de los Estados Unidos

Los ataques dejaron al mundo atónito. Sacudieron en especial a los 4,000 estudiantes de la Academia Militar de los EE.UU. en West Point, Nueva York. Estos estudiantes se dieron cuenta que pronto estarían defendiendo a la nación contra un enemigo de un tipo totalmente nuevo.

"¿Cómo llevar a cabo esta guerra y mantenerse fiel a los valores de los EE.UU.?" preguntaba a sus estudiantes una profesora de West Point recién ocurrido el ataque. Ella sacó un afiche. El afiche mostraba dos líneas curvas situadas una frente a la otra. Fuera de una de las líneas estaba la palabra *Libertad.* Fuera de la segunda línea se encontraba la palabra *Seguridad.* "¿Cuál es el equilibrio apropiado?" preguntaba ella. Los estadounidenses han tratado de responder a esa pregunta desde aquel día, 11 de septiembre de 2001.

"El 11 de septiembre" ó "**9/11**", como se conoce este terrible acontecimiento,

Equilibrio entre la libertad y la seguridad

Primero la libertad

En los Estados Unidos, el gobierno no puede quitar a las personas el derecho a ...

- no tener que someterse a registros irrazonables
- practicar la religión que deseen
- hablar libremente
- publicar y leer lo que quieran
- no sufrir castigos crueles
- protestar acciones del gobierno
- tener juicios justos, rápidos y públicos
- mantener en privado sus asuntos personales

Compromisos

Para incrementar su seguridad, la mayoría de los estadounidenses parecerían estar dispuestos a aceptar...

- registros de equipaje en los aeropuertos
- detectores de metales en las escuelas
- escuchas telefónicas autorizadas por los tribunales
- barreras de concreto frente a edificios del gobierno
- prohibiciones por los estados de conducción sin licencia.
- registros policiales a personas sospechosas de portar armas

Primero la seguridad

En un país donde la seguridad es más importante que la libertad, el gobierno podría...

- registrar a cualquier persona sin aviso
- mantener listas de miembros de una cierta religión
- prohibir las críticas al gobierno
- torturar a sospechosos
- llevar a cabo juicios secretos
- tener acceso libre a registros médicos y financieros de cualquier persona
- llevar un control de lo que la gente descarga a su computadora
- cerrar periódicos que no les gusten

JOHN G. MABANGLO/AFP/NEWSCOM

Adultos sin la debida identificación no pueden volar.

GERRY MELENDEZ/ IDAHO STATESMAN/AP

Bloqueado: el camino hacia el edificio de la legis- legislatura del estado de Idaho.

REUTERS NEWMEDIA INC./CORBIS

Miembros de la Guardia Nacional patrullan las calles.

Líneas aéreas y patriotas

hizo que la gente en todas partes tomara más conciencia de la necesidad de la seguridad. Los gobiernos reaccionaron ante esas preocupaciones de maneras distintas. Algunos países, como Japón, planearon exigir que sus ciudadanos portaran tarjetas de identificación electrónicas.

Estados Unidos abordó el problema de otra manera. Poco tiempo después del 9/11, el Congreso de los Estados Unidos creó nuevos medios para combatir el terrorismo. Uno de ellos fue una nueva agencia gubernamental, denominada Administración de Seguridad del Transporte (TSA). El propósito de la TSA es encontrar formas de hacer que las líneas aéreas y otros sistemas de transporte de la nación, como los ferrocarriles y el transporte de camiones, sean más seguros.

La **ley "Patriot Act"** (Ley Patriota) de los EE.UU. es otra nueva arma a utilizar en la lucha contra el terrorismo. Esa ley contiene fuertes medidas para prevenir y detectar el terrorismo y tomar acción legal contra el mismo.

La mayoría de los estadounidenses acogieron favorablemente a la TSA y la ley "Patriot Act". Pero muchos las criticaron también. Les preocupaba que algunas de las libertades podrían ser eliminadas.

Listas de prohibición de vuelo

La TSA creó listas de "prohibición de vuelo", que contenían los nombres de personas sospechosas de estar vinculadas con terroristas. Esto significa que las líneas aéreas no pueden permitir abordar un avión a nadie que esté en las listas. Pero muchos estadounidenses respetuosos de la ley han sido atrapados en la red de la TSA. Un hombre se quejaba de que cada vez que trataba de viajar en avión era sometido a un registro. Cada vez tenía que probar que era, un maestro de inglés canoso de 71 años, nacido en los EE.UU.

La ley "Patriot Act" contenía otras medidas que no les gustaron a los críticos. Una disposición facilitaba a los agentes federales examinar registros de bibliotecas, de negocios y médicos de los ciudadanos.

Esta disposición molestó a Lynn Bradley, quien trabaja para una organización que representa a los bibliotecarios. A ella no le gustó el hecho de que el gobierno podía tener acceso a los registros privados. "La gente [me] pregunta: '¿Por qué tienes tanto interés en la privacidad cuando miles de personas fueron asesinadas y hay soldados arriesgándose?" dijo. "En los Estados Unidos tenemos una Constitución, una Declaración de los Derechos y todo tipo de leyes que protegen la privacidad. Una de las razones por las que estamos luchando es para proteger los mismos **derechos** por los que [los terroristas] nos atacaron".

EXPLORACIÓN DEL TEMA

1. **Análisis de la información** ¿Por qué la TSA creó listas de prohibición de vuelo?
2. **Interpretación de puntos de vista** ¿Estás de acuerdo con Lynn Bradley en que la ley "Patriot Act" puede poner en peligro los derechos individuales? ¿Por qué o por qué no?

Protección de la patria

El 25 de noviembre de 2002, el Presidente George W. Bush firmó una ley que dio surgimiento al tercer departamento más grande del gobierno, el **Departamento de Seguridad Nacional.** En el momento en que se creó, el nuevo departamento empleó a 170,000 personas que trabajaban para 22 organismos diferentes. Entre esos organismos se encuentran los Guardacostas, la Patrulla Fronteriza, el Servicio Secreto y el Servicio de Aduanas. El presidente escogió a Tom Ridge, un antiguo congresista de los EE.UU. y gobernador de Pennsylvania, como jefe del departamento.

Responsabilidades del departamento

El nuevo departamento tiene cuatro funciones básicas:

1. Analizar información sobre el terrorismo, suministrada por la Oficina Federal de Investigaciones (FBI) y la Agencia Central de Inteligencia (CIA). También ayudar a los gobiernos estatales y locales a proteger las plantas generadoras de electricidad y otros blancos potenciales del país contra los terroristas.

2. Trabajar para proteger los viajeros y para proteger los aeropuertos, fronteras y puertos marítimos.

3. Ocuparse de los desastres naturales y creados por el hombre, que abarcan desde huracanes hasta ataques terroristas.

4. Supervisar el desarrollo de nuevas formas para detectar armas. También es responsable de la creación de nuevos medicamentos para proteger a los estadounidenses contra la viruela y otros agentes biológicos.

La FBI y la CIA no son partes de este nuevo departamento. Le Secretario Ridge lo prefiere así. "La CIA y la FBI suministran informes y análisis a este departamento", dijo. "Somos un cliente".

▲ **En la frontera de los EE.UU. con Canadá, la Patrulla Fronteriza de los EE.UU. ha estado trabajando a todo tren desde el 9/11.**

Los estadounidenses valoran su derecho de que no se inmiscuyan con ellos. ¿Puede un departamento del gobierno que se dedica a proteger a sus ciudadanos respetar ese derecho?

El Secretario Ridge tiene la certeza de que sí. "Todos, empezando por el presidente, comprenden que la protección de ciertas libertades es un elemento primordial de nuestra personalidad", dijo. "[Es nuestra intención] asegurar que hagamos todo lo que podamos dentro de la ley, dentro de la Constitución, por mejorar nuestra propia seguridad. Es un trecho sobre el que hay que caminar con mucho cuidado. Hay un equilibrio, y estoy convencido de que puede lograrse".

EXPLORACIÓN DEL TEMA

1. **Inferencias** ¿Por qué el Departamento de Seguridad Nacional debe estar involucrado en la investigación científica?
2. **Conclusiones** ¿Cuáles son algunas de las razones por las que la gente está preocupada con los poderes del nuevo departamento?

Un monumento para los héroes

Los pueblos antiguos contaban la historia del fénix. El fénix era un ave sagrada. Cuando alcanzaba el final de su vida, se incendiaba. Luego se levantaba de las cenizas para comenzar su vida de nuevo.

Le tomó ocho meses a cientos de trabajadores retirar los escombros ardientes del Centro de Comercio Mundial. Una vez terminado, empezaron a trabajar los arquitectos. Concibieron planes para una ciudad de 16 acres que surgiría de las cenizas como el fénix.

Una mujer que perdió a su esposo el 9/11 estaba contenta de ver los planes. "El mayor tributo a las personas que murieron allí", dijo ella, "es ver la vida y el renacimiento".

Un largo proceso

Tomará al menos 10 años para ver exactamente qué se levantará en el sitio. Planificadores urbanos, arquitectos, líderes políticos y constructores, primero tendrán que ponerse de acuerdo en el tamaño y la geometría de los edificios.

El monumento que se construirá en el sitio del Centro de Comercio Mundial ha sido escogido. Consiste de dos piscinas reflectoras y una gran arboleda. Este monumento, llamado "Reflejo de la ausencia", ocupa el sitio de las "huellas" de las dos torres. Los nombres de todos los fallecidos el 9/11 se pondrán alrededor de las piscinas para que parezcan una cinta de nombres.

La estructura más alta del sitio será la Torre de la Libertad. Esta estructura retorcida, y que medirá exactamente 1,776 pies (541 m) de altura, será el primer edificio que se levantará. Su altura es un recordatorio de 1776, el año en que los estadounidenses declararon su independencia de Gran Bretaña.

La Torre de la Libertad (izquierda), con 1,776 pies (541 m) de altura, será el primer edificio que se construirá en el sitio.

TORSTEN SEDEL

EXPLORACIÓN DEL TEMA

1. **Resumen de la idea principal** Escribe un nuevo título para este artículo. Dile a tus compañeros de clase por qué crees que tu título es bueno.
2. **Resolución de problemas** ¿Qué tipo de monumento te gustaría ver en el sitio?

La defensa contra el terrorismo: ¿Qué puede hacer una persona?

"El terrorismo nos obliga a hacer una elección", dice Tom Ridge, Secretario del Departamento de Seguridad Nacional. "Podemos tener miedo. O podemos estar preparados".

Es muy, pero muy poco probable que los terroristas ataquen a tu barrio. Pero siempre es beneficioso prepararse para lo inesperado.

JOEL MEYEROWITZ

▲ **Este bombero de Nueva York sobrevivió el 9/11. Más de 300 bomberos no sobrevivieron.**

¿Cómo puedes hacerlo? Preparándote de la misma manera que lo harías para un desastre natural, como un huracán o una inundación. Prepara un equipo con todos los suministros necesarios: medicamentos, linternas, baterías, un radio portátil y suficiente comida enlatada y agua para tres días. También pon tela densa de algodón en tu equipo. Esta tela, si te la pones en la boca o nariz, podría filtrar pequeñas partículas suspendidas en el aire que podrían llegar a los pulmones. Decide cómo se mantendrán en contacto los miembros de tu familia durante un desastre. Reúnete con los vecinos para decidir cómo pueden ayudarse entre sí durante una emergencia.

Preparaciones especiales

Los terroristas emplean el miedo y los malentendidos para alcanzar sus objetivos. ¡Haz que la *comprensión* sea uno de tus objetivos! Aprende por qué algunos grupos recurren a actividades terroristas.. Encontrarás que en la mayoría de los casos, los terroristas crean tanto miedo y frustración en sus propios países como tratan de crear en el resto del mundo. Promueve la comunicación y la comprensión creando amistades por correspondencia con estudiantes en otras regiones.

Como el Secretario Ridge sugiere, el solo hecho de tenerle miedo al terrorismo puede dejar cicatrices. Después del 9/11, una cadete de West Point supo qué haría para evitar ese tipo de miedo. Ella recordaba la batalla de Inglaterra en 1940, cuando los alemanes bombardearon ciudades inglesas. Los británicos "no permitieron que [los bombardeos] los paralizaran", dijo ella. Al final, los británicos se unieron y ganaron la batalla. De la misma manera, podemos prevenir que los terroristas nos paralicen. ■

EXPLORACIÓN DEL TEMA

1. **Resolución de problemas** ¿Qué sugerencias le darías al Secretario Ridge para ayudar en la lucha contra el terrorismo?
2. **Inferencias** ¿Qué cree la cadete de West Point que debemos hacer para protegernos del miedo al terrorismo?

REPASO Y EVALUACIÓN

COMPRENSIÓN DEL TEMA

1. **Definición de términos clave** Escribe las definiciones de los siguientes términos: *9/11, la ley "Patriot Act", derechos, Departamento de Seguridad Nacional.*

2. **Escribe para informar** En un breve ensayo, explica cómo el 9/11 cambió a la nación. Utiliza en tu ensayo las palabras *aeropuerto, registros, libertad* y *seguridad.*

3. **Escribe para persuadir** Un juez dijo una vez: "Tus derechos terminan donde los míos comienzan". ¿Cómo podría aplicarse ese planteamiento al registro de equipaje en los aeropuertos? ¿Estás de acuerdo con ese planteamiento? Explica tus respuestas en un ensayo corto.

ACTIVIDADES DE INVESTIGACIÓN EN LÍNEA

4. Con la ayuda de tu maestro, visita el sitio **www.ready.gov**. Explora uno de los tres asuntos principales en el sitio Web. Escribe un corto ensayo que explique lo que aprendiste acerca de la preparación para un ataque terrorista.

5. Visita el sitio **www.lifeandliberty.gov**, donde el Departamento de Justicia de los Estados Unidos defiende la Ley Patriota. Anota dos argumentos a favor de la ley. Visita luego el sitio **www.epic.org/privacy/terrorism/usapatriot**. EPIC es un grupo que tiene algunas preocupaciones acerca de la ley. Anota dos de las preocupaciones de EPIC. Explica a tus compañeros de clase cómo estos planteamientos ayudaron a crear tu opinión sobre la ley.

MÁS ALLÁ DEL SALÓN DE CLASE

6. **En tu biblioteca local,** investiga la connotación que tiene el terrorismo en naciones como Sri Lanka e Israel. ¿Por qué el terrorismo es más común en esas naciones que en los Estados Unidos? Haz un resumen de tus conclusiones y dáselo a conocer a tus compañeros de clase.

DISCO DE FOTOGRAFÍAS

▲ La bandera de Estados Unidos es un símbolo de libertad.

7. **Trabajoando en grupos,** crea afiches que expliquen cómo prepararse para cualquier desastre, incluido un ataque terrorista. Exhibe tus afiches donde otros estudiantes de tu escuela los pueden ver.

La Zona Cero: Una propuesta de renovación

Este plan para la reconstrucción de la Zona Cero seguramente cambiará con el tiempo.

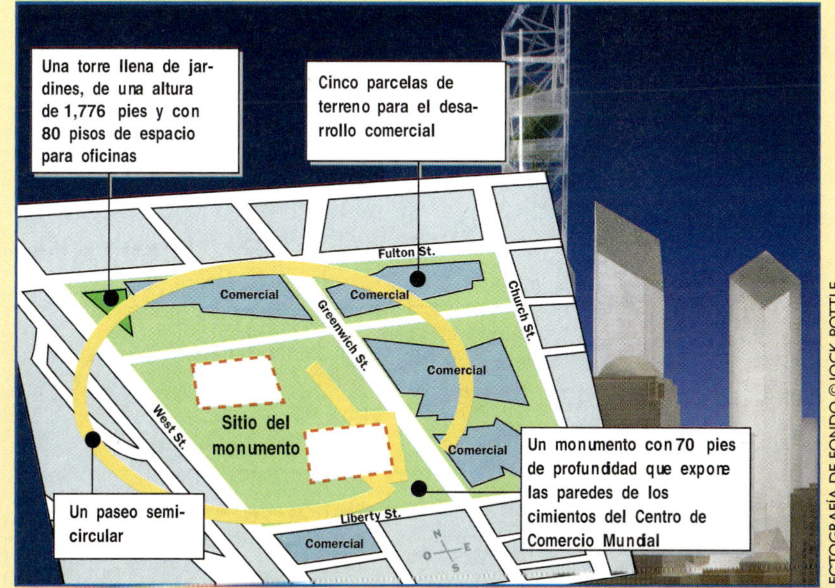

FOTOGRAFÍA DE FONDO ©JOCK POTTLE

DESARROLLO DE HABILIDADES EN LA LECTURA DE MAPAS

1. **Explicación** Dos piscinas con caídas de agua en cascadas se colocarán en las "huellas" de las dos torres. El nombre que el arquitecto le dio a este monumento es "Reflejo de la ausencia." ¿Qué significa esto para ti?
2. **Hacer generalizaciones** ¿Cómo crees que te sentirías si visitaras el sitio y vieras la pared expuesta de los cimientos?

PARA ACTUALIZACIONES DE ASUNTOS MUNDIALES, VISITA LA PÁGINA **www.timeclassroom.com/glencoe**

Habilidades de estudios sociales

Trazado mental de mapas

Piensa en cómo vas de un lugar a otro cada día. Tienes en la mente una idea, o **mapa mental**, de la ruta. Si es necesario, podrías crear mapas preliminares, como el que se muestra abajo, de muchos lugares familiares.

Desarrollo de la habilidad

Para desarrollar las habilidades haciendo un mapa mental, sigue los siguientes pasos:

- Cuando se menciona el nombre de un país o ciudad, búscalo en un mapa para que tengas una idea de dónde está y qué le queda cerca.
- Crea un mapa preliminar del lugar e incluye una rosa de los vientos para determinar sus puntos cardinales.
- A medida que lees o escuchas la información sobre el lugar, trata de imaginarte dónde podrías poner esa información en tu mapa preliminar.
- Compara tu versión preliminar con el mapa real del lugar. Rectifica tu versión si es necesario, lo que cambiará también tu mapa mental.

Práctica de la habilidad

Estudia el mapa preliminar de la derecha. Imagínate estar parado *en* el mapa, después responde a las siguientes preguntas.

1. Si estuvieras de frente al norte, mirando hacia el Centro Cultural de Chicago, ¿qué ruta tomarías para llegar al Puerto de Chicago?
2. Estás en la Torre Sears, uno de los edificios más altos del mundo. ¿Cuántas millas aproximadamente tendrías que caminar para llegar al Templo de Medinah?
3. Si te encuentras con tu amigo en el centro cultural, ¿sería muy lejos caminar hasta el Instituto de Arte? ¿Deberías tomar un taxi? Explica.

Aplicación de la habilidad

Piensa en tu propio barrio. Dibuja un mapa preliminar de tu barrio sacándolo del mapa que tienes en la mente. ¿Qué calles y carreteras incluiste? ¿Cuáles son las tres características más importantes de tu mapa?

Los estadounidenses

Guía de lectura

Idea principal

Estados Unidos es un país donde existen muchas culturas.

Terminología

- colonia
- democracia representativa
- república federal
- secesionarse
- inmigrante
- rural
- urbano
- suburbio

Estrategia de lectura

Dibuja un diagrama como éste. En cada óvalo exterior escribe un hecho sobre la sociedad estadounidense relacionado con el tema dado.

NATIONAL GEOGRAPHIC **Exploración de nuestro mundo**

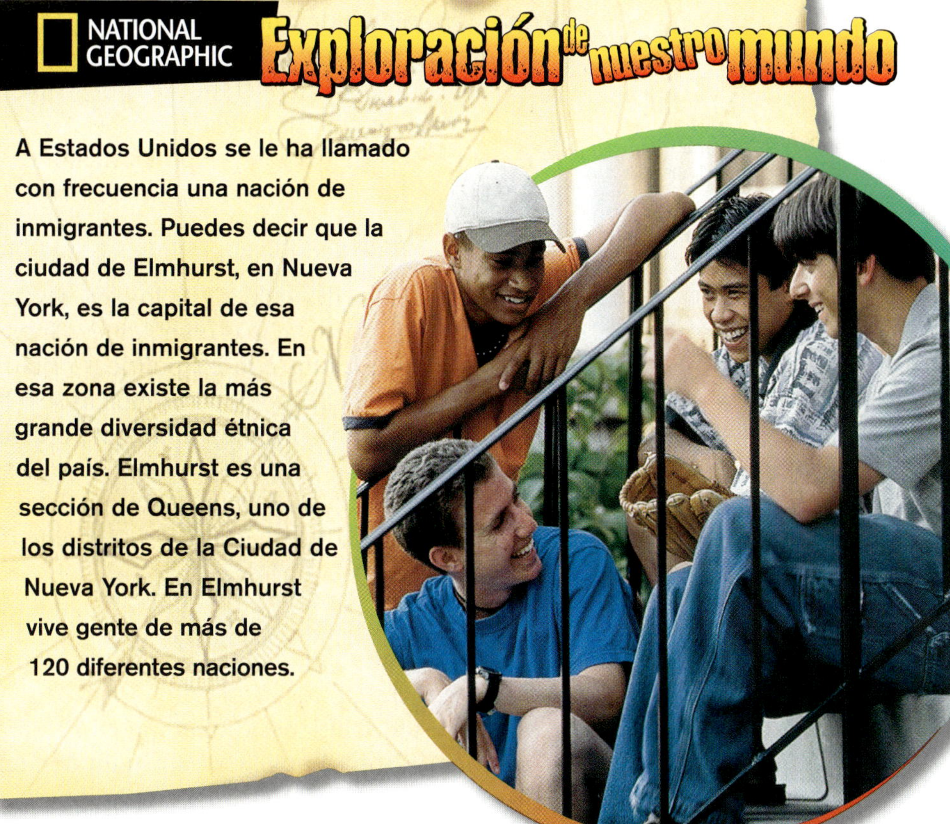

A Estados Unidos se le ha llamado con frecuencia una nación de inmigrantes. Puedes decir que la ciudad de Elmhurst, en Nueva York, es la capital de esa nación de inmigrantes. En esa zona existe la más grande diversidad étnica del país. Elmhurst es una sección de Queens, uno de los distritos de la Ciudad de Nueva York. En Elmhurst vive gente de más de 120 diferentes naciones.

Estados Unidos es un país joven, comparado con muchos otros países. Este país se convirtió en una nación independiente hace un poco más de 225 años. Su historia, sin embargo, comenzó mucho antes que eso.

Una rica historia

Los expertos han creído desde hace mucho tiempo que las primeras personas que se asentaron en las Américas venían de Asia, alrededor de 15,000 años atrás. En ese momento, el clima de la Tierra era mucho más frío que ahora. Grandes capas de hielo cubrían gran parte del Hemisferio Norte. Como resultado, los niveles del mar eran más bajos y un puente terrestre conectaba a Asia y Alaska. Manadas de animales cruzaron ese puente, y la gente que los cazaban les siguieron.

Nativos americanos Esa gente que cruzó el puente terrestre desde Asia poco a poco se dispersó por las Américas. A sus descendientes se les llama en la actualidad "nativos americanos". Con el tiempo, ellos desarrollaron diferentes formas de vida usando los recursos locales. En el Noroeste, la gente cazaba venados y pescaba. En las tierras fértiles del Sureste y en el Valle del Mississippi, cultivaban maíz y otras cosechas. En las Grandes Llanuras, donde

¡Aunque no lo creas!

San Xavier del Bac

¿Está esta iglesia católica en España? ¿En México? No, esta iglesia de estilo español, llamada San Xavier del Bac, se encuentra cerca de Tucson, Arizona. Los colonos la construyeron en 1797, cuando esa zona era parte del imperio colonial español. De hecho, muchos asentamientos españoles en el Suroeste de los EE. UU. fueron fundados en el siglo XVI, mucho antes de que los peregrinos ingleses desembarcaran en las Américas en el *Mayflower*.

el clima es seco y no había árboles, los indios nativos americanos cazaban búfalos, que eran su fuente de alimentos, ropa y protección. En el Suroeste seco, la gente irrigaba la tierra para cultivar maíz y frijoles. En el Noroeste, pescaban.

Exploradores y colonialistas Cerca de 1500 d.C., los europeos comenzaron a explorar las Américas. La materia prima que vieron, como bosques, pieles de animales y suelos fértiles, inmediatamente hizo que se asentaran en **colonias.** Esos asentamientos en el extranjero creaban enlaces a una madre patria. Los franceses construyeron establecimientos comerciales alrededor de los Grandes Lagos y los valles de los ríos interiores. Los españoles construyeron pueblos y misiones en Florida, Georgia y desde Texas hasta California. Los colonizadores británicos y europeos del norte se asentaron a lo largo de la costa del Atlántico, desde Massachusetts hasta Georgia.

A mediados del siglo XVIII, los que vivían en las colonias británicas habían comenzado ya a verse más como ciudadanos americanos que como británicos. Se sentían frustrados con las políticas británicas que ignoraban sus derechos. En 1775, trece de las colonias británicas se rebelaron. El 4 de julio de 1776, estas colonias declararon la independencia y crearon los Estados Unidos de América. Durante los cinco años siguientes, las tropas coloniales lucharon prolongadamente contra los soldados británicos en la Revolución Americana. Con la ayuda de Francia y España, los estadounidenses ganaron la guerra.

La Constitución de EE. UU. Las 13 antiguas colonias de Inglaterra se convirtieron en los 13 primeros estados. Cada una escribió rápidamente una constitución estatal o plan de gobierno. Sin embargo, el desarrollo de un plan *nacional* de gobierno resultó ser algo más difícil. En 1787, un grupo de líderes estadounidenses se reunió en Filadelfia para crear un nuevo gobierno nacional. Estos líderes escribieron un documento titulado la "Constitución de los Estados Unidos".

Esta Constitución aún permanece vigente después de más de 200 años. Es la base para todas nuestras leyes. Explica también cómo se organiza y funciona nuestro gobierno nacional o central. El objetivo inicial de los líderes estadounidenses era crear un gobierno suficientemente fuerte que garantizara el bienestar común. Ellos querían también un gobierno que tuviera un poder limitado para proteger los derechos de la gente contra la injerencia gubernamental. Como la Constitución de los EE. UU. ha logrado muy bien ambos objetivos, muchos otros países la han utilizado como modelo.

La Constitución de los EE. UU. entró en vigencia en 1789, pero se ha desarrollado y con los años ha sufrido cambios. A través de un proceso denominado "enmienda", los estadounidenses disponen de una forma pacífica para cambiar las leyes básicas de su gobierno. Una enmienda constitucional es un cambio o una adición a la Constitución. A las diez primeras enmiendas, aprobadas en 1791, se les llama la "Declaración de los Derechos". Ellas indican libertades específicas garantizadas a los estadounidense individuales, como la libertad de expresión y la libertad a la religión.

Una república federal Nuestro gobierno se basa en el principio de la democracia o el gobierno del pueblo. Existen muchos tipos diferentes de democracias. Tenemos una **democracia representativa,** en la cual los electores eligen a sus líderes, quienes a su vez hacen e imponen las leyes.

Cuando la Constitución fue aprobada en 1788, cada estado mantuvo su propio gobierno. Los electores de cada estado también eligieron a su gente para trabajar en el gobierno nacional. Este sistema hace que Estados Unidos sea una **república federal.** Esta es una forma de gobierno, en la cual el poder se divide entre el gobierno federal o nacional y los gobiernos estatales. El presidente actúa como líder de la nación. La Constitución también dividió al gobierno nacional en tres ramas para que ninguna persona o grupo pudiera ganar demasiado poder. El cuadro de la página 148 muestra las tres ramas del gobierno nacional.

Un período de crecimiento Desde 1800 hasta 1900, Estados Unidos experimentó un tremendo crecimiento. Se expandió de 13 estados a lo largo de la costa del Atlántico hasta incluir 45 estados que llegaban hasta el Océano Pacífico. La población creció desmesuradamente a medida que millones de personas de otras tierras se asentaban aquí. Se contrataban a agrimensores para que establecieran las líneas divisoras de los terrenos para las ventas. En lo que actualmente es la Llanura Central, los colonos compraban terrenos rectangulares, talaban los bosques y cultivaban maíz. En el Sur, surgieron enormes campos de algodón. Cuando se descubrió oro en California, la cantidad de mineros aumentó vertiginosamente más allá de las Montañas Rocosas. En su apuro para apropiarse de terrenos, los colonos muchas veces lucharon contra los indios nativos americanos quienes fueron apartados del camino.

La Revolución Industrial, que comenzó en Gran Bretaña, se extendió hacia los Estados Unidos. A lo largo de los ríos de rápido movimiento surgieron fábricas propulsadas por agua. Se construyeron carreteras y canales para ayudar a los granjeros a transportar sus productos hacia los puertos. El surgimiento de los barcos de vapor permitió los viajes corriente arriba.

A mediados del siglo XIX, la nación sufrió una crisis. El Sur había creado una economía sustentada por la esclavitud. Cientos de miles de esclavos africanos habían sido forzados a trabajar en las plantaciones del Sur. Con el tiempo, los problemas de la esclavitud y los derechos de los estados dividieron al país. En 1861, varios estados del Sur optaron por **secesionarse** o separarse del gobierno nacional. Durante cuatro años, el Norte y el Sur pelearon en la implacable Guerra Civil. Al final, los estados del Sur se integraron nuevamente a la Unión y se abolió la esclavitud.

La Guerra Civil no sólo acabó con la esclavitud. Sino que hizo que en el país comenzara un período de gran crecimiento económico y tecnológico.

NATIONAL GEOGRAPHIC **En el sitio**

Los Fundadores

Con muy pocas excepciones, el mundo conocía sólo la existencia de monarquías y gobernantes absolutos cuando valientes líderes, como Thomas Jefferson (izquierda), George Washington (centro) y James Madison (derecha), arriesgaron sus vidas y fortunas a fin de encabezar una campaña que lograra la independencia de Estados Unidos. Jefferson fue el principal autor de la Declaración de Independencia, que el Congreso Continental publicó formalmente el 4 de julio de 1776. Washington dirigió el ejército de la nueva nación en la Revolución, presidió el Congreso Constitucional y fue el primer presidente amparado por la Constitución de los EE. UU. Se considera que Madison fue el cerebro creador de la Constitución. Posteriormente fue presidente.

Creencias **¿Por qué crees que los fundadores estuvieron dispuestos a arriesgar sus vidas y fortunas para establecer los Estados Unidos?**

Ramas del gobierno de los Estados Unidos

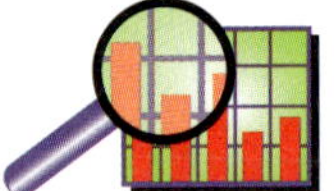

Análisis del diagrama

El gobierno de los Estados Unidos tiene tres ramas principales.

Gobierno ¿Qué rama crea las leyes?

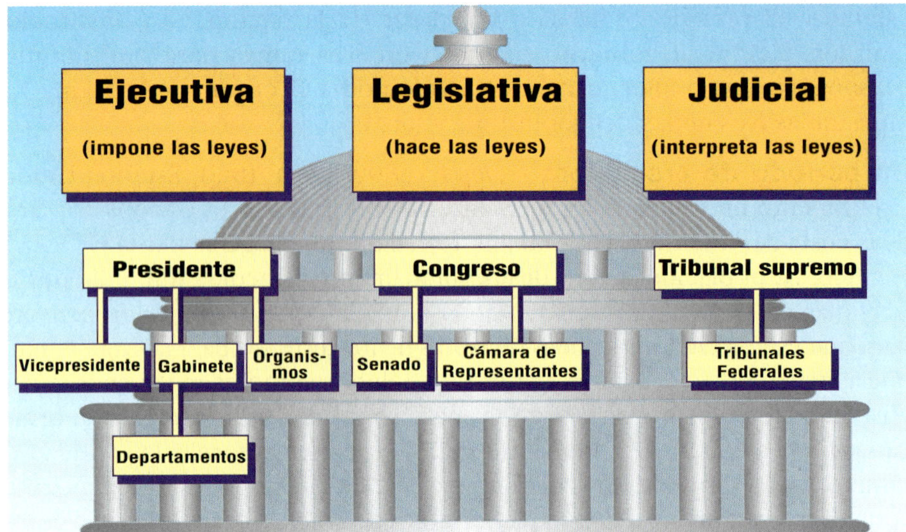

Los ferrocarriles intercruzaban el país y se construyeron fábricas grandes, especialmente en el Noreste y la Llanura Central. La expansión económica atrajo a otra gran ola de **inmigrantes** o gente que se muda para un país nuevo donde vive permanentemente.

Un líder mundial A principios del siglo XX, la economía de Estados Unidos se convirtió en una de las economías más avanzadas del mundo. De las cadenas de montaje salían automóviles y la electricidad se convirtió en algo común. Otras tecnologías, como la del teléfono y el radio, penetraron la vida cotidiana.

En la primera mitad del siglo XX, se desataron en el mundo dos guerras mundiales. Estados Unidos participó en ellas. Los líderes de nuestro país instaron a la gente del mundo a luchar por la libertad y en contra de los dictadores peligrosos. Las fábricas estadounidenses produjeron tanques y aviones, mientras que sus soldados ayudaron a ganar las guerras.

Después de la Segunda Guerra Mundial, Estados Unidos gozó de la gran influencia que ejercía en el mundo. Las compañías estadounidenses exportaban sus productos a todos los continentes. Sus líderes presionaban para lograr una democracia y la libre empresa en otros países. La cultura estadounidense se expandió por el globo terráqueo.

Internamente, sin embargo, existían tensiones entre grupos de la sociedad estadounidense. Muchos estadounidenses que lucharon en las dos guerras mundiales o que se quedaron atendiendo el frente nacional eran mujeres, africanos americanos, hispanos e indios nativos americanos. Después de la Segunda Guerra Mundial, esos grupos se hicieron más activos en la lucha por la igualdad de derechos. Muchas personas, entre ellas líderes como Martin Luther King, Jr., desarrollaron métodos que llevaron a un cambio civil. Los poemas de la página 152 describen dos puntos de vistas de los estadounidenses en su lucha por la aceptación.

Seguridad Los estadounidenses por lo regular se han sentido seguros en su propio país. Sin embargo, después de los ataques terroristas a la Ciudad de Nueva York y Washington, D.C., el 11 de septiembre de 2001, ese sentido de seguridad se puso a prueba. El Presidente Bush respondió promulgando la ley

"Homeland Security Act" (Ley de Securidad Nacional). Esta ley estableció un nuevo departamento a nivel ministerial, el Departamento de Seguridad Nacional, cuyo objetivo es coordinar el trabajo de los organismos gubernamentales encargados de proteger la nación contra ataques terroristas.

✓ Comprobación de lectura **¿Cómo una economía potente ayudó a propagar la cultura estadounidense?**

Uno de muchos

Cerca de 292 millones de personas viven en los Estados Unidos, siendo este país el tercer país más poblado después de China y la India. Comparado con la gente de la mayoría de otros países, los estadounidenses disfrutan de un alto nivel de vida. Su expectativa de vida media alcanza cerca de los 77 años de edad. Los avances médicos han ayudado a que la gente viva por más tiempo, comparado con generaciones anteriores.

Casi tres cuartos de la gente de nuestro país es descendiente de grupos étnicos europeos. Los africanos americanos forman alrededor del 12 por ciento de la población. Los hispanos, quienes descienden de países de Latinoaméríaca y España, son el grupo étnico de más rápido crecimiento. Hoy, muchos inmigrantes de los Estados Unidos proceden de China, India y otros países

Aplicación de las habilidades con mapas

1. ¿Qué ciudades tienen más de 5 millones de habitantes?
2. ¿Cómo se compara la densidad de población de tu zona con otras secciones del país?

Busca en línea mapas de NSG en www.nationalgeographic.com/maps

Diversidad de idiomas

Este cartel en Los Ángeles, California, dice "Casilla electoral" en siete idiomas diferentes. Los carteles en múltiples idiomas son sólo un ejemplo de la diversidad cultural que existe en los Estados Unidos.

Cultura **¿Qué edificios o restaurantes en tu pueblo representan a un grupo étnico?**

asiáticos y de las islas del Pacífico. El grupo étnico más pequeño, los indios nativos americanos, es el grupo que ha vivido en este país por más tiempo. El gráfico en la página 121 muestra los diferentes grupos étnicos del país.

El idioma y la religión El idioma principal de los Estados Unidos es el inglés, pero puedes escuchar aquí muchos idiomas. El idioma español es común en toda la Florida, Texas y California. En California puedes también leer carteles en chino y coreano.

La religión ha tenido siempre una influencia importante en la vida de este país. Cerca del 80 por ciento de los estadounidense se consideran religiosos y casi el 50% participa en oficios religiosos regularmente. La mayoría de los estadounidenses cree en alguna forma de cristianismo. En nuestro país también se practican el judaísmo, la religión islámica, el budismo y el hinduismo.

Movilidad Los estadounidenses han sido siempre personas en movimiento, que se mudan de un lugar a otro. En un momento dado, nuestra nación estaba formada completamente por áreas **rurales** o campos. Actualmente somos una nación formada principalmente por áreas **urbanas** o ciudades. Para encontrar más espacio donde vivir, los estadounidenses se mudan de las ciudades hacia los **suburbios** que son comunidades más pequeñas en las afueras de las ciudades grandes. También se mudan de una región a otra en busca de un mejor clima o mejores empleos. Desde la década de 1970, las áreas de más rápido crecimiento del país están en el Sur y Suroeste, llamadas frecuentemente el Cinturón del Sol.

✓ Comprobación de lectura **¿Cuál es el grupo étnico de más rápido crecimiento?**

Cultura estadounidense

Los artistas y escritores de los EE. UU. han desarrollado estilos inconfundibles. Los primeros artistas estadounidenses usaban materiales sacados de sus medios para crear piezas de arte. Los indios nativos americanos tallaban máscaras de madera y totems o hacían bellos diseños en cerámica de la arcilla encontrada en sus regiones. Los artistas posteriores fueron atraídos por la belleza del paisaje. Winslow Homer pintó las aguas tempestuosas del Atlántico Norte. Georgia O'Keeffe pintó los coloridos desiertos del Suroeste. Thomas Eakins y John Sloan pintaron con frecuencia la parte descarnada de la vida de la ciudad.

Hay dos temas comunes en la literatura estadounidense. El primer tema aborda específicamente la gran diversidad de la gente en los Estados Unidos. La poesía de Langston Hughes y las novelas de Toni Morrison retratan los éxitos y los lamentos de los africanos americanos. Las novelas de Amy Tan examinan la vida de los chinos americanos. Oscar Hijuelos y Sandra Cisneros escriben sobre los hispanos del país.

El segundo tema aborda el paisaje y la historia de regiones específicas. Los libros de Mark Twain cuentan sobre la vida a lo largo del Río Mississippi a mediados del siglo XIX. Nathaniel Hawthorne escribió sobre la gente de Nueva Inglaterra. Willa Cather y Laura Ingalls Wilder describieron las dificultades a las que se enfrentó la gente mientras se asentaba en las Grandes Llanuras. William Faulkner escribió historias sobre la vida en el Sur.

Actividad en línea
Visita el sitio Web ***El mundo y sus gentes*** en twip.glencoe.com y haz clic en **Chapter 4—Student Web Activities** para que aprendas más sobre el sistema de parques nacionales en los Estados Unidos.

Deportes y recreación Muchos estadounidenses pasan el tiempo libre en sus casas, leyendo libros o usando la computadora. Muchos también llevan una vida activa al aire libre. Disfrutan de montar en bicicleta bicicleta, esquiar, jugar baloncesto o patear pelotas de fútbol. Los deportes con espectadores, como el béisbol o el fútbol americano, atraen a gran cantidad de personas. Cada año, millones viajan a los parques nacionales que son áreas destinadas a proteger las áreas naturales, así como la flora y la fauna.

✓ Comprobación de lectura **¿Cuáles son dos temas comunes en la literatura estadounidense?**

Evaluación

Definición de términos

1. **Define** colonia, democracia representativa, república federal, secesionarse, inmigrante, rural, urbano y suburbio.

Recuerdo de hechos

2. **Historia** Según los expertos, ¿qué ruta tomaron los primeros estadounidenses para llegar a América del Norte?
3. **Gobierno** ¿Qué documento explica la forma de gobierno que se utiliza en los Estados Unidos?
4. **Cultura** ¿Qué tema común comparten las obras de Langston Hughes y Toni Morrison?

Pensamiento crítico

5. **Análisis de la información** Después de la Segunda Guerra Mundial, ¿qué tensiones existían en los Estados Unidos?
6. **Conclusiones** ¿Cómo el clima y la cultura influencian la popularidad de los deportes en tu zona?

Organizador gráfico

7. **Organización de la información** Dibuja un diagrama como el de abajo. Arriba de las tres flechas, numera tres razones por las que los estadounidenses hoy se mudan con más frecuencia que nunca.

Aplicación de las habilidades en estudios sociales

8. **Análisis de mapas** De acuerdo con el mapa de densidad de población en la página 149, ¿cuáles son las dos ciudades más grandes en el Noroeste del Pacífico?

Establecer conexiones

ARTE | CIENCIA | CULTURA | TECNOLOGÍA

▲ Recogida de algodón cerca de Dallas, Texas, 1907

Estadounidenses, todos

Los indios nativos americanos y los africanos americanos soportaron muchos años de injusticia. Sin embargo, su orgullo y resolución permanecieron fuertes. Lee los poemas del poeta indio nativo americano Simon J. Ortiz y del poeta africano americano Langston Hughes para que veas cómo expresan esos sentimientos.

Sobrevivir así

por Simon J. Ortiz (1941–)

Sobrevivir, yo sé cómo hacerlo así.
Así, lo sé.
Llueve.
Montañas y cañones y plantas
crecen.
Viajamos así,
calculando nuestra distancia a través de historias
y amando a nuestros hijos.
A ellos les enseñamos
a querer también a sus hijos.
Nos decimos una y otra vez,
y de nuevo: "Sobrevivamos
así".

▲ Indios nativos americanos en las Grandes Llanuras, 1891

Yo, también

por Langston Hughes (1902–1967)

Yo, también, canto a América.

Soy el hermano más moreno.
Me mandan a comer en la cocina
Cuando hay visitas,
Pero yo me río,
Y como bien,
Y crezco fuerte

Mañana,
Me sentaré a la mesa
Cuando haya visitas.
Nadie osará
Decirme entonces,
"Come en la cocina".

Además,
Ellos verán cuán hermoso soy
Y se avergonzarán—

Yo, también, soy América.

Establecer la conexión

1. ¿Cómo el poema "Sobrevivir así" describe el sentimiento de los indios nativos americanos hacia sus hijos?
2. ¿Qué quiere decir Langston Hughes con la frase "Yo, también, canto a América"?
3. **Establecer comparaciones** ¿En qué forma ambos poemas expresan un mensaje de esperanza?

Repaso de la lectura

Sección 1 De costa a costa

Terminología

contiguo
megalópolis
arrecife de coral

Idea principal

Estados Unidos tiene una gran variedad de accidentes geográficos y climas.

✓**Región** Estados Unidos tiene cinco regiones físicas principales: las Llanuras Costeras, los Montes Apalaches, las Llanuras Interiores, la región de montañas y mesetas y la costa del Pacífico. Alaska y Hawai forman dos regiones adicionales.

✓**Historia** Cuarenta y ocho estados de los Estados Unidos son contiguos, unidos por una frontera común que va desde el Océano Atlántico al Pacífico.

✓**Economía** Las Llanuras Centrales son buenas para la agricultura, al igual que los valles costeros del oeste.

✓**Lugar** Las altas Montañas Rocosas tienen una cadena denominada "Línea Divisoria", que separa los ríos que fluyen hacia el este de los que fluyen hacia el oeste.

Sección 2 Un líder económico

Terminología

sistema de libre empresa
industria de servicio
navegable
combustibles fósiles
lluvia ácida
vertedero de basura
reciclaje
libre comercio

Idea principal

La economía de los Estados Unidos funciona con abundantes recursos y el laborioso desempeño de los estadounidenses.

✓**Economía** Debido a la gran cantidad de recursos naturales y su gente innovadora, Estados Unidos tiene la economía más productiva del mundo.

✓**Economía** Las industrias de servicio contribuyen en mayor medida a la economía de los Estados Unidos, después de la manufactura, agricultura y minería.

✓**Economía** Estados Unidos tiene cinco regiones económicas, el Noreste, el Sur, las Llanuras Centrales, el Oeste Interior y el Pacífico.

✓**Economía** La creatividad y el arduo trabajo son elementos necesarios para continuar desarrollando nuevas tecnologías y contribuir al crecimiento de la economía estadounidense.

Sección 3 Los estadounidenses

Terminología

colonia
democracia representativa
república federal
secesionarse
inmigrante
rural
urbano
suburbio

Idea principal

Estados Unidos es un país donde existen muchas culturas.

✓**Cultura** Los habitantes de Estados Unidos son inmigrantes o descendientes de inmigrantes que vinieron de todas las partes del mundo.

✓**Gobierno** Estados Unidos es una república. Una república es un tipo de democracia representativa.

✓**Cultura** Los grupos étnicos de este país descienden de cinco grupos principales: europeos, africanos, hispanos, asiáticos y de las islas del Pacífico e indios nativos americanos.

✓**Cultura** Las artes estadounidenses celebran esa diversidad étnica y regional del país.

Capítulo 4

Evaluación y actividades

Uso de términos clave

Haz corresponder los términos de la parte A con sus definiciones en la parte B.

A.

1. contiguo
2. megalópolis
3. sistema de libre empresa
4. combustibles fósiles
5. suburbio
6. colonia
7. reciclaje
8. libre comercio
9. secesionarse
10. democracia representativa

B.

a. petróleo, gas natural y carbón
b. comunidad pequeña en las afueras de una ciudad
c. zonas unidas dentro de una frontera común
d. reutilización de materiales
e. control gubernamental limitado sobre la economía
f. asentamiento en el extranjero con vínculo a una madre patria
g. zona urbana enorme
h. separarse de un gobierno nacional
i. flujo de mercancía libre entre países
j. electores eligen a líderes del gobierno

Repaso de las ideas principales

Sección 1 De costa a costa

11. **Región** ¿Cuáles son las cinco regiones físicas principales de los Estados Unidos?
12. **Lugar** ¿Qué ciudades componen la enorme zona urbana a lo largo de la costa este de los Estados Unidos?
13. **Región** Numera cinco tipos de climas existentes en los Estados Unidos.

Sección 2 Un líder económico

14. **Economía** Nombra cuatro de los recursos minerales que se encuentran en los Estados Unidos.
15. **Economía** Nombra cuatro de los productos agrícolas del Sur.
16. **Interacción del hombre con el medio ambiente** ¿Qué está pasando con los vertederos de basura en los Estados Unidos?

Sección 3 Los estadounidenses

17. **Gobierno** ¿Cómo es que la Constitución de los Estados Unidos ha podido cambiarse con los años?
18. **Ciencia** ¿Qué ha contribuido a alargar la vida de la gente en los Estados Unidos?
19. **Lugar** os Unidos tienen las poblaciones de más rápido crecimiento?

Los Estados Unidos

Actividad para localizar un lugar

En una hoja de papel aparte, empareja las letras del mapa con los lugares enumerados a continuación.

1. Montañas Rocosas
2. Río Mississippi
3. Montañas Apalaches
4. Washington, D.C.
5. Chicago
6. Lago Superior
7. Río Ohio
8. Golfo de México
9. Texas
10. Los Ángeles

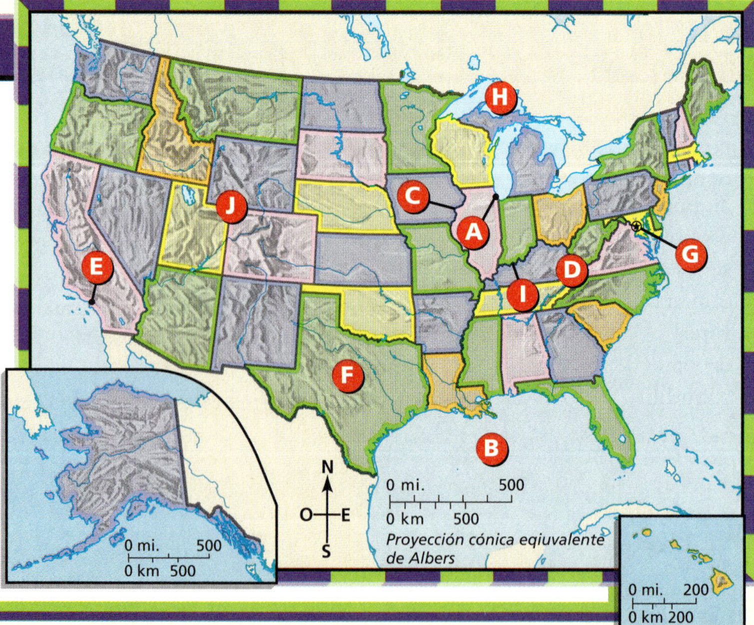

Prueba de autocomprobación Visita el sitio Web ***El mundo y sus gentes*** en twip.glencoe.com y haz clic en **Chapter 4–Self-Check Quizzes** para prepararte para el examen del capítulo.

Pensamiento crítico

20. **Comprensión de causa y efecto** ¿Qué características físicas de las Llanuras Interiores han afectado la economía de la región?
21. **Categorización de información** Crea un diagrama como el de abajo. En los óvalos de afuera y debajo de cada encabezamiento, escribe dos hechos sobre los Estados Unidos.

Actividad de comparación de las regiones

22. **Geografía** Haz una investigación para encontrar información sobre el Valle de la Muerte en California y el Sahara en África. Escribe un párrafo comparándolos.

Actividad mental de trazado de mapas

23. **Enfoque en región** Traza un simple mapa del contorno de los Estados Unidos y marca lo siguiente:

- Montes Apalaches
- Alaska
- Hawai
- Océano Pacífico
- Golfo de México
- Grandes Lagos
- Montañas Rocosas
- Río Mississippi
- Océano Atlántico
- Grandes Llanuras

Actividad de habilidades tecnológicas

24. **Uso de la Internet** Busca en la Internet los lugares de tu estado donde históricamente diferentes grupos étnicos se han asentado. Traza un mapa del estado y marca las ciudades fundadas por inmigrantes.

Práctica la prueba estandarizada

Instrucciones: Estudia el gráfico que se da a continuación y responde a las preguntas que siguen.

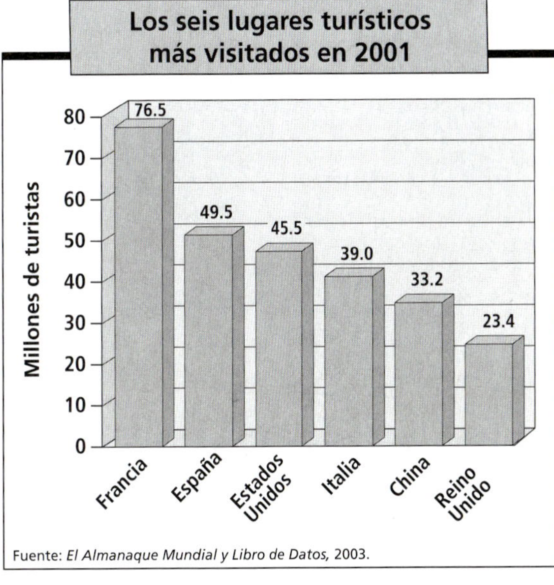

Fuente: *El Almanaque Mundial y Libro de Datos*, 2003.

1. De acuerdo con el gráfico, ¿cuántos turistas visitaron a los Estados Unidos en 2001?

A 45.5
B 76.5
C 45,500
D 45,500,000

2. ¿Qué país en el gráfico tuvo el menor número de turistas?

F Francia
G Reino Unido
H España
J Italia

Consejo para el examen: Un error común que ocurre cuando se leen gráficos es no fijarse en la información que se da en la parte de abajo y lateral del gráfico. Revisa esas áreas para ver qué significan los números.

Capítulo 5 Canadá

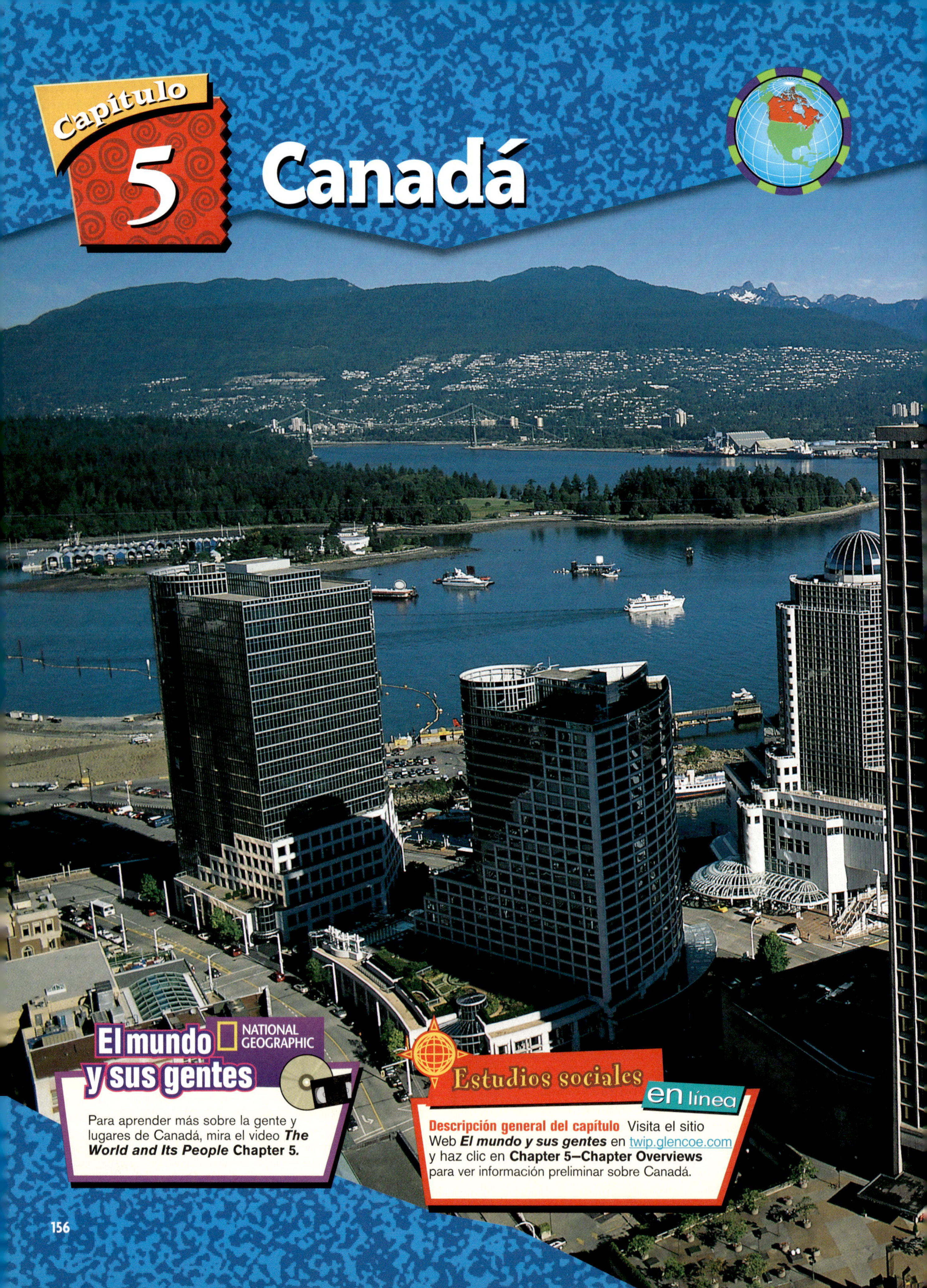

El mundo y sus gentes — NATIONAL GEOGRAPHIC

Para aprender más sobre la gente y lugares de Canadá, mira el video ***The World and Its People*** **Chapter 5.**

Estudios sociales en línea

Descripción general del capítulo Visita el sitio Web ***El mundo y sus gentes*** en twip.glencoe.com y haz clic en **Chapter 5—Chapter Overviews** para ver información preliminar sobre Canadá.

Comparación y contraste Haz este plegable para que te ayude a analizar las semejanzas y diferencias entre los accidentes geográficos, climas y culturas en el norte y sur de Canadá.

Paso 1 Marca el punto medio del margen lateral de una hoja de papel.

Paso 2 Dobla el papel por los márgenes exteriores de forma que toquen en el punto medio.

Paso 3 Dobla y marca el plegable como se muestra.

Lectura y redacción A medida que leas el capítulo, recopila y escribe información debajo de la pestaña correspondiente que te ayudará a comparar y contrastar el norte y sur de Canadá.

Por qué es importante

Compartir una frontera

La frontera entre Canadá y los Estados Unidos es la frontera más larga del mundo que no tiene protección. Los ciudadanos de estos países han podido viajar libremente por la frontera, lo que ha constituido un símbolo del libre comercio entre estas naciones.

◀ Vancouver, Columbia Británica

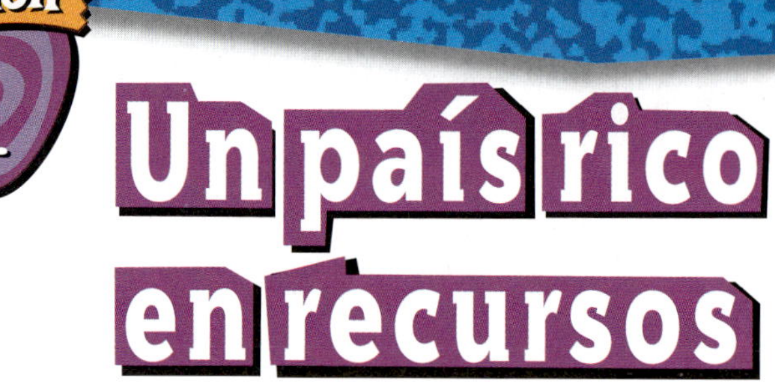

Un país rico en recursos

Guía de lectura

Idea principal

Canadá es un país enorme con muchos accidentes geográficos y recursos.

Terminología

- provincia
- glaciar
- tundra
- pradera
- cordillera
- papel de prensa

Estrategia de lectura

Crea un gráfico como éste y enumera las provincias de Canadá en la columna de la izquierda. En la columna de la derecha, enumera las actividades económicas principales de cada provincia.

Provincia	Actividades económicas

NATIONAL GEOGRAPHIC **Exploración de nuestro mundo**

¿Has visto alguna vez de cerca y en persona a un oso pardo avanzando torpemente y gruñendo? Muchos turistas vienen al Parque Nacional de Banff en Canadá occidental con la esperanza de ver a tal animal. Situado en las Montañas Rocosas, Banff es el parque nacional más antiguo, más querido y más concurrido de Canadá. Más de 4 millones de visitantes al año se sienten atraídos por su espectacular paisaje montañoso.

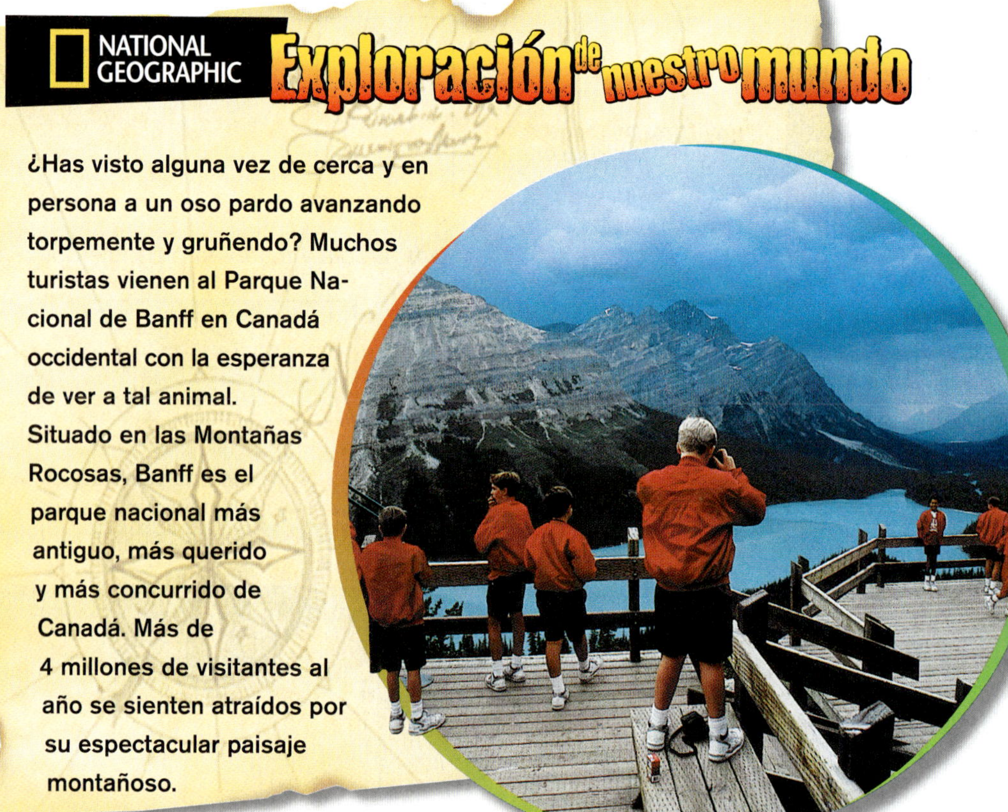

Los vikingos atracaron sus botes en la costa oriental alrededor de 1000 d.C. Las Cataratas del Niágara rugen hacia el sureste. Los osos pardos deambulan en las regiones occidentales. ¿Qué país estamos describiendo? Es **Canadá**.

El paisaje de Canadá

Canadá, situado al norte de la región contigua de Estados Unidos, es el segundo país más grande del mundo en extensión territorial. Sólo Rusia es más grande. Entre Canadá y los Estados Unidos se encuentra la frontera más larga del mundo sin protección. La amistad entre los dos países ha permitido que cada día miles de personas crucen esta frontera de 5,522 millas (8,887 km). Al igual que los Estados Unidos, Canadá tiene el Océano Atlántico en su costa este y el Océano Pacífico en su costa oeste. El Océano Ártico se encuentra al extremo norte.

A diferencia de los Estados Unidos, Canadá no tiene estados. En su lugar, tiene 10 **provincias** o divisiones políticas regionales. También incluye tres territorios. Busca en el mapa de la página 119 la provincia occidental de Terranova y Labrador. Ahora busca las provincias marítimas de Nueva Escocia, Nueva Brunswick y la Isla del Príncipe Eduardo. Hacia el oeste, verás Quebec y Ontario, seguido por las provincias de las praderas: Manitoba, Saskatchewan y Alberta. En la costa del extremo oeste está Columbia Británica. Ahora busca el Territorio del Yukón y los territorios del noroeste. En 1999, un tercer territorio, Nunavut, se creó a partir de una zona de los territorios del noroeste. Esta área es el hogar de los inuit.

Efecto de los glaciares Hace miles de años, la mayor parte de Canadá estaba cubierta por **glaciares** enormes o capas gigantes de hielo. El peso de estos glaciares empujó una gran parte de la tierra hacia abajo y creó una cuenca larga y baja. En los bordes oeste, este y norte de esta cuenca surgieron entonces los altiplanos. El agua cubrió la tierra que se hallaba muy baja. Como consecuencia, Canadá tiene muchos lagos y vías fluviales, más que cualquier otro país en el mundo.

Mira el mapa en la página 118 y verás la región en forma de herradura, conocida como el **Escudo Canadiense**, que envuelve a toda la **Bahía de Hudson.** Las lomas rocosas, desgastadas por la erosión, junto a miles de lagos salpican una gran parte de esta región despoblada. En las profundidades del Escudo Canadiense se encuentran yacimientos de minerales de hierro, cobre, níquel, oro y uranio. Debido a la ubicación de la región y su clima frío, pocas personas viven aquí.

Al norte se encuentran las Islas Árticas. Gran parte del paisaje consiste de **tundras,** que son llanuras vastas y sin árboles, donde sólo unas pocas pulgadas de la superficie de la tierra se descongelan durante el verano. Los glaciares envuelven a las islas que se encuentran en el extremo norte.

Análisis del diagrama

El canal de San Lorenzo ofrece un enlace fluvial entre los Grandes Lagos y el Océano Atlántico.

Geografía **¿Qué lago se encuentra completamente por encima del nivel del mar?**

Sur de Canadá: desde el Atlántico al Pacífico Muchas de las características físicas del sur de Canadá se extienden hacia dentro de los Estados Unidos. A lo largo de la costa Atlántica del sureste de Canadá se extienden los Montes Apalaches y la Escarpe Laurentina. Al viajar a través de esta área de Canadá, verás ondulantes colinas. Los valles entre ellas están

NATIONAL GEOGRAPHIC

El canal de San Lorenzo

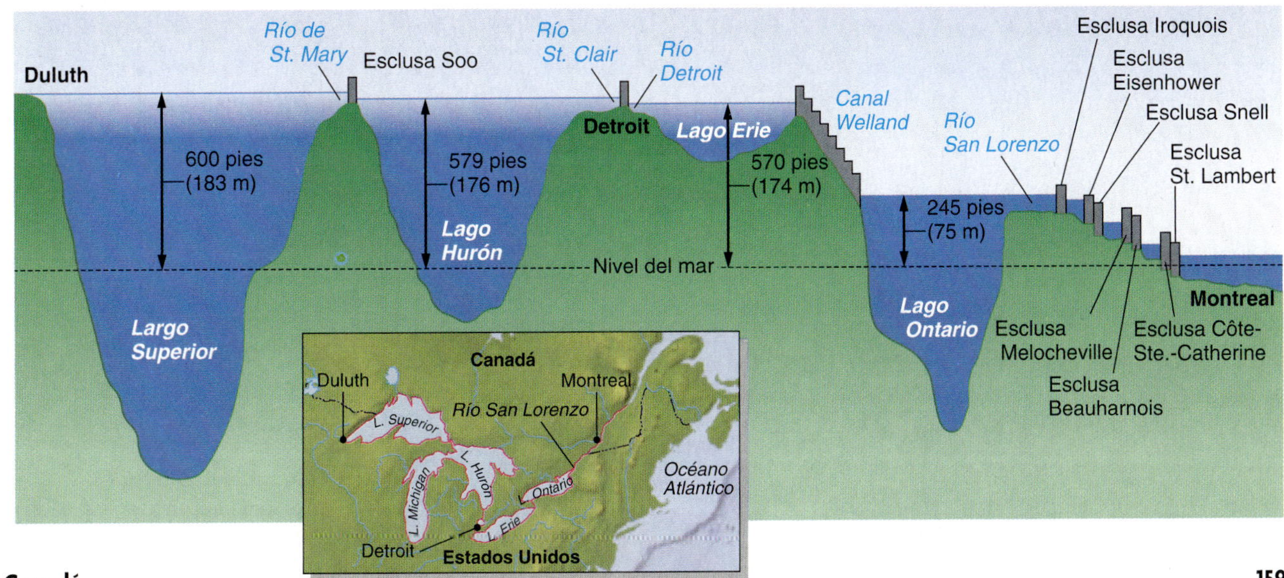

llenos de granjas. Los bosques también cubren la mayor parte del paisaje. Hay muchos puertos de aguas profundas enclavados a lo largo de las costas rocosas e irregulares.

Al pasar a través de estas áreas de tierras altas encontrarás las fértiles tierras bajas del **Río San Lorenzo** y la región de los Grandes Lagos. Esta área tiene un clima húmedo continental, inviernos largos y fríos y veranos cortos y cálidos. Debido a su rica tierra y veranos cálidos, en esta región se encuentran la mayoría de los centros urbanos, industrias y granjas de Canadá. La ciudad más grande de Canadá, **Toronto,** se encuentra en esta región. El Río San Lorenzo y los Grandes Lagos forman la mayor vía fluvial que une el centro de Canadá con la costa del Atlántico. El diagrama en la página 159 muestra el sistema de esclusas y canales del canal de San Lorenzo. Barcazas enormes, que se desplazan lentamente, transportan granos, minerales, carbón y más a través de esta vía fluvial que Canadá comparte con los Estados Unidos.

Canadá también comparte las **Grandes Llanuras** con su vecino al sur. Observa el mapa físico en la página 118 para encontrar esta región. Es una enorme **pradera,** con un área interior ondulante cubierta de hierba y con tierras fértiles. Manadas de búfalos una vez recorrieron esta pradera. Hoy, grandes ranchos ganaderos y granjas ocupan la mayor parte de la tierra.

Otro accidente geográfico compartido entre Canadá y los Estados Unidos son las **Montañas Rocosas,** que son parte de un área llamada la **cordillera.** Una cordillera es un grupo de cadenas montañosas que se encuentran una al lado de la otra. Las Montañas Rocosas canadienses son conocidas por la belleza de su paisaje y los abundantes recursos minerales que allí existen. Los turistas vienen a esta área para visitar los Parques Nacionales de Banff y Jasper.

Al oeste de las Montañas Rocosas cruzarás mesetas elevadas hasta alcanzar las **Cordilleras Costeras.** Estas montañas bordean la orilla del Pacífico de Canadá y forman otra parte de la cordillera. La hilera de islas,

NATIONAL GEOGRAPHIC **En el sitio**

Toronto

En Toronto y sus suburbios viven más de 4 millones de habitantes, siendo así el mayor centro urbano de Canadá.

Ubicación ¿En qué provincia se encuentra Toronto?

Canadá: Actividad económica

Aplicación de las habilidades con mapas

1. ¿En qué parte de Canadá se practica la ganadería?
2. ¿En cuáles ciudades pensarías que se encuentran los sitios donde se enlata pescado?

Busca en línea mapas NGS en www.nationalgeographic.com/maps

situada frente a la costa oeste de Canadá, es en realidad las cimas de montañas sumergidas. El pico más alto en Canadá es el Monte Logan, que se eleva a 19,551 pies (5,959 m) cerca de la frontera con Alaska.

La costa del Pacífico del suroeste de Columbia Británica es similar a las costas de los estados norteamericanos de Washington y Oregón. Con su clima húmedo marítimo, ésta es la única zona en Canadá que disfruta de inviernos húmedos y templados. De hecho, la capital de Columbia Británica, Victoria, es conocida por sus jardines bien cuidados que florecen durante todo el año.

✓ Comprobación de lectura **¿Cuáles son los tres accidentes geográficos que Canadá comparte con los Estados Unidos?**

Regiones económicas de Canadá

Canadá es conocida por sus fértiles tierras, abundantes recursos naturales y trabajadores calificados. La industria manufacturera, la agricultura y la industria de servicios son las mayores actividades económicas del país. Al igual que los Estados Unidos, Canadá tiene una economía de libre mercado que permite que la gente cree y opere negocios, con una intervención limitada por parte del gobierno. El gobierno de Canadá, sin embargo,

Las cosechas nocturnas

Durante el tiempo de cosecha en el sur de Saskatchewan, se trabaja las 24 horas del día. Las granjas en las provincias de las praderas son grandes y dependen de maquinarias.

Economía **¿Qué otras actividades económicas tienen lugar en las provincias de las praderas?**

desempeña una función más directa en la economía canadiense. Por ejemplo, el gobierno nacional y los gobiernos provinciales ofrecen servicios médicos a los ciudadanos. Las compañías de radiodifusión, transporte y electricidad son estrictamente reguladas. Las áreas remotas de Canadá puede que no dispongan de estos servicios públicos sin el apoyo del gobierno.

Como es de esperar, la geografía juega un papel importante en la ubicación de las industrias. Factores, tales como su cercanía al océano, ubicación a lo largo de la frontera de los EE.UU. y Canadá y yacimientos de petróleo y carbón, determinan dónde se encuentran las industrias, los empleos y la gente.

Este de Canadá La pesca ha sido tradicionalmente la mayor industria en Terranova, Labrador y las provincias marítimas. Los **Grandes Bancos,** fuera de la costa de Terranova y Labrador, son una de las mejores áreas de pesca en el mundo. Sin embargo, las reservas de pesca de estas aguas han sido agotadas. El gobierno ahora regula la cantidad de peces que pueden capturarse en estas aguas. Como resultado, menos canadienses se ganan la vida en el mar. En su lugar, la mayoría de las personas en las provincias marítimas trabajan hoy en la producción, la minería y el turismo. **Halifax** es uno de los puertos mayores de esta región. Su puerto se mantiene abierto durante el invierno, cuando muchos otros puertos del este de Canadá están cerrados por la acumulación de hielo.

Quebec y Ontario Las industrias manufactureras y de servicios son las principales en la mayor provincia de Canadá, Quebec. Casi un cuarto de todos los canadienses viven en Quebec, donde la agricultura y la pesca son también importantes. **Montreal,** un importante puerto en el Río San Lorenzo, es la segunda ciudad más grande de Canadá. Es también su mayor centro industrial y financiero. La ciudad de **Quebec,** fundada por los franceses en 1608, es la capital de la provincia de Quebec. La abundancia de sitios históricos, así como su encanto europeo, hacen que sea popular entre turistas.

La segunda provincia más grande de Canadá es Ontario. Sin embargo, tiene la mayor cantidad de población y la que cuenta con mayores riquezas. Produce más de la mitad de los productos manufacturados en Canadá. El sur de Ontario también tiene tierras fértiles y una temporada de cultivo que dura lo suficiente como para permitir la agricultura. Los granjeros cultivan granos, frutas y verduras y crían ganado bovino para la obtención de carne y leche.

Como sabes, Toronto es la ciudad más grande de Canadá. También es la capital de Ontario y el centro principal del país para la manufactura, las finanzas y las comunicaciones. **Ottawa,** la capital del país, se encuentra en Ontario cerca de la frontera con Quebec. Muchos canadienses trabajan en oficinas del gobierno en Ottawa.

Provincias de las praderas y Columbia Británica La agricultura y la ganadería son actividades económicas importantes en las provincias de las praderas de Manitoba, Saskatchewan y Alberta. Canadá produce grandes cantidades de trigo, la mayoría del cual se exporta a Europa y Asia. Algunas de la reservas mayores de mundo de petróleo y gas natural se encuentran en Alberta y Saskatchewan. Enormes oleoductos y gaseoductos transportan el petróleo y gas a otras partes de Canadá y los Estados Unidos. Canadá es el quinto productor de energía del mundo.

Los bosques tupidos cubren la mayoría de Columbia Británica. La provincia contribuye a que Canadá sea el productor principal mundial de **papel de prensa,** que es el tipo de papel que se utiliza en la producción de periódicos o diarios. Las industrias maderera y minera también contribuyen a la riqueza de Columbia Británica. La pesca y el turismo son también actividades económicas de gran importancia. Las flotas pesqueras navegan en el Océano Pacífico para capturar salmón y otros tipos de peces. **Vancouver** es un animado centro comercial y es el puerto principal del Pacífico de Canadá.

TLCAN El monto del comercio diario entre Canadá y los Estados Unidos asciende a cerca de mil millones de dólares. En 1994, Canadá, los Estados Unidos y México firmaron el Tratado de Libre Comercio de América del Norte (TLCAN), con el objetivo de eliminar las barreras comerciales entre los tres países. Sin embargo, algunos canadienses temen que su economía depende mucho de los Estados Unidos. Les preocupa el hecho de que la economía norteamericana es tan grande que podría dominar la asociación.

✓ Comprobación de lectura **¿Qué ciudad es el centro principal de manufactura y comunicaciones de Canadá?**

Evaluación

Definición de términos

1. **Define** provincia, glaciar, tundra, pradera, cordillera, papel de prensa.

Recuerdo de hechos

2. **Historia** ¿Qué factor de la frontera entre Canadá y los Estados Unidos es poco común?
3. **Lugar** Di el nombre de cuatro de los recursos minerales que se encuentran en el Escudo Canadiense.
4. **Economía** ¿Qué provincia es la productora principal del mundo de papel de prensa?

Pensamiento crítico

5. **Haz una deducción** ¿Por qué es Vancouver un puerto útil en el comercio canadiense con países asiáticos?
6. **Saca conclusiones** Explica por qué a algunos canadienses les preocupa el TLCAN.

Organizador gráfico

7. **Organización de la información** Crea un gráfico como éste. Después enumera cada provincia, los recursos que en ella se encuentran y ciudades más importantes situadas allí, en el caso de que existan.

Provincia	Recursos	Ciudades

Aplicación de las habilidades en estudios sociales

8. **Análisis de mapas** Observa el mapa de actividades económicas en la página 161. Identifica los recursos y tipos de actividad económica que tienen lugar cerca de la ciudad de Edmonton.

Habilidades tecnológicas

Desarrollo de presentaciones multimedia

Tu tarea es preparar una presentación sobre una provincia canadiense. Tu presentación debe ser informativa pero también interesante y divertida. Una manera de lograrlo es combinando varios tipos de medios de comunicación en una **presentación multimedia**.

Desarrollo de la habilidad

Una presentación multimedia implica la utilización de distintos medios de comunicación, incluidos fotografías, videos o grabaciones de sonido. El equipo puede consistir de reproductoras de casete, retroproyectores, grabadoras de video y computadoras. Si tu presentación es sobre la provincia canadiense de Ontario, por ejemplo, podrías mostrar fotografías de las Cataratas del Niágara. También podrías encontrar un video de personas trabajando en una gran empresa en Toronto. Después puedes combinar estos elementos en una computadora.

Los programas multimedia de computadora te permiten combinar texto, video, audio, gráficos y animación. Entre las herramientas que necesitas se incluyen programas de computación de gráficos y dibujos, programas de animación que hacen que ciertas imágenes se muevan y sistemas que enlacen todo lo anterior.

Práctica de la habilidad

Utiliza las siguientes preguntas como guía para planificar tu presentación:

1. ¿Qué medios de comunicación quiero incluir? ¿Video? ¿Sonido? ¿Animación? ¿Fotografías? ¿Gráficos?
2. ¿Cuáles de los medios de comunicación son compatibles con mi computadora?
3. ¿Qué tipo de equipos de medio de comunicación se encuentran en mi escuela o biblioteca local?
4. ¿Qué medios de comunicación puedo crear para mejorar mi presentación?

Aplicación de la habilidad

Planifica y crea una presentación en multimedia acerca de un provincia de Canadá. Escribe tres ideas que quisieras abordar. Utiliza todos los materiales multimedia que sean posible y comparte tu presentación con la clase.

▼ **Para hacer presentaciones multimedia se necesitan varios equipos. Por ejemplo, una fotografía del Palacio del Hielo (izquierda) hará más interesante tu informe sobre la provincia de Quebec.**

Los canadienses

Guía de lectura

Idea principal

Los habitantes de Canadá, procedentes de diferentes medios socioeconómicos, viven en pueblos y ciudades cercanos a la frontera con los Estados Unidos.

Terminología

- dominio
- democracia parlamentaria
- primer ministro
- bilingüe
- autonomía

Estrategia de lectura

Crea un cuadro, como el presentado abajo, y para cada tema escribe por lo menos dos datos sobre Canadá.

Historia		
Población		
Cultura		

NATIONAL GEOGRAPHIC **Exploración de nuestro mundo**

¿Arrêt o *Stop* (Alto)? Las personas que viven en Quebec necesitan conocer ambas palabras cuando cruzan la calle. Canadá tiene dos idiomas oficiales que son: el inglés y el francés. Todos los documentos del gobierno están escritos en ambos idiomas. En Quebec, incluso el sistema escolar está divido en escuelas donde se habla francés y escuelas donde se habla inglés.

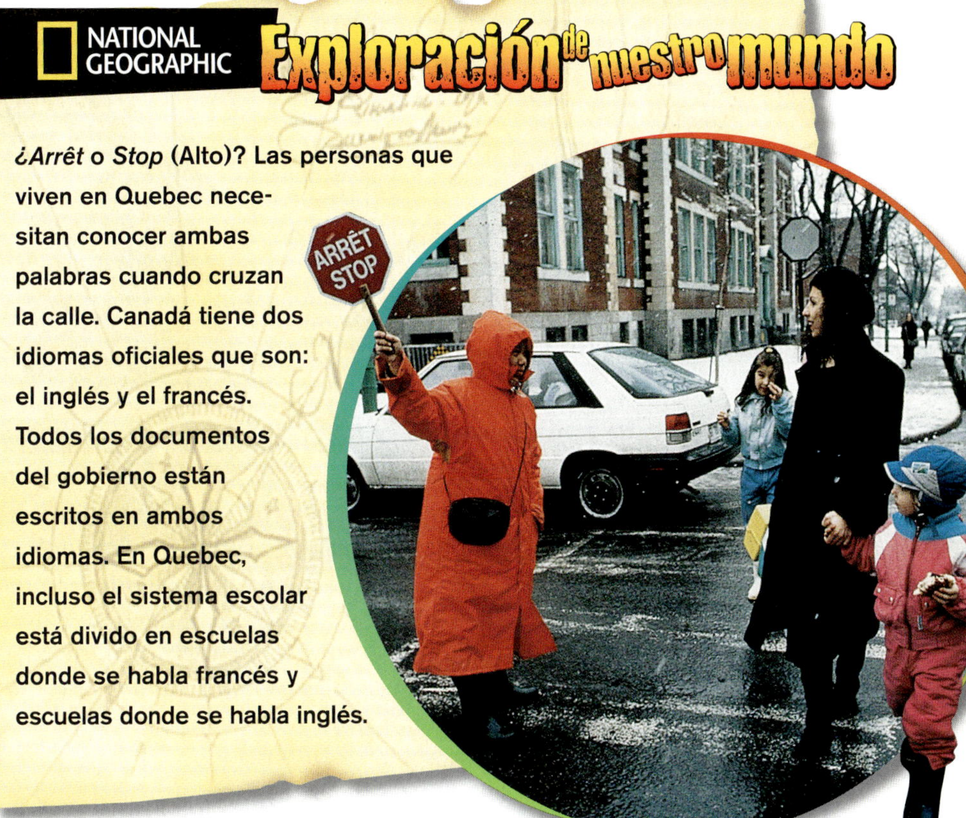

En Canadá viven cerca de 32 millones de personas. Al igual que la población de los Estados Unidos, la de Canadá está integrada por diferentes culturas. La mayor parte de los canadienses es de ascendencia europea, pero en el país viven personas de todos los países. A diferencia de los Estados Unidos, Canadá ha tenido dificultades para lograr un sólido consenso de sentirse como una gran nación unida. Las enormes distancias que existen y la separación entre las culturas en el país hacen que algunos canadienses se sientan más comprometidos con sus propias regiones que con Canadá como país.

Historia de Canadá

Los inuit y otros indios nativos de América del Norte vivieron en Canadá durante miles de años antes de que llegaran los colonizadores europeos. Algunos de ellos vivían en aldeas pesqueras a lo largo de las costas. Otros eran cazadores y recolectores que constantemente se mudaban de lugar. Otros, sin embargo, establecieron asentamientos permanentes. Los primeros europeos que llegaron a Canadá fueron los vikingos exploradores. Esto sucedió alrededor de 1000 d.C. Los vikingos vivieron por un tiempo en la costa de Terranova pero finalmente se fueron.

En los siglos XVI y XVII, Inglaterra y Francia reclamaron territorios de Canadá. Los exploradores, conquistadores y misioneros franceses fundaron

Ropa

Los inuit del Ártico Canadiense diseñaron sus ropas para protegerse contra el crudo clima. Su ropa tradicional consistía en un caribú o parka de piel de foca, pantalones, mitones y botas. En el invierno, los inuit se ponían sus prendas de vestir con la piel hacia el cuerpo. Esto creaba bolsas de aire que atrapaban el aire caliente y lo mantenía cercano al cuerpo. Encima de las pieles, se ponían otra capa pero con la piel hacia el exterior. La ropa se ondeaba a medida que la persona se movía, creando una brisa que evitaba que la persona se sobrecalentara mientras corría o trabajaba.

Mirando de cerca ¿Cómo la ropa tradicional protege a los inuit contra el crudo clima?

varias ciudades. Las más importantes fueron Quebec y Montreal. Durante casi 230 años, Francia gobernó el territorio que rodea el Río San Lorenzo y los Grandes Lagos. A esa región se le dio el nombre de Nueva Francia.

Durante los siglos XVII y XVIII, Inglaterra y Francia se enfrentaron una a la otra en la conquista de territorios alrededor del mundo. Finalmente, en el año 1763, los ingleses ganaron el control de todo Canadá. De forma trágica, las guerras y las enfermedades europeas durante ese tiempo destruyeron poco a poco las culturas indígenas.

De colonia a nación Canadá fue una colonia de Gran Bretaña por casi 100 años. Como recordarás del Capítulo 4, una colonia es un territorio extranjero con vínculos a su país colonizador. Durante el tiempo que Gran Bretaña gobernaba en Canadá, los territorios ingleses y franceses fueron mantenidos separados. Cada región tenía su propio gobierno colonialista. En 1867, las diferentes colonias de Canadá se convirtieron en una nación, conocida por el nombre de Dominio de Canadá. Como todo **dominio,** Canadá tenía su propio gobierno que se ocupaba de sus asuntos locales. Sin embargo, Gran Bretaña seguía controlando las relaciones de Canadá con otros países.

El nuevo gobierno canadiense prometió proteger para siempre el idioma y la cultura franceses en Quebec. Pero muchos canadienses angloparlantes no siempre mantuvieron esa promesa. Los que hablaban francés se quejaban con frecuencia de que eran tratados injustamente debido a su herencia. En muchas ocasiones, Canadá se vio desgarrada debido a las disputas entre los dos grupos étnicos.

Durante el siglo XX, los canadienses lucharon codo a codo con los británicos y norteamericanos en las dos guerras mundiales. El apoyo incondicional de Canadá en esos conflictos llevó gradualmente a la independencia total de la nación. En 1982, los canadienses ganaron de forma pacífica el derecho a cambiar su constitución sin la aprobación británica. En la actualidad queda sólo un vínculo importante entre Canadá y Gran Bretaña: El rey o la reina de Inglaterra sigue reinando en Canadá, pero ocupan sólo una posición ceremonial sin que tengan un poder real.

El gobierno de Canadá Los canadienses tienen una democracia parlamentaria al estilo británico. En una **democracia parlamentaria,** los electores eligen a sus representantes para que formen parte de un cuerpo legislativo denominado parlamento. Estos representantes eligen posteriormente a un funcionario, denominado **primer ministro,** que encabezará el gobierno. El rey o la reina de Gran Bretaña visita a Canadá sólo en algunas ocasiones, por lo que un funcionario canadiense, denominado gobernador general, realiza la mayoría de las tareas relacionadas con las ceremonias del gobierno.

✓ Comprobación de lectura ¿Qué trajo como resultado de la separación que Gran Bretaña mantuvo entre los territorios franceses y británicos?

Un país bilingüe

La colonización de Canadá por parte de Francia y Gran Bretaña ha significado que en la actualidad en Canadá coexistan dos idiomas y culturas europeas. Cerca de una cuarta parte de los canadienses son descendientes de colonizadores francoparlantes. (Comparado con los Estados Unidos, donde sólo 1 de cada 20 personas dice tener ascendencia francesa). La mayoría de estas personas viven en Quebec. En esa ciudad, los franceses, no los británicos, son el grupo étnico predominante.

Fuente principal

DECLARACIÓN DE LAS PRIMERAS NACIONES

"Nosotros, los Habitantes Originales de esta tierra, sabemos que el Creador nos puso aquí.
El Creador nos dio las leyes que gobiernan todas nuestras relaciones para vivir en armonía con la naturaleza y la humanidad.
Las leyes del Creador definieron nuestros derechos y responsabilidades.
El Creador nos dio nuestras creencias espirituales, idiomas, cultura y un lugar en la madre tierra que nos provee de todo lo que necesitamos.
Hemos mantenido nuestra libertad, nuestros idiomas y nuestras tradiciones desde tiempos inmemorables.
Continuamos ejerciendo los derechos y cumpliendo con las responsabilidades y obligaciones que el Creador nos dio para el territorio sobre el cual nos puso.
El Creador nos ha dado el derecho a gobernarnos y el derecho a la autodeterminación.
Los derechos y las responsabilidades que el Creador nos dio no pueden alterarse ni nunguna otra nación puede quitárnoslo."

Copyright © *Asamblea de las Primeras Naciones, Fraternidad India Nacional 2001*

Análisis de fuentes informativas primarias

La Declaración de Independencia de EE.UU. dice que " . . . todos los hombres son creados iguales, que están dotados por su Creador con ciertos derechos **inalienables** . . ." Busca el significado de *inmemorable*. Después, identifica la línea en la Declaración de las Primeras Naciones que expresa la misma idea.

La hora de jugar

Natalie Menard, una jovencita de 15 años de edad, ha jugado hockey sobre hielo desde que tenía cinco años. En Quebec los inviernos son largos, por lo que Natalie disfruta gran parte de su tiempo en el hielo. A ella también le gusta visitar a su prima Ángela, quien vive en Toronto, Ontario. Más de seis millas (10 km) de pasillos cubiertos y túneles subterráneos en el centro de Toronto conectan el metro con tiendas, oficinas, hoteles y restaurantes. Natalie y Ángela caminan de lugar en lugar sin siquiera pensar en el clima.

Los habitantes de Quebec han rechazado durante mucho tiempo el hecho de tener que renunciar a su idioma y costumbres franceses. Ellos no quieren "convertirse en ingleses". Como resultado, en la actualidad Canadá es un país **bilingüe,** con dos idiomas oficiales. El idioma oficial de un país es aquél reconocido por el gobierno como el idioma legal para conducir los asuntos gubernamentales. Los documentos y publicaciones de gobierno en Canadá se imprimen tanto en inglés como en francés. Las señales de tránsito también están escritas en ambos idiomas. Los estudiantes, por su parte, también aprenden a hablar los dos idiomas. Por supuesto, que algunas zonas del país favorecen más a un idioma que otro. ¿Qué idioma crees que sea más popular en Quebec?

Durante muchos años, muchas personas francoparlantes han querido que Quebec se separe o salga de Canadá. Ellas quisieran que Quebec se convirtiera en un país independiente, separado del resto de las provincias canadienses. No creen que la cultura francesa pueda ser protegida por un país donde la mayoría hable inglés. Pero hasta el momento, han sido derrotadas en dos votaciones muy importantes sobre este asunto. Sin embargo, el futuro de Canadá como país unido es aún algo incierto.

✓ **Comprobación de lectura** **¿Cuáles son los dos idiomas oficiales de Canadá?**

Nunavut, un territorio nuevo

Como ya has aprendido, los primeros habitantes de Canadá fueron los inuit y otros indios americanos. En los años recientes, el gobierno de Canadá ha dado a estas personas más control sobre su tierra. En 1999, se creó el nuevo territorio de Nunavut para los inuit. *Nunavut* es una palabra de origen inuit, que significa "nuestra tierra". En este nuevo territorio, los inuit controlan ahora el gobierno y los derechos a los minerales del territorio. De esa forma, la mayoría de los inuit que viven en Canadá tienen **autonomía** o el derecho a gobernarse. Sin embargo, cuando hay alguna situación donde hay otras naciones involucradas, el gobierno nacional de Canadá todavía toma las decisiones.

Nunavut es casi tres veces el tamaño del estado norteamericano de Texas. Parte de este territorio se encuentra en el continente de América del Norte, pero más de la mitad de Nunavut está formada por cientos de islas en el Océano Ártico. A pesar de ser tan extensa, Nunavut no incluye a todos los inuit que viven en Canadá. Muchos viven en Quebec, Terracota y Labrador, así como en los territorios del noroeste.

La población de Nunavut es también diferente a la población del resto de Canadá debido a su edad. Más de 60 por ciento de esta población es menor de 25 años de edad. Encontrar trabajos que mantengan ocupada a la población juvenil es difícil porque en esa región no hay muchas industrias. El gobierno es la mayor fuente de empleos, pero no ofrece suficientes. La gente muchas veces tiene que cazar o pescar para asegurarse que tengan suficientes alimentos y ropa de invierno para sobrevivir. Nunavut debe desarrollar una economía que crezca a la par de su población para que sus ciudadanos no tengan que depender de la asistencia social del gobierno.

✓ **Comprobación de lectura** **¿Para quién fue creado Nunavut?**

Creciente diversidad étnica

Como los Estados Unidos, Canadá abrió sus puertas a una gran cantidad de inmigrantes. Por ejemplo, los ucranianos se asentaron en las provincias de las praderas, hace ya casi 100 años. Muchos de los colonizadores procedían de Italia, Hungría y otros países europeos.

En la década de 1960, Canadá recibió con gusto a refugiados y otras personas que perdieron sus casas debido a las guerras o desastres naturales. Muchas de ellas venían de Asia, especialmente de China, del sureste asiático y de la India. Ciudades, como Vancouver en la costa oeste, tienen una gran población de origen asiático. A Canadá han inmigrado además muchos africanos.

Canadá tiene también una larga historia en cuanto a su diversidad religiosa. La mayoría de los canadienses son católicos o protestantes. Muchos también siguen las doctrinas del judaísmo, budismo, hinduismo o islam.

Actividad en línea Visita el sitio Web ***El Mundo y su gente*** en twip.glencoe.com y haz clic en el **Chapter 5–Student Web Activities** para que aprendas más sobre la cultura francesa de Quebec.

Alimentación, deportes y recreación Debido a la gran diversidad étnica de Canadá, la gente disfruta una gran variedad de comidas muy gustosas. Gente procedente de muchos y diferentes grupos étnicos se han asentado en ciudades como Toronto. Puedes caminar por la calle y probar en un mismo día platos de Ucrania, Grecia, Italia, el Caribe y Asia.

Los canadienses disfrutan de muchas actividades variadas, especialmente de los deportes al aire libre. Podrás encontrar parques locales y nacionales llenos de personas haciendo ejercicios o divirtiéndose. A muchos jóvenes canadienses les gusta jugar hockey sobre hielo. También participan en otros deportes de invierno, entre ellos: esquí, patinaje sobre hielo, "curling" y "snowboarding". Durante el verano, navegan en barcos de vela en el Lago Ontario. Deportes profesionales, como fútbol americano y hockey, son populares y tienen muchos espectadores. Gran cantidad de admiradores canadienses viajan en multitudes para ver los juegos de béisbol de las grandes ligas que se juegan en espaciosos estadios bajo techo en Toronto y Montreal.

Comprobación de lectura ¿Qué grupos componen la diversa población de Canadá?

Evaluación

Definición de términos

1. **Define** dominio, democracia parlamentaria, primer ministro, bilingüe y autonomía.

Recuerdo de hechos

2. **Historia** ¿Quiénes fueron los primeros habitantes de Canadá?
3. **Gobierno** ¿Cuál fue el nuevo territorio creado en 1999 y qué significa su nombre?
4. **Cultura** Nombra cuatro actividades que los canadienses disfrutan.

Pensamiento crítico

5. **Análisis de la información** ¿Cuál es el vínculo que existe entre Canadá y Gran Bretaña?
6. **Resumen de la información** ¿Cuáles son dos razones por la que existe diversidad étnica en Canadá?

Organizador gráfico

7. **Organización de la información** Dibuja un diagrama como éste. Debajo de cada encabeza miento de los óvalos exteriores, escribe dos ejemplos.

Aplicación de las habilidades en estudios sociales

8. **Análisis de gráficos** Mira el gráfico circular inferior, en la página 121. ¿Qué porcentaje de las personas en Canadá son franceses? ¿Ingleses? ¿De otros países europeos?

Establecer conexiones

ARTE | CIENCIA | CULTURA | TECNOLOGÍA

Matthew Coon Come: Un hombre con una misión

Ne-Ha-Ba-Nus, "el que se levanta con el Sol del amanecer", es también conocido como Matthew Coon Come. Como líder de la población cree y Jefe Nacional de la Asamblea de las Primeras Naciones, Matthew ha trabajado para preservar los derechos de los indios de Canadá.

Un jefe muy orgulloso

En 1990, Matthew Coon Come dirigió la lucha contra la propuesta de un proyecto hidroeléctrico, el cual hubiese inundado los territorios de los indios cree en Quebec. Matthew ayudó a organizar un viaje en canoa con el objetivo de ganar publicidad para los líderes de los Cree. El viaje comenzó por la Bahía de James, pasó a través del Lago Erie, bajó en dirección al Río Hudson y finalmente acabó acabó su viaje en la Ciudad de Nueva York. Esa estrategia fue brillante y muy eficaz. Coon Come se ganó la atención mundial, que tanto necesitaban, y abogó por su causa directamente ante los neoyorquinos, quienes cancelaron sus planes de comprar electricidad del proyecto propuesto.

Como Gran Jefe de los Cree del norte de Quebec, Coon Come se convirtió en un enemigo de la industria y de los políticos que deseaban separar a Quebec de Canadá. Él planteó que incluso si Quebec se separara de Canadá, los indios americanos que viven ahí desearán quedarse como parte de Canadá. Coon Come habló en nombre de sólo 12,000 personas de las tribus de cree, inuit, nadkapi e innu, pero ellos viven en dos tercios del territorio de Quebec.

¿Qué pasaría si esos indios americanos, quienes controlan dos tercios del territorio de Quebec, eligiesen reunificarse a Canadá si Quebec se separara? ¿Significaría esto un problema para la nueva nación de Quebec? En realidad nadie está seguro de qué sucedería en ese caso.

En reconocimiento a su liderazgo en asuntos ambientales, de derechos humanos y comunidades tribales, Matthew Coon Come ha recibido numerosos reconocimientos.

▲ Matthew Coon Come

Establecer la conexión

1. ¿Por qué Matthew Coon Come se opuso tan fervientemente a la propuesta del proyecto hidroeléctrico?
2. ¿Cómo se afectarán los indios americanos si Quebec logra exitosamente separarse de Canadá?
3. **Síntesis de la información** Matthew Coon Come tiene su nombre cristiano y su nombre de la tribu de cree. Estos nombres representan los dos mundos donde él vive. Crea un nombre nuevo para ti mismo y explica qué representa.

Repaso de la lectura

Sección 1 Un país rico en recursos

Terminología

provincia
glaciar
tundra
pradera
cordillera
papel de prensa

Idea principal

Canadá es un país enorme con muchos accidentes geográficos y recursos.

✓ **Región** Canadá es el segundo país más grande del mundo y tiene muchos recursos naturales.

✓ **Economía** La economía de Canadá es rica en tierras fértiles, recursos minerales y trabajadores calificados.

✓ **Economía** Una de las mejores áreas de pesca del mundo se encuentra en los Grandes Bancos, cerca de la costa de Terranova y Labrador.

✓ **Lugar** Quebec es la provincia más grande de Canadá.

✓ **Cultura** Quebec y Ontario tienen las ciudades más grandes de Canadá y la mayoría de sus habitantes.

Sección 2 Los canadienses

Terminología

dominio
democracia parlamentaria
primer ministro
bilingüe
autonomía

Idea principal

Los habitantes de Canadá, procedentes de diferentes medios socioeconómicos, viven en pueblos y ciudades cercanos a la frontera con los Estados Unidos.

✓ **Historia** Los inuit y otros indios americanos nativos fueron los primeros canadienses. Los colonizadores franceses y británicos luego construyeron viviendas en Canadá. Muchos inmigrantes han llegado recientemente desde Asia y Europa oriental.

✓ **Gobierno** El gobierno de Canadá es una democracia parlamentaria, encabezada por un primer ministro.

✓ **Cultura** Algunas personas en Quebec de habla francesa quieren separarse del resto de Canadá.

✓ **Cultura** Las personas nativas de Canadá han recibido recientemente mayor autonomía de gobierno.

Las Cataratas de Herradura, una de las dos cataratas de Canadá que forma parte de las Cataratas del Niágara ▶

Capítulo 5

Evaluación y actividades

Uso de términos clave

Haz corresponder los términos de la parte A con sus definiciones en la parte B.

A.

1. provincia
2. glaciar
3. pradera
4. cordillera
5. papel de prensa
6. dominio
7. autonomía
8. bilingüe
9. primer ministro
10. democracia parlamentaria

B.

a. que conoce o habla dos idiomas
b. capa gigante de hielo
c. derecho de autogobierno
d. los electores eligen a sus representantes como parte de un cuerpo legislativo llamado parlamento
e. jefe de gobierno elegido por el parlamento
f. área interior de suelo fértil cubierta de hierba
g. tipo de papel usado para los periódicos o diarios
h. división política regional
i. grupo de cadenas montañosas que se encuentran una al lado de la otra
j. una nación que tiene su propio gobierno para dirigir los asuntos locales

Repaso de las ideas principales

Sección 1 Un país rico en recursos

11. **Economía** ¿Qué tipo de economía tiene Canadá?
12. **Región** ¿Qué tres provincias son buenas zonas agrícolas?
13. **Ubicación** ¿Qué provincia es la más densamente poblada?
14. **Gobierno** Describe dos maneras en que el gobierno de Canadá desempeña un papel en la economía del país.
15. **Geografía** ¿Qué accidentes geográficos de Canadá se comparten con los Estados Unidos?
16. **Economía** ¿Cuáles son tres actividades económicas de Columbia Británica?
17. **Interacción del hombre con el medio ambiente** Explica por qué el gobierno de Canadá tiene que regular la pesca en los Grandes Bancos.

Section 2 Los canadienses

18. **Cultura** ¿Por qué algunas personas en Quebec quieren independizarse de Canadá?
19. **Lugar** ¿Cuál es la capital de Canadá y en qué provincia se encuentra?
20. **Historia** ¿Quiénes fueron los primeros habitantes de Canadá?

Canadá

Ubicación del lugar de la actividad

En una hoja de papel aparte, empareja las letras del mapa con los lugares enumerados listados a continuación.

1. Bahía de Hudson
2. Nunavut
3. Columbia Británica
4. Ottawa
5. Quebec (provincia)
6. Río San Lorenzo
7. Montañas Rocosas
8. Winnipeg
9. Ontario
10. Nueva Escocia

Prueba de autocomprobación Visita el sitio Web ***El mundo y sus gentes*** en twip.glencoe.com y haz clic en el **Chapter 5—Self-Check Quizzes** para prepararte para el examen del Capítulo.

Pensamiento crítico

21. **Establecer comparaciones** Compara los climas del oeste y este de Canadá.
22. **Análisis de la información** ¿Por qué la mayoría de los canadienses viven en el sur de Canadá?
23. **Categorización de la información** Elige una de las provincias o territorios de Canadá. Llena un cuadro, como el que se muestra a continuación, con al menos dos datos o ejemplos bajo cada título.

Provincia o territorio	Accidentes geográficos	Recursos
	Ciudades principales	Productos

Actividad de comparación de las regiones

24. **Cultura** Tal como aprendiste en este capítulo, Canadá es un país bilingüe. Otros países, como la India y Bélgica, también son países bilingües. Haz un cuadro que incluya a estos tres países e investiga los idiomas que allí se hablan. Después investiga las historias de esas naciones y determina por qué cada una es bilingüe. Compara los resultados que obtuviste entre las naciones.

Actividad mental de trazado de mapas

25. **Enfoque en la región** Traza un simple mapa del contorno de Canadá. Observa el mapa de la página 119 e identifica lo siguiente:

- Océano Ártico
- Quebec (provincia)
- Océano Pacífico
- Ontario
- Océano Atlántico
- Columbia Británica
- Montañas Rocosas
- Nunavut
- Bahía de Hudson
- Ottawa

Actividad de habilidades tecnológicas

26. **El uso de la Internet** Visita la Internet y busca información sobre los inuit y el nuevo territorio de Nunavut. Ordena cronológicamente las ilustraciones que muestran los pasos que condujeron a la creación del nuevo territorio.

Práctica de la prueba estandarizada

Instrucciones: Estudia el gráfico que se da a continuación y responde a las preguntas que siguen.

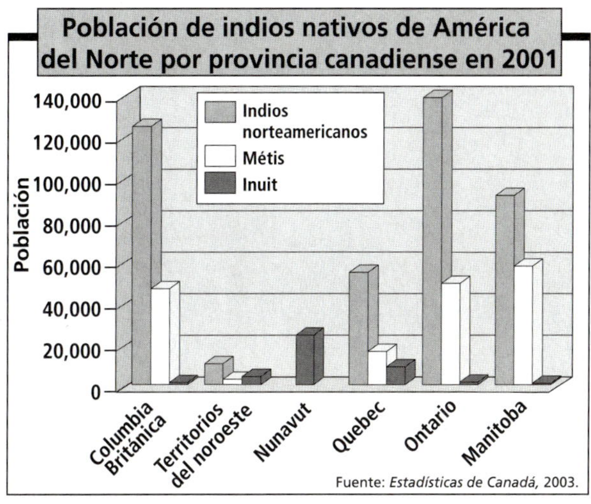

1. **¿Cuál de las siguientes provincias tiene la mayor población de indios norteamericanos?**
   - **A** Territorios del noroeste
   - **B** Manitoba
   - **C** Ontario
   - **D** Columbia Británica
2. **¿En qué parte de Canadá vive la mayor parte de la población Métis?**
   - **F** En la parte norte del país
   - **G** En el centro de Canadá
   - **H** Cerca de la costa del Atlántico
   - **J** En ciudades tales como Toronto y Ontario

Consejos para el examine: Algunas veces no puedes responder a una pregunta directamente con la información dada en el mapa o en un gráfico. En estos casos, tienes que *deducir* o llegar a una conclusión, que sea respaldada por la información dada en el mapa o gráfico. Seguir las pistas también puede ayudarte a eliminar las opciones equivocadas.

Mujer y niño indígenas peruanos

Arquitectura colonial española en Guatemala

Latinoamérica

¿Dónde puedes encontrar cálidas selvas tropicales, frígidos picos montañosos, rugientes cascadas y pacíficas playas isleñas? Todos estos contrastes pueden encontrarse en Latinoamérica, una enorme parte del mundo compuesta de 33 naciones en dos continentes. Esta región abarca desde la frontera entre México y los Estados Unidos en América del Norte, hasta el punto situado más al sur de América del Sur.

Mono araña y ruinas de los mayas, México ▲

NGS EN LÍNEA
www.nationalgeographic.com/education

Enfoca en:

Latinoamérica

LOS LAZOS COMUNES DE IDIOMA Y RELIGIÓN unen a esta región. Aunque alguna vez fueron colonias europeas, la mayoría de los países latinoamericanos aún utilizan el español o el portugués como sus idiomas oficiales. Estos dos idiomas tienen su base en el latín, por lo cual la región obtuvo su nombre. La mayoría de los latinoamericanos son católicos romanos, otra influencia de los tiempos de la colonia.

La tierra

Latinoamérica comprende desde el Río Grande hasta la Tierra del Fuego en el sur, justo a 600 millas (966 km) de las congeladas orillas de la Antártida. Tres veces más grande que los Estados Unidos continental, la región incluye a México, América Central, las islas del Caribe y América del Sur.

Montañas Las montañas son entornos prominentes en muchas partes de Latinoamérica. Algunas islas del Caribe son en realidad los picos expuestos de antiguos volcanes sumergidos. En México, las ramificaciones de la Sierra Madre se extienden como brazos acogedores que abrazan la altiplanicie central conocida como Altiplano de México. Picos cubiertos de niebla se abren paso por el interior de América Central. Los Andes, la cadena montañosa más larga del mundo, se extiende por la costa oeste de América del Sur a lo largo de 4,500 millas (7,242 km). En estas partes montañosas de Latinoamérica son comunes la actividad volcánica y los terremotos.

Planicies Angostas planicies costeras trazan las orillas de México y América Central. América del Sur tiene enormes planicies interiores. Éstas incluyen las pampas de Argentina y los llanos de Colombia y Venezuela. La parte más extensa de tierras bajas en este continente es la cuenca del Río Amazonas, el río más largo del Hemisferio Occidental. Otros ríos de Latinoamérica son el Río Grande, el Magdalena, el Orinoco, el Río de la Plata y el Río São Francisco en América del Sur.

El clima

La mayor parte de Latinoamérica tiene un clima tropical. Las lluvias que caen diariamente empapan las selvas tropicales, que abundan en las tierras bajas. En Brasil, el Río Amazonas y sus tributarios serpentean a través del área más grande de regiones de selvas tropicales, la cual cubre aproximadamente un tercio de América del Sur.

A mayor altura y entre más alejado se encuentre del Ecuador el clima tiende a ser más seco y más fresco. Bajo estas condiciones, prosperan los pastizales altos y los árboles dispersos. Aún más secas son las partes norte de México y sur de Argentina. Aquí, la precipitación pluvial es escasa y por ende, su vegetación. Pero aún estos sitios son exuberantes comparados con el Desierto de Atacama, que se extiende a lo largo de la costa de Chile. El inhóspito Atacama se encuentra entre los lugares más secos del mundo.

UNIDAD 3

Perezoso en la selva tropical, Panamá ▶

◀ Picos de los Andes, Chile

Atlas Regional

La economía

Latinoamérica es rica en recursos naturales. El oro atrajo a muchos de los primeros conquistadores europeos. En la región también abundan el cobre, la plata, el mineral de hierro, el estaño y el plomo. Algunos de los países latinoamericanos se encuentran entre los principales productores mundiales de petróleo y gas natural.

La agricultura juega un papel importante en la economía de la región. El café, los plátanos y la caña de azúcar prosperan en las fértiles y húmedas tierras bajas. En regiones más altas, los agricultores siembran granos y frutas, mientras que los vaqueros conocidos como gauchos conducen enormes manadas de ganado a través de los pastizales.

Muchos países de las islas del Caribe dependen del turismo para apoyar sus economías. Un clima cálido y soleado y hermosas playas atraen cada año a millones de turistas.

En Latinoamérica es cada vez mayor la industrialización. Sin embargo, algunos países se industrializan más rápidamente que otros. En años recientes, México, Brasil y Chile se han convertido en los principales productores de bienes manufacturados.

La falta de dinero, mano de obra calificada y transporte confiable han obstaculizado el desarrollo industrial en otras partes de la región. También las barreras geográficas como las montañas escarpadas y los espesos bosques han sido obstáculos para el desarrollo.

La gente

Mucho antes de que los Europeos cruzaran el Océano Atlántico, en Latinoamérica ya se habían desarrollado las magníficas civilizaciones nativas de Latinoamérica. A lo largo del Golfo de México, los olmeca establecieron una de las primeras civilizaciones. Posteriormente, los maya florecieron en las tierras bajas de Guatemala y en toda la Península de Yucatán en México. La tierra alta central de México fue el sitio donde se estableció el imperio azteca. En América del Sur, los inca establecieron un imperio que abarcó desde el sur de Colombia hasta la parte central de Chile.

De colonias a naciones A principios del siglo XVI, España y Portugal gobernaban la mayor parte de Latinoamérica. Los exploradores y colonizadores de estos países europeos destruyeron las civilizaciones nativas de América. Además trajeron esclavos africanos para trabajar junto con los nativos americanos en enormes granjas llamadas plantaciones.

La independencia llegó en muchos países latinoamericanos a principios del siglo XIX. Adinerados terratenientes y oficiales militares controlaban los gobiernos. Con frecuencia ignoraban las necesidades de los agricultores y trabajadores pobres. A mediados del siglo XX, Latinoamérica experimentó cambios económicos, sociales y políticos drásticos. Hoy en día, muchos países latinoamericanos tienen gobiernos democráticos.

◀ Niño mexicano cargando una cruz decorada para una fiesta religiosa

UNIDAD 3

Latinoamérica hoy en día

Latinoamérica hoy en día Los países latinoamericanos siguen siendo una mezcla cultural, nativos americanos, europeos, africanos y otros más han dejado sus huellas. Aún así, las culturas de la región mantienen lazos comunes. Por ejemplo, la mayoría de los latinoamericanos profesan la fe católica romana traída por los españoles y portugueses. Además, la mayoría de ellos hablan español o portugués. Debido a que estos idiomas están basados en el antiguo idioma latín de los romanos, la región se conoce ahora como Latinoamérica.

Hoy en día, la mayoría de los latinoamericanos viven en áreas urbanas a lo largo de las costas de América del Sur o en una banda que se extiende desde México a América Central. Algunas de las ciudades más grandes del mundo se encuentran en Latinoamérica, tal como la Ciudad de México, Río de Janeiro y São Paulo.

Río de Janeiro, Brasil ▼

Datos interesantes

País	Automóviles por cada 1,000 personas	Televisores por cada 1,000 personas
Chile	88	240
Colombia	43	279
Ecuador	41	213
México	102	272
Surinam	123	241
Venezuela	68	185

Población: Urbana vs. rural

País	Urbana	Rural
Chile	86%	14%
Colombia	76%	24%
Ecuador	63%	37%
México	75%	25%
Surinam	75%	25%
Venezuela	87%	13%

Fuentes: *Indicadores Mundiales de Desarrollo*, 2002; *Almanaque Mundial*, 2004.

Exploración de la región

1. ¿Cuál es la cadena montañosa más larga de Latinoamérica?
2. ¿Qué tipo de clima se encuentra en la mayor parte de la región?
3. ¿Qué países europeos gobernaron alguna vez en Latinoamérica?
4. ¿Cuáles países latinoamericanos se están industrializando más rápidamente?

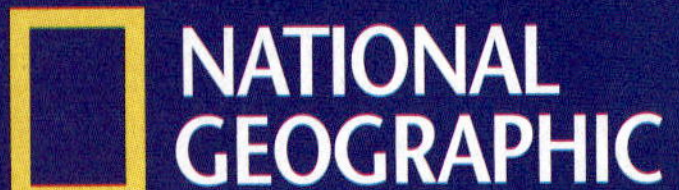

Latinoamérica

Mapa físico

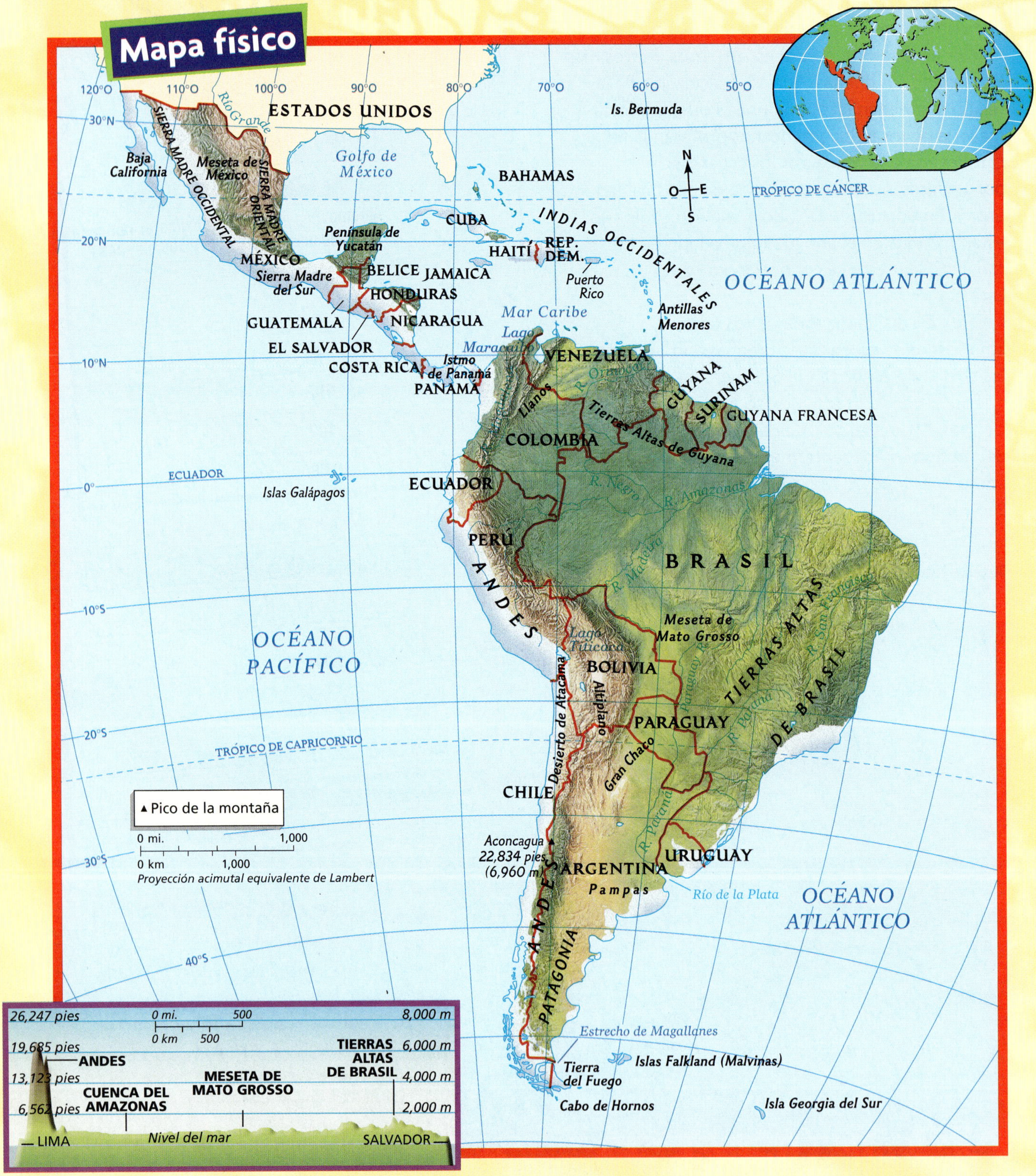

ESTADOS UNIDOS
Río Grande
Baja California
Sierra Madre Occidental
Meseta de México
Sierra Madre Oriental
Golfo de México
BAHAMAS
Is. Bermuda
CUBA
Península de Yucatán
MÉXICO
Sierra Madre del Sur
BELICE
JAMAICA
HAITÍ
REP. DEM.
Puerto Rico
INDIAS OCCIDENTALES
OCÉANO ATLÁNTICO
HONDURAS
GUATEMALA
NICARAGUA
EL SALVADOR
COSTA RICA
Istmo de Panamá
PANAMÁ
Mar Caribe
Lago Maracaibo
Antillas Menores
VENEZUELA
R. Orinoco
Llanos
GUYANA
SURINAM
GUYANA FRANCESA
Tierras Altas de Guyana
COLOMBIA
ECUADOR
Islas Galápagos
R. Negro
R. Amazonas
PERÚ
ANDES
R. Madeira
BRASIL
Meseta de Mato Grosso
TIERRAS ALTAS DE BRASIL
R. São Francisco
OCÉANO PACÍFICO
Lago Titicaca
BOLIVIA
Altiplano
Desierto de Atacama
PARAGUAY
R. Paraguay
R. Paraná
Gran Chaco
TRÓPICO DE CÁNCER
TRÓPICO DE CAPRICORNIO
CHILE
Aconcagua 22,834 pies (6,960 m)
ARGENTINA
Pampas
URUGUAY
Río de la Plata
OCÉANO ATLÁNTICO
PATAGONIA
Estrecho de Magallanes
Tierra del Fuego
Islas Falkland (Malvinas)
Cabo de Hornos
Isla Georgia del Sur

▲ Pico de la montaña

0 mi. 1,000
0 km 1,000
Proyección acimutal equivalente de Lambert

26,247 pies — 8,000 m
19,685 pies — 6,000 m
13,123 pies — 4,000 m
6,562 pies — 2,000 m
0 mi. 500
0 km 500
ANDES
CUENCA DEL AMAZONAS
MESETA DE MATO GROSSO
TIERRAS ALTAS DE BRASIL
LIMA
Nivel del mar
SALVADOR

UNIDAD 3

Mapa político

ESTUDIO DEL MAPA

1. ¿Qué enorme área de tierras bajas se localiza en el norte de Brasil?
2. ¿Cuál es la capital de Cuba?

ATLAS REGIONAL

América del Sur

Crecimiento de la población urbana

ESTUDIO DEL MAPA

1. ¿En cuánto aumentó la población de São Paulo de 1950 a 2003?
2. ¿Cuál es la población proyectada para Bogotá para el año 2015?

UNIDAD 3

Extremos geológicas

① **PUNTO MÁS ELEVADO**
Aconcagua (Argentina)
22,834 pies (6,960 m) de altura

② **PUNTO MÁS BAJO**
Península de Valdés (Argentina)
131 pies (40 m) bajo el nivel del mar

③ **RÍO MÁS LARGO**
Río Amazonas (Brasil y Perú)
4,000 millas (6,437 km) de longitud

④ **LAGO MÁS GRANDE**
Lago Maracaibo (Venezuela)
5,217 millas cuadradas
(13,512 km cuadrados)

⑤ **LAGO GRANDE NAVEGABLE MÁS ELEVADO**
Lago Titicaca
(Perú y Bolivia)
12,500 pies (3,810 m) de altura

⑥ **CASCADA MÁS ALTA**
Cascada del Ángel (Venezuela)
3,212 pies (979 m) de altura

⑦ **LUGAR MÁS SECO**
Desierto de Atacama (Chile)
la precipitación pluvial apenas puede medirse

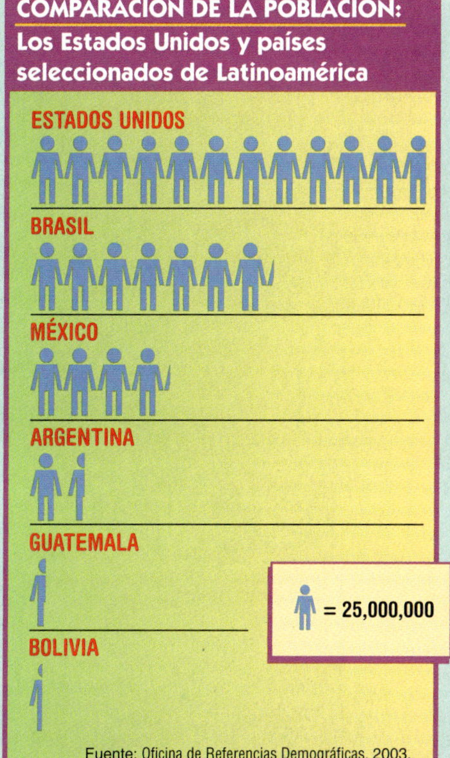

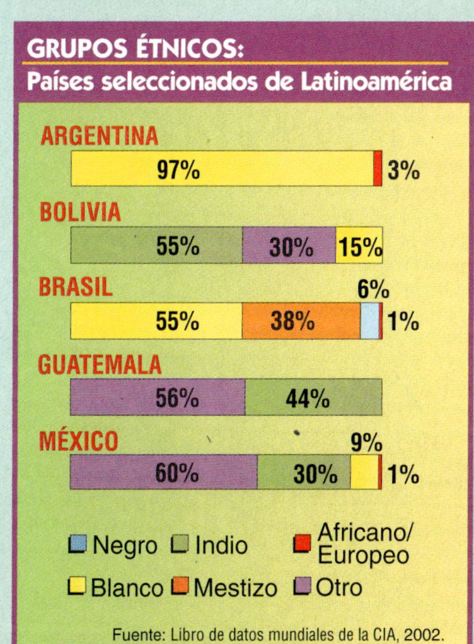

ESTUDIO DEL GRÁFICO

1. ¿Cuáles son los dos "extremos" latinoamericanos que se encuentran en Venezuela?
2. ¿Qué países tienen una mayoría de mestizos (gente con mezcla de antepasados europeos y nativos de América)?

ATLAS REGIONAL

Reseñas de los países

ANTIGUA y BARBUDA

POBLACIÓN: 100,000
436 por mi²
168 por km²

IDIOMA: Inglés

EXPORTACIÓN PRINCIPAL: Productos de petróleo

IMPORTACIÓN PRINCIPAL: Alimentos y ganado

CAPITAL: St. John's

MASA CONTINENTAL: 170 mi² 440 km²

ARGENTINA

POBLACIÓN: 36,900,000
34 por mi²
13 por km²

IDIOMA: Español

EXPORTACIÓN PRINCIPAL: Carne

IMPORTACIÓN PRINCIPAL: Maquinaria

CAPITAL: Buenos Aires

MASA CONTINENTAL: 1,073,514 mi² 2,780,401 km²

BAHAMAS

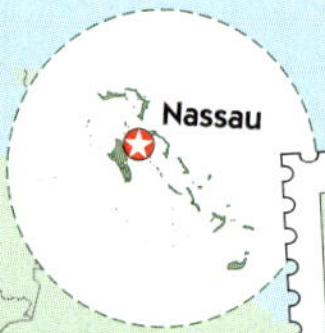

POBLACIÓN: 301,000
58 por mi²
22 por km²

IDIOMAS: Inglés, Criollo

EXPORTACIÓN PRINCIPAL: Fármacos

IMPORTACIÓN PRINCIPAL: Alimentos

CAPITAL: Nassau

MASA CONTINENTAL: 5,359 mi² 13,880 km²

BARBADOS

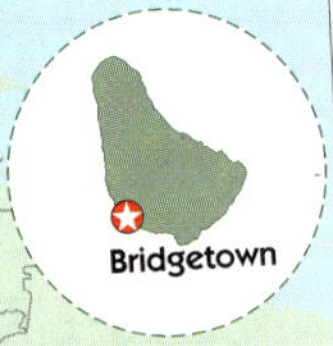

POBLACIÓN: 300,000
1,524 por mi²
588 por km²

IDIOMA: Inglés

EXPORTACIÓN PRINCIPAL: Azúcar

IMPORTACIÓN PRINCIPAL: Bienes manufacturados

CAPITAL: Bridgetown

MASA CONTINENTAL: 166 mi² 433 km²

BELICE

POBLACIÓN: 300,000
31 por mi²
12 por km²

IDIOMA: Inglés

EXPORTACIÓN PRINCIPAL: Azúcar

IMPORTACIÓN PRINCIPAL: Maquinaria

CAPITAL: Belmopán

MASA CONTINENTAL: 8,865 mi² 22,960 km²

BOLIVIA

POBLACIÓN: 8,600,000
20 por mi²
8 por km²

IDIOMAS: Español, Quechua, Aymara

EXPORTACIÓN PRINCIPAL: Metales

IMPORTACIÓN PRINCIPAL: Maquinaria

CAPITALES: La Paz, Sucre

MASA CONTINENTAL: 424,162 mi² 1,098,580 km²

BRASIL

POBLACIÓN: 176,500,000
53 por mi²
21 por km²

IDIOMA: Portugués

EXPORTACIÓN PRINCIPAL: Mineral de hierro

IMPORTACIÓN PRINCIPAL: Petróleo crudo

CAPITAL: Brasilia

MASA CONTINENTAL: 3,300,154 mi² 8,547,399 km²

CHILE

POBLACIÓN: 15,800,000
54 por mi²
21 por km²

IDIOMA: Español

EXPORTACIÓN PRINCIPAL: Cobre

IMPORTACIÓN PRINCIPAL: Maquinaria

CAPITAL: Santiago

MASA CONTINENTAL: 292,135 mi² 756,626 km²

COLOMBIA

POBLACIÓN: 44,200,000
100 por mi²
39 por km²

IDIOMA: Español

EXPORTACIÓN PRINCIPAL: Petróleo

IMPORTACIÓN PRINCIPAL: Maquinaria

CAPITAL: Bogotá

MASA CONTINENTAL: 439,734 mi² 1,138,911 km²

COSTA RICA

POBLACIÓN: 4,200,000
211 por mi²
81 por km²

IDIOMA: Español

EXPORTACIÓN PRINCIPAL: Café

IMPORTACIÓN PRINCIPAL: Materias primas

CAPITAL: San José

MASA CONTINENTAL: 19,730 mi² 51,100 km²

CUBA

POBLACIÓN: 11,300,000
264 por mi²
102 por km²

IDIOMA: Español

EXPORTACIÓN PRINCIPAL: Azúcar

IMPORTACIÓN PRINCIPAL: Petróleo

CAPITAL: La Habana

MASA CONTINENTAL: 42,803 mi² 110,860 km²

Los países y sus banderas no se muestran a escala

UNIDAD 3

Para obtener más información acerca de los países de esta región, consulta el Banco de datos de las naciones del mundo en el Apéndice.

DOMINICA

POBLACIÓN:
100,000
242 por mi²
93 por km²

IDIOMAS:
Inglés, Francés

EXPORTACIÓN PRINCIPAL:
Plátanos

IMPORTACIÓN PRINCIPAL:
Bienes manufacturados

CAPITAL:
Roseau

MASA CONTINENTAL:
290 mi²
751 km²

ECUADOR

POBLACIÓN:
12,600,000
115 por mi²
44 por km²

IDIOMAS:
Español, Quechua

EXPORTACIÓN PRINCIPAL:
Petróleo

IMPORTACIÓN PRINCIPAL:
Equipos de transporte

CAPITAL:
Quito

MASA CONTINENTAL:
109,483 mi²
283,561 km²

EL SALVADOR

POBLACIÓN:
6,600,000
817 por mi²
315 por km²

IDIOMA:
Español

EXPORTACIÓN PRINCIPAL:
Café

IMPORTACIÓN PRINCIPAL:
Materias primas

CAPITAL:
San Salvador

MASA CONTINENTAL:
8,124 mi²
21,041 km²

GRANADA

POBLACIÓN:
100,000
800 por mi²
309 por km²

IDIOMAS:
Inglés, Francés

EXPORTACIÓN PRINCIPAL:
Plátanos

IMPORTACIÓN PRINCIPAL:
Alimentos

CAPITAL:
St. George's

MASA CONTINENTAL:
131 mi²
339 km²

GUATEMALA

POBLACIÓN:
12,400,000
294 por mi²
114 por km²

IDIOMAS:
Español, dialectos mayas locales

EXPORTACIÓN PRINCIPAL:
Café

IMPORTACIÓN PRINCIPAL:
Petróleo

CAPITAL:
Ciudad de Guatemala

MASA CONTINENTAL:
42,042 mi²
108,889 km²

GUYANA

POBLACIÓN:
800,000
9 por mi²
4 por km²

IDIOMA:
Inglés

EXPORTACIÓN PRINCIPAL:
Azúcar

IMPORTACIÓN PRINCIPAL:
Bienes manufacturados

CAPITAL:
Georgetown

MASA CONTINENTAL:
83,000 mi²
214,969 km²

GUYANA FRANCESA*

POBLACIÓN:
200,000
5 por mi²
2 por km²

IDIOMA:
Francés

EXPORTACIÓN PRINCIPAL:
Camarón

IMPORTACIÓN PRINCIPAL:
Alimentos

CAPITAL:
Cayenne

MASA CONTINENTAL:
34,749 mi²
89,999 km²

* Territorio de Francia

HAITI

POBLACIÓN:
7,500,000
703 por mi²
271 por km²

IDIOMAS:
Francés, Criollo

EXPORTACIÓN PRINCIPAL:
Bienes manufacturados

IMPORTACIÓN PRINCIPAL:
Maquinaria

CAPITAL:
Puerto Príncipe

MASA CONTINENTAL:
10,714 mi²
27,750 km²

HONDURAS

POBLACIÓN:
6,900,000
159 por mi²
61 por km²

IDIOMA:
Español

EXPORTACIÓN PRINCIPAL:
Plátanos

IMPORTACIÓN PRINCIPAL:
Maquinaria

CAPITAL:
Tegucigalpa

MASA CONTINENTAL:
43,278 mi²
112,090 km²

ISLAS VÍRGENES*

POBLACIÓN:
123,498
922 por mi²
356 por km²

IDIOMA:
Inglés

EXPORTACIÓN PRINCIPAL:
Productos químicos

IMPORTACIÓN PRINCIPAL:
Petróleo crudo

CAPITAL:
Charlotte Amalie

MASA CONTINENTAL:
134 mi²
347 km²

* Territorio de los EE.UU.

JAMAICA

POBLACIÓN:
2,600,000
624 por mi²
241 por km²

IDIOMAS:
Inglés, Criollo

EXPORTACIÓN PRINCIPAL:
Alúmina

IMPORTACIÓN PRINCIPAL:
Maquinaria

CAPITAL:
Kingston

MASA CONTINENTAL:
4,243 mi²
10,989 km²

Reseñas de los países

MÉXICO

POBLACIÓN: 104,900,000; 139 por mi²; 54 por km²

IDIOMAS: Español, Idiomas nativos americanos

EXPORTACIÓN PRINCIPAL: Petróleo crudo

IMPORTACIÓN PRINCIPAL: Maquinaria

CAPITAL: Ciudad de México

MASA CONTINENTAL: 756,062 mi²; 1,958,201 km²

NICARAGUA

POBLACIÓN: 5,500,000; 109 por mi²; 42 por km²

IDIOMA: Español

EXPORTACIÓN PRINCIPAL: Café

IMPORTACIÓN PRINCIPAL: Productos

CAPITAL: Managua

MASA CONTINENTAL: 50,193 mi²; 129,999 km²

PANAMÁ

POBLACIÓN: 3,000,000; 102 por mi²; 32 por km²

IDIOMA: Español

EXPORTACIÓN PRINCIPAL: Plátanos

IMPORTACIÓN PRINCIPAL: Maquinaria

CAPITAL: Ciudad de Panamá

MASA CONTINENTAL: 29,158 mi²; 75,519 km²

PARAGUAY

POBLACIÓN: 5,700,000; 36 por mi²; 14 por km²

IDIOMAS: Español, Guaraní

EXPORTACIÓN PRINCIPAL: Algodón

IMPORTACIÓN PRINCIPAL: Maquinaria

CAPITAL: Asunción

MASA CONTINENTAL: 157,046 mi²; 406,749 km²

PERÚ

POBLACIÓN: 27,100,000; 55 por mi²; 21 por km²

IDIOMAS: Español, Quechua, Aymara

EXPORTACIÓN PRINCIPAL: Cobre

IMPORTACIÓN PRINCIPAL: Maquinaria

CAPITAL: Lima

MASA CONTINENTAL: 496,224 mi²; 1,285,220 km²

PUERTO RICO*

POBLACIÓN: 3,900,000; 1,123 por mi²; 434 por km²

IDIOMAS: Español, Inglés

EXPORTACIÓN PRINCIPAL: Farmácos

IMPORTACIÓN PRINCIPAL: Productos químicos

CAPITAL: San Juan

MASA CONTINENTAL: 3,456 mi²; 8,951 km²

* Estado libre asociado de los EE.UU.

REPÚBLICA DOMINICANA

POBLACIÓN: 8,700,000; 463 por mi²; 179 por km²

IDIOMA: Español

EXPORTACIÓN PRINCIPAL: Ferroníquel

IMPORTACIÓN PRINCIPAL: Alimentos

CAPITAL: Santo Domingo

MASA CONTINENTAL: 18,815 mi²; 48,731 km²

SAN CRISTÓBAL Y NIEVES

POBLACIÓN: 50,000; 339 por mi²; 128 por km²

IDIOMA: Inglés

EXPORTACIÓN PRINCIPAL: Maquinaria

IMPORTACIÓN PRINCIPAL: Bienes electrónicos

CAPITAL: Basseterre

MASA CONTINENTAL: 139 mi²; 360 km²

SAN VICENTE Y las GRANADINAS

POBLACIÓN: 100,000; 731 por mi²; 282 por km²

IDIOMAS: Inglés, Francés

EXPORTACIÓN PRINCIPAL: Plátanos

IMPORTACIÓN PRINCIPAL: Alimentos

CAPITAL: Kingstown

MASA CONTINENTAL: 151 mi²; 391 km²

SANTA LUCÍA

POBLACIÓN: 200,000; 677 por mi²; 261 por km²

IDIOMAS: Inglés, Francés

EXPORTACIÓN PRINCIPAL: Plátanos

IMPORTACIÓN PRINCIPAL: Alimentos

CAPITAL: Castries

MASA CONTINENTAL: 239 mi²; 619 km²

SURINAM

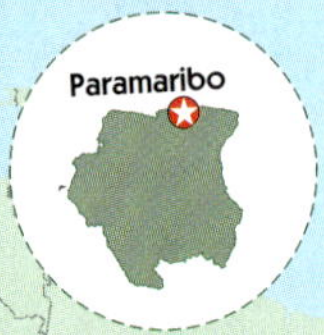

POBLACIÓN: 400,000; 6 por mi²; 3 por km²

IDIOMA: Holandés

EXPORTACIÓN PRINCIPAL: Bauxita

IMPORTACIÓN PRINCIPAL: Maquinaria

CAPITAL: Paramaribo

MASA CONTINENTAL: 63,039 mi²; 163,271 km²

Los países y sus banderas no se muestran a escala

Para obtener más información acerca de los países de esta región, consulta el Banco de datos de las naciones del mundo en el Apéndice.

TEMAS DE CIUDADANÍA

Necesidades públicas y privadas Más de un tercio del área de Brasil está cubierto por una selva tropical. Este frágil ecosistema es el hogar de millones de especies de plantas, animales e insectos. Algunas de las plantas son fuentes importantes de medicinas. De acuerdo a los científicos, más del 50 por ciento de las especies del mundo viven en la selva tropical.

Además, la selva tropical es una fuente principal de madera, minerales, frutas y verduras. Construir caminos y deforestar la tierra para llegar a estos recursos ha llevado a una gran destrucción del hábitat de la selva tropical. El gobierno de Brasil ha intentado salvaguardar grandes porciones de selva tropical como áreas protegidas. Sin embargo, el gobierno permite el desarrollo de sus recursos naturales para que sus ciudadanos tengan ingresos.

Debido a su efecto en el clima. la selva tropical es importante no solamente para Brasil, sino para todo el mundo. ¿Quién debe tener la palabra acerca de la cantidad a conservar de la selva tropical, Brasil o las Naciones Unidas?

Selva tropical brasileña ▲

ESCRIBE ACERCA DE ELLO

Imagina que en tu ciudad se está construyendo un nuevo campo de golf. El área donde se está construyendo incluye pantanos naturales donde viven aves y animales. Escríbele una carta al ayuntamiento de la ciudad delineando los pasos que piensas que deben tomar los constructores del campo de golf para proteger los pantanos.

Capítulo 6

México

El mundo y sus gentes NATIONAL GEOGRAPHIC

Para aprender más acerca de la gente y lugares de México, mira el video ***The World and Its People Chapter 6.***

Estudios sociales en línea

Descripción general del capítulo Visita el sitio Web de ***El mundo y sus gentes*** en twip.glencoe.com y haz clic en **Chapter 6–Chapter Overviews** para ver la información preliminar acerca de México.

PLEGABLES™

Organizador de estudios

Categorización de la información Cuando agrupas la información en categorías en una tabla, es más fácil estudiar las características de los ítems. Haz esta tabla plegable para ayudarte a describir el territorio, la economía y el gobierno de México, pasados y presentes.

Paso 1 Dobla una hoja de papel en tres partes del tope hacia abajo.

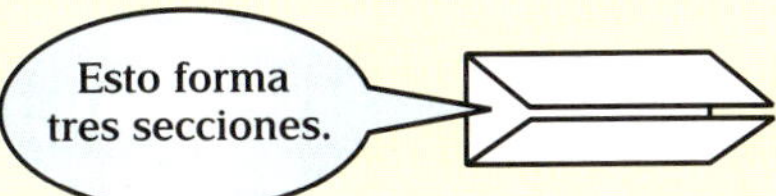

Paso 2 Abre el papel y dóblalo nuevamente en cuartos de lado a lado.

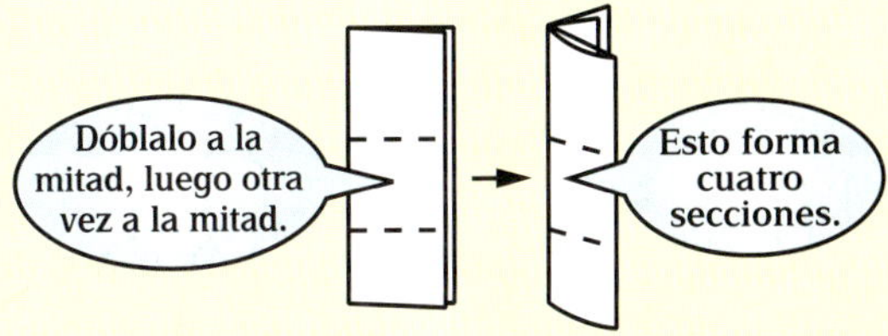

Paso 3 Desdobla, voltea el papel y traza líneas sobre los dobleces.

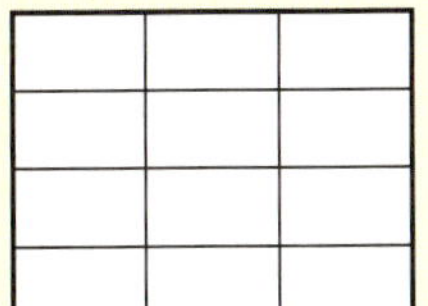

Paso 4 Rotula tu tabla tal como se muestra.

	Pasado	Presente
Territorio de México		
Economía de México		
Gobierno de México		

Lectura y redacción Al tiempo que lees el capítulo, anota los hechos clave acerca del territorio, la economía y el gobierno de México en los sitios apropiados en tu tabla plegable.

Por qué es importante

En movimiento hacia adelante

México es un país que trabaja duro para alcanzar a los países más industrializados del mundo. Hoy en día, México es un importante socio comercial de los Estados Unidos. Sin embargo, una población de rápido crecimiento y una economía en desarrollo han dificultado que México sostenga a toda su población.

◀ **El Faro del Comercio y la Catedral de Monterrey, Monterrey, México**

Guía de lectura

Idea principal

El paisaje montañoso de Méxicoy la clima variado crean las diferentes regiones económicas.

Terminología

- puente terrestre
- península
- latitud
- altitud
- huracán
- vaquero
- maquiladora
- agricultura de subsistencia
- plantación
- industrializar
- industria de servicio

Estrategia de lectura

Crea un cuadro de las regiones económicas de México, como ésta. Lista la actividad económica principal de cada región.

Región de México	Actividad económica
Norte	
Central	
Sur	

Sección 1

Territorio y economía de México

Un día el agricultor mexicano Dionisio Pulido estaba arando su sembradío de maíz. De pronto su hijo escuchó un estruendo en la tierra. Enseguida empezó a ascender humo blanco hacia la atmósfera. Cuando despertaron al día siguiente, vieron un volcán de 30 pies (9 m) de altura. Hoy en día, más de 50 años después, el volcán llamado Paricutín se eleva alrededor de 9,200 pies (2,800 m) sobre el nivel del mar.

El Paricutín y otros volcanes forman parte del escarpado paisaje de México, el cual se asienta donde chocan tres placas de la corteza terrestre. En ocasiones, el movimiento de estas placas trae consecuencias desastrosas. Magma caliente, o roca fundida, brota de un volcán. La tierra se sacude violentamente durante un terremoto. ¿Ahora ves por qué los nativos americanos llamaban a México "el país de la tierra que se sacude"?

La unión entre dos continentes

México forma parte de un **puente terrestre,** o una estrecha franja de tierra que une a dos masas terrestres más grandes. Este puente terrestre conecta a América del Norte con América del Sur. Mira el mapa en la página 191. Puedes ver que México colinda con el sur de los Estados Unidos.

Los geofísicos, o personas que estudian los continentes y accidentes geográficos, ven a México como parte de América del Norte. Sin embargo, los geógrafos culturales, ven a México como parte de Latinoamérica. Para los geógrafos culturales, el idioma, las costumbres, la religión y la historia son importantes áreas de estudio. Ambos grupos tienen la razón. México es un país latino (hispanoparlante) en el continente de América del Norte. Su ubicación en América del Norte lo hace un importante socio comercial de los Estados Unidos y Canadá. Pero la cultura de México está ligada a América Central y del Sur. Es un país que comunica a dos continentes.

El Océano Pacífico delimita a México en el occidente. Extendiéndose hacia el sur a lo largo de la costa occidental se encuentra **Baja California.** Es una **península,** larga y angosta o masa de tierra rodeada por agua en tres de sus lados. En el lado oriental de México, el **Golfo de México** y el **Mar Caribe** delimitan sus costas. Entre el Golfo y el Mar Caribe se encuentra otra península, la **Península de Yucatán.**

México tiene un territorio escarpado. Si lo pudieras ver desde el espacio, el país se vería como una pieza de papel arrugado con dobleces profundos. Altas cadenas montañosas y una enorme y elevada meseta ocupan el centro del país.

La Sierra Madre Tres diferentes cadenas montañosas en México componen la **Sierra Madre.** Debido al terreno escarpado, poca gente vive en la Sierra Madre. Sin embargo, las montañas son ricas en recursos. Contienen cobre, zinc, plata y madera.

México: Mapa político

Aplicación de las habilidades con mapas

1. México está dividido en estados. ¿Cuántos estados tiene?
2. ¿Qué país limita al norte con México?

Busca en línea mapas de NGS en www.nationalgeographic.com/maps

Muchas de las montañas en México son volcanes. El Popocatépetl, o "El Popo", como lo llaman los mexicanos, hizo erupción violentamente hace siglos. En diciembre del año 2000, El Popo nuevamente hizo erupción, lanzando rocas fundidas hacia el cielo. Alrededor de 30,000 personas de las regiones circunvecinas fueron forzadas a dejar temporalmente sus hogares. Decenas de millones de personas viven a 50 millas (80 km) o menos de la montaña y pudieran enfrentarse en el futuro a erupciones aún peores.

Los mexicanos se enfrentan a otro peligro de la tierra. Los terremotos pueden destruir sus ciudades y hogares. Un terremoto en 1985 mató a cerca de 10,000 personas en la capital de México, la **Ciudad de México,** aunque el centro del terremoto se localizó a 185 millas (298 km) de distancia. México sufre muchos terremotos porque es uno de los países que delimitan el "Anillo de Fuego". Este nombre describe la zona volcánica activa que forma los bordes occidental, norte y oriental del Océano Pacífico. En esta zona los terremotos son comunes debido al movimiento de la enorme placa del Pacífico que se localiza en las profundidades de la corteza terrestre.

NATIONAL GEOGRAPHIC **En el sitio**

Ciudad de México

El Popocatépetl se eleva sobre el nebuloso perfil de la Ciudad de México.

Interacción del hombre con el medio ambiente
¿Cuáles son los dos peligros naturales que enfrenta la gente de México?

La Meseta de México El mapa en la página 196 muestra que la Sierra Madre rodea al gran centro plano del país, la Meseta de México. En la parte norte de la meseta, encontrarás principalmente desiertos y planicies de pastizales. Valles anchos y planos que pasan por el centro, contienen las principales ciudades del país y a la mayoría de su gente. Hacia el sur, la meseta se eleva constantemente hasta que se encuentra con las montañas nevadas de la Sierra Madre del Sur.

Tierras bajas costeras Las planicies bajas de México se abren paso entre las montañas y el mar. La Planicie Costera del Pacífico empieza en un desierto cálido y casi vacío en el norte. A medida que avanzas más hacia el sur, mejores suelos y lluvia permiten la ganadería y agricultura a lo largo de esta planicie. En el otro lado del país, la Planicie Costera del Golfo recibe más lluvia y tiene suelos más fértiles para cosechar y criar animales.

✓ **Comprobación de lectura** **¿Cómo se llama la zona volcánica que afecta a México?**

Tierra de muchos climas

México tiene diferentes climas. ¿Por qué? Como leíste en el capítulo 2, la **latitud**—o la ubicación al norte o sur del Ecuador—afecta la temperatura. El Trópico de Cáncer, que pasa por el centro de México a una latitud de 23½° N, marca el límite norte del Trópico. Las áreas al sur de esta línea tienen temperaturas cálidas durante todo el año. Las áreas al norte de esta línea son cálidas en el verano y frías en el invierno.

Zonas de altitud de México

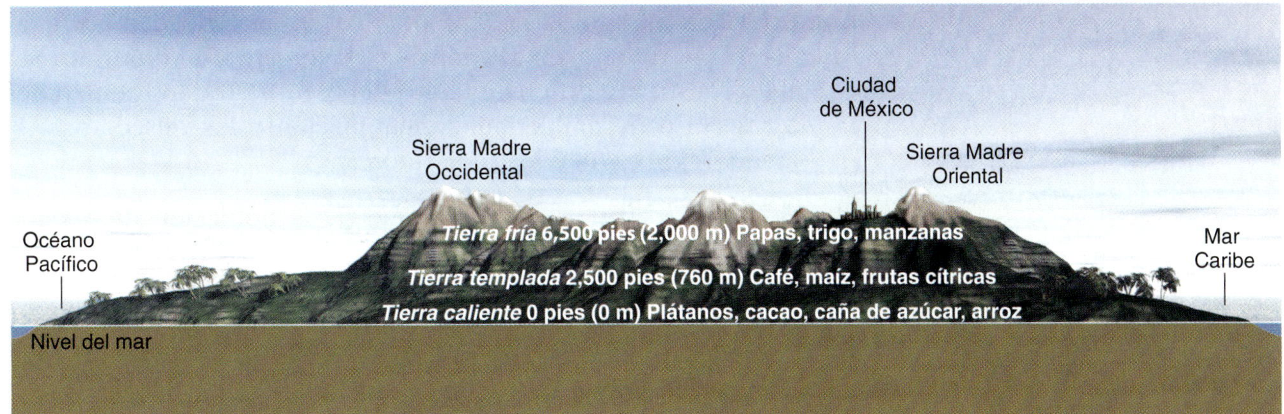

La **altitud,** o altura sobre el nivel del mar, también afecta las temperaturas en México. A mayor altitud, más fresca es la temperatura, aún en el Trópico. El diagrama anterior muestra que las montañas y la meseta de México crean tres zonas de altitud. Puedes viajar por estas tres zonas en un día de viaje atravesando la Sierra Madre.

Debido a que las tierras costeras bajas se encuentran cerca del nivel del mar, ellas tienen temperaturas altas. Los mexicanos le llaman *tierra caliente* a esta zona de altitud. Pasando a una mayor altitud, encontrarás la *tierra templada*. Aquí, el clima es más moderado. En la zona más alta, el clima es aún más fresco. Los mexicanos le llaman la *tierra fría*.

La precipitación pluvial varía en todo México. Baja California y el norte de México reciben muy poca precipitación. Otras regiones reciben más, principalmente en el verano y a principios del otoño. De junio a octubre, México puede ser azotado por **huracanes.** Estas violentas tormentas tropicales con fuertes vientos y lluvias abundantes se forman en las cálidas aguas del Océano Atlántico o del Pacífico. Pueden golpear furiosamente a México.

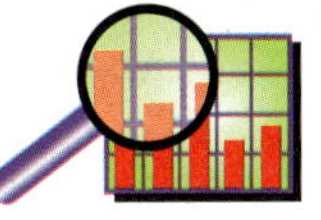

Análisis del diagrama

México tiene zonas de climas diferentes como resultado de altitudes diferentes.

Ubicación **¿En cuál zona de altitud se encuentra la Ciudad de México?**

✓ Comprobación de lectura **¿Cuál es la zona de altitud más cálida en México?**

Regiones económicas de México

La geografía física de México junto con el clima le dan al país tres regiones económicas distintas: el Norte, México Central y el Sur. Las grandes extensiones del norte de México son muy secas y rocosas para la agricultura sin irrigación. Al construir canales para llevar agua a sus campos, los agricultores pueden cultivar algodón, frutas, granos y verduras.

Norte de México ¿Sabías que las técnicas usadas por los vaqueros americanos se originaron en México? Los **vaqueros** mexicanos desarrollaron las herramientas y técnicas para arrear, lazar y herrar el ganado. Aún hoy en día los vaqueros desempeñan este trabajo.

El norte de México ha experimentado una un crecimiento económico repentino. **Monterrey,** el principal productor de acero y cemento de México, ha sido una ciudad industrial importante durante mucho tiempo. En ésta y en otras ciudades, muchas compañías de los Estados Unidos y de otros países han construido **maquiladoras**, o fábricas que ensamblan

▲ Una costurera diestra hace ropa en una maquiladora en el norte de México.

partes hechas en otros países. Como resultado, miles de mexicanos han emigrado a ciudades como **Tijuana** y **Ciudad Juárez**, localizadas en la frontera entre los EE.UU. y México. El crecimiento en estas ciudades fronterizas ha elevado la calidad de vida en las ciudades norteñas mediante el trabajo en las fábricas y un mayor comercio. Sin embargo, ésta rápido crecimiento también ha traído inquietudes acerca del daño ambiental, contaminación y los riesgos para la salud y seguridad de los trabajadores.

México Central Más de la mitad de la población de México vive en la región central, el corazón del país. ¿Por qué se asientan en esta área? El clima es una razón. Aunque el centro de México se ubica en el Trópico, su elevación evita que sea cálido y húmedo. La temperatura es moderada y el clima es agradable todo el año. Un segundo motivo es el suelo fértil. Este suelo fue creado por las erupciones volcánicas a través de los siglos y permite una agricul-tura productiva.

En el centro de México también prosperan las grandes ciudades industriales, como la Ciudad de México y **Guadalajara.** Alrededor de 22 millones de personas viven en la Ciudad de México y sus suburbios, haciéndola una de las ciudades más grandes del mundo. La ciudad de México ha sido la ciudad más grande de América desde antes de la llegada de los españoles a principios del siglo XVI.

Sur de México El Sur es la región más pobre del país. Las montañas que se elevan en el centro de esta región tienen suelos pobres. Aquí es común la **agricultura de subsistencia,** o parcelas pequeñas donde los agricultores siembran solamente el suficiente alimento para alimentar a sus familias. En contraste, las tierras costeras bajas de esta área tienen buen suelo y lluvia abundante. Los agricultores adinerados cosechan caña de azúcar o plátanos en **plantaciones,** grandes granjas que siembran una sola cosecha para su venta.

Ambas costas de México también tienen hermosas playas y un clima cálido. Turistas de todo el mundo acuden a ciudades turísticas como **Acapulco** y **Puerto Vallarta** en la costa del Pacífico y **Cancún** en la Península de Yucatán.

✓ Comprobación de lectura **¿En qué difiere la región económica norte de México de la del sur?**

La economía actual de México

Con muchos recursos y trabajadores, México tiene una economía en crecimiento. ¿Sabías que la economía de México se clasifica entre las 15 principales del mundo? Así como en el pasado, la agricultura es importante. Los agricultores siembran alimentos para alimentar a sus hogares, así como para enviarlos a todo el mundo. El maíz, frijoles, trigo y arroz son las principales cosechas que siembran para el sustento. Las exportaciones incluyen café, algodón, verduras, frutas, ganado y tabaco.

En años recientes, México se ha **industrializado,** o cambiado su economía para depender menos de la agricultura y más de la manufactura.

Las fábricas en México ahora producen automóviles, bienes de consumo y acero. Las etiquetas de tu ropa podrían decir "Hecho en México".

México tiene grandes depósitos de petróleo y gas natural en el Golfo de México y a lo largo de la costa sur. Como resultado, México se encuentra entre las principales naciones del mundo productoras de petróleo.

México es también el asiento de importantes industrias de servicio como bancos y turismo. Las **industrias de servicio** son negocios que propor-cionan servicios a las personas, más que producir bienes.

TLCAN Tal como lo leíste en la última unidad, México, los Estados unidos y Canadá entraron al TLCAN, el Tratado de Libre Comercio de América del Norte en 1994. Recuerda que bajo este acuerdo, la mayoría de los bienes comercializados entre estos países deben estar libres de aranceles o impuestos especiales. Esto significa que un ama de casa en Canadá probablemente preferirá comprar un mantel hecho en México en vez de pagar más por uno con impuestos hecho en Europa.

Algunos estadounidenses han temido que pertenecer al TLCAN significa que los trabajos se "irán al sur". Temen que los sueldos más bajos por la mano de obra en México alentará a muchos fabricantes a llevarse sus negocios a México en vez de mantenerlos en los Estados Unidos. Aún se debate el efecto general del TLCAN.

✓ Comprobación de lectura **¿Por qué algunos estadounidenses temen que los trabajos se "irán al sur"?**

Evaluación

Definición de términos

1. **Define** puente terrestre, península, latitud, altitud, huracán, vaquero, maquiladora, agricultura de subsistencia, plantación, industrializar, industria de servicio.

Memorización de datos

2. **Historia** ¿Cómo influenciaron los vaqueros de México la ganadería estadounidense?
3. **Ubicación** ¿Por qué es México un puente terrestre?
4. **Economía** ¿Por qué se han mudado muchos mexicanos a las ciudades del norte?

Pensamiento crítico

5. **Comprensión de la causa y efecto** ¿Cómo ha afectado el TLCAN a la gente en Canadá y en México? ¿Piensas que el TLCAN ha sido bueno o malo para la gente en las ciudades fronterizas de los Estados Unidos? Explica.
6. **Análisis de la información** ¿Por qué México es parte tanto de América del Norte como de Latinoamérica?

Organizador de gráficos

7. **Organización de la información** Dibuja un diagrama como éste y luego lista dos hechos que expliquen la enorme población del centro de México.

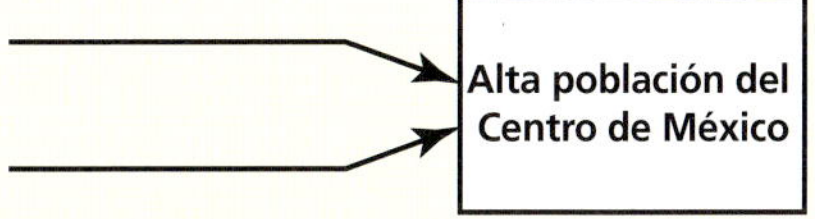

Aplicación de las habilidades en estudios sociales

8. **Análisis de diagramas** Estudia las zonas de altitudes de México en la página 193. ¿A qué elevación crees que vive la mayoría de la gente? ¿Por qué vive ahí?

Habilidades de estudios sociales

Lectura de un mapa físico

Un mapa que muestra las diferentes elevaciones del territorio se le llama **mapa físico.** Los mapas físicos utilizan colores y sombreados para mostrar los relieves, o cuán plana, o escarpada es la superficie de la tierra. También se usan colores para mostrar la elevación del territorio o altura sobre el nivel del mar. Con frecuencia el verde muestra las elevaciones más bajas (más cercanas al nivel del mar). Generalmente los amarillos, naranjas, marrones y rojos significan mayor elevación. Algunas veces las áreas más altas, como los picos montañosos, se muestran con blanco.

Desarrollo de la habilidad

Para leer un mapa físico, aplica los siguientes pasos:

- Lee el título del mapa para identificar la región mostrada en el mismo.
- Usa la clave del mapa para encontrar el significado de los colores y símbolos.
- Identifica las áreas de mayor y menor elevación en el mapa.
- Encuentra las características físicas importantes, como montañas, ríos y costas.
- Mentalmente haz un mapa de la forma real del territorio.

Práctica de la habilidad

Mira el mapa para contestar a lo siguiente:

1. ¿Qué país se muestra en el mapa?
2. ¿Qué cadenas montañosas se encuentran rotuladas?
3. ¿Cuál es la elevación en las áreas verdes del mapa (en pies y metros)?
4. ¿Qué color del mapa significa 2,000–5,000 pies (600–1,500 m)?
5. Describe brevemente el panorama físico del área mostrada en el mapa, yendo de oeste a este.

Aplicación de la habilidad

Mira el mapa físico de Latinoamérica en la página 180. Describe el panorama físico de la región, yendo del este al oeste.

IR A

Practica habilidades clave con **Glencoe Skillbuilder Interactive Workbook, Level 1.**

Los azteca Alrededor del año 1200 d.C. , llegó al centro de México proveniente del norte un pueblo llamado los mexica. Posteriormente los españoles llamaron a este pueblo los azteca. Los azteca conquistaron un gran imperio en el centro de México. Su capital, **Tenochtitlán** fue magnífica. La Ciudad de México, capital de México, se asienta hoy en día en este antiguo sitio.

Tenochtitlán fue construida originalmente en dos islas en la mitad del Lago de Texcoco. Largos diques la conectaban con tierra. La ciudad tenía grandes pirámides con escalinatas. Los comerciantes comerciaban oro, plata y alfarería en concurridos mercados. Los agricultores cultivaban sus cosechas en estructuras llamadas "jardines flotantes", o barcazas llenas de lodo. Con el tiempo, las barcazas se hundían en el lago y se apilaban, formando fértiles islas.

Los azteca y muchas de sus tradiciones sobreviven en el México actual. La comida, artesanías e idioma de México tienen sus raíces en la cultura azteca. Aún el nombre del país proviene de la palabra con la que los azteca se llamaban a sí mismos, los *mexica*. La bandera del México moderno honra esta antigua civilización. En el centro de la bandera se encuentra el símbolo azteca de un águila con una serpiente en su pico.

Comprobación de lectura ¿Qué culturas nativas americanas florecieron en México?

México español

En 1519 la historia de México cambió drásticamente. El ejército español encabezado por Hernán Cortés desembarcó en la costa del Golfo de México. Él y cerca de 600 soldados marcharon a Tenochtitlán, de la cual habían oído que estaba repleta de oro. Algunos nativos americanos que se opusieron al severo trato de los azteca se aliaron con los españoles y se les unieron. Los españoles tenían espadas, mosquetes, cañones y caballos. Esto les permitió en los siguientes dos años derrotar al imperio azteca, el cual tenía cerca de 6 millones de personas.

España hizo de México una colonia, o un territorio en el extranjero, porque el pedregoso territorio de México contenía ricos depósitos de oro y plata. Muchos pobladores españoles llegaron a vivir en México. Algunos criaban ganado en enormes ranchos llamados **haciendas.** Otros empezaron minas de oro y plata. Los españoles hicieron trabajar a los nativos americanos en los ranchos y en las minas. Miles de nativos americanos murieron por el maltrato. Muchos más murieron de enfermedades tales como el resfriado común y la viruela, las cuales adquirieron de los europeos. Sacerdotes españoles llegaron a México y a su manera trataron de mejorar las vidas de los nativos americanos. Debido a su trabajo, muchos nativos americanos aceptaron las enseñanzas de los sacerdotes. Hoy en día, alrededor del 90 por ciento de la población de México profesa la religión católica romana.

Comprobación de lectura ¿Por qué México era una valiosa colonia para España?

NATIONAL GEOGRAPHIC **En el sitio**

Teotihuacán

Cientos de años antes de la aparición de los azteca o españoles, los nativos americanos construyeron monumentos, tales como el Templo del Sol en la ciudad de Teotihuacán. Teotihuacán se localizaba cerca de lo que es ahora la Ciudad de México.

Historia **¿Cómo fue capaz el pequeño ejército español de derrotar a los azteca?**

Actividad en línea Visita el sitio Web de ***El mundo y sus gentes*** en twip.glencoe.com y haz clic en **Chapter 6—Student Web Activities** para saber más acerca de la historia de México.

Independencia y revolución

La gente en México resintió el gobierno español. En 1810 se congregaron siguiendo a un sacerdote católico, Miguel Hidalgo quien encabezó la revuelta con un ejército de campesinos. Los oficiales españoles juzgaron, sentenciaron y ejecutaron a Hidalgo, pero la rebelión no se detuvo. Los mexicanos obtuvieron su independencia de España en 1821. En 1824 formaron una república con un presidente electo.

Poco después de la independencia, México perdió parte de su valioso territorio. Texas, la provincia norteña de México, luchó y ganó su independencia de México y pidió unirse a los Estados Unidos. En 1846 los Estados Unidos lucharon contra México en una disputa por la frontera sur de Texas. En el tratado que terminó la guerra, México renunció a sus derechos sobre Texas. México perdió otra parte de su valioso territorio con los Estados Unidos, el cual incluye lo que ahora son los estados de California, Utah y Nevada.

Durante muchas décadas, las familias ricas, oficiales del ejército y los líderes de la iglesia católica tenían la mayor parte del poder y riquezas en México. En 1910 los campesinos mexicanos se levantaron en armas. Emiliano Zapata, quien comandaba un ejército rebelde, estableció las metas de esta revolución. Deseaba darle a los pobres "las tierras, bosques y agua que los terratenientes o patrones nos quitaron". Las fuerzas de Zapata tomaron muchas haciendas grandes y dividieron la tierra entre los pobres. En la parte noreste de México, Francisco "Pancho" Villa también trató de ayudar a los pobres, principalmente campesinos nativos americanos.

✓Comprobación de lectura **¿Quién encabezó la revolución de 1910 en México?**

Evaluación

Definición de términos

1. **Define** jade, obsidiana, maíz, jeroglíficos, mural, hacienda.

Recuerdo de hechos

2. **Historia** Describe tres logros de los antiguos maya.
3. **Historia** ¿Cuál país europeo conquistó y colonizó a México?
4. **Historia** ¿Cuáles fueron los objetivos de Emiliano Zapata?

Pensamiento crítico

5. **Secuencia de información** Pon los siguientes eventos en el orden cronológico correcto: Cortés conquista a los azteca, México obtiene su independencia de España, los mexica llegan al centro de México, Zapata encabeza la revolución.
6. **Comprensión de causa y efecto** ¿Cómo afectó la llegada de los europeos a los nativos americanos de México?

Organizador gráfico

7. **Organización de la información** Dibuja un cuadro como éste. En cada columna, lista los principales avances de cada civilización.

Olmeca	Maya	Azteca

Aplicación de las habilidades en estudios sociales

8. **Análisis de mapas** Mira el mapa de las civilizaciones nativas americanas de México en la página 198. ¿Cuál grupo nativo americano se asentó más hacia el sur?

Establecer  conexiones

ARTE | CIENCIA | CULTURA | TECNOLOGÍA

Piedra del calendario azteca

Es difícil imaginarse cómo una enorme piedra llena de figuras talladas pueda servir como calendario. Comúnmente conocida como la Piedra del Sol, el calendario azteca está repleto de información científica y religiosa.

Historia

En 1790 los trabajadores en el centro del *zócalo,* o plaza principal, de la Ciudad de México descubrieron una enorme piedra circular. La Ciudad de México se asienta encima de Tenochtitlán, la antigua capital del imperio azteca. Unos 300 años antes, los azteca de Tenochtitlán tallaron en roca basáltica el calendario de 25 toneladas (23 t). Usando herramientas de piedra, crearon un monumento que medía 12 pies (3.6 m) de diámetro y 3 pies (0.9 m) de espesor.

La cara del dios Sol azteca aparece en el centro de la piedra calendario. Se piensa que el dios sol era uno de los dioses azteca más importantes. Siete anillos rodean al dios sol. En el anillo más cercano, hay cuatro espacios de forma cuadrada, cada uno con un símbolo que representa las cuatro eras pasadas del mundo, el tiempo que pasó antes de la aparición de los seres humanos. Rodeando a estos símbolos se encuentra un anillo que representa los 20 días del mes azteca.

Significado del calendario

La piedra del calendario azteca es en realidad dos calendarios en uno. Un calendario es un calendario religioso basado en un ciclo de 260 días. Los azteca creían que sus vidas dependían de satisfacer las demandas de sus dioses. El calendario les informaba a los sacerdotes azteca cuándo hacer ofrendas y ceremonias para cada dios. También divide los días entre los dioses. De acuerdo con la opinión de los azteca, esto mantenía el equilibrio del universo. Un desequilibrio podría provocar una lucha por el poder entre los dioses y en consecuencia el fin del mundo.

El segundo calendario es un calendario agrícola basado en un ciclo solar de 365 días. Los azteca fueron unos agricultores muy eficientes. Usaron este calendario para hacer el seguimiento de las estaciones y ceremonias relacionadas con los ciclos agrícolas.

Establecer la conexión

1. ¿Qué revela el calendario agrícola azteca acerca del conocimiento científico de los azteca?
2. ¿Por qué era importante para los azteca el dividir los días entre los dioses?
3. **Establecer comparaciones** ¿En qué diferían los dos sistemas de calendario de los azteca?

Hoy en día, la piedra del calendario azteca está en exhibición en el Museo Nacional de Antropología e Historia en la Ciudad de México.

Guía de lectura

Idea principal

Los mexicanos tienen una cultura rica y dinámica pero se enfrentan a serios desafíos.

Terminología

- plaza
- adobe
- república federal
- trabajador itinerante
- deuda nacional
- smog

Estrategia de lectura

Dibuja un diagrama como éste. En cada uno de los óvalos más pequeños, anota una característica de la cultura mexicana. Agrega tantos óvalos pequeños como necesites.

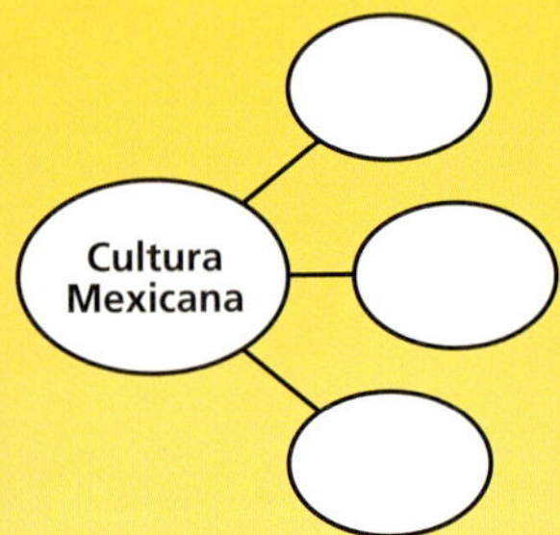

Sección 3: México hoy en día

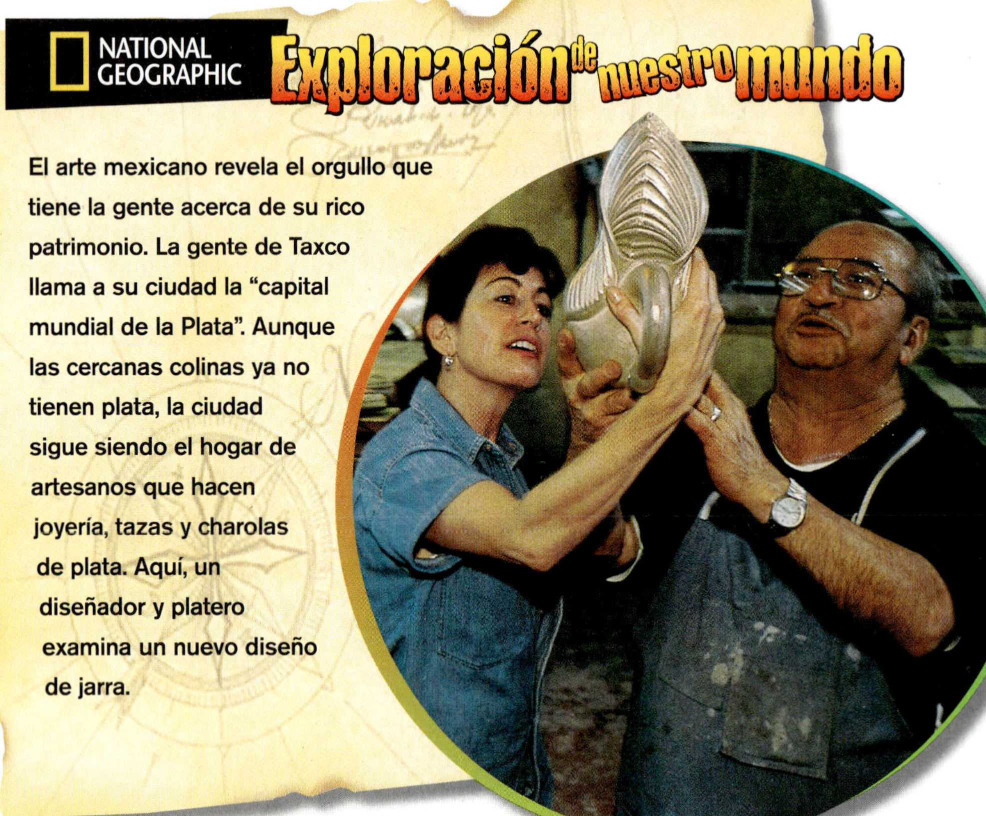

El arte mexicano revela el orgullo que tiene la gente acerca de su rico patrimonio. La gente de Taxco llama a su ciudad la "capital mundial de la Plata". Aunque las cercanas colinas ya no tienen plata, la ciudad sigue siendo el hogar de artesanos que hacen joyería, tazas y charolas de plata. Aquí, un diseñador y platero examina un nuevo diseño de jarra.

México, el tercer país más grande en área de Latinoamérica, después de Brasil y Argentina, tiene una población grande y dinámica. Alrededor del 75 por ciento de los mexicanos viven en las animadas ciudades del país.

Ciudades y pueblos de México

En el centro de las ciudades de México, encuentras con frecuencia grandes **plazas,** o centros públicos. Alrededor de la plaza de cada ciudad, se encuentran edificios importantes como iglesias y edificios del gobierno. Cuando miras los edificios, puede ver el estilo arquitectónico del tiempo de la colonia española. Las secciones más recientes de la ciudades son una mezcla de edificios de oficinas de vidrio y casas modernas. En las partes más pobres de la ciudad, la gente construye casas pequeñas con los materiales que encuentran. Estos materiales pueden ser tablas, láminas o aún cartón.

Los pueblos rurales también tienen plazas centrales. Las calles llevan de las plazas a las áreas residenciales. Muchas casas están hechas de **adobe,** o ladrillos de barro secados al sol. Los techos pueden ser hechos de paja o de tejas rojas, al estilo español.

✓ Comprobación de lectura ¿Qué se encuentra en el centro de las ciudades y pueblos de México?

Cultura mexicana

Los artistas y escritores mexicanos han creado muchos tesoros nacionales. A principio del siglo XX, los pintores mexicanos crearon hermosos murales, así como los pintores nativos americanos lo hicieron siglos antes. Entre los más famosos de estos muralistas están José Clemente Orozco, David Alfaro Sequieros y Diego Rivera. La esposa de Rivera, Frida Kahlo, se hizo muy conocida por sus pinturas, las cuales revelaban sus sentimientos íntimos. Escritores modernos como Carlos Fuentes y Octavio Paz han escrito poemas e historias que reflejan los valores del pueblo de México.

Comida Si has probado la comida mexicana, sabes que es una rica combinación de sabores. El maíz, cultivado primeramente en México, continúa siendo parte importante de la dieta mexicana. También el chocolate, tomates, frijoles, calabacitas y chiles son todos alimentos de los nativos americanos. Cuando llegaron los españoles, trajeron la carne de res, pollo, quesos y aceite de oliva, que los mexicanos agregaron a su cocina.

Hoy en día, los mexicanos usan estas diferentes tradiciones culinarias en alimentos populares como los tacos y enchiladas. Ambos platillos combinan un pan plano llamado tortilla con carne o frijoles, verduras, queso y chiles picantes.

Celebraciones Durante el año, los mexicanos disfrutan de festejos llamados fiestas. Estos días especiales incluyen desfiles, fuegos artificiales, música y baile. Los mariachis tocan en las fiestas instrumentos tradicionales como el violín, la guitarra, la trompeta y el bajo. Aunque es más probable que escuches ritmos más rápidos y canciones de los grupos latinos, los cuales han influenciado a los Estados Unidos.

Los días festivos nacionales incluyen el Día de la Independencia (16 de septiembre) y el Cinco de Mayo. El Cinco de Mayo celebra el día en 1862 en que los mexicanos derrotaron en batalla al ejército invasor francés.

Arte

El artista mexicano Diego Rivera es uno de los muralistas más famosos del siglo veinte. Él creía que el arte le pertenece a la gente. En la Ciudad de México, los murales de Rivera adornan el patio del edificio de la Secretaría de Educación y cubren las paredes del Palacio Nacional. Con sus colores característicamente vívidos y su estilo distintivo, los murales de Rivera cuentan la historia del trabajo, cultura e historia del pueblo de México.

Una mirada de cerca ¿Cómo respaldó el trabajo de Rivera su creencia de que el arte pertenece a la gente?

México a través de los siglos ▶

NATIONAL GEOGRAPHIC En el sitio

Fiestas

El 16 de septiembre, los mexicanos desfilan para celebrar a los hombres y mujeres que ayudaron a ganar la independencia mexicana.

Cultura **¿Cuál es el objetivo de las fiestas?**

El 2 de noviembre es una celebración religiosa especial llamada "Día de los Muertos". Este día, las familias se reúnen en los cementerios donde honran a sus seres queridos fallecidos poniendo comida y flores en los sepulcros.

✓ **Comprobación de lectura** **¿Cuáles son algunas de las celebraciones importantes en México?**

Gobierno de México

México, como los Estados Unidos, es una **república federal,** donde el poder está dividido entre los gobiernos nacional y estatal. Un presidente con poderes encabeza el gobierno nacional. El gobierno nacional de México difiere en que tiene mucho más poder que los gobiernos estatales. El presidente de México encabeza la rama ejecutiva del gobierno. Él o ella puede servir solamente un período de seis años pero tiene más poder que las ramas legislativa y judicial.

Por muchas décadas, un partido político, llamado Partido Revolucionario Institucional (PRI), gobernó México. Todos los presidentes y la mayoría de los funcionarios electos provenían de este partido. En años recientes, los problemas económicos y la falta de poder político de la gente provocaron frustración. En el año 2000, el recientemente presidente electo de México, Vicente Fox, provino de un partido político diferente, por vez primera en más de 70 años.

El gobierno de México encara muchos retos difíciles. La gente en México exige más libertad política para tomar decisiones que afectan sus vidas cotidianas. El tráfico de drogas es también una preocupación del gobierno. Cerca del 40 por ciento de los 100 millones de habitantes de México viven por debajo de los niveles de pobreza. Para combatir los apremiantes problemas del país, desde la pobreza hasta las drogas, se necesita un gobierno central fuerte. Sin embargo, para aumentar la democracia en México, Fox debe darle poder a las instituciones locales y estatales. Fox tendrá que ayudar a que su país encuentre el equilibrio entre estos dos niveles de gobierno.

✓ **Comprobación de lectura** **¿Qué forma de gobierno tiene México?**

Retos de México

México ha tratado de usar sus recursos para mejorar el nivel de vida de su gente. Estas acciones han tenido fuertes repercusiones en la vida mexicana, y han creado algunos retos para el futuro.

Población La población de México ha aumentado rápidamente en las últimas décadas. Debido a que mucha gente se ha ido a las ciudades para encontrar trabajo, las ciudades han crecido rápidamente. Un gran número de personas han tenido que aceptar trabajos con bajos sueldos. Como resultado, cientos de miles de personas se hacinan en barrios bajos o secciones pobres de las ciudades.

Los mexicanos que no pueden encontrar trabajo en su país, se convierten en **trabajadores itinerantes.** Éstas son personas que viajan a distintos lugares donde hacen falta trabajadores adicionales para sembrar o cultivar. Cruzan legalmente la larga frontera de México y algunas veces ilegalmente para trabajar en los Estados Unidos. Aunque la paga es poca, los trabajadores itinerantes pueden ganar más en los Estados Unidos que en México.

Otro reto relacionado con la gente de México incluye a los descendientes de los antiguos indios maya. Los maya actuales viven en el estado mexicano ubicado en el extremo sur llamado **Chiapas.** Pasa al mapa de la página 191 para ver dónde está ubicado Chiapas. Este estado es uno de los más pobres de México. Más del 75 por ciento de la gente vive por debajo del nivel de pobreza. La mayoría de la riqueza en Chiapas se concentra en un número muy pequeño de familias de hacendados que son descendientes de españoles. Las enfermedades y dolencias que resultan de la pobreza y falta de cuidados médicos provocan miles de muertes al año. Muchos indios maya luchan por su independencia del gobierno central debido a que han perdido su esperanza en el gobierno mexicano.

Deuda externa Por décadas, el gobierno mexicano se negó a que las compañías extranjeras construyeran fábricas en México. Los líderes temían que las compañías se llevaran sus ganancias a sus propios países, sacando con ello el dinero fuera de México. En la década de 1990 el gobierno cambió esta política. Los funcionarios mexicanos aún se preocupaban que este dinero se perdería, pero esperaban que las fábricas nuevas crearan más trabajos para los mexicanos.

Aplicación de las habilidades con mapas

1. ¿Cuál es la ciudad más poblada de México?
2. ¿Cómo se compara la población de Chihuahua con la de Monterrey?

Busca en línea mapas de NGS en www.nationalgeographic.com/maps

Para ayudar a crecer su economía, México pidió prestado dinero a los bancos extranjeros. Entonces el gobierno tuvo que usar el dinero que ganaba en impuestos para pagar los préstamos. Como resultado, los líderes mexicanos no tuvieron fondos suficientes para invertir en la población mexicana cuando la economía comenzó a tambalearse. Muchos mexicanos se enfurecieron. Aún así, el gobierno no pagó los préstamos y los bancos se negaron a prestar más dinero para los planes a futuro. Debido a que aún tiene préstamos que pagar, los mexicanos se enfrentarán a esta situación por muchos años. El problema de pagar la **deuda nacional,** o dinero que debe el gobierno, es un problema que encaran muchos gobiernos en el mundo actual.

Contaminación Al tiempo que la población de México aumentaba, sus ciudades crecieron en tamaño. Al mismo tiempo, la economía se industrializó. Ambos cambios contribuyeron al aumento de la contaminación en México.

Las montañas que rodean a la Ciudad de México atrapan los gases de escape de cientos de miles de automóviles. La gente de esta ciudad despierta en una niebla espesa de químicos llamada **smog.** Mucha gente usa mascarillas cuando salen de casa para ir a trabajar o a la escuela. En el norte de México, muchas fábricas liberan al aire o al agua químicos peligrosos. Un grupo ambientalista dice que el Río Grande es ahora uno de los ríos más contaminados en América del Norte.

✓ Comprobación de lectura ¿Qué retos enfrenta México?

Evaluación

Definición de términos

1. **Define** plaza, adobe, república federal, trabajador itinerante, deuda nacional, smog.

Memorización de datos

2. **Cultura** ¿Qué porcentaje de la población de México vive en áreas urbanas?
3. **Gobierno** Explica la manera en que el gobierno de México es similar al de los Estados Unidos. ¿En qué forma son diferentes?
4. **Gobierno** ¿Por qué el gobierno de México se negó a permitir fábricas extranjeras en México?

Pensamiento crítico

5. **Análisis de la información** ¿Cuál fue el resultado de la política del gobierno de México de pedir prestado a los bancos extranjeros?
6. **Resumen de información** ¿Cuáles son los problemas que han surgido como consecuencia del aumento de la población en México?

Organizador gráfico

7. **Organización de la información** Dibuja un diagrama como éste. En las flechas, lista tres factores que hayan provocado el problema del smog en la Ciudad de México. Cuando listes los factores, asegúrate de tomar en cuenta las características físicas del área.

Aplicación de las habilidades en estudios sociales

8. **Análisis de mapas** Mira el mapa de densidad de la población en la página 205. ¿Cuál es la población de Guadalajara? ¿Cuál es la densidad poblacional del área alrededor de Mérida?

Repaso de la lectura

Sección 1 Territorio y economía de México

Terminología

puente terrestre
península
latitud
altitud
huracán
vaquero
maquiladora
agricultura de subsistencia
plantación
industrializar
industria de servicio

Idea principal

El paisaje montañoso de México y el clima variado crean diferentes regiones económicas.

✓**Ubicación** México es parte de un puente terrestre que conecta a América del Norte y América del Sur.

✓**Ubicación** La mayor parte de México se encuentra en el Trópico, pero en muchas partes el clima es fresco debido a la gran elevación.

✓**Economía** Los accidentes geográficos y el clima se combinan en México para crear tres zonas económicas.

✓**Movimiento** La economía de México está creciendo y mucha gente se va a las ciudades del norte.

Sección 2 Historia de México

Terminología

jade
obsidiana
maíz
jeroglíficos
mural
hacienda

Idea principal

La cultura de México refleja una mezcla de su pasado nativo americano y español.

✓**Historia** Las civilizaciones nativas americanas de México, los olmeca, maya y azteca, hicieron muchas contribuciones a la cultura de México.

✓**Cultura** La gente de México refleja las raíces nativas americanas y españolas del país.

✓**Historia** Los españoles gobernaron México desde los años 1500 hasta 1821, cuando México obtuvo su independencia.

✓**Historia** La gente pobre en México se rebeló en 1910 contra los ricos y poderosos líderes religiosos y militares.

Sección 3 México hoy en día

Terminología

plaza
adobe
república federal
trabajador itinerante
deuda nacional
smog

Idea principal

Los mexicanos tienen una cultura rica y dinámica pero se enfrentan a serios desafíos.

✓**Ubicación** Alrededor del 75 por ciento de los mexicanos actualmente viven en ciudades.

✓**Cultura** Los mexicanos disfrutan de celebraciones llamadas fiestas, las cuales incluyen desfiles, fuegos artificiales y música.

✓**Gobierno** El gobierno mexicano es una república federal.

✓**Economía** Los retos que encara México incluyen los problemas provocados por el crecimiento poblacional, inversión extranjera, deuda y contaminación.

Capítulo 6

Evaluación y actividades

Uso de términos clave

Haz corresponder los términos de la Parte A con sus definiciones de la Parte B.

A.

1. altitud
2. huracán
3. vaquero
4. maquiladora
5. jade
6. adobe
7. plaza
8. smog
9. mural
10. agricultura de subsistencia

B.

a. fábrica que ensambla parte de otros países
b. pastor de ganado
c. ladrillos de barro secados al sol
d. pintura en la pared
e. altura sobre el nivel del mar
f. niebla mezclada con humo
g. produce solamente lo suficiente para satisfacer las necesidades de una familia
h. fuerte tormenta tropical
i. centro públicó
j. piedra brillante que viene en varias tonalidades de verde

Repaso de las ideas principales

Sección 1 Territorio y economía de México

11. **Ubicación** ¿Cómo afecta la latitud al clima de México?
12. **Economía** ¿Cuáles son las principales exportaciones de México?
13. **Movimiento** ¿Cómo han afectado las maquiladoras a las ciudades norteñas de México?

Sección 2 Historia de México

14. **Historia** ¿Cuál fue la capital de la civilización Azteca?
15. **Historia** ¿Qué efecto tuvo la conquista española en los nativos americanos?
16. **Historia** ¿Cuándo obtuvo México su independencia de España?

Sección 3 México hoy en día

17. **Gobierno** ¿Qué exige la gente en México del gobierno mexicano?
18. **Cultura** ¿Qué se celebra el Cinco de Mayo?

México

Actividad para localizar un lugar

En una hoja de papel aparte, empareja las letras del mapa con los lugares numerados a continuación.

1. Océano Pacífico
2. Ciudad de México
3. Meseta de México
4. Península de Yucatán
5. Baja California
6. Río Grande
7. Golfo de México
8. Guadalajara
9. Monterrey
10. Mar Caribe

Prueba de autocomprobación Visita el sitio Web ***El mundo y sus gentes*** en twip.glencoe.com y haz clic en el **Chapter 6–Self Check Quizzes** para prepararte para el examen del capítulo.

Pensamiento crítico

19. **Comprensión de causa y efecto** ¿Por qué los líderes mexicanos han promovido los tratados de libre comercio con otros países?
20. **Resolución de problemas** Si fueras el presidente de México, ¿qué harías para solucionar los problemas de drogas y pobreza?

Actividad de comparación de las regiones

21. **Cultura** Gente de diferentes regiones puede tener diferentes maneras para medir el tiempo. La piedra azteca, por ejemplo, era un calendario tanto religioso como agrícola. Compara la piedra azteca con el calendario de otra región que ya no se use, como el antiguo calendario egipcio o romano. ¿En qué se parecen? ¿En qué forma son diferentes?

Actividad mental de trazado de mapas

22. **Enfoque en la región** Dibuja un mapa simple del contorno de México. Consulta el mapa físico en la página 196 y luego rotula lo siguiente:
    - Océano Pacífico
    - Golfo de México
    - Península de Yucatán
    - Baja California
    - Ciudad de México
    - Río Grande
    - Sierra Madre Occidental

Actividad de habilidades tecnológicas

23. **Desarrollo de una presentación en multimedia** Imagina que trabajas para la Oficina de desarrollo económico de México. Crea una presentación en multimedia para presentársela a un grupo de inversionistas extranjeros. Usa una aplicación de software como PowerPoint® para mostrar las características positivas como el clima, recursos y mano de obra. Tu meta es mostrarle a los inversionistas que México es un buen lugar para invertir su dinero.

Práctica de la prueba estandarizada

Instrucciones: Lee el siguiente párrafo y responde a la pregunta que sigue.

La civilización azteca estaba organizada en clases. A la cabeza estaba el emperador. Su poder manaba de su control del ejército y de las creencias religiosas de la gente. Enseguida venían los nobles, seguidos de los plebeyos. Los plebeyos incluían a los sacerdotes, comerciantes y artistas. Debajo de los plebeyos estaban los siervos, o trabajadores que labraban en las tierras de los nobles. Los esclavos, la clase más baja, incluía a los criminales y gente endeudada, así como a las mujeres y niños prisioneros de guerra. Los hombres prisioneros de guerra eran sacrificados a los dioses azteca. Los azteca creían que los sacrificios de humanos vivos eran necesarios para mantener complacidos a los dioses y para evitar inundaciones y otros desastres.

1. **¿Cuál de los siguientes enunciados es una opinión acerca de la información proporcionada anteriormente?**

   F La civilización azteca estaba organizada en clases.

   G Los hombres prisioneros de guerra eran sacrificados a los dioses azteca

   H Los esclavos incluían niños.

   J Los azteca no deberían de haber sacrificado gente a sus dioses.

Consejo para el examen: Esta pregunta te pide identificar una opinión. Una opinión es la creencia de una persona. No es un hecho comprobado (como la respuesta F). Con frecuencia las opiniones contienen palabras subjetivas, como *más fácil, mejor* o *debería.*

Capítulo 7 América Central y las islas del Caribe

El mundo y sus gentes — NATIONAL GEOGRAPHIC

Para aprender más sobre la gente y los lugares de América Central y el Caribe, mira el video ***The World and Its People*** **Chapter 7.**

Estudios sociales en línea

Descripción general del capítulo Visita el sitio Web ***El mundo y sus gentes*** en twip.glencoe.com y haz clic en **Chapter 7—Chapter Overviews** para ver con anticipación la información preliminar sobre América Central y las islas del Caribe.

▼ Guadalupe, una isla en las Antillas Menores

Por qué es importante

Estimular la confianza

En 1823 la Doctrina de Monroe les advirtió a los países europeos que no interfirieran en los asuntos de los países en las Américas. Desde entonces, los presidentes de los Estados Unidos han trabajado para crear una relación especial con nuestros vecinos cercanos.

PLEGABLES™ Organizador de estudios

Comparación y contraste Prepara este plegable para ayudarte a determinar cómo América Central y las islas del Caribe son semejantes y diferentes.

Paso 1 Dobla una hoja de papel por el medio, uniendo el borde de arriba con el de abajo.

Paso 2 Dóblalo otra vez por el medio, de lado a lado.

Paso 3 Desdobla el papel una vez. Dibuja el mapa del contorno de América Central y las islas del Caribe usando ambos lados de la hoja doblada y rotúlalo según se ilustra.

Paso 4 Corta por el doblez de la hoja que queda arriba solamente.

Lectura y redacción A medida que leas el capítulo, escribe los datos en los lados adecuados de tu plegable. Usa lo que escribas para comparar y contrastar las personas y los lugares de América Central y de las islas del Caribe.

Sección 1 América Central

Guía de lectura

Idea principal

América Central está compuesto de siete naciones que son el hogar de una variedad de personas, animales exóticos y diversos accidentes geográficos.

Terminología

- istmo
- bóveda
- ecoturista
- índice de alfabetización
- república
- democracia parlamentaria

Estrategia de lectura

Crea un cuadro como éste. Haz una lista de varios países en América Central y escribe dos datos importantes de cada país.

País	Datos importantes

América Central es un **istmo,** o una lengua estrecha de tierra que conecta a dos masas de tierra más grandes: América del Norte y América del Sur. La mayoría de los países en el istmo tienen dos costas, una en el Océano Pacífico y otra en el Mar Caribe. Esta región angosta es realmente parte de América del Norte. Hay siete países que componen a América Central: **Belice, Guatemala, El Salvador, Honduras, Nicaragua, Costa Rica** y **Panamá.**

Una tierra accidentada

Al igual que México, América Central yace donde se unen dos placas en la corteza de la Tierra. El choque de estas placas produce volcanes y terremotos en la región. La Cordillera Central, que como columna vertebral corre en forma de curvas por el interior de América Central, es realmente una cadena de montañas volcánicas. Debido a esta característica accidentada, es difícil cruzar la Cordillera Central. Esto causa problemas graves de transporte y comunicación y también ha mantenido aisladas a muchas personas entre una región y otra. Los volcanes de la Cordillera Central, por otro lado, rinden beneficios a los agricultores. El material volcánico ha producido suelos muy fértiles.

América Central es en su mayoría tropical, aunque en las montañas el clima permanece frío. Los terrenos más bajos a lo largo del lado del Caribe reciben alrededor de 100 pulgadas (254 cm) de lluvia en todo el año. Sin embargo, las tierras bajas a lo largo del Pacífico permanecen secas desde diciembre hasta abril. Las brisas frescas del Mar Caribe pueden convertirse en huracanes mortales durante el verano y otoño. Recuerda que los huracanes son tormentas violentas que traen lluvias torrenciales y vientos fuertes de más de 74 millas (119 km) por hora.

✓ Comprobación de lectura **¿En qué forma han sido útiles los volcanes en América Central?**

Las economías de América Central

Las economías de los países de América Central dependen de la agricultura y de la madera de los bosques húmedos. América Central tiene dos tipos de granjas. Algunas personas y compañías adineradas son propietarias de las plantaciones, que, como aprendiste en el Capítulo 6, son granjas comerciales que producen cultivos para la venta. Entre los cultivos principales figuran el café, los plátanos (guineos), el algodón y la caña de azúcar. Las plantaciones exportan sus cosechas a Estados Unidos y otras partes del mundo. Los agricultores en Guatemala y Costa Rica también siembran flores y plantas decorativas para su exportación.

Aplicación de las habilidades con mapas

1. ¿Cuáles países en América Central tienen sólo una costa?
2. ¿Cuáles dos países ocupan la isla de Española?

Busca en línea mapas de NGS en www.nationalgeographic.com/maps

Muchas granjas en América Central no son plantaciones sino granjas de subsistencia. Éstos son terrenos pequeños en donde los granjeros pobres cosechan sólo el alimento necesario para dar de comer a sus familias. Los granjeros de granjas de subsistencia normalmente crían ganado y cultivan maíz, frijoles y arroz.

Bosques húmedos Debajo de la **bóveda** verde de los árboles de América Central, la capa más alta del bosque húmedo que llena de sombra al suelo del bosque, yacen muchos tesoros. Es posible encontrar en ellos ruinas antiguas de imperios del pasado así como recursos valiosos. Los bosques densos producen madera de alto costo, como caoba y palo de rosa. También se pueden encontrar especies raras de animales y plantas que abundan aquí. Los científicos estudian las plantas para desarrollar nuevos medicamentos.

Tanto las empresas locales como las extranjeras han establecido operaciones a gran escala en los bosques húmedos. Las compañías madereras cortan árboles valiosos y los exportan. Otras compañías y granjeros locales también cortan o queman árboles a fin de despejar el terreno para la agricultura. Sin árboles para sostener el suelo en su sitio, las lluvias se llevan la tierra y sus nutrientes. Por consiguiente, la tierra se convierte en tierra de baja calidad. Las empresas y los granjeros se trasladan a otros lugares, cortando árboles de otros pedazos de terreno.

A muchos centroamericanos les preocupa la rápida destrucción de los bosques húmedos. Algunos países responden ante esta crisis ayudando a los

trabajadores a volver a sembrar las áreas despejadas. Costa Rica ha reservado una cuarta parte de sus bosques para parques nacionales. El país usa los bosques húmedos para atraer a **ecoturistas,** o personas que viajan a otros países para disfrutar las maravillas naturales que ofrecen los mismos.

Industria En la línea del horizonte de la mayoría de las ciudades de América Central no se observan chimeneas de industrias. Las pocas industrias existentes por lo general están enfocadas en la elaboración de alimentos. En Guatemala, Honduras y Nicaragua, algunas fábricas producen ropa para exportar.

Guatemala, que posee algunas reservas de petróleo, exporta petróleo crudo. Costa Rica produce chips para computadoras, diversos artículos electrónicos y medicamentos. Con su economía diversificada, Costa Rica goza de uno de los niveles de vida más altos en Latinoamérica. También posee una de los **índices de alfabetización** más altos o porcentaje de personas que pueden leer y escribir.

El turismo está cobrando mayor importancia en América Central. Si te gusta observar aves, Costa Rica es el lugar que debes visitar. El país cuenta con alrededor de 850 tipos distintos de aves. Guatemala y Honduras también atraen a muchos turistas debido a las magníficas ruinas de la antigua cultura maya que poseen.

El Canal de Panamá La economía de Panamá, al igual que la de los demás países en América Central, está basada en la agricultura. No obstante, Panamá también genera dinero de su canal. El Canal de Panamá se extiende a través del estrecho Istmo de Panamá. Los barcos pagan una tarifa por usar el canal para reducir el tiempo de viaje entre los Océanos Atlántico y Pacífico. Ve a la página 218 para que veas cómo funciona el canal.

Estados Unidos construyó el canal y fue el dueño del mismo por más de 80 años. El 31 de diciembre de 1999 se le otorgó a Panamá el control absoluto del canal. Panamá espera usar este canal navegable para fortalecer su economía. Casi la mitad de la población de 3 millones de personas de Panamá trabaja en el área del canal.

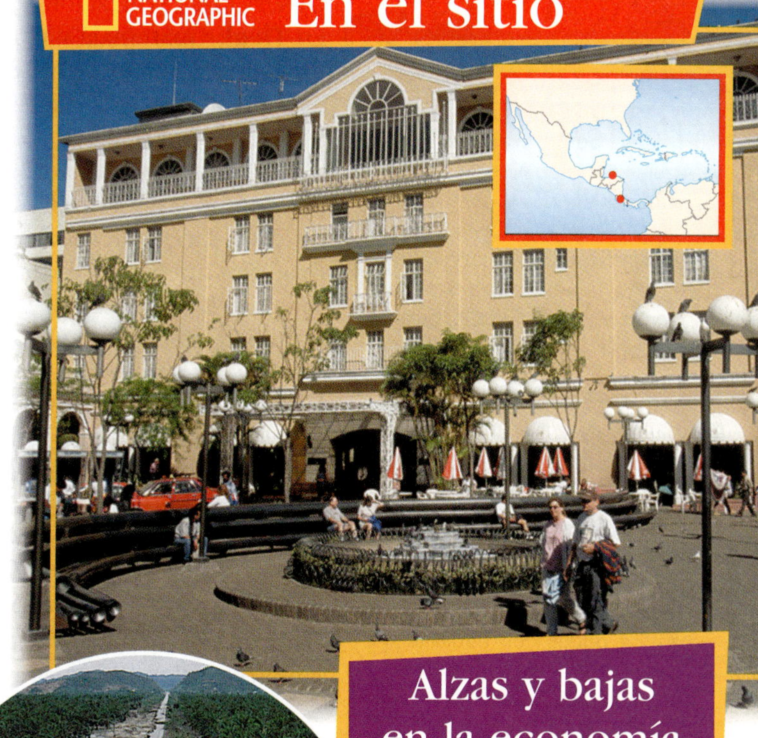

Alzas y bajas en la economía

San José, la capital de Costa Rica (arriba), tiene centros comerciales y restaurantes de comida rápida como muchas de las ciudades en América del Norte. In 1998, el huracán Mitch causó deslizamientos masivos de lodo que enterraron a aldeas enteras y destruyeron cosechas en Honduras (izquierda).

Situaciones **¿Durante qué épocas azotan los huracanes en América Central?**

✓ Comprobación de lectura **¿Cuáles son los cultivos principales de las plantaciones de América Central?**

Los centroamericanos de ayer y hoy

Los indios nativos americanos se establecieron en América Central hace miles de años. Los olmeca fueron la primera civilización de la zona, desde alrededor de 1200 a.C. hasta 400 a.C. La civilización de los maya floreció en

¡Qué buena captura!

Las aguas profundas y azules del Lago Nicaragua son el hogar de los únicos tiburones y peces espadas de agua dulce en todo el mundo. Ahora el lago tiene un pez espada menos. Amadeo Robelo, quien reside en Granada, Nicaragua, acaba de pasar tres horas luchando contra este poderoso pez. Amadeo disfruta la pesca con su padre durante los fines de semana. El padre de Amadeo quiere que él sea parte de la clase media de Nicaragua, algo nuevo en la región en donde uno es uno de los pocos con riquezas o uno de los muchos que vive en un estado de pobreza.

los bosques húmedos del norte desde alrededor del año 250 al 900 d.C. Observa las civilizaciones de los indios nativos americanos en la página 198. En **Tical,** Guatemala y **Copán,** Honduras, los maya crearon templos y esculturas impresionantes. Antes de la llegada de Colón, en Tical se encontraba la estructura más alta en las Américas, un templo de 212 pies (64.6 m) que ascendía desde el suelo del bosque húmedo. Los maya tenían una civilización sumamente desarrollada. Su religión estaba centrada en el estudio detallado del tiempo y las estrellas, la astronomía y las matemáticas. Los maya crearon un calendario y llevaban registros en pedazos de piedra. Entonces los maya misteriosamente abandonaron sus ciudades. Muchos de sus descendientes todavía viven hoy en la zona.

En el siglo XVI, los españoles establecieron colonias en América Central. Durante los próximos 300 años, los terratenientes españoles forzaron a los indios nativos americanos a trabajar en las plantaciones. Las dos culturas fueron mezclándose gradualmente. Los indios nativos americanos comenzaron a hablar el idioma español y a practicar la fe católica apostólica romana. Los indios nativos americanos les enseñaron a los españoles sobre las plantas locales usadas para medicinas y cómo atrapar animales para comer y usar la piel.

La mayoría de los países centroamericanos se independizaron de España para el año 1821. Las dos excepciones a ello son Panamá y Belice. Panamá fue parte del país suramericano de Colombia durante décadas. En 1903, Estados Unidos ayudó a Panamá a obtener la independencia a cambio del derecho a construir el Canal de Panamá. Belice, una colonia británica hasta 1981, fue el último país centroamericano en independizarse.

Después de la independencia La mayoría de los países centroamericanos enfrentaban conflictos constantes después de obtener la independencia. Una pequeña cantidad de personas en cada país poseía la mayoría de las riquezas y el poder. Brotaron entonces movimientos rebeldes a medida que los agricultores pobres luchaban por cambios que les otorgaran tierras y una vida mejor. Varias guerras civiles estallaron en Nicaragua, El Salvador y Guatemala tan recientemente como en las décadas de 1980 y 1990.

En Guatemala, de 1960 a 1996, las fuerzas militares del gobierno pelearon contra los grupos rebeldes de las montañas. Alrededor de 150,000 personas murieron y la guerra civil debilitó seriamente la economía de Guatemala. Cientos de miles de guatemaltecos abandonaron el país en búsqueda de trabajo en Estados Unidos.

En contraste, los costarricenses han disfrutado de la paz. El país posee un gobierno estable y democrático que ha evitado conflictos durante la mayoría de su historia. A consecuencia de las relaciones pacíficas, el país no dispone de un ejército, sino de una fuerza policial para hacer cumplir la ley y el orden.

Hoy en día todos los países de América Central tienen gobiernos democráticos con votantes que eligen los funcionarios de gobierno. Seis países son también **repúblicas**, con presidentes electos como jefes de gobierno. Belice posee una **democracia parlamentaria** al estilo británico, en donde un cuerpo legislativo electo elige al primer ministro que dirigirá el gobierno.

Vida cotidiana Alrededor de 40 millones de personas viven en América Central. Casi una tercera parte de esta cifra vive en Guatemala, el país con la mayor población en la región. En oposición, alrededor de sólo 300,000 personas viven en Belice, el país menos poblado de la región. El español es el idioma oficial en toda la región, menos en Belice donde se habla el inglés. Muchos centroamericanos también hablan los idiomas de los indios nativos americanos, como los maya. La población de Guatemala, por ejemplo, en su mayoría es india nativa americana y habla más de 20 idiomas indígenas distintos. La mayoría de los centroamericanos practican la religión católica apostólica romana.

Alrededor del 50 por ciento vive en granjas o en pequeñas aldeas. Por lo menos una ciudad principal, generalmente la capital, está densamente poblada en cada país. La capital de Guatemala, la **Ciudad de Guatemala,** está al mismo nivel de **San José,** Costa Rica, en lo que respecta a ser una de las ciudades más pobladas en América Central. Las personas que viven en las zonas urbanas trabajan en manufactura o en la industria de servicio, o en granjas en las afueras de las ciudades. Los que viven en las zonas costeras pescan camarones, langostas y otros mariscos para venderlos en los mercados de las ciudades o exportarlos.

Pero independientemente de si viven en zonas rurales o urbanas, la mayoría de la gente disfruta una celebración importante llamada carnaval. El festival comienza antes de cuaresma, un período solemne de oración y examen de conciencia antes de la celebración cristiana de Pascua Florida. Durante el carnaval y en otras ocasiones, los conjuntos musicales tocan salsa, una mezcla de música popular latinoamericana, jazz y "rock". ¿Te gusta el béisbol? Éste es el deporte nacional en Nicaragua y también es muy popular en Panamá. La mayoría de la gente en la región también disfruta del fútbol.

✓Comprobación de lectura **¿Por qué el gobierno de Belice es distinto al de los demás países en América Central?**

Evaluación

Definición de términos

1. **Define** istmo, bóveda, ecoturista, índice de alfabetización, república, democracia parlamentaria.

Recuerdo de hechos

2. **Economía** ¿Cuál es la diferencia entre una plantación y una granja de subsistencia?
3. **Cultura** ¿Cuáles son las religiones e idiomas principales de América Central?
4. **Lugar** ¿Cuál país en América Central tiene la población más densa? ¿Cuál tiene la menor población?

Pensamiento crítico

5. **Establecer comparaciones** ¿Cómo las diferencias en la estabilidad de los gobiernos han afectado a los ciudadanos de Guatemala y Costa Rica en el pasado y en la actualidad?
6. **Análisis de causa y efecto** Explica por qué el suelo de los bosques no conserva sus nutrientes por mucho tiempo después de haberse cortado los árboles.

Organizador gráfico

7. **Organización de la información** Dibuja un diagrama como éste. Sobre las líneas, haz una lista de los productos e industrias principales de América Central.

Aplicación de las habilidades en estudios sociales

8. **Análisis de mapas** Consulta el mapa político de la página 213. ¿Cuáles países de América Central tienen frontera con México? ¿Cuáles tienen costas en el Océano Pacífico?

Establecer conexiones

ARTE | CIENCIA | CULTURA | **TECNOLOGÍA**

Las esclusas del Canal de Panamá

Antes de que se construyera el Canal de Panamá, los barcos tenían que navegar alrededor del cabo sur de América del Sur para trasladarse del Océano Atlántico al Océano Pacífico y viceversa. El canal ofrece un atajo que reduce el viaje por alrededor de 7,000 millas (11,270 km).

Excavación del canal

Los primeros intentos para construir un canal a través de Panamá los realizó una compañía francesa privada en 1881. Los gastos enormes en que incurrió junto con mala planificación y los efectos de las enfermedades como malaria y fiebre amarilla detuvieron la construcción. En 1904, el gobierno de Estados Unidos tomó el control. Los médicos habían aprendido recientemente que las picadas de mosquitos infectados causaban malaria y fiebre amarilla. Los trabajadores drenaron pantanos y despejaron selvas para eliminar las zonas de cría de mosquitos. Entonces comenzó la excavación. La ruta del canal atravesó colinas de tierra blanda y volcánica. A menudo ocurrían deslizamientos masivos de lodo antes de que se terminara el canal de 50 millas (80 km) en 1914.

Una obra maestra de ingeniería

Para desplazar a los barcos a través del canal, los ingenieros diseñaron tres grupos de esclusas, las estructuras más grandes en la Tierra. Estas estructuras permiten que los barcos se trasladen de un nivel de agua a otro sin cambiar la cantidad de agua en las esclusas. Juntas, las esclusas pueden elevar o descender barcos alrededor de 85 pies (26 m), que es la altura de un edificio de siete pisos. El diagrama abajo ilustra cómo funcionan estas esclusas.

Establecer la conexión

1. ¿Por qué era práctico tener un canal a través de Panamá?
2. ¿Qué función desempeñan las esclusas?
3. **Comprensión de causa y efecto** ¿Qué efecto tuvieron los avances médicos en la construcción del Canal de Panamá?

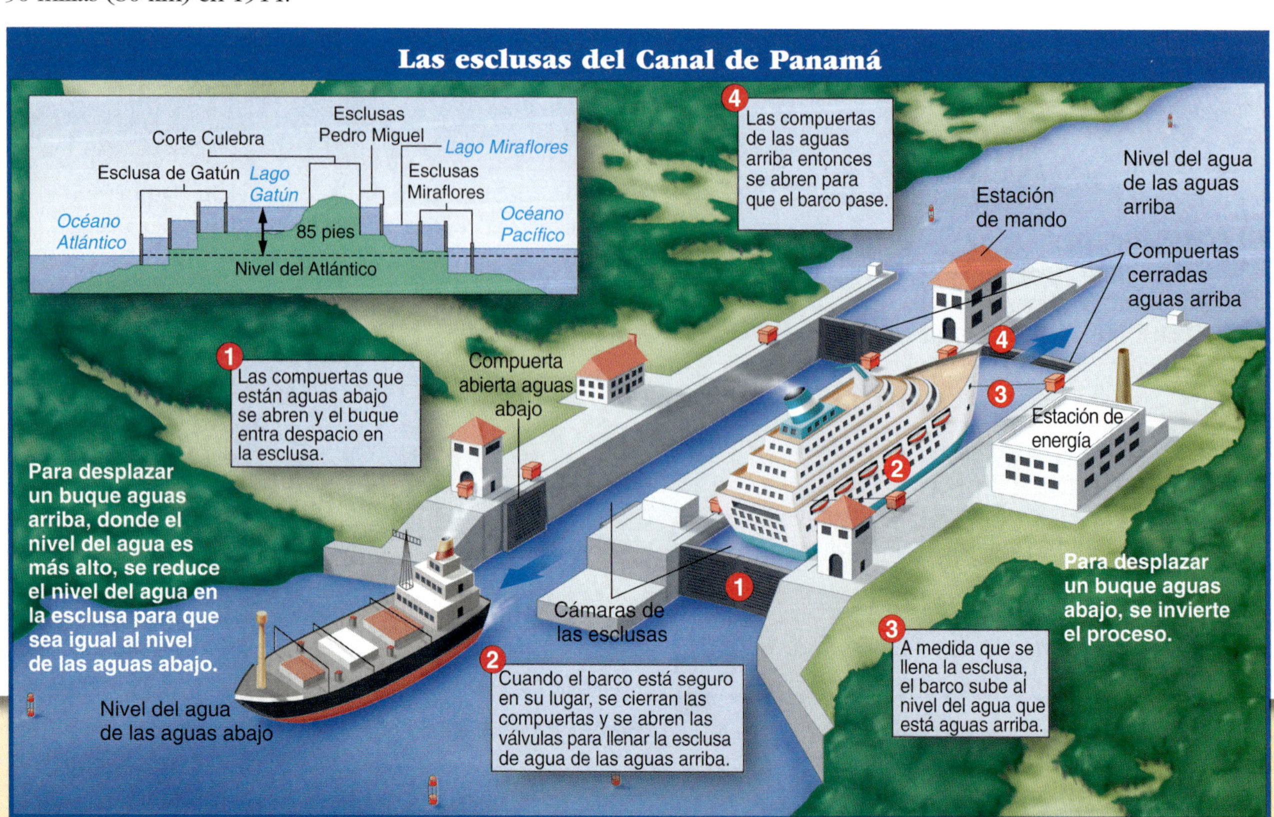

Guía de lectura

Idea principal

Las islas del Caribe dependen del turismo para apoyar sus economías.

Terminología

- archipiélago
- bauxita
- estado comunista
- cooperativa
- embargo
- zona de cambio libre
- estado libre asociado

Estrategia de lectura

Crea un diagrama como éste. En la parte exterior de cada óvalo, escribe el nombre de un país en el Caribe y sus características específicas. En el punto donde se unen los óvalos, señala las características comunes de ambos países.

Las culturas del Caribe

Las cálidas aguas del Mar Caribe atraen todos los años a millones de turistas a las islas del Caribe. Algunos turistas practican el buceo para observar los peces de diversos colores que nadan en las aguas claras de las islas. Otros se dedican a comprar artículos hechos a mano en las tiendas locales. Este buzo usa un detector de metal para buscar objetos de un buque español hundido en el siglo XVII.

Varios **archipiélagos,** o grupos de islas, se encuentran esparcidos por el **Mar Caribe.** Al este de la Florida se encuentran las **Bahamas,** un archipiélago de alrededor de 700 islas. Al sur de la Florida encontrarás las **Antillas Mayores.** Este grupo incluye las islas grandes de **Cuba, Jamaica, Española** y **Puerto Rico.** Al sureste se encuentra un grupo de islas más pequeñas llamadas **Antillas Menores.**

Islas en la cima de montañas

Muchas de las islas del Caribe (también denominadas **Indias Occidentales**) son el terreno en la cima de una cordillera de montañas submarinas formadas por volcanes. Una isla volcánica común está compuesta por regiones montañosas centrales rodeadas por llanuras costeras. La tierra volcánica en las montañas es fértil. Otras islas son montañas de piedra caliza que han brotado del suelo del océano por presiones creadas debajo de la corteza de la Tierra. Las islas de piedra caliza por lo general son más llanas que las islas volcánicas y poseen suelo arenoso que no es apto para la agricultura.

Clima El clima de la mayoría de las islas del Caribe es predominantemente tropical y de sabana. El mar y el viento, más que la elevación, afectan aquí el clima. Las brisas del noreste soplan por el Mar Caribe y se convierten en la temperatura del agua más fría que se encuentra debajo de ellas. Cuando el viento sopla hacia la costa, se mantiene una temperatura agradable. Sin embargo, durante la mitad del año, los huracanes amenazan a estas islas.

✓ **Comprobación de lectura** ¿Qué formó las islas del Caribe?

La economía del Caribe

El turismo y la agricultura son las actividades económicas más importantes en el Caribe. El clima soleado y las preciosas playas atraen a millones de turistas todos los años. El turismo es la industria principal de la región. Líneas aéreas y cruceros hacen paradas regularmente en las distintas islas.

Algunos terratenientes adinerados cultivan caña de azúcar, plátanos (guineos), café y tabaco para exportar. Muchos jornaleros trabajan en las plantaciones que producen estos cultivos comerciales. Algunas áreas se usan para la agricultura de subsistencia. Diversas personas son dueñas o alquilan pequeñas parcelas de terreno. Ellas cultivan arroz y frijoles (habichuelas), los cuales son parte integral de la dieta en esta región. También cosechan frutas y verduras.

Algunos países del Caribe se enfrentan a un riesgo económico al depender de un solo cultivo comercial. Si el cultivo no rinde, no se producen ingresos. Si se produce mucho de dicho cultivo alrededor del mundo, los precios bajan y la economía atraviesa problemas graves.

Mira el mapa en la página 214. Ahí podrás ver que la mayoría de las islas no tiene una cantidad grande de minerales. Jamaica, sin embargo, explota yacimientos de **bauxita.** Este mineral se usa para hacer aluminio. El país de Trinidad y Tobago exporta productos de petróleo. En Puerto Rico, hay compañías que producen productos químicos y maquinaria. Haití y la República Dominicana tienen fábricas textiles donde los trabajadores producen telas. Varias islas poseen industrias de la banca y financieras.

✓ **Comprobación de lectura** ¿Cuál es la industria principal en el Caribe?

La historia y cultura del Caribe

Cuando Cristóbal Colón llegó en 1492 a la isla de San Salvador, que ahora forma parte de las Bahamas, ¿quién lo recibió? Fue un grupo de indios nativos americanos, los taínos. Los taínos y demás indios nativos americanos vivieron en las islas mucho antes de la llegada de los europeos.

Los españoles establecieron el primer asentamiento en el Hemisferio Occidental en 1496. Esa colonia actualmente es la ciudad de **Santo Domingo,** capital de la República Dominicana. Durante los próximos 200 años, los españoles, ingleses, franceses y holandeses también establecieron colonias, o territorios en el extranjero, en muchas de las islas. Ellos encontraron que tanto el terreno como el clima era perfecto para cultivar caña de azúcar. Durante este tiempo, se comercializaron nuevas plantas, animales y otros productos entre las Américas y las demás partes del mundo. Pasa a la página 228 para aprender más sobre este llamado Intercambio Colombino.

Para mediados del siglo XVII, la mayoría de los indios nativos americanos había muerto de enfermedades europeas y por tratamiento cruel. Los europeos entonces trajeron esclavos africanos para trabajar en las plantaciones de azúcar. Cuando el comercio de esclavos terminó a principios del siglo XIX, los dueños de las plantaciones, todavía con la necesidad de tener

Actividades económicas

Niñas escolares en Barbados caminan a través de las vastas plantaciones de azúcar establecidas por los países europeos durante la época de las colonias (arriba izquierda). Una banda de músicos de tambores de metal entretiene a los turistas en Trinidad (arriba).

Región **¿Qué atrae a tantos turistas a las islas del Caribe?**

trabajadores, los trajeron de Asia, especialmente de India. Los asiáticos aceptaron trabajar un número determinado de años por jornales muy bajos a cambio de viajar libremente al Caribe.

Independencia Durante los siglos XIX y XX, muchas islas del Caribe se independizaron del dominio europeo. Las primeras en independizarse fueron las islas más grandes, como Haití, República Dominicana y Cuba. Más tarde, las islas más pequeñas como Barbados y Granada obtuvieron la independencia. Muchos países, como Haití y la República Dominicana, son repúblicas. Otros, como Jamaica y las Bahamas, son democracias parlamentarias al estilo británico.

Cuba es el único país en el Hemisferio Occidental con un gobierno basado en el comunismo. En un **estado comunista,** los líderes del gobierno controlan firmemente la economía y la sociedad en su totalidad.

Algunas islas del Caribe aún no son independientes. Dos islas grandes, Martinica y Guadalupe, tienen lazos con Francia. Puerto Rico y algunas Islas Vírgenes están asociados con Estados Unidos. Otras islas más pequeñas pertenecen a Inglaterra u Holanda.

Vida cotidiana Muchas personas en América Central tienen antepasados de indios nativos americanos. Sin embargo, la población del Caribe es una mezcla de ascendencia africana y europea. Grandes poblaciones asiáticas viven en Jamaica y también en Trinidad y Tobago.

Más de 38 millones de personas viven en las islas del Caribe hoy en día. Cuba, con alrededor de 11.3 millones de personas, tiene la población más grande de la región. San Cristóbal y Nieves tiene sólo 50,000 personas. La mayoría de las personas habla un idioma europeo y practica la religión católica romana y protestante.

Alrededor del 60 por ciento de las personas vive en ciudades y aldeas. El 40 por ciento restante vive y trabaja en los campos. Muchos isleños trabajan

¡Aunque no lo creas!

El colibrí abeja

¿Cuán pequeña es esta ave? El colibrí abeja de Cuba mide solo 2 pulgadas (5.1 cm) desde la cabeza a la cola. Esto es lo suficientemente pequeño para hacerla el ave más pequeña del mundo. Las alas del pájaro se mueven tan rápido, 80 veces por segundo, que los ojos del ser humano no pueden verlas. Con sólo dos gramos de peso, el colibrí abeja pesa menos que una moneda de un centavo.

en hoteles o restaurantes que prestan servicios a la industria de turismo. Si visitas el Caribe, posiblemente escucharás música alegre. Los sonidos de campana del tambor metálico, desarrollado en Trinidad y Tobago, son parte de la gran herencia musical de la región. La música "reggae" de Jamaica combina ritmos africanos y música popular de Estados Unidos. La salsa cubana es una mezcla de ritmos africanos, música española y jazz.

En varias islas, escucharás un sonido diferente, el sonido del bate de béisbol al pegarle a una pelota. La gente en Puerto Rico, República Dominicana y Cuba sienten pasión por el béisbol. El fútbol es otro deporte popular.

✓ **Comprobación de lectura** **¿Dónde se estableció la primera colonia europea permanente en las islas del Caribe?**

Reseña de las islas

Las islas del Caribe tienen muchos aspectos semejantes pero también muchas diferencias. Algunas de las diferencias pueden observarse en Cuba, Haití, República Dominicana y Puerto Rico.

Cuba Uno de los productores principales de azúcar, Cuba se encuentra a alrededor de 90 millas (145 km) al sur de la Florida. La mayoría de los agricultores trabaja en **cooperativas,** o granjas cuyo propietario y administrador es el gobierno. Además de cultivar caña de azúcar, se cosecha café, tabaco, arroz y frutas. En **La Habana,** la capital de Cuba y la ciudad más grande de la región, los trabajadores elaboran productos alimenticios, puros y artículos domésticos.

Cuba se independizó de España en 1898. El país tenía un gobierno demócrata, pero en 1959 Fidel Castro dirigió una revolución que tomó el control del gobierno. Casi inmediatamente, él estableció un estado comunista y se dirigió a la Unión Soviética para obtener apoyo. Cuando Castro se apoderó de la propiedad de las compañías de Estados Unidos, el gobierno estadounidense respondió. Fue entonces que dicho gobierno puso en vigor un **embargo,** o prohibición de comercio, contra Cuba.

Cuba dependía de la ayuda de la Unión Soviética. Cuando la Unión Soviética se desintegró en 1989, suspendió la ayuda económica a la isla. La economía cubana avanza con dificultad y muchos cubanos viven en un estado de pobreza.

Haití En la mitad oeste de la isla de Española, encontrarás la isla de **Haití.** Bajo la dirección de un hombre que en un momento fue esclavo, Francois-Dominique Toussaint-Louverture, Haití luchó y obtuvo la independencia de Francia en 1804. Al hacerlo, se convirtió en la segunda república independiente del Hemisferio Occidental (después de Estados Unidos). También se convirtió en la primera nación en la historia fundada por personas que anteriormente fueran esclavos. Alrededor del 95 por ciento de la población de Haití de 7.5 millones de personas son de ascendencia africana. La guerra civil ha dejado en ruinas a la economía de Haití y la mayoría de los haitianos son pobres. El café y el azúcar, los principales cultivos de exportación, se transportan por barco a través de **Puerto Príncipe,** la capital del país.

República Dominicana La **República Dominicana** comparte la isla de Española con Haití. No obstante, los dos países tienen una historia muy distinta y muy poco contacto entre sí. Haití fue una colonia francesa. La República Dominicana fue colonizada por los españoles, quienes trajeron esclavos africanos para trabajar en las plantaciones de azúcar. El azúcar aún es un cultivo importante. El turismo también está creciendo y muchos dominicanos venden productos en la zona de cambio libre del país. **Zonas de cambio libre** o de libre comercio son áreas donde las personas pueden comprar productos de otros países sin pagar impuestos.

El gobierno de la República Dominicana espera mejorar el suministro de electricidad para permitirle a la economía crecer con mayor rapidez. La pobreza todavía constituye un problema. A consecuencia de ello, muchos dominicanos han abandonado el país en búsqueda de trabajo.

Actividad en línea
Visita el sitio Web ***El mundo y sus gentes*** en twip.glencoe.com y haz clic en **Chapter 7—Student Web Activities** para que aprendas más sobre Puerto Rico.

Puerto Rico ¿Ser o no ser estado de Estados Unidos? Esa es la interrogante que muchos puertorriqueños se preguntan cada cierta cantidad de años. La última vez que votaron, dijeron que no. ¿Cómo pasó Puerto Rico a ser parte de Estados Unidos? La isla fue una colonia española desde 1508 a 1898. Después de la guerra Hispanoamericana en 1898, Estados Unidos tomó el control de Puerto Rico. Desde 1952 la isla ha sido un **estado libre asociado,** o un territorio que en parte se gobierna por sí solo, bajo la protección de Estados Unidos. Por ley, los puertorriqueños son ciudadanos estadounidenses. Ellos pueden ir y venir de la isla a Estados Unidos si así lo desean.

Puerto Rico posee un nivel alto de vida en comparación con la mayoría de las demás islas caribeñas. Este país se enorgullece de tener más industrias, con fábricas que producen productos químicos, maquinaria, ropa y otros artículos. **San Juan** es la capital y la ciudad más grande. En áreas rurales, los agricultores cultivan caña de azúcar y café. Puerto Rico genera más dinero del turismo que cualquier otro país en la región.

Comprobación de lectura ¿Qué es un estado libre asociado?

Evaluación

Definición de términos

1. **Define** archipiélago, bauxita, estado comunista, cooperativa, embargo, zona de cambio libre, estado libre asociado.

Recuerdo de hechos

2. **Región** ¿Cuáles son los tres archipiélagos que componen las islas del Caribe?
3. **Historia** Nombra cuatro grupos que influyeron en la cultura de la región del Caribe.
4. **Gobierno** ¿Cómo es Cuba distinta a los demás países en el Hemisferio Occidental?

Pensamiento crítico

5. **Conclusiones** Explica por qué crees que Puerto Rico estaría satisfecho manteniéndose como estado libre asociado.
6. **Hacer predicciones** ¿Cuál es el riesgo que corre un país al depender de un solo cultivo?

Organizador gráfico

7. **Organización de la informacion** Prepara un cuadro como el que aparece a continuación con datos sobre Haití y República Dominicana.

Datos	Haití	República Dominicana
Colonizado por		
Economía		

Aplicación de las habilidades en estudios sociales

8. **Análisis de mapas** Consulta el mapa de actividad económica en la página 214. ¿Qué recursos posee Cuba?

Habilidades de estudios sociales

Interpretación de perfil de elevación

Has aprendido que las diferencias en las elevaciones del terreno con frecuencia aparecen en mapas físicos o de relieve. Otra forma de ilustrar la elevación es mediante **perfil de elevaciones.** Cuando ves el perfil de una persona, observas una vista lateral. Un perfil de elevación es un diagrama que ilustra una vista lateral de los diversos accidentes geográficos en un área.

Desarrollo de la habilidad

Supongamos que puedes hacer un corte a lo largo de un país, desde la parte superior a la inferior, y pudieras observar su interior, o *sección transversal.* La sección transversal o perfil de elevaciones que figura a continuación ilustra la isla de Jamaica. En éste se muestra cómo los diversos accidentes geográficos se extienden por encima y por debajo del nivel del mar.

Sigue estos pasos para comprender un perfil de elevaciones:

- Lee el título del perfil para determinar qué país estás viendo.
- Observa la línea de latitud trazada a lo largo de la parte inferior del perfil. En un mapa aparte, encuentra el país y determina dónde corre esta línea de latitud.
- Observa las medidas a los lados del perfil. Nota dónde está el nivel del mar y la altura en pies o metros.
- Ahora lee los datos en el perfil para identificar la altura de los diversos accidentes geográficos ilustrados.
- Compara los puntos más altos y bajos.

Práctica de la habilidad

Usa el perfil de elevaciones a continuación para responder a las siguientes preguntas.

1. ¿En qué elevación se encuentra Kingston?
2. ¿Cuáles son las montañas más altas y dónde se encuentran?
3. ¿Cuáles son las regiones más bajas?
4. ¿En qué línea de latitud se obtuvo esta sección transversal?

Aplicación de la habilidad

Observa el perfil de elevaciones en la página 118. ¿Cuáles son las montañas más altas? ¿Cuál es el punto más bajo?

Repaso de la lectura

Sección 1 América Central

Terminología
istmo
bóveda
ecoturista
índice de alfabetización
república
democracia parlamentaria

Idea principal

América Central está compuesto de siete naciones que son el hogar de una variedad de personas, animales exóticos y diversos accidentes geográficos.

- ✓ **Región** América Central incluye siete países: Belice, Guatemala, Honduras, El Salvador, Nicaragua, Costa Rica y Panamá.
- ✓ **Región** El centro de América Central está caracterizado por montañas volcánicas con tierras bajas costeras en ambos lados.
- ✓ **Economía** La mayoría de las personas en la región trabaja en la agricultura, ya sea en plantaciones o en granjas de subsistencia.
- ✓ **Cultura** La mayoría de los países en América Central posee una mezcla de cultura india nativa americana y española.

El Canal de Panamá ▶

Sección 2 Las culturas del Caribe

Terminologia
archipiélago
bauxita
estado comunista
cooperativa
embargo
zona de cambio libre
estado libre asociado

Idea principal

Las islas del Caribe dependen del turismo para apoyar sus economías.

- ✓ **Historia** Cristóbal Colón llegó a esta región en 1492.
- ✓ **Historia** La mayoría de las islas en un momento dado fueron colonias de países europeos.
- ✓ **Economía** La agricultura y el turismo son las actividades económicas más importantes en el Caribe.
- ✓ **Cultura** Las culturas de las islas del Caribe son una mezcla de influencias de poblaciones de indios nativos americanos, europeos, africanos y asiáticos.
- ✓ **Gobierno** La mayoría de los gobiernos en las islas del Caribe son democráticos, pero un dictador gobierna a Cuba comunista.

Capítulo 7

Evaluación y actividades

Uso de términos clave

Haz corresponder los términos de la parte A con sus definiciones en la parte B.

A.

1. istmo
2. índice de alfabetización
3. cooperativa
4. ecoturista
5. archipiélago
6. bauxita
7. estado libre asociado
8. embargo
9. zona de cambio libre
10. república

B.

a. finca cuyo dueño y administrador es el gobierno
b. mineral usado para elaborar aluminio
c. prohibición de comercio
d. lengua estrecha de tierra que conecta a dos partes más grandes de tierra
e. área donde las personas pueden comprar productos de otros países sin pagar impuestos
f. persona que viaja a otro país para disfrutar las maravillas naturales que ofrece
g. país con un presidente electo
h. porcentaje de adultos que puede leer y escribir
i. territorio que en parte se gobierna por sí solo
j. un grupo de islas

Repaso de las ideas principales

Sección 1 América Central

11. **Región** ¿Cuáles siete países componen a América Central?
12. **Economía** ¿Por qué se están destruyendo los bosques húmedos en América Central?
13. **Historia** ¿En qué países de América Central vivieron los maya?
14. **Cultura** ¿Qué porcentaje de centroamericanos vive en granjas o en pequeñas aldeas?

Sección 2 Las culturas del Caribe

15. **Economía** ¿Cuáles son las dos actividades que forman la base de las economías del Caribe?
16. **Región** ¿Cuál país posee la población más grande en el Caribe?
17. **Cultura** ¿Qué tipos de música puedes encontrar en las islas del Caribe?
18. **Historia** ¿Cuál fue la primera nación en el mundo fundada por personas que anteriormente fueron esclavos?
19. **Economía** ¿Por qué a veces los cultivos comerciales son negocios arriesgados?

NATIONAL GEOGRAPHIC

América Central y las islas del Caribe

Actividad para localizar un lugar

En una hoja de papel aparte, empareja las letras del mapa con los lugares enumerados a continuación.

1. Guatemala
2. Mar Caribe
3. Cuba
4. Puerto Rico
5. Costa Rica
6. Panamá
7. Bahamas
8. Haití
9. Jamaica
10. Honduras

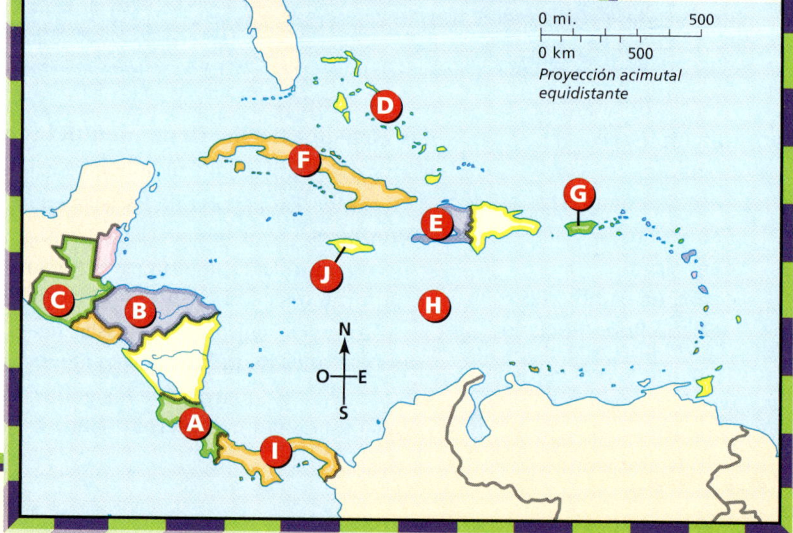

Prueba de autocomprobación Visita el sitio Web ***El mundo y sus gentes*** en twip.glencoe.com y haz clic en **Chapter 7–Self-Check Quizzes** para prepararte para el examen del capitulo.

Pensamiento crítico

20. **Análisis de la información** Explica por qué la ubicación de Cuba es un factor importante en la relación que Estados Unidos tiene con esa nación.
21. **Categorización de la información** Dibuja un diagrama como éste con los detalles sobre las personas, la historia y la economía de un país en este capítulo.

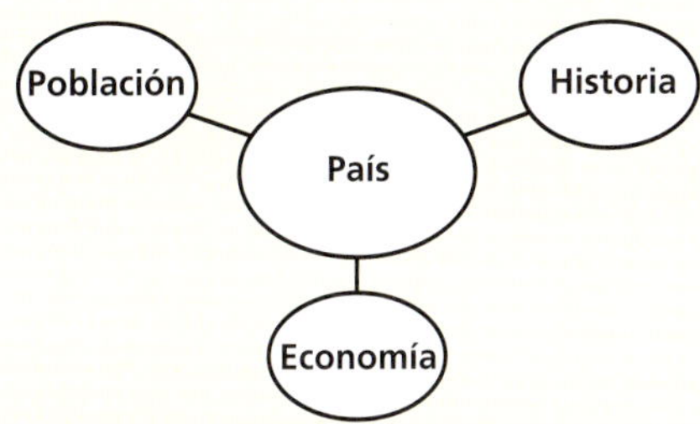

Actividad de comparación de las regiones

22. **Historia** Compara las primeras colonias españolas en América Central con las primeras colonias británicas en Nueva Zelanda. Usa estos ejemplos para redactar un párrafo sobre lo que puede suceder cuando un país coloniza a otro.

Actividad mental de trazado de mapas

23. **Enfoque en la región** Dibuja un mapa del contorno de América Central y las islas del Caribe y rotula lo siguiente:

- Océano Pacífico
- Cuba
- Mar Caribe
- Puerto Rico
- Guatemala
- República Dominicana
- Panamá
- Bahamas

Actividad de habilidades tecnológicas

24. **Construcción de una base de datos** Crea una base de datos sobre América Central usando como tu fuente de información la **Reseña del país** en la Unidad 3 del **Atlas regional**. Prepara un registro de cada país. Cada registro debe tener un campo para lo siguiente: población, masa continental y ciudad capital. Ordena los registros de población mayor a menor. ¿Qué generalizaciones puedes hacer basándote en estos datos?

Práctica de la prueba estandarizada

Instrucciones: Estudia el mapa a continuación y responde a las preguntas siguientes.

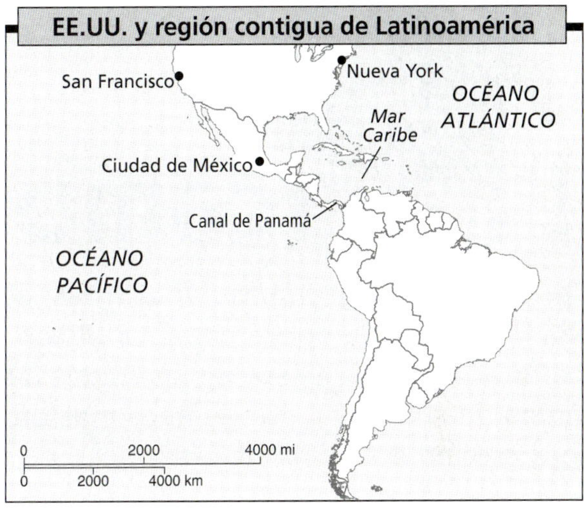

1. **¿Cuál de lo siguiente fue verdadero antes de que se construyera el Canal de Panamá?**
   - **A** Un barco navegando desde Nueva York a San Francisco tenía que viajar alrededor de 12,000 millas adicionales.
   - **B** Un barco navegando desde Nueva York a San Francisco tenía que viajar alrededor de 5,000 kilómetros adicionales.
   - **C** La construcción del canal aumentó el comercio entre la Ciudad de México y San Francisco.
   - **D** La Ciudad de México estaba extremadamente alejada de la Ciudad de Nueva York.

Consejo para el examen: La escala ilustra la distancia real entre los diversos lugares en el mapa. Usa un dedo o una hoja de papel para marcar la distancia en la escala. Luego usa un dedo o una hoja de papel para determinar la distancia entre dos lugares en el mapa.

GEOGRAFÍA e HISTORIA

Colón con el Rey Fernando y la Reina Isabel de España

El Intercambio Colombino

La próxima vez que comas papas fritas, piensa en la larga historia de la pobre papa. La historia comienza en las alturas de la cordillera de los Andes de Bolivia y Perú (página de enfrente), donde hace más de mil años las papas crecían en forma silvestre.

Para los años 1400, los inca, las personas que hace muchos años gobernaron un vasto imperio en el oeste de América del Sur, habían desarrollado miles de variedades de papas. La historia sobre cómo las papas llegaron desde esa fecha tan remota y lugar distante es una que comenzó aun antes de los inca. Actualmente, las papas forman parte de nuestra dieta cotidiana.

Dos mundos separados

Antes del siglo XV, las personas que vivían en el Hemisferio Oriental del mundo no conocían a aquéllas que vivían en el Hemisferio Occidental. Esto cambió el 12 de octubre de 1492, cuando el explorador Cristóbal Colón, quien había zarpado desde España, llegó a las Bahamas en las Américas. Creyendo que había llegado a las Indias de Asia, Colón nombró a la gente en las islas "indios" y reclamó el territorio para España. Colón regresó a las Américas el año siguiente, trayendo más de mil hombres y 17 buques. Durante el segundo viaje, Colón comenzó lo que se ha llegado a llamar el "Intercambio Colombino", un intercambio de personas, animales, plantas e incluso enfermedades entre los dos hemisferios.

Para bien o para mal

Los europeos trajeron muchas cosas nuevas a las Américas. Colón trajo caballos, que ayudaron a los indios nativos americanos en el trabajo, la caza y el transporte. Los animales empleados en la agricultura europea, como las ovejas, los cerdos y el ganado crearon nuevas fuentes de ingreso. Los exploradores trajeron cultivos, tales como avena, trigo, centeno y cebada, que posteriormente cubrieron las Grandes Llanuras de América del Norte. La caña de azúcar que trajeron los europeos creció rápidamente en América Central y América del Sur.

No obstante, algunas partes del intercambio fueron desastrosas. Los europeos trajeron enfermedades que mataron a millones de indios nativos americanos. Los dueños de plantaciones pusieron a esclavos africanos a trabajar en sus campos.

Los exploradores viajaron de las Américas a sus hogares con una amplia variedad de plantas. Los marineros españoles llevaron papas a Europa. La papa, por ser un alimento nutritivo y fácil de cultivar, se convirtió en uno de los alimentos más importantes de Europa. (Después, los inmigrantes europeos trajeron papas a América del Norte.) El maíz de las Américas alimentó al ganado y a los cerdos europeos. El tabaco cultivado allí se convirtió en un producto tan valioso como el oro. Los maníes (cacahuates), tomates, chiles o ajíes picantes y semillas de cacao (usadas para hacer chocolate) cambiaron la arquitectura de los campos, los hábitos de alimentación y estilos de preparación de comidas en Europa, Asia y África.

PREGUNTAS

1. ¿Qué es el "Intercambio Colombino"?
2. Los intercambios continúan hoy en día. ¿Cuáles son algunos de los intercambios que se hacen actualmente alrededor de los hemisferios del mundo?

Mujeres en Perú en un campo de papas. ▶

NATIONAL GEOGRAPHIC
La diseminación de plantas y animales
N
O
E
S
AMÉRICA DEL NORTE
EUROPA
OCÉANO ATLÁNTICO
ÁFRICA
OCÉANO PACÍFICO
AMÉRICA DEL SUR
Papas
Tabaco
Maíz
Coña do azúcar
Algodón
Cacao
Chiles (ajíes)
Tomates
Caballos y ganado
0 mi 4,000
0 km 4,000
Proyección Mercator

Brasil y sus vecinos

El mundo y sus gentes

NATIONAL GEOGRAPHIC

Para aprender más acerca de la gente y lugares de Brasil y sus vecinos, mira el video ***The World and Its People* Chapter 8.**

Estudios sociales en línea

Descripción general del capítulo Visita el sitio Web ***El mundo y sus gentes*** en twip.glencoe.com y haz clic en **Chapter 8–Chapter Overviews** para ver la información preliminar acerca de Brasil y sus vecinos.

Resumen de información Haz este plegable y úsalo para organizar las tarjetas de notas con información acerca de la gente y lugares de Brasil y sus vecinos.

Paso 1 Dobla una lengüeta de 2 pulgadas a lo largo del margen largo de una hoja de papel.

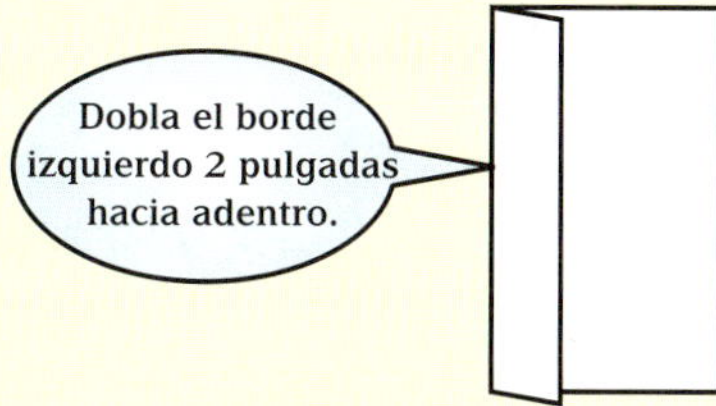

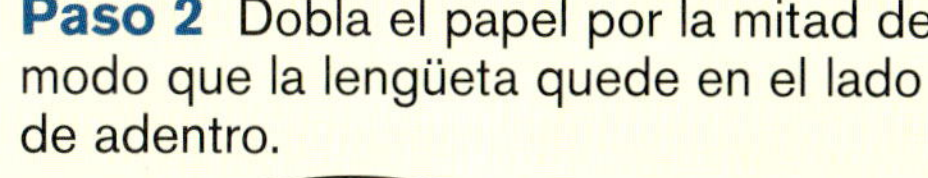

Paso 2 Dobla el papel por la mitad de modo que la lengüeta quede en el lado de adentro.

Paso 3 Abre el bolsillo plegable de papel, dóblalo y pega juntos los bordes de los bolsillos.

Pega con goma aquí.

Pega con goma aquí.

Paso 4 Coloca una etiqueta en los bolsillos como se ilustra.

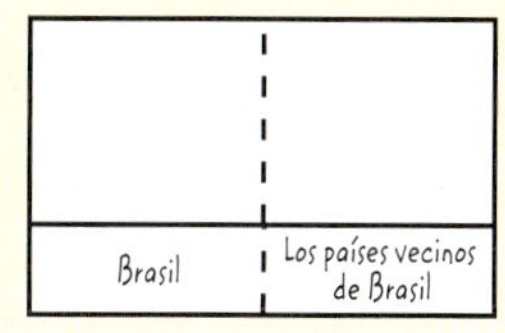

Lectura y redacción A medida que leas el capítulo, resume los hechos clave en tus tarjetas de apuntes o en cuartillas del papel de apuntes acerca de Brasil y sus vecinos. Organiza tus notas colocándolas en tu plegable con bolsillos, adentro de los bolsillos correspondientes. (Guarda tu plegable para usarlo en el Capítulo 9.)

Por qué es importante

Preservación del medio ambiente

El bosque húmedo del Amazonas, que en ocasiones se le llama los "pulmones del planeta" debido a las enormes cantidades de oxígeno que producen sus árboles, es el hogar de alrededor del 30 por ciento de la vida animal y vegetal de la Tierra. Destruir esos árboles puede provocar la extinción de muchas especies silvestres y dañar el medio ambiente de la Tierra, del cual dependemos para sobrevivir. Este es uno de los muchos problemas que encara la gente y el gobierno de Brasil.

◀ El Río Amazonas, Brasil

Brasil, el gigante naciente

Guía de lectura

Idea principal

Brasil es un país enorme con muchos recursos, una cultura vívida y serios desafíos económicos.

Terminología

- cuenca
- *selva*
- escarpa
- favela
- deforestación

Estrategia de lectura

Crea un cuadro como el siguiente e indica por lo menos un hecho clave acerca de Brasil en cada categoría.

Brasil	
Territorio	
Historia	
Economía	
Gobierno	
Gente	

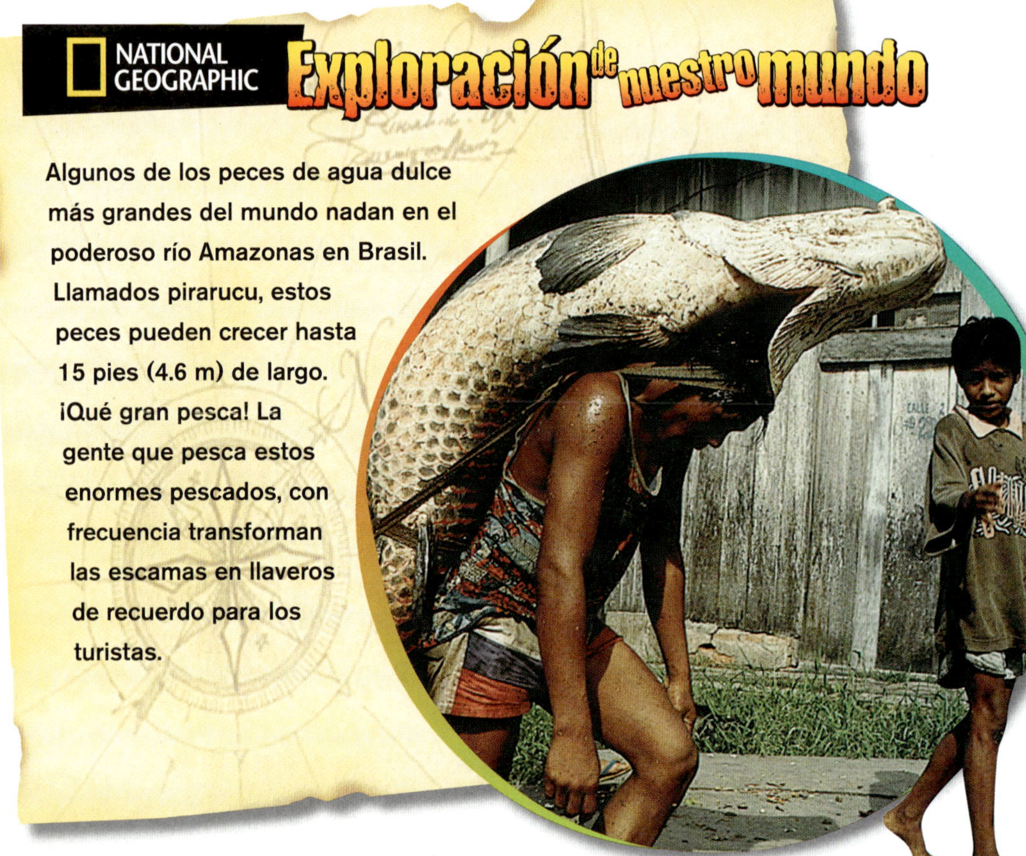

Algunos de los peces de agua dulce más grandes del mundo nadan en el poderoso río Amazonas en Brasil. Llamados pirarucu, estos peces pueden crecer hasta 15 pies (4.6 m) de largo. ¡Qué gran pesca! La gente que pesca estos enormes pescados, con frecuencia transforman las escamas en llaveros de recuerdo para los turistas.

Así como el pirarucu, Brasil es grande. Es el quinto país más grande del mundo y el más grande de América del Sur. De hecho, Brasil comprende casi la mitad de América del Sur.

Bosques húmedos y tierras altas de Brasil

Brasil tiene muchos tipos distintos de accidentes geográficos y climas. El mapa en la página 233 muestra que Brasil tiene planicies costeras angostas, tierras altas y valles de ríos en las tierras bajas. El **Río Amazonas** es el segundo río más largo del mundo, serpenteando casi 4,000 millas (6,437 km) desde la cordillera de los **Andes** hasta el Océano Atlántico. ¡Su poderosa corriente lleva tierra 60 millas (97 km) mar adentro! En su viaje hacia el Atlántico, el Amazonas drena agua de una **cuenca** ancha y plana. Una cuenca es un área rodeada de tierras más elevadas. En la **Cuenca del Amazonas,** la precipitación pluvial puede alcanzar hasta 120 pulgadas (305 cm.) al año. Esta lluvia mantiene el crecimiento de densos bosques húmedos, que los Brasileños llaman ***selvas.***

Brasil tiene tierras bajas a lo largo de los ríos Paraná y São Francisco. Las **Tierras Altas de Brasil** cubren alrededor de la mitad del país, luego se descienden abruptamente hacia el Océano Atlántico. Esta caída se llama la Gran Escarpa. Una **escarpa** es un acantilado empinado entre una tierra alta y una más baja.

Comprobación de lectura ¿Qué dato es significativo acerca del Río Amazonas?

Economía de Brasil

¿Cómo se ganan la vida los brasileños? La agricultura, minería y silvicultura han sido importantes durante siglos. La Cuenca del Amazonas ha sido una región misteriosa con secretos resguardados por los indios nativos americanos que viven ahí. Esto empezó a cambiar a mediados del siglo XIX. Se elevó la demanda mundial de caucho cosechado de los árboles de la cuenca y llegaron

Aplicación de las habilidades con mapas

1. ¿Cuál área de Brasil tiene una mayor elevación, el norte o el sur?
2. Nombre dos ríos que confluyan con el Río Amazonas.

Busca en línea mapas de NGS en www.nationalgeographic.com/maps

Principales países productores de café

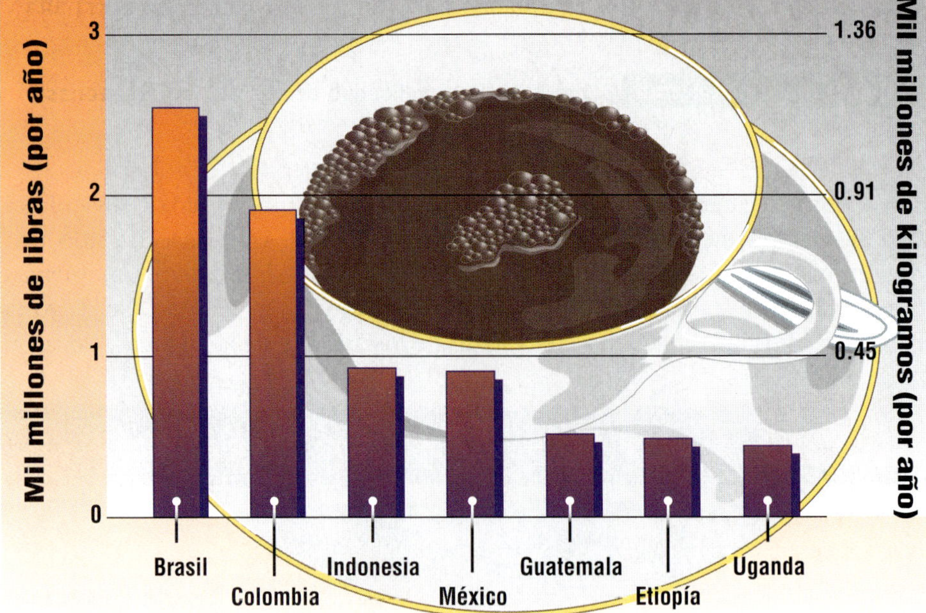

Fuente: Organización de las Naciones Unidas para la Agricultura y la Alimentación

Análisis de la gráfica

Las tierras altas de Brasil tienen el suelo y clima adecuados para cultivar café.

Economía ¿Cuáles países en América del Sur son los principales productores de café?

Visita twip.glencoe.com y haz clic en **Chapter 8–Textbook Updates.**

nuevos pobladores al interior de Brasil. Hoy en día, las compañías mineras extraen minerales como bauxita, estaño y mineral de hierro. Las compañías madereras sacan del bosque húmedo caoba y otras maderas. Los agricultores usan la tierra despejada para sembrar soya y tabaco y para apacentar ganado.

Al sur de la Cuenca del Amazonas se encuentran ricos depósitos minerales y tierras fértiles. La región sur de Brasil posee uno de los depósitos de mineral de hierro más grandes del mundo. Las tierras altas son perfectas para cultivar café. Como lo muestra la gráfica anterior, Brasil produce mucho más café que otros países. Además posee enormes ranchos ganaderos y exporta carne a todo el mundo.

Las principales ciudades de Brasil se localizan en el sur. Los turistas acuden a las costas de **Río de Janeiro,** la cual tiene más de 11.2 millones de habitantes. **São Paulo,** hogar de más de 18.5 millones de personas, es una de las áreas urbanas de crecimiento más rápido del mundo. Además es el principal centro comercial e industrial de Brasil.

Desafíos económicos de Brasil La economía actual de Brasil es diversa y productiva, pero el país enfrenta aún serios desafíos económicos. La economía de Brasil ha traído riqueza para muchos brasileños y ha creado una clase media grande y sólida. Aún así, una quinta parte de la gente en Brasil vive en la pobreza extrema. Muchas ciudades brasileñas están rodeadas de **favelas,** o barrios pobres y deteriorados. Miles de pobres se van a las ciudades buscando trabajo en las fábricas. Viven en viviendas precarias sin sistemas de agua corriente ni desagüe. Los gobiernos citadinos han tratado de acabar con estas áreas, pero la gente sigue llegando ahí porque no tienen dinero para comprar casas. Muchos niños de hasta 10 años tienen que trabajar para ayudar a ganar dinero para sus familias.

Aunque Brasil posee el área restante más grande de bosque húmedo en el mundo, también tiene la tasa más elevada de deforestación. **Deforestación** es la destrucción de extensas zonas de bosques. Para aumentar los trabajos y productos de exportación, el gobierno ha alentado la minería, la tala y la agricultura en el bosque húmedo. Sin embargo, como aprendiste en el Capítulo 2, la deforestación provoca erosión del suelo. Además daña al ecosistema del bosque húmedo y la biodiversidad. Al tiempo que ocurre la deforestación, se construyen caminos, trayendo empresas, agricultores y cambios. Mientras esto ocurre, a los indios nativos americanos que viven en la Cuenca del Amazonas les cuesta trabajo continuar con sus culturas tradicionales. Además, las selvas tropicales proporcionan enormes cantidades de oxígeno y juegan un papel en la regulación del clima del mundo. Por ello, aunque los bosques húmedos del Amazonas le pertenecen a Brasil, los efectos de la deforestación se sienten en todo el mundo. Pasa a la página 250 para aprender más acerca de los bosques húmedos que están desapareciendo.

✓ Comprobación de lectura **¿Por qué el gobierno Brasileño ha alentado la minería, la tala y la agricultura en el bosque húmedo?**

Historia y cultura de Brasil

Con 176.5 millones de habitantes, Brasil tiene la población más grande de todos los países Latinoamericanos. La cultura de Brasil es principalmente portuguesa. Los portugueses fueron el primer y más grande grupo europeo en colonizar a Brasil. Los brasileños actuales tienen herencia europea, africana,

Literatura

BOTOQUE

Mito de indio kayapo

En este mito de la parte central de Brasil, el héroe le lleva a su gente el fuego.

"Botoque y los animales regresan a salvo a su pueblo con las posesiones del Jaguar. Todos estaban felices de comer carne asada. Les encantaba poder calentarse con el fuego cuando hacía frío en las noches. Además les gustaba que las fogatas en el pueblo los protegieran de los animales salvajes.

En cuanto al Jaguar, cuando regresó a casa y vio que le habían robado sus posesiones especiales, su corazón se llenó de furia. '¡Así es como Botoque me paga por adoptarlo como mi hijo y por enseñarle el secreto del arco y la flecha!' exclamó. '¿Por qué ni siquiera me dejó el fuego? Bueno, no importa. En recuerdo de este robo, a partir de este momento y para siempre, ¡comeré crudo lo que cace! ¡Esto mantendrá vivo el recuerdo y mi odio hacia mi hijo adoptivo, y hacia todos los habitantes que caminan por la tierra como él!'"

Fuente: *"Botoque, proveedor del fuego"* resumido de *Folklore, mitos y leyendas: Perspectiva del Mundo* Editado por Donna Rosenberg. NTC Publishing, 1997.

Análisis de literatura

¿Piensas que los indios kayapo le temían a los jaguares? ¿Por qué o por qué no?

Río de Janeiro

Una enorme estatua de Cristo mira a Río de Janeiro (arriba a la derecha). Muchedumbres en Río de Janeiro celebran el Carnaval usando disfraces de colores brillantes (arriba).

Cultura ¿Qué grupos componen la población de Brasil?

india nativo americana, asiática o mixta. Casi todos ellos hablan la forma brasileña del portugués, el cual incluye muchas palabras de los idiomas de los indios nativos americanos y de los africanos. La mayoría de la población profesa la religión católica. Sin embargo, muchos brasileños combinan el catolicismo con creencias y prácticas de religiones africanas y de los indios nativos americanos.

Influencia de la historia Los indios nativos americanos fueron los primeros pobladores de Brasil. En el siglo XVI, los portugueses forzaron a los indios nativos americanos a trabajar en enormes plantaciones que sembraban tabaco y posteriormente de caña de azúcar. Muchos indios nativos americanos murieron de enfermedades o por trabajar en exceso. Para reemplazarlos, los primeros pobladores portugueses trajeron gente de África y los esclavizaron. Finalmente, la esclavitud se abolió en 1888, pero los africanos se quedaron en Brasil, la mayoría de ellos viviendo en la parte nordeste del país. Con el tiempo, las tradiciones africanas han influenciado la religión, música, bailes y comida brasileñas.

Movimiento hacia las ciudades La mayor parte de Brasil está poco poblada. Millones de personas se han mudado de las áreas rurales a las ciudades costeras para encontrar mejores trabajos. Ahora el gobierno está alentando a la gente para que regrese a las áreas menos pobladas tierra adentro para reducir la sobrepoblación de las ciudades. En la actualidad las carreteras cruzan el país y llegan a regiones anteriormente aisladas. En 1960 Brasil cambió su capital de la costera Río de Janeiro 600 millas (966 km) tierra adentro, a la ciudad recientemente construida de **Brasilia.** Con más de 2 millones de habitantes, Brasilia es una ciudad moderna y de rápido crecimiento.

Gobierno Brasil declaró su independencia de Portugal en 1822. Al principio, la nueva nación fue un imperio con emperadores gobernando hasta 1889. Entonces, como muchos otros países en América Central y del Sur, Brasil fue gobernado por dictadores militares. Hoy en día, Brasil es una república democrática, donde la gente elige a un presidente y a otros líderes. Sin embargo, en Brasil, los ciudadanos no pueden optar por votar o no votar. La gente de 18 a 70 años tiene por ley la obligación de votar. Brasil tiene más de una docena de partidos políticos, no solamente dos principales, como en los Estados Unidos.

El gobierno nacional de Brasil es más fuerte que sus 26 gobiernos estatales. El presidente de Brasil tiene más poder sobre el país que el presidente estadounidense sobre los Estados unidos.

Diversiones A los brasileños les gusta el fútbol, al que llaman *futebol.* Cada pueblo tiene un campo de fútbol y las ciudades más grandes tienen estadios. El estadio de Maracaná en Río de Janeiro tiene capacidad para 220,000 aficionados. El baloncesto es otro deporte popular.

Brasil es también famoso por su Carnaval. Este festival se celebra justo antes del principio de la Cuaresma, la temporada sagrada cristiana antes de Pascua. Cada año se lleva a cabo en Río de Janeiro el Carnaval más espectacular. La celebración incluye música brasileña y desfiles ostentosos.

Brasil tiene una de las redes televisoras más grandes del mundo. Esta red produce programas estelares dramáticos llamados *telenovelas.* Estos programas son muy populares en Brasil, y los televidentes en más de 60 países también las disfrutan.

✓ Comprobación de lectura **¿Por qué la mayoría de los brasileños hablan una forma de portugués?**

Evaluación

Definición de términos

1. **Define** cuenca, *selva,* escarpa, favela, deforestación.

Recuerdo de hechos

2. **Historia** ¿Quién fue el primer y más grande grupo de europeos que colonizó Brasil?
3. **Economía** ¿Qué recursos atraen a las empresas a la Cuenca del Amazonas?
4. **Cultura** ¿Cuál es la principal religión en Brasil?

Pensamiento crítico

5. **Conclusiones** ¿De qué manera la deforestación amenaza a los indios nativos americanos que viven en el bosque húmedo?
6. **Resumen de información** ¿Qué desafíos económicos enfrentan los brasileños?

Organizador gráfico

7. **Organización de la información** Dibuja un diagrama como éste. A un lado de la flecha izquierda, escribe el motivo de las acciones del gobierno. A la derecha, enumera tres resultados de dichas acciones.

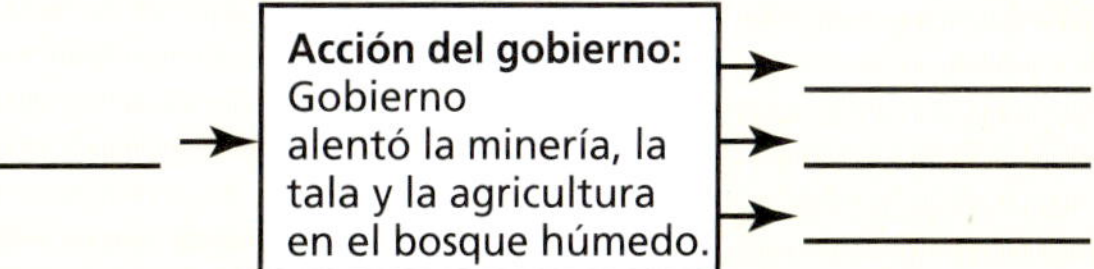

Aplicación de las habilidades en estudios sociales

8. **Análisis de los mapas** Mira el mapa físico en la página 233. ¿Qué accidente geográfico de Brasil rodea la Cuenca del Amazonas?

Habilidades de estudios sociales

Secuencia y categorización de información

Secuencia significa colocar los hechos en el orden en que ocurrieron. *Categorizar* significa organizar la información en grupos de hechos e ideas relacionados. Ambas acciones te ayudarán a lidiar con grandes cantidades de información más fácilmente.

Desarrollo de la habilidad

Sigue estos pasos para aprender a secuenciar y categorizar:

- Busca fechas o palabras clave que te proporcionen un orden cronológico: *en el 2004, a finales de los años 1990, primero, posteriormente, finalmente, después de la Gran Depresión* y así sucesivamente.
- Si la secuencia de eventos no es importante, entonces puedes categorizar la información. Las categorías pueden incluir actividades económicas o rasgos culturales.
- Lista como encabezados en un cuadro estas características o categorías.
- A medida que leas, anota los detalles bajo la categoría apropiada del cuadro.

Práctica de la habilidad

Lee los siguientes párrafos y responde a las preguntas que siguen.

Después de la independencia de Brasil de Portugal en 1822, se presentó un proyecto para construir una nueva capital llamada Brasilia. Más de 100 años después, en 1955, un comité de planeación seleccionó el sitio para la nueva capital. Las primeras calles se pavimentaron en 1958. El 20 de abril de 1960, empezaron las festividades para "inaugurar" oficialmente la nueva capital a las 4:00 P.M.

Brasilia tiene aspectos tanto positivos como negativos. Los positivos incluyen que virtualmente no hay contaminación del aire, no hay amenaza de desastres naturales, muchas áreas verdes y un clima agradable. Los aspectos negativos de la capital incluyen precios muy elevados de viviendas, transporte público ineficiente, poco estacionamiento y grandes distancias entre los diferentes edificios gubernamentales.

1. ¿Qué información puede organizarse secuencialmente?
2. ¿Qué información puede organizarse bajo estas categorías: "Aspectos positivos" y "Aspectos negativos"?

Aplicación de la habilidad

Busca dos artículos en revistas acerca de Brasil u otro país de América del Sur. Crea una secuencia o categoriza la información en los artículos en tarjetas de notas o en una tabla.

IR A

Practica habilidades clave con **Glencoe Skillbuilder Interactive Workbook, Level 1.**

Brasilia

Sección 2

Argentina a Venezuela

Guía de lectura

Idea principal

Los países vecinos de Brasil tienen una diversidad de accidentes geográficos, climas y culturas.

Terminología

- pampas
- estancia
- gaucho
- energía hidroeléctrica
- llanos
- altitud
- caudillo

Estrategia de lectura

Dibuja un diagrama como éste. Anota los nombres de los vecinos de Brasil al norte y al sur y luego escribe al menos un hecho clave acerca de la gente de cada país.

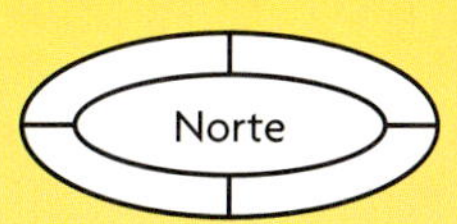

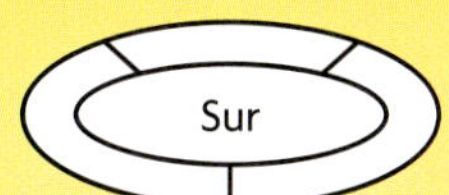

NATIONAL GEOGRAPHIC **Exploración de nuestro mundo**

La música tradicional de Paraguay parece ser diferente del resto de su cultura. El arpa es el instrumento nacional del país y los paraguayos son famosos por su estilo lento y acongojado para tocar la guitarra. En contraste, los bailes tradicionales son mucho más animados. Aquí, una mujer baila el baile de la botella, algo muy difícil aún cuando las botellas están atadas entre sí.

Al sur de Brasil quedan **Argentina, Uruguay** y **Paraguay.** Al norte de Brasil se encuentran los países del Caribe de América del Sur, que incluyen **Venezuela, Guyana, Surinam** y **Guayana Francesa.**

Argentina

Argentina es el segundo país más grande de América del Sur, después de Brasil. Su extremo sur casi llega a la Antártida. Argentina tiene aproximadamente el tamaño de los Estados Unidos al este del río Mississippi.

Los Andes se elevan sobre la parte occidental de Argentina. Los picos nevados y los lagos de agua clara atraen a turistas para esquiar e ir de excursión. **El Aconcagua** se eleva a 22,834 pies (6,960 m), haciéndolo la montaña más elevada del Hemisferio Occidental.

Al sudeste de los Andes se localiza una meseta seca y ventosa llamada **Patagonia.** La mayor parte de Patagonia recibe poca lluvia y tiene un suelo poco fértil. Como resultado, la cría de ovejas es la principal actividad económica de la región.

Aplicación de las habilidades con mapas

1. ¿Qué actividades agrícolas se efectúan en toda Argentina?
2. ¿En qué países se explotan los yacimientos de oro?

Busca en línea mapas de NGS en www.nationalgeographic.com/maps

El centro de Argentina tiene vastas llanuras sin árboles conocidas como las **pampas.** De manera similar a las Grandes Llanuras de los Estados Unidos, las pampas son el hogar de agricultores que siembran granos y de rancheros que crían ganado. Más de dos tercios de la población de Argentina vive en esta región.

Economía de Argentina La economía de Argentina depende mucho de la agricultura y ganadería. Los principales productos del país incluyen la carne, caña de azúcar, trigo, soya y maíz. Enormes **estancias** o ranchos, cubren las pampas. Los **gauchos** o vaqueros, se encargan del ganado en los ranchos. Los gauchos son el símbolo nacional de Argentina, admirados por su independencia y destreza en la equitación. El ganado que los gauchos cuidan y crían es una parte vital de la economía del país. La carne y los productos alimenticios son las principales exportaciones de Argentina. Pasa a la página 246 para leer más acerca de los gauchos.

Argentina es uno de los países más industrializados de América del Sur. La mayoría de las fábricas del país se encuentran en o cerca de **Buenos Aires,** la capital de Argentina y su ciudad más grande. Los principales bienes manufacturados son productos alimenticios, automóviles, productos químicos, textiles, libros y revistas.

El petróleo es el recurso mineral más preciado de Argentina. Los principales campos petroleros del país se encuentran en Patagonia y en los Andes. Otros minerales, como el zinc, mineral de hierro, cobre, estaño y uranio, también se extraen de yacimientos en los Andes. A pesar de estos recursos, la economía de Argentina ha sufrido durante los primeros años del siglo veintiuno.

Historia de Argentina A finales del siglo XVI, los españoles se asentaron en el área que hoy es Buenos Aires. Hacia 1800 la ciudad era un puerto floreciente. En 1816 un general llamado José de San Martín dirigió a Argentina en su lucha por la liberación de España. Después de la independencia, el país fue destrozado por una guerra civil. A mediados de los años 1850, emergió un fuerte gobierno nacional y Argentina entró en una etapa de prosperidad. Sin embargo, durante la primera mitad del siglo XX, los líderes electos de Argentina gobernaron mal. La economía sufrió y los militares tomaron el poder. Uno de esos líderes militares, Juan Perón, se convirtió en dictador a finales de los años 1940. Con su popular esposa,

Eva, a su lado, Perón trató de mejorar la economía y de ayudar más a los trabajadores. Sin embargo, sus medidas en contra de la libertad de expresión y de la prensa desagradaron a la gente. En 1955 una revuelta sacó a Perón del poder y regresó la democracia.

Los oficiales militares retomaron el control de Argentina en los años 1970. Gobernaron con severidad y la violencia política resultó en la muerte de mucha gente. En 1982 Argentina sufrió la derrota en una guerra contra el Reino Unido por el control de las **Islas Falkland.** Las Falkland, conocidas en Argentina como las Malvinas, se localizan en el Océano Atlántico frente a la costa de Argentina. Los militares dejaron el poder y los líderes electos retomaron el control del gobierno cuando Argentina perdió esta guerra.

Hoy en día, Argentina es una república democrática. Así como en los Estados Unidos, el gobierno nacional es más fuerte que los 23 gobiernos provinciales o estatales. Un poderoso presidente electo dirige la nación durante un período de cuatro años. Una legislatura con dos cámaras elabora las leyes.

La gente de Argentina Alrededor del 85 por ciento de la población de Argentina tiene herencia europea. Durante finales del siglo XIX, llegó desde España e Italia un gran número de inmigrantes a Argentina. Su llegada invluyó enormemente en la sociedad y cultura de Argentina. Muchos más inmigrantes llegaron de Europa después de la Segunda Guerra Mundial. La forma de vida europea hoy en día es más evidente en Argentina que en otros países Latinoamericanos.

El idioma oficial de Argentina es el español, aunque el idioma incluye muchas palabras italianas. La mayoría de la gente es católica. Alrededor del 90 por ciento de la población de Argentina vive en ciudades y pueblos. Más de 13 millones de personas viven en Buenos Aires y sus suburbios. Buenos Aires tiene amplias calles y edificios de estilo europeo. Sus ciudadanos se llaman a sí mismos *porteños*, que significa "gente del puerto". Muchos se apasionan con el baile nacional de Argentina, el tango.

✓Comprobación de lectura **¿Por qué Argentina tiene una fuerte cultura europea?**

Uruguay y Paraguay

Uruguay y Paraguay difieren entre sí en su medio ambiente, población y desarrollo. Uruguay tiene un clima templado, vibrantes planicies y colinas abundantes pastos. Esta nación es una zona de amortiguación entre las dos poderosas naciones de Brasil y Argentina. Originalmente ocupada por los portugueses, luego tomada por España, Uruguay se rebeló contra ambos países y posteriormente se hizo completamente independiente en 1828.

La inmigración de España e Italia y la introducción de ovejas fueron clave para el desarrollo de Uruguay. Los 3.4 millones de habitantes del país, la mitad de los cuales vive en la capital de **Montevideo,** son principalmente de herencia europea. La economía de Uruguay depende de la crianza de ovejas y ganado. De hecho, las ovejas y el ganado superan en número a la gente en diez a uno y cerca del 70 por ciento del país son pastizales. Los productos animales: carne, lana y cueros, encabezan las exportaciones de Uruguay. Las principales industrias: textiles, calzado y artículos de cuero, usan los productos de los enormes rebaños de animales. Las grandes haciendas están complementadas por muchas granjas medianas y pequeñas. Los uruguayos tienen el índice de alfabetización más alto, la menor tasa de crecimiento poblacional, la mejor dieta y uno de los niveles de vida más elevados de

cualquier país de América del Sur. El español es el idioma oficial y la fe católica es la religión principal.

Paraguay En Paraguay, la sociedad y la economía han seguido un curso bastante diferente. El tercio más oriental de Paraguay, con sus ricos suelos y fértiles pastos, fue ocupado por los españoles. Los dos tercios occidentales del país, una gran área boscosa conocida como el **Gran Chaco,** fue agregado al territorio español por los misioneros católicos.

En los siglos XIX y XX, una serie de guerras dañó severamente a Paraguay, destruyendo la economía del país. Después de la peor de éstas, la guerra de cinco años contra Brasil, Argentina y Uruguay en los años 1860, la población masculina de Paraguay quedó reducida a la mitad. Los expertos calculan que Paraguay además perdió 55,000 millas cuadradas de territorio.

La silvicultura y la agricultura son las principales actividades económicas de Paraguay. Grandes ranchos ganaderos cubren gran parte del país. Sin embargo, los agricultores siembran granos, algodón, soya y yuca en parcelas pequeñas. Las raíces de la yuca pueden molerse para hacer tapioca. También se pueden rebanar y freír como las papas.

Paraguay también exporta electricidad. El país tiene el generador hidroeléctrico más grande del mundo en la Presa de Itaipu, en el Río Paraná. **Energía hidroeléctrica** es electricidad generada por una corriente de agua. Paraguay vende casi el 90 por ciento de la electricidad que produce a los países vecinos.

Los paraguayos actuales tienen principalmente herencia guaraní, un grupo indio nativo americano, y española. Tanto el español como el guaraní son los idiomas oficiales, pero más gente habla guaraní. La mayoría de la gente profesa la fe católica. Alrededor de la mitad de la gente vive en las ciudades. **Asunción** es la capital y la ciudad más grande.

La cultura guaraní influye en las artes paraguayas. El encaje guaraní es la artesanía más famosa de Paraguay. Así como la gente en Uruguay, la gente de Paraguay disfruta los platillos de carne y bebe *yerba maté,* una bebida parecida al té.

✓Comprobación de lectura ¿Qué exportación importante se genera en la Presa de Itaipu?

Lazado de un capibara

Los capibaras son los roedores más grandes del mundo. Pueden crecer hasta 2 pies de alto y 4 pies de largo y pesar más de 100 libras. Se encuentran en América del Sur y Central, los capibaras viven en los ríos y lagos y comen la vegetación. Aquí, un gaucho laza a un capibara del tamaño de un perro en Venezuela. Algunos venezolanos comen capibara durante la temporada de Semana Santa.

Venezuela

Venezuela es el país más occidental del Caribe de América del Sur. En el noroeste se localizan las tierras bajas costeras que rodean al **Lago Maracaibo** el lago más grande de América del Sur. Los pantanos dominan el área y poca gente vive aquí. Sin embargo, el gran número de pozos petroleros te indica que bajo el lago y a lo largo de sus orillas yacen ricos campos petroleros. Venezuela tiene más reservas de petróleo que cualquier otro país en las Américas.

Las tierras altas andinas empiezan al sur del lago y forman parte de la cordillera de los Andes. Esta área incluye la mayor parte de las ciudades del país, incluyendo a **Caracas,** la capital y la ciudad más grande. Al este de las tierras altas, puedes ver las planicies cubiertas de hierbas conocidas como los **llanos.** Los llanos tienen muchos ranchos, granjas y campos petroleros. El río más importante de Venezuela, el **Orinoco**, fluye a través de los llanos. Este río es una valiosa fuente de energía hidroeléctrica para las ciudades de Venezuela.

Al sur y este de los llanos se elevan las Tierras Altas de Guayana, atravesadas por ríos. Las **Cataratas del Ángel,** la catarata más alta del mundo, cae de un acantilado en esta región.

Debido a su cercanía con el Ecuador, Venezuela tiene un clima principalmente tropical. En las Tierras Altas de Guayana hacia el sur, entras a un cálido bosque húmedo. Así como en México, las temperaturas en Venezuela difieren con la **altitud,** o altura sobre el nivel del mar. A mayor elevación el clima es más fresco.

Economía de Venezuela Los venezolanos dependieron en alguna ocasión de cultivos como el café y cacao para ganarse la vida. Desde los años 1920, el petróleo ha cambiado la economía del país. Venezuela es un líder mundial en la producción de petróleo y uno de los principales proveedores de petróleo de los Estados Unidos. Debido a que el gobierno posee la industria del petróleo, éste proporciona casi la mitad de los ingresos del gobierno. Una huelga nacional de dos meses de duración desde diciembre del 2002 a febrero del 2003 paró temporalmente la actividad económica de Venezuela. Esto demuestra lo mucho que el país depende de su producción petrolera.

Además se extraen mineral de hierro, cal, bauxita, oro, diamantes y esmeraldas. Las fábricas producen acero, productos químicos y alimentos. Alrededor del 10 por ciento de la gente cultiva, siembra plátanos (guineos) y caña de azúcar o crían ganado.

NATIONAL GEOGRAPHIC **En el sitio**

Cataratas del Ángel

Las Cataratas del Ángel, la catarata más alta del mundo con 3,212 pies (979 m), cae de un acantilado en Venezuela. Tomaría 11 campos de fútbol americano apilados para alcanzar la cima.

Economía ¿Cuál es uno de los ríos que proporciona energía hidroeléctrica a Venezuela?

Historia y gobierno Ocupada originalmente por indios nativos americanos, Venezuela se convirtió en colonia española a principio del siglo XVI. Con sus muchos ríos, la tierra de América del Sur le recordó a los españoles de Venecia, Italia, la cual tiene muchos canales. La llamaron *Venezuela,* que significa "Pequeña Venecia".

A principios del siglo XIX, la rebelión se apoderó del imperio colonial español. Simón Bolívar, quien nació en Venezuela, se convirtió en uno de los líderes de esta revuelta. Él y sus soldados liberaron a Venezuela y a los países vecinos del mandato español. En 1830 Venezuela se independizó.

Durante la mayor parte de los siglos XIX y XX, el país fue gobernado por militares llamados **caudillos.** Su gobierno con frecuencia era severo. Desde 1958, Venezuela ha sido una democracia encabezada por un presidente y una legislatura de dos cámaras.

Los crecientes precios del petróleo durante los años 1970 beneficiaron a muchos venezolanos. Cuando los precios del petróleo cayeron en los años 1990, el país sufrió. En 1998 los votantes eligieron a un antiguo líder militar, Hugo Chávez, como presidente. Chávez prometió resolver los problemas de Venezuela, pero su creciente poder dividió al país en grupos opositores. En

2000 los militares derrocaron a Chávez, pero las protestas callejeras le devolvieron el poder. Dos años después, una huelga nacional fracasó en sacar a Chávez del poder. Esta huelga duró tres meses y perjudicó la ya débil economía de Venezuela.

Gente de Venezuela La mayoría de los 25.7 millones de habitantes de Venezuela tiene herencia europea, africana e indio nativo americano. El español es el idioma principal del país y la principal religión es el catolicismo. Alrededor del 90 por ciento de los venezolanos viven en ciudades. Unos 2.8 millones de personas viven en Caracas, la capital, que tiene rascacielos rodeados de montañas.

✓ Comprobación de lectura ¿Qué producto cambió la economía de Venezuela?

Celebración

Bailarines venezolanos con trajes regionales y tocando las maracas toman parte en Corpus Cristi, una celebración local católica.

Religión ¿Cuál es la religión principal en Venezuela?

Las Guayanas

El Caribe de América del Sur además incluye los países de Guyana, Surinam y el territorio de Guayana Francesa. Guyana era una colonia británica llamada Guyana Británica. Surinam, alguna vez colonia de Holanda, se llamaba Guayana Holandesa. Como resultado, estas tres naciones se llaman "las Guayanas".

Las Guayanas tienen accidentes geográficos similares. Las tierras altas en el interior están cubiertas densos bosques húmedos. Hacia la costa del Caribe, la tierra desciende hacia las llanuras costeras bajas. El clima es cálido y tropical. La mayoría de la gente vive en las llanuras costeras debido a los refrescantes vientos del océano. La caña de azúcar crece en Guyana y Guayana Francesa, mientras que el arroz y los plátanos (guineos), florecen en Surinam. Mucha gente se gana la vida explotando los yacimientos,de oro y bauxita.

Guyana A principios del siglo XVII, los holandeses fueron los primeros europeos en ocupar Guyana. Forzaron a los indios nativos americanos y africanos a trabajar en plantaciones de tabaco, café y algodón y posteriormente en plantaciones de caña de azúcar. El Reino Unido ganó posesión de las colonias holandesas a principios del siglo XIX y pusieron fin a la esclavitud. Como aún necesitaban trabajadores, los británicos le pagaron a indios de Asia para que se mudaran aquí. Hoy en día, gente de India compone la mayoría de la población de Guyana. Otro tercio son de herencia africana. Pequeños números de indios nativos americanos y europeos también viven aquí. Las principales religiones son el cristianismo y el hinduismo. La mayoría de la gente habla inglés. **Georgetown,** la capital, es la ciudad principal.

Guyana ganó su independencia de Gran Bretaña en 1966. Sin embargo, Guyana sigue siendo un país muy pobre y depende de la ayuda del Reino Unido y de otros países.

Surinam Los británicos fueron los primeros europeos en ocupar Surinam, pero los holandeses ganaron el control en 1667. Así como Guyana, los holandeses trajeron africanos esclavizados para trabajar en grandes plantaciones de caña de azúcar. Debido al trato tan severo, muchos africanos huyeron al aislado interior del país. Sus descendientes aún viven ahí hoy en día. Posteriormente, los holandeses contrataron trabajadores de países asiáticos como India e Indonesia.

Los asiáticos forman gran parte de la población de Surinam. Alrededor de la mitad de la gente de Surinam practica el cristianismo. El resto sigue el hinduismo o el Islam. El idioma principal es el holandés. **Paramaribo** es la capital y puerto principal. En 1975 Surinam ganó su independencia de los holandeses. Sin embargo, el país es pobre y aún depende de la ayuda del gobierno holandés.

Guayana Francesa Guayana Francesa se convirtió en colonia de Francia en el siglo XVII y aún lo sigue siendo. El país es gobernado por un oficial francés llamado *prefecto,* quien vive en la capital, **Cayena.** El gobierno francés proporciona trabajos y ayuda a la mayoría de la gente de Guayana Francesa.

La mayoría de la gente en Guayana Francesa son de origen africano o mezcla de africano y europeo. Hablan francés y son católicos. En Cayena, puedes ver los cafés en las aceras y policías en uniformes franceses. Los compradores usan euros, la moneda francesa, al igual que lo harían en París, Francia. También puedes ver las influencias locales, como el Carnaval, tallado en madera de los indios nativos americanos y música y baile caribeños.

Comprobación de lectura **¿Qué países europeos influyeron en el desarrollo de Guyana, Surinam y Guayana Francesa?**

Evaluación

Definición de términos

1. **Define** pampas, *estancia*, gaucho, energía hidroeléctrica, llanos, altitud, caudillo.

Recuerdo de hechos

2. **Región** Describe dos maneras en que las pampas son similares a las Grandes Llanuras de los Estados Unidos.
3. **Interacción del hombre con el medio ambiente** ¿Cuál es la importancia de la Presa de Itaipu?
4. **Historia** ¿Quién fue Simón Bolívar?

Pensamiento crítico

5. **Análisis de causa y efecto** ¿Cuál de las políticas de Juan Perón provocó su salida del poder?
6. **Conclusiones** ¿Por qué el hinduismo es una de las principales religiones de Guyana?

Organizador gráfico

7. **Organización de la información** Dibuja un diagrama como éste. En la casilla superior, debajo del encabezado, haz una lista de las similitudes de las Guayanas. En las casillas inferiores, debajo de los encabezados, escribe los hechos que muestren las diferencias acerca de cada país.

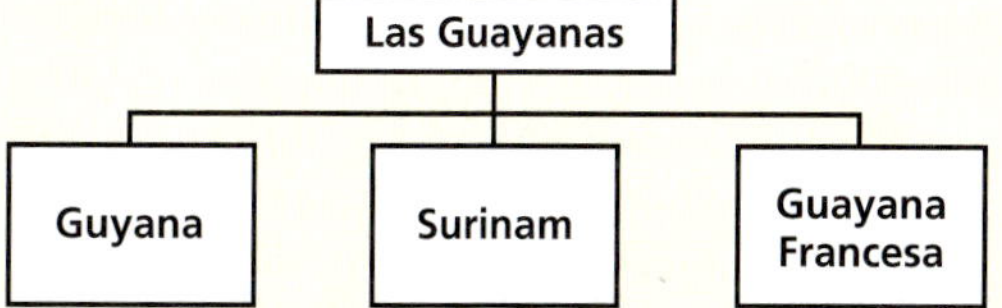

Aplicación de las habilidades en estudios sociales

8. **Análisis de mapas** Mira el mapa de actividad económica de la página 240. ¿Qué actividades agrícolas se llevan a cabo en Venezuela?

Establecer conexiones

ARTE | CIENCIA | CULTURA | TECNOLOGÍA

Poesía en las pampas

Tal como lo aprendiste en la Sección 2, los gauchos arrean ganado en las pampas. En 1872 José Hernández compuso el poema épico *El Gaucho Martín Fierro*. El poema habla de la historia de Martín Fierro, quien recuerda su vida de gaucho en las pampas. Las siguientes líneas son una parte del poema.

El Gaucho Martín Fierro
por José Hernández (1834–1886)

Soy gaucho, y entiéndalo,
Como mi lengua lo explica;
Para mí la tierra es chica,
Y pudiera ser mayor;
Ni la víbora me pica,
Ni quema mi frente el sol.

. . . .

Recuerdo ¡qué maravilla!
Cómo andaba la gauchada;
siempre alegre y bien montada,
y dispuesta para el trabajo,
pero hoy en día (. . .) ¡barajo!
No se la ve de aporreada.

El gaucho más infeliz,
tenía tropilla de un pelo,
no le faltaba un consuelo,
y andaba la gente lista,
teniendo al campo la vista,
sólo veía hacienda y cielo.

Cuando llegaban las yerras,
¡cosa que daba calor!
Tanto gaucho pialador
y tronador sin hiel,
¡Ah, tiempos! (. . .) pero si en él
Aquello no era trabajo,
mas bien era una función
y después de un buen tirón.

Gauchos en las pampas de Argentina ▲

Establecer la conexión

1. ¿Cómo describe el poeta la tierra en que vive el gaucho?
2. ¿Cuál era el estado de ánimo de los gauchos cuando iban a trabajar?
3. **Conclusiones** ¿Qué prueba proporciona el poema de que el trabajo del gaucho no era considerado como tal?

Capítulo 8

Repaso de la lectura

Sección 1 Brasil, el gigante naciente

Terminología

cuenca
selva
escarpa
favela
deforestación

Idea principal

Brasil es un país enorme con muchos recursos, una cultura vívida y serios desafíos económicos.

✓ **Historia** Brasil declaró su independencia en 1822 después de siglos de gobierno colonial de Portugal.

✓ **Economía** Brasil está tratando de reducir su número de gente pobre y de equilibrar el uso de recursos con la conservación de sus bosques húmedos.

✓ **Cultura** La mayoría de los brasileños tiene una mezcla de herencia portuguesa, africana, indio nativo americano y asiática.

Sección 2 Argentina a Venezuela

Terminología

pampas
estancia
gaucho
energía hidroeléctrica
llanos
altitud
caudillo

Idea principal

Los países vecinos de Brasil tienen una diversidad de accidentes geográficos, climas y culturas.

✓ **Región** Poca gente vive en la región de los Andes o de la Patagonia en Argentina. El área más poblada es el vasto pasto llamado las pampas.

✓ **Cultura** La capital de Argentina, Buenos Aires, es una ciudad enorme de estilo europeo.

✓ **Economía** Uruguay y Paraguay tienen grandes áreas de planicies cubiertas de hierba que soportan la ganadería e industrias que dependen de la crianza de ganado.

✓ **Cultura** La mayoría de los venezolanos tiene una mezcla de herencia europea, africana e indio nativo americano. La mayoría vive en las ciudades de las tierras altas centrales.

✓ **Historia** Simón Bolívar encabezó la revuelta que liberó a Venezuela de España en 1830.

✓ **Cultura** Guyana y Surinam tienen mucha gente que desciende de los trabajadores que se trajeron de África y Asia.

Esta amplia avenida en Buenos Aires es la Avenida 9 de Julio. Fue nombrada así en honor del día en que Argentina ganó su independencia de España. ▶

Capítulo 8

Evaluación y actividades

Uso de términos clave

Haz corresponder los términos de la parte A con sus definiciones en la parte B.

A.

1. cuenca
2. estancia
3. escarpa
4. caudillo
5. altitud
6. gaucho
7. selva
8. deforestación
9. llanos
10. pampas

B.

a. acantilado empinado que separa dos superficies planas de tierra, una más alta que la otra
b. vaquero
c. destrucción de extensas zonas de bosque
d. gobernante militar
e. región de grandes planicies cubiertas de hierba con muchos ranchos, granjas y campos petroleros
f. altura sobre el nivel del mar
g. tierras extensas y bajas rodeadas de tierras más altas
h. vastas llanuras sin árboles
i. bosque húmedo en Brasil
j. rancho grande

Repaso de las ideas principales

Sección 1 Brasil, el gigante naciente

11. **Historia** ¿Por qué están poco pobladas las áreas de tierra al interior de Brasil?
12. **Gobierno** ¿Cuáles son los requisitos para votar en Brasil?
13. **Historia** ¿Cuándo y por qué cambió el gobierno de Brasil la capital a Brasilia?

Sección 2 Argentina a Venezuela

14. **Economía** ¿Por qué son las pampas una región importante de Argentina?
15. **Cultura** ¿Cuáles son el idioma y la religión más importantes de Uruguay?
16. **Economía** ¿Cuáles son las principales actividades económicas de Paraguay?
17. **Economía** ¿Cuál de los recursos de Venezuela es su principal fuente de ingresos?
18. **Cultura** ¿Dónde vive la mayoría de la gente en las Guayanas? ¿Por qué viven ahí?
19. **Historia** ¿Cuál de los vecinos de Brasil ha sido colonia de Francia desde el siglo XVII?

Brasil y sus vecinos

Actividad para localizar un lugar

En una hoja de papel aparte, empareja las letras del mapa con los lugares enumerados bosque húmedo a continuación.

1. Brasil
2. Río Amazonas
3. Argentina
4. Río de Janeiro
5. Paraguay
6. Río Orinoco
7. Uruguay
8. Venezuela
9. Brasilia
10. Surinam

Prueba de autocomprobación Visita el sitio Web ***El mundo y sus gentes*** en twip.glencoe.com y haz clic en **Chapter 8–Self-Check Quizzes** para prepararte para el examen del capítulo.

Pensamiento crítico

20. **Análisis de la información** ¿Qué hechos apoyan el enunciado "Argentina es uno de los países más industrializados de América del Sur"?
21. **Identificación de puntos de vista** En un cuadro como el siguiente, identifica los argumentos a favor y en contra de la tala del bosque húmedo.

Tala del bosque húmedo	
A favor	En contra

Actividad de comparación de las regiones

22. **Geografía** Los bosques húmedos del Amazonas tiene la tasa más elevada de deforestación. Otras regiones del mundo encaran desafíos similares en sus recursos naturales. Crea una tabla en tu cuaderno que muestre las tasas actuales de deforestación de cinco regiones: África, Asia, Europa, Latinoamérica y América del Norte. Encuentra imágenes de muestra de los bosques de cada región para ilustrar tu cuadro.

Actividad mental de trazado de mapas

23. **Enfoque en la región** Dibuja un mapa simple del contorno de América del Sur. Observa el mapa de la página 233 y luego rotula lo siguiente:
    - Patagonia
    - Brasil
    - Océano Atlántico
    - Argentina
    - Océano Pacífico
    - Tierras Altas Brasileñas
    - Cuenca del Amazonas
    - Islas Falkland (Malvinas)
    - Venezuela
    - Tierras Altas de las Guayanas

Actividad de habilidades tecnológicas

24. **Uso de Internet** Efectúa una búsqueda de información acerca del bosque húmedo del Amazonas y crea una bibliografía de cinco sitios Web relevantes. Tu bibliografía debe contener la dirección de la página Web, un resumen breve de la información encontrada en el sitio y un enunciado de por qué piensas que es relevante.

Práctica de la prueba estandarizada

Instrucciones: Lee el siguiente párrafo y responde a la pregunta que sigue.

La Cuenca del Amazonas es un gigantesco sistema de ríos y bosques húmedos que cubren la mitad de Brasil y se extiende a los países vecinos. La mayor parte del Amazonas aún está sin explorar y los bosques húmedos contienen muchos secretos. Algunos de los animales que se encuentran aquí incluyen al jaguar, tapir, mono araña, perezoso, delfín de río y boa constrictora. Las aves del bosque incluyen a los tucanes, pericos, colibríes y halcones. Más de 1,800 especies de mariposas y 200 especies de mosquitos te darán una idea acerca de la población de insectos. Además, los peces como la piraña, pirarucu y la anguila eléctrica, son muy inusuales. Los biólogos no pueden identificar buena parte de la pesca que encuentran en los mercados.

1. En base a este relato, ¿cuál de las siguientes generalizaciones es la más exacta?

F El bosque húmedo del Amazonas cubre alrededor de un tercio del continente de América del Sur.

G Los indios nativos americanos que viven en el bosque húmedo están perdiendo su antigua forma de vida.

H La Cuenca del Amazonas es enorme y sus bosques húmedos contienen miles de especies de animales.

J La Cuenca del Amazonas se localiza exclusivamente en Brasil.

Consejo para el examen: Esta pregunta te pide hacer una generalización acerca de la Cuenca del Amazonas. Una *generalización* es un enunciado amplio. Busca los hechos y la idea principal *en el relato* para apoyar tu respuesta. No confíes en tu memoria solamente. La idea principal puede ayudarte a eliminar las respuestas que no corresponden. Además, busca el enunciado que sea verdadero y que esté cubierto en el párrafo.

OJO en el medio ambiente

BOSQUES HÚMEDOS Desvanecientes

AMÉRICA CENTRAL

ISLAS DEL CARIBE

AMÉRICA DEL SUR

Bosques húmedos

Riquezas de los bosques húmedos Imagina que nunca has probado el chocolate. Piensa que nunca has comido un plátano, mascado goma ni comido nueces de cajú. Si no hubiera bosques húmedos, no tendríamos ninguno de estos alimentos. Tampoco tendríamos muchas de las medicinas que se usan para tratar la malaria, esclerosis múltiple y leucemia. De hecho, las plantas de los bosques húmedos proporcionan un cuarto de las medicinas del mundo.

Millones de especies de plantas y animales viven en los bosques húmedos, más de la mitad de todas las especies de la Tierra. Los científicos han estudiado solamente una fracción de estas especies. Así que nadie sabe realmente qué alimentos, medicinas o animales nuevos estén por descubrirse.

Destrucción del bosque húmedo Pero podríamos no llegar a saberlo. ¿Por qué? ¡Porque cada segundo desaparece un pedazo del tamaño de dos campos de fútbol americano! Los bosques se están destruyendo por muchas razones.

- Los taladores cortan árboles y venden la madera en todo el mundo.
- Los rancheros y granjeros despejan terreno para el ganado y cultivo.
- Los mineros nivelan acres de bosque para extraer valiosos minerales.

Los pobladores talan árboles para construir una casa en el bosque húmedo.

La gente está tratando de encontrar la manera de usar los bosques húmedos sin destruirlos. Cambiar los métodos agrícolas y desarrollar diferentes industrias forestales pudieran ser soluciones posibles. Sin embargo, el tiempo se acaba. ¿Podemos permitirnos perder los bosques húmedos y todos sus tesoros?

Sapo dorado macho

Cómo ejercer una influencia

Nuevas especies *Callithrix humilis*, un tití enano

Descubrimiento de monos nuevos ¿Qué se sentiría descubrir un animal que nadie supiera que existe? El científico holandés Marc van Roosmalen lo sabe. Recientemente descubrió una nueva especie de mono (foto, a la derecha) en Brasil.

Van Roosmalen dirige un orfanato de monos abandonados. Un día, un hombre llegó con un pequeño mono que van Roosmalen no había visto nunca antes. Pasó un año buscando un grupo silvestre de monos en lo profundo del bosque húmedo del Amazonas. De los 250 tipos de monos conocidos en todo el mundo, alrededor de 80 viven en Brasil. Al menos 7 especies nuevas se han descubierto desde 1990.

Viaje de estudios al bosque húmedo Con ayuda de la Fundación del Fideicomiso Ambiental de los Niños, estudiantes de Millbrook, Nueva York, viajaron a la región del Río Yarapa en Perú, en lo profundo del bosque húmedo del Amazonas. Los estudiantes estudiaron el bosque húmedo desde plataformas construidas en las copas de los árboles y subieron entre los árboles usando cuerdas. Los estudiantes encontraron criaturas el bosque húmedo en la noche, fueron para observar aves al amanecer y nadaron en el Río Yarapa, hogar de los cocodrilos llamados caimanes. De regreso a Millbrook, los estudiantes informaron a los demás acerca de cómo salvar los bosques húmedos. Además reunieron dinero para apoyar a un zoológico peruano que protege a los animales del bosque húmedo.

Un estudiante de Millbrook atrapa insectos para su estudio.

¿Qué puedes hacer?

Escribe una nota
Escríbele a tus representantes gubernamentales y aliéntalos a que apoyen los planes para ayudar a salvar los bosques húmedos.

Estudia tu comunidad
¿Qué problemas ambientales encara tu comunidad? ¿Qué puedes hacer para ayudar a resolver los problemas? Por ejemplo, ¿tiene tu comunidad problemas de contaminación del agua o escasez de agua? ¿Qué medidas toma tu comunidad para asegurarse que tenga agua limpia para beber?

Capítulo 9

Los países andinos

El mundo y sus gentes NATIONAL GEOGRAPHIC

Para aprender más sobre lugares de los países andinos y su gente, mira el video ***The World and Its People* Chapter 9**.

Estudios sociales en línea

Descripción general del capítulo Visita el sitio Web ***El mundo y sus gentes*** en twip.glencoe.com y haz clic en **Chapter 9—Chapter Overviews** para ver información preliminar sobre los países andinos.

PLEGABLES™
Organizador de estudios

Resumen de la información Haz este plegable y úsalo para organizar tarjetas con información acerca de la gente y lugares de los países andinos de América del Sur.

Paso 1 Dobla una lengüeta de 2 pulgadas a lo largo del margen largo de una hoja de papel.

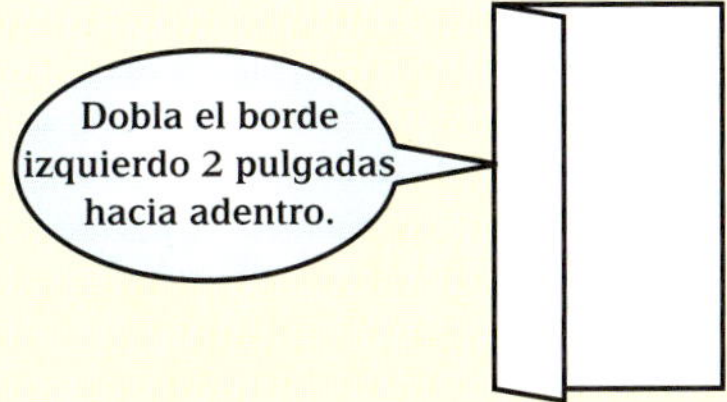

Paso 2 Dobla el papel por la mitad de modo que la lengüeta quede en el lado de adentro.

Paso 3 Abre el bolsillo plegable de papel y pega juntos los bordes de los bolsillos con goma.

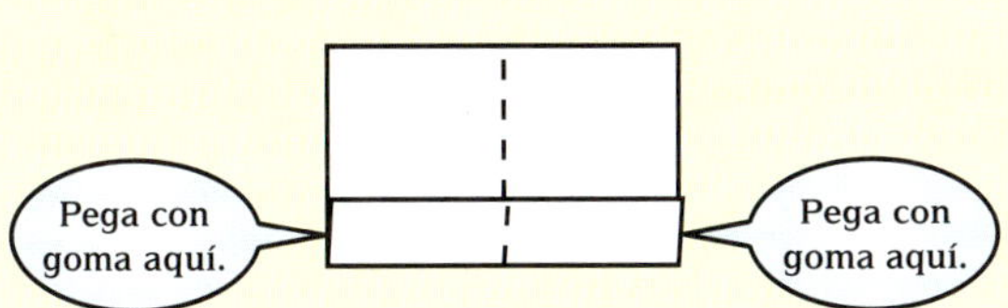

Paso 4 Coloca una etiqueta en los bolsillos como se ilustra.

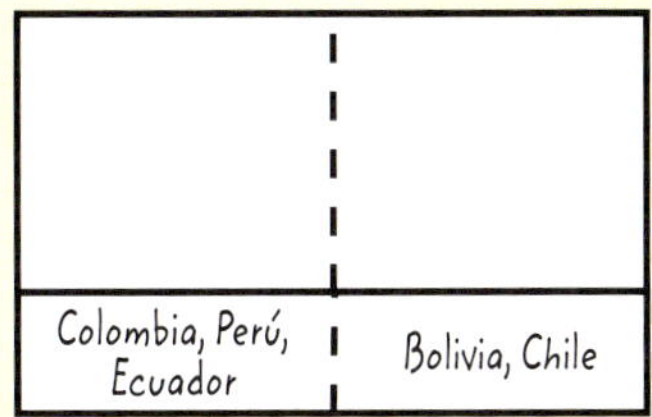

Lectura y redacción A medida que leas el capítulo, resume los hechos clave sobre los países andinos en tarjetas o en cuartos de hojas de cuaderno. Organiza tus notas colocándolas en tu plegable con bolsillos, adentro de los bolsillos correspondientes. (Pega con goma tu plegable del Capítulo 8 en la cubierta delantera de este otro para formar un plegable de cuatro bolsillos sobre América del Sur.)

Por qué es importante

Riqueza en los Andes

Los Andes forman la espina dorsal de América del Sur y son la cadena de montañas más larga de la Tierra. Estas altas y rocosas cimas son fuente de algunas de las sustancias más deseadas del mundo, incluyendo petróleo, esmeraldas, oro, plata, café y "Oro Colombiano", la droga ilegal, cocaína. La demanda mundial de estos productos ha causado corrupción e inestabilidad en los países de esta región.

◀ Monasterio de San Francisco, Quito, Ecuador

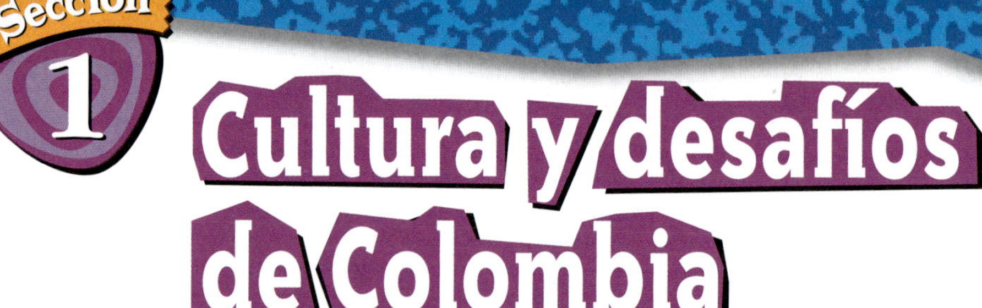

Cultura y desafíos de Colombia

Guía de lectura

Idea principal

Aunque tiene muchos recursos, Colombia enfrenta disturbios económicos y políticos.

Terminología

- cordillera
- cultivo comercial
- mestizo
- campesino

Estrategia de lectura

Crea un cuadro como el de abajo y haz una lista con las ventajas que disfruta Colombia en la columna izquierda. En la columna derecha, haz una lista de los desafíos que enfrenta.

Colombia	
Ventajas	Desafíos

En una delgada veta de esquisto, un minero en Colombia ve una piedra verde resplandeciente. Él no es el primer colombiano que extrae las piedras preciosas que llamamos esmeraldas. La mina colombiana llamada Muzo ha estado produciendo esmeraldas de primera calidad durante mil años. Los primeros soberanos de origen indio nativo americano ofrecían estas gemas, más escasas que los diamantes, a sus dioses.

Colombia lleva el nombre de Cristóbal Colón. Las majestuosas cadenas de montañas de los Andes en el borde noroeste de América del Sur atraviesan por Colombia. Estas montañas siguen hacia el sur a través de otros cinco países: **Ecuador, Perú, Bolivia, Chile** y **Argentina.**

Paisaje de Colombia

Colombia es casi tres veces más grande que Montana, tiene costas tanto en el Mar Caribe como en el Océano Pacífico. Los Andes se elevan en la parte oeste de Colombia. Aquí se convierten en una **cordillera,** es decir, un grupo de cadenas paralelas de montañas. Casi el 80 por ciento de la gente de Colombia vive en los valles y mesetas elevadas de los Andes. Bosques densos se esparcen por las tierras bajas a lo largo de la costa del Pacífico. Muy poca gente vive allí.

Sólo unos pocos grupos de indios nativos americanos viven en los bosques húmedos y calurosos del sudeste. En el nordeste, los rancheros arrean las vacas por los llanos que, como recordarás, son planicies cubiertas de hierba.

Colombia se encuentra dentro de los Trópicos. Las temperaturas son muy calurosas y a lo largo de la costa y en las llanuras del interior, caen lluvias abundantes. En las grandes alturas de los Andes, las temperaturas son bastante frescas para un área tropical. **Bogotá,** la capital de Colombia y la ciudad más grande, está ubicada en una meseta andina. Las temperaturas altas tienen un promedio de 67°F (19°C) solamente.

Comprobación de lectura ¿Dónde vive la mayor parte de la gente de Colombia?

Recursos económicos de Colombia

Colombia tiene muchos recursos naturales. Las montañas albergan minerales valiosos y piedras preciosas, además Colombia tiene más carbón que cualquier otro país de América del Sur. Segunda, después de Brasil, en su potencial de energía hidroeléctrica, Colombia también cuenta con grandes

Aplicación de las habilidades con mapas

1. ¿Qué masas de agua bordean Colombia?
2. ¿Qué país tiene el nombre de la línea a la latitud 0°?

Busca en línea mapas de NSG en www.nationalgeographic.com/maps

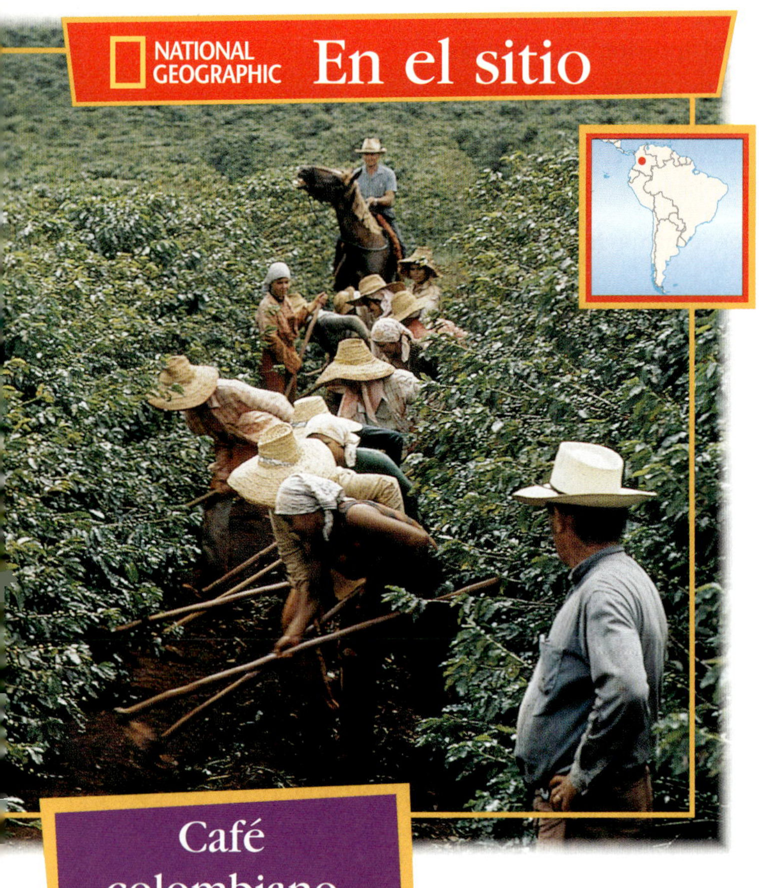

Café colombiano

Muchos historiadores creen que el café se "descubrió" en Etiopía, África. Posteriormente los misioneros españoles trajeron las primeras plantas de café a Colombia.

Economía **¿Qué otros cultivos exporta Colombia?**

reservas de petróleo en las tierras bajas. Además, el país es uno de los productores principales de oro y la fuente número uno de esmeraldas. Las fábricas producen ropa, artí-culos de cuero, productos alimenticios, papel, químicos y productos de hierro y acero.

Agricultura Las regiones costeras y las tierras altas tienen buen suelo para sembrar una variedad de cultivos. El café es el principal **cultivo comercial,** es decir, un producto que se vende para exportación. El café colombiano se conoce en todo el mundo por su rico sabor.

Colombia exporta plátanos, así como también cacao, caña de azúcar, arroz y algodón. Grandes manadas de reses recorren por estancias o ranchos grandes, en los llanos. Los bosques húmedos también suministran un recurso valioso, madera.

Desafíos económicos A pesar de tener muchos recursos naturales, Colombia enfrenta desafíos económicos. Desde la década de 1980, los traficantes de drogas han sido una fuerza importante en Colombia. Los traficantes le pagan a los agricultores para que cultiven hojas de coca, las que se usan para hacer la droga ilegal cocaína, más que lo que los agricultores ganan cultivando café. Gran parte de esta cocaína se trae de contrabando a los Estados Unidos y a Europa occidental. Los traficantes de drogas han usado sus ganancias inmensas para formar ejércitos privados. Ellos han amenazado, e incluso han matado, a oficiales de gobierno que han intentado detenerlos.

Con la ayuda de Estados Unidos, el gobierno de Colombia ha aumentado los esfuerzos para quebrantar el poder de los traficantes de drogas. Además, el gobierno ha tratado de persuadir a miles de agricultores que vuelvan nuevamente a sembrar otros cultivos. Mira **TIME Reports: Enfoque sobre asuntos mundiales** en las páginas 259–265 para un estudio profundo del problema de la droga.

Comprobación de lectura **¿Qué cultivo ha sido un problema en Colombia? ¿Por qué?**

Historia y gente de Colombia

Alrededor de 44.2 millones de personas viven en Colombia. Casi todos los colombianos son **mestizos,** esto quiere decir que tienen ancestros de indios nativos americanos y europeos. La mayoría habla español y son seguidores de la religión católica.

En 1810 Colombia fue una de las primeras colonias españolas en las Américas en declarar su independencia. Simón Bolívar, de quien leíste en el Capítulo 8, estuvo al frente de esta lucha por la independencia. En 1819, Colombia pasó a formar parte de Nueva Granada, un país independiente que incluía Venezuela, Ecuador y Panamá. Luego, estas otras regiones se separaron y pasaron a ser países independientes.

Colombia hoy en día es una república con un presidente elegido. No obstante, la violencia política ha marcado la historia del país. Sólo a fines del siglo XIX, Colombia sufrió más de 50 revueltas y 8 guerras civiles. La lucha estalló de nuevo en 1948. Alrededor de 250,000 personas murieron en este conflicto, el que terminó a fines de la década de 1950.

Para evitar más disturbios, los dos partidos políticos principales acordaron gobernar el país en conjunto. Se hicieron esfuerzos para mejorar las vidas de los agricultores pobres dándoles más tierra. Se abrieron fábricas y trabajos industriales. Pero aún así, siguió existiendo una gran brecha entre los ricos y los pobres, causando aún más disturbios.

En la década de 1960, los rebeldes en el campo comenzaron a pelear con el gobierno. Esta última guerra civil todavía se está peleando. Ha dejado más de 100,000 personas muertas. En el 2003, Estados Unidos respondió al llamado de ayuda del gobierno de Colombia. Envió a Colombia fuerzas especiales estadounidenses para adiestrar a los soldados colombianos y a proteger un oleoducto.

Actividad en línea
Visita el sitio Web ***El mundo y sus gentes*** en twip.glencoe.com y haz clic en **Chapter 9–Student Web Activities** para aprender más sobre Colombia.

Una cultura diversa Colombia tiene una población urbana de crecimiento rápido. Los agricultores colombianos, o **campesinos,** y sus familias han viajado a las ciudades a buscar trabajo o para huir de las luchas en el campo. Treinta ciudades tienen más de 100,000 habitantes cada una.

Puedes ver patrimonios españoles, indios nativos americanos y africanos reflejados en su cultura. Las habilidades de los indios nativos americanos en cerámica y tejidos datan desde antes de la llegada de Colón. Ritmos caribeños africanos se mezclan con la música de influencia española.

Comprobación de lectura ¿Qué es un mestizo?

Evaluación

Definición de términos

1. **Define** cordillera, cultivo comercial, mestizo, campesino.

Recuerdo de hechos

2. **Economía** ¿Colombia es la fuente número uno del mundo de qué recurso?
3. **Cultura** ¿Qué idioma hablan la mayoría de los colombianos? ¿Qué religión practican?
4. **Historia** ¿Quién estuvo al frente de la lucha por la independencia de España?

Pensamiento crítico

5. **Análisis de causa y efecto** ¿Por qué Bogotá, que está ubicada en los Trópicos, tiene un promedio de temperatura de tan sólo 67°F (19°C)?
6. **Conclusiones** ¿Por qué crees que es tan difícil para los agricultores colombianos dejar de cultivar coca?

Organizador gráfico

7. **Organización de la información** Haz una línea de tiempo como ésta. Luego pon los siguientes eventos y sus fechas en el orden correcto en ella: fuerzas especiales estadounidenses fueron enviadas a Colombia, grupos de rebeldes pelean con el gobierno, Colombia declara su independencia de España, Colombia sufre 50 revueltas y 8 guerras civiles, Colombia pasa a formar parte de Nueva Granada.

Aplicación de las habilidades en estudios sociales

8. **Análisis de mapas** Estudia el mapa político en la página 255. ¿Qué ríos pasan por Colombia? ¿Cuáles son las ciudades principales de Colombia?

Habilidades tecnológicas

Uso de una base de datos

Una **base de datos** electrónica es una recolección de datos, nombres, hechos y estadísticas, que se almacenan en un archivo en la computadora. Las bases de datos son útiles para organizar grandes cantidades de información. La información en una base de datos puede clasificarse y presentarse en diferentes formas.

Los científicos usan bases de datos para muchos propósitos. A menudo tienen grandes cantidades de datos que necesitan analizar. Por ejemplo, un sociólogo tal vez desee comparar y contrastar cierta información sobre la gente en los países andinos. Una base de datos sería un buen lugar para clasificar y comparar la información sobre los idiomas, religiones y grupos étnicos de estos países.

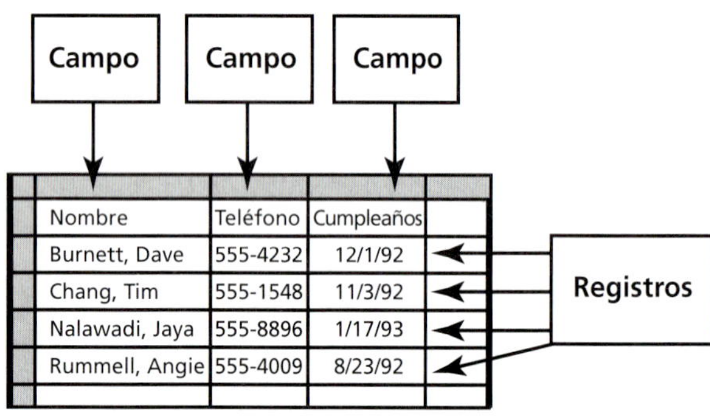

▲ El uso de una base de datos puede ayudar a organizar estadísticas, nombres y direcciones, e incluso colecciones de tarjetas de béisbol.

Desarrollo de la habilidad

La base de datos organiza la información en categorías llamadas campos. Por ejemplo, como se muestra arriba, una base de datos de tus amigos puede incluir los campos para **nombre, número de teléfono** y **cumpleaños.** Cada persona que entras en la base de datos se llama un registro. Después de ingresar los registros, puedes crear una lista y clasificarla de acuerdo a los cumpleaños o usar los registros para crear una guía de teléfonos personalizada. Todos los registros juntos forman la base de datos.

Práctica de la habilidad

Sigue estos pasos para crear una base de datos sobre los países andinos.

1. Determina qué hechos deseas incluir en tu base de datos e investiga para reunir esa información.
2. Sigue las instrucciones en la base de datos que estás usando para establecer campos. Luego entra cada uno de los datos en su campo asignado.
3. Determina cómo deseas organizar los hechos en la base de datos, cronológicamente por la fecha, alfabéticamente o por algún otro método.
4. Sigue las instrucciones del programa de tu computadora para clasificar la información.
5. Revisa que toda la información en tu base de datos sea correcta. De ser necesario, añade, borra, o cambia la información o los campos.

Aplicación de la habilidad

Investiga y crea una base de datos que organice información sobre un país andino de tu elección. Explica por qué la base de datos está organizada en esa forma.

TIME PERSPECTIVES

EXPLORACIÓN DE ASUNTOS MUNDIALES

La guerra contra las drogas

Laboratorios de cocaína pequeños y ocultos son difíciles de eliminar.

CARLOS VILLALO/GETTY/NEWSCOM

América del Sur lucha contra un problema global

Recopilado y adaptado de TIME.

Una guerra de muchos frentes: Las fuerzas especiales de la marina de Estados Unidos, Navy Seals, patrullan en Brasil. La policía en Perú incauta cocaína.

LUKE FRAZZA/AFP

MARIANA BAZO/REUTERS

El efecto trágico del mercado de la droga

Chris Farley vivía el sueño de todo actor. Durante la década de 1990, el actor cómico pasó cinco años exitosos en la popular serie de televisión *Saturday Night Live.* Farley se hizo tan popular que en 1995 se fue de *SNL* para iniciar una carrera en el cine.

Hollywood rápidamente se hizo admirador de Farley y su fama creció. Interpretó papeles en películas tales como *Tommy Boy* y *Black Sheep.* Hacia 1997, un muy conocido animador de un programa de entrevistas predijo que Farley sería "una gran estrella de cine". Farley interpretaba personajes graciosísimos que luchaban contra el mundo con humor y un gran corazón. En la vida real, el actor también batallaba con una adicción al alcohol y drogas tales como la cocaína y heroína. **Cocaína** es una droga que puede causar lesiones cerebrales, incluso si se toma una sola vez. En diciembre de 1997, Farley usó cocaína y otras drogas y se murió.

La carrera de Chris Farley iba en ascenso.

CORBIS SYGMA

Una importación mortal

La cocaína que mató a Chris Farley provino de América del Sur. Así como también las 650 toneladas de cocaína que fueron contrabandeadas a Estados Unidos en el 2000. Todos los días mueren estadounidenses como resultado del uso de esta droga.

La cocaína se hace de la planta de coca, que crece solamente en tres países. Colombia es por mucho, el productor más grande, seguido de Perú y Bolivia.

En los tres países, la coca se cultiva a grandes alturas en los Andes. Las "fábricas" de cocaína allí convierten las hojas de coca en por mucho blanco. Los **contrabandistas** usan botes y aviones para ingresar cse polvo, la cocaína, en países de todo el mundo.

La guerra de la droga en los Andes

INTERPRETACIÓN DE MAPAS Y CUADROS

1. **Interpretación de datos** ¿Qué te dice este mapa acerca del papel de Estados Unidos en la guerra contra la droga en América del Sur?

2. **Inferencias** Supongamos que la guerra contra las drogas tiene éxito en Colombia. ¿Cómo cambiarían las líneas en el gráfico?

Farley pudo haber sido una estrella importante, pero las drogas le costaron su vida.

ALLEN FREDRICKSON/NEWSCOM

El presidente de Colombia (izquierda) habla con el presidente Bush sobre cómo combatir las drogas.

PAUL J. RICHARD/NEWSCOM

44 WAYS TO SAY NO TO WEED & STILL BE COOL

AFP/CORBIS

La hermosa amapola se cosecha para fabricar la mortal heroína.

La **heroína,** otra droga mortal, se hace de la planta de amapola. En América del Sur las amapolas se transforman en heroína solamente en Colombia.

Negocios de los rebeldes

Las drogas han puesto a Colombia de rodillas. Colombia es un país casi del tamaño de Texas y California juntos. Ejércitos de rebeldes basados en las junglas de Colombia han peleado con las tropas del gobierno por casi 40 años. Los rebeldes hacen y venden la cocaína y heroína. Su negocio de drogas les trae más de $1 millón al día. Gastan gran parte de ese dinero en armas.

Los **paramilitares** son otro de los males de Colombia. Estos son hombres armados que los dueños de tierra y negocios contratan para proteger a sus trabajadores. En el año 2000, los rebeldes y los paramilitares secuestraron a ocho personas civiles inocentes cada día y asesinaron a 80 más. El caos ha forzado a abandonar sus hogares a alrededor de 2 millones de Colombianos.

Dinero estadounidense ha ayudado a Bolivia y Perú a hacerle frente a los problemas de drogas durante la década de 1990. Pero muchos productores de cocaína en esos países trasladaron sus operaciones a Colombia, donde la producción de cocaína entre 1995 y 2000 se ha duplicado.

En el 2000, los Estados Unidos decidieron ayudar a Colombia a eliminar el comercio de la droga. Le dio al gobierno de Colombia $1.3 mil millones para equipar y adiestrar su ejército para combatir las drogas.

Piensa, ríe y vive

Si nadie comprara drogas, nadie las produciría. La muerte de Chris Farley ayudó a persuadir a mucha gente a que evitaran la cocaína. Pero millones todavía la usan, por ello es que el negocio sigue sólido.

Los amigos y familiares de Farley han creado la Fundación Chris Farley para enseñarle a los niños los peligros del **abuso de drogas.** La Fundación alienta a los jóvenes a que "piensen, rían y vivan" cuando sus compañeros traten de hacer que consuman drogas. Y lo hace, tal como Farley lo habría hecho, con humor.

EXPLORACIÓN DEL TEMA

1. **Explicación** ¿Qué comentarios hace el título de este artículo sobre el mercado de drogas ilegales?

2. **Causa y efecto** Describe cómo la muerte de Chris Farley pudo haber persuadido a millones de estadounidenses a que evitaran la cocaína.

Seleccionando los suministros de drogas como objetivo

Pop trabaja para el Servicio de Aduanas de Estados Unidos en Hidalgo, Texas. Él busca drogas ilegales en vehículos que cruzan a Estados Unidos desde México.

Por donde se lo mire, Pop es bueno en su trabajo. En 1998 descubrió 3,075 libras de cocaína en un camión de piñas. En 1999 encontró 50 libras de marihuana escondidas en una hielera.

CHRIS USHER

En 1999, el olfato de Popsicle lo hizo merecedor de una Medalla por Incautación Importante.

¿Qué hace que Pop tenga tanto éxito? Su nariz. Pop, diminutivo de Popsicle, es un pitbull. Al igual que otros 500 **perros de aduanas** en los Estados Unidos, ha sido entrenado para olfatear drogas.

Popsicle juega un papel en el esfuerzo a nivel mundial para detener el flujo de drogas. Varios miles de personas también participan en este esfuerzo. Los oficiales de policía, por ejemplo, arrestan a la gente que vende drogas en la calle. Miembros del Servicio de Guardacostas de Estados Unidos le cortan el paso a traficantes en el mar. Soldados en Colombia destruyen plantas de coca y fábricas de cocaína.

Ayuda de Estados Unidos

Alrededor del 80 por ciento de la cocaína que llega a Estados Unidos proviene de Colombia. Por eso es que Estados Unidos ha dado más de $1.3 mil millones para la lucha de Colombia contra las drogas. Las fuerzas armadas de Colombia usan gran parte del dinero para adiestrar soldados y comprar equipos. Aviones comprados con dólares estadounidenses dejan caer químicos que matan las plantas de coca. Nuevos helicópteros llevan rápidamente a soldados a las fábricas de cocaína defendidas por tropas rebeldes bien armadas.

La detención de la cocaína en su fuente de origen no es tan sólo un trabajo militar. También es un esfuerzo para cambiar modos de pensar. Los funcionarios colombianos están tratando de persuadir a los agricultores a que dejen de cultivar coca y amapolas. Ellos le pagan a los agricultores para que en vez de ello siembren cacao, café, corazones de palmito y otros cultivos.

¿Serán eficaces estos esfuerzos? Algunos expertos piensan que sí. Otros no están tan seguros. "Aquellos que obtienen ganancias de la producción de cocaína y heroína no están dispuestos a darse la media vuelta y no hacer nada", dijo una experta. "Hay evidencia que las fábricas de drogas se están yendo a Brasil y Ecuador".

Si ella está en lo cierto, Popsicle tiene mucho trabajo por delante.

EXPLORACIÓN DEL TEMA

1. **Explicación** ¿Por qué es importante detener la cocaína en su fuente de origen para la guerra contra las drogas?
2. **Análisis de la información** ¿Por qué sería más efectivo eliminar la cocaína en Colombia que detenerla en los Estados Unidos?

Cómo hacerle frente a la demanda

Es trágico, pero cierto: Alguien en algún lugar siempre va a querer comprar drogas ilegales. Y alguien más estará dispuesto a **proveerlas**. A nivel mundial, cerca de 14 millones de personas usan cocaína en la actualidad. Alrededor de 5.3 millones de ellas viven en Estados Unidos. Nueve millones de personas en el mundo usan heroína. Más de 650,000 de ellos son estadounidenses.

Imagínate si esos números se redujeran en la mitad. La producción de cocaína y heroína decaería rápidamente. Y las drogas ilegales causarían mucho menos miserias.

Dentro de los tribunales de drogas

¿Es un sueño imposible reducir la **demanda** por drogas en un 50 por ciento? No en Baltimore, Maryland. Baltimore tiene un tribunal de tratamiento de drogas. La meta del tribunal es ayudar a la gente que ha sido arrestada por llevar drogas ilegales a que deje de usarlas. "Si pides ayuda", dijo un juez del tribunal de drogas en el 2001, "la recibirás. Si no la pides, te vas a la cárcel".

De acuerdo con los Tribunales de Maryland, la mitad de los adictos que han sido puestos bajo tratamiento por el tribunal de drogas han dejado de usarlas. Copia este nivel de éxito por toda la nación y la demanda de drogas ilegales en Estados Unidos bajará en picada.

Educación de los estadounidenses

Ninguna guerra contra las drogas puede ser exitosa sin una caída así de significativa en el uso, dicen los expertos. El presidente de Estados Unidos, George W. Bush, comparte esta opinión. "La razón principal por la que se envían drogas a (. . .) los

PAUL F. GERO/SABA

▲ Phoenix, Arizona, tiene un tribunal de drogas como el de Baltimore. Aquí una jueza recompensa la buena conducta de un ofensor de drogas con entradas para el museo de ciencias de Phoenix.

Estados Unidos", dijo en el 2001, "se debe a que los ciudadanos de Estados Unidos usan drogas. Nuestra nación debe esforzarse más por educar a nuestros ciudadanos sobre los peligros y los males del uso de la droga".

Sí, alguien en algún lugar siempre va a querer comprar drogas ilegales. Pero la educación y tratamiento adecuados ciertamente reducirán la demanda de drogas en todas partes.

EXPLORACIÓN DEL TEMA

1. **Análisis de la información** ¿Qué es más importante, reducir la demanda de drogas ilegales o impedir que los criminales la produzcan? ¿Por qué?
2. **Solución de problemas** ¿Qué pueden hacer las escuelas para disminuir la deman-da de drogas ilegales?

La lucha contra el abuso de drogas: ¿Qué puede hacer una persona?

Andy McDonald es un hombre con una misión, ayudar a mantener a los niños alejados de las drogas. Andy es el vocero de Partnership for a Drug-Free America (Sociedad para un Estados Unidos libre de drogas). Su mensaje: "Los niños no necesitan drogas para tener éxito".

Andy debería saberlo. Es uno de los pocos practicantes del skateboard (monopatín) mejor clasificados del mundo. Es tan bueno que una vez saltó por encima de tres SUV (vehículos utilitarios deportivos) y un automóvil, todos al mismo tiempo. Esa hazaña lo colocó en el *The Guinness Book of World Records* (Libro Guinness de récords mundiales). "Eso", dice del deporte del skateboard (monopatín), "es mi idea de ponerme eufórico como supuestamente uno se siente al usar drogas".

Expresa tu opinión

No tienes que ser un atleta campeón para combatir el abuso de drogas. Kaelin Weiler lo probó. Entre 1996 y 1998, 11 adolescentes murieron a causa de la heroína en su ciudad de Plano, Texas. La víctima más joven cursaba el séptimo grado.

Kaelin, 17, persuadió a otros niños a que lucharan contra esto. Amarraron cintas blancas alrededor de los semáforos para recordarle el problema a la gente. Crearon una "pared de conmemoración", fotografías de niños que murieron a causa de las drogas y las familias que dejaron atrás. Y además hicieron videos sobre los peligros de las drogas, los que mostraban durante las reuniones generales.

Tú puedes trabajar con funcionarios de la escuela para iniciar programas similares en tu escuela y ciudad. Infórmate lo más que puedas acerca de los peligros de las drogas ilegales. Luego diseña un programa para enseñar lo que aprendiste a los estudiantes jóvenes y sus padres. Lanza tu programa. Después, describe el programa y sus resultados en una carta al editor de tu periódico local. Envía por correo electrónico una copia a la página del sitio Web "In Your Own Words" (Con tus propias palabras) del Partnership for a Drug-Free America (**www.drugfreeamerica.org**).

DANIAL BOURQUI

▲ **Andy McDonald: demasiado activo para consumir drogas**

EXPLORACIÓN DEL TEMA

1. **Inferencias** Los expertos dicen que el riesgo del uso de alcohol y otras drogas aumen-ta considerablemente en el sexto grado. Suponiendo que es cierto, ¿cuándo y por qué los niños deben comenzar a enterarse de los peligros de las drogas ilegales?
2. **Análisis de la información** ¿Qué hace que Andy McDonald sea un promotor eficaz de una vida libre de drogas?

REPASO Y EVALUACIÓN

COMPRENSIÓN DEL TEMA

1. **Definición de términos clave** Escribe las definiciones de los términos siguientes: *cocaína, traficante, heroína, paramilitares, abuso de drogas, perro de aduanas, suministro, demanda.*

2. **Escribe para informar** En un artículo de 300 palabras, explica por qué el comercio de la droga necesita tanto compradores como vendedores para sobrevivir. Usa al menos cinco de los términos clave que se indican arriba.

3. **Escribe para persuadir** En tu opinión, ¿se podrá ganar alguna vez la guerra contra las drogas? Respalda tu respuesta a esta pregunta en una composición breve.

ACTIVIDAD DE INVESTIGACIÓN EN LÍNEA

4. Desde 1998 el gobierno de Estados Unidos ha financiado avisos diseñados para combatir el abuso de drogas entre la gente joven. ¿Qué tan buenos son los avisos? Sé tú el juez. Navega por Internet o usa copias de los últimos números de revistas y periódicos para encontrar avisos diseñados para combatir el abuso de drogas. Escoge dos que creas que son eficaces y dos que creas que no lo son. Puedes imprimir copias de Internet, o bien fotocopiar avisos de revistas y periódicos. Añade un comentario a cada uno explicando por qué es eficaz o por qué no lo es.

5. El problema principal de drogas en Estados Unidos no es la cocaína ni la heroína. Es el consumo de alcohol por parte de niños menores de edad. Una organización que trabaja para prevenir el consumo de alcohol por parte de menores es Mothers Against Drunk Driving (MADD: Madres contra conductores alcohólicos). Usa recursos de Internet para aprender más acerca de esta organización e informa tus hallazgos a la clase.

MÁS ALLÁ DEL SALÓN DE CLASE

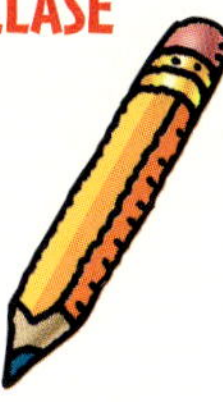

6. **Investiga la forma en que los agricultores viven en Colombia, Bolivia o Perú.** En un artículo corto, explica por qué esos agricultores ven el cultivo de amapolas o la coca como una forma de mejorar sus vidas.

▲ **Venus y Serena Williams están en el punto máximo de su juego y lejos de las drogas.**

7. **Investiga la geografía y la gente de Afganistán y Myanmar.** La mayoría de la heroína del mundo se produce en esos dos países. Haz una lista de las condiciones, por ejemplo, pobreza, clima y ubicación que cada país comparte con Colombia. En el salón de clase, explica lo que sugiere tu lista acerca de los lugares en donde prospera la producción de droga.

LO QUE CUESTA EL ABUSO DE DROGAS Y ALCOHOL

Costo anual por el abuso de alcohol en EE.UU. $185 mil millones

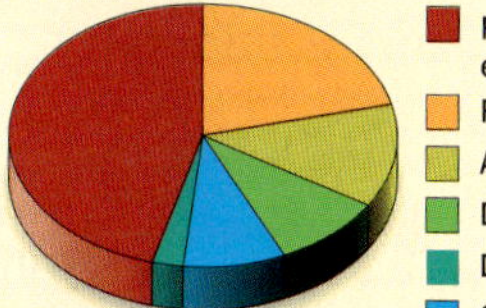

- Rendimiento[1] perdido por enfermedades relacionadas con el alcohol **$87.6 mil millones**
- Rendimiento perdido por muertes tempranas: **$36.5 mil millones**
- Atención médica: **$23.6 mil millones**
- Daños de accidentes automovilísticos: **$15.7 mil millones**
- Delitos relacionados con alcohol: **$6.3 mil millones**
- Otros costos: **$15.3 mil millones**

Costo anual por el abuso de drogas en EE.UU. $143 mil millones

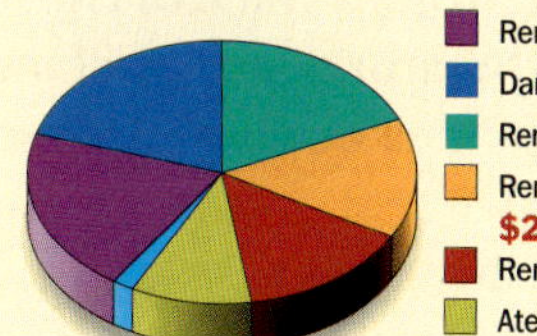

- Rendimiento[2] perdido por víctimas de un crimen: **$32.2 mil millones**
- Daños a la propiedad, gastos del gobierno[3]: **$31.4 mil millones**
- Rendimiento perdido por vidas dedicadas al crimen: **$24.6 mil millones**
- Rendimiento perdido por enfermedades relacionadas con la droga: **$23.1 mil millones**
- Rendimiento perdido por muertes tempranas: **$16.6 mil millones**
- Atención médica: **$12.8 mil millones**
- Otros costos: **$2.3 mil millones**

[1]El rendimiento es la cantidad estimada de bienes y servicios que los trabajadores habrían producido si ellos no se hubieran enfermado, lesionado o estado en la cárcel. [2]Incluye el rendimiento perdido por las víctimas de delitos relacionados con las drogas y criminales en prisión por sus delitos. [3]Incluye el costo de los esfuerzos del gobierno contra las drogas, policía, prisión y otros servicios.
Fuente: *Institutos Nacionales de Salud*

DESARROLLO DE HABILIDADES EN LA LECTURA DE GRÁFICAS

1. **Explicación** El "rendimiento" de un trabajador consiste en los bienes y servicios que él o ella produce. El abuso del alcohol y otras drogas le cuesta miles de millones de dólares a Estados Unidos en rendimiento perdido. ¿Cómo muestran eso estos dos gráficos?
2. **Inferencias** Supongamos que el Congreso de Estados Unidos hiciera a la cocaína y la heroína tan legales como el alcohol. ¿Qué pasaría con el costo anual de abuso de drogas?

PARA ACTUALIZACIONES DE ASUNTOS MUNDIALES, VISITA LA PÁGINA www.timeclassroom.com/glencoe

La tierra y gente de Perú y Ecuador

Guía de lectura

Idea principal

Perú y Ecuador comparten paisajes, climas e historia similares.

Terminología

- navegable
- estribaciones
- imperio

Estrategia de lectura

Haz dos óvalos como éstos. Debajo de cada encabezamiento, enumera hechos sobre Perú y Ecuador en las partes externas de los óvalos. Donde los óvalos se traslapan, escribe hechos que se aplican a ambos países.

Perú | Ecuador

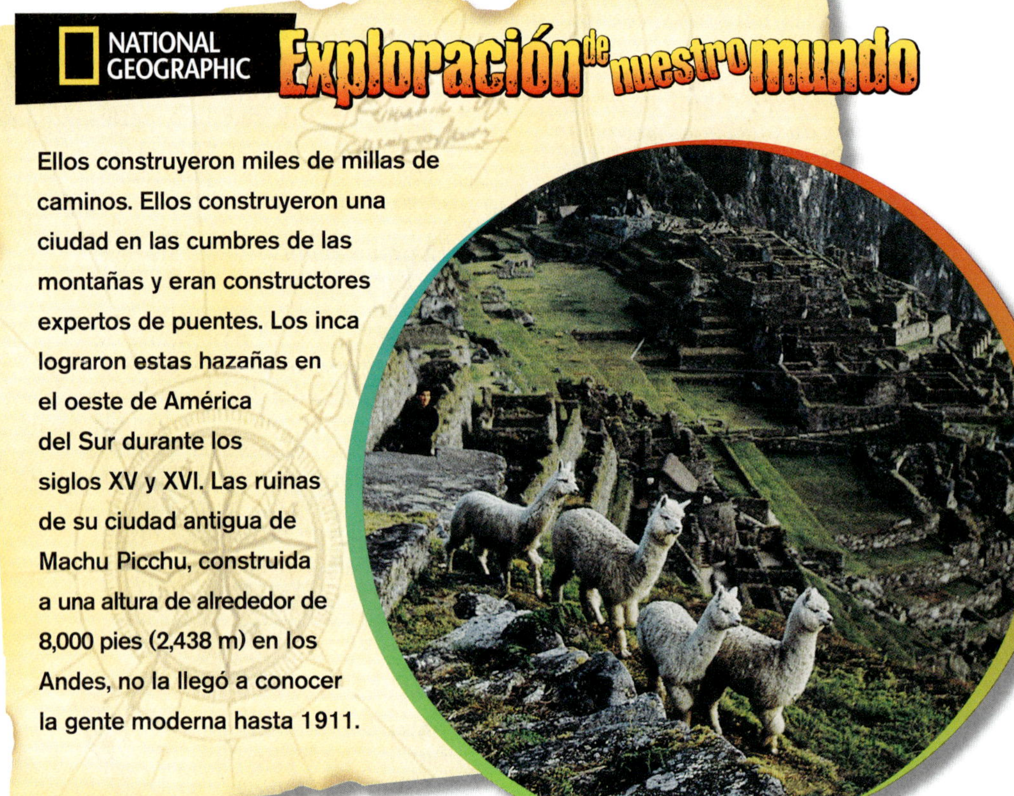

Ellos construyeron miles de millas de caminos. Ellos construyeron una ciudad en las cumbres de las montañas y eran constructores expertos de puentes. Los inca lograron estas hazañas en el oeste de América del Sur durante los siglos XV y XVI. Las ruinas de su ciudad antigua de Machu Picchu, construida a una altura de alrededor de 8,000 pies (2,438 m) en los Andes, no la llegó a conocer la gente moderna hasta 1911.

Perú y **Ecuador** yacen a lo largo de la costa del Pacífico de América del Sur, hacia el oeste de Brasil y hacia el sur de Colombia. Los Andes forman la espina dorsal de estos países. *Perú,* una palabra india nativa americana que significa "tierra de la abundancia", posee abundantes recursos minerales.

Perú

Los desiertos secos, los Andes cubiertos de nieve y los cálidos bosques húmedos dan la bienvenida en Perú. Una gran parte de las granjas y ciudades de Perú yacen en una franja costera de llanuras y desiertos. La fría **Corriente de Perú,** en el Océano Pacífico, mantiene las temperaturas acá bastante moderadas, a pesar de que el área está bien cerca de la línea ecuatorial. Busca la Corriente de Perú en el mapa de la página 57.

Los Andes, con sus valles y mesetas de tierras altas, se extienden por el centro de Perú. En la frontera de Perú con Bolivia, puedes ver el **Lago Titicaca,** el lago navegable más alto del mundo. **Navegable** quiere decir que es una masa de agua lo suficientemente ancha y profunda como para permitir que barcos viajen por él. Hacia el este de los Andes desciendes a las estribaciones y las llanuras de la **Cuenca del Amazonas.** **Estribaciones** son colinas bajas al pie de una cadena de montañas. Aquí las lluvias son abundantes y los bosques húmedos calientes y densos cubren casi toda el área de las llanuras.

Minería, pesca y agricultura La economía de Perú está basada en una variedad de recursos naturales. Los Andes contienen muchos minerales, incluyendo cobre, plata, oro y mineral de hierro. El producto de mayor exportación de Perú es el cobre. El segundo producto de exportación más grande, el pescado, proviene de la Corriente de Perú.

Cerca de un tercio de la gente del Perú trabaja la tierra. Algunos cultivan caña de azúcar, algodón y café para su exportación. Al igual que Colombia, Perú cultiva hojas de coca. Sin embargo, la mayoría de la gente trabaja en granjas de subsistencia, en donde solamente cultivan alimentos suficientes para satis-facer las necesidades de la familia. Algunas de estas granjas tienen terrazas, o escalones, hacia arriba por las laderas de los Andes. Las cosechas principales son arroz, plátanos grandes (un tipo de plátano) y maíz. Los indios nativos americanos en los Andes fueron las primeras personas que cultivaron papas. Hoy en día las papas son la principal cosecha alimenticia de Perú y los agricultores cultivan cientos de variedades en diferentes colores y formas. Vuelve atrás y consulta la página 228 para ver cómo la papa fue parte del Intercambio Colombino.

De imperio a república Durante el siglo XV, un grupo de indios nativos americanos, llamados los inca, tenían una poderosa civilización en el área que ahora es Perú. Su **imperio,** o grupo de países bajo un gobernante, se extendía más de 2,500 millas (4,023 km) a lo largo de los Andes.

El emperador inca desarrolló tribunales, puestos militares, inspecciones de comercio, reglas de trabajo y un complejo sistema de mantenimiento de registros. Escuadrillas de hombres construyeron sistemas de irrigación y puentes de suspensión que conectaban las regiones del imperio con Cuzco, la ciudad capital de los inca. Todavía puedes ver los restos de los fuertes y edificios magníficos que se construyeron siglos atrás por constructores inca hábiles. La fotografía en la página 266 muestra las ruinas de una de las ciudades más famosas de los inca, Machu Picchu.

A comienzos del siglo XVI, los españoles llegaron a Perú. Deseaban el oro y plata que se encontraba allí. Los españoles vencieron a los inca y convirtieron al Perú en un territorio español. Perú obtuvo su libertad de España en la década de 1820. Después de la independencia, Perú entró en guerras con los países vecinos, Chile y Ecuador, por tierras.

Perú ahora es una república con un presidente elegido. En años recientes, la economía del país ha crecido muy rápidamente. No obstante, mucha gente del Perú todavía vive en la pobreza y no puede conseguir trabajo estable.

Cultura de Perú Los 27.1 millones de personas de Perú viven mayormente a lo largo de la costa del Pacífico. **Lima,** con más de 7 millones de habitantes, es la capital y la ciudad más grande. En años recientes, mucha gente del campo se ha trasladado a Lima en busca de trabajo. Debido a este repentino aumento en la población, la ciudad ahora está superpoblada, ruidosa y contaminada.

Cerca de la mitad de la gente del Perú son indios nativos americanos. De hecho, Perú tiene una de las poblaciones de indios nativos americanos más grande del Hemisferio Occidental. Muchos viven en las tierras altas andinas o los bosques húmedos del este donde llevan su estilo de vida tradicional.

El quipu

El pueblo inca no tenía un idioma escrito. Para llevar registros, usaban un sistema de cuerdas anudadas llamadas el quipu. Las cuerdas tenían varias longitudes y colores, y cada nudo significaba un artículo o número diferente. Los hombres a cargo del quipu usaban los nudos para registrar todos los impuestos que cada año les traían a los inca. Ellos registraban el número de hombres que iban a la guerra y cuántos nacían y morían cada año. En resumen, se puede decir que registraban en quipu todo aquello que se podía contar.

Deportes

Los deportes se han practicado en Perú por siglos. Jarrones antiguos muestran a los inca jugando formas tempranas de bádminton y baloncesto. Hoy el fútbol es el deporte nacional de Perú. Los niños y niñas aprenden a jugarlo a una edad temprana y cada pueblo tiene un equipo de fútbol local. Los peruanos también disfrutan el béisbol y el baloncesto. Además, el voleibol se ha hecho muy popular desde 1988. Ese fue el año que el equipo de voleibol de mujeres del Perú ganó una medalla olímpica.

Una mirada de cerca **¿En qué se parece o es distinto el juego que se muestra aquí con el juego de fútbol de Estados Unidos?**

Muchos de ellos mezclan la fe católica, religión principal de Perú, con creencias de sus ancestros.

Los peruanos también incluyen mucha gente de ancestros europeos o una mezcla de ellos. La gente de ascendencia asiática forma una parte pequeña, pero importante de la población. Aunque son una minoría, los peruanos de ascendencia europea (principalmente española) controlan la mayoría de las riquezas y el poder político de Perú.

El idioma oficial de Perú es el español, pero también se hablan cerca de 70 idiomas de los indios nativos americanos. Puedes escuchar quechua, el idioma antiguo de los inca, en muchos pueblos de los indios nativos americanos. Otro sonido que podrías escuchar son los tonos de las flautas de las zampoñas. La zampoña, un instrumento antiguo, se hace de cañas de bambú de longitudes diferentes que se amarran juntas.

✓ Comprobación de lectura ¿Quién construyó un imperio gigante centrado en Perú?

Ecuador

Ecuador es uno de los países más pequeños de América del Sur. ¿Puedes adivinar cómo obtuvo su nombre? Como supones, este país se encuentra justamente en la línea del Ecuador. Hacia el oeste de Ecuador y también en la línea del Ecuador se encuentran las **Islas Galápagos.** Propiedad del Ecuador desde 1832, estas islas esparcidas se conocen por la riqueza de su vida animal y vegetal. Ve a la página 270 para aprender más sobre las peculiares Islas Galápagos.

La tierra y el clima de Ecuador son similares a los de Perú. Pantanos y llanuras fértiles se extienden a lo largo de la costa del Pacífico. Corriente de Perú en el Océano Pacífico mantiene las temperaturas costeras moderadas. Los Andes atraviesan el centro del país. Mientras más alto subes a estas montañas, más frío se vuelve el clima. Por contraste, cálidos bosques húmedos cubren las tierras bajas del este de Ecuador. Muy poca gente vive en los bosques húmedos.

Una economía agrícola La agricultura es la actividad económica más importante de Ecuador. Debido al clima moderado, plátanos, cacao, café, arroz, caña de azúcar y otros cultivos de exportación crecen en abundancia en las tierras bajas costeras. Más hacia el interior, las granjas en las tierras altas andinas cultivan café, habas, maíz, papas y trigo. Las tierras bajas del este producen petróleo, el producto mineral de exportación principal de Ecuador.

La gente del Ecuador Mestizos e indios nativos americanos constituyen cada uno cerca del 40 por ciento de la población de Ecuador. El español es el idioma oficial, pero muchos indios nativos americanos hablan sus idiomas tradicionales. Alrededor de la mitad de los 12.6 millones de habitantes de Ecuador viven a lo largo de la costa. El puerto de **Guayaquil** es la ciudad más poblada. La otra mitad de la población vive en los valles y mesetas de los Andes. **Quito,** la capital de Ecuador, se encuentra a más de 9,000 pies (2,743 m) sobre el nivel del mar. Desde el corazón de Quito, puedes ver muchos volcanes cubiertos de nieve en sus cumbres. El centro histórico de la ciudad tiene iglesias españolas coloniales y antiguas casas de muros blancos con techos de tejas rojas. Estas casas se construyen alrededor de patios centrales. Aquí no encontrarás letreros centelleantes de neón porque la construcción de edificios modernos se ha controlado estrictamente desde 1978. En ese año, la Organización de las Naciones Unidas para la Educación, la Ciencia y la Cultura (UNESCO), declaró la sección de la "ciudad antigua" de Quito como un sitio de patrimonio cultural mundial protegido. Quito, no obstante, tiene una sección de "ciudad nueva" en el norte. Esta área tiene oficinas modernas, embajadas y centros comerciales.

✓ Comprobación de lectura **¿Por qué son las tierras bajas del este de Ecuador importantes económicamente?**

Evaluación

Definición de términos

1. **Define** navegable, estribaciones, imperio.

Recuerdo de hechos

2. **Historia** ¿Quién fue la gente que primero cultivó papas?
3. **Cultura** ¿Cuál ha sido el resultado del crecimiento repentino de la población de Lima?
4. **Economía** ¿Cuál es el mineral principal de exportación de Ecuador?

Pensamiento crítico

5. **Análisis de la información** ¿Por qué el nombre de Perú, que significa "tierra de la abundancia", es apropiado? ¿Por qué es también inapropiado?
6. **Análisis de causa y efecto** ¿Qué efecto tiene la Corriente de Perú en las áreas costeras de Perú?

Organizador gráfico

7. **Organización de la información** Crea dos diagramas como éste, uno para Perú y uno para Ecuador. Debajo de cada encabezamiento, haz una lista de hechos acerca de los dos países.

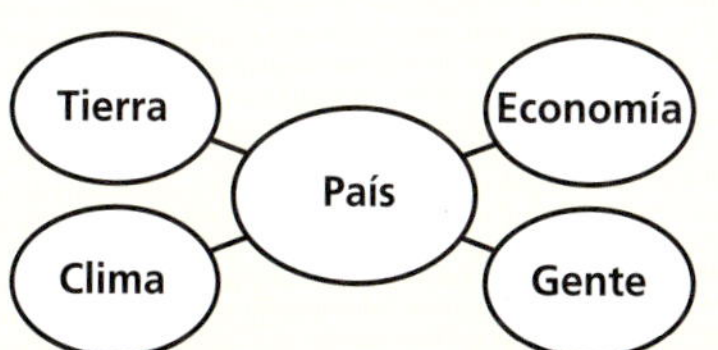

Aplicación de las habilidades en estudios sociales

8. **Análisis de mapas** Busca el mapa político de la página 255. ¿Qué ciudad capital andina está más cerca de la línea del Ecuador?

Establecer conexiones

ARTE | **CIENCIA** | CULTURA | TECNOLOGÍA

Las Islas Galápagos

Las Islas Galápagos están ubicadas en el este del Océano Pacífico a aproximadamente 600 millas (966 km) hacia el oeste del territorio de Ecuador. Desde 1959 alrededor de un 95 por ciento de las islas se han mantenido como parque nacional.

Historia de exploración

Desde la primera visita documentada a las Islas Galápagos en 1535, la gente ha comentado sobre la peculiaridad de la fauna y flora de las islas. Los marinos, incluyendo piratas y cazadores de ballenas, se detuvieron en las islas para recolectar agua y atrapar las enormes *galápagos*, o tortugas, que se encuentran en las islas. Los marinos valorizan las tortugas como fuente de carne fresca, porque las tortugas gigantes pueden vivir en los barcos durante meses sin comida ni agua.

Charles Darwin

El visitante más famoso a las Islas Galápagos fue Charles Darwin, un científico de Inglaterra. Darwin estaba estudiando animales de todas partes del mundo. En 1835 Darwin pasó cinco semanas visitando cuatro de las islas más grandes de las Galápagos. Estudió cuidadosamente el paisaje volcánico y la flora y fauna que vio. Tomó notas de las diferencias entre los animales, tales como los pinzones, sinsontes e iguanas entre una isla y otra. Darwin creía que estas diferencias mostraban cómo poblaciones de la misma especie cambian para adaptarse a su ambiente.

▲ Tortuga galápagos gigante

Un medio ambiente frágil

Actualmente las Islas Galápagos todavía son preciadas por su variedad impresionante de vida animal y vegetal. Muchas de las especies que se encuentran aquí no existen en ninguna otra parte del mundo. Por ejemplo, la iguana Marina que vive aquí es la única lagartija marina del mundo.

Desafortunadamente, los años de contacto entre las islas y los humanos han tenido efectos serios. Tres de los 14 tipos de tortugas están extintas y otras están en serio peligro de extinción. Las poblaciones de cabras, cerdos, perros, ratas y algunos tipos de plantas, que han traído los visitantes, han aumentado tanto que están amenazando la supervivencia de las plantas y animales nativos. La demanda por vida marina exótica, incluyendo tiburones y pepinos de mar, han llevado a la pesca excesiva. El gobierno de Ecuador, junto con los ecologistas del mundo entero, están trabajando ahora para proteger las islas.

Establecer la conexión

1. ¿Por qué los marinos hace tiempo atrás se detenían en las islas?
2. ¿Qué observó Darwin acerca de las islas?
3. **Conclusiones** ¿Por qué los ecologistas y el gobierno de Ecuador están trabajando para proteger las Islas Galápagos?

Sección 3 Los bolivianos y chilenos

Guía de lectura

Idea principal

Bolivia y Chile comparten los Andes, pero sus economías y gente son diferentes.

Terminología

- rodeado de tierra
- altiplano
- nitrato de sodio

Estrategia de lectura

Haz un cuadro como el de abajo. En cada fila, escribe al menos un hecho sobre Bolivia y uno sobre Chile.

	Bolivia	Chile
Tierra		
Clima		
Economía		
Gente		

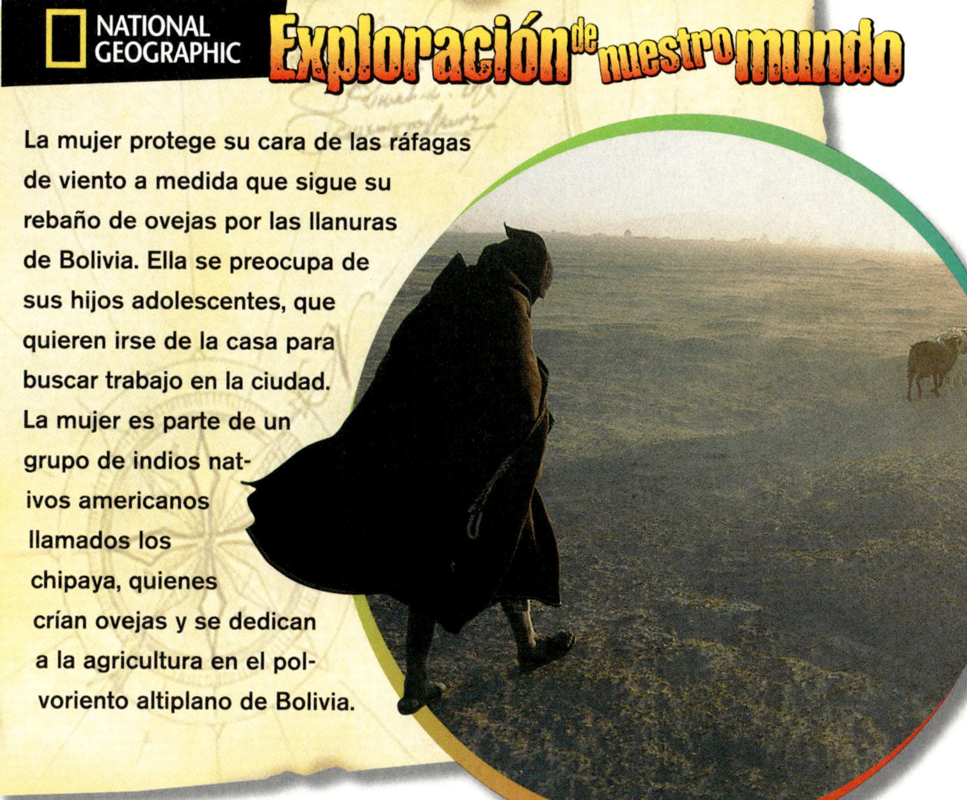

NATIONAL GEOGRAPHIC Exploración de nuestro mundo

La mujer protege su cara de las ráfagas de viento a medida que sigue su rebaño de ovejas por las llanuras de Bolivia. Ella se preocupa de sus hijos adolescentes, que quieren irse de la casa para buscar trabajo en la ciudad. La mujer es parte de un grupo de indios nativos americanos llamados los chipaya, quienes crían ovejas y se dedican a la agricultura en el polvoriento altiplano de Bolivia.

A primera vista, **Bolivia** y **Chile** se ven muy diferentes. Bolivia no tiene costa marítima y Chile tiene una costa larga en el Océano Pacífico. Sin embargo, los Andes, afectan el clima y las culturas de ambos países.

Bolivia

Bolivia se encuentra cerca del centro de América del Sur. Es un país **rodeado de tierra,** lo que quiere decir que ningún océano o mar toca sus tierras. Afortunadamente, en 1993 Perú acordó darle a Bolivia una zona de cambio libre en la ciudad puerto de **Ilo.** Esto le dio a Bolivia un mejor acceso al flujo libre de personas, bienes e ideas. Bolivia es el país más alto y más aislado de América del Sur. ¿Por qué? Los Andes dominan el paisaje de Bolivia. Mira el mapa en la página 180. Ves que en el oeste de Bolivia, los Andes rodean las altas mesetas llamadas el **altiplano.** Más de un tercio de Bolivia tiene una milla o más de altura. A menos que hubieses nacido en esta área, encontrarás que el aire frío y enrarecido, hace difícil respirar. Muy pocos árboles crecen en el altiplano y gran parte de la tierra es demasiado seca

En el sitio

Contrastes de Chile

Chile tiene una gran variedad de climas y accidentes geográficos. La ciudad capital de Santiago, de clima moderado en Chile central (arriba), contrasta abiertamente con la helada región sureña (derecha).

Ubicación ¿Qué grupo de islas se encuentra en la punta del sur de Chile?

como para cultivarla. Aún así, la gran mayoría de los bolivianos viven en esta meseta alta. Esas áreas que tienen agua, han sido cultivadas por muchos siglos.

Bolivia también tiene tierras bajas con llanuras y bosques húmedos en el este y norte. La mayor parte de esta área tiene un clima caluroso y húmedo. No obstante, la región sur y central de Bolivia tiene tierras más fértiles y muchas granjas se encuentran esparcidas por la región.

Una economía con dificultades Bolivia es rica en minerales tales como estaño, plata y zinc. Los mineros sacan estos minerales desde muy arriba en los Andes. Los trabajadores en las tierras bajas del este sacan oro, petróleo y gas natural.

Aún así, Bolivia es un país pobre. Aproximadamente dos tercios de la población vive en la pobreza. Por todas las tierras altas, muchas aldeas practican la agricultura de subsistencia. Cultivan trigo, papas y cebada con dificultades. A grandes alturas, los pastores crían animales tales como alpacas y llamas, tanto por su lana como para transportar bienes. En el sur, los agricultores siembran frijol de soya, un producto de exportación en aumento. La madera es otro producto de exportación importante. Desafortunadamente, una cosecha que puede cultivarse para la venta es la coca, la que se transforma en cocaína.

La gente de Bolivia Bolivia fue parte del imperio inca hasta que los españoles conquistaron a los inca. El país se independizó en 1825 y lleva el nombre de Simón Bolívar. ¿Qué es poco usual acerca de la capital de Bolivia? No tiene sólo una capital, sino dos. La capital oficial es **Sucre.** La capital administrativa y ciudad más grande es **La Paz.** Ambas ciudades capitales se encuentran ubicadas en el altiplano. La Paz, a 12,000 pies (3,658 m), es la ciudad capital más alta del mundo.

La mayoría de los 8.6 millones de habitantes de Bolivia viven en las tierras altas andinas. Cerca de la mitad tienen ancestros de indios nativos americanos y otro 30 por ciento son mestizos. En las ciudades, la mayoría de la gente lleva un estilo de vida moderno. En el campo, puedes escuchar sonidos tradicionales, tales como música que proviene de zampoñas y otros instrumentos similares a las flautas.

Comprobación de lectura **¿Qué es el altiplano?**

Chile

Chile es casi el doble del tamaño de California. Aunque su ancho promedio es de 110 millas (177 km) solamente, Chile se extiende 2,652 millas (4,267 km) a lo largo del Océano Pacífico.

Aproximadamente el 80 por ciento del territorio chileno es montañoso. Los altos Andes corren a lo largo de las fronteras de Chile con Bolivia y Argentina. Excepto en el área del altiplano del norte de Chile, muy pocos chilenos viven en los Andes.

También en el norte se encuentra el **Desierto de Atacama.** Es uno de los lugares más secos del planeta. ¿Por qué? Esta área está en la sombra pluviométrica de los Andes. Los vientos del Océano Atlántico traen precipitaciones a las regiones al este de los Andes, pero no acarrean humedad más allá de ellas. Además, la fría Corriente de Perú en el Océano Pacífico no se evapora tanto como lo hacen las corrientes cálidas. Como resultado, solamente aire seco llega a la costa.

Una zona de clima estepario se encuentra un poco al norte de **Santiago,** la capital de Chile. La mayor parte de los habitantes de Chile viven en la región central, llamada Valle Central. Con un un clima húmedo mediterráneo moderado, los valles fértiles de la zona tienen la concentración más grande de ciudades, industrias y granjas.

La región de los lagos, también conocida como "el sur" tiene un clima húmedo marítimo que sustenta bosques densos. El extremo sur de Chile es una región tormentosa, barrida por el viento, de volcanes con nieve en sus cumbres, bosques densos y glaciares enormes. El **Estrecho de Magallanes** separa a la masa continental de Chile de un grupo de islas conocidas como **Tierra del Fuego.** Esta región la comparten Chile y Argentina. Las aguas frías del océano azotan la costa accidentada alrededor del **Cabo de Hornos,** el punto situado más al sur de América del Sur.

NATIONAL GEOGRAPHIC

Los países andinos: Clima

Aplicación de las habilidades con mapas

1. ¿Qué zonas climáticas se encuentran en Bolivia?
2. ¿Qué tipos de clima tiene Chile?

Busca en línea mapas de NSG en www.nationalgeographic.com/maps

Tropical
- Bosque húmedo
- Sabana tropical

Seco
- Estepa
- Desierto

Latitud media
- Húmedo marítimo
- Húmedo mediterráneo
- Húmedo subtropical
- Tierras altas (el clima varía con la altura)

Proyección acimutal equidistante

Economía de Chile En los últimos años, Chile ha tenido un alto crecimiento económico y el número de personas por debajo del nivel de pobreza se ha reducido a la mitad. La minería es la base de la economía chilena. La región de Atacama es rica en minerales. Chile es el productor más grande de cobre del mundo. El país también extrae y exporta oro, plata, mineral de hierro y **nitrato de sodio,** un mineral que se usa en abonos y explosivos.

La agricultura también es una actividad económica importante. Los agricultores cultivan trigo, maíz, habas, azúcar y papas. Las uvas y manzanas que comes en invierno tal vez provienen de la cosecha de verano de Chile. (Recuerda que las estaciones aquí en el Hemisferio Sur son opuestas a las que vives en el Hemisferio Norte.) Mucha gente también cría reses, ovejas y otros tipos de ganado.

Chile tiene fábricas que procesan pescados y otro alimentos. Otros trabajadores fabrican productos de madera, hierro, acero, vehículos, cemento y textiles. Las industrias de servicio tales como los bancos y el turismo también son prósperas.

Cultura de Chile De los 15.8 millones de habitantes en Chile, un gran porcentaje son mestizos. Una gran minoría tiene descendencia europea y algunos grupos de indios nativos americanos viven en el altiplano y en "el sur". Casi toda la población habla español y la mayoría son católicos. Alrededor del 80 por ciento de la población de Chile vive en áreas urbanas. Chile ha sido una república democrática desde el término del estricto régimen militar en 1990.

✓ Comprobación de lectura **¿Cuáles son los tres antecedentes culturales de los 15.8 millones de habitantes de Chile?**

Evaluación

Definición de términos

1. **Define** rodeado de tierra, altiplano, nitrato de sodio.

Recuerdo de hechos

2. **Economía** ¿Qué parte de la población de Bolivia vive en la pobreza?
3. **Geografía** ¿Qué hace que La Paz sea poco usual?
4. **Economía** ¿Cuál es el mineral que Chile produce más que cualquier otro país del mundo?

Pensamiento crítico

5. **Análisis de causa y efecto** ¿Por qué el Desierto de Atacama es uno de los lugares más secos del mundo?
6. **Establecer comparaciones** ¿Cuáles son las diferencias y semejanzas entre las economías de Bolivia y Chile?

Organizador gráfico

7. **Organización de la información** Haz un diagrama como éste. Debajo de cada flecha, haz una lista de hechos que apoyen la idea principal.

Idea principal: Bolivia es rica en minerales, sin embargo, aún es un país pobre.

↑ ↑ ↑ ↑

Aplicación de las habilidades en estudios sociales

8. **Análisis de mapas** Estudia el mapa físico en la página 180. ¿El punto situado más al sur de América del Sur es parte de qué país? ¿Cuál es el nombre del grupo de islas en la punta sureña de América del Sur? ¿Qué significa el nombre?

Repaso de la lectura

Sección 1 Cultura y desafíos de Colombia

Terminología
cordillera
cultivo comercial
mestizo
campesino

Idea principal

Aunque tiene muchos recursos, Colombia enfrenta disturbios económicos y políticos.

✓ **Economía** Colombia es rica en energía hidroeléctrica, oro y esmeraldas.

✓ **Gobierno** El gobierno de Colombia está luchando para combatir el poder de los traficantes de drogas que amasan grandes fortunas de la venta de cocaína, que proviene de la planta de la coca.

✓ **Cultura** La mayoría de la gente colombiana habla español y practican la religión católica.

✓ **Historia** La guerra civil en Colombia todavía se está luchando en la actualidad.

Sección 2 La tierra y gente de Perú y Ecuador

Terminología
navegable
estribaciones
imperio

Idea principal

Perú y Ecuador comparten paisajes, climas e historia similares.

✓ **Historia** Los inca tenían una civilización poderosa en el área que ahora es Perú. Desarrollaron un sistema complejo para llevar registros.

✓ **Economía** Los principales productos de exportación de Perú son el cobre y el pescado. Desarrollaron gente se dedica a la agricultura. La economía de Ecuador se concentra en la agricultura.

✓ **Cultura** Gran parte de la gente en Perú y Ecuador vive a lo largo de la costa.

▲ Bailarines en Perú

Sección 3 Los bolivianos y chilenos

Terminología
rodeado de tierra
altiplano
nitrato de sodio

Idea principal

Bolivia y Chile comparten los Andes, pero sus economías y gente son diferentes.

✓ **Interacción del hombre con el medio ambiente** Bolivia es un país pobre que consiste principalmente en los imponentes Andes y una meseta alta que es difícil de cultivar.

✓ **Cultura** La mayoría de la gente de Chile habla español y practica la religión católica.

✓ **Economía** Chile tiene una economía diversa que incluye la minería, especialmente cobre y nitrato de sodio, agricultura y manufactura.

Capítulo 9

Evaluación y actividades

Uso de términos clave

Haz corresponder los términos de la parte A con sus definiciones en la parte B.

A.

1. cordillera
2. campesino
3. cultivo comercial
4. altiplano
5. navegable
6. estribaciones
7. imperio
8. nitrato de sodio
9. rodeado de tierra
10. mestizo

B.

a. persona de ascendencia mixta europea y de indio nativo americano
b. cosecha que se cultiva para venderse, a menudo para exportación
c. mineral que se usa para hacer abono
d. grupo de tierras bajo un gobernante
e. grupo de cadenas paralelas de montañas
f. cuando una masa de agua es lo suficientemente ancha y profunda para que pasen los barcos
g. tierra que no tiene un océano o mar que la toque
h. colinas bajas al pie de una cadena de montañas
i. agricultor en Colombia
j. meseta grande y muy elevada

Repaso de las ideas principales

Sección 1 Cultura y desafíos de Colombia

11. **Economía** Nombra cuatro de los recursos naturales de Colombia.
12. **Historia** ¿Cuál es la ascendencia de una gran parte de la gente de Colombia?
13. **Historia** ¿Qué tipo de actividades han marcado la historia de Colombia?

Sección 2 La tierra y gente de Perú y Ecuador

14. **Lugar** ¿Cuál es el lago navegable más alto en el mundo?
15. **Historia** ¿Qué civilización antigua de indios nativos americanos de los Andes vivió en Perú?
16. **Gobierno** ¿Qué país es propietario de las Islas Galápagos?

Sección 3 Los bolivianos y chilenos

17. **Cultura** ¿Cómo es la vida para alrededor de dos tercios de la gente de Bolivia?
18. **Gobierno** ¿Qué tipo de gobierno tiene Chile?
19. **Cultura** ¿Cuál es el origen étnico de la mayoría de los chilenos?

Los países andinos

Actividad para localizar un lugar

En una hoja de papel aparte, empareja las letras del mapa con los lugares enumerados a continuación.

1. Colombia
2. Perú
3. Chile
4. Andes
5. Lago Titicaca
6. Quito
7. Bogotá
8. Estrecho de Magallanes
9. Lima
10. Bolivia

Prueba de autocomprobación Visita el sitio Web ***El mundo y sus gentes*** en twip.glencoe.com y haz clic en **Chapter 9–Self-Check Quizzes** para prepararte para el examen del capítulo.

Pensamiento crítico

20. **Inferencias** ¿Por qué es más probable que los indios nativos americanos que viven en las tierras altas andinas sigan un estilo de vida tradicional que aquellos que viven en las ciudades?
21. **Análisis de causa y efecto** En un diagrama como el de abajo, haz una lista de factores que han llevado a la violencia política durante la historia de Colombia.

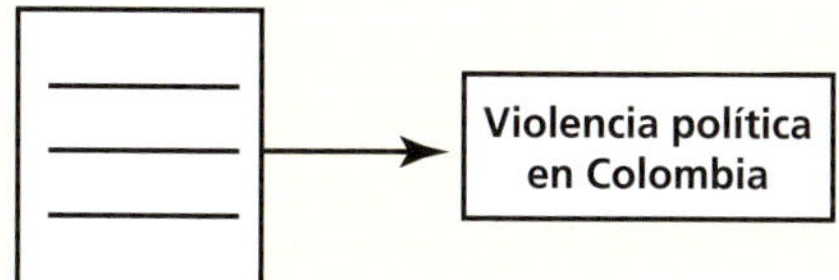

Actividad de comparación de las regiones

22. **Geografía** Compara las características de los Andes con el Himalaya en el sur de Asia. Escribe un artículo de un viaje para una revista de montañismo para decirles a los posibles montañistas cuál sería la mejor región para escalar.

Actividad mental de trazado de mapas

23. **Enfoque en la región** Dibuja un mapa simple del contorno de América del Sur y luego rotula lo siguiente:

- Océano Pacífico
- Perú
- Andes
- Colombia
- Desierto de Atacama
- Islas Galápagos
- Estrecho de Magallanes
- Lago Titicaca
- Chile
- Ecuador

Actividad de habilidades tecnológicas

24. **Construcción de una base de datos** Prepara una hoja de datos de los países andinos creando una base de datos. Crea campos para categorías tales como características físicas, recursos naturales, ciudades capitales, población y tipo de gobierno. Cuando hayas ingresado los datos para cada campo, imprime tu hoja de datos.

Práctica de la prueba estandarizada

Instrucciones: Lee los párrafos siguientes y responde a la pregunta que sigue.

Simón Bolívar, un aristócrata de Venezuela, llevó a muchas de las tierras de América del Sur a la independencia. Creía en la igualdad y veía la libertad como "el único objeto merecedor de la vida de un hombre". Llamado "el Libertador", Bolívar dedicó su vida a la libertad de los latinoamericanos.

Bolívar era el hijo de una familia rica de Nueva Granada, o lo que hoy es Colombia, Venezuela, Panamá y Ecuador. En 1805 fue a Europa. Ahí aprendió acerca de la Revolución Francesa y sus ideas de democracia. Regresó a su país, prometiendo que liberaría a su gente del dominio español. En 1810, Bolívar inició una revuelta contra los españoles en Venezuela. Los oficiales españoles rápidamente derrotaron al movimiento, pero Bolívar escapó y adiestró un ejército. Durante los 20 años siguientes, Bolívar y sus fuerzas ganaron la libertad para los países actuales de Venezuela, Colombia, Panamá, Bolivia y Ecuador.

1. **¿Cuál es la idea principal de los párrafos de arriba?**
   - **A** Bolívar era el hijo de una familia rica.
   - **B** Bolívar viajó a Europa y aprendió sobre la democracia.
   - **C** A Simón Bolívar lo llamaban "el Libertador".
   - **D** Bolívar dedicó su vida a la libertad de los latinoamericanos.

Consejo para el examen: Esta pregunta te pide que encuentres la idea principal, o que hagas una generalización. La mayor parte de las opciones de respuesta ofrecen detalles específicos, no una idea general. ¿Cuál de las respuestas es una afirmación más general?

Mujer creando arte folklórico en Hungría

Ruinas antiguas en Delfos, Grecia

▲ El museo del Louvre, París, Francia

NATIONAL GEOGRAPHIC

Europa

Has aprendido sobre las Américas. Ahora giremos el globo terráqueo y viajemos a Europa. Relativamente pequeño en relación a los otros continentes, Europa es rica en historia y cultura. Al igual que los Estados Unidos, la mayoría de los países de Europa son industrializados y tienen un alto nivel de vida. Sin embargo, al contrario de los Estados Unidos, la gente de Europa no comparte un idioma ni gobierno común.

NGS EN LÍNEA
www.nationalgeographic.com/education

Enfoca en:

Europa

TANTO COMO CONTINENTE y como región, Europa tiene una amplia gama de culturas y una historia de conflicto entre sus pueblos. Recientemente, conexiones en el comercio, las comunicaciones y el transporte han ayudado a crear una mayor unidad entre los países europeos.

El territorio

Sobresaliendo al oeste de Asia, Europa es una gran península que se divide en penínsulas más pequeñas y está rodeada por varias islas grandes. La larga y angulosa costa de Europa está bañada por masas de agua, entre las que se incluyen los océanos Ártico y Atlántico y los mares del Norte, Báltico y Mediterráneo. Golfos profundos y ensenadas bien protegidas albergan excelentes puertos. Su cercanía con el mar ha permitido a los europeos comerciar con otras tierras. Muchos europeos también dependen del mar para la obtención de sus alimentos.

Cadenas montañosas recorren gran parte del continente. Las de las Islas Británicas y gran parte del norte de Europa son bajas y redondeadas. Más altas y más accidentadas son los Pirineos, entre Francia y España y las cumbres de los Montes Cárpatos, en Europa oriental. Los Alpes son las montañas más altas de Europa, están siempre coronadas de nieve y se alzan sobre la parte central y sur del continente.

Alrededor de estas cadenas montañosas existen llanuras fértiles de gran extensión. En el norte, la llanura europea se extiende de Francia a Rusia. Ciudades, pueblos y granjas se esparcen por el suave paisaje ondulado.

Ríos Por siglos, los ríos de Europa han servido como vías de enlace entre los puertos costeros y los pueblos del interior. En Europa occidental, el Rin nace en los Alpes y fluye en dirección noroeste hasta desembocar en el Mar del Norte. El Danubio serpentea a través de Europa oriental hasta desembocar en el Mar Negro.

El clima

A pesar de su ubicación septentrional, Europa goza de un clima relativamente templado. Esto se debe a la cercanía de la región con el Océano Atlántico. La corriente marina conocida como la Corriente del Atlántico Norte trae aguas y vientos cálidos que bañan las costas occidentales de Europa. Como resultado, el noroeste de Europa goza de temperaturas moderadas durante todo el año, junto con abundantes precipitaciones. Más al sur, los países junto al Mar Mediterráneo tienen veranos cálidos y secos, e inviernos templados. Los países más al norte de la región tienen inviernos más largos y más fríos que sus vecinos del sur. Los inviernos también son fríos en el interior de Europa, que se encuentra muy alejada de la Corriente del Atlántico Norte.

Vegetación variada La vegetación varía de una zona climática a otra. En la parte norte de

UNIDAD 4

Aldea en los faldas de los Alpes, Suiza ▼

◀ Pescador tejiendo redes en Malta

Escandinavia, encuentras mayormente musgos y pequeños arbustos que cubren un paisaje similar a una tundra. En el noroeste y este de Europa, pastos y bosques cubren un vasto territorio ondulado. Más al sur, podemos encontrar colinas cubiertas de arbustos y árboles pequeños que se caracterizan por su gran resistencia a la sequedad.

La economía

La abundancia de recursos naturales clave, vías navegables y puertos ha ayudado a convertir a Europa en una potencia económica mundial. Las industrias de la agricultura, la manufactura y el servicio dominan las economías de la región.

Tierras de cultivo fértiles Unas de las tierras más productivas del mundo se encuentra en el continente europeo. De su suelo fértil, los granjeros recogen cosechas abundantes de granos, frutas y verduras. Ganados vacuno y ovejuno pastan en las exuberantes praderas de Europa.

Recursos e industria Mar adentro se encuentran grandes reservas de petróleo y gas natural. Depósitos abundantes de hierro, carbón y otros minerales han proporcionado la materia prima para la industria pesada y la manufactura. Europa fue el lugar de nacimiento de la Revolución Industrial, que transformó la región de una sociedad agrícola a una sociedad industrial. Hoy en día, países como Francia, Alemania, Italia, Polonia y el Reino Unido están considerados entre los mayores centros de manufactura del mundo. Estos países industriales producen acero, maquinaria, automóviles, textiles, equipos electrónicos, productos alimenticios y artículos domésticos. Las industrias de servicio como la banca, los seguros y el turismo también son importantes para las economías de mercado de Europa.

La gente

Después de Asia, Europa es el continente más densamente poblado de la Tierra. En algunos países europeos, como Suecia, la mayoría de la gente pertenece a un mismo grupo étnico. Las poblaciones de otros países, sin embargo, están compuestas por varios grupos étnicos. Algunos grupos étnicos viven juntos pacíficamente. Otros grupos a menudo enfrentan tensiones y conflictos.

Tesoros artísticos Los europeos disfrutan de un gran patrimonio cultural que se remonta a miles de años. De hecho, todas las culturas occidentales tienen sus raíces en los períodos antiguos de Grecia y Roma clásicas. Si caminas por el centro de cualquier ciudad grande europea, podrás ver ruinas romanas antiguas, catedrales góticas construidas durante la Edad Media y esculturas creadas por maestros del Renacimiento, como Miguel Ángel y Leonardo da Vinci.

◀ Cargamento en los muelles de Rótterdam, un puerto en los Países Bajos

UNIDAD 4

Revoluciones Después del siglo XVIII, los cambios políticos aumentaron la libertad de la gente común. El interés por la ciencia y la invención de máquinas durante la Revolución Industrial cambió la economía y elevó el nivel de vida. Europa oriental, que en una época fue la cuna de grandes imperios, se vio enfrentada a desafíos de grupos étnicos que querían la independencia.

Influencia mundial A través de su historia, los europeos han explorado y colonizado otras tierras. Han propagado su cultura por todo el mundo. En el pasado, la competencia entre las naciones europeas condujo a dos guerras mundiales y a una división llena de resentimiento entre países comunistas y aquellos sin gobiernos comunistas. Muchas naciones europeas se han unido recientemente a la Unión Europea para llegar a ser una fuerza económica unida.

Niños junto a letreros de señalización vial en Irlanda▼

Datos Interesantes

País	Automóviles por cada 1,000 personas	Televisores por cada 1,000 personas
Austria	495	526
Finlandia	403	643
Francia	469	620
Grecia	254	480
Irlanda	272	406

Población: Urbana vs. rural

País	Urbana	Rural
Austria	67%	33%
Finlandia	59%	41%
Francia	76%	24%
Grecia	60%	40%
Irlanda	59%	41%

Fuentes: *Indicadores del Desarrollo Mundial*, 2002; *Almanaque Mundial*, 2004.

Exploración de la región

1. ¿Qué masas de agua rodean a Europa?
2. ¿Por qué el clima de Europa es relativamente templado?
3. ¿Qué ha ayudado a Europa a llegar a ser una potencia económica mundial?
4. ¿Cómo se propagó la cultura europea a otras partes del mundo?

Europa

Mapa físico

▲ Pico de la montaña

0 mi. 500
0 km 500
Proyección acimutal equivalente de Lambert

20°O
10°O
0°
10°E
20°E
30°E
60°N
50°N
40°N
CÍRCULO POLAR ÁRTICO
MERIDIANO DE GREENWICH (LONDRES)

ISLANDIA
Islas Faroe
Islas Shetland
Islas Orcadas
OCÉANO ATLÁNTICO
Mar de Noruega
Mar del Norte
Mar Báltico
NORUEGA
SUECIA
FINLANDIA
ESCANDINAVIA
ESTONIA
LETONIA
LITUANIA
RUSIA
BIELORRUSIA
LLANURA EUROPEA SEPTENTRIONAL
REINO UNIDO
IRLANDA
Islas Británicas
R. Támesis
Jutlandia
DINAMARCA
PAÍSES BAJOS
ALEMANIA
R. Elba
POLONIA
R. Vístula
R. Oder
BÉLGICA
LUXEMBURGO
R. Sena
R. Rin
REP. CHECA
Montes Cárpatos
ESLOVAQUIA
UCRANIA
R. Dniéper
R. Loira
FRANCIA
LIECHTENSTEIN
AUSTRIA
SUIZA
ALPES
Llanura húngara
HUNGRÍA
MOLDAVIA
Península de Crimea
Golfo de Vizcaya
Monte Blanco 15,771 pies (4,807 m)
Matterhorn 14,690 pies (4,478 m)
ESLOVENIA
CROACIA
RUMANIA
ANDORRA
Pirineos
SAN MARINO
BOSN. Y HERZG.
SERB. Y MONT.
R. Danubio
Mar Negro
R. Ebro
R. Duero
R. Tajo
PORTUGAL
ESPAÑA
PENÍNSULA IBÉRICA
MÓNACO
Córcega
Apeninos
Mar Adriático
Península de los Balcanes
BULGARIA
ITALIA
MACED.
Cerdeña
ALBANIA
Mar Egeo
GRECIA
Estrecho de Gibraltar
Mar Mediterráneo
Sicilia
MALTA
Creta
CHIPRE

26,247 pies | 8,000 m
19,685 pies | 6,000 m
13,123 pies | 4,000 m
6,562 pies | 2,000 m
0 mi 500
0 km 500
PIRINEOS
ALPES
LISBOA
Nivel del mar
VARSOVIA

Unidad 4

Mapa político

ESTUDIO DEL MAPA

1. ¿Qué masa de agua yace entre Escandinavia y Polonia?
2. ¿Cuál es la capital del Reino Unido?

Europa

Idiomas

FAMILIAS DE LENGUAS

Indoeuropeas
- Germánicas
- Romances
- Eslávicas
- Bálticas
- Griegas
- Albanesas
- Célticas

Urálicas
- Finesas
- Úgricas

Vascas
- Vascas

Altaicas
- Turcas

20°O 10°O 0° 10°E 20°E 30°E
70°N 60°N 50°N 40°N
CÍRCULO POLAR ÁRTICO
Mar de Noruega
Islandés
Sami
Finés
Sueco
Noruego
Gaélico escocés
Estonio
Letón
Lituano
Mar del Norte
Danés
Irlandés
Inglés
Inglés
Galés
Holandés
Bielorruso
OCÉANO ATLÁNTICO
Flamenco
Alemán
Polaco
Bretón
Checo
Ucraniano
Eslovaco
Golfo de Vizcaya
Francés
Moldavo
Húngaro
Gallego
Esloveno
Ruso
Vasco
Serbocroata
Rumano
Portugués
Bosniano
Español
Serbio
Mar Negro
Catalán
Italiano
Búlgaro
Macedonio
Albanés
Sardo
Griego
Mar Mediterráneo
ÁFRICA
Turco
Griego
N S E O

0 mi. 500
0 km 500
Proyección acimutal equidistante

Estados Unidos contiguos y Europa: Comparación de territorios

ESTUDIO DEL MAPA

1. ¿Qué familia de lenguas se encuentra en la parte más al norte de Europa?
2. Nombra tres lenguas romances.

Extremos geológicos

1. **PUNTO MÁS ALTO**
   Monte Blanco (Francia e Italia)
   15,771 pies (4,807 m) de altura

2. **PUNTO MÁS BAJO**
   Nieuwerkerk aan den IJssel (Países Bajos)
   22 pies (7 m) bajo el nivel del mar

3. **RÍO MÁS LARGO**
   Danubio (Europa central)
   1,776 millas (2,858 km) de largo

4. **LAGO MÁS GRANDE**
   Lago Vanern (Suecia)
   2,156 mi² (5,584 km²)

5. **CATARATA MÁS ALTA**
   Mardalsfossen, en el sur de Noruega
   2,149 pies (655 m) de alto

6. **ISLA MÁS GRANDE**
   Gran Bretaña
   84,210 mi² (218,103 km²)

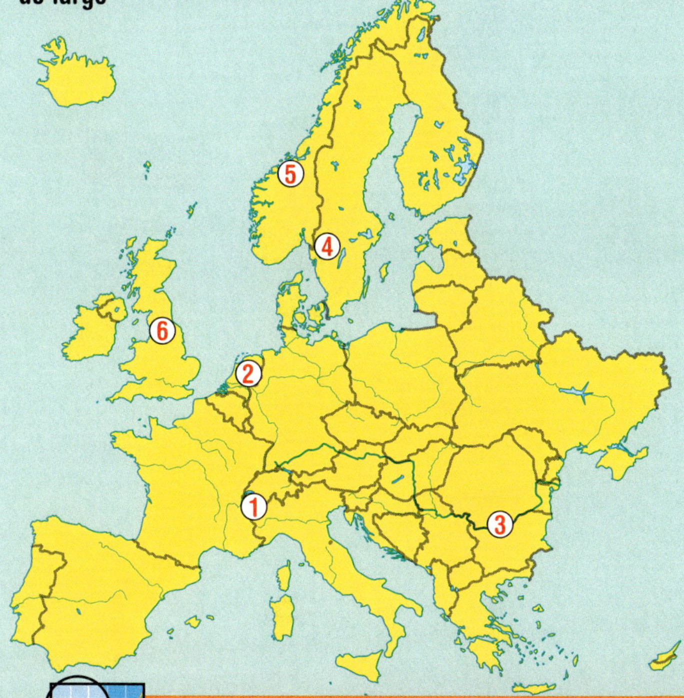

COMPARACIÓN DE LA POBLACIÓN: Estados Unidos y países seleccionados de Europa

ESTADOS UNIDOS

ALEMANIA

UCRANIA

ESPAÑA

BÉLGICA

= 25,000,000

Fuente: *Oficina de Referencias Demográficas*, 2003.

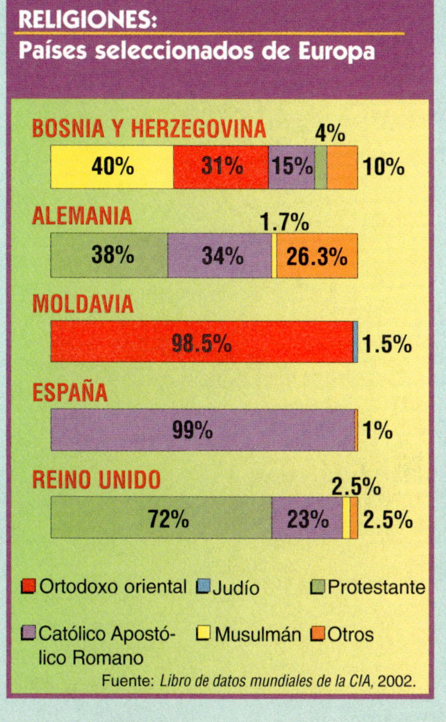

Fuente: *Libro de datos mundiales de la CIA*, 2002.

ESTUDIO DEL GRÁFICO

1. ¿Cuáles son los dos países que comparten el punto más alto de Europa?
2. ¿Aproximadamente cuál es la población de Alemania? ¿Qué porcentaje de la población es protestante?

Reseñas de los países

ALBANIA

POBLACIÓN: 3,100,000; 282 por mi²; 109 por km²

IDIOMA: Albanés

EXPORTACIÓN PRINCIPAL: Asfalto

IMPORTACIÓN PRINCIPAL: Maquinaria

CAPITAL: Tirana

MASA CONTINENTAL: 11,100 mi²; 28,749 km²

ALEMANIA

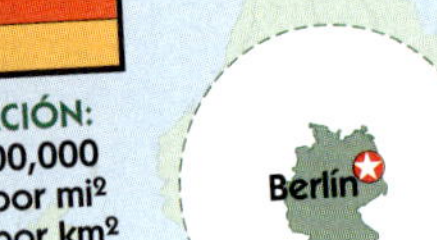

POBLACIÓN: 82,600,000; 599 por mi²; 231 por km²

IDIOMA: Alemán

EXPORTACIÓN PRINCIPAL: Maquinaria

IMPORTACIÓN PRINCIPAL: Maquinaria

CAPITAL: Berlín

MASA CONTINENTAL: 137,830 mi²; 356,980 km²

ANDORRA

POBLACIÓN: 100,000; 578 por mi²; 222 por km²

IDIOMAS: Catalán, Francés, Español

EXPORTACIÓN PRINCIPAL: Electricidad

IMPORTACIÓN PRINCIPAL: Bienes manufacturados

CAPITAL: Andorra la Vella

MASA CONTINENTAL: 174 mi²; 451 km²

AUSTRIA

POBLACIÓN: 8,200,000; 252 por mi²; 97 por km²

IDIOMA: Alemán

EXPORTACIÓN PRINCIPAL: Maquinaria

IMPORTACIÓN PRINCIPAL: Petróleo

CAPITAL: Viena

MASA CONTINENTAL: 32,378 mi²; 83,859 km²

BÉLGICA

POBLACIÓN: 10,400,000; 881 por mi²; 340 por km²

IDIOMAS: Flamenco, Francés

EXPORTACIÓN PRINCIPALES: Hierro y acero

IMPORTACIÓN PRINCIPAL: Combustibles

CAPITAL: Bruselas

MASA CONTINENTAL: 11,787 mi²; 30,528 km²

BIELORRUSIA

POBLACIÓN: 9,900,000; 123 por mi²; 47 por km²

IDIOMAS: Bielorruso, Ruso

EXPORTACIÓN PRINCIPAL: Maquinaria

IMPORTACIÓN PRINCIPAL: Combustibles

CAPITAL: Minsk

MASA CONTINENTAL: 80,154 mi²; 207,599 km²

BOSNIA y HERZEGOVINA

POBLACIÓN: 3,900,000; 197 por mi²; 76 por km²

IDIOMA: Serbocroata

EXPORTACIÓN PRINCIPAL: N/D

IMPORTACIÓN PRINCIPAL: N/D

CAPITAL: Sarajevo

MASA CONTINENTAL: 19,741 mi²; 51,129 km²

BULGARIA

POBLACIÓN: 7,500,000; 176 por mi²; 68 por km²

IDIOMA: Búlgaro

EXPORTACIÓN PRINCIPAL: Maquinaria

IMPORTACIÓN PRINCIPAL: Combustibles

CAPITAL: Sofía

MASA CONTINENTAL: 42,822 mi²; 110,909 km²

CHIPRE

POBLACIÓN: 900,000; 262 por mi²; 101 por km²

IDIOMAS: Griego, Turco

EXPORTACIÓN PRINCIPAL: Frutas cítricas

IMPORTACIÓN PRINCIPAL: Bienes manufacturados

CAPITAL: Nicosia

MASA CONTINENTAL: 3,571 mi²; 9,249 km²

CIUDAD DEL VATICANO

POBLACIÓN: 1,000

IDOMAS: Italiano, Latín

EXPORTACIÓN PRINCIPAL: N/D

IMPORTACIÓN PRINCIPAL: N/D

CAPITAL: N/A

MASA CONTINENTAL: 0.2 mi²; 0.4 km²

CROATIA

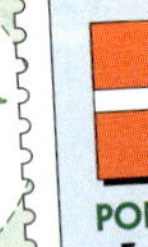

POBLACIÓN: 4,300,000; 196 por mi²; 76 por km²

IDIOMA: Serbocroata

EXPORTACIÓN PRINCIPAL: Equipos de transporte

IMPORTACIÓN PRINCIPAL: Maquinaria

CAPITAL: Zagreb

MASA CONTINENTAL: 21,830 mi²; 56,540 km²

DINAMARCA

POBLACIÓN: 5,400,000; 324 por mi²; 125 por km²

IDIOMA: Danés

EXPORTACIÓN PRINCIPAL: Maquinaria

IMPORTACIÓN PRINCIPAL: Maquinaria

CAPITAL: Copenhague

MASA CONTINENTAL: 16,637 mi²; 43,090 km²

Los países y las banderas no se muestran a escala

Para más información sobre los países de esta región, consulta el Banco de datos de las naciones del mundo en el Apéndice.

ESLOVAQUIA

POBLACIÓN: 5,400,000; 283 por mi²; 110 por km²
IDIOMAS: Eslovaco, Húngaro
EXPORTACIÓN PRINCIPAL: Equipos de transporte
IMPORTACIÓN PRINCIPAL: Maquinaria
CAPITAL: Bratislava
MASA CONTINENTAL: 18,923 mi²; 49,011 km²

ESLOVENIA

POBLACIÓN: 2,100,000; 256 por mi²; 99 por km²
IDIOMAS: Esloveno, Serbocroata
EXPORTACIÓN PRINCIPAL: Equipos de transporte
IMPORTACIÓN PRINCIPAL: Maquinaria
CAPITAL: Liubliana
MASA CONTINENTAL: 7,819 mi²; 20,251 km²

ESPAÑA

POBLACIÓN: 41,300,000; 212 por mi²; 82 por km²
IDIOMAS: Español, Catalán, Gallego, Vasco
EXPORTACIÓN PRINCIPAL: Automóviles y camiones
IMPORTACIÓN PRINCIPAL: Maquinaria
CAPITAL: Madrid
MASA CONTINENTAL: 195,363 mi²; 505,990 km²

ESTONIA

POBLACIÓN: 1,400,000; 78 por mi²; 30 por km²
IDIOMA: Estonio
EXPORTACIÓN PRINCIPAL: Textiles
IMPORTACIÓN PRINCIPAL: Maquinaria
CAPITAL: Tallinn
MASA CONTINENTAL: 17,413 mi²; 45,100 km²

FINLANDIA

POBLACIÓN: 5,200,000; 40 por mi²; 15 por km²
IDIOMAS: Finés, Sueco
EXPORTACIÓN PRINCIPAL: Papel
IMPORTACIÓN PRINCIPAL: Alimentos
CAPITAL: Helsinki
MASA CONTINENTAL: 130,560 mi²; 338,150 km²

FRANCIA

POBLACIÓN: 59,800,000; 281 por mi²; 109 por km²
IDIOMA: Francés
EXPORTACIÓN PRINCIPAL: Maquinaria
IMPORTACIÓN PRINCIPAL: Petróleo crudo
CAPITAL: París
MASA CONTINENTAL: 212,934 mi²; 551,499 km²

GRECIA

POBLACIÓN: 11,000,000; 216 por mi²; 83 por km²
IDIOMA: Griego
EXPORTACIÓN PRINCIPAL: Alimentos
IMPORTACIÓN PRINCIPAL: Maquinaria
CAPITAL: Atenas
MASA CONTINENTAL: 50,950 mi²; 131,961 km²

HUNGRÍA

POBLACIÓN: 10,000,000; 282 por mi²; 109 por km²
IDIOMA: Húngaro
EXPORTACIÓN PRINCIPAL: Maquinaria
IMPORTACIÓN PRINCIPAL: Petróleo crudo
CAPITAL: Budapest
MASA CONTINENTAL: 35,919 mi²; 93,030 km²

IRLANDA

POBLACIÓN: 4,000,000; 147 por mi²; 57 por km²
IDIOMAS: Inglés, Gaélico irlandés
EXPORTACIÓN PRINCIPAL: Productos químicos
IMPORTACIÓN PRINCIPAL: Alimentos
CAPITAL: Dublín
MASA CONTINENTAL: 27,135 mi²; 70,280 km²

ISLANDIA

POBLACIÓN: 300,000; 7 por mi²; 3 por km²
IDIOMA: Islandés
EXPORTACIÓN PRINCIPAL: Pescados
IMPORTACIÓN PRINCIPAL: Maquinaria
CAPITAL: Reikiavík
MASA CONTINENTAL: 39,768 mi²; 102,999 km²

ITALIA

POBLACIÓN: 57,200,000; 491 por mi²; 190 por km²
IDIOMA: Italiano
EXPORTACIÓN PRINCIPAL: Metales
IMPORTACIÓN PRINCIPAL: Maquinaria
CAPITAL: Roma
MASA CONTINENTAL: 116,320 mi²; 301,269 km²

LETONIA

POBLACIÓN: 2,300,000; 93 por mi²; 36 por km²
IDIOMAS: Letón, Ruso
EXPORTACIÓN PRINCIPAL: Madera
IMPORTACIÓN PRINCIPAL: Combustibles
CAPITAL: Riga
MASA CONTINENTAL: 24,942 mi²; 64,600 km²

Reseñas de los países

LIECHTENSTEIN

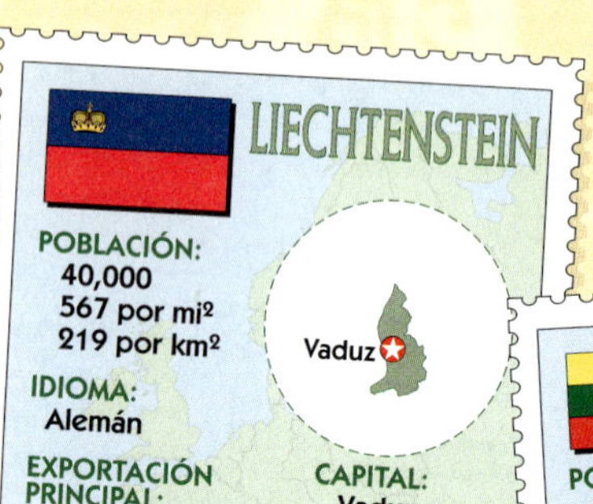

POBLACIÓN: 40,000; 567 por mi²; 219 por km²
IDIOMA: Alemán
EXPORTACIÓN PRINCIPAL: Maquinaria
IMPORTACIÓN PRINCIPAL: Maquinaria
CAPITAL: Vaduz
MASA CONTINENTAL: 62 mi²; 161 km²

LITUANIA

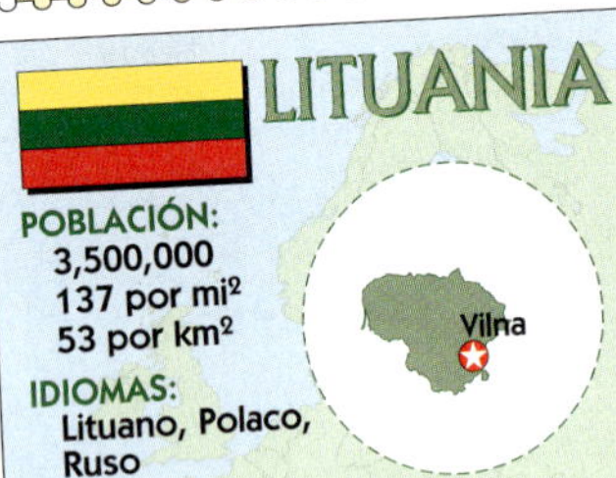

POBLACIÓN: 3,500,000; 137 por mi²; 53 por km²
IDIOMAS: Lituano, Polaco, Ruso
EXPORTACIÓN PRINCIPAL: Alimentos y ganado
IMPORTACIÓN PRINCIPAL: Minerales
CAPITAL: Vilna
MASA CONTINENTAL: 25,174 mi²; 65,201 km²

LUXEMBURGO

POBLACIÓN: 500,000; 452 por mi²; 175 por km²
IDIOMAS: Luxemburgués, Alemán, Francés
EXPORTACIÓN PRINCIPAL: Productos de acero
IMPORTACIÓN PRINCIPAL: Minerales
CAPITAL: Luxemburgo
MASA CONTINENTAL: 999 mi²; 2,587 km²

MACEDONIA, Antigua República de Yugoslavia

POBLACIÓN: 2,100,000; 207 por mi²; 80 por km²
IDIOMAS: Macedonio, Albanés
EXPORTACIÓN PRINCIPAL: Bienes manufacturados
IMPORTACIÓN PRINCIPAL: Combustibles
CAPITAL: Skopje
MASA CONTINENTAL: 9,927 mi²; 25,711 km²

MALTA

POBLACIÓN: 400,000; 3,205 por mi²; 1,237 por km²
IDIOMAS: Maltés, Inglés
EXPORTACIÓN PRINCIPAL: Maquinaria
IMPORTACIÓN PRINCIPAL: Alimentos
CAPITAL: La Valeta
MASA CONTINENTAL: 124 mi²; 321 km²

MOLDAVIA

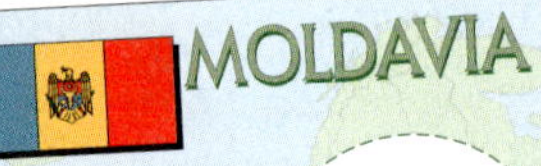

POBLACIÓN: 4,300,000; 327 por mi²; 128 por km²
IDIOMAS: Moldavo, Ruso
EXPORTACIÓN PRINCIPAL: Alimentos
IMPORTACIÓN PRINCIPAL: Petróleo
CAPITAL: Kishinev
MASA CONTINENTAL: 13,012 mi²; 33,701 km²

MÓNACO

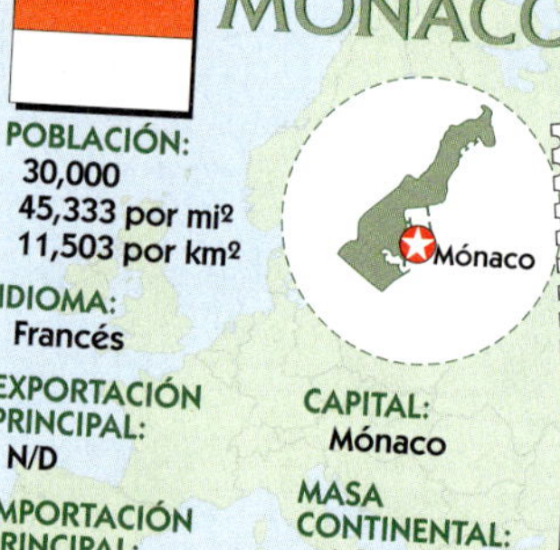

POBLACIÓN: 30,000; 45,333 por mi²; 11,503 por km²
IDIOMA: Francés
EXPORTACIÓN PRINCIPAL: N/D
IMPORTACIÓN PRINCIPAL: N/D
CAPITAL: Mónaco
MASA CONTINENTAL: 1.0 mi²; 2.6 km²

NORUEGA

POBLACIÓN: 4,600,000; 37 por mi²; 14 por km²
IDIOMA: Noruego
EXPORTACIÓN PRINCIPAL: Petróleo
IMPORTACIÓN PRINCIPAL: Maquinaria
CAPITAL: Oslo
MASA CONTINENTAL: 125,050 mi²; 323,880 km²

PAÍSES BAJOS

POBLACIÓN: 16,200,000; 1,030 por mi²; 398 por km²
IDIOMA: Holandés
EXPORTACIÓN PRINCIPAL: Bienes manufacturados
IMPORTACIÓN PRINCIPAL: Materia prima
CAPITAL: Amsterdam
MASA CONTINENTAL: 15,768 mi²; 40,839 km²

POLONIA

POBLACIÓN: 38,600,000; 309 por mi²; 119 por km²
IDIOMA: Polaco
EXPORTACIÓN PRINCIPAL: Bienes manufacturados
IMPORTACIÓN PRINCIPAL: Maquinaria
CAPITAL: Varsovia
MASA CONTINENTAL: 124,807 mi²; 323,250 km²

PORTUGAL

POBLACIÓN: 10,400,000; 294 por mi²; 114 por km²
IDIOMA: Portugués
EXPORTACIÓN PRINCIPAL: Ropa
EXPORTACIÓN PRINCIPAL: Bienes manufacturados
CAPITAL: Lisboa
MASA CONTINENTAL: 35,514 mi²; 91,981 km²

REINO UNIDO

POBLACIÓN: 59,200,000; 626 por mi²; 242 por km²
IDIOMAS: Inglés, Galés, Gaélico escocés
EXPORTACIÓN PRINCIPAL: Bienes manufacturados
EXPORTACIÓN PRINCIPAL: Alimentos
CAPITAL: Londres
MASA CONTINENTAL: 94,548 mi²; 244,879 km²

Los países y las banderas no se muestran a escala

UNIDAD 4

Para más información sobre los países de esta región, consulta el Banco de datos de las naciones del mundo en el Apéndice.

REPÚBLICA CHECA

Praga

POBLACIÓN:
10,200,000
334 por mi²
129 por km²

IDIOMAS:
Checo, Eslovaco

EXPORTACIÓN PRINCIPAL:
Maquinaria

IMPORTACIÓN PRINCIPAL:
Petróleo crudo

CAPITAL:
Praga

MASA CONTINENTAL:
30,448 mi²
78,860 km²

RUMANIA

Bucarest

POBLACIÓN:
21,600,000
235 por mi²
91 por km²

IDIOMAS:
Rumano, Húngaro

EXPORTACIÓN PRINCIPAL:
Textiles

IMPORTACIÓN PRINCIPAL:
Combustibles

CAPITAL:
Bucarest

MASA CONTINENTAL:
92,042 mi²
238,389 km²

SAN MARINO

San Marino

POBLACIÓN:
30,000
1,295 por mi²
500 por km²

IDIOMA:
Italiano

EXPORTACIÓN PRINCIPAL:
Piedra de construcción

IMPORTACIÓN PRINCIPAL:
Bienes manufacturados

CAPITAL:
San Marino

MASA CONTINENTAL:
23 mi²
60 km²

SERBIA Y MONTENEGRO

POBLACIÓN:
10,700,000
271 por mi²
105 por km²

IDIOMAS:
Serbocroata, Albanés

EXPORTACIÓN PRINCIPAL:
Bienes manufacturados

IMPORTACIÓN PRINCIPAL:
Maquinaria

CAPITAL:
Belgrado

MASA CONTINENTAL:
39,448 mi²
102,170 km²

SUECIA

Estocolmo

POBLACIÓN:
9,000,000
52 por mi²
20 por km²

IDIOMA:
Sueco

EXPORTACIÓN PRINCIPAL:
Productos de papel

IMPORTACIÓN PRINCIPAL:
Petróleo crudo

CAPITAL:
Estocolmo

MASA CONTINENTAL:
173,730 mi²
449,961 km²

SUIZA

Berna

POBLACIÓN:
7,300,000
460 por mi²
178 por km²

IDIOMAS:
Alemán, Francés, Italiano

EXPORTACIÓN PRINCIPAL:
Instrumentos de precisión

IMPORTACIÓN PRINCIPAL:
Bienes manufacturados

CAPITAL:
Berna

MASA CONTINENTAL:
15,942 mi²
41,290 km²

UCRANIA

Kiev

POBLACIÓN:
47,810,000
205 por mi²
79 por km²

IDIOMAS:
Ucraniano, Ruso

EXPORTACIÓN PRINCIPAL:
Metales

EXPORTACIÓN PRINCIPAL:
Bienes manufacturados

CAPITAL:
Kiev

MASA CONTINENTAL:
233,089 mi²
603,701 km²

TEMAS DE CIUDADANÍA

Participación Se espera que todos los ciudadanos obedezcan las leyes de su país. Sin embargo, a veces no es claro qué es lo que se debe hacer. Durante la Segunda Guerra Mundial, mucha gente en Alemania violó la ley ayudando a los judíos a escapar de la persecución de los nazis. Durante el gobierno comunista, muchos ciudadanos de Europa oriental trajeron y vendieron productos en el mercado negro.

¿Qué piensas que le hubiera sucedido a la gente que ayudó a los judíos si la hubiesen descubierto?

ESCRIBE ACERCA DE ELLO

En los Estados Unidos, trabajamos para cambiar las leyes que pensamos que son injustas. Tratar de influenciar las decisiones de nuestros líderes elegidos es una parte importante de ser un ciudadano activo. Escribe una carta a la Junta del Distrito Escolar y explica por qué piensas que los alumnos deben o no usar uniformes.

¿Los alumnos tienen que usar uniformes? ▼

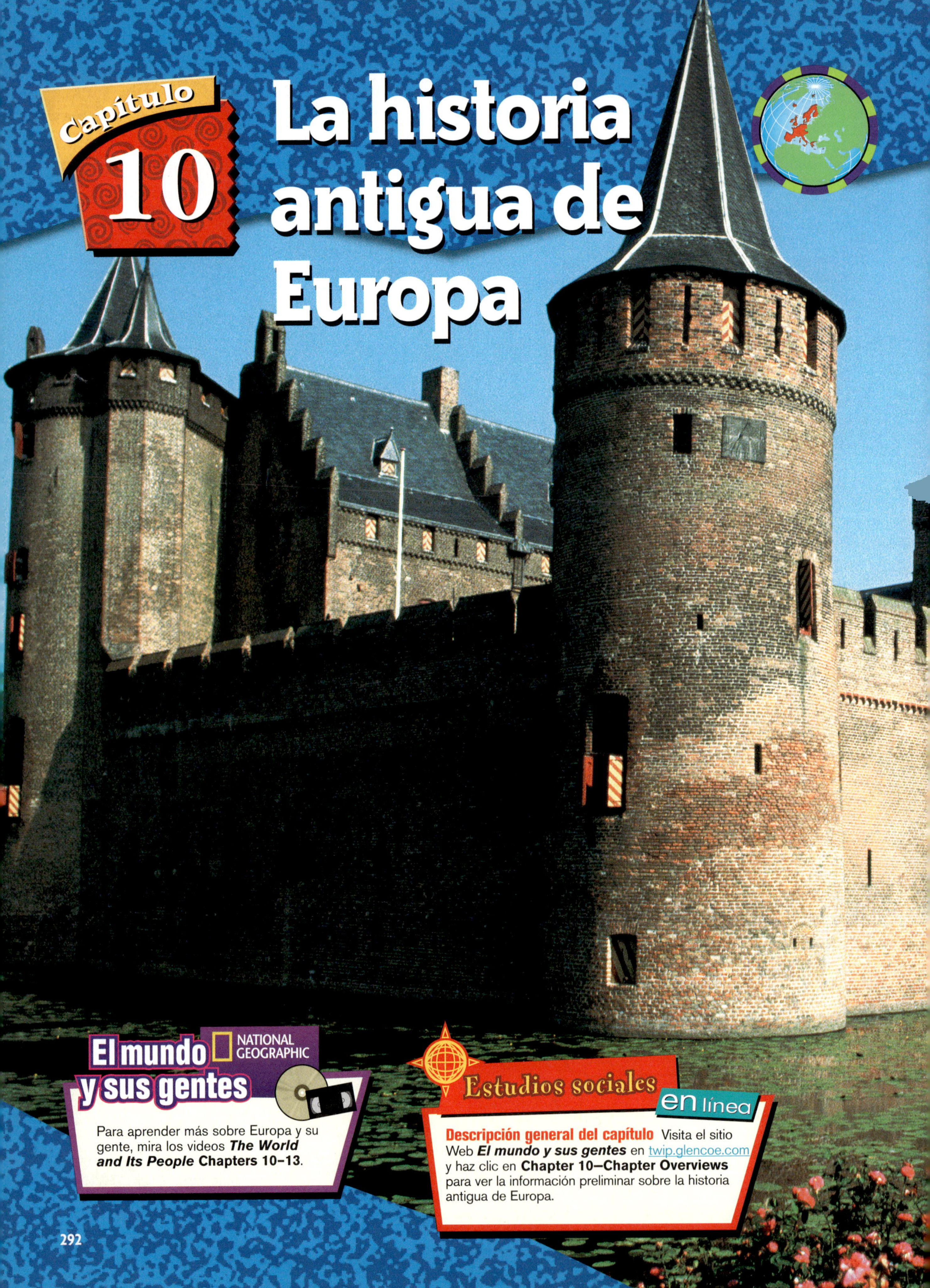
Capítulo
10
La historia antigua de Europa
El mundo y sus gentes
NATIONAL GEOGRAPHIC
Para aprender más sobre Europa y su gente, mira los videos The World and Its People Chapters 10–13.
Estudios sociales
en línea
Descripción general del capítulo Visita el sitio Web El mundo y sus gentes en twip.glencoe.com y haz clic en Chapter 10—Chapter Overviews para ver la información preliminar sobre la historia antigua de Europa.

Secuencia de acontecimientos Haz este plegable como ayuda para organizar la información y pon los acontecimientos en secuencia en un diagrama de flujo sobre la historia antigua de Europa.

Paso 1 Dobla una hoja de papel por la mitad de lado a lado.

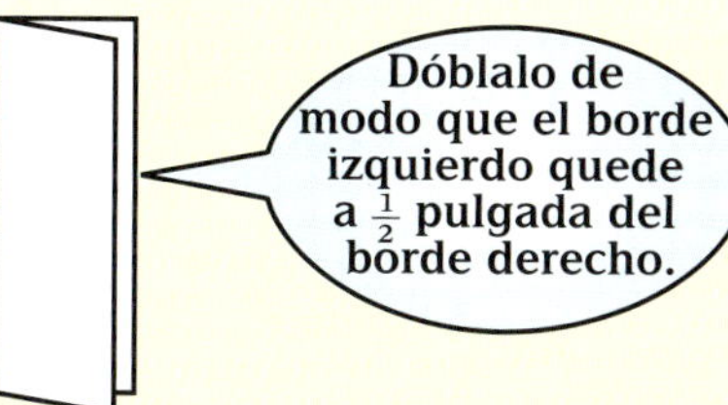

Paso 2 Voltea el papel y dóblalo en tres.

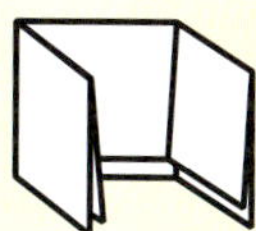

Paso 3 Desdobla y corta la tapa superior solamente, a lo largo de ambos dobleces.

Paso 4 Voltea el papel y rotúlalo como se ilustra.

Lectura y redacción A medida que leas el capítulo, anota los acontecimientos que ocurrieron durante estos tres períodos de la historia europea debajo de la lengüeta correspondiente de tu plegable.

▲ Castillo Muiderslot en Muiden, Países Bajos

Por qué es importante

Raíces de la cultura occidental

Nuestro gobierno, economía y sistemas sociales tuvieron sus inicios en Europa. Nuestras leyes, estructura familiar e ideas políticas tienen sus raíces en antiguas tradiciones griegas y romanas. Durante la Edad Media, Europa experimentó el crecimiento de ciudades y los inicios del capitalismo. El cristianismo, la religión más importante de Europa, se extendió de allí a otras partes del mundo, inclusive a las Américas.

Grecia y Roma Clásicas

Guía de lectura

Idea principal

La antigua Grecia y Roma hicieron contribuciones importantes a la cultura y civilización occidental.

Terminología

- Clásica
- polis
- democracia
- república
- cónsul
- emperador

Estrategia de lectura

Crea un cuadro como el que se muestra a continuación. Escribe un hecho que ya conozcas sobre cada categoría en la columna "Lo sé". Después de leer la sección, escribe un hecho que hayas aprendido sobre cada categoría en la columna "Aprender".

Categoría	Lo sé	Aprender
Grecia		
Roma		
Ley romana		
Cristianismo		

En lo alto de una colina, dominando la ciudad de Atenas, se levanta el Partenón, una de las construcciones más famosas del mundo. El Partenón se construyó como un templo para Atenas, la diosa griega de la sabiduría. La construcción se inició en el año 447 a.C. y tardó 15 años en terminarse. Es sólo una de varias construcciones que nos muestran la civilización que se desarrolló en la Grecia antigua.

Cuando los historiadores hablan de Europa **Clásica,** se refieren a la antigua Grecia y Roma. Estas civilizaciones prosperaron entre los años 800 a.C. y 400 d.C. y sus logros influyeron profundamente en la cultura occidental.

La Edad de Oro de Grecia

Grecia alcanzó su "Edad de Oro" en los años 400 a.C. Antes de eso, la ciudad estado, o **polis,** había sido gobernada por un rey. La Edad de Oro trajo consigo el gobierno directo del pueblo, o la **democracia.** Grecia Clásica ha sido denominada la "cuna de la democracia", ya que los inicios de nuestro sistema político se remontan a ese tiempo.

Atenas La ciudad estado de **Atenas** fue la sede de la primera constitución democrática del mundo. Todos los hombres libres de más de 20 años tenían derecho al voto y a hacer uso de la palabra libremente. Los atenienses también produjeron trabajos importantes de filosofía, literatura y teatro. La palabra *filosofía* es griega y significa "amor a la sabiduría". Dos grandes filósofos, Sócrates y su discípulo Platón, pretendieron entender y explicar la naturaleza humana. Aristóteles, un discípulo de Platón, escribió trabajos de gran influencia en temas de política, literatura, ética y filosofía. Escritores y dramaturgos griegos trataron estos temas inmortales en sus obras y poemas.

▲ Máscara de comedia del teatro griego

Conflicto entre las ciudades estado Durante este período, las ciudades estados de Esparta y Atenas querían expandir sus límites. **Esparta,** gobernada por unos pocos nobles, no miraba de buena forma el cambio. Atenas, como aprendiste, estaba receptiva a la democracia y a ideas nuevas. Estos dos rivales a menudo pelearon entre sí. Esparta y Atenas se unieron brevemente durante las Guerras Médicas, cuando impidieron que los persas se apropiaran de Grecia. Del año 431 a.C. al 404 a.C., sin embargo, se volvieron a enfrentar. Esparta finalmente derrotó a Atenas en la Guerra del Peloponeso, que más adelante dividió y debilitó a Grecia.

La cultura griega se expande En los años 300 a.C., Felipe II de Macedonia y su hijo Alejandro el Grande invadieron la frontera norte de Grecia. Conquistaron fácilmente toda Grecia. Alejandro prosiguió hasta crear un imperio que incluyó a Persia y Egipto y se extendió hacia el este, hasta la India. Ubica la extensión del imperio de Alejandro en el mapa de abajo. Aunque su imperio apenas pudo sobrevivir después de su muerte, Alejandro expandió la cultura griega por todos los lugares que invadió. Con el tiempo, las costumbres griegas se mezclaron con la cultura persa y egipcia. El centro importante del imperio estaba en Alejandría en el norte de Egipto. Allí, se fundó un gran centro de aprendizaje, un museo-biblioteca. Los últimos vestigios del imperio de Alejandro quedaron bajo dominio romano alrededor del año 130 a.C.

✓ Comprobación de lectura **¿Por qué se le ha llamado a Grecia la "cuna de la democracia"?**

NATIONAL GEOGRAPHIC

Imperios griego y romano

BRITANIA
GALA
OCÉANO ATLÁNTICO
HISPANIA
ITALIA
Roma
Mar Negro
Bizancio (Constantinopla)
GRECIA
Atenas
Esparta
IMPERIO PERSA
INDIA
Mar Mediterráneo
Alejandría
ÁFRICA
EGIPTO
ARABIA
Mar Caspio
Mar Rojo
R. Rin
R. Danubio
R. Ródano
R. Po
R. Tigris
R. Éufrates
R. Nilo
0 mi. 500
0 km 500
Proyección acimutal equidistante

Extensión del imperio de Alejandro el Grande

Imperio romano en su extensión más grande

Regiones donde coincidieron el imperio de Alejandro y los imperios romanos

Aplicación de las habilidades con mapas

1. ¿Qué imperio se extendía más al este?
2. ¿Cómo se conoce hoy al país que antiguamente fue la región Gala?

Busca en línea mapas de NGS en www.nationalgeographic.com/maps

El Coliseo se construyó como una arena para la lucha de gladiadores.

Lugar **Nombra algunas arenas donde actualmente se realizan eventos públicos.**

El surgimiento de Roma

De acuerdo con la leyenda, la ciudad de **Roma** fue fundada por los hermanos mellizos Rómulo y Remo. Como bebés, fueron abandonados a orillas del Río Tíber. Pero una loba los rescató y los crió como sus cachorros. Cuando crecieron, los mellizos construyeron la ciudad sobre siete colinas en el centro de Italia.

Roma histórica Lo que sabemos como dato verídico es que Roma se fundó aproximadamente en el año 1000 a.C. Para el año 700 a.C., había evolucionado hasta convertirse en una ciudad estado importante que empezó a dominar gran parte de la península italiana. Italia fue más fácil de invadir que la montañosa Grecia, de manera que los romanos desarrollaron un ejército muy poderoso. Los romanos tomaron el alfabeto latino de los griegos, quienes también influyeron en el arte, la religión y la mitología romana.

La república romana Roma empezó como una monarquía, pero cambió a una república. En una **república,** el pueblo elige a sus líderes. Roma fue gobernada por dos **cónsules,** o personas elegidas por la gente de Roma para que los representen Los cónsules se reportaban al Senado. Los miembros del Senado eran hacendados que desempeñaban sus funciones de por vida. Esto estaba garantizado por el sistema de la ley romana. La base de la ley romana eran las Doce Tablas. Las "tablas" eran realmente tabletas de bronce sobre las cuales se inscribieron las leyes relacionadas con testamentos, tribunales y propiedades. Junto con la democracia griega, el gobierno republicano y la ley romana fueron contribuciones importantes a la civilización occidental y a la Edad Moderna.

✓ Comprobación de lectura **¿De qué manera Roma ha influenciado a la civilización occidental?**

De república a imperio

De los años 264 al 146 a.C., una serie de guerras transformó a la república romana en el **Imperio Romano.** Posteriormente, el Mar Mediterráneo llegó a ser un "lago romano" rodeado por el Imperio Romano. La gente conquistada por Roma recibió la ciudadanía romana e igualdad bajo la ley romana. Más allá de los límites de su vasto imperio, Roma se abrió al comercio con civilizaciones tan distantes como India y China.

Bajo el imperio, los senadores perdieron poder ante los **emperadores,** o gobernantes absolutos de Roma. Los partidarios del Senado mataron al gran general romano Julio César en el año 44 a.C. por tratar de convertirse en el primer emperador. Esto llevó a una guerra civil entre los defensores de César y los del Senado. En el año 31 a.C., Octavio, sobrino de César, se convirtió en el primer emperador romano, César Augusto. Él inició un período de paz y prosperidad conocido como la *Paz Romana,* que perduró por casi 200 años.

Logros romanos Los romanos eran expertos en la construcción de templos, estadios y baños. Sus proyectos incluyeron el Coliseo y un templo abovedado llamado el Panteón. Ambos todavía permanecen en la Roma de hoy. Los romanos usaban el arco para construir acueductos, o canales elevados que transportaban agua a distancias largas. También construyeron caminos para llevar bienes y gente a Italia. Esto llevó al crecimiento de la población y la riqueza de Roma.

El cristianismo y Roma Jesús el Nazareno nació en Palestina, que estaba bajo el gobierno de César Augusto. Jesús llevó adelante sus enseñanzas durante los primeros años de la *Paz Romana.* Dos discípulos, Pedro y Pablo, fundaron la nueva Iglesia Cristiana en Roma. Aunque se persiguió cruelmente a los primeros cristianos, el cristianismo se expandió por todo el mundo romano. En los años 300 d.C. , bajo los emperadores Constantino I y Teodosio I, el cristianismo llegó a ser la religión oficial del Imperio Romano.

▲ Coraza de soldado romano

La decadencia del imperio Después del período de la *Paz Romana,* el Imperio Romano empezó a decaer. En el año 330 d.C., el emperador Constantino I trasladó la capital de Roma en Italia, al este, a la ciudad recién construida de **Constantinopla,** cerca del Mar Negro. Constantino trató de salvar el imperio reformando el gobierno, pero fue demasiado tarde. Plagas que provenían de Asia a través de las rutas de comercio mataron a mucha gente.

Finalmente, en los años 400 d.C., las defensas del norte sucumbieron. Roma quedó abierta a la invasión de varios pueblos germánicos. Los germanos llegaron a gobernar a Roma y gran parte de Italia y Europa. El Imperio Romano Oriental, o el Imperio Bizantino, no cayó ante los germanos, sino que continuó por otros 1000 años, hasta la victoria de los turcos otomanes en 1453.

✓ Comprobación de lectura ¿Qué son los acueductos?

Evaluación

Definición de términos

1. **Define** Clásica, polis, democracia, república, cónsul, emperador.

Recuerdo de hechos

2. **Gobierno** En su constitución democrática, ¿cuáles dos derechos otorgó Atenas a todos los hombres mayores de 20 años?
3. **Cultura** Nombra cuatro influencias que Grecia tuvo sobre la cultura romana.

Pensamiento crítico

4. **Análisis de la información** ¿Por qué crees que algunos de los ciudadanos romanos querían gobernadores absolutos en vez de senadores elegidos?
5. **Establecer conexiones** ¿Cuál es una libertad que la democracia estadounidense tiene hoy que no se reconoció claramente en el Imperio Romano?

Organizador gráfico

6. **Creación de líneas cronológicas** Crea una línea cronológica como la de abajo. Pon la letra del evento junto a su fecha.

A. El imperio griego queda bajo dominio romano.

B. Julio César es asesinado.

C. Los germanos invaden a Roma.

D. Se funda Roma.

E. Octavio se convierte en el primer emperador romano.

1000 a.C. — 130 a.C. — 44 a.C. — 31 a.C. — Siglo V d.C.

Aplicación de las habilidades en estudios sociales

7. **Inferencias** ¿Por qué piensas que se creó la leyenda de Rómulo y Remo?

Habilidades de estudios sociales

Uso de a.C. y d.C.

Las culturas del mundo han basado sus sistemas de fechas en acontecimientos importantes en su historia. Por ejemplo, los países islámicos utilizan un sistema de fechas que empieza con la salida de Mahoma de La Meca a Medina. Para la mayoría de las culturas occidentales, el sistema de fechas se basa en el nacimiento de Jesús. Los cristianos se refieren a Jesús como "Cristo".

Desarrollo de la habilidad

Alrededor del año 515, un monje cristiano desarrolló un sistema que empieza las fechas a partir del *anno Domini,* latín para "el año del Señor". Aunque algunos historiadores creen que el monje cometió un pequeño error al calcular el año exacto del nacimiento de Cristo, su sistema de fechas ha perdurado. Los acontecimientos antes de Cristo, o "a.C.", se calculan contando regresivamente a partir del año 1 d.C. No hubo año "0". El año antes de 1 d.C. es 1 a.C.

Práctica de la habilidad

Estudia la línea cronológica de Europa Clásica para responder a las preguntas siguientes.

1. ¿Qué edad tenía Platón cuando fue discípulo de Sócrates?
2. ¿Durante cuánto tiempo gobernó Alejandro el Grande?
3. ¿Qué edad tenía Julio César cuando fue asesinado?
4. ¿Quién fue emperador casi 500 años después del gobierno de Alejandro el Grande?

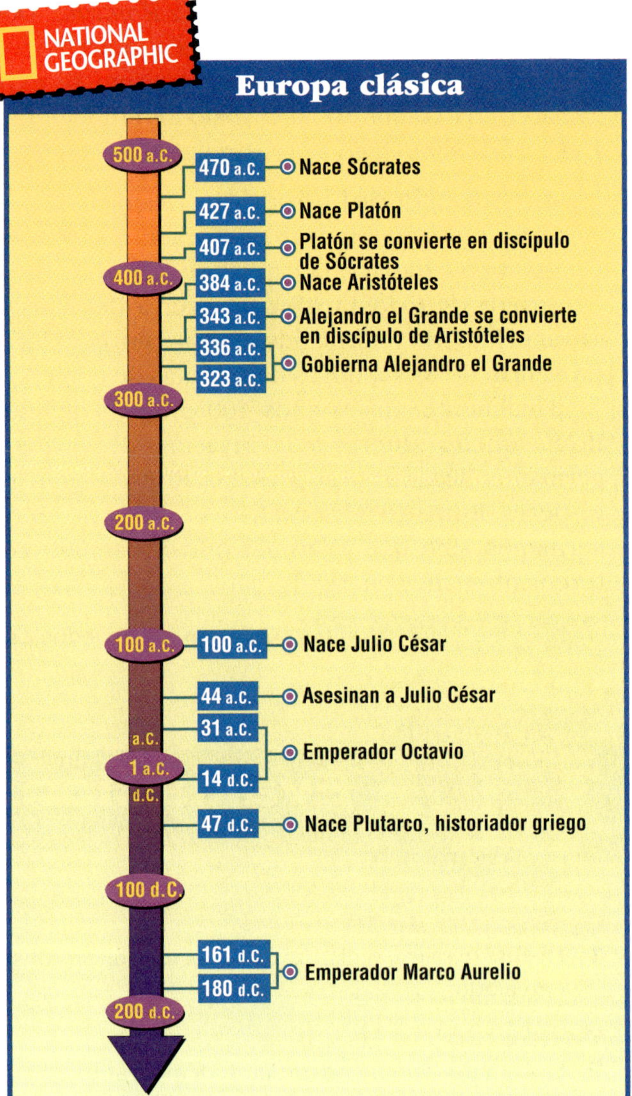

Aplicación de la habilidad

Crea una línea cronológica utilizando los términos A.M.N. (antes de mi nacimiento) y D.M.N. (después de mi nacimiento). Completa la línea cronológica con acontecimientos clave que sucedieron antes y después de tu nacimiento. Ilustra la línea cronológica con dibujos o recortes de revistas.

IR A

Practica las habilidades clave con **Glencoe Skillbuilder Interactive Workbook, Level 1**

Europa medieval

Catedrales majestuosas como ésta en Reims, Francia, atraen a turistas de todo el mundo. La catedral se comenzó en 1211 y llevó 80 años terminarla, aunque las decoraciones continuaron durante siglos. Tiene casi 500 pies (152 m) de largo lo que, la hace ser 1.5 veces el largo de una cancha de fútbol americano. Veinticinco reyes de Francia recibieron sus coronas aquí.

Guía de lectura

Idea principal

La Edad Media vio la expansión del cristianismo, el crecimiento de las ciudades y los poderes emergentes de los reyes.

Términos clave

- papa
- misionero
- derecho común
- feudalismo
- vasallo
- feudo
- siervo
- gremio
- cédula

Estrategia de lectura

Crea un cuadro como el de abajo. Completa con el deber o la función principal de cada uno de estos miembros de la sociedad.

Señor feudal	
Vasallo	
Miembro de gremio	
Aprendiz	
Siervo	

Con la caída del Imperio Romano, se inició una nueva era llamada la Edad Media. *Medieval* se deriva de una palabra latina para "Edad Media". Es un nombre de referencia para el período de 1,000 años que tuvo lugar entre las eras clásica y moderna. Europa medieval combinó características del Imperio Romano con prácticas de cristianismo y otras tradiciones europeas.

El surgimiento del cristianismo

Fue durante la Edad Media que el cristianismo, en forma de la Iglesia Católica Apostólica Romana, se constituyó en un poder político en Europa occidental. Un líder llamado obispo dirigía a cada comunidad cristiana importante. En los años 500 d.C., los obispos de Roma, ahora conocidos como **papas,** se convirtieron en los líderes de la Iglesia Católica. La influencia de la Iglesia era tan fuerte en ese tiempo que los papas también se convirtieron en figuras políticas importantes.

En Europa oriental, el Imperio Bizantino, iniciado por Constantino I, continuó. Allí, el cristianismo se conoció como Ortodoxia Oriental. No estaba bajo el liderazgo de los papas en Roma, sino bajo los emperadores en Constantinopla.

Propagación de la fe En el año 500 d.C., se terminó la primera Biblia cristiana. Los primeros papas enviaron **misioneros,** o personas que

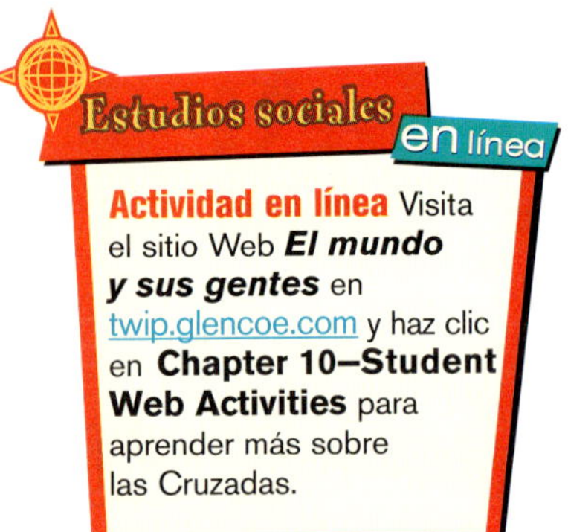

Actividad en línea Visita el sitio Web ***El mundo y sus gentes*** en twip.glencoe.com y haz clic en **Chapter 10—Student Web Activities** para aprender más sobre las Cruzadas.

difundieron sus ideas religiosas, a todas las partes de Europa. Gran parte eran monjes y monjas. Los monjes eran hombres que consagraban su vida a la oración, el estudio y las buenas obras. Vivían en monasterios. Las mujeres que optaban por una vida similar eran monjas y vivían en conventos. Los misioneros ayudaban a los pobres y necesitados y también eran maestros. A través de sus escuelas, la Iglesia cristiana contribuyó enormemente al avance del aprendizaje en Europa. Durante las primeras décadas del siglo XII, la Iglesia también fundó las primeras universidades en Bolonia, Italia y en Oxford, Inglaterra.

Las cruzadas Del año 1000 d.C., en adelante, la Iglesia patrocinó una serie de guerras santas conocidas como las Cruzadas. La Iglesia envió varios ejércitos para capturar a Jerusalén en Palestina, que se encontraba en manos de los califas islámicos, o gobernantes. Las Cruzadas condujeron a siglos de desconfianza entre cristianos y musulmanes. También aumentaron el maltrato de los judíos en Europa por parte de los cristianos. A pesar de todo, las Cruzadas crearon conciencia en los europeos de las grandes culturas de los bizantinos y los musulmanes. Los europeos empezaron a exigir más especias y tejidos que los ejércitos de las cruzadas trajeron a casa del este. Para satisfacer estas exigencias, los comerciantes europeos abrieron nuevas rutas de comercio. A medida que el comercio se expandió, lo mismo pasó con los pueblos de Europa occidental.

✓ Comprobación de lectura **¿Cómo ayudaron a propagar el cristianismo los misioneros?**

Exploración de las economías

Economía de feudo

Un feudo medieval tenía una economía tradicional en la cual los trabajos y destrezas se pasaban de una generación a otra. Por ejemplo, el hijo de un granjero arrendatario se convertía en un granjero. Los hijos de los siervos no tenían otra opción sino aprender las destrezas de sus padres. Sin embargo, los siervos no siempre eran granjeros. Algunos eran molineros que hacían harina del grano, o toneleros que hacían barriles y baldes. Algunos eran herreros y hacían herramientas, armas o herraduras de hierro y otros metales. Las jóvenes generalmente se casaban a los 14 años y trabajaban en la casa y en los campos.

El Sacro Imperio Romano

Los germanos combinaron el **derecho común,** o grupo de leyes no escritas basadas en las costumbres locales, con la ley romana y fundaron reinos en toda Europa, desde España a Inglaterra, Alemania e Italia. Muchos de estos reinos terminaron siendo cristianos en el corto plazo. Los primeros reyes, como los jefes de tribus germanas anteriores a ellos, eran elegidos por todos los nobles y caballeros. Con el tiempo, sin embargo, los reyes llegaron s ser más independientes y poderosos. La corona se pasaba a la siguiente generación, habitualmente el hijo primer nacido del rey.

Carlomagno Uno de los reinos germanos más importantes fue el de los francos. A partir del año 700 d.C., los francos controlaban gran parte de lo que más tarde pasaría a ser Francia y Alemania. De hecho, el nombre "Francia" proviene de la palabra *francos.* En el año 771 Carlomagno fue elegido rey de los francos. Mediantes guerras agregó gran parte de Alemania y partes de España e Italia, incluyendo Roma, al reino de los francos.

En el día de Navidad del año 800, Carlomagno se arrodilló ante el papa en la Iglesia de San Pedro en Roma. Fue proclamado el protector de la Iglesia Cristiana en el Occidente. También se le coronó como rey del Imperio Romano de Occidente. Ese imperio se llegó a conocer como el **Sacro Imperio Romano.**

Después de la muerte de Carlomagno en el año 814, su hijo y sus nietos heredaron su imperio el cual se dividió en varios reinos. Estos reinos fueron las bases de las actuales Alemania, Italia, Francia y España. Al mismo tiempo, varios grupos germánicos como los anglos, los sajones, los jutos y los daneses ayudaron a fundar el primer reino inglés. El nombre de Inglaterra se toma de "Anglo tierra" (o tierra de anglos).

✓ Comprobación de lectura **¿Cuál fue la función de Carlomagno en la propagación del cristianismo?**

La sociedad medieval

Durante la Edad Media, emergió un nuevo sistema político y social conocido como el **feudalismo.** Bajo este sistema, los reyes otorgaban tierras a sus nobles o señores leales. A cambio de la tierra o estado feudal, los nobles proveían servicio militar y caballeros para el ejército del rey. Estos nobles que juraban lealtad al rey se conocían como los **vasallos.** Los vasallos del rey, grandes señores ellos mismos, también debían tener sus propios vasallos que les prestaban servicios militares a cambio de una concesión de tierra.

El feudo El estado feudal era el **feudo.** En el centro había generalmente una casa solariega o un castillo. La mayoría de la población de la casa solariega la conformaba gente común que trabajaba la tierra o que hacía otras tareas. Había dos tipos de granjeros. Aquéllos que pagaban renta por su tierra y luego trabajaban la tierra a su gusto se llamaban inquilinos. El otro grupo más grande era el de los **siervos.**

Los siervos no eran tan libres como los inquilinos y eran generalmente más pobres. A cambio del uso de tierra, semilla, herramientas y protección, los siervos tenían que trabajar según lo ordenado por los señores feudales, ya sea en los campos o en cualquier otro lugar. A menudo los siervos trabajaban en la construcción de caminos, murallas, fortificaciones y otros trabajos pesados. En épocas de conflictos, los siervos varones se convertían en soldados de infantería que prestaban servicio bajo la dirección de los caballeros.

Éstos eran tiempos bastante violentos y la gente común raramente se desviaba demasiado de la seguridad del feudo. En ocasiones, vagabundos con habilidades especiales visitaban a los feudos. Por ejemplo, los caldereros se ganaban la vida trasladándose de un estado a otro, parchando ollas o reparando otros objetos metálicos. Los juglares y otros trovadores entretenían con música, malabares o con actuaciones como comediantes o bufones.

✓ Comprobación de lectura **¿Qué recibía un vasallo por su servicio a un rey o a un señor?**

Aplicación de las habilidades con mapas

1. ¿Cuáles fueron las tres religiones que se fundaron en Europa medieval?
2. ¿Qué religión cubrió la mayor parte de Europa?

Busca en línea mapas de NGS en www.nationalgeographic.com/maps

▲ Vidrio de color muestra un artesano haciendo su trabajo

El crecimiento de las ciudades

Los pueblos en la Edad Media eran bastante independientes y querían liberarse del control de los señores feudales. Los pueblos servían como centros de comercio y manufactura. Su importancia aumentó durante las Cruzadas ya que los ejércitos cristianos necesitaban provisiones. Hacia el siglo XII, los pueblos albergaban grandes ferias comerciales, donde comerciantes de todas partes se juntaban para hacer negocio.

La manufactura pasó al control de organizaciones de trabajadores conocidas como **gremios.** Diferentes gremios controlaban industrias como la elaboración de cerveza, la fabricación de telas, la construcción de barcos y muchas otras. Los trabajadores jóvenes, llamados aprendices, invirtieron años en el aprendizaje de un oficio, de manera de poder unirse a un gremio. Con experiencia, los aprendices se convirtieron en jornaleros y posteriormente en maestros.

Con el tiempo, algunos pueblos crecieron hasta convertirse en ciudades y llegaron a ser centros políticos y religiosos. Los nuevos y poderosos reyes y el clérigo entendieron la importancia de las ciudades. Construyeron grandes catedrales y otorgaron a los residentes privilegios y libertades en acuerdos escritos llamados **cédulas.** Al hacer esto, los reyes se ganaron el apoyo de la gente de la ciudad. Este apoyo fue útil en tiempos de guerra y para la protección contra los poderosos nobles. Los reyes también recaudaban dinero del pueblo mediante el cobro de impuestos a cambio de cédulas. Ahora, con una economía basada en el dinero, los reyes podían pagar a sus soldados en vez de darles tierras. Los siervos pudieron comprar su libertad. Así, el feudalismo y el poder de los nobles empezó a decaer.

✓ Comprobación de lectura ¿Por qué los reyes querían el apoyo de las grandes ciudades?

Evaluación

Definición de términos

1. **Define** papa, misionero, derecho común, feudalismo, vasallo, feudo, siervo, gremio, cédula.

Recuerdo de hechos

2. **Historia** ¿Cuándo se terminó la primera Biblia cristiana?
3. **Historia** ¿En qué tipo de trabajo se involucró la mayoría de la gente durante la Edad Media?

Pensamiento crítico

4. **Evaluación de la información** El derecho común consistía en leyes no escritas que provenían de las costumbres locales. ¿Cuáles son las posibles dificultades que pueden surgir por tener leyes no escritas?
5. **Comprensión de causa y efecto** ¿Cómo las Cruzadas afectaron al crecimiento de las ciudades en Europa occidental?

Organizador gráfico

6. **Organización de la información** Crea una pirámide como la de abajo. Sobre las líneas, clasifica a siervos, vasallos e inquilinos según el orden jerárquico que tendrían bajo un rey en el sistema feudal.

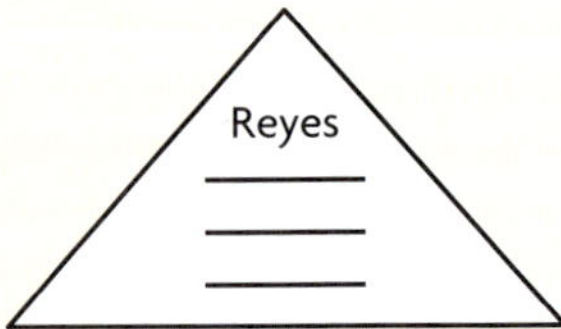

Aplicación de las habilidades en estudios sociales

7. **Resumen de información** En pocas palabras, describe la vida de una persona común en un feudo. Usa la mayor cantidad de adjetivos que puedas.

Sección 3: Del Renacimiento a la revolución

Guía de lectura

Idea principal

El estudio de la ciencia, el arte y la educación se restableció durante el período siguiente a la Edad Media.

Términos clave

- indulgencias
- revolución
- derecho divino de los reyes

Estrategia de lectura

Haz una línea cronológica como la de abajo. A medida que leas la sección, anota en la línea, en el orden correcto, los acontecimientos siguientes.

Reforma protestante
Edad de la exploración
Revolución americana
Renacimiento
Revolución Francesa

NATIONAL GEOGRAPHIC **Exploración de nuestro mundo**

Entre los siglos XIV y XVII, se propagaron importantes logros culturales en las artes y el aprendizaje a lo largo y ancho de Europa. Las familias de comerciantes utilizaban su riqueza para ayudar a que artistas e intelectuales exploraran nuevas formas de pensar. La estatua de David de Miguel Ángel, mostrada aquí, es una de muchas obras maestras de este período que denominamos el Renacimiento.

El crecimiento de ciudades y del comercio y la desintegración gradual del feudalismo llevó al fin de la Edad Media. Alrededor del año 1350, el interés por la educación, el arte y la ciencia aumentó considerablemente en varias partes de Europa, especialmente en ciudades y pueblos. El resultado fue el Renacimiento, una palabra derivada del francés que significa "volver a nacer".

El Renacimiento

Para mucha gente, el Renacimiento fue el comienzo de una nueva edad de oro como la de la antigua Grecia y Roma. El Renacimiento se inició en las ciudades del norte de Italia y se expandió a otras ciudades de Europa.

Humanismo Durante el Renacimiento, los intelectuales se preocuparon menos de los misterios del cielo y se interesaron más en el mundo y en los seres humanos. Debido a esto, a los intelectuales del Renacimiento se les llamó humanistas. Ideas humanistas, el derecho de la gente a aprender y a pensar por ellos mismos, rompió con el esquema del pensamiento medieval y contribuyó al auge del mundo moderno.

▲ La Capilla Sixtina, pintada por Miguel Ángel

Artistas del Renacimiento Al igual que los antiguos griegos y romanos, los artistas del Renacimiento apreciaban la belleza de los seres humanos y la naturaleza. Desarrollaron nuevas formas para hacer sus trabajos fieles a la realidad y llenos de colores y acción. No sólo pintaron y esculpieron imágenes religiosas sino también personas y criaturas de mitos. Sobre todo, estaban más interesados en las cualidades humanas que en las cualidades religiosas de sus temas. Dos de varios artistas sobresalientes del Renacimiento fueron Leonardo da Vinci y Miguel Ángel Buonarotti. (Consulta la página 308 para aprender más sobre los logros de Leonardo da Vinci.)

El pintor y escultor Miguel Ángel expresó emociones humanas como la ira, la tristeza y el poder en sus pinturas y esculturas. Su obra más famosa es el mural en el techo de la Capilla Sixtina en el palacio del Vaticano en Roma. Está compuesta de 145 pinturas separadas y le llevó casi cinco años terminarla.

Escritores del Renacimiento Los escritores también se inspiraron en ideas del Renacimiento. Hasta esta época, gran parte de la literatura se escribía en latín medieval. Para llegar a un público más grande, los escritores empezaron a usar el idioma que hablaban diariamente en lugar del latín o del francés, los idiomas de las personas cultas. Geoffrey Chaucer escribió *Los cuentos de Canterbury* y William Shakespeare escribió obras como *Hamlet* y *Romeo y Julieta* en inglés. Miguel de Cervantes escribió su novela *Don Quijote* en español.

Por primera vez se hicieron copias de estos trabajos en una imprenta, inventada por Johannes Gutenberg alrededor del 1450. Aunque los chinos habían desarrollado un proceso de imprenta, Gutenberg desarrolló la idea del tipo movible. La imprenta hizo que los libros fueran más numerosos y menos caros, en consecuencia alentó a más gente a aprender a leer y escribir.

Auge de las naciones Durante el Renacimiento, los gobernantes europeos occidentales llegaron a ser más poderosos. Utilizaron su poder para unir a sus pueblos, creando países basados en un idioma y una cultura común. El primer rey de los Tudor, Enrique VII, y su famosa nieta, Isabel I, fortalecieron a Inglaterra. El Rey Fernando y la Reina Isabel unieron a España expulsando a los últimos musulmanes y judíos. Alrededor del 1450, los reyes de Francia finalmente liberaron a su país de los ingleses.

✓ Comprobación de lectura **¿Cómo la imprenta ayudó a que la gente aprendiera a leer y escribir?**

La Reforma Protestante

Muchas de las ideas nuevas del Renacimiento condujeron a preguntas sobre la religión. Algunas personas creían que los líderes de la Iglesia estaban más interesados en el dinero que en la religión. Otros no estaban de acuerdo con las prácticas corruptas de la Iglesia. Una de estas prácticas fue la venta de documentos llamados **indulgencias,** que liberaban a sus dueños del castigo por los pecados que habían cometido. Los cristianos que "protestaron" contra las prácticas corruptas de la Iglesia y que querían volver a la enseñanza cristiana básica pasaron a llamarse protestantes. El movimiento para reformar, o cambiar, la Iglesia Católica se llamó la Reforma Protestante.

Uno de los primeros líderes protestantes que desafió a la Iglesia Católica fue Martín Lutero, un monje e intelectual germano. En 1520 el Papa expulsó a Lutero de la Iglesia Católica por su crítica. Lutero organizó su propia iglesia cristiana, que se enseñaba en alemán, no en latín, de una Biblia que Lutero mismo había traducido al alemán. La división entre católicos y protestantes llevó a muchos años de guerras religiosas en Europa.

Otro líder de los primeros años del protestantismo fue Juan Calvino. Sus seguidores en Francia se conocían como los hugonotes y en Inglaterra se les llamaba los puritanos. Muchos se acercaron a la causa protestante no sólo en busca de una mayor libertad religiosa, sino también en busca de una libertad política, económica e intelectual. Los puritanos posteriormente buscaron la libertad en las Américas para practicar su propia religión.

✓ Comprobación de lectura **¿Qué fue la Reforma Protestante?**

La Edad de la Exploración

A mediados del siglo XV, Europa comenzó a extenderse más allá de sus límites en una gran época de descubrimiento y exploración. Los portugueses empezaron a navegar hacia el sur del Atlántico, hasta la costa oeste de África. Buscaban una ruta para el lucrativo negocio de las especias en Asia. En el año 1488 Bartolomeo Díaz llegó al Cabo de Buena Esperanza en el extremo sur de África. Diez años más tarde, Vasco da Gama navegó alrededor de éste hasta la India.

▲ Lutero criticó a los representantes de la Iglesia Católica por vender indulgencias.

Mientras los portugueses buscaban una ruta alrededor de África, el rey Fernando y la reina Isabel de España trataban de encontrar otra ruta hacia Asia. En 1492 enviaron a un navegante italiano, Cristóbal Colón, con tres pequeñas carabelas: la *Niña,* la *Pinta* y la *Santa María*, hacia el oeste del Atlántico. Aunque él nunca lo supo, Colón había tocado tierra en una parte del mundo desconocida para los europeos en ese tiempo. Él llamó a esa gente "indios" porque creía que estaba en las Indias Orientales en Asia.

Los holandeses, ingleses y franceses pronto se unieron a los españoles y portugueses para explorar, colonizar y hacer comercio con las Américas, Asia y África. Posteriormente, además de intercambiar productos, también se empezaron a propagar gentes, enfermedades e ideas por el mundo, en un proceso llamado el Intercambio Colombino. Leíste sobre esto en la página 228. Los europeos sin saber trajeron a las Américas enfermedades como el sarampión y la viruela, que infectaron y mataron a millones de nativos americanos. Estos nativos se utilizaron como peones en plantaciones y en minas. Posteriormente, los traficantes transportaron a más de 20 millones de africanos hasta las Américas como esclavos, hasta que se abolió el tráfico de esclavos en los primeros años del siglo XIX.

✓ Comprobación de lectura **Qué país europeo exploró primero la costa de África?**

La Edad de la Revolución

Una **revolución** es un cambio grande y a menudo violento. En las Américas, las colonias obtuvieron su libertad de los países europeos que las gobernaban. En Europa, la gente peleaba por liberarse de sus reyes, reinas y nobles.

El gobierno del pueblo El siglo XVIII terminó con grandes cambios en Europa y muchas de sus colonias americanas. La creencia en el **derecho divino de los reyes,** que los reyes y las reinas de los países europeos gobernaban por la voluntad de Dios, comenzó a esfumarse. Al aprender de los ejemplos de la antigua Grecia y Roma, la gente llegó a sentir que debía desempeñar un papel más directo e importante en el gobierno. Filósofos como John Locke y Jean Jacques Rousseau investigaron la naturaleza del hombre y del gobierno. Ellos creían que el gobierno debía servir y proteger a los ciudadanos y su libertad. Sin embargo, esto también significó que los ciudadanos asumieran más responsabilidad por ellos mismos y sus propias acciones.

Democracia británica Los cambios de la revolución se dieron de manera más pacífica en algunos países que en otros. Durante muchos siglos, Gran Bretaña había desarrollado lentamente un sistema de poder y responsabilidad compartidos. El rey gobernaba con el Parlamento, un cuerpo representativo popular que gradualmente se hizo cargo del poder en nombre del pueblo. Posteriormente, los reyes y las reinas de Gran Bretaña se vieron forzados a aceptar una constitución que compartía el poder, pero que concedía gran parte de esa responsabilidad al Parlamento.

Literatura

LA PIMPINELA ESCARLATA

de la Baronesa de Orczy

Durante y después de la Revolución Francesa, muchos nobles fueron ejecutados por las clases más bajas que se habían rebelado contra ellos. La cantidad de estas ejecuciones estremeció a la gente de Europa. *La pimpinela escarlata* es una novela sobre un noble inglés que ayuda a los aristócratas a escapar de Francia.

"Todo había ocurrido de manera milagrosa. Ella y su esposo habían asimilado que habían sido puestos en la lista de 'personas sospechosas', que significaba que su juicio y la muerte eran sólo cosa de días, de horas, tal vez. Luego vino la esperanza de la salvación: la misteriosa [carta], firmada con la pimpinela escarlata; (. . .) la salida con sus dos hijos; la carreta cubierta; (. . .) Cada momento escondida en la carreta ella esperaba que la reconocieran y con ello el arresto sería inminente. [Estos jóvenes ingleses] (. . .) habían arriesgado sus vidas para salvarlos a todos, al igual que lo hicieron con muchas otras personas inocentes. ¿Y todo por nada? ¡Imposible!"

Análisis de literatura

1. ¿Crees que las acciones llevadas a cabo en La pimpinela escarlata eran realmente por nada? ¿Por qué? o ¿por qué no?
2. ¿Piensas que los ingleses tenían razón al tratar de salvar a la nobleza francesa? Explica.

Democracia en las Américas A partir del año 1770, las colonias estadounidenses, empezando por las trece colonias británicas en América del Norte, se rebelaron contra el dominio británico. Los Estados Unidos, con su Declaración de Independencia, la Constitución y un Congreso representativo, se transformaron en un modelo para muchas otras revoluciones. Del año 1830 en adelante, gran parte de las colonias españolas, portuguesas y británicas de las Américas al sur de Canadá también habían logrado su independencia.

La Revolución Francesa Hacia el año 1780, la revolución también emergió en Europa, empezando por Francia. La Revolución Francesa se inició en el año 1789 y pasó por varias etapas. Cuando el rey Luis XVI y la reina María Antonieta se opusieron a la revolución y trataron de ayudar a la nobleza, fueron ejecutados. En el año 1799, Napoleón Bonaparte, un héroe militar de la Revolución Francesa, se convirtió en el dictador de Francia. Él mismo se declaró emperador del nuevo Imperio Francés en 1804. Posteriormente, la gente de casi toda Europa reaccionaba contra Napoleón e inició una guerra contra Francia. Napoleón fue derrotado finalmente en 1815.

La revolución en Francia estimuló a los pueblos latinoamericanos y europeos a demandar más control personal y político sobre sus vidas. Países como Grecia, Bélgica, Italia y Alemania también experimentaron revoluciones.

✓ Comprobación de lectura **¿De qué manera el auge de la democracia en Gran Bretaña fue distinto al vivido en Francia?**

Evaluación

Definición de términos

1. **Define** indulgencias, revolución, derecho divino de los reyes.

Recuerdo de hechos

2. **Historia** ¿Cuál fue el movimiento para reformar la Iglesia Católica?
3. **Gente** ¿Por qué a los intelectuales del Renacimiento se les conoció como humanistas?

Pensamiento crítico

4. **Examen de resultados** Describe los efectos del Intercambio Colombino.
5. **Establecer conexiones** ¿Cómo una revolución en un país puede alentar cambios políticos en todo el mundo?

Organizador gráfico

6. **Identificación de gente** Crea un cuadro como el de abajo. En la columna izquierda, haz una lista de diez personas de esta sección. Luego explica por qué se les considera importantes.

Persona	Importancia

Aplicación de las habilidades en estudios sociales

7. **Conclusiones** ¿Por qué supones que el período conocido como el Renacimiento se consideró como su nombre lo indica "volver a nacer"?

Establecer conexiones

ARTE | CIENCIA | CULTURA | TECNOLOGÍA

Leonardo da Vinci

El italiano Leonardo da Vinci se considera uno de los artistas más grandiosos del Renacimiento. Pintó la *Mona Lisa* y la *Última Cena*, dos de las pinturas más conocidas en el mundo. También fue un talentoso arquitecto, ingeniero e inventor.

El artista

Leonardo da Vinci nació el año 1452 en un pequeño pueblo cerca de Florencia, Italia. Como hijo de un hombre acaudalado, recibió la mejor educación que Florencia podía ofrecer. Leonardo dio a conocer por su habilidad para crear esculturas y pinturas parecidas a la realidad. Gran parte de su éxito provenía de su gran interés por la naturaleza. También estudió la anatomía humana y utilizó su conocimiento para hacer sus figuras más reales.

El inventor

Cuando niño, Leonardo se quedaba embelesado con las máquinas y empezó a dibujar sus propias invenciones. El primer salto exitoso en paracaídas se hizo desde la cima de una torre francesa en 1783, pero Leonardo ya había esbozado un paracaídas en 1485. Diseñó máquinas voladoras, tanques blindados y trenes de aterrizaje de aviones. Incluso dibujó un traje de rana que usaba tubos y cámaras de aire para permitir que una persona permaneciera bajo el agua por períodos de tiempo prolongados.

Los cuadernos de apuntes de Leonardo

Gran parte de lo que sabemos sobre Leonardo proviene de las miles de páginas con apuntes y dibujos que él mantenía en sus cuadernos. Para escribir utilizaba un espejo, o escribía al revés, de derecha a izquierda. Nadie está seguro por qué Leonardo escribía de esta manera. Algunos piensan que trataba de impedir que otras personas pudieran leer y robar sus ideas. También es posible que haya tratado de ocultar sus ideas y pensamientos de la Iglesia Católica Apostólica Romana, cuyas enseñanzas a veces se oponían a sus ideas. Desde un punto de vista práctico, escribir al revés probablemente le servía para no manchar los escritos con la misma tinta de la pluma que escribía, ya que él era zurdo.

▲ Leonardo da Vinci, autorretrato

▲ La *Mona Lisa*

Establecer la conexión

1. ¿Cuáles son las dos obras más conocidas de Leonardo?
2. ¿Por qué Leonardo utilizaba un espejo para escribir sus apuntes?
3. **Comprensión de causa y efecto** ¿De qué modo el interés de Leonardo por el mundo que lo rodeaba influenció su trabajo?

Capítulo 10

Repaso de la lectura

Sección 1 Grecia y Roma Clásicas

Terminología

Clásica
polis
democracia
república
cónsul
emperador

Idea principal

La antigua Grecia y Roma hicieron contribuciones importantes a la cultura y civilización occidental.

✓ **Gobierno** La primera constitución democrática del mundo se escribió en Atenas.

✓ **Historia** Alejandro el Grande conquistó a toda Grecia y propagó la cultura griega por todos los lugares que invadió.

✓ **Historia** Roma creció de una república en la Península Italiana hasta un imperio que incluyó Europa occidental, el norte de África y el suroeste de Asia.

✓ **Religión** El cristianismo se expandió por todo el mundo romano.

✓ **Historia** El Imperio Romano fue invadido por los pueblos germánicos y decayó.

Sección 2 Europa medieval

Terminología

papa
misionero
derecho común
feudalismo
vasallo
feudo
siervo
gremio
cédula

Idea principal

La Edad Media vio la expansión del cristianismo, el crecimiento de las ciudades y los poderes emergentes de los reyes.

✓ **Religión** La Iglesia Católica Apostólica Romana se convirtió en un poder político en Europa occidental.

✓ **Historia** La primera Biblia cristiana se terminó en el año 500 d.C.

✓ **Historia** Se coronó a Carlomagno como rey del Imperio Romano y se proclamó protector de la Iglesia Cristiana en el Occidente.

✓ **Gobierno** El feudalismo, el sistema político y social medieval, consistía en el intercambio de tierras de un rey a nobles que le brindaban servicios militares.

Sección 3 Del Renacimiento a la revolución

Terminología

indulgencias
revolución
derecho divino de los reyes

Idea principal

El estudio de la ciencia, el arte y la educación se restableció durante el período siguiente a la Edad Media.

✓ **Cultura** Importantes logros culturales en las artes y el aprendizaje se expandieron por toda Europa en el período conocido como el Renacimiento.

✓ **Historia** Johannes Gutenberg inventó la imprenta.

✓ **Gobierno** Países basados en un idioma y una cultura común.

✓ **Religión** La fe protestante emergió en protesta a prácticas corruptas de la Iglesia Católica Apostólica Romana.

✓ **Historia** Cristóbal Colón navegó hasta el otro lado del Atlántico.

✓ **Gobierno** La revolución brotó violentamente en las Américas y Europa.

Capítulo 10

Evaluación y actividades

Uso de términos clave

Haz corresponder los términos de la parte A con sus definiciones en la parte B.

A.

1. emperador
2. derecho común
3. feudalismo
4. democracia
5. indulgencias
6. siervo
7. polis
8. cédula
9. misionero
10. gremio

B.

a. leyes no escritas basadas en costumbres
b. gente pobre que era controlada por los señores feudales
c. liberaba a los propietarios del castigo por sus pecados
d. sistema político y social medieval
e. gobernante absoluto
f. gobierno directo del pueblo
g. persona que difundía sus ideas religiosas
h. acuerdos que daban a la gente privilegios y libertades
i. organización de trabajadores
j. ciudad estado

Repaso de las ideas principales

Sección 1 Grecia y Roma Clásicas

11. **Gobierno** ¿Dónde se escribió la primera constitución democrática?
12. **Historia** ¿Quién conquistó a toda Grecia?
13. **Religión** ¿Qué religión se propagó por todo el mundo romano?
14. **Historia** ¿Quién invadió el Imperio Romano?

Sección 2 Europa medieval

15. **Religión** ¿Cuál grupo religioso se convirtió en un poder político en Europa occidental?
16. **Economía** Explica la diferencia entre vasallos y siervos.
17. **Gobierno** Nombra el sistema político y social imperante en Europa medieval.

Sección 3 Del Renacimiento a la revolución

18. **Historia** ¿Qué inventó Johannes Gutenberg?
19. **Religión** ¿Qué fe emergió de la protesta contra la Iglesia Católica?
20. **Historia** ¿Por qué es conocido históricamente Cristóbal Colón?
21. **Gobierno** ¿Dónde tuvieron lugar las revoluciones durante el siglo XVIII?

Europa clásica

Actividad para localizar un lugar

En una hoja de papel aparte, empareja las letras del mapa con los lugares enumerados a continuación.

1. Alejandría
2. Norte de África
3. Mar Mediterráneo
4. Constantinopla
5. Mar Negro
6. Grecia
7. Atenas
8. Roma
9. Río Tíber
10. Esparta

Estudios sociales en línea

Prueba de autocomprobación Visita el sitio Web ***El mundo y sus gentes*** en twip.glencoe.com y haz clic en **Chapter 10—Self-Check Quizzes** para prepararte para el examen del capítulo.

Pensamiento crítico

22. **Establecer conexiones** ¿De qué manera nuestra vida política y social de hoy ha sido influenciada por las antiguas costumbres griegas y romanas?
23. **Conclusiones** La ortodoxia oriental estaba gobernada por emperadores en lugar de papas. Esto hizo a los emperadores muy poderosos. ¿Qué tipos de problemas podrían haber ocurrido a raíz de esto?

Actividad de comparación de las regiones

24. **Cultura** Investiga para hallar información sobre un artista estadounidense del siglo XIX. Escribe un párrafo con información sobre la vida y las contribuciones del artista. Compara esta información con lo que aprendiste sobre los artistas del Renacimiento.

Actividad mental de trazado de mapas

25. **Identificación de gente y lugares** Crea un mapa simple del contorno de Europa que incluya a Alemania, Italia, Francia, Roma y Grecia. Pon la letra del nombre de la persona junto al lugar de donde era.

a. Miguel Ángel Buonarotti
b. Alejandro el Grande
c. Julio César
d. Sócrates
e. Carlomagno
f. Leonardo da Vinci
g. Cristóbal Colón
h. Napoleón Bonaparte
i. Martín Lutero
j. Platón

Actividad de habilidades tecnológicas

26. **Uso de Internet** Busca en Internet información sobre las Doce Tablas de la ley romana. Después de leer sobre las leyes, anota aquéllas con las que estás totalmente de acuerdo o en desacuerdo y justifica por qué. Por ejemplo, la tabla 10 establece que "una mujer no debe arruinar su rostro ni lamentarse cuando alguien muere". En nuestra sociedad, no se nos castiga por mostrar angustia.

Práctica de la prueba estandarizada

Instrucciones: Lee los siguientes párrafos y luego responde a la pregunta que sigue.

Los griegos antiguos realizaban los Juegos Olímpicos en Olimpia cada cuatro años. Los juegos eran un festival religioso en honor a Zeus, el rey de todos los dioses griegos. El comercio y las guerras se interrumpían durante los juegos. El primer calendario griego se inició con la supuesta fecha de los primeros Juegos Olímpicos en el año 776 a.C.

Competían atletas de todos los lugares del mundo de habla griega. Sin embargo, sólo se aceptaba la participación de atletas varones, no se permitía la participación de mujeres ni siquiera como espectadoras. Las pruebas olímpicas al principio consistían solamente de carreras. Más adelante se agregaron pruebas de salto largo, lanzamiento del disco, boxeo y lucha. Los griegos coronaban a los ganadores olímpicos con coronas de hojas de olivo y realizaban un desfile en su honor.

1. **Según los párrafos anteriores, ¿cuál de las siguientes frases sobre la cultura griega es correcta?**
   F Los griegos destacaban el esfuerzo grupal sobre el logro individual.
   G Los griegos creían en un solo dios.
   H Los griegos no eran religiosos.
   J Los griegos exhortaban la gloria individual.

Consejo para el examen: Lee todas las opciones detenidamente antes de elegir la que describe correctamente a la cultura griega. Elimina las respuestas que sabes que son incorrectas. Por ejemplo, todas las pruebas olímpicas las realizaban personas, no equipos. Por lo tanto, la respuesta F no describe a la cultura griega. La pregunta está requiriendo la frase que SÍ describe a la cultura.

Capítulo 11 Historia moderna de Europa

El mundo y sus gentes NATIONAL GEOGRAPHIC

Para aprender más sobre Europa y su gente, mira los videos ***The World and Its People*** **Chapters 10–13**.

Estudios sociales en línea

Descripción general del capítulo Visita el sitio Web ***El mundo y sus gentes*** en twip.glencoe.com y haz clic en **Chapter 11– Chapter Overviews** para ver la información preliminar sobre la historia moderna de Europa.

PLEGABLES™ Organizador de estudios

Resumen de información Haz el siguiente plegable como ayuda para organizar y resumir la información sobre los hechos históricos y modernos acontecidos en Europa, y cómo se relacionan.

Paso 1 Dobla una hoja de papel de lado a lado, dejando al descubierto una lengüeta de 2 pulgadas a lo largo de un lado.

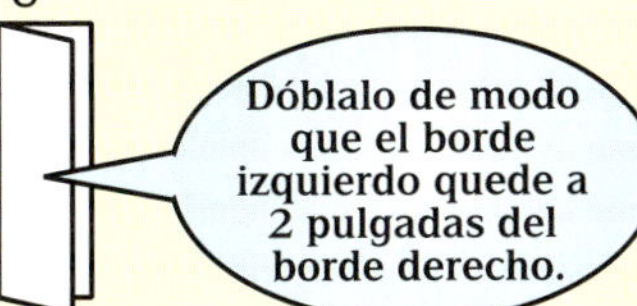

Paso 2 Voltea el papel y dóblalo en tres.

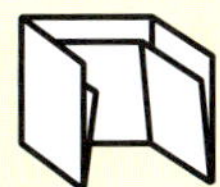

Paso 3 Desdobla el papel y córtalo a lo largo de los dos dobleces interiores.

Paso 4 Rotula el plegable como se ilustra.

Lectura y redacción A medida que leas sobre la historia moderna de Europa, escribe los hechos importantes debajo de la lengüeta correspondiente de tu plegable.

◀ **Un moderno edificio de oficinas se levanta al lado del Mercado pesquero Billingsgate en Londres, Inglaterra.**

Por qué es importante

La era moderna

Europa ha desempeñado un papel importante en la formación del mundo de hoy. La industrialización, que se inició en Europa, es una de las razones del alto estándar de vida que experimentamos hoy. Las dos guerras mundiales, que se combatieron en gran parte en terreno europeo, delinearon la política mundial y preservaron la democracia.

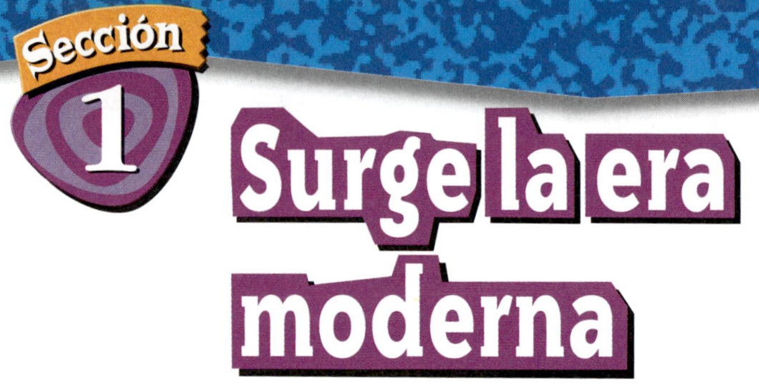

Sección 1 Surge la era moderna

Guía de lectura

Idea principal

La industrialización no sólo condujo a un estándar de vida más alto para algunos, sino también aumentó las tensiones en el mundo.

Terminología

- productividad
- recursos humanos
- textiles
- industria familiar
- sindicato
- huelga
- imperialismo
- comunismo
- Holocausto
- genocidio

Estrategia de lectura

Dibuja un cuadro como el de abajo. Escribe tres aseveraciones de hechos bajo la columna Hecho. En la columna Opinión, escribe lo que opinas sobre cada hecho.

Hecho	Opinión

Desde el inicio de la Revolución Industrial, las fábricas requirieron de un nuevo sistema de trabajo. Esto implicó horas y turnos regulares para mantener la producción de las máquinas. Este arreglo era diferente a aquellos en las zonas rurales, donde los granjeros trabajaban arduamente durante algunos períodos, pero casi nada en otras temporadas. La vida en una fábrica de un pueblo británico se desarrollaba bajo un horario regular.

La Revolución Industrial se inició en Gran Bretaña en el siglo XVIII. Fue la época en que la gente utilizó maquinarias y nuevos métodos para aumentar la productividad. La **productividad** es una medida de la cantidad de trabajo que se puede hacer en un período de tiempo determinado. Los cambios que introdujeron estas máquinas condujeron a una revolución en la forma de realizar el trabajo y en la forma de vivir de la gente.

Un mundo de cambios acelerados

La Revolución Industrial se inició en Gran Bretaña por varios motivos. Gran Bretaña disponía de recursos naturales como el carbón y el hierro. Estos recursos eran necesarios para fabricar maquinarias y para hacerlas funcionar. También existía un suministro abundante de materia prima como la lana y el algodón importado, utilizados para fabricar telas. Además, hubo gente, es decir, **recursos humanos,** que pudo hacer funcionar dichas máquinas. A medida que los agricultores empezaron a usar más máquinas para sembrar y cosechar sus cultivos, se necesitó menos gente en los campos. Mucha gente que solía trabajar en las granjas se fue a las ciudades para encontrar trabajo en fábricas y talleres.

Industrias principales La industra de los **textiles,** o de telas tejidas, fue la primera que se trasladó a fábricas. Antes de eso, el hilado y el tejido de telas era una **industria familiar,** en la cual los integrantes de una familia suministraban su propio equipo para fabricar los artículos. Con la industrialización fue posible producir grandes cantidades de telas, en fábricas que empleaban a una gran cantidad de trabajadores. Los molinos textiles incluso llegaron a ser más productivos cuando el vapor reemplazó la energía hidráulica para hacer funcionar las máquinas.

La máquina de vapor fue inventada por Thomas Newcomen a principios del siglo XVIII y se utilizó primero para bombear el agua de las minas de carbón. En 1769 James Watt inventó una máquina de vapor más eficiente, que se utilizó en molinos textiles, barcazas y locomotoras. Inventos como el ferrocarril mejoraron el transporte y estimularon el crecimiento de más industrias. A principios del siglo XIX, la Revolución Industrial ya se había expandido de Gran Bretaña a gran parte de Europa occidental y Norteamérica.

✓ Comprobación de lectura **¿De qué manera la maquinaria afectó la industria textil?**

Cambio de estilo de vida

En la medida que los pueblos y las ciudades crecieron, el estilo de vida de la gente cambió drásticamente. En un principio, los trabajadores industriales, incluidos mujeres y niños, tenían que trabajar arduamente durante largas horas, a menudo bajo condiciones muy peligrosas. Con el tiempo, los trabajadores formaron grupos llamados sindicatos. El **sindicato** hablaba en nombre de todos los trabajadores de una fábrica o industria y negociaba mejores condiciones de trabajo, un salario más alto y un día laborable más corto. Si el dueño de una fábrica rechazaba estas exigencias, los miembros del sindicato se declaraban en **huelga.** Es decir, se rehusaban a trabajar hasta que se cumplieran sus exigencias.

En general, la Revolución Industrial hizo que a corto plazo la vida fuera más difícil para la gente, pero al final de cuentas más fácil. Por ejemplo, debido a que la ropa fabricada de algodón era mejor y más barata, la gente podía permitirse comprar más. Podían cambiar sus ropas y lavarlas con mayor frecuencia. Esta nueva limpieza redujo las afecciones y enfermedades, de tal forma que la gente vivió de manera más saludable y por más tiempo.

La Revolución Industrial también se tradujo en economías más sólidas en Europa occidental. Fue debido a esta solidez económica que Europa pudo dominar el mundo en el siglo XIX y a principios del siglo XX.

✓ Comprobación de lectura **¿De qué manera la Revolución Industrial mejoró la vida de la gente?**

NATIONAL GEOGRAPHIC **En el sitio**

Revolución Industrial

Durante la Revolución Industrial, niños de apenas siete años trabajaban de 12 a 15 horas al día, seis días a la semana.

Economía **¿De qué manera afectaron la producción las nuevas maquinarias?**

Antes y ahora

El pueblo de Verdún, Francia, fue virtualmente destruido durante la Primera Guerra Mundial (arriba). Hoy es un próspero centro comercial y una atracción turística (arriba a la derecha).

Lugar Nombra otra ciudad de la Primera Guerra Mundial que haya sido reconstruida.

Rivalidad entre naciones

La industrialización creó nuevas rivalidades entre los países de Europa. Gran Bretaña, Francia, Alemania y otros países europeos competían en el mundo por los mercados y recursos para sus fábricas. Bajo un sistema llamado **imperialismo,** los países europeos reclamaron colonias en África y Asia a fines del siglo XIX. Las naciones europeas armaron sus ejércitos y flotas armadas para proteger a su gente y sus imperios. Se formaron diferentes alianzas, por medio de las cuales varios países acordaron apoyarse mutuamente en tiempos de guerra.

Primera Guerra Mundial En 1914 se inició una guerra en Europa que rápidamente se expandió a las colonias europeas y otras regiones del mundo. Se conoció como la Gran Guerra, y luego se denominó la Primera Guerra Mundial. Esta guerra no fue como las guerras anteriores. Con las técnicas aprendidas en la Revolución Industrial, las máquinas diseñadas para la guerra se fabricaron en forma masiva. Tanques, artillería pesada, ametralladoras y aviones ayudaron a crear una guerra más violenta que cualquier guerra anterior. En cuatro años de guerra, millones de personas fueron aniquiladas o heridas, y se destruyeron muchas ciudades y pueblos europeos.

Surgen nuevos problemas Como resultado de la guerra, Europa se vio enfrentada a una confusión política y social. Millones de personas quedaron desamparadas y hambrientas. Se culpó a Alemania por el inicio de la guerra, y se le exigió pagar gran parte de ella. Estados Unidos y Japón se convirtieron en grandes potencias. La revolución rusa de 1917 condujo a un nuevo sistema político, social y económico llamado **comunismo.** El comunismo se basa en las enseñanzas de un filósofo alemán llamado Karl Marx. Marx creía que la industrialización había creado dos clases de gente. Una clase que era dueña de los medios para producir bienes y la otra que trabajaba para producir los bienes. Escribió que este sistema era injusto y que era necesario deponerlo.

Segunda Guerra Mundial En los años 30, una depresión mundial puso una dura prueba a la capacidad de los distintos gobiernos de satisfacer las necesidades de sus ciudadanos. Con el tiempo los problemas que no se solucionaron después de la Primera Guerra Mundial llevaron a la formación de nuevas alianzas en Europa. Alemania se convirtió en una dictadura bajo Adolfo Hitler y su Partido Obrero Nacional Socialista Alemán. Sus miembros, llamados nazis, creían en la superioridad alemana. En 1939 Alemania, Italia y Japón (las Potencias del Eje) estaban en guerra con Gran Bretaña, Francia y China (los Aliados). En 1941 los Estados Unidos y la Unión Soviética se unieron a los Aliados en la guerra que llegó a conocerse como la Segunda Guerra Mundial.

▲ Hitler en un mitin nazi, Dortmund, Alemania

Durante la guerra, Hitler y los nazis llevaron a cabo el **Holocausto,** exterminando a más de 12 millones de personas. Más de 6 millones de víctimas eran judíos. Otros grupos perseguidos eran los romas (llamados gitanos), los polacos, los individuos con discapacidades y muchos otros grupos que fueron clasificados como "indeseables" por los líderes nazis. El Holocausto es un ejemplo del crimen de guerra de **genocidio,** o el asesinato en masa de gente debido a raza, religión, origen étnico, política o cultura.

Italia se rindió en 1943. Alemania fue finalmente derrotada en mayo de 1945, pero los japoneses continuaron luchando. En agosto, los Estados Unidos, en un esfuerzo por terminar la guerra en Asia, dejó caer dos bombas atómicas en las ciudades japonesas de Hiroshima y Nagasaki. A partir de este conflicto mundial, los Estados Unidos y la Unión Soviética emergieron como superpotencias.

✓ Comprobación de lectura ¿Qué fue el Holocausto?

Sección 1 Evaluación

Definición de términos

1. **Define** productividad, recursos humanos, telas, industria familiar, sindicato, huelga, imperialismo, comunismo, Holocausto, genocidio.

Recuerdo de hechos

2. **Historia** ¿Dónde se inició la Revolución Industrial?

3. **Gobierno** Nombra el sistema político, social, y económico que se basa en las enseñanzas de Karl Marx.

Pensamiento crítico

4. **Comparación y contraste** ¿En qué cambiaron los hábitos de vida de la gente después de la introducción de las fábricas? ¿Crees que en general la gente mejoró su estándar de vida? Explica.

5. **Evaluación de la información** ¿Por qué el nuevo equipo militar que se introdujo en la Primera Guerra Mundial cambió la forma de combatir en las guerras?

Organizador gráfico

6. **Organización de la información** Crea un diagrama como el de abajo. Luego escribe los nombres de los países que formaron las dos potencias que lucharon entre sí en la Segunda Guerra Mundial.

Potencias del Eje	Aliados

Aplicación de las habilidades en estudios sociales

7. **Análisis de mapas** Consulta el **Atlas de referencia** en las páginas RA2–RA3. ¿Cuál de los Aliados estaba ubicado más cerca de Japón?

Establecer conexiones

ARTE | CIENCIA | CULTURA | TECNOLOGÍA

El Holocausto

El Holocausto es uno de los hechos más horrendos en la historia de la humanidad. *Holocausto* es una palabra que significa destrucción total y completa. Aprender sobre el Holocausto es importante para que crímenes semejantes contra la humanidad puedan impedirse en el futuro.

La solución final

Adolfo Hitler, canciller de Alemania, creía que los alemanes del mundo, llamados arios, eran de una raza superior. Su objetivo era poblar Europa con una raza "maestra" de gente. En los años anteriores a la Segunda Guerra Mundial y durante la misma, el gobierno de Hitler persiguió a muchos grupos raciales, religiosos y étnicos que él consideraba "indeseables". Estos grupos incluían a los romas (gitanos), Testigos de Jehová, gente con discapacidades y manifestantes de otros tipos de corrientes políticas.

El objetivo principal del plan de Hitler, que él denominó la "Solución final", apuntaba a los judíos. Las comunidades judías dentro de Alemania y los territorios controlados por alemanes sufrieron terriblemente. A los judíos se les obligó a usar placas de identidad, y se les culpaba por todos los problemas sociales y económicos de Alemania.

Entre 1939 y 1945, las fuerzas nazis de Hitler intentaron matar a los judíos en todos los países invadidos por Alemania, al igual que en aquellos países que eran aliados de los nazis. Entre los aniquilados durante el Holocausto se contaban judíos de Alemania, Polonia, la Unión Soviética, Francia, Bélgica, los Países Bajos, Grecia y Hungría.

▲ Campo de concentración nazi Auschwitz en Oswiecim, Polonia

Asesinato en masa

En los primeros años de la guerra, los judíos de Europa Oriental fueron agrupados, asesinados con ametralladoras, y enterrados en fosas masivas. Más tarde, millones de judíos fueron desarraigados y encarcelados en campos de concentración. Poca gente sobrevivió a este episodio. A aquellos que eran muy jóvenes, estaban demasiado enfermos o eran demasiado viejos para realizar un trabajo pesado se les ejecutó en cámaras de gases. En total fueron asesinados más de 6 millones de judíos y casi 6 millones de romas (gitanos), polacos, prisioneros de guerra soviéticos y otros.

Establecer la conexión

1. ¿Qué fue el Holocausto?
2. ¿Por qué Hitler quería eliminar de Europa a los judíos?
3. **Comprensión de causa y efecto** ¿De qué manera estudiar hoy el Holocausto puede ayudar a impedir otro genocidio en el futuro?

Un continente dividido

Guía de lectura

Idea principal

Después de la Segunda Guerra Mundial, los Estados Unidos democráticos y la Unión Soviética comunista trabajaron para incorporar sus formas de gobierno en las naciones de Europa destruidas por la guerra.

Terminología

- Guerra Fría
- arma nuclear
- disuasión
- nación satélite
- bloqueo
- puente aéreo

Estrategia de lectura

A medida que leas la sección, prepara una línea cronológica como la de abajo con el hecho que ocurrió durante ese año.

NATIONAL GEOGRAPHIC Exploración de nuestro mundo

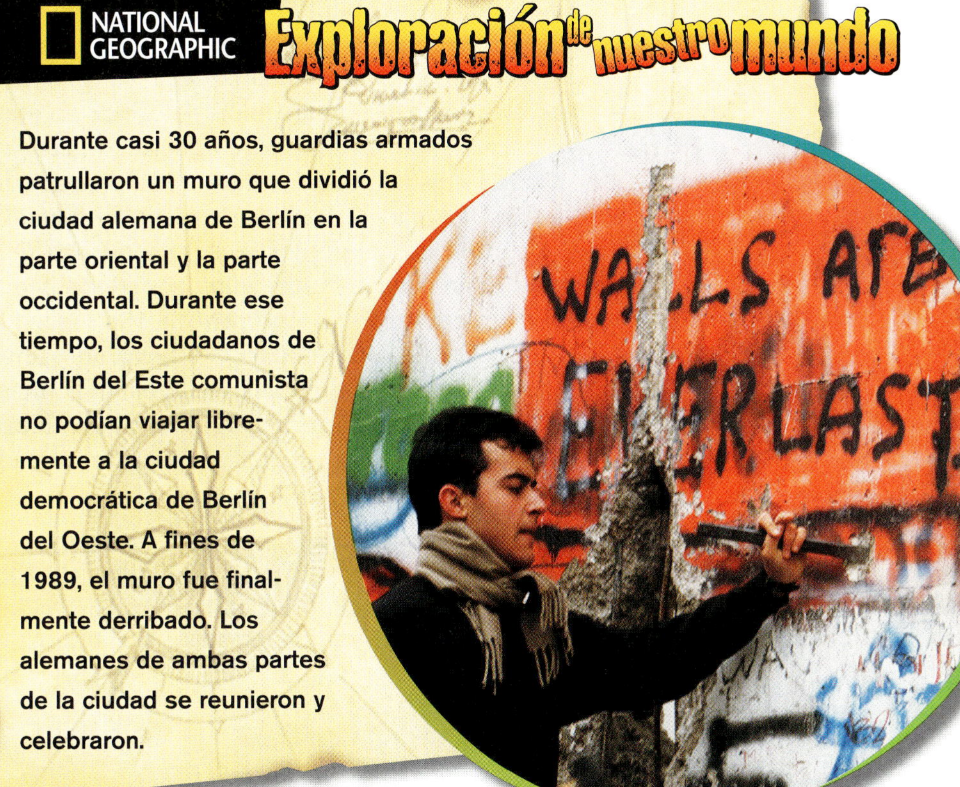

Durante casi 30 años, guardias armados patrullaron un muro que dividió la ciudad alemana de Berlín en la parte oriental y la parte occidental. Durante ese tiempo, los ciudadanos de Berlín del Este comunista no podían viajar libremente a la ciudad democrática de Berlín del Oeste. A fines de 1989, el muro fue finalmente derribado. Los alemanes de ambas partes de la ciudad se reunieron y celebraron.

Después de la Segunda Guerra Mundial, gran parte de Europa estaba en ruinas. La derrota total de Alemania, Italia y Japón dejó una brecha de poder que llenarían dos rivales, los Estados Unidos y la Unión Soviética.

La Guerra Fría

La competencia mundial entre los Estados Unidos y sus aliados democráticos y la Unión Soviética comunista y sus partidarios se llegó a denominar la **Guerra Fría.** Fue una época peligrosa ya que en 1950 ambos países ya tenían **armas nucleares.** Las armas nucleares utilizan reacciones atómicas para liberar una gran energía y pueden causar una destrucción masiva. Fue una guerra "fría" ya que los países nunca movilizaron sus ejércitos en una guerra oficial.

La Guerra Fría empezó en Europa. En 1948 los Estados Unidos iniciaron un programa de préstamos llamado el Plan Marshall. Los objetivos eran ayudar a reconstruir Europa y tratar de detener la expansión del comunismo. Bajo el Plan Marshall, se reconstruyeron fábricas, se reabrieron minas y se repararon y reemplazaron carreteras. Los países de Europa Occidental, que durante la Segunda Guerra Mundial fueron liberados por Estados Unidos y Gran Bretaña, empezaron a desarrollar prósperas economías.

✓ Comprobación de lectura **¿Qué fue la Guerra Fría?**

Europa Occidental coopera

En 1948 bajo la Doctrina de Truman, Estados Unidos ofrece ayuda militar a países como Grecia y Turquía que luchaban contra el comunismo dentro de sus fronteras. En 1949 se formó la Organización del Tratado del Atlántico Norte (OTAN) para responder a posibles ataques de la Unión Soviética. Cada país integrante de la OTAN acordó tratar un ataque sobre cualquier otro integrante como un ataque a su propio país. Los países de la OTAN consideraban que la Unión Soviética no atacaría a Europa Occidental si los líderes soviéticos pensaran que dicho ataque provocaría una guerra nuclear con los Estados Unidos. Esta política se conoce como **disuasión,** ya que está diseñada para disuadir, o desalentar, un ataque.

Con el tiempo, los países de Europa Occidental empezaron a cooperar económicamente entre ellos. Los países pequeños de Bélgica, los Países Bajos y Luxemburgo se unieron en 1948 para formar la unión comercial del Benelux, un acuerdo para el intercambio libre de dinero, bienes y gente entre estas naciones. Alemania Occidental, Francia e Italia se unieron a los países del Benelux para formar la Comunidad Europea del Carbón y del Acero. En 1958 esto se transformó en la Comunidad Económica Europea, también

llamada el Mercado Común Europeo. Los miembros acordaron el libre comercio entre los países integrantes. Esto significó que ningún impuesto podía bloquear el comercio y que los trabajadores de un país podían trabajar en cualquier otro país perteneciente a la comunidad. Entre 1958 y 1986, Dinamarca, el Reino Unido, Irlanda, España, Portugal y Grecia también se unieron al Mercado Común. Ahora conocida como la Unión Europea, su objetivo es tener una mayor cooperación y un mayor desarrollo económico.

✓ Comprobación de lectura **¿Por qué los países de Europa Occidental se unieron a la OTAN?**

Los soviéticos controlan Europa Oriental

En Europa Oriental, la Unión Soviética convirtió en **naciones satélites** a todos los países que limitaban con sus fronteras. Las naciones satélites dependen de una potencia más fuerte. Bulgaria, Rumanía, Checoslovaquia, Hungría, Polonia y Alemania Oriental se convirtieron en países comunistas. Eran controlados estrictamente por la Unión Soviética. Con estos países, la Unión Soviética creó el Consejo de Ayuda Mutua Económica, o CAME, principalmente para su propio beneficio económico.

En 1955, y para contrarrestar a la OTAN, la Unión Soviética alineó a sus satélites en una alianza militar en contra del Occidente conocida como el Pacto de Varsovia. Se nombró así por Varsovia, la ciudad capital de Polonia, donde se firmó el tratado.

Yugoslavia y Albania también se convirtieron en países comunistas, pero rehusaron quedar bajo el control de la Unión Soviética. Durante la Guerra Fría, Yugoslavia se unió a un cierto número de países asiáticos y africanos para formar la Comunidad de Países No Alineados. Sus miembros trataron de mantener una posición neutral y no apoyar a ningún bando durante la Guerra Fría.

✓ Comprobación de lectura **¿De qué manera el Pacto de Varsovia fue como la OTAN?**

La crisis de Berlín

Durante la Guerra Fría, existieron muchos "lugares conflictivos", o zonas de tensión y conflicto. Algunos de éstos eran China, Corea, Cuba y Vietnam. El primer enfrentamiento, sin embargo, se produjo en Berlín, Alemania.

Berlín dividido Al término de la Segunda Guerra Mundial, los Aliados (los Estados Unidos, la Unión Soviética, Gran Bretaña y Francia) ocuparon Alemania. Alemania estaba dividida en cuatro zonas de ocupación. La Unión Soviética controlaba la parte oriental del país, mientras que los otros tres Aliados dividieron y controlaron la parte occidental. Consulta el mapa en la página 337 para ver las cuatro zonas de ocupación. Berlín, capital alemana, ubicada totalmente en Alemania Oriental controlada por la Unión Soviética, también fue dividida entre las cuatro naciones. En 1948, para promover la paz y la recuperación alemana, los Estados Unidos, Gran Bretaña y Francia unificaron sus zonas de ocupación. La Unión Soviética estaba en contra de cualquier plan que pudiera fortalecer a Alemania, su enemigo histórico. En junio de 1948, los soviéticos **bloquearon,** o cerraron, todo el tráfico por tierra y agua a la parte occidental de Berlín. Esperaban que esto obligaría a las otras tres potencias a marcharse de la ciudad.

Reestructuración

Bajo el control soviético, las naciones satélites tenían economías controladas. Esto quería decir que el gobierno era dueño de todos los recursos. Un comité central de planificación comunista decidía qué bienes y servicios se producían, y cómo y para quiénes serían producidos. Cuando la Unión Soviética colapsó en 1991, los países satélites de Europa Oriental trataron de reestructurarse a una economía de mercado libre. Esto no fue fácil. ¿Por qué? Imagínate un negocio operado por una familia donde el jefe del hogar toma todas las decisiones. Luego, repentinamente el jefe del hogar desaparece. Los miembros de la familia ahora tienen que tomar las decisiones comerciales, aunque no tienen ninguna experiencia para ello. De manera similar, cambiarse de una economía controlada a una economía de mercado libre ha sido un cambio difícil.

Puente aéreo en Berlín

Gente en Berlín Occidental (arriba a la derecha) saluda a un avión estadounidense en ruta hacia el lado este. Una fila de aviones (arriba) espera su momento para descargar suministros en un aeropuerto de Berlín.

Tecnología **¿Cómo de tecnología de los aviones afectó los planes militares soviéticos en Alemania?**

En respuesta, los Estados Unidos y Gran Bretaña iniciaron un **puente aéreo,** o un sistema de suministros hasta Berlín Occidental por medio de aviones. Día y noche, los aviones transportaban toneladas de alimentos, combustible y materia prima hasta la ciudad. Este esfuerzo heroico hizo que los soviéticos finalmente terminaran el bloqueo de 11 meses de Berlín Occidental. Ese mismo año, se establecieron dos gobiernos separados. Bonn se convirtió en la capital de Alemania Occidental, que era democrática. Berlín del Este, en la zona soviética, se convirtió en la capital de Alemania Oriental, que era comunista. Berlín del Oeste se mantuvo como un baluarte de la democracia cercado por el comunismo.

El Muro de Berlín Mucha gente en Alemania Oriental no estaba feliz bajo el control comunista. Casi 3 millones de personas huyeron a Berlín del Oeste en búsqueda de libertad política y mejores condiciones de vida. El gobierno alemán oriental quería detener este movimiento. En agosto de 1961, el gobierno construyó un muro de 103 millas (166 km) entre Berlín Oriental y Occidental. El muro, custodiado por soldados soviéticos, se transformó en el símbolo de la división entre Europa Oriental y Occidental. Muchos alemanes del área oriental continuaron arriesgando sus vidas al intentar escapar sobre el muro o por debajo del mismo.

✓ Comprobación de lectura **¿Qué simbolizó el Muro de Berlín?**

La libertad de Europa Oriental

Durante la Guerra Fría, la Unión Soviética gastó enormes sumas de dinero en aventuras militares y espaciales. En lugar de planes para mejorar la vivienda y agricultura de los consumidores, las economías de la Unión Soviética y sus satélites continuaban quedándose cada vez más atrás de las economías de los Estados Unidos y sus aliados de Europa Occidental.

En 1985 Mikhail Gorbachev se convirtió en el líder de la Unión Soviética. Para incentivar el crecimiento económico, introdujo reformas que destrabaron el control gubernamental sobre los soviéticos y las naciones satélites. Estas reformas desencadenaron un deseo poderoso de independencia. Pronto, las naciones satélites de Europa Oriental empezaron a exigir su libertad. El primer desafío exitoso ante un gobierno comunista se produjo en Polonia. En 1989 los comunistas polacos perdieron el poder como resultado de elecciones democráticas. En Alemania Oriental, protestas masivas hicieron que el gobierno comunista del país renunciara. El Muro de Berlín fue derribado, y Alemania Occidental y Alemania Oriental se reunificaron en octubre de 1990. En 1991 todas las naciones controladas por la Unión Soviética de Europa Oriental renunciaron al gobierno comunista en favor de la democracia.

La Unión Soviética se dividió oficialmente el 25 de diciembre de 1991. Se separó en Rusia y una cantidad de otras repúblicas independientes. Yugoslavia y Checoslovaquia también se dividieron. Después de muchas batallas y un cierto número de guerras civiles, Yugoslavia se transformó en las repúblicas independientes de Eslovenia, Croacia, Bosnia y Herzegovina, Macedonia, y Serbia y Montenegro. Checoslovaquia se convirtió pacíficamente en la República Checa y Eslovaquia. Todos estos países hoy se esfuerzan por superar economías pobres, tensiones étnicas y una falta de comprensión de la democracia. Leerás más sobre los países de Europa Oriental en el Capítulo 13.

✓ Comprobación de lectura **¿Quién fue el líder ruso que impulsó hacia la democracia a la Unión Soviética y a Europa Oriental?**

Actividad en línea
Visita el sitio Web ***El mundo y sus gentes*** en twip.glencoe.com y haz clic en **Chapter 11–Student Web Activities** para aprender más sobre la Guerra Fría.

Evaluación

Definición de términos

1. **Define** Guerra Fría, arma nuclear, disuasión, nación satélite, bloqueo, puente aéreo.

Recuerdo de hechos

2. **Historia** ¿Cuál fue el propósito del Plan Marshall?
3. **Lugar** ¿A qué países se les consideraba satélites de la Unión Soviética?

Pensamiento crítico

4. **Conclusiones** ¿Cuáles son las semejanzas y diferencias entre guerra "fría" y guerra "caliente"?
5. **Análisis de la información** ¿De qué manera la ciudad de Berlín reflejó las tensiones entre los Estados Unidos y la Unión Soviética?

Organizador gráfico

6. **Organización de la información** Crea un cuadro como éste. Explica cómo cada uno de los hechos siguientes intensificó la Guerra Fría.

Plan Marshall	
Doctrina de Truman	
OTAN	
Pacto de Varsovia	

Aplicación de las habilidades en estudios sociales

7. **Análisis de mapas** Mira el mapa de Europa Occidental y Oriental en la página 320. Nombra los países de Europa Occidental que compartían frontera con países de Europa Oriental.

Hacia la unidad

Guía de lectura

Idea principal

Aunque la Guerra Fría terminó, todavía hay muchos desafíos que las naciones nuevas y antiguas de Europa deben confrontar.

Terminología

- euro

Estrategia de lectura

Crea un cuadro como el de abajo y escribe un hecho clave sobre cada tema.

Unión Europea	
OTAN	
Túnel del Canal de la Mancha	
Contaminación	

NATIONAL GEOGRAPHIC **Exploración de nuestro mundo**

El fin del dominio comunista en 1989 trajo muchos cambios a Europa Oriental y la Unión Soviética. Los trabajadores de las fábricas ahora trabajan para convertir las armas, que ya no son necesarias, y darles nuevos usos. En esta fábrica, los trabajadores retiran los cañones de los tanques, hacen algunas modificaciones y pintan los vehículos de color rojo y blanco. ¿Por qué? Están creando vehículos controlados por radio para combatir incendios.

Desde la caída del comunismo y la Unión Soviética, ya no existe una división política entre Europa Occidental y Europa Oriental. Sin embargo, todavía existen diferencias culturales y económicas. A pesar de ello, como resultado de la cooperación, Europa se está transformando en una potencia económica mundial.

La nueva Europa

Como aprendiste en la Sección 2, después de la Segunda Guerra Mundial muchos países europeos se unieron por razones económicas. Una de las alianzas económicas fue el Mercado Común, que en 1993 se convirtió en la Unión Europea (UE). En ese entonces, los doce países integrantes eran: el Reino Unido, Irlanda, Francia, Luxemburgo, España, Portugal, Dinamarca, los Países Bajos, Bélgica, Alemania, Italia y Grecia. Austria, Finlandia y Suecia se unieron en 1995. En el año 2004, diez países adicionales, incluidos varios de Europa Oriental, también se unieron a la UE. Además, otras tres naciones han iniciado los preparativos para unirse a la UE.

En la actualidad, la Unión Europea continúa sus esfuerzos por lograr todavía una mayor integridad. A algunos europeos les gustaría ver con el tiempo cómo la Unión se transforma en los Estados Unidos de Europa con la integración de todos los países europeos. Los ciudadanos de los países de la UE tienen pasaportes comunes y pueden viajar a cualquier lugar de la UE para trabajar, hacer compras, ahorrar e invertir. En enero de 2002, la mayoría de los miembros de la UE empezaron a usar una moneda común, el **euro,** para reemplazar a sus respectivas monedas nacionales. Esto significa que los ciudadanos de los países de la UE utilizan el mismo tipo de moneda para comprar bienes y servicios. Puedes leer más sobre la Unión Europea y su importancia en **Time Perspectives: Exploración de asuntos mundiales** en las páginas 327-333.

Cooperación constante Los países europeos han contribuido en materias de ciencia, tecnología y economía. Europa tuvo uno de los primeros tratados sobre energía nuclear. La Comunidad Europea de Energía Atómica (EURATOM) tiene amplios poderes. Estos incluyen el derecho a hacer contratos, obtener materia prima y establecer normas para proteger a los trabajadores y a la población general de la radiación nuclear.

La tecnología también ha acercado mucho más a los países de Europa. Un sistema de ferrocarril de alta velocidad une a Londres en las Islas Británicas con París y Bruselas en el continente europeo. La línea de ferrocarril pasa por debajo del Canal de la Mancha a través del "chunnel", o túnel del Canal de la Mancha. En el año 2000, Dinamarca y Suecia se conectaron por primera vez cuando abrieron un sistema de puente y túnel que une a los dos países.

La nueva función de la OTAN En los últimos años, los países antiguamente comunistas de Europa Oriental se han unido a la OTAN. Al principio, Rusia se oponía al crecimiento de la OTAN hacia sus fronteras. Ahora coopera con la OTAN como un socio limitado. Con más países integrantes, la OTAN ha ampliado su función original de protector de Europa del comunismo. Ahora ha asumido tareas de mantenimiento de la paz en las antiguas repúblicas yugoslavas. Sus fuerzas también están entrenadas para responder rápidamente ante amenazas terroristas que puedan surgir en zonas más allá de las

El euro

Aquí se muestra una moneda de un euro con diez lados nacionales diferentes, junto con la imagen frontal (arriba) que no cambia.

Lugar ¿Cuántas naciones puedes identificar por las imágenes escogidas para representar al país?

fronteras de la OTAN. Sin embargo, el éxito de la OTAN, depende del nexo estrecho y armonioso entre sus miembros. En el año 2003, esta armonía se tensó como resultado de la guerra de Estados Unidos con Iraq. Varios países miembros, como Francia y Alemania, se opusieron al conflicto.

✓ Comprobación de lectura **¿Cuál es el nombre de la nueva moneda de la Unión Europea?**

Cómo enfrenta los desafíos de la región

Europa enfrenta varios desafíos, que los europeos están tratando de solucionar activamente. La diferencia de ingresos entre las naciones ricas y pobres de Europa necesita reducirse. Las necesidades cada vez mayores de alimentos y salud de la gente de estos países también es otro punto que debe satisfacerse.

Asuntos ambientales Otro reto importante para Europa tiene que ver con el ambiente. En Francia, ríos como el Sena y el Loira están contaminados, al igual que los canales principales. Pero en ninguna parte el problema es peor que en el río Rin. A medida que el cauce del río fluye hacia el norte, pasa por riberas continuas en ciudades y regiones industriales. Al momento que llega a Países Bajos, trae consigo 25 millones de toneladas de residuos industriales por año. Todos estos residuos desembocan en el Mar del Norte. La contaminación del aire es otro problema ambiental en la región. Aprenderás más sobre éstos y otros desafíos en los Capítulos 12 y 13.

✓ Comprobación de lectura **¿Por qué la contaminación del agua es un problema en Europa?**

Evaluación

Definición de términos

1. **Define** euro.

Recuerdo de hechos

2. **Historia** Lista tres de los doce miembros originales de la Unión Europea.
3. **Economía** ¿Qué pretende lograr la Unión Europea?

Pensamiento crítico

4. **Inferencias** ¿Qué posibilitó la construcción del túnel del Canal de la Mancha?
5. **Hacer predicciones** ¿Piensas que Rusia se unirá a la Unión Europea? ¿Por qué o por qué no?

Organizador gráfico

6. **Organización de la información** Crea un diagrama como el de abajo. Luego escribe tres desafíos de Europa en los óvalos.

Aplicación de las habilidades en estudios sociales

7. **Resumen** Escribe un párrafo que resuma el cambio de la función de la OTAN. En tu resumen, asegúrate de incluir la función principal de la OTAN, por qué ha cambiado esa función, y cualquier asunto relacionado con su nueva función.

EXPLORACIÓN DE ASUNTOS MUNDIALES

La Unión Europea: ¿Es buena para todos?

Una moneda común para un mercado común

AVANTIS/ZUMO PRESS/NEWSCOM

Recopilado y adaptado de TIME.

EXPLORACIÓN DE ASUNTOS MUNDIALES

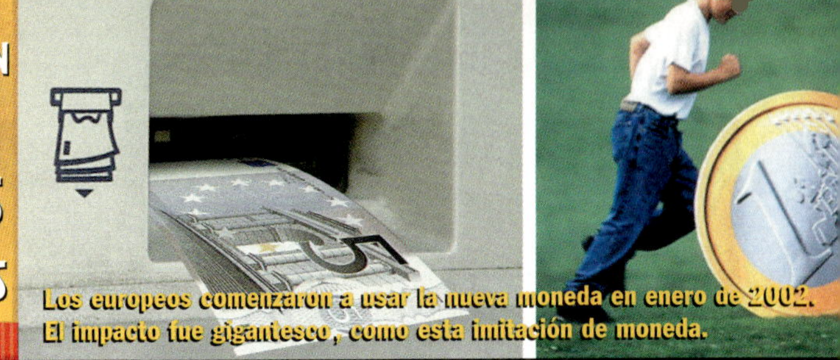

Los europeos comenzaron a usar la nueva moneda en enero de 2002. El impacto fue gigantesco, como esta imitación de moneda.

Construcción de una Europa unida

Damien Barry tenía un problema. En el año 2001 quería trabajar en París, Francia. El problema era que los franceses eran muy quisquillosos. La gente francesa podía trabajar en Francia. Y también gente de otras 14 naciones europeas libremente unidas. Todas estas 15 naciones pertenecían a la **Unión Europea,** o la UE. Barry no era de una nación de la UE. Era de Brooklyn, Nueva York.

Pero eso no lo detuvo. Irlanda es una nación de la UE. Esta concede ciudadanía a cualquier persona que tenga un padre o madre o un abuelo o abuela irlandés. Barry tenía abuelos irlandeses. Solicitó un pasaporte irlandés y lo obtuvo. Al poco tiempo después tenía un trabajo en un banco francés.

Una gran historia para los estadounidenses

Barry no quiere renunciar a su ciudadanía estadounidense. No obstante, tampoco quiere dejar escapar la oportunidad de poder tener un pasaporte irlandés. "Vale oro para mí", dijo Barry.

La historia de Barry sugiere la importancia que la UE tiene para los estadounidenses. Las naciones de la UE conforman el grupo comercial más grande del mundo. Eso les otorga un poder increíble para controlar los trabajos y el precio de muchas cosas que compras.

Eso no es todo. LA UE se está expandiendo. En el año 2004, diez nuevos países, incluyendo Polonia y Estonia, se unieron a la Unión. En el pasado, Estados Unidos negoció de manera individual con esos países. Ahora tiene que negociar con ellos a través de la UE. Para el año 2020, la UE planea crecer hasta contar con 30 países.

Es más, la UE está formando un pequeño ejército. Ese ejército cambiará la función militar de Estados Unidos en Europa. "En los próximos 10 años", describió la revista TIME en el 2001, "no habrá otra historia más grande que la de la UE".

Europa en el 2004

INTERPRETACIÓN DE MAPAS

1. **Categorización** ¿En qué parte de Europa, del este u oeste, se encuentra la mayoría de los miembros actuales de la UE? ¿En qué parte están las naciones que quieren unirse a la UE?
2. **Inferencias** ¿Por qué podría ser difícil para todas estas naciones llegar a acuerdos sobre asuntos importantes?

El nuevo euro se intercambia por pan.

La salud de los animales de granja es una gran preocupación de la UE.

Este holandés es uno de cientos de futbolistas profesionales en la UE.

BIBLIOTECA CENTRAL AUDIOVISUAL, COMISIÓN EUROPEA

Problemas comunes

¿Qué es la UE? Dicho de manera simple, es un grupo de naciones que han unido fuerzas para resolver problemas comunes. Encontrar una forma segura de reciclar las pilas o baterías usadas es un problema. Convencer a los europeos para que dejen de fumar es otro. Asegurarse que los bienes circulen libremente dentro de Europa es otro más. La UE es una **zona de cambio libre.** Eso significa que las naciones de la UE no imponen impuestos a los bienes que importan entre ellas.

La UE espera ayudar a la prosperidad de sus miembros. Pero también tiene otro objetivo, recuperar la paz en un continente con una larga historia de conflictos.

Una carga pesada

Para hacer llegar el euro a los compradores a más tardar en enero de 2002, la UE envió 56 mil millones de monedas a bancos en 12 países. Las monedas pesaron 168,000 toneladas, ¡24 veces más que la Torre de Eiffel en París, Francia!

Gobierno débil

Algunas personas comparan a la UE con los Estados Unidos del año 1785. En ese entonces el gobierno de los Estados Unidos tenía poca fuerza. No tenía presidente, ni ejército, ni poder para recaudar dinero. Los estados tenían todo el dinero y casi todo el poder.

En varios aspectos, la UE es como eso. Los representantes de la UE en Bruselas, Bélgica, toman muchas decisiones, pero no tienen la **autoridad** para obligar a las naciones integrantes a renunciar a sus ejércitos. Ni siquiera pueden impedirles que sigan imprimiendo dinero.

En 1789 los 13 estados originales de Estados Unidos acordaron renunciar a algunos poderes. Lo hicieron al aprobar la Constitución de los Estados Unidos.

La UE no tiene una constitución. Sus miembros se unen por tratados o acuerdos escritos. Sin una constitución que los guíe, es difícil que todas las naciones se pongan de acuerdo en algo.

Nueva moneda

Una cosa en lo que la mayoría de los miembros de la UE se han puesto de acuerdo es en una moneda común, el **euro.** En enero de 2002, la mayoría de las naciones de la UE reemplazó su propia moneda por el euro. Tres naciones, es decir, el Reino Unido, Dinamarca y Suecia, optaron por no hacer el cambio inmediatamente.

En el 2001 Damien Barry recibió su salario en francos franceses. Ahora recibe su salario en euros. Cuando va a Italia y Holanda, ya no necesita llevar liras italianas ni florines holandeses. Al igual que su pasaporte irlandés, el euro le ha simplificado su vida. Y ha hecho lo mismo para más de 300 millones de europeos que usan el euro diariamente.

BIBLIOTECA CENTRAL AUDIOVISUAL, COMISIÓN EUROPEA

EXPLORACIÓN DEL TEMA

1. **Hacer generalizaciones** Tres naciones de la UE optaron por no reemplazar sus monedas por el euro. ¿Por qué una nación querría mantener su propia moneda?
2. **Causa y efecto** ¿En qué sentido la UE podría afectar tu vida, hoy y en el futuro?

De la paz a la prosperidad

La Segunda Guerra Mundial terminó en 1945. Fue la tercera vez en 75 años que Alemania y Francia se enfrentaban en una guerra.

¿Puede impedirse otra guerra? Un francés llamado Jean Monnet así lo pensó. Propuso quitar la producción del carbón y del acero de las manos de países individuales. Sin combustible ni sin acero, decía, las naciones no podrían hacer una guerra.

UPI/CORBIS-BETTMANN

El presidente de Estados Unidos John F. Kennedy comparte una sonrisa con Jean Monnet.

En 1951 seis naciones aceptaron la proposición de Monnet. Éstas fueron Bélgica, Alemania Occidental, Italia, Luxemburgo, los Países Bajos y Francia. Estos países establecieron una organización que indicaba a cada nación cuánto carbón y acero podían producir.

Una zona de cambio libre

Éste fue un gran paso. Luego, en 1957, los seis países acordaron no imponer impuestos sobre los bienes que se importaban entre ellos. Esos **impuestos de importación** actuaban como barreras, deteniendo el movimiento de bienes entre las naciones. Al eliminar esas barreras, estas naciones crearon un **mercado común.**

Cómo creció la UE

1951: Francia, Alemania, Italia, los Países Bajos, Bélgica y Luxemburgo acuerdan mancomunar sus industrias del carbón, del mineral de hierro y del acero.

1973: Se unen Dinamarca, Irlanda y el Reino Unido.

1981: Se une Grecia.

1986: Se incorporan España y Portugal.

1995: Ingresan Austria, Finlandia y Suecia.

2004: Se incorporan Chipre, la República Checa, Estonia, Hungría, Letonia, Lituania, Malta, Polonia, Eslovaquia y Eslovenia.

Los mercados comunes no eran nada nuevo. Los Estados Unidos tuvieron uno por más de 150 años. California nunca impuso impuesto a la carne "importada" de Texas, por ejemplo. Sin embargo, el cambio libre era nuevo para Europa. Y ayudó al crecimiento de los negocios.

Problemas inherentes al crecimiento

En 1995, nueve naciones se habían unido a las seis originales, y luego 10 países se hicieron miembros en el año 2004. Al año 2020, la UE espera aceptar la incorporación de otras naciones en la Unión.

Lograr que tantas naciones trabajen armoniosamente no será fácil. Pero nadie duda que el impacto de la UE en el mundo será mayor.

EXPLORACIÓN DEL TEMA

1. **Explicación** ¿De qué forma podría el simple hecho de la existencia de la UE promover la paz?
2. **Causa y efecto** ¿Cómo puede un mercado común ayudar a hacer crecer los negocios?

Un modelo para el cambio

Hungría tuvo 50 años difíciles después de la Segunda Guerra Mundial. Esta nación de Europa Oriental sufrió bajo el gobierno comunista de 1948 a 1990. Ahora los húngaros tienen un gobierno democrático. La gente de nuevo puede ser dueña de sus propios negocios. Esos cambios pusieron a Hungría en la senda para unirse a la UE en el 2004.

Reunir las condiciones para ingresar no fue fácil. El gobierno de Hungría tuvo que presupuestar su gasto. Tuvo que vender fábricas y tierras a ciudadanos privados. Miles de trabajadores perdieron sus trabajos.

Creación de trabajos

Los húngaros estuvieron dispuestos a hacer sacrificios, ya que querían unirse a la UE. Una vez incorporados, podrían vender lo que fabrican a los otros miembros de la UE. Esas ventas crearían trabajos en casa y facilitarían la vida de los húngaros.

Los dos más importantes **Producción de bienes y servicios en el año 2001, en billones de dólares**

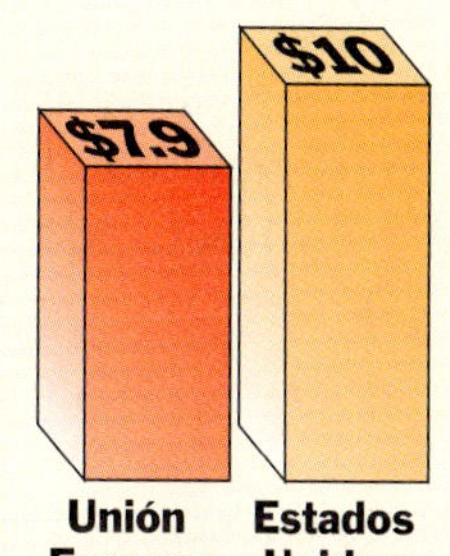

Análisis de la información
Una de cada 10 personas del mundo vive en los Estados Unidos o en naciones de la UE. Sin embargo, cada año, los trabajadores de Estados Unidos y la UE juntos crean más de la mitad de los bienes y servicios del mundo. ¿Por qué piensas que es así?

¿Hubiera cambiado Hungría si no hubiese existido la UE? Absolutamente. Pero las probabilidades son que no hubiese cambiado de manera tan rápida, y completa. La UE ha servido como un modelo a seguir para Hungría y otras ex naciones comunistas.

BIBLIOTECA CENTRAL AUDIOVISUAL, COMISIÓN EUROPEA

▲ **El presidente de Estados Unidos George W. Bush en plena conferencia con un representante de la UE.**

La UE ha sido especialmente buena para los Estados Unidos. Todos los días, los Estados Unidos y los países de la UE comercializan bienes que alcanzan los $2 mil millones. En el 2000 los ciudadanos de la UE compraron casi $41 mil millones en bienes procedentes de Texas y California solamente. Ese dinero pagó los salarios de por lo menos 696,000 tejanos y californianos.

Democracia

Los Estados Unidos y la UE compiten entre ellos. A menudo difieren en temas importantes. Pero son buenos amigos, y ambos defienden la democracia y el cambio libre. La esperanza de unirse al "club" estimuló a Hungría y a otras naciones a cambiar, y a hacerlo rápidamente.

EXPLORACIÓN DEL TEMA

1. **Comparación** ¿En qué son similares los Estados Unidos y la UE?
2. **Inferencias** ¿Por qué es posible que un trabajador húngaro esté a favor y en contra del cambio?

Resolución de diferencias: ¿Qué puede hacer una persona?

La UE y los Estados Unidos son buenos amigos. Pero los amigos también tienen diferencias. Estas son cuatro diferencias:

1. Estados Unidos no negocia con Libia, Irán y Cuba. Intentó que las naciones de la UE hicieran lo mismo, pero la UE se opuso. Las compañías de las naciones de la UE quieren ser libres de vender sus bienes a cualquiera.

2. La Unión Europea pone límites a algunas compañías estadounidenses que hacen negocio en Europa. Algunos estadounidenses piensan que la UE no debería indicar a las compañías estadounidenses cómo llevar sus negocios.

3. Otra controversia implicó a las compañías alimenticias estadounidenses que querían cultivar **cultivos genéticamente alterados** que resistieran algunas enfermedades. De modo que sus científicos inventaron nuevos tipos de cultivos. Muchos europeos temen que esos cultivos puedan presentar un riesgo para la salud. Algunos de los países de la UE ni siquiera permitirán dichos productos dentro de sus fronteras.

4. El calentamiento global es otro punto controvertido. Los científicos temen que los gases de las fábricas y automóviles puedan impedir que el calor de la Tierra escape al espacio. La UE y los Estados Unidos no han alcanzado un buen acuerdo todavía para resolver este problema.

Selecciona uno de los cuatro problemas. Investiga los argumentos de ambas partes. Luego crea una solución para el problema, una que tú creas que ambas partes aceptarán.

Haz pública tu opinión. Escribe una carta y plantea tu opinión. Envía la carta a tus representantes en el Congreso. Tal vez quieras enviar una copia de tu carta al embajador de la Unión Europea en los Estados Unidos. Dirección: Ambassador, Delegation of the European Commission to the United States, 2300 M Street, NW, Washington, D.C., 20037.

SCIENCE SOURCE/PHOTO RESEARCHERS

▲ **Los alimentos genéticamente alterados están creando una controversia en la UE.**

EXPLORACIÓN DEL TEMA

1. **Análisis de la información** ¿Qué tienen que ver las cuatro disputas con la postura de ambas partes frente a sus "derechos"?
2. **Hacer predicciones** ¿De qué manera estas disputas podrían afectar a otras partes del mundo fuera de Estados Unidos y la UE?

REVISIÓN Y EVALUACIÓN

BIBLIOTECA CENTRAL AUDIOVISUAL, COMISIÓN EUROPEA

Las estrellas doradas de la bandera de la UE representan la solidaridad y armonía entre los pueblos de Europa.

COMPRENSIÓN DEL TEMA

1. **Definición de términos clave** Escribe las definiciones de los términos siguientes: *Unión Europea, zona de cambio libre, autoridad, euro, impuestos de importación, mercado común y cultivos genéticamente alterados.*

2. **Escribe para informar** Escribe un artículo corto sobre la Unión Europea y explica cómo ésta podría afectarte a ti y a otros estudiantes. Utiliza todas las palabras que puedas de la lista anterior.

3. **Escribe para persuadir** Escribe una carta a un amigo imaginario en Dinamarca. Trata de convencer a tu amigo que todos los países de Europa deberían usar el euro.

ACTIVIDAD DE INVESTIGACIÓN EN LÍNEA

4. Utiliza los recursos de Internet para hallar información sobre la Unión Europea. Lee sobre los tres niveles principales de gobierno de la UE. Selecciona uno y escribe una breve descripción del mismo con tus propias palabras. Luego decide, con tus compañeros de clase, cómo interactúan esos niveles y cuáles tienen más poder.

5. Con la ayuda de tu maestro, utiliza los recursos de Internet para investigar los símbolos de la Unión Europea: la bandera, el himno y el Día de Europa. ¿En qué se parece, y en qué se diferencia la bandera de la UE con la primera bandera de los Estados Unidos? Baja el himno de la UE. ¿Por qué crees que la UE lo eligió? ¿En qué se parece el Día de Europa al Día de la Independencia de los Estados Unidos? Escribe tus respuestas en un ensayo de 250 palabras.

MÁS ALLÁ DEL SALÓN DE CLASE

6. **Investiga la historia del dólar estadounidense.** ¿Qué tan difícil fue hacer que los estadounidenses aceptaran la moneda oficial en 1792? Pregunta a tus padres sobre el billete de dos dólares. ¿Cómo reaccionaron ante su puesta en circulación? ¿En qué se parece el dólar al euro? Explica tus respuestas en un artículo apropiado para el periódico de la escuela.

7. **Organiza tu clase en tres equipos.** Debate esta resolución: "Es injusto que la UE permita que sólo ciudadanos europeos trabajen en países de la UE". Un panel de jueces estudiantes decidirá cuál equipo presenta los argumentos más convincentes.

¡Lo que importa son los trabajos!

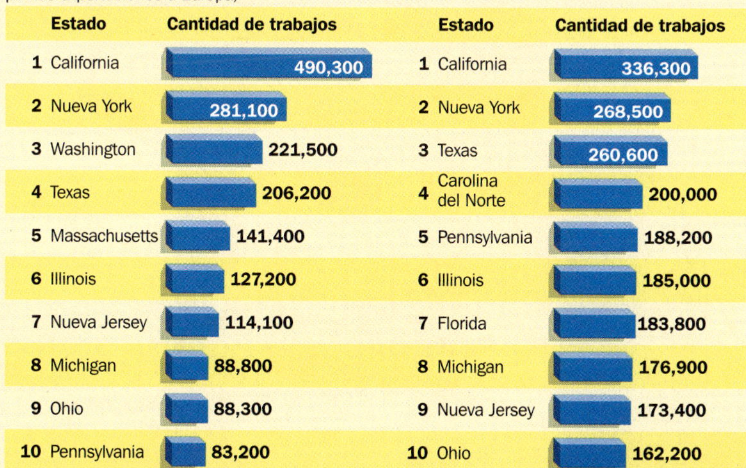

Dónde crean trabajos las exportaciones de Estados Unidos
(Primeros diez estados con trabajos sostenidos por las exportaciones a Europa)

Estado	Cantidad de trabajos
1 California	490,300
2 Nueva York	281,100
3 Washington	221,500
4 Texas	206,200
5 Massachusetts	141,400
6 Illinois	127,200
7 Nueva Jersey	114,100
8 Michigan	88,800
9 Ohio	88,300
10 Pennsylvania	83,200

Dónde crea trabajos la inversión de Europa
(Primeros diez estados con trabajos sostenidos por compañías europeas)

Estado	Cantidad de trabajos
1 California	336,300
2 Nueva York	268,500
3 Texas	260,600
4 Carolina del Norte	200,000
5 Pennsylvania	188,200
6 Illinois	185,000
7 Florida	183,800
8 Michigan	176,900
9 Nueva Jersey	173,400
10 Ohio	162,200

Fuente: Cámara de Comercio de Europa-Estados Unidos. Nota: "Europa" se refiere a los 15 miembros de la UE al 2003, más cuatro miembros de un grupo relacionado, La Asociación Europea de Cambio Libre (Islandia, Liechtenstein, Noruega y Suiza).

DESARROLLO DE HABILIDADES EN LA LECTURA DE TABLAS

1. **Análisis de datos** Utiliza un almanaque y encuentra los 10 estados con la mayor cantidad de habitantes. ¿Cuántos de esos estados están listados entre los 10 primeros en cada gráfico? ¿Qué relación ves entre cantidad de habitantes y trabajos sostenidos por las exportaciones? ¿Cómo podría influir la po-blación del estado en la cantidad de trabajos que las compañías europeas crean en los Estados Unidos? Escribe tus respuestas en un informe breve.

2. **Inferencias** Las compañías europeas crean más trabajos en Florida y Carolina del Norte que los que crean las exportaciones. ¿Cómo puedes explicar esto?

PARA ACTUALIZACIONES DE ASUNTOS MUNDIALES, VISITA LA PÁGINA www.timeclassroom.com/glencoe

Habilidades de estudios sociales

Lectura de un mapa de población

La densidad de la población es la cantidad de gente que vive en una milla cuadrada o en un kilómetro cuadrado. Un **mapa de densidad de población** te muestra dónde vive la gente de una región dada. Los cartógrafos usan diferentes colores para representar las diferentes densidades de las poblaciones. Mientras más oscuro el color, más densa, o poblada, es la población en esa zona determinada. Las ciudades que se muestran con puntos o cuadrados también representan densidades de población diferentes.

Desarrollo de la habilidad

Para leer un mapa de densidad de la población, sigue estos pasos:

- Lee el título del mapa.
- Estudia la clave del mapa para determinar el significado de los colores.
- En el mapa, encuentra las zonas que tienen las densidades de población más baja y más alta.
- Identifica qué símbolos se usan para mostrar el grado de densidad de las ciudades.

Práctica de la habilidad

Observa el mapa de abajo para responder a las preguntas siguientes.

1. ¿Qué color representa una densidad de 125–250 personas por milla cuadrada (50–100 por km cuadrado)?
2. ¿Qué ciudades tienen más de 1 millón de habitantes?
3. ¿Cuáles zonas tienen la densidad de población más baja? ¿Por qué?

Aplicación de la habilidad

Consigue un mapa de densidad de la población de tu estado. ¿Cuál es la densidad de la población de tu área? ¿Cuál es la ciudad más cercana con 1 millón de habitantes?

IR A

Practica las destrezas clave con **Glencoe Skillbuilder Interactive Workbook, Level 1.**

Repaso de la lectura

Sección 1 Surge la era moderna

Terminología

productividad
recursos humanos
textiles
industria familiar
sindicato
huelga
imperialismo
comunismo
Holocausto
genocidio

Idea principal

La industrialización no sólo condujo a un estándar de vida más alto para algunos, sino también aumentó las tensiones en el mundo.

✓ **Economía** Las máquinas hicieron posible el aumento de la productividad, lo cual llevó a la Revolución Industrial.

✓ **Cultura** La industria cambió la forma de trabajar y vivir de la gente.

✓ **Economía** La competencia por los mercados y recursos condujo al imperialismo y fricciones entre los países europeos.

✓ **Historia** Las dos guerras mundiales cambiaron la forma de combatir y crearon dos poderes políticos: los Estados Unidos y la Unión Soviética.

Sección 2 Un continente dividido

Terminología

Guerra Fría
arma nuclear
disuasión
nación satélite
bloqueo
puente aéreo

Idea principal

Después de la Segunda Guerra Mundial, los Estados Unidos democráticos y la Unión Soviética comunista trabajaron para incorporar sus formas de gobierno en las naciones de Europa destruidas por la guerra.

✓ **Historia** La competencia entre los Estados Unidos y la Unión Soviética originó la Guerra Fría.

✓ **Economía** Los países de Europa Occidental se unieron para formar el Mercado Común Europeo, que propulsó una mayor cooperación y un mayor desarrollo económico.

✓ **Gobierno** La Unión Soviética transformó a las naciones colindantes con sus fronteras en países satélites.

✓ **Historia** Berlín se convirtió en un "punto conflictivo" entre las superpotencias, hecho que quedó simbolizado por el Muro de Berlín.

✓ **Gobierno** En 1991 los países de Europa Oriental renunciaron al dominio comunista en favor de la democracia.

Sección 3 Hacia la unidad

Terminología

euro

Idea principal

Aunque la Guerra Fría terminó, todavía hay muchos desafíos que las naciones nuevas y antiguas de Europa deben confrontar.

✓ **Economía** La Unión Europea ha trasladado a Europa hacia una mayor unidad económica y política. Se ha expandido para incluir a varios países de Europa Oriental.

✓ **Economía** En el año 2002, la mayoría de los países integrantes de la UE empezó a usar una moneda común.

✓ **Interacción del hombre con el medio ambiente** Todavía persisten problemas en Europa, incluyendo la pobreza y la contaminación.

Capítulo 11

Evaluación y actividades

Uso de términos clave

Haz corresponder los términos de la parte A con sus definiciones en la parte B.

A.

1. productividad
2. sindicato
3. imperialismo
4. comunismo
5. genocidio
6. Guerra Fría
7. disuasión
8. textiles
9. industria familiar
10. euro

B.

a. grupo que negociaba para lograr mejores condiciones de trabajo
b. tela tejida
c. asesinato en masa de gente debido a su raza, religión, origen étnico, política o cultura
d. moneda común de la Unión Europea
e. trabajo efectuado en casa en vez de en fábricas
f. los países reclaman colonias por sus recursos y mercados
g. cantidad de trabajo que se puede hacer en un período de tiempo determinado
h. conflicto entre los Estados Unidos y la Unión Soviética
i. sistema político que demandaba el derrumbamiento del sistema industrializado
j. diseñado para desalentar un primer ataque

Repaso de ideas principales

Sección 1 Surge la era moderna

11. **Historia** ¿De qué manera la Revolución Industrial cambió las condiciones de trabajo y de vida?
12. **Economía** ¿Por qué los países europeos encontraron necesario tener colonias?
13. **Historia** ¿Cuáles fueron algunos de los problemas que impulsaron la Segunda Guerra Mundial?

Sección 2 Un continente dividido

14. **Historia** ¿Qué fue la Doctrina de Truman y por qué fue importante?
15. **Historia** ¿Cómo se conoce hoy al Mercado Común?
16. **Gobierno** ¿Qué era la Comunidad de Países No Alineados, y qué naciones europeas la integraban?
17. **Historia** ¿Por qué la Unión Soviética construyó el Muro de Berlín?
18. **Gobierno** ¿En qué sentido las políticas de Mikhail Gorbachev afectaron a Europa Oriental?

Sección 3 Hacia la unidad

19. **Economía** ¿Cuáles son las ventajas de los ciudadanos de los países miembros de la UE?
20. **Economía** ¿Qué es el euro?
21. **Interacción del hombre con el medio ambiente** ¿Qué problemas ambientales enfrenta Europa?

NATIONAL GEOGRAPHIC **Los aliados y las potencias del eje**

Actividad para localizar un lugar

En una hoja separada de papel, empareja las letras en el mapa con los lugares numerados indicados abajo.

1. Alemania
2. Italia
3. Reino Unido
4. Francia
5. China
6. Unión Soviética
7. Japón
8. Estados Unidos

Estudios sociales en línea

Prueba de autocomprobación Visita el sitio Web ***El mundo y sus gentes*** en twip.glencoe.com haz clic en **Chapter 11—Self-Check Quizzes** para prepararte para el examen del capítulo.

Pensamiento crítico

22. **Predicción de consecuencias** ¿Qué otros cambios se producirán en el futuro en Europa como resultado de la Unión Europea y la caída de la Unión Soviética?
23. **Secuencia de acontecimientos** Lista los cinco acontecimientos que hicieron la Guerra Fría aún "más fría".

1. ______________________
2. ______________________
3. ______________________
4. ______________________
5. ______________________

Actividad de comparación de las regiones

24. **Historia** Al igual que Europa después de la Segunda Guerra Mundial, la Península de Corea la conformaban un país comunista y uno no comunista. Europa Oriental tenía mucho en común con Corea del Norte durante la Guerra Fría. Crea un cuadro y lista las similitudes entre la Europa Oriental comunista y Corea del Norte. En otro cuadro, lista las similitudes entre la Europa Occidental no comunista y Corea del Sur.

Trazado mental de mapas

25. **Enfoque en la región** Traza un mapa simple del contorno de Europa e identifica lo siguiente:

- Reino Unido
- Alemania
- Italia
- Francia
- Rusia
- España
- Grecia

Actividad de habilidades tecnológicas

26. **Uso de Internet** Investiga las monedas nacionales que se usan en al menos tres países europeos que aún no han adoptado el euro. Anota el nombre de la moneda de cada país y cuándo cada país planea reemplazarla. Investiga para descubrir cómo funciona la transición al euro.

Práctica de la prueba estandarizada

Instrucciones: Estudia el mapa y luego responde a la pregunta que sigue.

1. **En 1945, ¿qué país controlaba el territorio que rodeaba Berlín, la capital de Alemania?**
   F el Reino Unido
   G la Unión Soviética
   H los Estados Unidos
   J Francia

Consejo para el examen: Esta pregunta te pide que sintetices la información del mapa con el conocimiento anterior. Ten presente que el mapa no establece específicamente que el Reino Unido, por ejemplo, controlaba una parte de Alemania. En lugar de eso, se refiere a esta zona como "británica".

Capítulo 12

Europa occidental hoy

El mundo y sus gentes NATIONAL GEOGRAPHIC

Para aprender más acerca de la gente y los lugares de Europa occidental, mira los videos ***The World and Its People*** **Chapters 10–12**.

Estudios sociales en línea

Descripción general del capítulo Visita el sitio Web ***El mundo y sus gentes*** en twip.glencoe.com y haz clic en el **Chapter 12–Chapter Overviews** para ver la información preliminar sobre Europa occidental.

PLEGABLES™
Organizador de estudios

Categorización de la información Haz este plegable para organizar la información del capítulo y como una ayuda para que aprendas más sobre la gente y los lugares de Europa occidental.

Paso 1 Reúne tres hojas de papel y deja una separación de 1 pulgada entre ellas.

Mantén derechos los bordes.

Paso 2 Dobla los bordes inferiores del papel para formar 6 lengüetas.

Esto hace que las lengüetas sean del mismo tamaño.

Paso 3 Cuando todas las lengüetas queden del mismo tamaño, aplasta el doblez para que las lengüetas queden en su lugar y engrapa las hojas. Gira el papel y marca cada lengüeta como se ilustra.

EUROPA OCCIDENTAL HOY
Las Islas Británicas
Francia y países del Benelux
Alemania y países alpinos
Los países nórdicos
Sur de Europa

Engrapa a lo largo del doblez.

Lectura y redacción A medida que lees, usa tu plegable para anotar lo que aprendas sobre Europa occidental. Escribe algunos hechos debajo de la lengüeta correspondiente.

Por qué es importante

Formación de una comunidad

Europa occidental ha sido un centro de comercio mundial durante cientos de años. Sin embargo, en el pasado, era frecuente que las naciones de esta región pusieran barreras comerciales para proteger sus propias industrias. Hoy, en la Unión Europea, estos mismos países trabajan juntos para hacer de su región una potencia económica más sólida y unida.

◀ **La Torre de Eiffel en París, Francia**

Las Islas Británicas

Guía de lectura

Idea principal

El Reino Unido e Irlanda son pequeños en tamaño, pero su gente ha tenido gran influencia en el resto del mundo.

Terminología

- páramo
- democracia parlamentaria
- monarquía constitucional
- turba
- ciénaga

Estrategia de lectura

Dibuja un diagrama como éste. Escribe los nombres de las cuatro regiones que forman el Reino Unido y un hecho sobre cada una de ellas. Dibuja un segundo diagrama para Irlanda e incluye un hecho sobre ella.

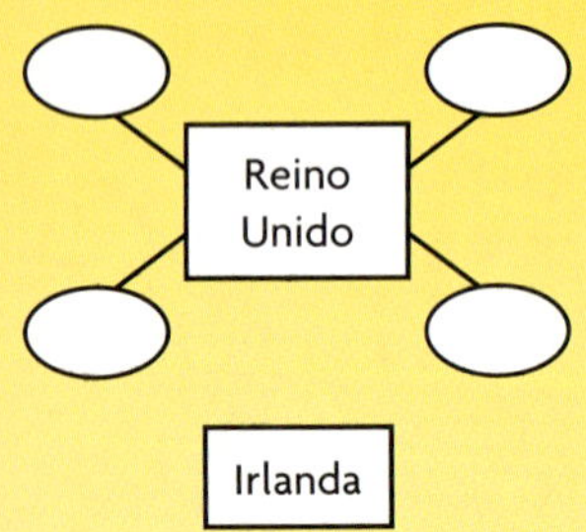

Cada año millones de turistas visitan Londres, Inglaterra. Vienen para ver las joyas de la corona o los calabozos que existen en la Torre de Londres. También visitan las cámaras del Parlamento y el gran reloj conocido como el Big Ben. No puedes tener miedo a la altura si quieres subirte a una de las atracciones más recientes de Londres. Conocida como el Ojo de Londres, es la rueda gigante más alta del mundo.

Los países del **Reino Unido** y la **República de Irlanda** se conocen como las Islas Británicas. Se encuentran en el Océano Atlántico, al noroeste del continente europeo. Estos dos países comparten características físicas similares, pero culturalmente son diferentes.

El Reino Unido

Casi del tamaño de Oregón, el Reino Unido está constituido de cuatro regiones. **Inglaterra** domina el Reino Unido, en población y solidez económica. Sin embargo, **Escocia** y **Gales** son partes importantes del Reino Unido. Inglaterra conquistó a ambos hace varios siglos. Hoy, en ambos países han aumentado los movimientos en favor de la independencia. En 1999, Escocia y Gales establecieron cuerpos legislativos para regular sus asuntos locales. La gente de Escocia y Gales se siente orgullosa de sus antiguos idiomas, el gaélico escocés en Escocia y el galés en Gales. Estos idiomas se enseñan en las escuelas para mantener vivas las culturas y tradiciones antiguas.

En la parte norte de Inglaterra, Escocia y Gales, puedes encontrar colinas accidentadas y cadenas de montañas no muy altas. También cruzas por zonas de **páramos,** es decir, áreas elevadas sin árboles pero con mucho viento y terreno húmedo. La cuarta región del Reino Unido, **Irlanda del Norte,** comparte la isla de Irlanda con la República de Irlanda. En Irlanda del Norte, puedes ver un paisaje de montañas apacibles, valles y tierras bajas fértiles.

La economía Hace más de 250 años, inventores y científicos de esta tierra dieron inicio a la Revolución Industrial. Hoy, el Reino Unido todavía es un país industrial y comercial muy importante. Sus exportaciones principales son los productos manufacturados y las maquinarias. Sin embargo, las industrias de la computación y de la electrónica están poco a poco reemplazando a las industrias antiguas. Las industrias de servicio como la banca, los seguros, las comunicaciones y la salud emplean a la mayoría de la gente del país.

La agricultura también es muy eficaz en esta región. A pesar de eso, el Reino Unido debe importar casi un tercio de sus alimentos. ¿Por qué? La falta de tierra para cultivar y una temporada de cultivo limitada hacen imposible alimentar a una población tan grande.

El gobierno El Reino Unido es una **democracia parlamentaria.** En esta forma de gobierno, los electores eligen a los representantes que conforman el cuerpo legislativo llamado Parlamento. Tiene dos cámaras, la Cámara de los Comunes y la Cámara de los Lores. El partido político que tiene la mayor cantidad de miembros en la Cámara de los Comunes elige al líder del gobierno, el primer ministro. La Cámara de los Lores tiene poco poder. La mayoría de los miembros de la Cámara de los Lores son nobles que han heredado sus títulos o a quienes la reina les ha otorgado dichos títulos.

Londres

La gente se traslada por Londres en autobuses de doble cabina de gran colorido, o bien utiliza el tren subterráneo, al cual los británicos denominan "el Tubo".

Lugar ¿Qué porcentaje de la gente del Reino Unido vive en pueblos y ciudades como Londres?

El gobierno del Reino Unido también es una **monarquía constitucional,** en la cual una reina o un rey es el jefe oficial del estado. Aunque el monarca representa al país en actos públicos, él o ella tiene poco poder.

La gente y la cultura Casi 60 millones de personas viven en el Reino Unido. La gente británica habla inglés, aunque en algunas zonas se habla galés y gaélico escocés. La mayoría de las personas son cristianos protestantes, aunque los inmigrantes practican el Islam y otras religiones.

Casi el 90 por ciento de la gente del Reino Unido vive en ciudades y pueblos. Con más de 7 millones de habitantes, la ciudad capital de **Londres** es una de las más densamente pobladas de Europa.

Durante siglos, la gente del Reino Unido ha dejado su huella en la cultura del mundo. Los visitantes pueden ver monumentos de piedra prehistóricos, ruinas de fuertes romanos, e iglesias y castillos medievales. Escritores famosos, como William Shakespeare, también han tenido una gran influencia en el mundo.

✓Comprobación de lectura **¿Qué tipo de gobierno tiene el Reino Unido?**

La República de Irlanda

Rodeada por las azules aguas del Océano Atlántico y el Mar de Irlanda, Irlanda tiene una exuberante campiña y colinas cubiertas de árboles de un verdor intenso. Se la llama la Isla Esmeralda debido a su paisaje. En el centro de Irlanda se encuentra una amplia llanura ondulada cubierta con bosques y tierras cultivadas. La zona es rica en **turba,** o plantas parcialmente descompuestas en agua que se pueden secar y usar como combustible. La turba es materia orgánica de **ciénagas,** o tierras bajas pantanosas.

La economía Papas, cebada, trigo, remolacha azucarera y nabos son los cultivos principales de Irlanda. Los granjeros crían ovejas, al igual que ganado vacuno y vacas lecheras. La manufactura emplea más gente que la agricultura y contribuye más a la economía del país. Irlanda se unió a la Unión Europea, para así poder comercializar sus productos más ampliamente. Los irlandeses trabajan en una gran cantidad de industrias manufactureras. Éstas incluyen industrias procesadoras de alimentos y bebidas, y fábricas de textiles, ropa, productos farmacéuticos y equipos de computación.

El conflicto de Irlanda del Norte Irlanda ha sufrido cientos de años de intranquilidad bajo el dominio británico. Las provincias del sur de Irlanda, en su mayoría católicos, obtuvieron la independencia de Gran Bretaña en 1921. Las provincias del norte, donde se había establecido una gran cantidad de protestantes británicos, continuaron siendo parte del Reino Unido. Aún así la paz no llegó a la isla. Los Nacionalistas, que típicamente son católicos, quieren que las seis provincias de Irlanda del Norte se reunifiquen con la República de Irlanda. Los Lealistas, que son típicamente protestantes, prefieren que Irlanda del Norte siga bajo el dominio británico. La lucha entre estos dos grupos, a la cual los irlandeses se refieren como "los problemas", ha derivado en muchas muertes.

En 1998 representantes del Reino Unido y de la República de Irlanda se reunieron con líderes de ambos lados en Irlanda del Norte. Firmaron un acuerdo para terminar la violencia, pero aún así siguen apareciendo actos de violencia.

▲ La campiña irlandesa

La gente Los irlandeses tienen nexos ancestrales con los celtas que se radicaron en Irlanda alrededor del año 500 a.C. El gaélico, un idioma celta y el inglés son los dos idiomas oficiales de Irlanda.

Hoy, Irlanda es una nación urbana. Casi el 58 por ciento de la gente del país vive en ciudades o pueblos. Casi un tercio vive en **Dublín,** la capital, o sus alrededores. La vida muchas veces se centra en la iglesia del vecindario.

La música irlandesa y sus bailes folklóricos se ejecutan en todo el mundo. De todas las artes, sin embargo, los irlandeses han tenido mayor influencia en la literatura. El dramaturgo George Bernard Shaw, el poeta William Butler Yeats y el novelista James Joyce son algunos de los escritores más conocidos del país.

✓ **Comprobación de lectura** **¿En qué se diferencian Irlanda del Norte y la República de Irlanda?**

Evaluación

Definición de términos

1. **Define** páramo, democracia parlamentaria, monarquía constitucional, turba, ciénaga.

Recuerdo de hechos

2. **Región** ¿Cuáles son las cuatro regiones del Reino Unido?
3. **Economía** ¿Cuáles son las dos exportaciones principales del Reino Unido?
4. **Economía** ¿Por qué Irlanda se unió a la Unión Europea?

Pensamiento crítico

5. **Análisis de la información** ¿Por qué la Cámara de los Lores tiene poco poder en el parlamento del Reino Unido?
6. **Comprensión de causa y efecto** ¿Qué desacuerdo ha llevado a disputas en Irlanda del Norte?

Organizador gráfico

7. **Organización de la información** Dibuja dos diagramas como éste, uno para el Reino Unido y uno para la República de Irlanda. Bajo cada encabezamiento, haz una lista de todos los datos que puedas para ambos países.

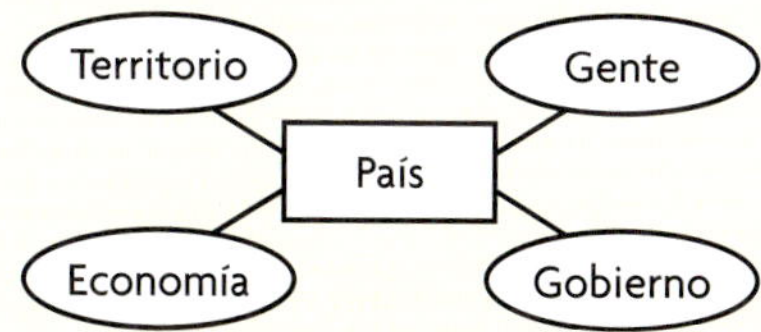

Aplicación de las habilidades en estudios sociales

8. **Análisis de mapas** Mira el mapa político en la página 341. ¿Cuál es la capital del Reino Unido? ¿De la República de Irlanda?

Establecer conexiones

ARTE | CIENCIA | CULTURA | TECNOLOGÍA

Stonehenge

Stonehenge, uno de los monumentos antiguos más conocido e intrigante del mundo, se encuentra en la parte sur de Inglaterra.

Historia de Stonehenge

El aspecto más notorio del monumento Stonehenge es sus enormes piedras arregladas en cuatro patrones circulares. Una zanja circular y un terraplén forman un borde alrededor del sitio. Agujeros poco profundos también rodean las piedras.

Stonehenge se edificó en un período de más de 2,000 años. La primera construcción, la de la zanja circular y el terraplén, probablemente se remonta al año 3100 a.C. El anillo exterior de enormes pilares, cubiertos con piedras horizontales, se construyó alrededor del año 2000 a.C. Un anillo interior de pilares de piedra también soporta las piedras horizontales.

No había una cantera local de piedras, de manera que los trabajadores las acarrearon de un lugar que estaba a unas 20 millas (32 km) al norte. Las piedras son enormes, de unos 30 pies (9 m) de largo y 50 toneladas (45 toneladas métricas) de peso. Antes de colocar las piedras en su lugar, los trabajadores las pulían y les daban forma. Esculpieron acoplamientos en las piedras para así poder conectarlas perfectamente. Luego los constructores probablemente utilizaron palancas y soportes de madera para levantar las piedras y colocarlas en su lugar.

Aproximadamente 500 años después, los constructores agregaron el tercer y cuarto anillo de piedras. Esta vez utilizaron piedras azules, que un grupo anterior de gente había transportado 240 millas (386 km) de los montes Preseli de Gales.

¿Qué significa esto?

Los expertos no coinciden en sus teorías sobre quién construyó Stonehenge. En el año 2003, sin embargo, los arqueólogos descubrieron los restos de 4,500 años de antigüedad de siete personas cerca de Stonehenge. Es probable que la gente haya vivido durante la construcción del monumento.

▲ Stonehenge

Un misterio aún mayor es por qué se construyó Stonehenge. Muchos expertos coinciden en que Stonehenge se usó probablemente como un lugar de culto. Algunos creen que las series de agujeros, piedras y arcos se usaron como un calendario. Al alinear agujeros y piedras determinadas, la gente podía notar los solsticios de verano y de invierno. También podían llevar un registro de los meses. Algunos científicos piensan que gente antigua usó el sitio para predecir los eclipses de sol y de luna.

Establecer la conexión

1. ¿Qué tan antiguo es Stonehenge?
2. ¿De dónde se sacaron las piedras que se usaron en Stonehenge?
3. **Secuencia de información** Describe el orden en el cual se construyó Stonehenge.

Guía de lectura

Idea principal

Francia y los países del Benelux son centros importantes de la cultura, agricultura y manufactura de Europa.

Terminología

- navegable
- pólder
- compañía multinacional
- multilingüe

Estrategia de lectura

Dibuja un diagrama como éste. Luego, nombra dos países que tengan productos importantes en estas categorías. Nombra dos productos para cada país.

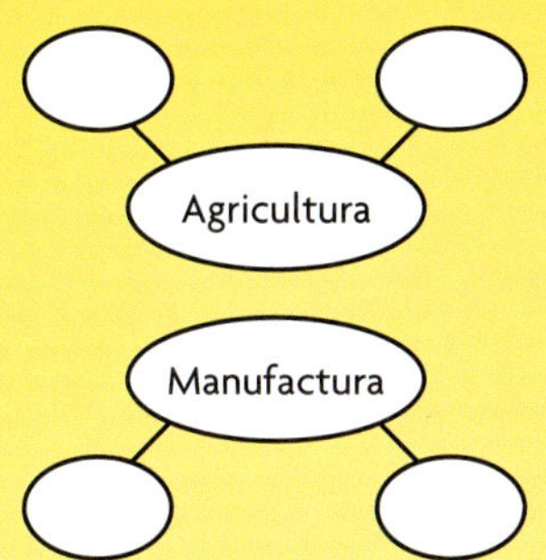

Francia y los países del Benelux

NATIONAL GEOGRAPHIC **Exploración de nuestro mundo**

Francia ha ganado fama mundial por sus piezas maestras en el arte y la arquitectura, y por la habilidad de sus maestros de cocina. Los turistas viajan en masa a Francia y copan los restaurantes más famosos para saborear sus deliciosas y peculia-res creaciones. Pronto se llevarán estos platos al comedor, donde con toda seguridad se recibirán con exclamación de deleite.

Francia y sus vecinos del Benelux están considerados como centros importantes de la actividad cultural y económica del mundo. La palabra *Benelux* proviene de la combinación de las primeras letras de los nombres en inglés de tres países: **Belgium (Bélgica), Netherlands (Países Bajos)** y **Luxembourg (Luxemburgo).**

Francia

El país más grande en Europa occidental, **Francia** es ligeramente más pequeño que el estado de Texas. El paisaje de Francia incluye cadenas de montañas altas que separan al país de España, Italia y Suiza. En contraste, una gran zona del norte de Francia es parte de la vasta llanura del norte de Europa. Una red de ríos, incluyendo el **Sena** y el **Loira,** conecta las distintas regiones de Francia. La mayoría de estos ríos son **navegables,** o lo suficientemente anchos y profundos como para permitir el paso de embarcaciones.

En gran parte Francia tiene un clima que es ideal para la agricultura. El suelo fértil en la llanura del norte de Europa hace que Francia sea un importante productor de alimentos. En muchos pueblos franceses puedes encontrar mercados al aire libre que ponen a la vista una abundancia de frutas y verduras frescas.

Vistas de Francia

Turistas en París, Francia, disfrutan de la majestuosidad de Notre Dame, una catedral construida en el siglo XII (arriba). Cosecha de la uva en uno de los valles de cultivo de viñedos en Francia (abajo).

Lugar ¿Qué detalles en las fotos sugieren que Francia tiene un clima templado?

La economía de Francia La economía bien desarrollada de Francia se sustenta en la agricultura y la manufactura. Sin embargo, la mayoría de la gente trabaja en industrias de servicio como la banca, el comercio, las comunicaciones y el turismo. Turistas de todo el mundo visitan los sitios históricos y culturales de Francia, como los palacios y los museos. También vienen para disfrutar de los cielos azules, los acantilados y las bellas playas de la costa del Mediterráneo de Francia.

Francia produce más alimentos que cualquier otro país en Europa occidental. Está considerado como el segundo mayor exportador de alimentos en el mundo, después de los Estados Unidos. No obstante, sólo el 5 por ciento de los trabajadores franceses trabajan en el campo. Su éxito se debe en gran medida al suelo fértil de Francia, su clima templado y los métodos modernos de cultivo de la tierra.

Los agricultores franceses cultivan granos, remolacha azucarera, frutas y verduras. También crían ganado vacuno y vacas lecheras. Además, los viñedos son una vista común. Las uvas se utilizan para fabricar los famosos vinos franceses. A lo largo de la costa seca y cálida del Mediterráneo se cultivan aceitunas.

Los recursos naturales de Francia incluyen bauxita, mineral de hierro y carbón. Francia tiene reservas pequeñas de petróleo y poca energía hidroeléctrica. ¿Cómo el país suministra energía a sus industrias? Casi el 80 por ciento de la electricidad de Francia proviene de plantas de energía nuclear.

Los trabajadores producen una variedad de productos manufacturados como acero, productos químicos, textiles, aviones, automóviles y computadoras. Francia es un centro importante de comercio, con una reputación internacional en el campo de la moda.

El pueblo de Francia "Liberté (. . .) Egalité (. . .) Fraternité" (Libertad, Igualdad, Fraternidad), el lema nacional de Francia, describe el espíritu del pueblo francés. Los franceses comparten una fuerte lealtad nacional. La mayoría de los franceses tienen ascendencia de los celtas, romanos y francos de la Europa antigua. Hablan francés y casi el 90 por ciento de ellos son católicos.

El gobierno de Francia es conocido como la Quinta República. Una república es un gobierno nacional sólido encabezado por líderes elegidos. Un presidente poderoso, elegido para gobernar durante cinco años, es el líder de la nación. El presidente francés administra los asuntos internacionales del país. Él o ella designa un primer ministro que es el que desempeña los asuntos diarios del gobierno.

Casi tres cuartos de los 59.8 millones de franceses viven en ciudades y pueblos. **París,** la capital y la ciudad más grande, tiene una población de

10 millones de habitantes, incluyendo los suburbios. La ciudad es sede de muchas universidades, museos y otros sitios culturales. Entre las figuras culturales sobresalientes que vivieron en París podemos incluir al escritor Víctor Hugo y a los pintores Claude Monet y Pierre-Auguste Renoir. Cada año, millones de turistas viajan a la Ciudad de la Luz, como se le denomina a París. Visitan sitios como la Torre de Eiffel, la catedral de Notre Dame y el Louvre, uno de los museos de arte más famosos del mundo.

✓ **Comprobación de lectura** **¿Cuál es la religión principal en Francia?**

Los países del Benelux

Los países pequeños del Benelux de Bélgica, los Países Bajos y Luxemburgo, tienen mucho en común. Sus tierras son bajas, planas y están densamente pobladas. La mayoría de la gente vive en ciudades, trabaja en negocios o fábricas y disfrutan de un alto nivel de vida. Los tres países son miembros de la Unión Europea. También son democracias parlamentarias con monarquías constitucionales.

▲ **Un campo de tulipanes en los Países Bajos**

Bélgica Casi del tamaño de Maryland, Bélgica colinda con Francia, Luxemburgo, Alemania y los Países Bajos. Cercana a regiones industriales importantes, Bélgica ha sido por mucho tiempo un centro de comercio y manufactura. El encaje, los chocolates y el corte de diamante belga tienen una reputación mundial por su excelencia. Con pocos recursos naturales propios, los belgas importan metales, combustibles y materia prima de países menos desarrollados. Utilizan estos materiales para fabricar y exportar vehículos, productos químicos y textiles.

La mayoría de los belgas son católicos. El país tiene dos grupos culturales y lingüísticos principales. Los flamencos en el norte hablan flamenco, un idioma basado en el holandés. El sur es casa de los valones que hablan francés. A veces se producen tensiones entre los dos grupos, especialmente porque hay más riquezas e industrias en el norte que en el sur. Muchos de los belgas viven en zonas urbanas con gran concentración de gente. **Bruselas,** la capital y ciudad más grande, es un centro internacional de comercio.

Los Países Bajos Los Países Bajos, con casi la mitad del estado de Maine, es uno de los países más densamente poblados del mundo. A veces llamado Holanda, su gente se conoce como los holandeses.

Países Bajos significa "tierras bajas". Casi la mitad de este país pequeño y plano está bajo el nivel del mar. Sin defensas contra el mar, las mareas altas inundarían gran parte del país dos veces al día. Los holandeses construyeron diques, o bancos de tierra, para controlar y confinar el mar. Luego drenan y bombean las tierras húmedas hasta secarlas. Las bombas antes accionadas por molinos de viento, ahora se accionan con vapor o electricidad. Estas tierras drenadas, llamadas **pólderes,** poseen una abundancia de arcillas fértiles. Los holandeses construyen fábricas, aeropuertos e incluso pueblos sobre ellas. El Plan Delta, terminado en 1986, consiste en barreras enormes que impiden que el Mar del Norte inunde el campo durante la época de tormentas.

La alta tecnología hace que las granjas pequeñas sean tan productivas que los holandeses pueden exportar queso, verduras y flores. Los Países Bajos es considerado como el tercer país en el mundo, después de Estados Unidos y Francia, en el valor de sus exportaciones agrícolas. Debido a que las máquinas hacen que la agricultura sea más productiva, la mayoría de la gente trabaja en industrias de servicio, manufactura y comercio.

Actividad en línea
Visita el sitio Web ***El mundo y sus gentes*** en twip.glencoe.com y haz clic en **Chapter 12–Student Web Activities** para aprender más sobre el Plan Delta.

Casi el 90 por ciento de los holandeses viven en ciudades y pueblos. **Amsterdam** es la capital y la ciudad más grande. A pesar de vivir en un país densamente poblado, los holandeses hacen buen uso de su espacio. Las casas son estrechas, pero altas, y los apartamentos a menudo se encuentran construidos sobre canales y carreteras. Algunas de las personas más famosas de Amsterdam son los pintores Rembrandt van Rijn y Vincent van Gogh. Es posible que hayas leído *El diario de Ana Frank.* Esta autobiografía de una adolescente holandesa relata cómo ella y su familia se intentan esconder de los nazis alemanes durante la Segunda Guerra Mundial.

Casi dos tercios de los holandeses son cristianos. Una pequeña cantidad de inmigrantes son musulmanes. La gente de los Países Bajos habla holandés, pero la mayoría también habla inglés.

Luxemburgo Al sudeste de Bélgica se encuentra Luxemburgo, uno de los países más pequeños de Europa. El país completo es de aproximadamente 55 millas (89 km) de largo y unas 35 millas (56 km) de ancho.

A pesar de su tamaño, Luxemburgo es un país exitoso. Muchas **compañías multinacionales,** o compañías que hacen negocio en varios países, tienen su oficina central aquí. Es sede de la segunda compañía productora de acero más grande de Europa y también un importante centro de actividades bancarias.

¿Por qué Luxemburgo es tan atractivo para las compañías extranjeras? En primer lugar, el país se encuentra ubicado en el centro. En segundo lugar, la mayoría de la gente de este pequeño territorio es **multilingüe,** o que puede hablar varios idiomas. Allí se habla luxemburgués, una mezcla de alemán y francés; francés, el idioma oficial administrativo; y alemán, que se usa en la mayoría de los periódicos.

Comprobación de lectura **¿Qué industrias son importantes en Luxemburgo?**

Evaluación

Definición de términos

1. **Define** navegable, pólder, compañía multinacional, multilingüe.

Recuerdo de hechos

2. **Economía** Nombra cinco productos agrícolas de Francia.
3. **Cultura** ¿Cuáles son las dos culturas y los dos idiomas principales de Bélgica?
4. **Interacción del hombre con el medio ambiente** ¿Cómo protegen los holandeses su tierra del mar?

Pensamiento crítico

5. **Conclusiones** Francia es el segundo exportador de alimentos más grande del mundo. ¿Por qué esto es digno de destacar?
6. **Análisis de la información** ¿Por qué las compañías extranjeras vienen a Luxemburgo?

Organizador gráfico

7. **Organización de la información** Crea un diagrama como éste. En el círculo central, enumera tres características que son comunes entre estos países.

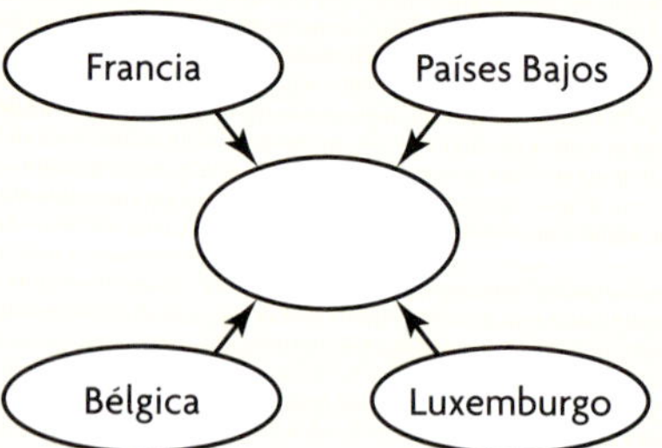

Aplicación de las habilidades en estudios sociales

8. **Análisis de mapas** Pasa al mapa político de la página 341. ¿Qué país limita con Francia, Bélgica, los Países Bajos y Luxemburgo?

Habilidades de estudios sociales

Lectura de un mapa de vegetación

Los mapas de vegetación muestran las clases de plantas que crecen naturalmente en una zona determinada. El clima determina en gran medida la vegetación de una zona. Por ejemplo, los árboles de hoja perenne con conos y hojas en forma de aguja (también llamados coníferas) como los abetos y píceas crecen en climas fríos. En el clima cálido de los Trópicos durante todo el año, pueden crecer árboles de hojas perennes anchas, como las palmeras y el árbol del caucho. Entre estos dos extremos, es común el bosque caducifolio. Los árboles de un bosque caducifolio tienen hojas anchas, pero se deshojan en el otoño. En climas secos o húmedos mediterráneos es posible encontrar hierbas y arbustos, ya que no hay suficiente agua para sustentar el crecimiento de árboles. Los climas de regiones montañosas pueden tener una vegetación alpina, arbustos pequeños y flores silvestres. Los climas extremadamente fríos o secos tienen poca o nada de vegetación.

Desarrollo de la habilidad

Sigue estos pasos para leer un mapa de vegetación:

- Lee el título del mapa.
- Estudia la clave del mapa.
- Busca en el mapa ejemplos de cada zona de vegetación.
- Mira los otros aspectos de la geografía de la zona, tal como ríos, océanos y accidentes geográficos para explicar los patrones de vegetación.

Práctica de la habilidad

Observa el mapa de arriba para responder a las preguntas siguientes.

1. ¿Qué vegetación cubre la mayor parte de Francia?
2. ¿Qué tipo de vegetación se encuentra a lo largo de la costa mediterránea de Francia?
3. Después de mirar el mapa, ¿qué conclusiones puedes sacar sobre la cantidad de lluvia que reciben las regiones de Francia?

Aplicación de la habilidad

Consigue un mapa de vegetación de tu estado. ¿Qué tipos de vegetaciones son comunes en tu zona del país?

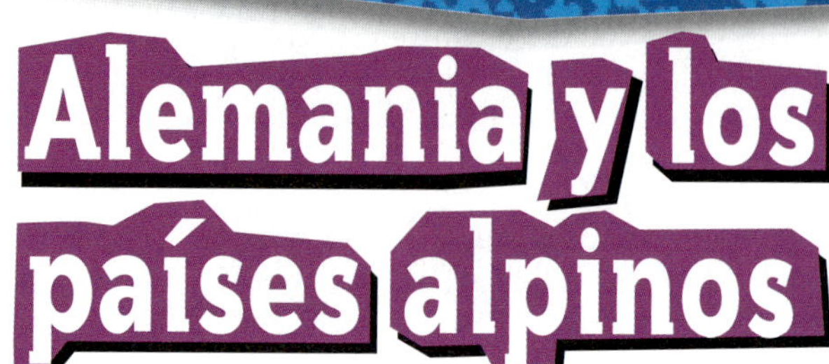

Alemania y los países alpinos

Guía de lectura

Idea principal

Alemania, Suiza y Austria son países conocidos por sus paisajes de montañas espectaculares y sus prósperas economías.

Terminología

- autobahn
- república federal
- reunificación
- neutralidad
- línea divisoria

Estrategia de lectura

Dibuja un diagrama como éste. Debajo de los encabezamientos, completa cada óvalo con datos sobre cada país. Escribe declaraciones que sean ciertas para los tres países donde los óvalos se traslapan.

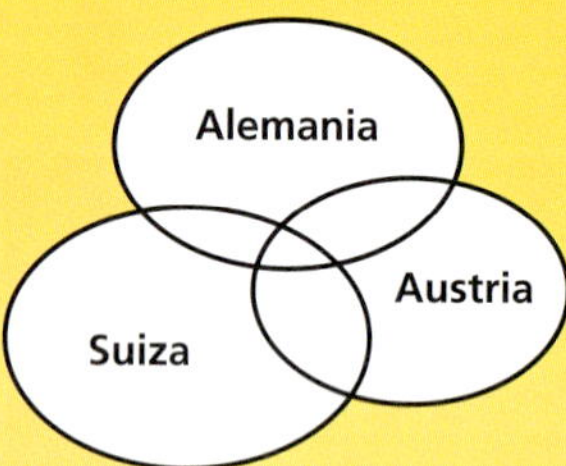

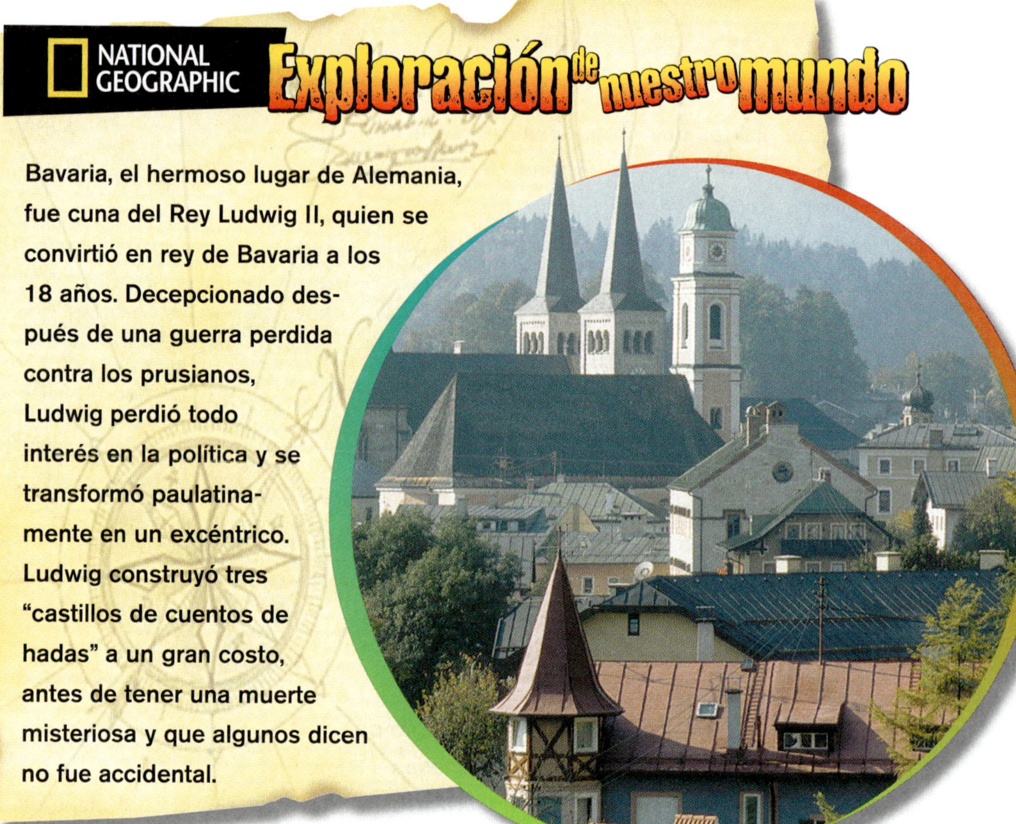

Bavaria, el hermoso lugar de Alemania, fue cuna del Rey Ludwig II, quien se convirtió en rey de Bavaria a los 18 años. Decepcionado después de una guerra perdida contra los prusianos, Ludwig perdió todo interés en la política y se transformó paulatinamente en un excéntrico. Ludwig construyó tres "castillos de cuentos de hadas" a un gran costo, antes de tener una muerte misteriosa y que algunos dicen no fue accidental.

La gente de **Alemania** y los países alpinos, **Suiza, Austria** y **Liechtenstein,** se está adaptando a los cambios que se han producido en Europa desde la caída del comunismo. Afortunadamente, estos países tienen economías de mercado muy sólidas, de manera que sus pueblos disfrutan de un alto nivel de vida.

Alemania

Casi del tamaño de Montana, Alemania se encuentra en el corazón de Europa. La llanura del norte de Europa forma el paisaje del norte. Los Alpes brotan en el estado de **Bavaria** al sur de Alemania. Las pendientes más bajas de estas montañas, un destino favorito de los esquiadores, están cubiertas con bosques.

Una de las vías navegables más importantes de Europa se origina en los Alpes. El **Río Danubio** serpentea hacia el este atravesando el sur de Alemania. Los ríos también son importantes en el norte de Alemania, donde se utilizan para transportar materia prima y productos manufacturados. El **Río Rin,** en el oeste, forma parte de la frontera con Francia.

Debido a los ríos y al suelo fértil, la llanura del norte de Alemania tiene muchas ciudades y pueblos. **Berlín,** la capital, es el centro principal del nordeste. Hacia el oeste se encuentra **Hamburgo,** el puerto más grande de Alemania, ubicado en el Río Elba.

Una potencia económica e industrial Alemania es una potencia económica mundial y un líder en la Unión Europea. Una zona en Alemania occidental llamada Ruhr es considerada como uno de los centros industriales más importantes del mundo. El Ruhr se desarrolló gracias a depósitos ricos en carbón y mineral de hierro. Los líderes de Europa han luchado por el control de esta zona productiva. Las fábricas de aquí producen acero de alta calidad, barcos, automóviles, maquinaria, productos químicos y equipos eléctricos.

El crecimiento de fábricas, industrias de servicio, y su alta tecnología en la última década han agotado la mano de obra de trabajadores. Así, una cantidad creciente de trabajadores inmigrantes provienen de Turquía, Italia, Grecia y las antiguas repúblicas yugoslavas. A veces son objeto de ataques racistas. Cuando la economía tiene una caída y los trabajos se hacen escasos, la gente nativa a veces tiene un cierto resentimiento contra los trabajadores extranjeros.

Alemania importa casi un tercio de sus alimentos, aunque es un productor líder de cerveza, vino y queso. Los granjeros crían ganado y cultivan granos, verduras y frutas. Las autopistas rápidas llamadas **autobahn,** junto con los ferrocarriles, ríos y canales, unen las ciudades de Alemania.

Justo al norte de los Alpes, se encuentra el Bosque Negro de Alemania, famoso por su hermoso paisaje y por sus productos de madera. El bosque no es realmente negro, pero en algunos lugares los árboles crecen tan cerca uno del otro que se ve de esa manera. El Bosque Negro ha sufrido daños severos debido a la lluvia ácida. Gran parte de la contaminación proviene de industrias en otros países. Los alemanes tienen que trabajar juntos con los demás europeos para encontrar una solución a este problema de la lluvia ácida.

El gobierno de Alemania Al igual que los Estados Unidos, Alemania es una **república federal** en la cual comparten poderes un gobierno nacional y gobiernos estatales. Un presidente elegido sirve como jefe de estado de Alemania, pero él o ella desempeña sólo deberes ceremoniales. El canciller del país, elegido por una de las dos cámaras del parlamento, es el jefe real del gobierno.

Uno de los retos del gobierno actual ha sido la **reunificación,** tratar de juntar las dos partes de Alemania bajo un mismo gobierno. Recuerda que después de la Segunda Guerra Mundial, Alemania estuvo dividida en Alemania Oriental y Alemania Occidental. Los trabajadores de Alemania Oriental tenían menos experiencia y capacitación en tecnología moderna que los trabajadores de Alemania Occidental. Después de la reunificación, muchas fábricas antiguas e ineficaces en la parte este no pudieron competir con las industrias más avanzadas del oeste y se vieron forzadas a cerrar.

▲ Un reloj de cucú de la región del Bosque Negro de Alemania

Los alemanes La mayoría de los 82.6 millones de alemanes tienen ascendencia de grupos que se establecieron en Europa aproximadamente desde los años 100 a 400 d.C. La gente habla alemán, un idioma que se relaciona con el inglés.

En el Capítulo 10, aprendiste que un sacerdote alemán llamadoo Martín Lutero inició una nueva forma de cristianismo conocida como protestantismo. Hoy los protestantes y católicos están igualmente representados en Alemania. Los alemanes han hecho importantes

NATIONAL GEOGRAPHIC En el sitio

Chocolate suizo

Las fábricas de Suiza producen unos de los mejores chocolates del mundo.

Economía **¿Qué otros productos se hacen en Suiza?**

contribuciones a la música y la cultura. Johann Sebastian Bach y Ludwig van Beethoven compusieron algunas de las piezas clásicas más extraordinarias del mundo. **Munich,** la ciudad más grande en el sur de Alemania, es conocida por sus teatros, museos y salas de conciertos. Berlín también ha emergido como un centro cultural.

✓ Comprobación de lectura ¿Qué une a las ciudades de Alemania?

Los países alpinos

Los **Alpes** forman gran parte del paisaje en Suiza, Austria y Liechtenstein. Por eso se les llama los países alpinos. Liechtenstein es un país pequeño, de sólo 60 millas cuadradas (155 kilómetros cuadrados), en el medio entre Suiza y Austria. Los Alpes suizos accidentos impiden viajar fácilmente entre el norte y el sur de Europa. Por siglos, Suiza, sin salida al mar, custodió las pocas rutas que atravesaban esta barrera.

Suiza Los suizos han disfrutado de un gobierno democrático por más de 700 años. Debido a su ubicación en el centro de Europa, Suiza ha practicado la **neutralidad,** negándose a ponerse a favor de uno de los adversarios en un desacuerdo o una guerra entre países. Como resultado de esta historia pacífica, la ciudad suiza de **Ginebra** es hoy el centro de muchas organizaciones internacionales. La política de neutralidad de Suiza es muy probable que se ponga a prueba en los años por delante. Está forjando lazos estrechos con la Unión Europea y se ha unido a las Naciones Unidas.

Los Alpes en Suiza son la línea divisoria de Europa central. Una **línea divisoria** es un lugar alto desde el cual los ríos fluyen en diferentes direcciones. Varios ríos, incluyendo el **Rin** y el **Ródano,** se inician en los Alpes suizos. Las represas construidas en los ríos de Suiza producen grandes cantidades de energía hidroeléctrica. La mayoría de las industrias de Suiza y sus tierras de cultivo más fértiles se encuentran en una meseta alta entre dos cadenas montañosas. **Berna,** capital de Suiza, y **Zurich,** su ciudad más grande, también se ubican en esta meseta.

Aunque tiene pocos recursos naturales, Suiza es un país industrial exitoso. Con el uso de materiales importados, los trabajadores suizos fabrican productos de alta calidad, como equipos electrónicos, relojes de pared y relojes de pulsera. También producen productos químicos y alimentos finos, como chocolate y queso. El turismo es una industria importante, al igual que la banca y los seguros. Zurich y Ginebra son centros importantes de las finanzas internacionales.

Dada su ubicación geográfica, Suiza tiene muchos grupos étnicos y religiones diferentes. ¿Sabías que el país tiene cuatro idiomas nacionales? Estos son el alemán, el francés, el italiano y el retorromano. La mayoría de los suizos habla alemán, y gran parte habla más de un idioma.

Austria Austria es un país sin salida al mar, ubicado al sur de Alemania. Los Alpes cubren tres cuartos de Austria. De hecho, Austria es uno de los países más montañosos del mundo. ¿Has visto la película *The Sound of Music*? Se rodó en las montañas espectaculares de Austria. El clima del país es similar al de Suiza. En invierno, las zonas bajas reciben lluvia y las regiones monta-ñosas tienen nieve. Los veranos son más frescos en Austria que en Suiza.

La economía de Austria es sólida y variada. Sus ríos generan energía hidroeléctrica y las montañas proveen la preciada madera. Millones de turistas acuden a disfrutar del excursionismo y el esquí. Las fábricas producen maquinarias, productos químicos, metales y vehículos. Los granjeros crían vacas lecheras y otros animales, remolacha azucarera, granos, papas y frutas.

▲ Jóvenes bailan en uno de los diversos salones de baile de Viena.

La mayoría de los 8.2 millones de austríacos vive en ciudades y pueblos, y trabaja en industrias de servicio o de manufactura. La mayoría de la gente habla alemán. Casi el 80 por ciento de los austríacos son católicos.

Viena, en el Río Danubio, es la capital y la ciudad más grande. Tiene una historia rica como un centro de cultura y aprendizaje. Algunos de los compositores más grandes del mundo, entre los cuales podemos mencionar a Mozart, Schubert y Haydn, vivieron o actuaron en Viena. Las salas de conciertos de la ciudad, las iglesias y los palacios históricos, y su gran arquitectura, continúan atrayendo a los músicos de hoy.

✓ **Comprobación de lectura** ¿Qué beneficios económicos proveen las montañas de Austria?

Sección 3 Evaluación

Definición de términos

1. **Define** autobahn, república federal, reunificación, neutralidad, línea divisoria.

Recuerdo de hechos

2. **Interacción del hombre con el medio ambiente** ¿Qué ha dañado el Bosque Negro?
3. **Cultura** Nombra los cuatro idiomas de Suiza.
4. **Economía** ¿Qué tipos de trabajos tienen en general los austríacos?

Pensamiento crítico

5. **Comprensión de causa y efecto** ¿Qué problemas han surgido como resultado de la reunificación alemana?
6. **Análisis de la información** ¿Por qué Suiza ha mantenido una política de neutralidad?

Organizador gráfico

7. **Organización de la información** Crea un diagrama como el de abajo. En las líneas indica dos datos sobre las características físicas de Austria, dos datos sobre la gente de Austria y cuatro datos sobre la economía de Austria.

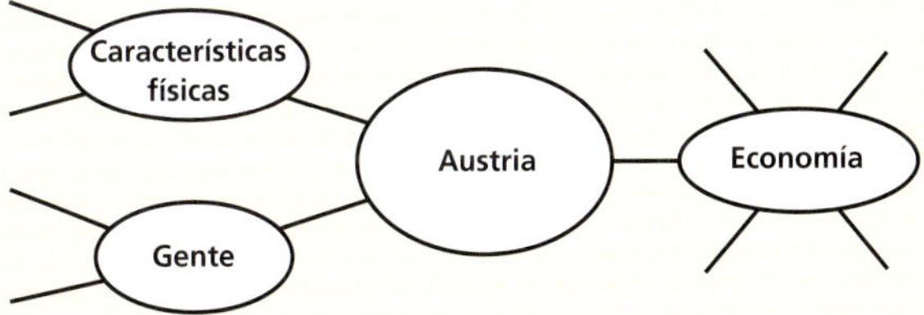

Aplicación de las habilidades en estudios sociales

8. **Análisis de mapas** Mira el mapa político en la página 341. ¿En qué grado de latitud se encuentra la ciudad de Berlín, Alemania?

Los países nórdicos

Guía de lectura

Idea principal

Los países nórdicos han desarrollado diversas economías y su gente disfruta de un alto nivel de vida.

Terminología

- fiordo
- estado de bienestar social
- industria pesada
- sauna
- géiser
- energía geotérmica

Estrategia de lectura

Crea un cuadro como éste para cada uno de los países siguientes: Noruega, Suecia, Finlandia, Dinamarca e Islandia. Escribe por lo menos dos datos clave de (1) el territorio, (2) la economía y (3) la gente de cada país.

País	(1)
	(2)
	(3)

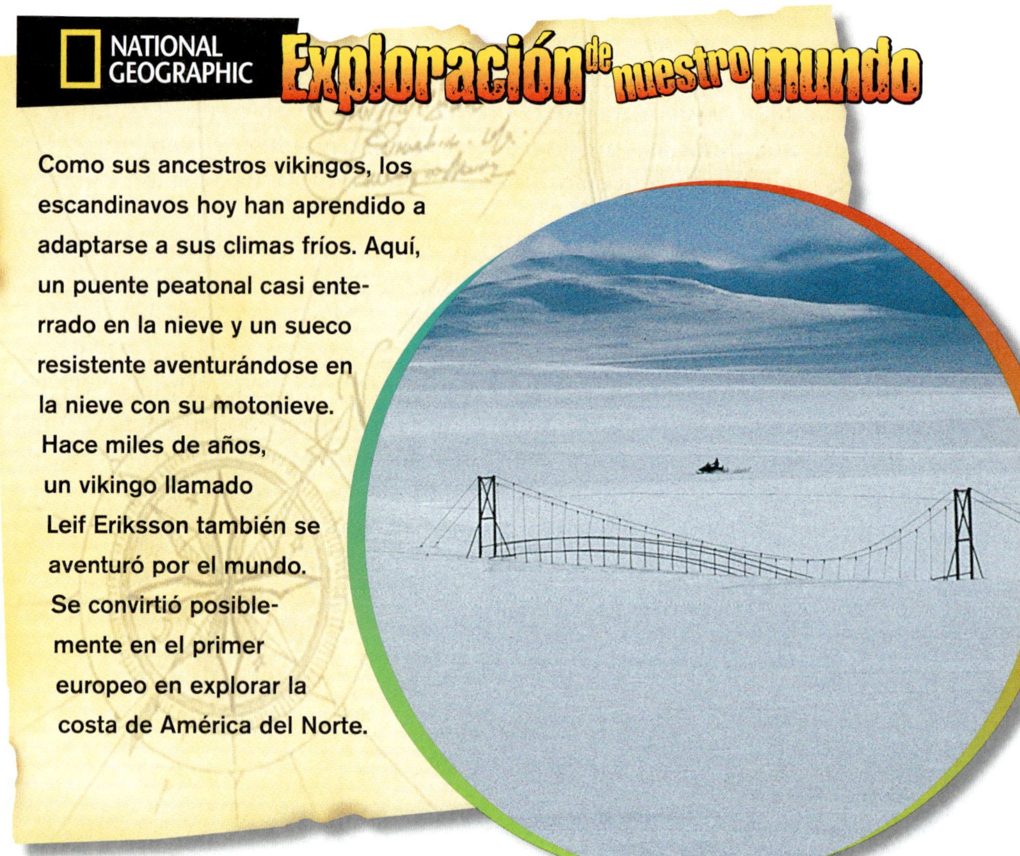

Como sus ancestros vikingos, los escandinavos hoy han aprendido a adaptarse a sus climas fríos. Aquí, un puente peatonal casi enterrado en la nieve y un sueco resistente aventurándose en la nieve con su motonieve. Hace miles de años, un vikingo llamado Leif Eriksson también se aventuró por el mundo. Se convirtió posiblemente en el primer europeo en explorar la costa de América del Norte.

La parte del extremo norte de Europa, también conocida como Escandinavia o los países nórdicos, está conformada por cinco naciones: **Noruega, Suecia, Finlandia, Dinamarca** e **Islandia.** Los escandinavos tienen un nivel de vida que está entre los más altos del mundo.

Noruega

La parte del extremo norte de Noruega resulta en un clima principalmente frío. Casi un tercio de Noruega se encuentra al norte del Círculo Polar Ártico. A esta zona accidentada a menudo se la denomina la Tierra del Sol de Medianoche. Aquí el Sol nunca se pone en los meses de pleno verano. En los meses de pleno invierno, nunca sale el Sol. Sin embargo, a lo largo de las costas del sur y del oeste de Noruega se encuentra un clima templado. Esto se debe a vientos cálidos de la Corriente del Atlántico Norte. Gran parte de los 4.6 millones de noruegos vive cerca de estas costas.

La larga y angulosa costa de Noruega sobre el Océano Atlántico incluye muchos **fiordos,** o valles de laderas empinadas que son entradas del mar. Hace miles de años, los glaciares dieron forma a estos valles profundos que se inundaron cuando se derritió el hielo glacial. Hoy los fiordos proveen puertos protegidos y un hermoso paisaje que es popular entre los turistas.

Noruega es un país rico, en gran parte debido al petróleo y gas natural que se extraen del fondo del Mar del Norte. Es uno de los exportadores de petróleo más grandes del mundo. Los mares mismos proveen una importante fuente de productos para la exportación, es decir, pescado. Las corrientes cálidas de los mares mantienen a los puertos de Noruega sin hielo durante todo el año, algo positivo para los barcos mercantes y cruceros del país.

Noruega es una democracia parlamentaria. Tiene una monarquía, pero un primer ministro elegido gobierna el país. En 1994 Noruega votó en contra de unirse a la Unión Europea (UE) para así poder mantener el control de su propia economía. Hasta hoy, sin embargo, el tema de hacerse miembro de la UE se debate apasionadamente.

La gente de Noruega valora inmensamente sus tradiciones culturales. Es común ver un vestuario folklórico muy elaborado en bodas y festivales de aldeas. No obstante, los noruegos son gente muy moderna. Tres cuartos de la población vive en centros urbanos como la capital, **Oslo.** Casi la mitad de los noruegos poseen computadoras. Para la recreación, disfrutan del esquí y los paseos en motonieves.

✓ Comprobación de lectura ¿Qué tipo de gobierno tiene Noruega?

Suecia

Al igual que Noruega, Suecia es un país industrial, solvente. Su prosperidad proviene de abundantes recursos naturales, como depósitos de minerales de hierro y bosques de pinos de gran extensión. Las exportaciones incluyen maquinarias, vehículos motorizados, productos de papel, madera y productos electrónicos. Sólo cerca del 8 por ciento el 8 por ciento de la tierra de Suecia se puede utilizar para la agricultura. Los granjeros suecos han desarrollado métodos eficaces para el cultivo y sus granjas suministran la mayoría de los alimentos de la nación.

La riqueza de Suecia le otorga la capacidad para ser un **estado de bienestar social,** un país que usa sus altas tasas de impuestos para brindar servicios a la gente enferma, pobre, sin trabajo o retirada. Suecia es una monarquía constitucional y pertenece de la Unión Europea.

La economía de Noruega

Un comprador pasa de una embarcación a otra en busca de una compra ventajosa en Bergen, terminal pesquero de Noruega (abajo a la izquierda). Los campos petroleros y de gas natural más ricos de Europa se encuentran en el Mar del Norte (abajo a la derecha).

Interacción del hombre con el medio ambiente
¿Qué mantiene a los puertos de Noruega sin hielo durante todo el año?

NATIONAL GEOGRAPHIC **En el sitio**

La mayoría de los 9 millones de suecos vive en ciudades en las tierras bajas del sur. **Estocolmo** es la capital del país y la ciudad más grande. El alto nivel de vida de Suecia ha atraído a más de 1 millón de inmigrantes de países cercanos como Noruega y Dinamarca, y de otros más distantes como Turquía y Vietnam.

✓ Comprobación de lectura **¿Qué riquezas han ayudado a Suecia a convertirse en un país rico?**

Finlandia

Finlandia ostenta una de las selvas intactas más grandes de Europa. Gran parte de la riqueza de Finlandia proviene de sus gigantescos bosques de píceas, pinos y abedules. Los productos de papel y de madera son sus exportaciones principales. En los últimos años, la **industria pesada,** o la industria que produce productos manufacturados, como maquinarias, ha dado un gran impulso a la economía de Finlandia. Los finlandeses también son líderes en la industria electrónica de las comunicaciones. En 1995 Finlandia se unió a la Unión Europea.

Los antepasados de los finlandeses que se establecieron en la región hace miles de años, probablemente provenían de lo que es ahora Siberia en Rusia. Como resultado, el idioma y la cultura de los finlandeses difieren de aquellos de los otros países nórdicos.

La mayoría de los 5.2 millones de gente habitantes en pueblos y ciudades en la costa sur. **Helsinki,** la capital, tiene más de 1 millón de habitantes, pero la ciudad ha sabido mantener un ambiente de pueblo pequeño. Por ejemplo, no hay edificios muy altos. Los finlandeses disfrutan de la práctica del esquí a campo traviesa, ya que casi la mitad del año sus campos se mantienen cubiertos de nieve. También les gusta relajarse en **saunas,** o cuartos de madera calentados por agua sobre piedras calientes.

✓ Comprobación de lectura **¿De dónde provienen los antepasados de los finlandeses?**

¿Ballet cómodo y agradable?

Helle Oelkers (a extrema derecha) es una integrante de una de las compañías de ballet más extraordinarias de Europa, el Ballet Real de Dinamarca. A Helle le encanta pensar que su actuación alienta a la audiencia a sentirse *hygge*. *Hygge* significa sentirse cómodo y agradable. Ella explica, "el mayor cumplido que un danés puede ofrecer es agradecer a alguien por una tarde agradable".

Dinamarca e Islandia

Dinamarca e Islandia son países cuyas historias están estrechamente ligadas al mar. Durante siglos, Dinamarca gobernó a Islandia, de manera que el danés se habla y se entiende ampliamente en Islandia.

Gran parte de Dinamarca se compone de una península conocida como Jutlandia. Dinamarca también incluye casi 500 islas, de las cuales sólo 100 están habitadas. Dinamarca también gobierna la gran isla de Groenlandia. A través de la historia, la ubicación de Dinamarca la ha convertido en un nexo para el movimiento de gente y productos entre los países nórdicos y el resto de Europa. Trasbordadores y puentes conectan la península de Jutlandia con las islas. Un puente y un túnel ahora unen la isla Zelandia de Dinamarca con Suecia.

Dinamarca posee una de las tierras más fértiles del norte de Europa. Los productos agrícolas daneses incluyen: mantequilla, queso, tocino y jamón. La porcelana real de Copenhague, un producto de exportación famoso de Dinamarca, está considerada como una de las más finas del mundo. Los daneses también inventaron y exportan los mundialmente famosos bloques de construcción de juguetes LEGO®.

Los 5.4 millones de daneses disfrutan de un alto nivel de vida. En lugar de festivales tradicionales, que normalmente son muy aparatosos, en general los daneses prefieren una tarde tranquila en casa o compartir el tiempo con amigos en pequeños cafés. El país tiene una democracia parlamentaria, con un rey o una reina como jefe de estado. Representantes elegidos son los encargados de administrar el gobierno. Dinamarca se unió a la Unión Europea en 1993. **Copenhague,** la capital de Dinamarca, es la más grande de las ciudades nórdicas. En el puerto de Copenhague hay una famosa atracción: una estatua de la Sirenita. Un personaje de un cuento del escritor danés Hans Christian Andersen. Andersen, quien vivió y escribió durante el siglo XIX, es uno de los escritores más famosos de Dinamarca.

▲ La estatua de la Sirenita en Copenhague

Islandia Islandia, una isla en el Atlántico Norte, es una tierra de glaciares y **géisers,** o manantiales de agua que arrojan agua caliente y vapor al aire. La gente de Islandia saca el mejor provecho de este ambiente fuera de lo común. Emplean la **energía geotérmica,** o calor producido por fuentes naturales subterrá-neas, para dar calefacción a sus casas, edificios y piscinas.

¿Qué es lo que genera estas maravillas naturales? Situada sobre una línea de falla, Islandia está a merced de una constante actividad volcánica. Cada ciertos años, uno de los 200 volcanes entra en erupción. Los volcanes calientan las aguas termales que aparecen a lo ancho y largo de Islandia.

La economía de Islandia depende principalmente de la pesca. Las exportaciones de pescado proporcionan el dinero para comprar alimentos y bienes de consumo de otros países. Islandia está preocupada de que la pesca desmedida pueda reducir los recursos de pesca disponibles. Para reducir esta dependencia casi exclusiva de la industria pesquera, Islandia ha creado nuevas industrias de servicio y manufactura.

Más del 90 por ciento de los casi 300,000 islandeses viven en zonas urbanas. Más de la mitad de la gente vive en la ciudad capital de **Reikiavik.** La gente tiene una gran pasión por la lectura de libros, revistas y periódicos. De hecho, el índice de alfabetización en Islandia es de 100 por ciento.

✓ Comprobación de lectura ¿Cómo la gente de Islandia saca partido de los géisers del país?

Sección 4 Evaluación

Definición de términos

1. **Define** fiordo, estado de bienestar social, industria pesada, sauna, géiser, energía geotérmica.

Recuerdo de hechos

2. **Ubicación** Nombra los cinco países nórdicos.
3. **Economía** ¿Qué productos generan gran parte de la riqueza de Noruega?
4. **Historia** ¿Por qué algunos islandeses hablan danés?

Pensamiento crítico

5. **Análisis de la información** ¿Cómo la ubicación de Dinamarca ha afectado su relación con el resto de Europa?
6. **Comprensión de causa y efecto** ¿Por qué la cultura finlandesa es diferente a la del resto de los países nórdicos?

Organizador gráfico

7. **Organización de la información** Crea un diagrama como el de abajo. Explica tres resultados como consecuencia de la ubicación de Islandia sobre una línea de falla.

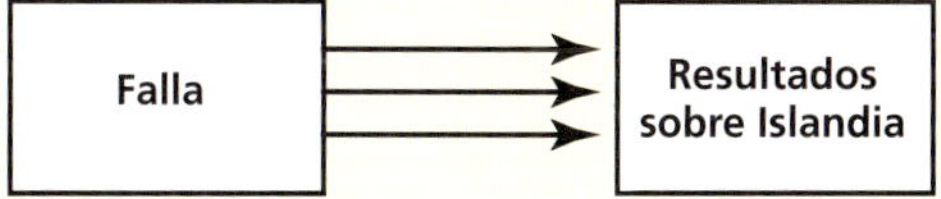

Aplicación de las habilidades en estudios sociales

8. **Análisis de mapas** Estudia el mapa político de la página 341. ¿Cuál capital nórdica se encuentra más al extremo norte? ¿Cuál capital nórdica se encuentra más al extremo sur?

Sección 5 El sur de Europa

Guía de lectura

Idea principal

El mar ha desempeñado un papel importante en los países del sur de Europa.

Terminología

- agricultura en seco
- siroco
- gobierno por coalición

Estrategia de lectura

Crea un cuadro como éste para cada uno de los países siguientes: España, Portugal, Italia y Grecia. Escribe al menos un hecho clave de cada país para cada una de las categorías listadas.

País	
Territorio	
Economía	
Gobierno	
Gente	

La "corrida de los toros" es un evento anual y controvertido en Pamplona, una ciudad en el norte de España. A pesar de que los grupos protectores de animales la objetan, todas las mañanas de la semana del Festival de San Fermín, se suelta a media docena de toros para que corran por las angostas calles de la ciudad. La gente arriesga sus vidas corriendo delante de los toros. Su objetivo es permanecer en la carrera el mayor tiempo posible.

España, Portugal, Italia y **Grecia,** junto con varios países pequeños, conforman la parte sur de Europa. Un abundante patrimonio cultural ha producido muchos de los escritores, artistas y músicos mejores del mundo. Como leíste en el Capítulo 10, fue la gente de Grecia antigua y Roma quien desempeñó un papel muy importante en el desarrollo de la civilización occidental.

La Península Ibérica

España y sus vecinos, Portugal y **Andorra,** conforman la **Península Ibérica.** La pequeña Andorra, con apenas 174 millas cuadradas (451 kilómetros cuadrados), se sitúa en lo alto de la cadena montañosa de los **Pirineos** cerca del límite de España con Francia.

Portugal y gran parte de España tienen inviernos moderados y veranos calurosos. Gran parte del interior de la península es una meseta seca. En muchas zonas el suelo rojizo-amarillento es poco fértil y se utiliza la agricultura en seco en las tierras para cultivar trigo y verduras En la **agricultura en seco,** no se utiliza el riego. En lugar de eso, la tierra se deja sin sembrar por un par de años, de manera que almacene humedad.

Economías en crecimiento España y Portugal pertenecen a la Unión Europea. Los dos países estuvieron alguna vez atrasados en el desarrollo de la manufactura. Sin embargo, en los últimos años, han trabajado arduamente para ponerse al día económicamente con las otras naciones de la Unión Europea.

España es uno de los mayores productores de aceite de oliva del mundo. Los granjeros portugueses cultivan papas, granos, frutas, aceitunas y uvas. Portugal también es el mayor exportador de corcho del mundo. El corcho proviene de la corteza de algunos robles, que crecen bien en la parte central de Portugal.

La gente viaja a la Península Ibérica para disfrutar de su clima soleado, sus hermosas playas y sus castillos y catedrales antiguas. Andorra atrae a millones de turistas cada año a sus tiendas libres de impuestos. España y Portugal también dependen de la industria del turismo.

Las industrias de manufactura de productos también benefician a las economías de ambos países. Los trabajadores españoles extraen de las minas depósitos abundantes de hierro, y fabrican alimentos procesados, ropa, calzado, acero y automóviles.

Gobiernos democráticos España y Portugal son democracias modernas. España es una monarquía constitucional, en la cual un rey o una reina es el jefe de estado, pero son representantes elegidos quienes administran el gobierno. Portugal es una república parlamentaria, con un presidente como jefe de estado. Un primer ministro, elegido por el cuerpo legislativo, es el jefe de gobierno. Andorra es una democracia parlamentaria que es un principado semiautónomo, gobernado por España y Francia.

Las culturas española y portuguesa La mayor parte de la gente de España y Portugal son católicos. A pesar de historias similares, los pueblos de España y Portugal tienen culturas diferentes. Portugal desarrolló una cultura unificada basada en el idioma portugués. España sigue como un "país de países diferentes". No todos los españoles hablan el mismo idioma ni comparten una misma cultura.

Los vascos en los Pirineos se consideran completamente separados de España. Hablan vasco, un dialecto diferente a cualquier otro en el mundo. Con una permanencia en España más larga que cualquier otro grupo, muchos vascos quieren la independencia para preservar su forma de vida. Algunos grupos vascos han utilizado la violencia contra el gobierno de España.

Lisboa es la concurrida capital de Portugal, pero en su mayor parte Portugal es rural. En contraste, más de tres cuartos de españoles viven en ciudades y pueblos. **Madrid,** la capital de España, tiene casi 5 millones de habitantes y está considerada como uno de los centros culturales más importantes de Europa. Madrid confronta desafíos urbanos comunes como la congestión del tráfico y la contaminación del aire. **Barcelona,** una ciudad de ritmo trepidante, es el puerto marítimo principal de España y un centro industrial.

Puedes encontrar algunas tradiciones centenarias incluso en las ciudades modernas. Por ejemplo, la mayoría de las familias españolas generalmente tienen su cena más o menos entre las 9 y las 10 de la noche. En ocasiones especiales, los españoles disfrutan de una paella, un plato tradicional de camarones, langosta, pollo, jamón y verduras mezcladas con arroz sazonado.

El rock y el jazz son populares entre los jóvenes españoles y portugueses. La gente de cada región tiene sus propias canciones, bailes e instrumentos

Arte islámico

Los musulmanes trajeron a España el conocimiento científico. Ellos pusieron en práctica métodos de riego e introdujeron nuevos cultivos. También trajeron con ellos literatura, música y arte.

El Islam no promueve el arte que incluye formas humanas. Como resultado, los artistas musulmanes crean patrones complejos y diseños elaborados. El azulejo siguiente es un ejemplo de los bellos mosaicos que se ven hoy en todo el mundo.

tradicionales. Con frecuencia músicos españoles acompañan a cantantes y bailadores con guitarras, castañuelas y panderetas. Los bailes españoles, como el *bolero* y el *flamenco*, y las canciones portuguesas tradicionales llenas de sentimiento, conocidas como *fado,* se han popularizado en todo el mundo.

Comprobación de lectura ¿Cuál es el mayor producto de exportación de Portugal?

La economía de Italia

Los canales de Venecia atraen a miles de turistas (arriba). La ciudad de Milán ostenta una industria de la moda con modelos elegantísimos (abajo).

Economía **¿Cómo ha cambiado la economía de Italia en los últimos 50 años?**

Italia

La península italiana sobresale de Europa hacia el centro del **Mar Mediterráneo.** La península se ve como una bota lista para patear un balón triangular. El "balón" es **Sicilia,** una isla que pertenece a Italia. Dos países pequeños, **San Marino** y **Ciudad del Vaticano,** se encuentran dentro de la "bota" italiana.

Los Alpes se encumbran sobre la parte norte de Italia, mientras que el estruendo de montañas volcánicas resuena a través de la parte sur de la península y la isla de Sicilia. A través de la historia, la parte sur de Italia ha experimentado erupciones volcánicas y terremotos.

La mayor parte de Italia tiene un clima templado de veranos soleados e inviernos lluviosos. En primavera y verano, los vientos calurosos y secos, llamados **sirocos,** soplan a través de Italia provenientes del norte de África.

La economía de Italia En los últimos 50 años, Italia ha cambiado de un país principalmente agrícola a una de las economías industriales más importantes del mundo. Muchos productos se fabrican en negocios pequeños, operados por familias en vez de por grandes corporaciones. Los negocios italianos son conocidos por crear nuevos diseños y métodos para fabricar productos. Italia es miembro de la Unión Europea.

La mayor parte de la fabricación de productos se realiza en la parte norte de Italia. El turismo también es importante en las zonas norte y central de Italia. Los centros de recreación en los Alpes atraen a muchos esquiadores. **Venecia,** al nordeste, está construida sobre 117 islas. No encuentras automóviles en esta ciudad, entrecruzada por canales y que depende de barcazas para el transporte. En el centro de Italia se encuentra **Roma,** la capital y la ciudad más grande de Italia. En la época Clásica, Roma fue sede del Imperio Romano. En Roma, todavía puedes ver ruinas romanas antiquísimas, y también iglesias y palacios impresionantes de la época del Renacimiento.

El sur de Italia es más pobre y menos industrializado que el norte y el centro de Italia. El desempleo y la pobreza son comunes. Muchos italianos del sur se han desplazado hacia el norte de Italia u otras partes de Europa.

El gobierno de Italia Después de la Segunda Guerra Mundial, Italia se convirtió en una república democrática. A pesar de eso, la democracia no condujo a un gobierno estable. La rivalidad entre la riqueza del norte y la pobreza del sur ha provocado tensiones políticas. Además, existen muchos partidos políticos, y ninguno de ellos ha sido lo suficientemente fuerte como para ganar el control del país. En lugar de eso, Italia ha visto muchos **gobiernos por coalición,** donde dos o más partidos políticos trabajan juntos para dirigir el país.

La gente de Italia Casi el 70 por ciento de los 57.2 millones de italianos vive en pueblos y ciudades. Más del 90 por ciento de los italianos trabaja en industrias de manufactura y de servicio. La mayor parte de los de los italianos, es decir, más del 95 por ciento, son católicos. La celebración de festividades religiosas es una parte ampliamente compartida en la vida de los italianos. La Ciudad del Vaticano, rodeada por Roma, es la sede de la Iglesia Católica. El Papa, quien es el jefe de la Iglesia, vive y trabaja aquí. La Ciudad del Vaticano tiene muchos tesoros de arte, así como la iglesia más grande del mundo, la Basílica de San Pedro.

La gente de Italia habla italiano, que se desarrolló a partir del latín, la lengua de Roma antigua. El italiano está estrechamente ligado al francés y al español. La pasta, hecha de harina con agua, es el plato básico en Italia. Algunos platos de pasta son los espaguetis, la lasaña y los ravioles.

✓ **Comprobación de lectura** **¿Por qué ha sido necesario tener gobiernos por coalición en Italia?**

Grecia

La región continental de Grecia se sitúa en la punta sur de la **Península de los Balcanes,** que sale de Europa y se adentra en el Mar Mediterráneo. Grecia también incluye 2,000 islas alrededor de la región continental. Al igual que otras zonas mediterráneas, a menudo Grecia se ve estremecida por terremotos. Cadenas montañosas dividen a Grecia en muchas regiones separadas. Históricamente, esto ha mantenido a la gente de una región aislada de la gente de otras regiones.

De las 2,000 islas griegas, unas 170 están habitadas. La isla griega más grande, que cubre más de 3,000 millas cuadradas (7,770 kilómetros cuadrados), es **Creta.** Más al este, en el Mediterráneo, está el país isleño de **Chipre.** Antiguamente bajo dominio turco y luego bajo dominio británico, Chipre se independizó en 1960. Durante siglos griegos y turcos han vivido en Chipre, pero la lucha entre estos dos grupos ha resultado en un país dividido.

EXPLORACIÓN DE LA CULTURA

Arquitectura

Por más de 800 años la Torre Inclinada de Pisa, en Italia, ha perdurado como un monumento a los errores de construcción. Iniciada en 1173, la torre empezó a inclinarse incluso antes que se terminara. Con el paso del tiempo, la torre se movió aún más, hasta el año 1990, se inclinaba 15 pies (4.5 m) al sur. Por temor a que la torre se pudiera desplomar, los expertos la cerraron. Agregaron 800 toneladas (726 toneladas métricas) de pesos de plomo a su base. También socavaron y retiraron 30 toneladas (27 toneladas métricas) de subsuelo del lado norte de la torre, con la esperanza de que la torre pudiera hundirse hacia el lado contrario. Los visitantes han regresado de nuevo a la torre.

Una mirada de cerca **¿Por qué crees que los expertos arreglaron el problema de la torre, pero aún así la dejaron inclinada?**

▲ Bailarines folklóricos griegos

La economía de Grecia Grecia pertenece a la Unión Europea, pero tiene una de las economías menos industrializadas de Europa. Debido al suelo rocoso y poco fértil, la mayor parte de la gente que vive en regiones montañosas se dedica a pastorear ovejas y cabras. Grecia debe importar alimentos, combustibles y muchos productos manufacturados. Los granjeros cultivan remolacha azucarera, granos, frutas cítricas y tabaco. Los cultivos principales de Grecia son las aceitunas, utilizadas para hacer aceite de oliva y las uvas, utilizadas para hacer vino.

Ninguna parte de Grecia está a más de 85 millas (137 km) del mar. El transporte marítimo es vital para la economía. Grecia tiene una de las flotas marítimas más grandes del mundo, incluyendo buques petroleros, barcos de carga, barcos pesqueros y barcos de pasajeros.

El turismo es otra industria clave. Cada año millones de visitantes vienen a Grecia a visitar sitios históricos, como el Partenón en la ciudad capital de **Atenas** y el templo de Apolo en Delfos. Otros vienen a relajarse en sus playas o para disfrutar del hermoso paisaje de la isla.

Los griegos de hoy Grecia es una república parlamentaria. Casi el 60 por ciento de los 11 millones de griegos vive en zonas urbanas. Los griegos de hoy tienen mucho en común con sus antepasados. Debaten asuntos políticos con gran entusiasmo y valoran el arte de la narración de cuentos.

Más del 95 por ciento de los griegos son cristianos ortodoxos griegos. La religión tiene una gran influencia en la vida griega, especialmente en las zonas rurales. La Pascua es el día festivo más importante en Grecia. Las comidas tradicionales de los días festivos incluyen cordero, pescado y queso feta, hecho de leche de cabra o de oveja.

✓ **Comprobación de lectura** ¿Cuáles son dos industrias clave en Grecia?

Evaluación

Definición de términos

1. **Define** agricultura en seco, siroco, gobierno por coalición.

Recuerdo de hechos

2. **Ubicación** ¿Cuáles son los tres países que se sitúan en la Península Ibérica?
3. **Economía** ¿Cuál es la región más próspera de Italia, el norte o el sur?
4. **Cultura** Haz una lista de cuatro cosas que los turistas ven en Italia.

Pensamiento crítico

5. **Análisis de la información** ¿Por qué se espera que la economía de Grecia sea dependiente del mar?
6. **Comprensión de causa y efecto** ¿Por qué los vascos se sienten separados del resto de España?

Organizador gráfico

7. **Organización de la información** Dibuja un diagrama como éste. Elige dos países de esta sección y compáralos. Escribe declaraciones que sean ciertas para los dos países donde los óvalos se traslapan. Haz una lista de información única para cada país en las partes exteriores de los óvalos.

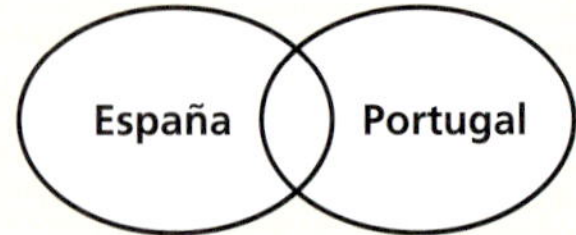

Aplicación de las habilidades en estudios sociales

8. **Análisis de mapas** Pasa al mapa político de la página 341. ¿Qué masa de agua toca gran parte de los países del sur de Europa?

Repaso de la lectura

Sección 1 Las Islas Británicas

Terminología

páramo
democracia parlamentaria
monarquía constitucional
turba
ciénaga

Idea principal

El Reino Unido e Irlanda son pequeños en tamaño, pero su gente ha tenido gran influencia en el resto del mundo.

✓ **Geografía** A Irlanda se la llama la Isla Esmeralda debido a su paisaje.

✓ **Economía** El Reino Unido es un país industrial y comercial muy importante.

✓ **Historia** Después de años de conflicto, se adoptó un plan de paz en Irlanda del Norte.

Sección 2 Francia y los países del Benelux

Terminología

navegable
pólder
compañía multinacional
multilingüe

Idea principal

Francia y los países del Benelux son centros importantes de la cultura, agricultura y manufactura de Europa.

✓ **Cultura** París es un centro mundial de arte, aprendizaje y cultura.

✓ **Ubicación** La ubicación de Bélgica la ha convertido en un centro internacional de comercio.

✓ **Economía** Luxemburgo es sede de muchas compañías multinacionales.

Sección 3 Alemania y los países alpinos

Terminología

autobahn
república federal
reunificación
neutralidad
línea divisoria

Idea principal

Alemania, Suiza y Austria son países conocidos por sus paisajes de montañas espectaculares y sus prósperas economías.

✓ **Economía** La economía alemana es muy sólida.

✓ **Economía** Suiza produce productos manufacturados de alta calidad.

✓ **Economía** La economía de Austria saca provecho del terreno montañoso.

Sección 4 Los países nórdicos

Terminología

fiordo
estado de bienestar social
industria pesada
sauna
géiser
energía geotérmica

Idea principal

Los países nórdicos han desarrollado diversas economías y su gente disfruta de un alto nivel de vida.

✓ **Región** Los países nórdicos incluyen Noruega, Suecia, Finlandia, Dinamarca e Islandia.

✓ **Cultura** La cultura finlandesa difiere de la cultura de los otros países nórdicos.

✓ **Economía** La prosperidad de Suecia proviene de los bosques y minerales de hierro.

Sección 5 El sur de Europa

Terminología

agricultura en seco
siroco
gobierno por coalición

Idea principal

El mar ha desempeñado un papel importante en los países del sur de Europa.

✓ **Ubicación** España, Portugal y Andorra ocupan la Península Ibérica.

✓ **Economía** Italia es una de las economías industriales más importantes del mundo.

✓ **Lugar** Grecia consta de un continente montañoso y 2,000 islas.

Capítulo 12 Evaluación y actividades

Uso de términos clave

Haz corresponder los términos de la parte A con sus definiciones en la parte B.

A.

1. multilingüe
2. industria pesada
3. gobierno por coalición
4. neutralidad
5. agricultura en seco
6. estado de bienestar social
7. pólder
8. autobahn
9. monarquía constitucional
10. compañía multinacional

B.

a. tierra ganada del mar
b. dejar la tierra sin sembrar para del almacene humedad
c. negarse a ponerse a favor de uno de los adversarios
d. país que usa el dinero de los impuestos para ayudar a la gente necesitada
e. compañía que tiene oficinas en varios países
f. gobierno que tiene un rey o una reina, pero los gobernantes son elegidos
g. autopista muy rápida
h. que puede hablar varios idiomas
i. dos o más partidos políticos que trabajan juntos para dirigir un país
j. producción de bienes industriales

Repaso de las ideas principales

Sección 1 Las Islas Británicas

11. **Región** ¿Cuáles son las regiones que conforman el Reino Unido?
12. **Cultura** Nombra los dos idiomas oficiales de la República de Irlanda.

Sección 2 Francia y los países del Benelux

13. **Gobierno** ¿Qué es la Quinta República?
14. **Ubicación** ¿Por qué los holandeses tienen que proteger su tierra del mar?

Sección 3 Alemania y los países alpinos

15. **Gobierno** ¿Qué desafíos implica la reunificación de Alemania?
16. **Ubicación** ¿Por qué Ginebra es el centro de muchas organizaciones internacionales?

Sección 4 Los países nórdicos

17. **Economía** ¿Cuál es la mayor riqueza de Noruega?
18. **Cultura** ¿Cuál es el índice de alfabetización?

Sección 5 El sur de Europa

19. **Cultura** ¿Por qué los vascos quieren independizarse de España?
20. **Economía** ¿De qué manera el paisaje rocoso influye en la economía de Grecia?

Europa occidental

Actividad para localizar un lugar

En una hoja de papel aparte, empareja las letras del mapa con los lugares enumerados a continuación.

1. Irlanda
2. Mar del Norte
3. Bélgica
4. Austria
5. Suiza
6. España
7. Noruega
8. Portugal
9. Suecia
10. Islandia

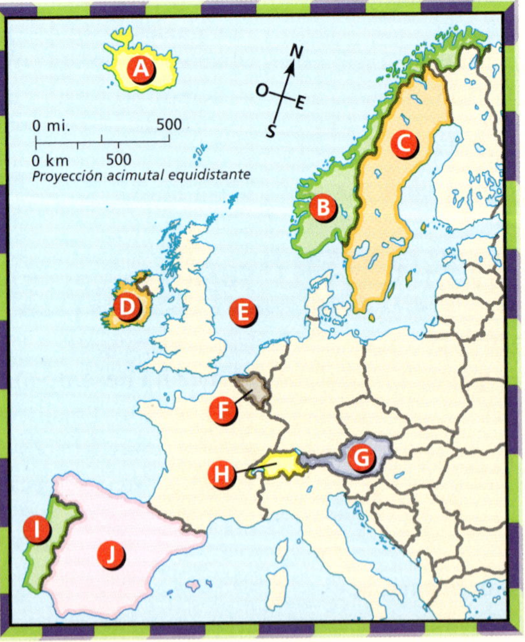

Prueba de autocomprobación Visita el sitio Web ***El mundo y sus gentes*** en twip.glencoe.com y haz clic en **Chapter 12–Self-Check Quizzes** para prepararte para el examen del capítulo.

Pensamiento crítico

21. **Análisis de la información** ¿Por qué el nombre de Tierra de Fuego y Hielo es apropiado para Islandia?
22. **Organización de la información** Crea una reseña de cada país que aparece en la Sección 5. Usa la siguiente guía como base para tu reseña.
    I. Nombre del país
    - **A.** Territorio
    - **B.** Economía
    - **C.** Gente

Actividad de comparación de las regiones

23. **Cultura** Visita un quiosco de periódicos o la biblioteca para encontrar una revista publicada para los adolescentes europeos. ¿Tiene la misma apariencia y se percibe como las revistas que tú lees? ¿Qué características comunes o anuncios ves?

Actividad mental de trazado de mapas

24. **Enfoque en la región** Dibuja un mapa simple del contorno de Europa occidental y luego identifica lo siguiente:

- Reino Unido
- Francia
- Alemania
- Suecia
- Italia
- España
- Suiza
- Islandia

Actividad de habilidades tecnológicas

25. **Uso de una hoja de cálculo** Haz una lista de los nombres de los países de Europa occidental en una hoja de cálculo; empieza en la celda A2 y continúa hacia abajo en la columna. Investiga la población de cada país y anota las cantidades en la columna B. En la columna C anota el área de cada país en millas cuadradas. Usa como título de la Columna D "Densidad de la población", luego divide la columna B por la columna C para hallar la densidad de la población. Imprime y comparte tu hoja de cálculo con la clase.

Práctica de la prueba estandarizada

Instrucciones: Estudia el gráfico de abajo y luego responde a la pregunta que sigue.

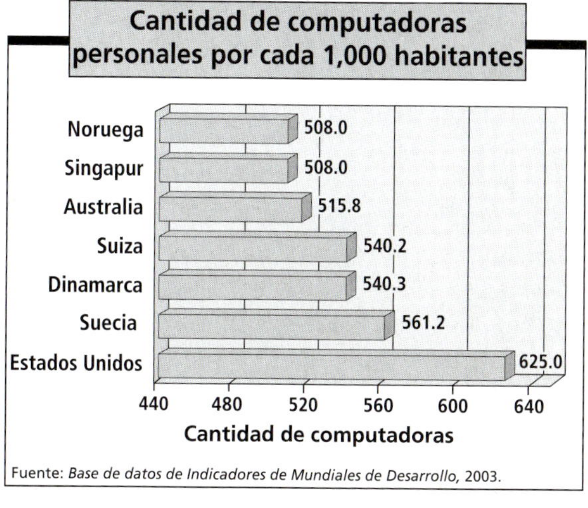

1. **¿Qué país nórdico tiene la mayor cantidad de computadoras personales por cada 1,000 habitantes?**
   - **A** Estados Unidos
   - **B** Suiza
   - **C** Dinamarca
   - **D** Suecia

Consejo para el examen: Utiliza la información del gráfico como ayuda para responder a esta pregunta. Mira detenidamente la información en la parte inferior y del lado del gráfico para entender lo que representan las barras. La palabra importante en la pregunta es *nórdico.* Otros países pueden tener más computadoras personales, pero ¿qué país nórdico listado en el gráfico tiene la mayor cantidad de computadoras personales por cada 1,000 habitantes?

Capítulo 13

La nueva Europa oriental

El mundo y sus gentes NATIONAL GEOGRAPHIC

Para aprender más sobre la gente y los lugares de Europa oriental, mira el video de ***The World and Its People* Chapter 13**.

Estudios sociales en línea

Descripción general del capítulo Visita el sitio Web ***El mundo y sus gentes*** en twip.glencoe.com y haz clic en **Chapter 13–Chapter Overviews** para ver la información preliminar sobre Europa oriental.

PLEGABLES™
Organizador de estudios

Comparación y contraste Haz el siguiente plegable como ayuda para comparar y contrastar lo que aprendiste sobre Europa occidental y Europa oriental.

Paso 1 Dobla una hoja de papel por la mitad de lado a lado.

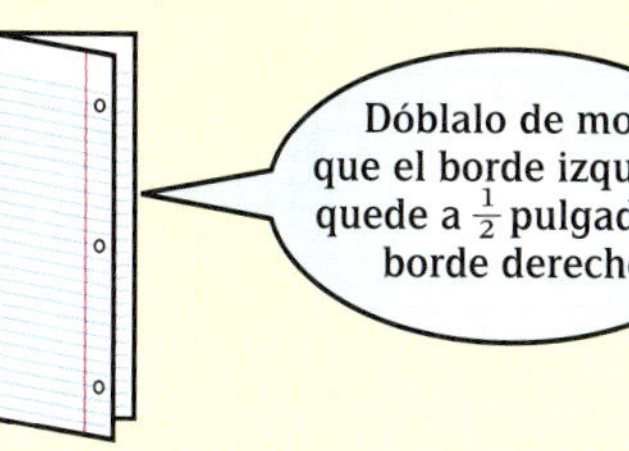

Paso 2 Voltea el papel y dóblalo en tres.

Paso 3 Desdobla y corta la tapa superior solamente, a lo largo de ambos dobleces.

Paso 4 Marca como se indica.

Lectura y redacción Antes de leer el capítulo 13, anota lo que aprendiste sobre Europa occidental, en el capítulo 12, bajo la lengüeta "Europa occidental" de tu plegable. A medida que lees el capítulo 13, escribe bajo la lengüeta correcta lo que aprendes sobre Europa oriental. Luego, bajo la lengüeta intermedia, indica las similitudes de estas dos regiones.

Por qué es importante

Del comunismo a la democracia

Desde la caída del comunismo, los países de Europa oriental han continuado cambiando. La formación de nuevos gobiernos democráticos ha conducido a estrechar lazos con otras naciones libres de Europa. La influencia económica de Europa oriental crece a medida que la región se transforma en un nuevo mercado para los productos de occidente. Sin embargo, los cambios no han estado libres de obstáculos, y todavía hay muchos desafíos que vencer.

◀ Starometske Namesti e Iglesia de Tyn en Praga, República Checa

Polonia y las repúblicas bálticas

Guía de lectura

Idea principal

Polonia y las repúblicas bálticas han experimentado muchos cambios en sus sistemas políticos y económicos.

Terminología

- ciénaga
- estado comunista
- lluvia ácida
- Papa

Estrategia de lectura

Crea un cuadro como éste, y luego escribe un hecho sobre la gente de Polonia y de las repúblicas bálticas.

País	Gente
Polonia	
Estonia	
Letonia	
Lituania	

NATIONAL GEOGRAPHIC Exploración de nuestro mundo

¿Has escuchado el dicho "De vuelta a las minas de sal"? Esto significa que es hora de volver al trabajo, y proviene de Wieliczka, Polonia. Por casi 1,000 años, los trabajadores han explotado las minas de sal de este lugar, incluso han hecho hasta esculturas de sal. Este espacio yace a 331 pies (101 m) debajo de la superficie de la Tierra. Esculturas de sal decoran las murallas. Incluso los candelabros están hechos de rocas de sal.

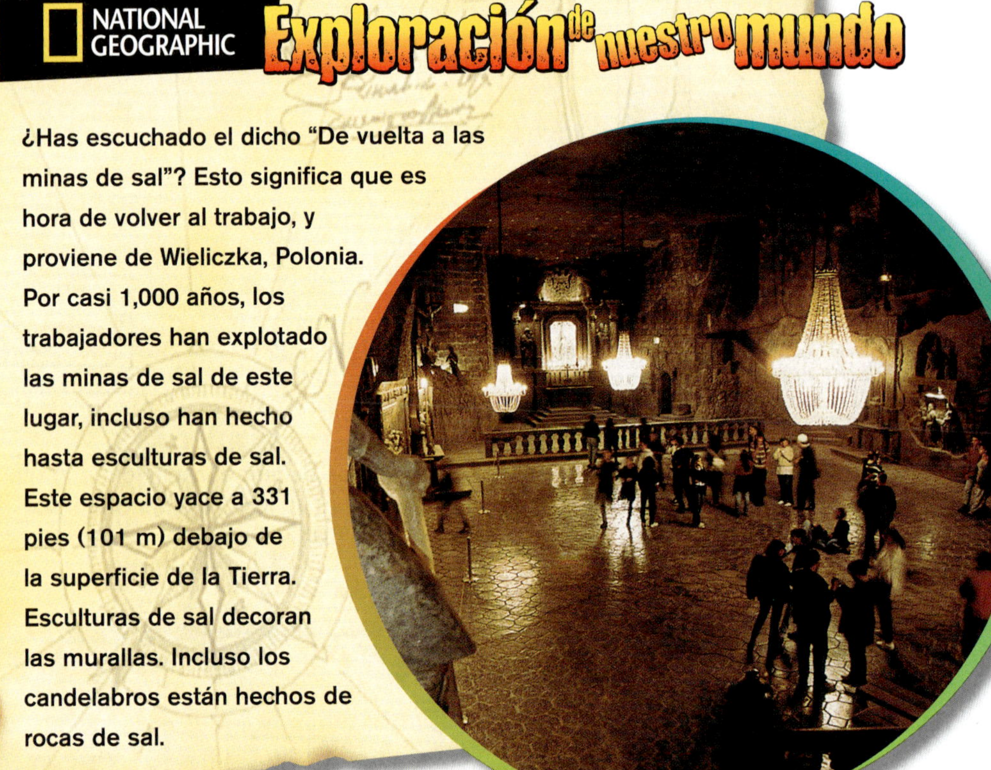

A lo largo de las costas sureñas del Mar Báltico se encuentran **Polonia** y las repúblicas bálticas de **Estonia, Letonia** y **Lituania.** A pesar de que son países vecinos, tienen historias y culturas distintas.

Polonia

Polonia es uno de los países más grandes de Europa. Casi del tamaño de Nuevo México, Polonia yace en la Llanura Europea Septentrional. Esta llanura se extiende de Francia a Rusia. Ríos como el Vístula y el Oder fluyen por las tierras bajas y planas de Polonia. Muchos polacos viven en esta fértil región central.

Hacia el norte del Mar Báltico, puedes encontrar lagos, bosques y **ciénagas,** o tierras bajas pantanosas. En el sur, los **Montes Cárpatos** se extienden a lo largo de la frontera de Polonia con Eslovaquia. La ubicación de Polonia y la falta de montañas en sus fronteras oriental y occidental han hecho que el país sea un blanco fácil para los ejércitos invasores.

Los vientos cálidos que soplan por Europa, provenientes del océano Atlántico, mantienen un clima templado durante todo el año en la parte occidental de Polonia. En la parte oriental de Polonia el clima es más frío. Tiene veranos frescos e inviernos fríos.

Una economía cambiante En el pasado, Polonia fue un **estado comunista,** o un país en el que el gobierno tiene un fuerte control sobre la economía y la sociedad. El gobierno polaco decidía qué, cómo y para quién se producirían los productos. En 1989 Polonia empezó a moverse hacia una economía de mercado. El cambio ha sido difícil. En su estado comunista, los trabajadores tenían trabajos de por vida, inclusive si el comercio estaba lento. Hoy en día las empresas despiden a los trabajadores si no tienen suficiente dinero para mantener a su personal. Polonia se está adaptando para vencer los desafíos económicos. Mucha gente ha iniciado negocios, y los polacos ya no sufren por la escasez de productos.

Polonia tiene miles de granjas pequeñas esparcidas por su territorio, donde trabaja casi el 25 por ciento de los polacos. Los granjeros polacos cultivan más papas y centeno que los granjeros de cualquier otro país de Europa. Otros cultivos incluyen trigo, remolacha azucarera, frutas y verduras.

La economía de Polonia

La explotación del carbón es una de las industrias más importantes de Polonia y se concentra cerca de la República Checa.

Economía **¿Cuáles son algunos de los productos manufacturados en Polonia?**

Algunos granjeros crían ganado, cerdos y pollos.

La mayoría de la minería y la manufactura se lleva a cabo en las partes central y sur de Polonia. La explotación del carbón es una de las industrias principales de Polonia. Las montañas también poseen cobre, zinc y plomo. Polonia también posee petróleo y gas natural. El país produce energía hidroeléctrica, o energía eléctrica producida por movimiento de agua.

Las fábricas polacas procesan alimentos y fabrican maquinarias, equipos de transporte y productos químicos. La ciudad de **Gdansk,** un puerto báltico, es un centro importante de construcción de barcos. Bajo el gob ierno comunista, las fábricas polacas provocaron una de las peores contaminaciones del aire y del agua en Europa. Desde 1989 ha habido una baja en la industria pesada, y el gobierno está más preocupado por el medio ambiente. A pesar de todo, los problemas continúan ya que las fábricas polacas dependen de la combustión del carbón. El humo de las fábricas produce una **lluvia ácida,** o lluvia que contiene químicos que contaminan el agua, el aire y la tierra.

Lucha por la libertad Fundada en el año 900 d.C, Polonia fue un reino poderoso durante la Edad Media. Durante los años subsiguientes al 1800, cayó víctima de sus vecinos más poderosos: Alemania, Rusia y Austria. En 1939 las tropas alemanas invadieron Polonia occidental, dando inicio a la Segunda Guerra Mundial. Los polacos sufrieron enormemente durante la guerra. **Varsovia,** la capital, fue bombardeada hasta convertirla en cenizas. Unos 6 millones de judíos y otros 6 millones de europeos fueron asesinados en campos de concentración brutales establecidos por los alemanes en Polonia y otros sitios. Después de la guerra, la Unión Soviética se apoderó de las tierras en Polonia oriental. A cambio, los polacos ganaron zonas occidentales que pertenecían a la derrotada Alemania.

En 1947 un gobierno comunista asume el poder en Polonia. Para oponerse a este gobierno, en 1980 los trabajadores y granjeros formaron el grupo Solidaridad, un grupo de trabajadores que luchó pacíficamente por un cambio democrático. Finalmente, el gobierno comunista permitió elecciones libres en 1989, y se formó un nuevo gobierno democrático. Un año después, el líder de Solidaridad Lech Walesa fue elegido como el primer presidente democrático de Polonia. Hoy Polonia es una república democrática, o gobierno encabezado por líderes elegidos. Con el fin de acercarse aún más a Europa occidental, Polonia se unió a la Unión Europea el año 2004.

Vida cotidiana Cerca de 38.6 millones de personas viven en Polonia. Casi todos son polacos que pertenecieron a un grupo étnico más grande llamado Eslavos. Hablan polaco, que es una lengua eslávica. Polonia es más rural que las naciones de otras partes de Europa. Casi un tercio de la gente vive en el campo. A medida que la economía de Polonia cambia, más gente se está desplazando hacia las grandes ciudades como Varsovia y Cracovia.

Los polacos sienten una profunda lealtad por su país. La religión también une a los polacos. La mayoría son católicos, y la religión tiene una fuerte influencia en la vida diaria. Los polacos se sintieron muy orgullosos en 1978 cuando Karol Wojtyla fue nombrado **Papa,** o líder de la Iglesia Católica Apostólica Romana. Con el nombre de Juan Pablo II, fue el primer polaco en llegar a ser Papa.

✓ **Comprobación de lectura** ¿Cuáles son las dos creencias o actitudes que unen a los polacos?

▲ Pescados capturados en el Mar Báltico adyacente se venden en el Mercado Central de Riga.

Las repúblicas bálticas

Las pequeñas repúblicas bálticas de Estonia, Letonia y Lituania se encuentran en las costas del **Mar Báltico.** Durante gran parte de sus historias, las repúblicas bálticas estuvieron bajo el control de Rusia. Con la caída de la Unión Soviética en 1991, Estonia, Letonia y Lituania se independizaron. Los tres países aún tienen grandes poblaciones de minorías rusas. La mayoría de las personas en Estonia y Letonia son protestantes, mientras que en Lituania la mayor parte son católicos.

Las repúblicas bálticas están ubicadas en tierras pantanosas, poco fértiles. Aun así, sus bien desarrolladas economías se basan principalmente en la lechería, la producción de carne de vacuno, la pesca y la construcción de barcos. En los últimos años, el aumento del comercio y las industrias ha elevado el estándar de vida en esta región.

✓ **Comprobación de lectura** ¿Cuáles son las dos religiones principales que se practican en las repúblicas bálticas?

Evaluación

Definición de términos

1. **Define** ciénaga, estado comunista, lluvia ácida, Papa.

Recuerdo de hechos

2. **Interacción del hombre con el medio ambiente** ¿Por qué la contaminación continúa siendo un problema en Polonia?
3. **Economía** ¿Por qué es importante Gdansk?
4. **Región** ¿Cuáles son los tres países que se consideran como las repúblicas bálticas?

Organizador gráfico

5. **Organización de la información** En una línea cronológica como ésta, escribe cinco hechos importantes y sus fechas en la historia de Polonia.

Pensamiento crítico

6. **Comprensión de causa y efecto** ¿Cuál de las características físicas de Polonia la ha convertido en un blanco fácil para los ejércitos invasores? ¿Por qué?
7. **Establecer comparaciones** ¿Cuál es la diferencia en cuanto a seguridad de trabajo en un estado comunista y en una economía de libre comercio?

Aplicación de las habilidades en estudios sociales

8. **Análisis de mapas** Consulta el mapa político de la página 369. ¿En qué masa de agua desemboca el río Vistula? Ahora consulta el mapa de densidad de población en la página 384. ¿Cuál es la densidad de población de la zona circundante a Cracovia?

Sección 2 Húngaros, checos y eslovacos

Guía de lectura

Idea principal

Hungría, la República Checa y Eslovaquia están cambiando a economías de libre comercio.

Terminología

- rodeado de tierra
- nómada
- spa
- privatizar

Estrategia de lectura

Completa un cuadro como el de abajo con hechos sobre el pasado y el presente de Hungría, la República Checa y Eslovaquia.

País	Pasado	Presente
Hungría		
República Checa		
Eslovaquia		

NATIONAL GEOGRAPHIC **Exploración de nuestro mundo**

Praga, la capital de la República Checa, es conocida como "la ciudad de las cien cúpulas" debido a la gran cantidad de campanarios de iglesias. Sin embargo, aquí no sólo escucharás música religiosa. Las contribuciones musicales abarcan desde el género clásico hasta el punk. Más recientemente, la República Checa se ha convertido en un centro destacado del jazz.

En el centro de Europa oriental está **Hungría,** la **República Checa** y **Eslovaquia.** Estos tres países llegaron a ser comunistas bajo el control de la Unión Soviética después de la Segunda Guerra Mundial. En 1989 se convirtieron en democracias independientes con economías de libre comercio.

Hungría, Tierra de los magiares

Hungría, casi del tamaño de Indiana, es un país **rodeado de tierra,** lo que significa que no tiene tierras bordeadas por un mar u océano. Hungría depende del poderoso **Río Danubio** para el comercio y el transporte. Sus extensas aguas fluyen 1,776 millas (2,858 km) antes de desembocar en el Mar Negro.

La Llanura húngara se extiende por la parte oriental de Hungría. Esta amplia zona de tierras bajas tiene un suelo excelente para la agricultura y el pastoreo de animales. El Río Danubio separa la llanura de Transdanubia, una región en Hungría occidental. Allí se encuentran colinas onduladas, bosques y lagos. Muchos húngaros pasan sus vacaciones cerca del Lago Balatón, uno de los lagos más grandes de Europa.

Los montes Cárpatos se elevan en la parte norte de Hungría. En esta zona paisajística, puedes caminar a través de bosques densos, encontrar formaciones de rocas raras y explorar cuevas subterráneas.

La economía Los granjeros de Hungría cultivan maíz, remolacha azucarera, trigo y papas en el suelo fértil del país. También cultivan uvas, que se emplean para hacer vino. Entre los recursos naturales de Hungría se incluyen el carbón, el petróleo y el gas natural. También se fabrican alimentos, bebidas y productos del tabaco, junto con máquinas, productos químicos y metálicos. También proliferan las industrias de servicio como el turismo y los servicios financieros.

Los húngaros Los magiares llegaron a la zona del Danubio provenientes del Asia central hace cerca de 1,000 años. Eran **nómadas,** o gente que se muda de un lugar a otro, generalmente con manadas de animales. Los magiares eran habilidosos jinetes de caballos que utilizaban las llanuras cubiertas de pasto para alimentar a sus animales. Posteriormente establecieron un gran reino y adoptaron el cristianismo como su religión.

A partir del año 1500, los turcos otomanos y posteriormente los austriacos dominaron gran parte o casi toda Hungría. En 1867 Hungría y Austria se unieron en un gran imperio. Después de ser derrotada en la Primera Guerra Mundial, Hungría perdió territorio y se convirtió en el país rodeado de tierra que es hoy.

Casi el 90 por ciento de los 10.1 millones de habitantes de Hungría descienden de los magiares. Casi todos hablan el idioma húngaro. Aproximadamente dos tercios son católicos, mientras que un cuarto son protestantes. **Budapest,** la capital y ciudad más grande, es conocida como el "París de Europa oriental". En realidad son dos ciudades divididas por el Río Danubio. En la ribera occidental se encuentra la antigua ciudad de Buda, llena de hermosas iglesias y palacios. Este antiguo poblado se une mediante puentes a la novedosa ciudad de Pest, que tiene fábricas y edificios altos y modernos.

✓ **Comprobación de lectura** **¿Qué río es importante para Hungría y por qué?**

Budapest, Hungría

La capital de Hungría se extiende a lo largo de las riberas del Río Danubio.

Lugar **¿Cuáles son las dos regiones físicas que separa el Río Danubio?**

Comida

En Eslovaquia y la República Checa, el almuerzo es la comida principal del día. Comúnmente incluye carne de cerdo asada; masas rellenas hervidas, papas o arroz cubierto con salsa espesa; y chucrut u otras verduras bien cocidas. Sin embargo, las masas rellenas hervidas de los checos no son iguales a las masas rellenas hervidas de los estadounidenses. Se hacen de papas o de pan seco, mezclado con harina y leche, y luego se hierven. El plato nacional eslovaco es el *bryndzové halušky*, queso de oveja con pasta.

Una mirada de cerca ¿Cuál consideras que es el plato nacional de los Estados Unidos?

La República Checa

La República Checa también es un país rodeado de tierra. Varias zonas son conocidas por su belleza natural. En las montañas al norte y al sur, puedes hacer caminatas por senderos y visitar los **spas,** o complejos vacacionales de salud con aguas termales. Los checos disfrutan de un alto estándar de vida comparado con los europeos orientales. Zonas fértiles de gran extensión convierten a la República Checa en un importante productor agrícola. Sin embargo, la manufactura es la base de la economía del país. Las fábricas producen maquinarias, vehículos, metales y telas. Los minerales incluyen la piedra caliza, el carbón y el caolín, una arcilla fina utilizada para la producción de cerámicas.

Praga, la capital, es un centro de industrias de servicio, turismo y compañías de alta tecnología. Aunque la manufactura proporciona productos para los consumidores, muchas fábricas son antiguas, ineficaces y perjudiciales para el medio ambiente. Los checos están tratando de modernizar sus fábricas y de dar un paso hacia la energía nuclear.

Los checos Grupos eslávicos poblaron la región Checa entre los años 400 y 500 d.C. Hacia el año 900, los checos adoptaron el cristianismo como religión y formaron un reino llamado Bohemia. Formó parte del Imperio Austriaco, que gobernó a partir del año 1500 hasta el 1918. En ese año, los checos y sus vecinos los eslovacos formaron Checoslovaquia, país que pasó a ser dominado por la Unión Soviética. En 1993 los checos y eslovacos acordaron separarse en la República Checa y la República de Eslovaquia. Hoy en día la República Checa es una democracia parlamentaria con un presidente y un primer ministro.

Dos tercios de los 10.2 millones de checos viven en ciudades, muchos en edificios de apartamentos abarrotados de gente. El país es famoso por el esplendor de sus edificios y monumentos históricos. Los checos también han producido una gran literatura, incluyendo obras escritas por el primer presidente de la República Checa.

✓ Comprobación de lectura **¿Qué país dominó a los checos entre los años 1500 y 1918?**

Eslovaquia

Los montes Cárpatos se alzan sobre la región norte de Eslovaquia. Son ricos en minerales de hierro, plomo, zinc y cobre. Las fábricas utilizan estos minerales para producir productos de hierro y de acero. Bajo el gobierno comunista, las fábricas se construyeron para la industria pesada. Aunque el comunismo ya no está en el poder, el empuje por desarrollar nuevas industrias continúa. Los trabajadores también producen cemento, telas y alimentos procesados. Cumbres escarpadas, bosques densos y lagos de aguas azules hacen de esta zona un centro de vacaciones muy popular. Más al sur se encuentran viñedos y granjas esparcidos a lo ancho de fértiles tierras bajas. Los granjeros cultivan cebada, maíz, papas, remolacha azucarera y uvas.

Eslovaquia ha tenido dificultades para cambiar a una economía de libre comercio. Después de la caída del comunismo, los líderes eslovacos empezaron a **privatizar** las empresas. Esto significa que la propiedad de las fábricas se transfiere del gobierno a ciudadanos particulares. Algunos funcionarios del gobierno actuaron de manera corrupta, otorgando beneficios para sí mismos o para sus amigos. Esto hizo que pocas compañías extranjeras estuvieran dispuestas a empezar un nuevo negocio en esta región. Las fábricas eslovacas también sufren por la tecnología anticuada, que contribuye a la contaminación.

Los eslovacos tienen un idioma y una cultura diferentes a los checos. La mayoría de los eslovacos son católicos. Casi el 60 por ciento de los 5.4 millones de eslovacos viven en pueblos y ciudades modernas. **Bratislava,** un puerto en el Danubio, es la capital y ciudad más grande de Eslovaquia. Los turistas visitan los festivales de los pueblos para ver a la gente vestida en sus trajes típicos y para escuchar a sus músicos interpretar música folklórica con flautas y gaitas.

Comprobación de lectura ¿Qué contribuye a la contaminación en Eslovaquia?

Evaluación

Definición de términos

1. **Define** rodeado de tierra, nómada, spa, privatizar.

Recuerdo de hechos

2. **Cultura** ¿A qué grupo étnico pertenece la mayoría de los húngaros?
3. **Geografía** ¿Cuáles son tres de los recursos naturales de la República Checa?
4. **Economía** ¿Por qué Eslovaquia ha tenido dificultades para cambiar a una economía de libre comercio?

Pensamiento crítico

5. **Análisis de la información** ¿Por qué los checos tienen un alto estándar de vida?
6. **Comprensión de causa y efecto** ¿Por qué piensas que los magiares poblaron la zona del Danubio?

Organizador gráfico

7. **Organización de la información** Dibuja un diagrama como el de abajo. Luego agrega por lo menos dos hechos bajo los encabezados de cada óvalo exterior.

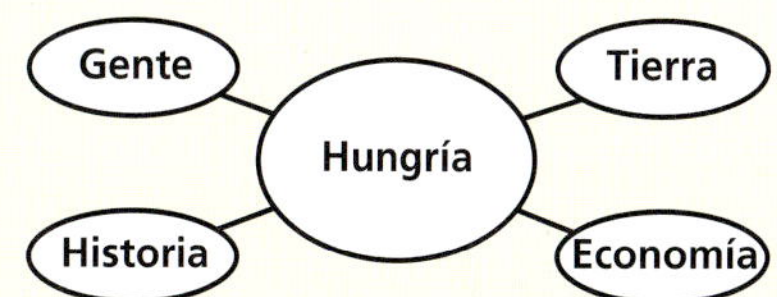

Aplicación de las habilidades en estudios sociales

8. **Análisis de mapas** Pasa al mapa político en la página 369. ¿Con qué países limita Hungría al norte? ¿Al este?

Habilidades de estudio y redacción

Tomar apuntes

La toma efectiva de notas implica algo más que el simple hecho de escribir datos en frases cortas. Implica desglosar la información en partes significativas, para así poder recordar los hechos.

Desarrollo de la habilidad

Para tomar buenos apuntes, sigue estos pasos:

- Escribe los puntos clave y los hechos y cifras importantes de manera rápida y ordenada. Utiliza abreviaturas y frases.
- Copia las palabras, oraciones o diagramas del pizarrón o de tu investigación.
- Pídele a tu maestro o maestra que repita los puntos importantes que no entiendes.
- Al estudiar el material de tu libro de texto, organiza tus apuntes en un borrador o en un mapa de conceptos que enlace la información importante.
- En el caso de un informe de investigación, toma apuntes en tarjetas. Las tarjetas deben incluir el título, el autor y el número de página de las fuentes.

Práctica de la habilidad

Supón que estás escribiendo un informe de investigación sobre Europa oriental. Primero, identifica algunas preguntas sobre la idea principal del tema, por ejemplo, "¿Quién ha gobernado Polonia?" o "¿Qué actividades económicas podemos encontrar en la República Checa?" Luego investiga cada pregunta. 369–370 y 374.

Utiliza el libro de texto como una fuente, lee el material en las páginas y prepara los apuntes como se muestra más abajo. Ya te hemos preparado los primeros apuntes.

Idea principal: ¿Qué actividades económicas podemos encontrar en Polonia?
1. Agricultura: papas, centeno...
2. Minería: carbón, cobre, zinc...
3. Manufactura: alimentos, máquinas...
Idea principal: ¿Qué actividades económicas podemos encontrar en la República Checa?
1.
2.
3.

Aplicación de la habilidad

En una enciclopedia o en Internet, busca información sobre la industria del carbón en Polonia y las consecuencias de la combustión del carbón sobre el medio ambiente. Apunta la idea principal y los hechos que lo respaldan. Luego vuelve a redactar el artículo empleando tus propios apuntes.

◄ **Una adolescente checa exhibe objetos de recuerdo de la Unión Soviética para los turistas que visitan Praga.**

Reconstrucción de los países balcánicos

Guía de lectura

Idea principal

Los países de los Balcanes han sufrido enormemente por los conflictos étnicos y los problemas económicos.

Terminología

- bienes de consumo
- limpieza étnica
- refugiado
- mezquita

Estrategia de lectura

Crea un cuadro como éste. Selecciona un acontecimiento que haya ocurrido, por cada país de los Balcanes. Escribe la causa del acontecimiento en el casillero de la izquierda. Luego escribe un efecto en el casillero de la derecha.

Causa	→	Efecto

NATIONAL GEOGRAPHIC **Exploración de nuestro mundo**

Trajes típicos, música folklórica y bailes tradicionales alegran los festivales al aire libre en Rumania. Muchas de estas tradiciones provienen de los romaníes, que han vivido en esta región por siglos. Sin embargo, si esperas ver un traje típico en la capital de Rumania, los adolescentes pueden pensar que eres un poco anticuado. Los jóvenes en Bucarest escuchan música rock y ven TV tal como tú.

La **Península de los Balcanes** de Europa se encuentra entre el Mar Adriático y el Mar Negro. El mapa físico de la página 284 muestra los diversos países que componen esta región de los Balcanes. Éstos son **Rumania, Bulgaria,** las ex **repúblicas yugoslavas** y **Albania.**

Rumania

Rumania se encuentra en el borde nordeste de la Península de los Balcanes. Los Montes Cárpatos ocupan casi un tercio de la tierra del país. Una vasta meseta cubre la parte central de Rumania. La región costera del Mar Negro incluye la desembocadura del Río Danubio. Los inviernos suelen ser muy fríos y nublados, con mucha nieve. Los veranos son muy cálidos y soleados, pero las precipitaciones son abundantes.

Las actividades económicas de Rumania incluyen la agricultura, la manufactura y la minería. Las montañas pobladas de árboles y la meseta central contienen depósitos de carbón, petróleo y gas natural. En el sur se alzan las torres de perforación de petróleo. A lo largo de los límites al oeste, al este y al sur de Rumania proliferan los huertos y viñedos. Los granjeros también cultivan granos, verduras y hierbas en esta región.

A pesar de la abundancia de recursos, la economía de Rumania se ha mantenido retrasada por las políticas comunistas del pasado. Bajo el poder comunista, las fábricas de Rumania producían acero, productos químicos y maquinarias. Se fabricaban pocos **bienes de consumo,** como ropa, zapatos y otros productos que utiliza la gente. Rumania ahora tiene una economía de libre comercio para suministrar estos productos, pero de igual forma las fábricas necesitan actualizarse para que la economía de Rumania pueda crecer. Además, el país necesita remediar un medio ambiente dañado extensamente por la contaminación del aire y del agua.

Los rumanos Casi el 56 por ciento de los 21.6 millones de rumanos viven en pueblos y ciudades. **Bucarest,** la capital y ciudad más grande, tiene más de 2 millones de habitantes. ¿Qué te indica el nombre de Rumania con respecto a su historia? Si dijiste que alguna vez los romanos dominaron esta región, estás en lo correcto. Los romanos influenciaron enormemente la historia y la cultura de Rumania. El idioma rumano es más cercano al francés, al italiano y al español, todos basados en el latín, que lo que es a otros idiomas de Europa oriental. En otros aspectos, los rumanos son bastante parecidos a sus vecinos eslavos. Muchos rumanos son cristianos ortodoxos orientales.

✓ Comprobación de lectura **¿Con qué otros idiomas está relacionado el rumano?**

¡Aunque no lo creas!

Transilvania

La región central de Rumania conocida como Transilvania fue la ambientación para la novela del vampiro *Drácula,* del autor inglés Bram Stoker. Recientemente, un doctor se dio cuenta de muchos mitos sobre los vampiros coincidían con los síntomas de rabia, incluyendo el sufrimiento por las luces brillantes. Él descubrió que la rabia se había esparcido por toda la región al mismo tiempo que empezaron los cuentos de los vampiros.

Bulgaria

Bulgaria, caracterizada por sus regiones montañosas, se encuentra al sur de Rumania. Llanuras y valles fértiles se concentran en los Montes Balcanes y en los Montes Rodopes, que se extienden por la mayor parte del país. La costa a lo largo del Mar Negro tiene temperaturas más cálidas que las zonas montañosas al interior del país.

La economía de Bulgaria depende de la agricultura y la manufactura. En sus valles fértiles se cultiva trigo, maíz y remolacha azucarera. En el Valle de las Rosas, en la parte central del país, se cultivan rosas. Su aceite de fragancia dulce se utiliza en perfumes. La manufactura depende de los depósitos de zinc y carbón del país. Las fábricas producen maquinarias, metales, telas y alimentos procesados. El turismo está creciendo y cada vez son más los visitantes que buscan los complejos vacacionales con hermosos paisajes de Bulgaria en el Mar Negro.

Vida cotidiana La mayoría de los 7.5 millones de búlgaros descienden de los eslavos, los turcos o de otros grupos de Asia Central. La mayoría de los eslavos usa el alfabeto cirílico, que se creó primero para escribir la lengua eslava. El idioma búlgaro, similar al ruso, también se escribe con este alfabeto cirílico. La mayoría de los búlgaros son cristianos ortodoxos orientales. Casi el 13 por ciento de la población son musulmanes, o seguidores de la religión islámica.

Sofía, con más de 1 millón de habitantes, es la capital y ciudad más grande. Durante el verano, los búlgaros se unen a los veraneantes de otros países en los balnearios de la costa del Mar Negro. Aquí se alzan modernos hoteles a lo ancho de sus playas cubiertas de arena.

✓ Comprobación de lectura **¿Qué alfabeto usa la mayoría de las lenguas eslavas?**

Ex repúblicas yugoslavas

Las ex repúblicas yugoslavas eran un solo país grande llamado **Yugoslavia.** Del año 1990 en adelante, volvieron a aflorar antiguas rencillas entre los grupos étnicos que terminaron por disgregar al país. Finalmente surgieron cinco países: **Eslovenia, Croacia, Bosnia y Herzegovina, Serbia y Montenegro** y **Macedonia,** también conocida como la Ex República Yugoslava de Macedonia (o **F.Y.R.O.M.,** por sus siglas en inglés).

Después de la división, Serbia y Montenegro mantuvieron el nombre de Yugoslavia. Serbia quería controlar a las otras ex repúblicas yugoslavas y proteger a los serbios que vivían en ellas. Como resultado, surgieron guerras durante la década del 90 del siglo pasado. Algunos países mencionados anteriormente obligaron a la gente de otros grupos étnicos a abandonar el lugar donde vivían, una política llamada **limpieza étnica.** Cientos de miles murieron o fueron asesinados. Otros miles se convirtieron en **refugiados,** o personas que huyen a otro país para escapar de un peligro o desastre. Estas guerras dejaron a la región llena de cicatrices. Hacia el año 2002 la esperanza de Serbia de una sola Yugoslavia había terminado. Serbia y Montenegro formaron una alianza más liberal y dejaron el nombre de Yugoslavia.

Eslovenia Eslovenia se ubica en el noroeste de la región de los Balcanes. Tiene montañas escarpadas y valles fértiles densamente poblados. De todos los países de la antigua Yugoslavia, Eslovenia es el más pacífico y próspero. Con muchas fábricas e industrias de servicio, también tiene el más alto estándar de vida de la región. Casi el 52 por ciento de los 2 millones de eslovacos viven en pueblos y ciudades. La mayoría son católicos.

Croacia Croacia se extiende junto a la costa cubierta de islas del Mar Adriático. El interior de Croacia tiene montañas escarpadas y una llanura fértil. **Zagreb,** la capital y ciudad más grande, se encuentra en esta zona interior. Croacia, una república, basa su economía en la agricultura y la industria. Los turistas antes llenaban las hermosas playas del Mar Adriático de Croacia, pero la guerra ha causado desde entonces grandes estragos a muchos de estos lugares.

Los croatas, un grupo eslavo, conforman el 78 por ciento de los 4.3 millones de habitantes de Croacia. Otro 12 por ciento son serbios. Ambos grupos, croatas y serbios, hablan el mismo idioma serbo-croacio, pero utilizan distintos alfabetos. Los croatas usan el alfabeto latino, el mismo que usas para el inglés. Los serbios escriben con el alfabeto cirílico. La religión también divide a croatas y serbios. Los croatas son predominantemente católicos, mientras que los serbios son cristianos ortodoxos orientales.

NATIONAL GEOGRAPHIC **En el sitio**

Vukovar, Croacia

En 1991 los serbios atacaron Vukovar en una revuelta contra la independencia croata. La revuelta se convirtió en una guerra, que duró muchos años y cobró muchas vidas.

Lugar **¿De qué forma afectó la guerra a Croacia?**

Fuente principal

EL DIARIO DE ZLATA

de Zlata Filipović

La joven Zlata Filipović mantenía un diario sobre sus experiencias en Sarajevo.

"¡¡¡ABURRIMIENTO!!! ¡¡¡TIROTEO!!! ¡¡¡BOMBARDEO!!! ¡¡¡MATANZA DE GENTE!!! ¡¡¡DESESPERACIÓN!!! ¡¡¡HAMBRE!!! ¡¡¡MISERIA!!! ¡¡¡TEMOR!!! ¡Esa es mi vida! ¡¡¡La vida de una inocente colegiala de once años!!! Una niña estudiante sin escuela. Una niña sin recreación, sin amigos, sin el sol, sin los pájaros, sin la naturaleza, sin frutas, sin chocolates ni caramelos, con apenas un poco de leche en polvo. En resumidas cuentas, una niña sin infancia. Una niña del tiempo de guerra.(. . .) Una vez escuché que la infancia era la época más hermosa de tu vida. Y lo es. La adoraba, y ahora una horrible guerra la está arrebatando toda de mí. ¿Por qué? Me siento triste. Me siento con ganas de llorar. Estoy llorando".

Tomado del *Diario de Zlata: La vida de una niña en Sarajevo,* © 1994 Viking Penguin. Copyright de traducción: Fixotet, ediciones Robert Laffont, 1994.

Análisis de fuentes principales

Inferencias ¿Qué cosas crees que echarías más de menos si una guerra u otra tragedia te las arrebatara?

Bosnia y Herzegovina Éste es un país montañoso y pobre, que basa su economía principalmente en cultivos y ganado. **Sarajevo,** la capital, tiene el aspecto de una ciudad asiática, con sus mercados y **mezquitas,** o casas de culto de los musulmanes. La mayoría de los bosniacos son musulmanes. Otros son serbios ortodoxos orientales o croatas católicos. Los serbios en la región empezaron una guerra encarnizada en 1992 después de la independencia de Bosnia. En 1995, los Acuerdos de Paz de Dayton dividieron a Bosnia en dos regiones bajo un gobierno. Soldados estadounidenses y otras tropas acudieron a la zona para mantener la paz.

Serbia y Montenegro Desde el año 2002, Serbia y su renuente aliado Montenegro han formado una alianza más liberal. En el año 2003 se alcanzó un acuerdo para votar en el 2006 por la independencia en cada república. Las economías de estas dos repúblicas se basan en la agricultura y la industria. La ciudad más grande de la región es **Belgrado.** La mayoría de los 10.7 millones de serbios y montenegrinos practican la fe ortodoxa oriental.

Serbia ha enfrentado la creciente intranquilidad de algunas de sus provincias locales. Los albanos musulmanes que viven en la provincia de **Kosovo** quieren independizarse de Serbia. También vive en Kosovo un pequeño grupo de serbios ortodoxos orientales. Por siglos, albanos y serbios se han odiado profundamente. En 1999, las fuerzas serbias desplazaron a los albanos de Kosovo. Los Estados Unidos y otras naciones bombardearon Serbia para obligarlos a retirar sus tropas. Incluso con la ayuda de tropas pacifistas de las Naciones Unidas, la paz en Kosovo continúa inestable.

Macedonia (también F.Y.R.O.M., por sus siglas en inglés) Los 2.1 millones de habitantes de Macedonia son una mezcla de grupos étnicos de los Balcanes. En **Skopje,** la capital de Macedonia, existe una mezcla increíble de iglesias cristianas antiguas, mercados turcos antiquísimos y centros comerciales modernos. Cercana a Kosovo, Macedonia tuvo que lidiar con una gran oleada de refugiados albanos provenientes de Kosovo que escaparon de las fuerzas serbias en 1999.

✓ Comprobación de lectura ¿Qué países se formaron de la ex Yugoslavia?

Albania

Adyacente al Mar Adriático, Albania es un país ligeramente más pequeño que el estado de Maryland. Gran parte de Albania está cubierta de montañas, lo que contribuye a su aislamiento de los países vecinos. Albania es un país muy pobre. Aunque el país tiene valiosos recursos minerales, no tiene el dinero para explotarlos. La mayoría de los albanos se dedica a la agricultura, cultivan maíz, uvas, aceitunas, papas, remolacha azucarera y trigo, en los valles de las sierras.

Casi dos tercios de los albanos viven en el campo. La capital y ciudad más grande, **Tirana,** y sus suburbios, tienen una población de casi 270,000 habitantes. Aunque en Albania viven unas 3.1 millones de personas, otros 3.2 millones de albanos viven en países cercanos. Estos refugiados huyeron de Albania para escapar de la violencia que se apoderó del país en los años subsiguientes a 1990.

Casi el 70 por ciento de los albanos son musulmanes. El resto son cristianos. Los comunistas que alguna vez gobernaron Albania se oponían a la religión, pero el actual gobierno democrático de Albania ha permitido que la gente practique su fe. Una albana famosa y monja católica, la Madre Teresa, ayudó a los pobres de la India.

NATIONAL GEOGRAPHIC En el sitio

Albania

Las montañas han aislado a Albania de los países vecinos.

Movimiento ¿Por qué muchos albanos escaparon del país en los últimos años?

✓ **Comprobación de lectura** **¿Cuál es la religión principal en Albania?**

Evaluación

Definición de términos

1. **Define** bienes de consumo, limpieza étnica, refugiado, mezquita.

Recuerdo de hechos

2. **Lugar** ¿Cuál es la capital de Rumania?
3. **Economía** ¿De qué manera se usan las rosas en Bulgaria?
4. **Economía** ¿Cuál de todas las ex repúblicas de Yugoslavia es la más próspera?

Pensamiento crítico

5. **Conclusiones** ¿Cómo crees que se siente la gente de los Balcanes con los últimos cambios en sus países?
6. **Comprensión de causa y efecto** ¿Qué efecto tuvo la política de limpieza étnica sobre la gente de Serbia?

Organizador gráfico

7. **Organización de la información** Crea un cuadro como el de abajo y complétalo con dos hechos bajo el nombre de cada país.

Rumania	Bulgaria	Eslovenia	Croacia
Bosnia y Herzegovina	Serbia y Montenegro	Macedonia	Albania

Aplicación de las habilidades en estudios sociales

8. **Análisis de mapas** Estudia el mapa político de la página 369. ¿Qué países se encuentran sobre la costa este del Mar Adriático?

Establecer conexiones

ARTE | CIENCIA | CULTURA | TECNOLOGÍA

Huevos de Pascua ucranianos

Los ucranianos tienen una rica tradición de arte folklórico que se remonta a miles de años. Esta tradición incluye la alfarería, los textiles y los trabajos en madera. Sin embargo, la forma más conocida del arte ucraniano es la del *pysanky,* o huevos decorados.

Historia

Los huevos de Pascua ucranianos son conocidos mundialmente por su belleza y sus diseños especiales. Muchos de los diseños datan de la época cuando la gente de la región alababa a una divinidad solar. De acuerdo con la leyenda, la divinidad solar prefería a los pájaros sobre las criaturas. Los huevos de los pájaros llegaron a convertirse en un símbolo del nacimiento y la nueva vida, y la gente creía que los huevos podían proteger contra el mal y traer buena suerte. Los huevos eran decorados con símbolos solares y se utilizaban en ceremonias que marcaban el inicio de la primavera.

Cuando el cristianismo se fortaleció en Ucrania en el año 988 d.C., la tradición de los huevos decorativos continuó. El huevo pasó a representar el renacimiento de la religión y la nueva vida. La gente decoraba los huevos en los días previos a la Pascua, y luego los daba como regalos en la mañana de la Pascua.

Técnica

La palabra *pysanky* proviene de palabras ucranianas que significan "cosas que están escritas". Esta frase ayuda a explicar el proceso de encerado que se usa para decorar los huevos. Un artista utiliza un alfiler o herramienta llamada *kistka* para "escribir" un diseño en la cera caliente sobre el huevo. Luego, el huevo se hunde en colorante amarillo, dejando blanca la parte cubierta de cera de la cáscara. Después de retirar el huevo del colorante, el artista escribe con cera caliente sobre otra parte del huevo. Esta parte se mantiene amarilla cuando el huevo se hunde en un segundo colorante. El proceso continúa, con el artista añadiendo cera y hundiendo el huevo en un colorante cada vez más oscuro. Al final, el artista retira las capas de cera para dejar al descubierto un diseño multicolor.

Establecer la conexión

1. ¿Qué es el *pysanky,* y cuándo se originó?
2. ¿Qué papel desempeña la colocación de cera sobre la cáscara en la creación de un huevo decorativo?
3. **Conclusiones** ¿Qué propósitos, aparte del entretenimiento, puede lograr el arte folklórico?

◀ Huevos de Pascua ucranianos

Guía de lectura

Idea principal

Los antiguos lazos con Rusia han tenido efectos diferentes en las economías y sociedades de Ucrania, Bielorrusia y Moldavia.

Terminología

- estepa
- potasa

Estrategia de lectura

Dibuja un diagrama como éste. Bajo el nombre del país, indica por lo menos un hecho que muestre el efecto de la Unión Soviética en estos países.

Sección 4: Ucrania, Bielorrusia y Moldavia

El 26 de abril de 1986 explosionó el reactor 4 de la Planta de Energía Nuclear de Chernobyl en Ucrania. Más de 200,000 personas fueron evacuadas de las zonas adyacentes para evitar la exposición a la radiación. Se contaminaron millones de acres de buena tierra cultivable. Estos vehículos han sido desechados permanentemente después de ser utilizados para limpiar la explosión.

Ucrania, Bielorrusia y **Moldavia** pertenecieron antiguamente a la Unión Soviética. Cuando la Unión Soviética colapsó a fines de 1991, Ucrania, Bielorrusia y Moldavia se independizaron. Desde entonces, se han esforzado por construir nuevas economías.

Ucrania

Un poco más pequeño que Texas, Ucrania es de lejos el país más grande de Europa oriental (sin incluir a Rusia). Los montes Cárpatos se alzan a lo largo de su frontera sudoeste. Más al este, una vasta **estepa,** o llanura ondulada, parcialmente poblada de árboles, conforman el país. Varios ríos, la mayoría poco profundos para los barcos, serpentean a lo ancho de la estepa. Se hizo navegable la vía más importante, el **Río Dnieper,** para que los barcos puedan transportar los productos a mercados distantes. La **Península de Crimea** se adentra en el Mar Negro. Gran parte de Ucrania tiene inviernos fríos y veranos cálidos.

Tierras fértiles y oscuras cubren casi dos tercios de Ucrania. Las granjas son muy productivas, al punto que el país se ha ganado el nombre de "el granero de Europa". Los granjeros cultivan remolacha azucarera, papas, granos, y crían ganado y ovejas. Las fábricas producen maquinarias, alimentos procesados y productos químicos.

Los ucranianos Grupos eslavos antiguos se asentaron y comercializaron cerca de los ríos de la región. Durante los años 800 d.C., los guerreros de los países nórdicos se unieron a estos grupos para formar un gran estado en la ciudad de Kiev. Un siglo después, la gente de Kiev aceptó la fe ortodoxa oriental. Ellos construyeron una de las civilizaciones más prósperas de Europa. Después de 300 años de libertad, el pueblo de Kiev fue conquistado por los mongoles, luego los lituanos y polacos, y finalmente por los rusos.

En la década de 1930, el dictador soviético Joseph Stalin hizo que todas las granjas pasaran a control del gobierno. Millones fueron asesinados o murieron de inanición en la hambruna que siguió a este hecho. Millones más

Aplicación de las habilidades con mapas

1. ¿Cuál es la ciudad más grande en esta región?
2. ¿Cuál es la densidad de población de la zona circundante a Minsk?

Busca en línea mapas de NGS en www.nationalgeographic.com/maps

Familias de lenguas de Europa

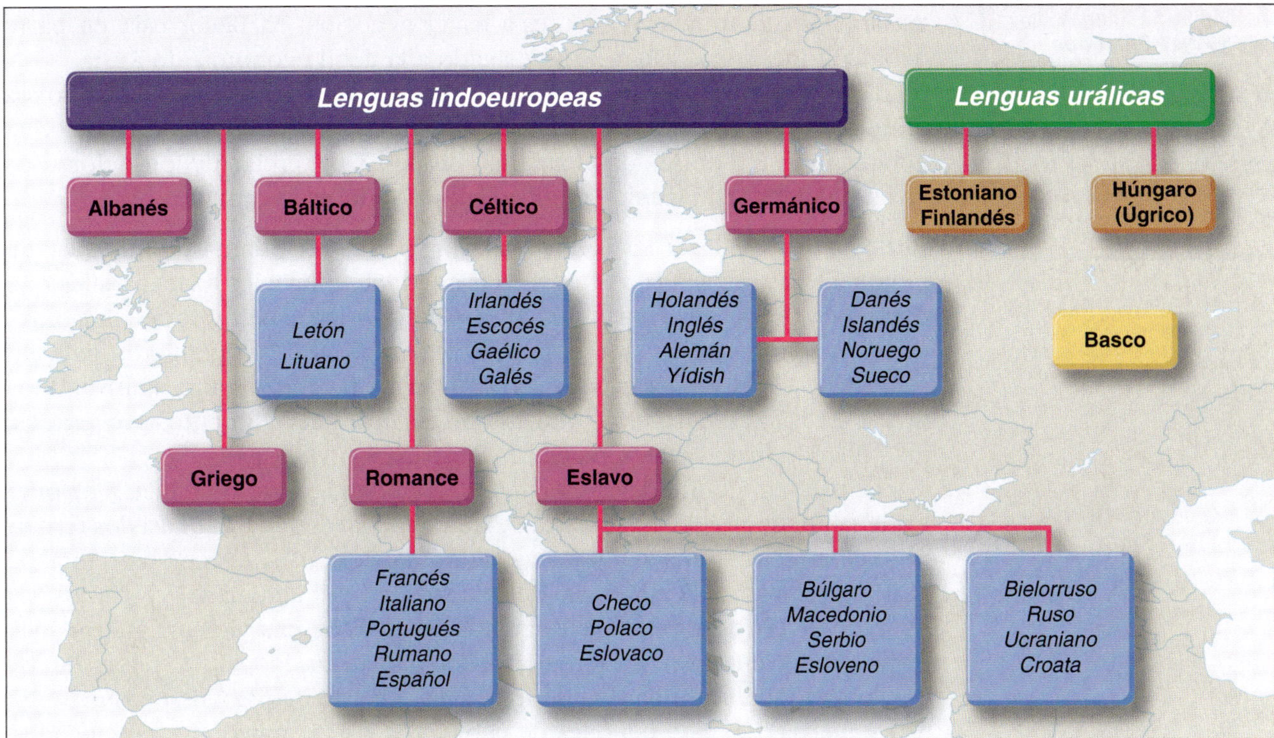

murieron cuando los alemanes invadieron Ucrania durante la Segunda Guerra Mundial. Finalmente en 1991, con la decadencia del poder de la Unión Soviética, Ucrania una vez más se convirtió en una nación libre.

Ucrania tiene casi 48 millones de habitantes. Casi el 75 por ciento son ucranianos étnicos. Cerca del 22 por ciento son rusos, que viven principalmente en zonas orientales. La mayoría de la gente sigue la religión ortodoxa oriental y habla ucraniano, una lengua eslava estrechamente relacionada con el ruso.

Más del 70 por ciento de la gente vive en ciudades. **Kiev,** la capital, tiene más de 2.6 millones de personas. Los ucranianos modernos, incluso los adolescentes, disfrutan con la música folklórica que se ejecuta con un instrumento de cuerda llamado bandura y con los saltos acrobáticos del baile llamado *hopak*.

✓Comprobación de lectura **¿Por qué se conoce a Ucrania como "el granero de Europa"?**

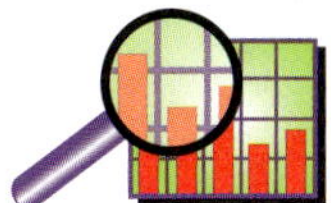

Análisis del cuadro

Siete familias de lenguas son de origen indoeuropeo. Compara este cuadro con las ubica-ciones de los idiomas en el mapa de la página 286.

Historia **¿A partir de qué familia de lenguas se desarrolló el Ucraniano?**

Bielorrusia y Moldavia

Bielorrusia, ligeramente más pequeño que Kansas, tiene grandes extensiones de tierras bajas. Si visitaras Bielorrusia, verías grandes arboledas de abedules, zonas pantanosas extensas y aldeas de madera rodeadas de campos. Los veranos son fríos y húmedos, y los inviernos son fríos.

Los granjeros cultivan papas, granos, verduras, remolacha azucarera y frutas. Los trabajadores de las fábricas producen equipos, productos químicos y materiales de construcción. El procesamiento de alimentos es otra industria importante. Además de tener petróleo y gas natural, Bielorrusia tiene **potasa,** un mineral utilizado en los abonos.

Los grupos eslavos se asentaron primero en la zona que hoy es Bielorrusia en el año 500 d.C. Rodeada por países más grandes, Bielorrusia

Actividad en línea Visita el sitio Web ***El mundo y sus gentes*** en twip.glencoe.com y haz clic en **Chapter 13–Student Web Activities** para aprender más sobre los efectos del desastre nuclear de Chernobyl.

estuvo bajo dominio extranjero gran parte de su historia. Los líderes del partido comunista todavía controlan el gobierno de Bielorrusia, que es una república, y han mantenido lazos estrechos con Rusia. Las compañías extranjeras han estado renuentes a hacer negocios en Bielorrusia, en parte debido a que el país todavía sigue ligado a la débil economía de Rusia.

Los 9.9 millones de bielorrusos son mayoritariamente eslavos ortodoxos orientales. Su idioma bielorruso está estrechamente ligado al ruso y al ucraniano y se escribe con el alfabeto cirílico. Dos tercios de los bielorrusos viven en ciudades. **Minsk,** la ciudad más grande, es la capital.

Moldavia Moldavia es, en su mayor parte, una llanura ondulada, de montañas bajas, cortada por ríos. Estas corrientes fluviales forman valles que contienen tierras fértiles y cultivables. Gracias a este suelo y a un clima favorable, Moldavia puede sustentar mucha agricultura. Los granjeros cultivan remolacha azucarera, granos, papas, manzanas y tabaco. Algunos cultivan uvas que se utilizan para hacer vinos. Las fábricas producen alimentos procesados, maquinarias, metales, materiales de construcción y textiles.

La bandera de Moldavia es parecida a la bandera de Rumania. ¿Por qué? Antiguamente, Moldavia fue parte de Rumania. La identidad de casi dos tercios de la gente se remonta al idioma y la cultura de ese país. La región oriental de Moldavia, lugar de residencia de muchos rusos, ucranianos y turcos, ha buscado independizarse recientemente. Después de una violenta guerra civil, tropas rusas entraron a la región para garantizar la paz. A pesar de las conversaciones, no se ha podido lograr un acuerdo de paz que perdure.

Moldavia tiene 4.3 millones de habitantes. Casi la mitad vive en ciudades, pero gran parte de la cultura de Moldavia aún se basa en un modo de vida rural. Los aldeanos celebran las ocasiones especiales con cordero, pudín de harina de maíz, y queso de leche de cabra. La ciudad principal es la capital, **Kishinev.**

✓ **Comprobación de lectura** **¿Con qué país tiene fuertes lazos Bielorrusia?**

Evaluación

Definición de términos

1. **Define** estepa, potasa.

Recuerdo de hechos

2. **Ubicación** ¿Dónde se ubica la Península de Crimea?
3. **Gobierno** ¿Qué tipo de gobierno tiene Bielorrusia?
4. **Economía** Nombra tres productos agrícolas de Moldavia.

Pensamiento crítico

5. **Categorización de la información** Enumera cuatro productos agrícolas y tres productos manufacturados de Ucrania.
6. **Comprensión de causa y efecto** ¿Por qué la cultura de Moldavia es similar a la de Rumania?

Organizador gráfico

7. **Organización de la información** Crea una línea cronológica como ésta. Luego rotula cinco períodos o eventos importantes de la historia de Ucrania.

Aplicación de las habilidades en estudios sociales

8. **Análisis de mapas** Compara los mapas político y de población en las páginas 369 y 384. ¿Cuál es la densidad de población alrededor del Río Dniester de Ucrania?

Repaso de la lectura

Sección 1 Polonia y las repúblicas bálticas

Terminología

ciénaga
estado comunista
lluvia ácida
Papa

Idea principal

Polonia y las repúblicas bálticas han experimentado muchos cambios en sus sistemas políticos y económicos.

✓ **Lugar** Polonia es un gran país con montañas en la zona sur y llanuras en el norte.

✓ **Economía** El cambio a una economía de libre comercio ha traído algunos desafíos.

✓ **Cultura** Los polacos sienten una profunda lealtad por su país y la Iglesia Católica.

✓ **Lugar** Los países de Estonia, Letonia y Lituania limitan con el mar Báltico, y en los últimos años han elevado su estándar de vida.

Sección 2 Húngaros, checos y eslovacos

Terminología

rodeado de tierra
nómada
spa
privatizar

Idea principal

Hungría, la República Checa y Eslovaquia están cambiando a economías de libre comercio.

✓ **Geografía** El Río Danubio separa la fértil Llanura húngara de los bosques y colinas onduladas de Transdanubia.

✓ **Economía** La República Checa es próspera, pero debe modernizar sus fábricas.

✓ **Economía** Eslovaquia ha tenido dificultades para cambiar a una economía de libre comercio.

Sección 3 Reconstrucción de los países balcánicos

Terminología

bienes de consumo
limpieza étnica
refugiado
mezquita

Idea principal

Los países de los Balcanes han sufrido enormemente por los conflictos étnicos y los problemas económicos.

✓ **Cultura** La gente de Rumania no está relacionada con los pueblos eslavos que componen las poblaciones de la mayor parte de los países de Europa.

✓ **Historia** Los conflictos étnicos han desintegrado a las ex repúblicas yugoslavas.

✓ **Economía** Albania es rica en minerales, pero es muy pobre para explotarlos.

Sección 4 Ucrania, Bielorrusia y Moldavia

Terminología

estepa
potasa

Idea principal

Los antiguos lazos con Rusia han tenido efectos diferentes en las economías y sociedades de Ucrania, Bielorrusia y Moldavia.

✓ **Geografía** El suelo fértil de Ucrania le permite cultivar grandes cantidades de alimentos.

✓ **Economía** Bielorrusia mantiene estrechos lazos económicos con Rusia.

✓ **Economía** La región oriental de Moldavia ha tratado de buscar su independencia, pero incluso después de una guerra civil, no se ha podido llegar a un acuerdo perdurable.

Capítulo 13 Evaluación y actividades

Uso de términos clave

Haz corresponder los términos de la parte A con sus definiciones en la parte B.

A.

1. spa
2. limpieza étnica
3. lluvia ácida
4. Papa
5. estepa
6. rodeado de tierra
7. mezquita
8. bienes de consumo
9. refugiado
10. potasa

B.

a. líder de la Iglesia Católica
b. complejos vacacionales de salud con aguas termales
c. mineral utilizado en abonos
d. que no tiene acceso al mar
e. productos hechos para que la gente los consuma
f. casa de culto de musulmanes
g. lluvia que contiene contaminantes químicos
h. obligar a la gente de otros grupos étnicos a abandonar sus hogares
i. persona que huye a otro país escapando de un peligro o desastre
j. llanura ligeramente ondulada y parcialmente poblada de árboles

Repaso de las ideas principales

Sección 1 Polonia y las repúblicas bálticas

11. **Economía** ¿Cuál es una de las industrias más importantes de Polonia?
12. **Historia** ¿Qué ha elevado el estándar de vida en las repúblicas bálticas?

Sección 2 Húngaros, checos y eslovacos

13. **Lugar** ¿Qué río divide a Hungría?
14. **Lugar** ¿Cuál es la capital de la República Checa?

Sección 3 Reconstrucción de los países balcánicos

15. **Economía** ¿Qué factores han retrasado la economía de Rumania?
16. **Cultura** ¿Cuál es la religión principal de Bulgaria?
17. **Historia** ¿Qué hizo que Yugoslavia se desintegrara?

Sección 4 Ucrania, Bielorrusia y Moldavia

18. **Lugar** ¿Cuál es la capital de Ucrania?
19. **Cultura** ¿A qué idiomas se asemeja el bielorruso?
20. **Historia** ¿Por qué la bandera de Moldavia se parece a la bandera de Rumania?

Europa oriental

Actividad para localizar un lugar

En una hoja de papel aparte, empareja las letras del mapa con los lugares enumerados a continuación.

1. Río Danubio
2. Mar Negro
3. Croacia
4. Albania
5. Letonia
6. Hungría
7. Varsovia
8. Montes Cárpatos
9. Mar Báltico
10. Ucrania

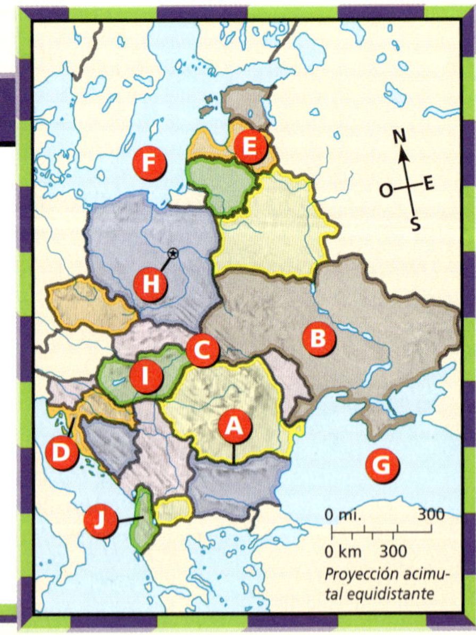

Prueba de autocomprobación Visita el sitio Web ***El mundo y sus gentes*** en twip.glencoe.com y haz clic en **Chapter 13–Self-Check Quizzes** para prepararte para el examen del capítulo.

Pensamiento crítico

21. **Comprensión de causa y efecto** ¿Qué ha conducido a la intranquilidad en partes de Serbia y Montenegro?
22. **Categorización de la información** En un cuadro como el abajo, identifica los países europeos que están prosperando económicamente y los que aún luchan por superarse.

Países que prosperando	Países que están luchando por superarse

Actividad de comparación de las regiones

23. **Cultura** La gente de Europa oriental ha experimentado muchos conflictos por su identidad étnica. Este conflicto ha producido una gran cantidad de refugiados de países como Bosnia y Croacia. Hay grandes cantidades de refugiados en partes de África, también debido a conflictos. Investiga con un compañero para hallar información sobre los refugiados de países de Europa oriental y de África. Escribe una conversación que pudieran tener un refugiado europeo y un refugiado africano.

Actividad mental de trazado de mapas

24. **Enfoque en la región** Crea un mapa de Europa oriental, y luego rotula lo siguiente:

- Polonia
- Albania
- República Checa
- Serbia y Montenegro
- Hungría
- Lituania
- Mar Negro
- Río Danubio
- Ucrania
- Mar Adriático

Actividad de habilidades tecnológicas

25. **Construcción de una base de datos** Crea una base de datos de los países de Europa oriental. Incluye campos como: capital, tamaño, población, gobierno y productos. Después de analizar tu base de datos, pronostica qué países tienen una buena posibilidad de mejorar su estándar de vida.

Práctica de la prueba estandarizada

Instrucciones: Estudia el mapa de abajo y contesta a la pregunta siguiente.

1. **¿Cuáles de los siguientes países de Europa oriental han solicitado su incorporación a la Unión Europea?**

A Bulgaria
B España
C Irlanda
D Alemania

Consejo para el examen: Ten presente que la pregunta te pide que bases tu respuesta en la ubicación. Tres de las opciones son países en Europa oriental. Debes emplear el proceso de descarte para encontrar la respuesta correcta.

Trabajadores en la estatua *Llamado de la Madre Patria*, Volgogrado

Rusos frente a la Catedral de San Basilio, Moscú

Rusia y las repúblicas euroasiáticas

¡Si tuvieras que describir a Rusia en una palabra, esa palabra sería GRANDE! Rusia es el país más grande del mundo en cuanto a superficie. Sus casi 6.6 millones de millas cuadradas (17 millones de km^2) están dispersos en dos continentes, Europa y Asia. Como puedes imaginar, un país tan grande debe enfrentar retos igualmente grandes. En 1991 Rusia emergió de la Unión Soviética como un país independiente. Desde entonces ha estado luchando para unir sus numerosos grupos étnicos, establecer un gobierno democrático y construir una economía estable.

▲ Tigre siberiano en un bosque de Rusia oriental

NGS EN LÍNEA
www.nationalgeographic.com/education

ATLAS REGIONAL

Enfoca en:

Rusia y las repúblicas euroasiáticas

ESTA REGIÓN abarca los continentes de Europa y Asia. Incluye Rusia, el país más grande del mundo y las vecinas repúblicas independientes de Armenia, Georgia, Azerbaiyán, Kazajstán, Uzbekistán, Turkmenistán, Kirguistán y Tayikistán. Rusia y las repúblicas euroasiáticas cubren aproximadamente 8 millones de millas cuadradas (20.7 millones de km^2). Esto es mayor que el tamaño de Canadá, los Estados Unidos y México combinados.

La tierra

La región de Rusia y las repúblicas euroasiáticas se extiende a casi la mitad del mundo e incluye muchos paisajes diferentes. Los Montes Urales se extienden de norte a sur y dividen a Rusia en una región europea y una región asiática de mucho mayor tamaño. Al oeste de los Urales está la fértil Llanura Europea Septentrional, que alberga tres cuartas partes de la población del país. Al este de los Urales se encuentra Siberia, que significa "la tierra durmiente". Siberia, con una inmensa extensión y escasamente poblada, es un área de paisajes ásperos e imponentes.

En la parte sur de la región, se erige el Cáucaso a lo largo de las fronteras de Rusia, Georgia y Azerbaiyán. Las montañas también atraviesan varias repúblicas de Asia central. Las Montañas de Pamir en Tayikistán poseen algunos de los picos más altos de la región. La Cordillera de Tian Shan en Kirguistán contiene algunos de los glaciares más grandes del mundo.

El Mar Caspio es realmente un lago salado que se encuentra en la base del Cáucaso en el suroeste de Rusia. Más al este se encuentra el Lago Baikal, el lago más profundo del mundo. Hay muchos ríos que atraviesan Rusia y las repúblicas euroasiáticas. Algunos ríos fluyen hacia el este, como el Amur, que forma la frontera de Rusia con China. Otros, como el Volga, fluyen hacia el sur a través de las llanuras. Los ríos Lena, Yenisey y Ob fluyen en dirección norte hacia el Océano Ártico.

El clima

El lejano norte de Rusia está dominado por la tundra, una llanura sin árboles. Los inviernos de la tundra son larg da que se desciende, todo es permafrost, o sea, terreno que está siempre congelado.

Al sur de la tundra se encuentran vastos bosques de árboles de hoja perenne. Esta vasta área de bosques, conocida como la taiga, es la mayor extensión continua de bosques sobre la Tierra.

UNIDAD 5

Flores silvestres e iglesias de madera en la Llanura Europea Septentrional, en el noroeste de Rusia ▼

◀ Gente joven paseando y cantando en San Petersburgo

Las nieves cubren la taiga durante tanto como ocho meses del año. Más al sur aun, la taiga cede el paso a llanuras cubiertas de hierba o estepas. Aquí el clima es menos inclemente y el suelo es más rico. Durante siglos, las rutas que atraviesan esas llanuras han traído ejércitos invasores. Hoy las llanuras constituyen el área agrícola e industrial más importante de Rusia.

La economía

Durante muchos años, Rusia y las repúblicas euroasiáticas formaron un estado denominado la Unión Soviética. Ese estado tenía una economía planificada y controlada por líderes comunistas. El trigo y otros cultivos se cosechaban en granjas inmensas de propiedad del gobierno. La principal prioridad económica era la industria pesada, o la fabricación de artículos tales como equipo y maquinaria militar. Ricos depósitos de minerales, carbón y petróleo suministraban la materia prima y la energía a muchas industrias. Sin embargo, el esfuerzo soviético para industrializar el estado condujo a la contaminación general del aire, el suelo y el agua. El crecimiento industrial también era más importante que las necesidades de la gente. La falta de bienes de consumo, ropa y productos domésticos, por ejemplo, era algo común.

En la década de los 90, cuando Rusia y las otras repúblicas de la Unión Soviética se convirtieron en países independientes, cada uno se hizo cargo de su propia economía. Hoy Rusia y las repúblicas euroasiáticas luchan para llevar a cabo el cambio a un sistema de comercio libre, en el cual las personas manejan sus propios negocios y granjas.

La gente

Actualmente en Rusia y las repúblicas euroasiáticas viven aproximadamente 220 millones de personas. Rusia posee la mayor población del planeta con 145.5 millones de personas aproximadamente. El clima y el paisaje afectan los lugares donde la gente vive en Rusia y las repúblicas euroasiáticas. La mayoría de la población de Rusia vive al oeste de los Montes Urales, donde el clima es más benigno y la tierra es más fértil.

Grupos étnicos Cada una de las repúblicas tiene un grupo étnico, idioma y cultura principal. También hay numerosos grupos más pequeños en cada una de las repúblicas. Más de 100 grupos étnicos diferentes viven en la región. La mayoría de los rusos son descendientes de eslavos. Ellos hablan ruso y practican el cristianismo ortodoxo oriental. Armenia y Georgia están habitadas por varios grupos étnicos. Éstos practican sus propias formas de cristianismo. Los grupos étnicos turcos (uzbecos, kazajos, turkmenos y azeris) son dominantes en Asia central. Tienen sus propios idiomas y practican el islamismo.

◀ **Trabajador ruso inspeccionando tractores en una fábrica**

Las artes Las artes de Rusia y las repúblicas euroasiáticas incluyen la arquitectura, la pintura, la música y el baile. Cada república tiene su propia riqueza de herencia cultural. Probablemente has visto fotos de las iglesias de Rusia con cúpulas en forma de domo y has escuchado la música clásica de Peter Tchaikovsky y otros compositores rusos. Las iglesias antiguas con la parte superior en forma de tambor y campanas se encuentran dispersas a través de los campos accidentados de Armenia y Georgia. En las repúblicas de Asia central, las mezquitas islámicas están decoradas con bellos mosaicos formando remolinos.

▼ Iglesia de la Resurrección en San Petersburgo, Rusia

Rusia

Datos interesantes

	Automóviles por cada 1,000 personas	120
	Televisores por cada 1,000 personas	421
VOTA	Elecciones democráticas	Sí

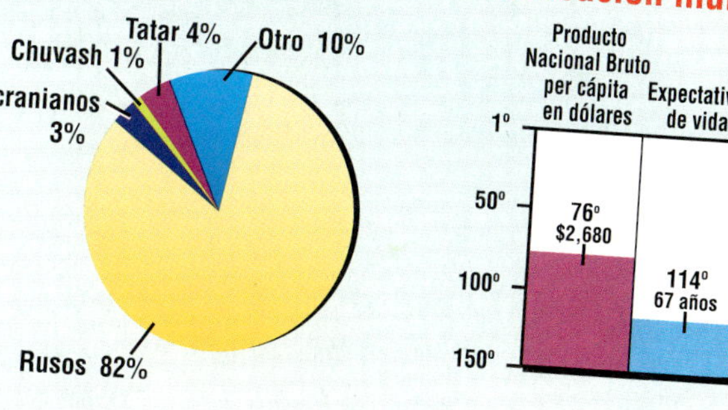

Población: Urbana vs. rural

Fuentes: *World Desk Reference*, 2000; *Indicadores del Desarrollo Mundial*, 2002; *Almanaque Mundial*, 2004.

Exploración de la región

1. ¿Por qué puede ser difícil viajar por los ríos de Rusia que fluyen hacia el norte en invierno?
2. ¿Por qué sería difícil cultivar en la tundra?
3. ¿Cuál era la principal prioridad económica de los líderes comunistas?
4. ¿A qué grupo étnico pertenece la mayoría de los rusos?

Rusia y las repúblicas euroasiáticas

Mapa físico

GROENLANDIA
ISLANDIA
OCÉANO ATLÁNTICO
CÍRCULO POLAR ÁRTICO
OCÉANO GLACIAL ÁRTICO
Polo Norte
Isla Wrangel
Península de Chukchi
Mar de Siberia Oriental
Nuevas Islas Siberianas
Tierra del Norte
Novaya Zemlya
Mar de Barents
Península de Kola
Mar de Kara
Mar de Laptev
EUROPA
Mar Báltico
RUSIA
R. Kolyma
Cordillera de Kolyma
Klyuchevskaya Sopka 15,584 pies (4,750 m)
PENÍNSULA DE KAMCHATKA
Mar de Ojotsk
Cordillera de Verkhoyansk
R. Lena
LLANURA EUROPEA SEPTENTRIONAL
Moscú
MONTES URALES
LLANURA DE SIBERIA OCCIDENTAL
SIBERIA
MESETA DE SIBERIA CENTRAL
R. Ob
R. Yenisei
R. Don
R. Volga
R. Kama
R. Ural
R. Irtysh
Isla Sakhalin
R. Amur
Cordillera de Stanovoy
Cordillera de Yablonovyy
RUSIA
Lago Baikal
Mtes. Sayan
Mte. Elbrus 18,510 pies (5,642 m)
Mtes. Cáucaso
GEORGIA
Tiflis
ARMENIA
Ereván
Bakú
AZERBAIYÁN
Mar Caspio
KAZAJSTÁN
Astaná
Mar Aral
LAS ESTEPAS
Lago Baljash
UZBEKISTÁN
TURKMENISTÁN
Garagum
Achkabad
Tashkent
Bishkek
KIRGUISTÁN
Dushanbe
TAYIKISTÁN
ASIA
Mar de Japón (Mar Oriental)
TRÓPICO DE CÁNCER
OCÉANO PACÍFICO
N E S O
0°, 20°O, 40°O, 60°O, 80°O, 100°O, 120°O, 140°O, 160°O, 180°, 160°E, 140°E, 120°E, 100°E, 80°E, 60°E, 40°E, 20°E, 80°N, 70°N, 50°N, 40°N, 30°N, 20°N, 10°N

⊛ Capital del país
▲ Pico de la montaña

0 mi. 1,000
0 km 1,000
Proyección equidistante de dos puntos

26,247 pies — 8,000 m
19,685 pies — 6,000 m
13,123 pies — 4,000 m
6,562 pies — 2,000 m
0 mi. 500
0 km 500
LLANURA EUROPEA SEPTENTRIONAL
MOSCÚ
MONTES URALES
RÍO IRTYSH
MONTES SAYAN
LAGO BAIKAL
CORDILLERA DE STANOVOY
PENÍNSULA DE KAMCHATKA
MAR DE OJOTSK
Nivel del mar

UNIDAD 5

Mapa político

ESTUDIO DEL MAPA

1. ¿Dónde está ubicada la mayoría de las ciudades rusas? ¿Por qué están ubicadas ahí?
2. ¿Cuál es la capital de Rusia?

ATLAS REGIONAL

Rusia

El invierno ruso

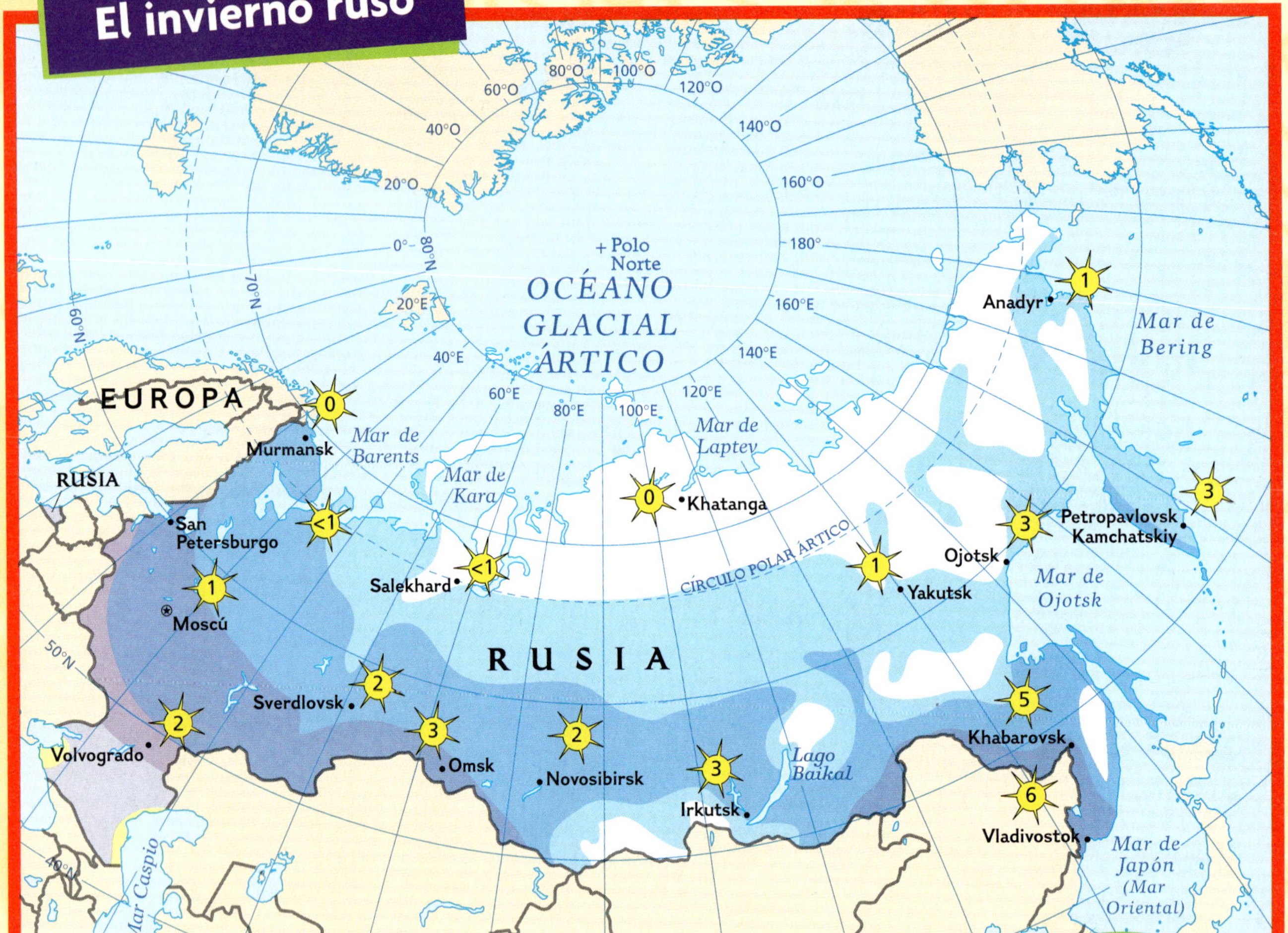

ESTUDIO DEL MAPA

1. ¿Cuál es el promedio de días al año en que Moscú está cubierta de nieve?
2. ¿Qué ciudad esperarías que tuviese más horas de luz solar en junio, Vladivostok o Khatanga?

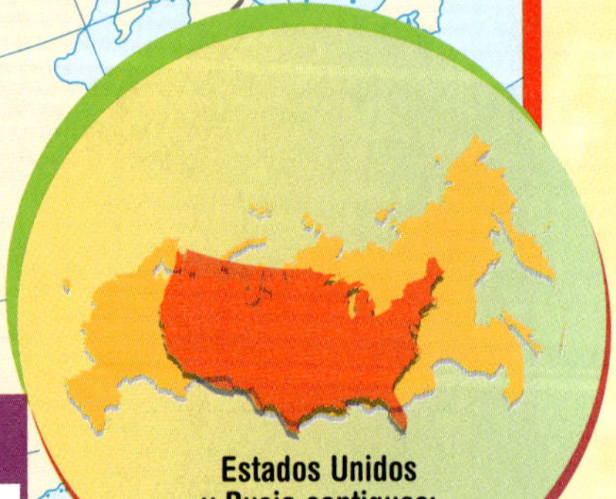

Extremos geológicos de Rusia

① **PUNTO MÁS ALTO**
Monte Elbrus
18,510 pies
(5,642 m) de altura

② **PUNTO MÁS BAJO**
Mar Caspio
92 pies (28 m)
por debajo del nivel del mar

③ **RÍO MÁS LARGO**
Ob-Irtysh
3,362 millas
(5,411 km) de longitud

④ **LAGO MÁS GRANDE**
Mar Caspio
143,244 mi^2
(371,000 km^2)

⑤ **LAGO MÁS PROFUNDO**
Lago Baikal
5,315 pies
(1,620 m) de profundidad

⑥ **ISLA MÁS GRANDE**
Sakhalin
29.500 mi^2
(76,405 km^2)

COMPARACIÓN DE LA POBLACIÓN:
Estados Unidos y Rusia

Fuente: Oficina de Referencias Demográficas, 2003.

COMPARACIÓN DEL ÁREA Y LA POBLACIÓN:
Rusia al este y al oeste de los Montes Urales

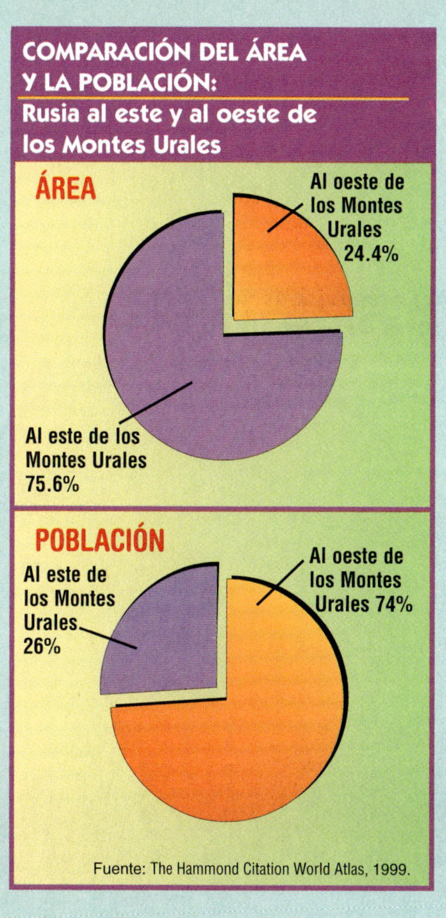

Fuente: The Hammond Citation World Atlas, 1999.

ESTUDIO DEL GRÁFICO

1. ¿Qué dos “extremos” reclama el Mar Caspio?
2. ¿Qué porcentaje de la población de Rusia vive al oeste de los Montes Urales?

Reseñas de los países

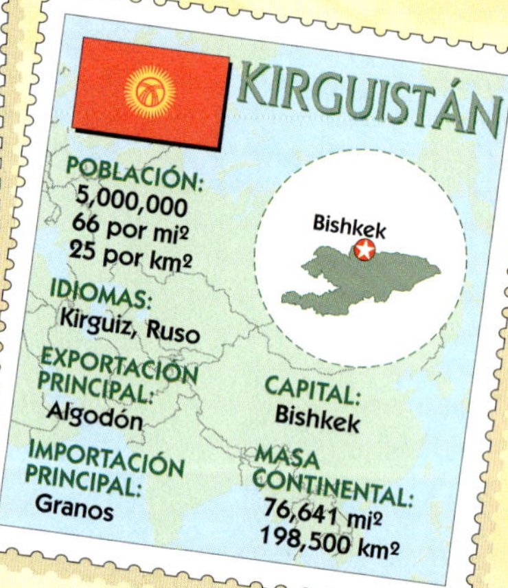

▼ **Reno empujando un trineo a través de la tundra en Siberia**

Los países y las banderas no se muestran a escala

UNIDAD 5

Para más información sobre los países de esta región, consulta el Banco de datos de las naciones del mundo en el Apéndice.

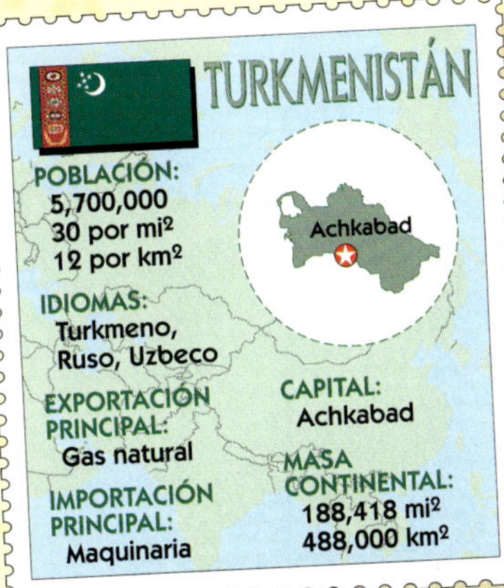

TEMAS DE CIUDADANÍA

Iniciativa Bajo el comunismo, el gobierno es el principal empleador. Muchas personas ya no tenían ingresos fijos cuando la Unión Soviética colapsó. El gobierno ya no pudo ocuparse de ellos. La gente debía arreglárselas para resolver el problema de obtener suficiente dinero para mantener a sus familias. En otras palabras, debían tener iniciativa.

Describe un momento en el cual tuviste que demostrar iniciativa para resolver un reto que enfrentaste.

Puedes desarrollar iniciativa mediante la práctica. Usa el proceso de solución de problemas para identificar un negocio que podrías comenzar solo o con amigos. Recopila información, enumera y considera tus opciones y considera las ventajas y las desventajas. Luego escribe un párrafo sobre el negocio que elegiste.

Adolescentes lavando automóviles para ganar dinero ▼

Capítulo 14

El paisaje y la historia de Rusia

El mundo y sus gentes NATIONAL GEOGRAPHIC

Para aprender más sobre la tierra y la historia de Rusia, mira el video ***The World and Its People*** **Chapter 15**.

Estudios sociales en línea

Descripción general del capítulo Visita el sitio Web ***El mundo y sus gentes*** en twip.glencoe.com y haz clic en **Chapter 14—Chapter Overviews** para ver información preliminar sobre Rusia.

PLEGABLES™
Organizador de estudios

Categorización de la información Al agrupar la información en categorías, será más fácil comprender lo que estás aprendiendo. Haz este plegable para ayudarte a aprender sobre el pasado y el presente de Rusia.

Paso 1 Dobla una hoja de papel por la mitad de arriba hacia abajo.

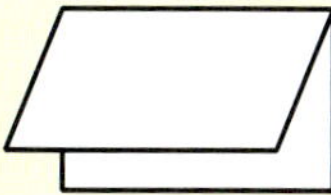

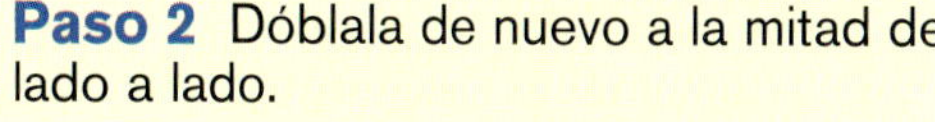

Paso 2 Dóblala de nuevo a la mitad de lado a lado.

Paso 3 Desdobla el papel sólo una vez. Corta el pliegue interior de la solapa superior únicamente.

Paso 4 Voltea el papel y traza un mapa de la Unión Soviética y Rusia en las lengüetas del frente. Rotula tu plegable según se ilustra.

Lectura y redacción A medida que leas este capítulo, escribe bajo las solapas apropiadas de tu plegable lo que aprendas sobre la antigua Unión Soviética y la Rusia actual.

Por qué es importante

Un nuevo gobierno

Rusia es una tierra rica en recursos naturales, pero tiene una historia política problemática. Las diversas poblaciones de Rusia han tenido poca experiencia en actividades de gobierno. La experiencia es necesaria para que una democracia estable funcione. Por otra parte, se necesita un gobierno central fuerte para crear políticas que impidan la contaminación continuada del aire y el agua y para construir la economía. ¿Qué hará Rusia para lograr ambas metas? La respuesta es importante para todos nosotros.

◀ **Estatua de Vladimir Lenin en la Exhibición del logro económico, Moscú, Rusia**

Sección 1

Un vasto territorio

Guía de lectura

Idea principal

Rusia es un país inmenso con un clima frío debido a su ubicación al extremo norte.

Terminología

- estepa
- tundra
- permafrost
- taiga

Estrategia de lectura

Crea un cuadro como éste. Indica un nombre específico para cada tipo de característica física enumerada.

Rusia	
Llanuras	
Montañas	
Ríos	

Los tigres siberianos cazan en los bosques del este de Rusia, algunas veces incluso subiendo árboles para encontrar alimentos. Sin embargo solamente unos pocos cientos de ellos viven en su hábitat natural. Los animales que cazan, como alces, venados y jabalíes salvajes, están desapareciendo, y la gente caza a los tigres. Los cazadores furtivos que matan ilegalmente a los tigres pueden vender la piel en $15,000. Rusia está tratando de hacer cumplir leyes para salvar a estos animales.

Rusia es el país más grande del mundo. Rusia tiene casi el doble de la extensión territorial de los Estados Unidos y se denomina un país euroasiático debido a que su territorio abarca dos continentes, Europa y Asia. Los **Montes Urales** forman la línea divisoria entre los dos continentes. La parte europea u occidental de Rusia colinda con países como Finlandia, Bielorrusia y Ucrania. La parte oriental mucho más extensa de Rusia se extiende a lo largo de Asia hasta el Océano Pacífico. La Península de Chukchi, en la frontera del lejano oriente de Rusia, está separada de Alaska por solamente 50 millas (80 km).

Rusia es un país tan amplio que tiene fronteras con otros 14 países. Incluye también 11 husos horarios de este a oeste. Cuando son las 12:00 P.M. (mediodía) en Rusia oriental y las personas están almorzando, la gente de Rusia occidental aún está durmiendo a la 1:00 A.M.

Clima de Rusia

Como puedes ver en el mapa del clima en la página 405, la frontera meridional de Rusia está en las latitudes medias, pero el norte llega hasta pasado el Círculo Polar Ártico. La mayor parte de la región occidental de Rusia tiene un clima húmedo continental. Los veranos son cálidos y lluviosos, mientras que los inviernos son fríos y con nieve. En contraste, Rusia oriental tiene veranos cortos y frescos, e inviernos largos y con nieve. Rusia posee una extensa costa a lo largo del Océano Ártico, el cual permanece congelado la mayor parte del año. El hielo hace que el transporte marítimo sea difícil o imposible. Muchos de los puertos de Rusia del Mar Báltico y el Océano Pacífico también están cerrados debido al hielo durante una parte del año.

La gigantesca magnitud de Rusia y los climas inclementes también dificultan el transporte dentro del país. Si visitaras a Rusia, descubrirías que, a diferencia de los Estados Unidos, los ferrocarriles, los ríos y canales aún son medios importantes de transporte. Con casi 54,000 millas (alrededor de 87,000 km) de vías, los ferrocarriles son los principales transportadores de personas y mercancías en Rusia.

Comprobación de lectura **¿Cómo afecta el clima de Rusia el envío de mercancías?**

Rusia europea

Busca los Montes Urales en el mapa físico de la página 396. Los antiguos Urales, desgastados por años de erosión, no son muy altos. Su longitud sin embargo, es extensa y se extienden desde el Océano Ártico hasta la frontera

Aplicación de las habilidades con mapas

1. ¿Qué zonas climáticas de latitud alta cubren gran parte de Rusia?
2. ¿Qué tipo de clima tiene Moscú?

Busca en línea mapas de NGS en www.nationalgeographic.com/maps

meridional de Rusia. Al oeste de los Urales se extiende la **Llanura Europea Septentrional.** Esta fértil llanura posee el clima más benigno de Rusia y alberga a alrededor del 75 por ciento de la población. En esta región se encuentra la capital de Rusia, **Moscú,** y otras ciudades importantes, tales como **San Petersburgo** y **Volgogrado.** Una gran parte de la agricultura y la industria de Rusia se encuentra en la Llanura Europea Septentrional.

También se extienden buenas tierras de cultivo al sur de la Llanura Europea Septentrional, a lo largo de los ríos Don y Volga. Esta área es parte de la **estepa,** la llanura casi sin árboles y cubierta de pastos que se extiende a través de Ucrania. En el extremo sur de Rusia europea se extiende las altas y accidentadas **Montañas del Cáucaso.** Las Montañas del Cáucaso, densamente cubiertas de pinos y otros árboles, son mucho más altas que los Urales.

✓ Comprobación de lectura ¿Qué es la estepa?

Al este de los Urales

La inmensa parte asiática de Rusia se extiende al este de los Montes Urales y se conoce como **Siberia.** El norte de Siberia posee uno de los climas más fríos del mundo. Ni siquiera los robustos árboles de hojas perennes pueden crecer aquí. En lugar de ello, encuentras la **tundra,** una inmensa planicie sin árboles en donde sólo varias pulgadas del suelo de la superficie se deshielan durante el verano. Las capas de suelo permanentemente congeladas se denominan **permafrost** y cubren el 40 por ciento de la superficie de Rusia.

Los pocos habitantes de la tundra se ganan la vida pescando, cazando focas y morsas, o pastoreando renos. Con tan pocos árboles, muchas de las casas se hacen de piel de morsa. Debido a que las distancias son tan grandes y la tierra está normalmente cubierta de hielo y nieve, la gente usa a veces helicópteros para movilizarse.

La taiga Al sur de la tundra se encuentra el bosque más grande del mundo, la **taiga.** Aquí los árboles de hojas perennes se extienden a lo largo de aproximadamente 4,000 millas (6,436 km) a través del país en un cinturón de 1,000 a 2,000 millas (1,609 a 3,218 km) de ancho. Al igual que en la tundra, esta área está muy poco poblada. Aquellos que viven allí, se mantienen con el comercio de madera o la cacería. Esta área está tan escasamente poblada que los incendios forestales a veces duran semanas sin que alguien los descubra.

Siberia

¡Esto es frío! El agua hirviendo se congela en medio del aire en la gélida Siberia septentrional.

Lugar ¿Cómo se ganan la vida las personas en la tundra?

NATIONAL GEOGRAPHIC En el sitio

La vegetación en Rusia

La tundra (a la izquierda) se encuentra en Rusia septentrional. Al sur de la tundra se encuentra la inmensa extensión de la taiga (al centro). Las estepas dominan el sudoeste de Rusia (a la derecha).

Lugar ¿Qué tipo de vegetación crece en la taiga?

El sur de Siberia Llanuras, mesetas y cordilleras de montañas cubren la parte sur de Siberia. El sudeste de Siberia alberga al majestuoso tigre siberiano, que actualmente es una especie en vías de extinción. Otros tipos de fauna que encontramos aquí incluyen osos, renos, linces, gatos monteses, alces y jabalíes salvajes.

La Península de Kamchatka También se elevan montañas en el extremo oriental de la Península de Kamchatka. Muchas de esas montañas son parte del Anillo de Fuego. Este nombre se usa para describir la zona volcánica activa que forma los bordes occidental, septentrional y oriental del Océano Pacífico. Algunas veces ocurren erupciones volcánicas y terremotos en esta península.

✓ **Comprobación de lectura** ¿Qué es el Anillo de Fuego?

Áreas de aguas interiores

Rusia toca muchas masas interiores de agua. En el suroeste, colinda con el **Mar Negro.** A través del Mar Negro, los buques rusos pueden llegar al Mar Mediterráneo. Observa el mapa físico de la página 396 y busca otro mar extenso en el suroeste de Rusia, el **Mar Caspio.** El Mar Caspio tiene aproximadamente el mismo tamaño de California y es actualmente la masa interior de agua más grande del mundo. Al igual que el Gran Lago Salado de Utah, el Mar Caspio es de agua salada, no de agua dulce. Rusia comparte este mar con otros cuatro países, Azerbaiyán, Irán, Turkmenistán y Kazajstán.

A una cierta altura en la Meseta de Siberia Central se encuentra el **Lago Baikal,** el lago de agua dulce más profundo del mundo. De hecho, el Lago Baikal contiene alrededor del 20 por ciento del suministro mundial de agua dulce no congelada. Es también el lago más antiguo del mundo, ya que se remonta a casi 30 millones de años. Algunas de las especies de plantas y peces del lago han existido desde épocas prehistóricas. Los científicos vienen de todas partes del mundo para estudiar sus especies raras y poco usuales. Los turistas viajan en tren para ver las brillantes aguas azules del lago.

Desafortunadamente, una gran fábrica de papel situada en los alrededores ha contaminado la región del Lago Baikal. La fábrica de papel es una fuente importante de trabajos y riqueza. Para esta región es importante tratar de salvar tanto el lago como la industria que tanto se necesita.

Rusia tiene varios ríos importantes. El **Volga,** el río más largo de Europa, es una ruta de transporte vital. Está conectado con otros ríos de Rusia europea por medio de canales. Las embarcaciones usan los canales para transportar gente y mercancías de una ciudad a otra. Muchos ríos fluyen también a través del lado asiático de Rusia. La mayoría de estos ríos nacen en las montañas del sur de Siberia y fluyen hacia el norte a través de las tierras bajas pantanosas para desembocar en el glacial Océano Ártico. El Lena, el Yenisey y el Ob están entre los ríos más largos del mundo.

✓ Comprobación de lectura **¿Qué constituye un asunto importante para la región del Lago Baikal?**

Evaluación

Definición de términos

1. **Define** estepa, tundra, permafrost, taiga.

Recuerdo de hechos

2. **Ubicación** ¿Qué cordillera de montañas separa a Europa de Asia?
3. **Región** ¿Con cuántos países tiene frontera Rusia?
4. **Lugar** ¿Qué constituye una circunstancia única respecto del Lago Baikal?

Pensamiento crítico

5. **Análisis de la información** ¿Por qué piensas que el tren es más importante que otro tipo de vehículos para la movilización de gente y mercancías a través de Rusia?
6. **Establecer comparaciones** ¿En qué difieren las aguas del Mar Caspio y las del Lago Baikal?

Organizador gráfico

7. **Categorización de la información** Crea un cuadro como éste. Luego coloca cada uno de los siguientes conceptos en la columna en la cual están ubicados: Moscú, Lago Baikal, Península de Kamchatka, San Petersburgo, Río Volga, Volvogrado, taiga.

Rusia europea	Rusia asiática

Aplicación de las habilidades en estudios sociales

8. **Análisis de mapas** Pasa al mapa de los climas en la página 405. Selecciona una ciudad rusa. Ahora observa el mapa del "Invierno ruso" en la página 398. En promedio, ¿cuántos días cubiertos de nieve por año tiene la ciudad que seleccionaste?

Establecer conexiones

ARTE | CIENCIA | CULTURA | **TECNOLOGÍA**

Misiones espaciales cooperativas

La era espacial comenzó oficialmente en 1957 cuando Rusia lanzó el *Sputnik I.* Fue el primer satélite artificial que haya orbitado la Tierra.

La carrera espacial

Los rusos enviaron al espacio a la primera persona en 1961, cuando el cosmonauta Yuri Gagarin orbitó la Tierra. Unas semanas después, Alan Shepard realizó el primer vuelo espacial de los Estados Unidos. John Glenn fue el primer astronauta en orbitar la Tierra en 1962. Después de esto, la "carrera espacial" entre los Estados Unidos y Rusia adquirió una importancia global. Se temía que un país pudiera dominar al mundo si tenía el equipo adecuado en el espacio.

A través de los años, tanto Rusia como los Estados Unidos lanzaron varias naves espaciales. En 1986, la estación espacial rusa *Mir,* que significa "paz", comenzó a orbitar la Tierra. Éste fue el primer laboratorio espacial con personal permanente. Se invitaron a astronautas de más de una docena de países para participar en la estación espacial *Mir.* Los astronautas y los cosmonautas rusos realizaron muchos experimentos sobre los efectos de la ingravidez.

En 1993, los Estados Unidos y Rusia decidieron trabajar en conjunto para construir la Estación espacial internacional. En julio de 2000, el módulo espacial ruso *Zvezda* ("estrella") se enlazó con el resto de la estación. Cuatro meses más tarde, la Estación espacial internacional tuvo sus primeros habitantes humanos permanentes. La tripulación estaba formada tanto por cosmonautas rusos como por astronautas estadounidenses.

Establecer la conexión

1. ¿Qué país lanzó la era espacial?
2. ¿En qué forma han cooperado los Estados Unidos y Rusia en las misiones espaciales?
3. **Hacer predicciones** ¿Qué tipo de tecnología espacial crees que veremos en el futuro? ¿Qué consecuencias sociales podrían derivarse de esto?

NATIONAL GEOGRAPHIC

Estación espacial internacional

Una historia problemática

Guía de lectura

Idea principal

El mandato severo de líderes poderosos con frecuencia ha ocasionado levantamientos violentos en Rusia.

Terminología

- zar
- siervo
- industrializar
- estado comunista
- Guerra Fría
- perestroika
- sistema de libre empresa
- glasnost

Estrategia de lectura

Crea un cuadro como éste. Enumera tres zares principales y hechos importantes a recordar sobre ellos.

Zar	Importancia

Al convertirse en zar en 1698, Pedro el Grande quiso modernizar a Rusia. Viajó por algunas partes de Europa para aprender sobre astilleros y fábricas. Al regresar a su país, Pedro obligó a los nobles rusos a adoptar sistemas de Europa occidental. De hecho, los que se negaban a estudiar matemáticas y geometría no obtenían permiso para casarse.

Hoy Rusia es el país más grande del mundo. Sin embargo, al principio de su historia era un pequeño territorio en el borde de Europa. Fuertes gobernantes fueron expandiendo gradualmente las fronteras de Rusia. Sus gobiernos severos ocasionaron disturbios y posteriormente produjeron dos levantamientos importantes, uno en 1917, y el otro en 1991.

Rusia antigua

Para comprender los retos que enfrenta Rusia hoy, revisemos la historia del país. Los rusos modernos descienden de antiguos grupos de eslavos que se establecieron a lo largo de ríos en lo que es hoy Ucrania y Rusia. Durante los años 800 d.C., estos primeros eslavos construyeron una civilización alrededor de la ciudad de **Kiev,** hoy capital de Ucrania. Esta civilización se denominó Kievan Rus. En los años 1000 d.C., el gobernante y el pueblo de Kievan Rus habían aceptado el cristianismo ortodoxo oriental. Prosperaron gracias al comercio con el mundo del Mediterráneo y Europa occidental.

En el siglo XIII, los mongoles penetraron desde Asia central y conquistaron Kiev. Bajo su mandato de 200 años, Kiev perdió mucha de su riqueza y poder. Mientras tanto, Moscú se convirtió en el centro de un nuevo territorio eslavo denominado Muscovy. En 1480 Iván III, un príncipe de Muscovy, arrojó a los mongoles y logró la independencia de Muscovy. A Iván III se le llamó "Iván el Grande".

Surgimiento de los zares Muscovy lentamente se convirtió en el país que conocemos hoy como Rusia. Los gobernantes rusos expandieron su poder, desarrollaron ejércitos y se apoderaron de tierras y otros recursos. Se hacían llamar **zares,** o emperadores. Tenían el control total del gobierno. Como ciudadano de Muscovy, hubieras temido al Zar Iván IV, quien gobernó durante el siglo XVI. Conocido como "Iván el Terrible", usó una fuerza de policía secreta para manejar al pueblo con mano dura y controlar sus vidas.

Como lo muestra el mapa de la página 412, los zares conquistaron gradualmente los territorios adyacentes. Como resultado de ello, muchos pueblos que no eran rusos se convirtieron en parte del creciente imperio ruso. (Rusia aún sufre las tensiones étnicas ocasionadas por estas antiguas conquistas.) Zares como Pedro el Grande y Catalina la Grande extendieron las fronteras del imperio hacia el sur y el oeste. También intentaron modernizar a Rusia y volverla más europea. Pedro construyó una nueva capital, San Petersburgo, al principio del siglo XVIII. Construida cerca de Europa, próxima a la costa del Báltico, San Petersburgo se diseñó como una ciudad europea con palacios elegantes, plazas públicas y canales. Si hubieses sido un noble ruso de esa época, hubieses hablado francés además de ruso. También te hubieras despojado de la vestimenta tradicional rusa, hubieras usado ropa europea y asistido a bailes y fiestas elegantes.

Antiguos zares

Iván III, o "Iván el Grande", (a la izquierda) gobernó Muscovy hasta 1505. Su nieto, Iván IV, conocido también como "Iván el Terrible", (a la derecha) usó una fuerza de policía secreta para controlar al pueblo de Muscovy.

Historia ¿Quién expulsó a los mongoles de Kiev?

NATIONAL GEOGRAPHIC En el sitio

Aplicación de las habilidades con mapas

1. ¿Durante qué período de tiempo se añadió más territorio a Rusia?
2. ¿El territorio de Rusia era mayor en 1945 que hoy, o viceversa?

Busca en línea mapas de NGS en www.nationalgeographic.com/maps

Los zares y los nobles disfrutaban de una vida rica y confortable. Sin embargo, en el nivel inferior de la sociedad estaba la gran masa de pueblo. La mayoría eran **siervos,** o labradores que podían comprarse y venderse junto con la tierra. La vida de estas personas era dura, trabajando en las haciendas rurales o en los palacios citadinos de los nobles. Muy pocos de ellos sabían leer y escribir. Ellos no seguían las costumbres occidentales, sino que conservaban las tradiciones rusas.

Cambios drásticos En 1812 un ejército francés dirigido por Napoleón Bonaparte invadió a Rusia. Los valientes soldados rusos y el feroz clima invernal finalmente obligaron a los franceses a retirarse. ¿Has escuchado alguna vez *la Obertura 1812,* con su final dramático que incluye el repique de campanas y explosiones de fuego de cañones? Esta obra maestra escrita por el compositor ruso Peter Tchaikovsky celebra la victoria rusa sobre Napoleón. Pasa a la página 420 para leer más sobre la derrota de Napoleón.

Al final del siglo XIX, Rusia entró en un período de cambio económico y social. El imperio ruso se expandió hacia el sur por el Cáucaso y por el este hacia el Océano Pacífico. En 1861 el Zar Alejandro II, conocido como el Zar Libertador, liberó a los siervos de estar atados a la tierra. Pero su nueva ley hizo poco para sacarlos de la pobreza. Rusia comenzó a **industrializarse,** o a cambiar su economía de manera que dependiera más de la manufactura que de la agricultura. Los ferrocarriles, incluso el famoso Ferrocarril

Transiberiano, se dispersaron por todo el país. Enlazaron a Moscú en el oeste con Vladivostok en la costa del Pacífico de Rusia.

✓ Comprobación de lectura **¿Qué civilización desarrollaron los antiguos eslavos en Ucrania?**

La era soviética

En 1914 estalló la Primera Guerra Mundial en Europa. Los ejércitos ruso y alemán se enfrentaron y sostuvieron batallas sangrientas en Europa oriental. Rusia, que no estaba preparada para la guerra, sufrió muchas derrotas y obtuvo pocas victorias. A medida que continuaba la lucha, la falta de alimentos en las ciudades rusas causó hambruna. El pueblo ruso culpaba a los zares de sus problemas.

Actividad en línea Visita el sitio Web ***El mundo y sus gentes*** en twip.glencoe.com y haz clic en **Chapter 14—Student Web Activities** para aprender más sobre la Revolución Rusa.

La Revolución Rusa En 1917 los líderes políticos, soldados y trabajadores de fábricas obligaron al Zar Nicolás II a abdicar al trono. Más adelante en ese año, un político revolucionario llamado Vladimir Lenin estuvo al frente de una segunda revuelta y tomó el control. Él y sus seguidores establecieron un **estado comunista.** Esto significa que el gobierno del país mantiene mucho control sobre la economía y la sociedad en su totalidad. Temiendo una invasión, los comunistas trasladaron la capital de Rusia de San Petersburgo en la costa, a tierra adentro en Moscú.

Crecimiento del poder soviético En 1922, después de una brutal guerra civil, los líderes comunistas de Rusia se afianzaron en el poder. En ese año formaron la Unión de Repúblicas Socialistas Soviéticas (URSS), o la Unión Soviética. El vasto territorio incluía la república de Rusia y 14 otras repúblicas, la mayoría de los territorios conquistados del antiguo imperio ruso. Después de la muerte de Lenin en 1924, los funcionarios del Partido Comunista estuvieron en desacuerdo sobre quién regiría el país.

En unos pocos años, Joseph Stalin había obtenido la victoria sobre los otros y se convirtió en el líder de la Unión Soviética. Bajo las órdenes de Stalin, el gobierno tomó el control total de la economía. Stalin puso fin a la propiedad privada de granjas y comercios y estableció planes a cinco años para industrializar al país. Bajo este tipo de sistema, llamada economía planificada, se le decía a los gerentes de las fábricas lo que debían hacer y cómo hacerlo. Aquellos que se oponían a las medidas de Stalin eran asesinados o enviados a campos de prisión remotos en los vastos bosques de la gélida Siberia. Millones de personas fueron brutalmente asesinadas o esclavizadas bajo el mandato de Stalin.

En 1941, Alemania nazi invadió a la Unión Soviética, llevando al país a la Segunda Guerra Mundial. Durante el conflicto, los soviéticos se aliaron con Gran Bretaña y los Estados Unidos para derrotar a los alemanes. Alrededor de 20 millones de soldados y civiles rusos murieron en lo que los rusos llaman la Gran Guerra Patriótica de la Nación.

Las superpotencias emprenden la Guerra Fría Al finalizar la Segunda Guerra Mundial, Stalin quiso proteger a la Unión Soviética de más invasiones. Estableció gobiernos comunistas en los vecinos países de Polonia, Alemania Oriental, Checoslovaquia, Hungría, Rumania y Bulgaria de Europa oriental. Estos países se convirtieron en naciones satélites, o países controlados por otra nación más poderosa. El gobierno soviético cortó el contacto de estos países con el resto del mundo. Como resultado, se decía que estaban detrás

En el sitio

Control soviético

Checoslovaquia intentó derrocar el control soviético en 1968. Los tanques y tropas soviéticas penetraron Bratislava para aplastar la revuelta.

Movimiento ¿Por qué Stalin estableció gobiernos comunistas en los países de Europa oriental?

de una “cortina de hierro”. Cualquier nación satélite que se opusiera al mandato soviético era brutalmente reprendida.

Stalin y los líderes que lo siguieron gastaron grandes cantidades de dinero en ejército y armas. La Unión Soviética se convirtió en una de las dos naciones más poderosas del mundo. La otra superpotencia, Estados Unidos, se opuso a las acciones soviéticas. Estas dos naciones iniciaron la **Guerra Fría,** compitiendo por la influencia mundial sin que estallase un combate real. Competían aún en materia espacial. Tanto la Unión Soviética como los Estados Unidos lanzaron cohetes en un esfuerzo por ser los primeros en el espacio exterior. Pasa a la página 409 para aprender más sobre la carrera espacial.

Durante los años de la Guerra Fría, desde 1940 hasta finales de la década de los 80, la economía Soviética enfrentó muchos problemas. Las fábricas propiedad del gobierno, que no tenían competencia, se tornaron ineficientes y producían artículos de mala calidad. El gobierno se preocupaba más por fabricar tanques y aviones con fines militares que bienes de consumo como automóviles y refrigeradores. Como resultado de ello, la gente tenía pocos artículos que comprar. Los alimentos escaseaban con frecuencia y la gente hacía largas colas para comprar pan, leche y otros artículos de primera necesidad.

La Unión Soviética tenía otro reto. Este vasto imperio incluía no solamente a los rusos, sino también a poblaciones de otros numerosos grupos étnicos. Los ciudadanos que no eran rusos de las repúblicas soviéticas resentían el control del gobierno en Moscú porque pensaban que ello favorecía a los rusos étnicos. Querían abandonar la Unión Soviética y formar sus propios países.

Colapso soviético A pesar de los planes para mejorar la vivienda y la agricultura, la economía soviética cayó aun más por debajo de la economía de los Estados Unidos. En 1985 Mikhail Gorbachev se convirtió en el líder de la Unión Soviética. Introdujo cambios para mover la economía soviética. Bajo su política de **perestroika,** o "reestructuración", Gorbachev permitió que los granjeros y gerentes de fábricas tomaran muchas de sus propias decisiones. Al aflojar el control del gobierno Gorbachev movió la economía hacia un **sistema de libre empresa.** En este tipo de economía, la mayoría de las empresas son de propiedad privada y existe la competencia, lo cual trae como resultado mejores productos a precios más bajos.

Gorbachev también permitió que el pueblo tuviese libertad de expresión sobre el gobierno y los asuntos importantes, o sea, una política denominada **glasnost,** o "franqueza". Sin embargo, en lugar de reforzar al país, las políticas de Gorbachev hicieron que la gente dudara aun más del comunismo. Algunas personas pensaron que Gorbachev estaba implantando reformas demasiado rápido. Otros pensaron que no estaba actuando con la debida rapidez. Las exigencias de la gente pidiendo más cambios condujo al posterior colapso tanto del comunismo como de la Unión Soviética.

Al final de la década de los 80, surgieron protestas masivas contra el control soviético en las naciones satélites. Ya en 1991, todos los satélites soviéticos habían derrocado al régimen comunista a favor de la democracia. Al final de ese año, cada una de las 15 repúblicas que componían la Unión Soviética también declararon su independencia. La Unión Soviética había dejado de existir. Rusia emergió como la mayor y más poderosa de esas repúblicas.

▲ **Mikhail Gorbachev trató de reducir el control por parte del gobierno ruso sobre la economía y la sociedad.**

Comprobación de lectura **¿Quién ayudó a mover a la Unión Soviética hacia la democracia?**

Sección 2 Evaluación

Definición de términos

1. **Define** zar, siervo, industrializar, estado comunista, Guerra Fría, perestroika, sistema de libre empresa, glasnost.

Recuerdo de hechos

2. **Historia** ¿Por qué Pedro el Grande construyó una nueva capital de Rusia?
3. **Historia** ¿Quién fue el líder de la revolución de 1917 en Rusia?
4. **Historia** ¿Qué le sucedió a la Unión Soviética en 1991?

Pensamiento crítico

5. **Comprensión de causa y efecto** ¿Cómo cambió la economía soviética bajo la perestroika?
6. **Análisis de la información** ¿Cómo debilitó el glasnost el sistema comunista?

Organizador gráfico

7. **Organización de la información** En un cuadro como éste, escribe hechos que demuestren el contraste entre los nobles y los siervos de Rusia.

Nobles	Siervos

Aplicación de las habilidades en estudios sociales

8. **Desarrollo de mapas mentales** Crea tu propio mapa del antiguo territorio de Rusia. Marca el lugar donde estaba ubicado Kievan Rus. Luego marca el lugar hacia donde Pedro el Grande trasladó la capital.

Habilidades de estudios sociales

Comprensión de causa y efecto

La comprensión de causa y efecto tiene que ver con la consideración de *por qué* ha ocurrido un evento. La *causa* es la acción o situación que produce un evento. Lo que ocurre como resultado de una causa es el *efecto*.

Desarrollo de la habilidad

Para identificar relaciones de causa y efecto sigue estos pasos:

- Identifica dos o más eventos o acontecimientos.
- Decide si uno de los eventos originó el otro. Busca "palabras clave" tales como *porque, condujo a, dio lugar a, produjo, como resultado de, de forma que, debido a* y *por lo tanto*.
- Busca relaciones lógicas entre eventos, tales como "Se quedó dormida y perdió el autobús".
- Identifica el resultado de los eventos. Recuerda que algunos efectos tienen más de una causa y que algunas causas conducen a más de un efecto. También, un efecto puede convertirse en la causa de incluso otro efecto.

Práctica de la habilidad

Para cada número a continuación, identifica cuál expresión es la causa y cuál es el efecto.

1. (A) La capital de Rusia se trasladó de San Petersburgo en la costa, a Moscú en el corazón del país.
   (B) La capital de Rusia se trasladó por una invasión extranjera.

▲ **Líderes y filósofos revolucionarios Lenin, Engels y Marx**

2. (A) Los líderes revolucionarios tomaron el control del gobierno ruso.
   (B) Durante la Primera Guerra Mundial, la escasez de alimentos en las ciudades rusas ocasionaron hambruna.
   (C) El descontento creció en el pueblo ruso.
3. (A) El gobierno soviético mantuvo muy bajos los precios de los bienes y servicios.
   (B) Había escasez de muchos bienes y servicios en la Unión Soviética.

Aplicación de la habilidad

Lee en los periódicos locales un artículo que describa un evento actual. Determina al menos una causa y un efecto de ese evento. Muestra la relación de causa y efecto en un diagrama como éste:

IR A

Practica las destrezas clave con **Glencoe Skillbuilder Interactive Workbook, Level 1.**

Capítulo 14 Repaso de la lectura

Sección 1 Un vasto territorio

Terminología

estepa
tundra
permafrost
taiga

Idea principal

Rusia es un país inmenso con un clima frío debido a su ubicación al extremo norte.

✓ **Ubicación** Extendiéndose en dos continentes, Europa y Asia, Rusia es el país más grande del mundo.

✓ **Región** La parte occidental de Rusia contiene mayormente llanuras. La región oriental siberiana está cubierta de montañas y mesetas.

✓ **Región** Rusia europea posee el clima más benigno, mientras que la mayor parte de Siberia o Rusia asiática posee zonas de clima frío de latitud alta.

✓ **Movimiento** Las vías navegables interiores son importantes para el movimiento de mercancías a través de Rusia, pero muchos ríos largos desaguan en el glacial Océano Ártico y se congelan en el invierno.

Sección 2 Una historia problemática

Terminología

zar
siervo
industrializar
estado comunista
Guerra Fría
perestroika
sistema de libre empresa
glasnost

Idea principal

El mandato severo de líderes poderosos con frecuencia ha ocasionado levantamientos violentos en Rusia.

✓ **Historia** Los emperadores conocidos como zares gobernaron en el imperio ruso de 1480 a 1917.

✓ **Historia** Los zares expandieron el territorio ruso extendiéndolo desde Europa al Pacífico.

✓ **Gobierno** Bajo los comunistas, Rusia se convirtió en parte de la Unión Soviética.

✓ **Historia** En 1991 la Unión Soviética se dividió en 15 repúblicas independientes.

◀ Un tren se desplaza por el Ferrocarril Transiberiano a lo largo del Lago Baikal.

Capítulo 14

Evaluación y actividades

Uso de términos clave

Haz corresponder los términos de la parte A con sus definiciones en la parte B.

A.

1. permafrost
2. zar
3. perestroika
4. estepa
5. siervo
6. taiga
7. glasnost
8. estado comunista
9. industrializar
10. tundra

B.

a. bosques enormes de árboles de hoja perenne en regiones subárticas
b. planicies secas, sin árboles en las latitudes altas
c. pastos secos, sin árboles
d. capas de suelo permanentemente congeladas
e. labrador
f. antiguo emperador de Rusia
g. franqueza
h. depender más de la manufactura y menos de la agricultura
i. reestructuración
j. el gobierno controla la economía

Repaso de las ideas principales

Sección 1 Un vasto territorio

11. **Interacción del hombre con el medio ambiente** ¿Por qué Rusia no puede usar los puertos de su costa Ártica durante la mayor parte del año?
12. **Ubicación** ¿Qué área de Rusia tiene el clima más benigno?
13. **Movimiento** ¿Cuál es un importante medio de transporte para el pueblo de Rusia?
14. **Región** ¿Por qué se considera la Península de Kamchatka parte del Anillo de Fuego?
15. **Lugar** ¿Cuál es el río más largo de Europa?

Sección 2 Una historia problemática

16. **Ubicación** ¿Dónde estaba el centro más antiguo de la civilización rusa?
17. **Historia** ¿Qué zar usó a la policía secreta para mantener un control estricto del pueblo?
18. **Historia** ¿Cuándo se formó la Unión de Repúblicas Socialistas Soviéticas?
19. **Gobierno** ¿Por qué Stalin envió gente a Siberia?
20. **Economía** ¿En qué forma trató Gorbachev de cambiar la economía Soviética?

El paisaje y la historia de Rusia

Actividad para localizar un lugar

En una hoja de papel aparte, empareja las letras del mapa con los lugares enumerados a continuación.

1. Montes Urales
2. Península de Kamchatka
3. Lago Baikal
4. Río Volga
5. Moscú
6. Río Don
7. Siberia
8. Mar Caspio
9. Montañas del Cáucaso
10. San Petersburgo

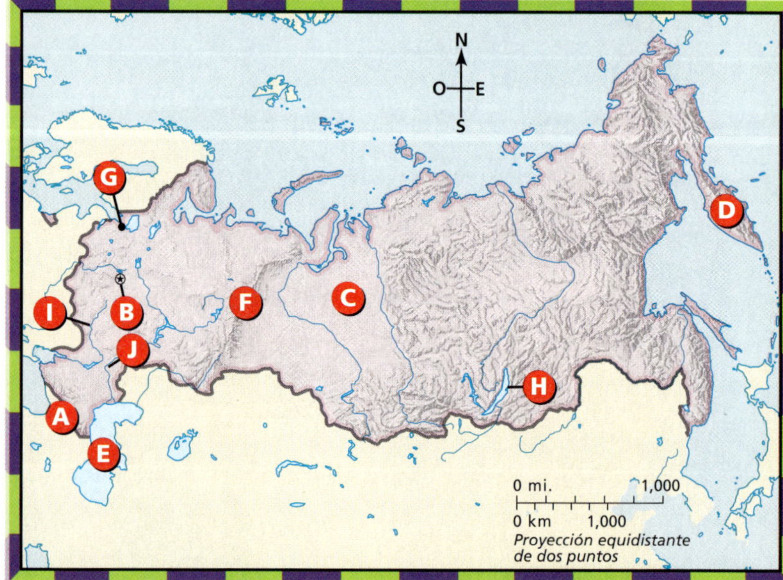

Prueba de autocomprobación Visita el sitio Web ***El mundo y sus gentes*** en twip.glencoe.com y haz clic en **Chapter 14–Self-Check Quizzes** para prepararte para el examen del capítulo.

Pensamiento crítico

21. **Comprensión de causa y efecto** ¿En qué forma la Primera Guerra Mundial contribuyó al advenimiento de la Revolución Rusa?
22. **Organización de la información** Crea un diagrama como éste. Llénalo con cuatro características físicas de Siberia.

Actividad de comparación de las regiones

23. **Historia** Catalina la Grande expandió el territorio de Rusia cuando fue zarina en el siglo dieciocho. Hay muchas otras mujeres poderosas que han forjado la historia del mundo. Crea una lista de cinco mujeres influyentes e incluye la región donde han tenido influencia. ¿Qué tienen en común estas mujeres?

Actividad mental de trazado de mapas

24. **Enfoque en la región** Crea un mapa simple del contorno de Rusia y marca lo siguiente:
    - Océano Ártico
    - Océano Pacífico
    - Vladivostok
    - Moscú
    - Montes Urales
    - San Petersburgo
    - Siberia
    - Mar Báltico

Actividad de habilidades tecnológicas

25. **Desarrollo de una presentación en multimedia** Elige un problema étnico o político que el pueblo de Rusia haya tenido que enfrentar en los últimos 10 años. Investiga tu selección y crea una presentación en multimedia sobre este problema. Incluye información sobre cuándo, qué y dónde. Usa fotografías, mapas y cronología para hacer tu presentación más visual.

Práctica de la prueba estandarizada

Instrucciones: Lee el siguiente párrafo y responde a la pregunta que sigue.

Puede sorprenderte saber que la antigua república soviética de Kazajstán fue, y aún es, importante para la exploración del espacio exterior. El centro espacial ruso Baikonur se encuentra en la región sur central de Kazajstán. Durante el período soviético, se usó Baikonur para varios lanzamientos espaciales. Ahí ocurrieron varios "vuelos pioneros del espacio". Por ejemplo, el primer satélite se lanzó en 1957. El primer vuelo tripulado se llevó a cabo cuando el cosmonauta Yuri Gagarin orbitó la Tierra en 1961. Además, el vuelo de la primera mujer en el espacio, Valentina Tereshkova, se lanzó en 1963. Después del colapso soviético, el centro propiedad de Rusia permaneció en el territorio independiente de Kazajstán.

1. El programa espacial soviético de Baikonur es de gran importancia, mayormente debido a que

F está ubicado en la parte sur central de Kazajstán.

G provee trabajo a las personas que viven cerca del sitio de lanzamiento.

H muchos "vuelos pioneros al espacio" se lanzaron desde ahí.

J Valentina Tereshkova fue la primera mujer en el espacio.

Consejo para el examen: Cuando una pregunta usa la palabra *mayoría* o *mayormente,* significa que puede haber más de una respuesta correcta. Tu misión es seleccionar la *mejor* respuesta. Por ejemplo, la ubicación de Baikonur en Kazajstán puede ser importante para las personas que viven cerca de ella, lo cual es la respuesta G. Sin embargo, hay otra respuesta que provee un motivo más general para la importancia de Baikonur.

GEOGRAFÍA e HISTORIA

Napoleón y sus tropas se retiran de Rusia.

LA ESTRATEGIA DE RUSIA: Congelar al enemigo

El tiempo invernal puede suspender la escuela y detener el tráfico. Puede incluso cambiar la historia. Tal fue el caso cuando el gobernante francés Napoleón Bonaparte pensó que había conquistado el imperio ruso.

De hecho, Napoleón no quiso conquistar a Rusia. Su verdadero enemigo era Gran Bretaña. Napoleón quería que Rusia y otros países suspendieran el comercio con Gran Bretaña. Sin embargo, el zar de Rusia, Alejandro I, se negó. En 1812, Napoleón estaba determinado a que Alejandro cambiase de idea. En junio, Napoleón invadió a Rusia al frente de un ejército de más de medio millón de soldados. Para poder llegar a Moscú y al zar, Napoleón tuvo que luchar a través de los campos rusos.

Cuando las fuerzas de batalla desgastadas de Napoleón llegaron a Moscú, los suministros eran escasos. A lo largo de la ruta, los rusos habían quemado poblaciones a medida que se retiraban, dejándolas sin alimentos ni refugios. Al llegar a Moscú, Napoleón encontró la ciudad en llamas y virtualmente sin gente. El zar se había trasladado a San Petersburgo. Napoleón tomó Moscú sin una sola batalla, pero la mayor parte de la ciudad estaba reducida a cenizas.

El invierno gana la guerra

El invierno se aproximaba y Napoleón esperó en Moscú que Alejandro I le ofreciera la paz. Sin embargo, el zar permaneció en silencio Con suministros cada vez más escasos y debido a la falta de ropa de invierno de sus tropas, Napoleón tuvo que retirarse. Trató de tomar un nuevo camino de regreso, pero los rusos obligaron a Napoleón a usar la misma ruta arruinada que había usado antes. Las bandas armadas de rusos atacaron en cada giro. Hambrientos y desesperados por escapar del frío inclemente, varios de los soldados de Napoleón se lanzaron a los edificios en llamas. La mayoría de los soldados de Napoleón no salieron vivos de Rusia.

La historia se repite

Más de un siglo después, durante la Segunda Guerra Mundial, el invier-no de Rusia fue de nuevo un poderoso enemigo. El 22 de junio de 1941, el ejército alemán de Adolfo Hitler invadió a Rusia, que entonces era parte de la Unión Soviética. A medida que el ejército alemán combatía para llegar a Moscú, el líder soviético Joseph Stalin emitió su propia "política de tierra quemada". Los ciudadanos soviéticos quemaron todo lo que los invasores podían usar. En diciembre, las tropas alemanas llegaron a las cercanías del Kremlin, el centro del gobierno de Moscú, cuando llegó el invierno.

Los invasores quedaron enterrados en la nieve. Las temperaturas descendieron por debajo del punto de congelación. La grasa de las armas y el aceite de los vehículos se congelaba sólidamente. Los soldados alemanes fueron víctimas de lesiones por con-gelación y perecieron. Los soviéticos tenían una vestimenta más apropiada y sus tanques y camiones estaban preparados para el invierno. Las tropas de Stalin hicieron retroceder al ejército alemán. Una vez más los rusos triunfaron con la ayuda del "General Invierno".

PREGUNTAS

1. **Después que Napoleón conquistó a Moscú en 1812, ¿por qué se retiró?**
2. **¿Cómo afectó el invierno de Rusia los combates durante la Segunda Guerra Mundial?**

Alemanes prisioneros del invierno de Rusia ▶

Temperaturas invernales promedio

EUROPA
Moscú
RUSIA
ASIA
N
O
E
S

Avance de Napoleón, junio-octubre 1812
Línea de fuego de las fuerzas alemanas, diciembre de 1941

< -40°F
-40° a -31°F
-30° a -21°F
-20° a -11°F
-10° a 0°F
0° a 10°F
11° a 20°F
21° a 30°F
> 30°F

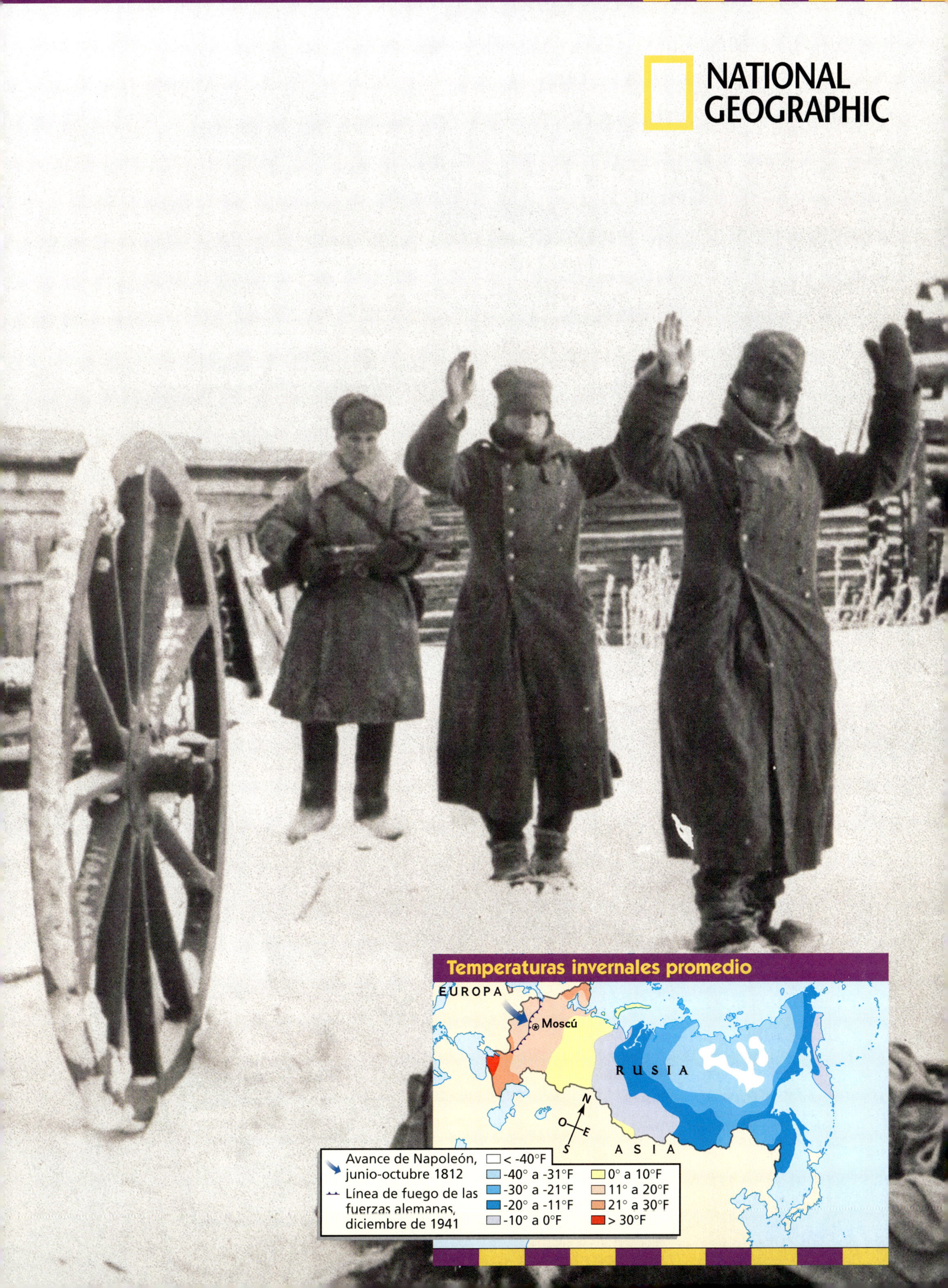

Capítulo 15

La nueva Rusia y las repúblicas independientes

El mundo y sus gentes NATIONAL GEOGRAPHIC

Para aprender más acerca de Rusia y las repúblicas euroasiáticas, mira los videos de ***The World and Its People*** **Chapters 14** y **18**.

Estudios sociales en línea

Descripción general del capítulo Visita el sitio Web ***El mundo y sus gentes*** en twip.glencoe.com y haz clic en **Chapter 15—Chapter Overviews** para ver la información preliminar acerca de Rusia y sus vecinos al sur.

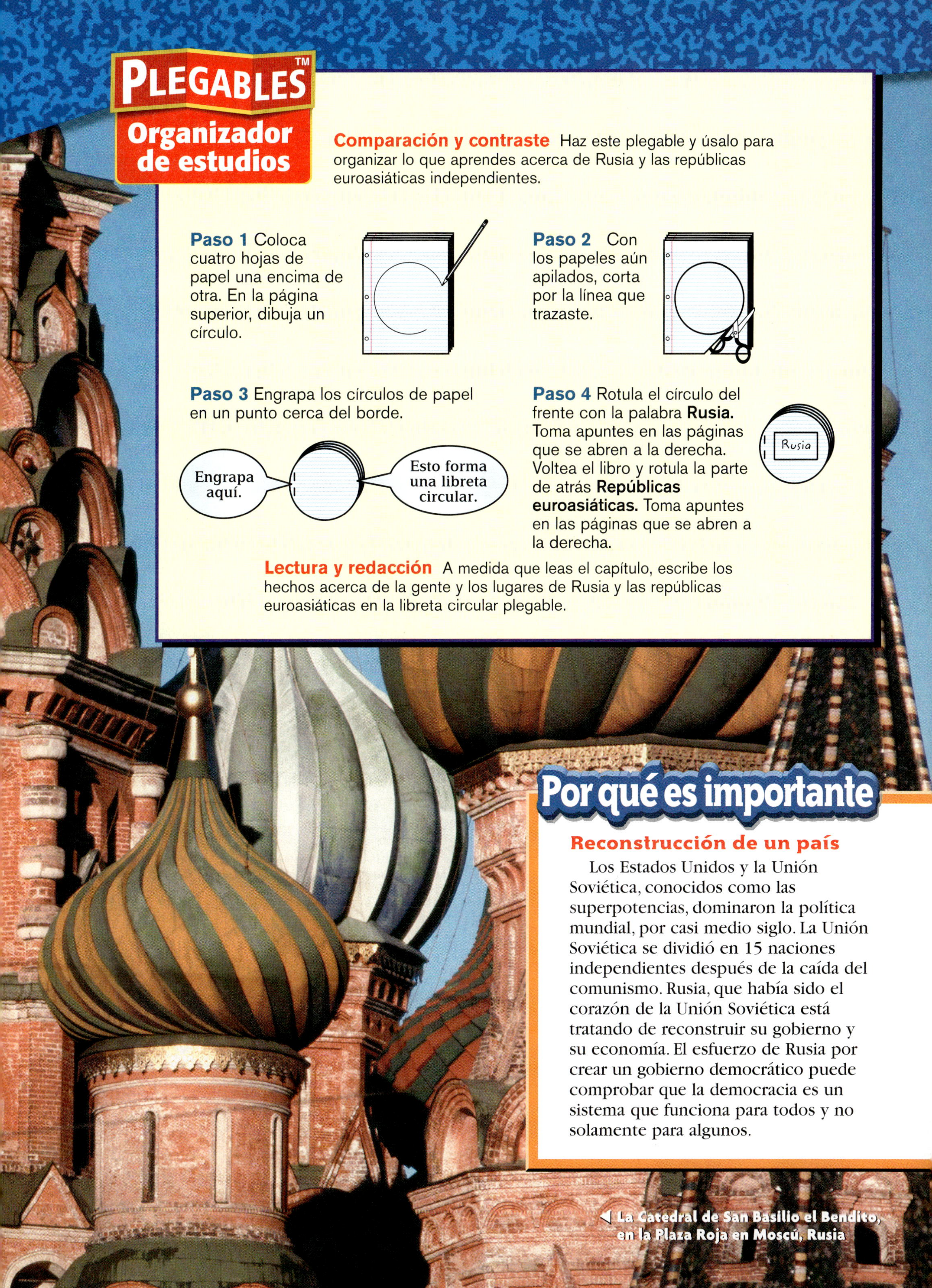

PLEGABLES™ Organizador de estudios

Comparación y contraste Haz este plegable y úsalo para organizar lo que aprendes acerca de Rusia y las repúblicas euroasiáticas independientes.

Paso 1 Coloca cuatro hojas de papel una encima de otra. En la página superior, dibuja un círculo.

Paso 2 Con los papeles aún apilados, corta por la línea que trazaste.

Paso 3 Engrapa los círculos de papel en un punto cerca del borde.

Paso 4 Rotula el círculo del frente con la palabra **Rusia.** Toma apuntes en las páginas que se abren a la derecha. Voltea el libro y rotula la parte de atrás **Repúblicas euroasiáticas.** Toma apuntes en las páginas que se abren a la derecha.

Lectura y redacción A medida que leas el capítulo, escribe los hechos acerca de la gente y los lugares de Rusia y las repúblicas euroasiáticas en la libreta circular plegable.

Por qué es importante

Reconstrucción de un país

Los Estados Unidos y la Unión Soviética, conocidos como las superpotencias, dominaron la política mundial, por casi medio siglo. La Unión Soviética se dividió en 15 naciones independientes después de la caída del comunismo. Rusia, que había sido el corazón de la Unión Soviética está tratando de reconstruir su gobierno y su economía. El esfuerzo de Rusia por crear un gobierno democrático puede comprobar que la democracia es un sistema que funciona para todos y no solamente para algunos.

◀ La Catedral de San Basilio el Bendito, en la Plaza Roja en Moscú, Rusia

Guía de lectura

Idea principal

Rusia posee muchos recursos pero encara retos para que pueda adaptarse al nuevo sistema económico.

Terminología

- economía del libre comercio
- industria pesada
- industria ligera
- energía nuclear
- expectativas de vida

Estrategia de lectura

Crea un cuadro como éste. Luego enumera por lo menos dos hechos con respecto a la economía de cada región.

Región	Hechos
Moscú	
Ciudades portuarias	
Siberia	
El Volga y los Urales	

Del comunismo al libre comercio

¿Ves a la gente vendiendo comida por las calles por donde vives? Muchos de los rusos de mayor edad son pobres. Esta gente ingeniosa cultiva alimentos y hornea pan para ganar dinero adicional. Luego, en cochecillos de bebé que usan como carros de comida, venden su mercancía en áreas muy concurridas. Actualmente los rusos están cambiando poco a poco su manera de ganarse la vida.

La caída del comunismo hizo que las economías de Rusia, las repúblicas soviéticas y las demás naciones satélites soviéticas se desintegraran. Todos los gobiernos nuevos optaron por la economía del libre comercio (también denominado economía de libre empresa o capitalismo). En una **economía del libre comercio,** es la gente, y no el gobierno, el que decide qué mercancías y productos van a producir, cómo se van a producir y quién los va a comprar.

Cambios difíciles en Rusia

No ha sido fácil cambiar a una economía del libre comercio. En el capítulo 13, leíste acerca de los retos económicos que encaran muchos de los países europeos orientales. La mayoría de estos países eran repúblicas soviéticas o sus satélites. Algunos, como por ejemplo Ucrania y la República Checa, han podido prosperar más rápidamente con el capitalismo que los países tales como Eslovaquia o Rumania. Sin embargo, todos ellos han tenido que aprender a llevar a cabo estos cambios. El enfoque de esta sección será en los cambios de la economía de Rusia.

El siguiente mapa muestra que Rusia tiene muchos recursos y áreas manufactureras. Los gerentes de las fábricas pueden decidir qué productos se van a manufacturar dependiendo de estos recursos. La gente puede escoger su carrera y abrir sus propios negocios, tales como restaurantes, tiendas o compañías de computadoras. Ahora la gente puede tomar sus propias decisiones, pero estas decisiones no siempre llevan al triunfo. Los negocios pueden fracasar. Las personas pueden perder sus empleos. Todo el mundo tenía trabajo bajo el comunismo. Los trabajadores hoy en día pueden perder sus trabajos si los negocios van mal.

Además, el gobierno ya no establece los precios de los alimentos y otros bienes de consumo. Cuando los precios estaban bajos, los rusos podían costear la mercancía, pero en muchas ocasiones enfrentaban carestías. Sin el control del gobierno, los precios han subido. Los precios altos hacen más difícil comprar las cosas necesarias, tales como los alimentos o la ropa. Sin embargo, se cree que eventualmente los precios altos y las ganancias estimularán a más manufactureros a empezar la producción de mercancías y servicios. La competencia entre los productores aumentará el abastecimiento y bajará los precios.

Mientras tanto, una gran cantidad de rusos permanece en la pobreza. A esta gente le hace falta el dinero para comprar los bienes de consumo que poco a

poco están a su disposición. Muchos de ellos sobreviven haciendo largas filas para recibir la comida donada por agencias gubernamentales. Ver **TIME Perspectives** en la página 441 para aprender más acerca de los retos que encaran los rusos al cambiar a una economía del libre comercio.

✓ Comprobación de lectura **¿De qué modo es que la competencia entre los productores afecta los abastecimientos y los precios?**

Regiones económicas de Rusia

Rusia es rica en recursos y depende de ellos para su crecimiento económico. Rusia está dividida en cuatro regiones económicas diferentes: la región de Moscú, las ciudades portuarias, Siberia y la región del Volga y los Urales.

La región de Moscú **Moscú**, de aproximadamente 800 años de antigüedad, es el centro político y cultural de Rusia. Moscú también es la ciudad más grande, el centro económico del país y el eje mayor de transporte. Muchos de los centros manufactureros de Rusia se encuentran en o cerca a Moscú. En el pasado, las fábricas del país se enfocaron en la **industria pesada,** la producción de maquinaria, equipo minero y el acero. En años recientes las fábricas han cambiado a la **industria ligera,** la producción de bienes de consumo tales como la ropa, zapatos, muebles y productos para el hogar. Los servicios de alta tecnología y las industrias electrónicas también han surgido en Moscú.

La agricultura también se lleva a cabo en la región de Moscú. Los granjeros crían ganado lechero y cultivan cebada, avena, papas, maíz y remolacha. Otros cultivos incluyen el lino, el cual se usa para los textiles. Los ferrocarriles y canales que atraviesan la región de Moscú se utilizan para transportar productos agrícolas y materia prima.

Ciudades portuarias Rusia tiene dos puertos importantes en el nordeste, **Kaliningrado** y **San Petersburgo.** Observa el mapa de actividad económica en la página 425. ¿Puedes ver que Rusia posee un territorio pequeño en el Mar Báltico que está separado del resto del país? El puerto de Kaliningrado está situado en este territorio. Esta ciudad es el único puerto de Rusia en el Báltico que se mantiene sin congelarse durante todo el año. Los funcionarios rusos, con la esperanza de incrementar el comercio en este lugar, han eliminado todos los impuestos sobre productos extranjeros que son traídos a esta ciudad. Sin embargo, las empresas que entregan productos a Kaliningrado deben transportar sus productos otras 200 millas (322 km) cruzando otros países hasta llegar a la parte más cercana del interior de Rusia. En el verano, cuando el puerto de San Petersburgo no está congelado, los buques deben viajar 500 millas (805 km) al norte para llegar a esa ciudad.

Actividad en línea
Visita el sitio Web ***El mundo y sus gentes*** en twip.glencoe.com y haz clic en **Chapter 15— Student Web Activities** para aprender más acerca de San Petersburgo.

San Petersburgo, la capital anterior de Rusia es un puerto vital y un centro cultural. A comienzos del siglo XVIII, el Zar Pedro el Grande construyó esta ciudad conectando más de cien islas con puentes. Enormes palacios se levantan airosos en las plazas públicas. Las fábricas en San Petersburgo producen maquinaria ligera, textiles y equipo científico y médico. Situada a orillas del Río Neva cerca del Golfo de Finlandia, esta ciudad también es un centro de astilleros.

Murmansk situada en la parte extrema del norte de Rusia y **Vladivostok** en el oriente, son las otras ciudades portuarias importantes. Vladivostok es el puerto más grande de Rusia en el Océano Pacífico. El

San Petersburgo

Se forma hielo en el Río Neva, en el corazón De San Petersburgo. El Museo Hermitage al fondo es la galería de arte más notable de Rusia y la atracción turística principal de San Petersburgo.

Economía **Nombra una actividad económica que se lleva a cabo en San Petersburgo.**

comercio en estas ciudades portuarias hace llegar los productos necesarios a la gente de Rusia. Vladivostok también constituye una base para la inmensa industria pesquera de Rusia.

Siberia Como aprendimos en el capítulo 14, Siberia es la parte asiática de Rusia. Posee el más grande suministro de minerales en Rusia, incluyendo vetas de hierro, uranio, oro, diamantes y carbón de piedra. Inmensos depósitos de petróleo y gas natural yacen debajo del suelo congelado del norte de Siberia. Aproximadamente dos tercios de la Siberia están cubiertos de bosques que podrían mantener una industria maderera.

Sin embargo, es muy difícil explotar estos recursos naturales. La Siberia está subdesarrollada en su mayoría debido al clima frío e inclemente. Otro problema es su tamaño. Se tarda ocho días o más en atravesar Rusia por tren. El hallar un modo de desarrollar los recursos lejanos de Siberia es muy importante para el futuro económico de Rusia. Se han agotado muchos de los minerales y combustibles de Rusia occidental. Los centros industriales de ese lugar requieren los recursos de la Siberia.

La región del Volga y los Urales Metidas entre la región de Moscú y Siberia, se encuentran la región industrial del Río Volga y las Montañas Urales. El **Río Volga** recibe casi la mitad del tráfico fluvial de Rusia. Suministra agua para irrigación y fuerza hidroeléctrica, cuya energía se produce mediante la corriente de agua. Esta región es también la sede de las tierras de cultivo más productivas de Rusia.

Las Montañas Urales son ricas en minerales. Los trabajadores aquí extraen de las minas cobre, oro, plomo, níquel y bauxita, un mineral usado para hacer aluminio. Las montañas también tienen recursos energéticos tales como carbón de piedra, petróleo y gas natural.

✓ **Comprobación de lectura** ¿Por qué son importantes los recursos minerales de Siberia?

Lucha contra la contaminación

El gobierno de Estados Unidos promulga leyes para prevenir o limitar la contaminación. Sin embargo, algunas compañías se resisten a obedecer las leyes debido a que es costoso convertir sus fábricas para que mantengan el ambiente libre de contaminación. Afortunadamente nuestro gobierno es funcionan con y puede imponer las leyes contra la contaminación. En Rusia, el nuevo gobierno no es tan fuerte se espera que una persona promedio viva, para imponer las leyes que ha promulgado contra la contaminación. Muchas compañías continúan contaminando ciertas áreas como el Lago Baikal.

Asuntos ambientales

A pesar de que los rusos caminan hacia una economía del libre comercio, tienen que aprender a equilibrar las ganancias y la protección del medio ambiente. Los bosques han sido cortados y las plantas de semillero no han sido plantadas para reemplazar a los árboles y mantener el suelo. Esto está causando la erosión de la tierra en algunas áreas. Los fertilizantes químicos han sido usados fuertemente para incrementar la producción de la cosecha. Al pasar el tiempo, estos químicos se han acumulado en la tierra, destruyendo su capacidad para cultivos alimenticios. Además, el gobierno soviético construyó plantas eléctricas para producir **energía nuclear** o energía de reacción atómica controlada. Muchas de estas plantas de energía nuclear están en decadencia, lo que las puede llevar a tener desechos nucleares peligrosos.

La contaminación del aire El humo envuelve a muchas de las grandes ciudades rusas. La contaminación por parte de la industria pesada es particularmente grave. El humo y los gases son emitidos por las plantas eléctricas que a base de carbón, por vehículos y por otros medios de transporte. Muchos rusos padecen de enfermedades pulmonares y la cantidad de personas que tienen cáncer va en aumento. Las **expectativas de vida,** el número de años que de vida promedio, ha decaído en Rusia.

La contaminación del agua Los químicos utilizados en la agricultura y la industria a menudo terminan en los ríos y lagos. El sistema de alcantarillado inadecuado también contamina las vías fluviales en Rusia. La contaminación del agua también es causada por las armas químicas que la Unión Soviética desarrolló durante la Guerra Fría. Muchas de estas armas están enterradas en basureros a través de Rusia y las antiguas repúblicas soviéticas. Los recipientes donde se guardan estos químicos se están deteriorando y algunos de los químicos gotean al agua del subsuelo.

✓ Comprobación de lectura ¿Cuáles son algunos de los efectos ambientales de la era soviética?

Evaluación

Definición de términos

1. **Define** economía del libre comercio, industria pesada, industria ligera, energía nuclear, expectativas de vida.

Recuerdo de hechos

2. **Lugar** ¿Cuál es el centro político y cultural de Rusia?
3. **Ubicación** ¿Por qué es Kaliningrado una ciudad tan importante en Rusia?
4. **Economía** Enumera cinco recursos minerales que se encuentran en las Montañas Urales.

Pensamiento crítico

5. **Conclusiones** ¿Por qué los consumidores desean que la economía de Rusia convierta su dependencia que no dependa en la industria pesada para hacer mayor énfasis en la industria ligera?
6. **Comprensión de causa y efecto** ¿Cómo han afectado los cambios económicos a la gente de Rusia?

Organizador gráfico

7. **Organización de la información** Dibuja un diagrama como el de abajo.

Contaminación del suelo	Contaminación del aire	Contaminación del agua

Aplicación de las habilidades en estudios sociales

8. **Análisis de mapas** Pasa al mapa de actividad económica en la página 425 ¿Qué zonas manufactureras están conectadas por el ferrocarril Transiberiano?

Sección 2 Rusia: su gente y cultura

Guía de lectura

Idea principal

Los rusos tienen un pasado rico en cultura y están aprendiendo a vivir en una sociedad democrática.

Terminología

- democracia
- república federal
- grupo mayoritario
- grupo minoritario

Estrategia de lectura

Crea un cuadro como éste. Bajo cada encabezamiento, escribe dos retos políticos y dos retos étnicos que encara Rusia hoy en día.

Retos políticos	Retos étnicos

NATIONAL GEOGRAPHIC **Exploración de nuestro mundo**

Por mucho tiempo los rusos han valorado su música, literatura y arte. Aquí se pueden ver estudiantes de arte rusos disfrutando de un recuerdo del pasado de Rusia. En 1764 la emperatriz Catalina la Grande expandió la Academia Rusa de Bellas Artes para entrenar a artistas rusos. Deseaba desarrollar las habilidades demostradas por los artistas europeos. La academia conocida ahora como el Instituto Repin, permanece abierta.

Rusia es uno de los países más poblados del mundo, con 145.5 millones de habitantes. A raíz de la división de la Unión Soviética en 1991, la gente de Rusia ha visto cambiar no solamente su economía sino también su estructura política y su vida cotidiana.

Desafíos políticos

Bajo el comunismo, los miembros del Partido Comunista controlaron el gobierno de Rusia y dijeron a la gente cómo votar. Actualmente Rusia es una **democracia,** un gobierno en el cual la gente elige a sus líderes con libertad. Rusia también es una **república federal.** Esto significa que el poder se divide entre los gobiernos nacional y estatal, con un presidente que dirige la nación.

El presidente ruso posee poderes más fuertes que el presidente estadounidense. Por ejemplo, el presidente ruso puede emitir órdenes que se convierten en leyes aún sin que sean promulgadas por la legislatura. Los primeros dos presidentes de Rusia, Boris Yeltsin y Vladimir Putin, usaron su

Defensa de la democracia

En 1991 el primer presidente de Rusia, Boris Yeltsin, (con el papel en sus manos) se paró sobre un tanque para desafiar a grupos comunistas, los cuales querían detener el progreso de Rusia hacia la democracia.

Gobierno **¿Cómo respondieron a las críticas los gobernantes rusos en el pasado?**

poder para desarrollar y fortalecer la economía y la democracia de Rusia.

Para adaptarse a la nueva forma de gobierno, los rusos encaran retos políticos importantes. Tienen que aprender a funcionar en una democracia. La democracia se basa en la idea de la autoridad de la ley. Esto quiere decir que las leyes gobiernan no solamente a la gente común sino también a los funcionarios del gobierno. En el pasado, los líderes rusos hicieron lo que quisieron. En el nuevo sistema, tienen que aprender a obedecer la ley. Además, los gobiernos anteriores castigaban a la gente que criticaba sus decisiones. Actualmente los funcionarios tienen que aprender a aceptar desacuerdos sobre políticas del gobierno.

✓ Comprobación de lectura **¿Qué es la autoridad de la ley?**

Desafíos étnicos

El gran desafío que encara el nuevo gobierno es un resultado del hecho que Rusia alberga a muchos grupos étnicos diferentes. Los rusos, juntamente con los ucranianos y bielorrusos, son parte de un grupo más numeroso denominado eslavos. Hace cientos de años los eslavos emigraron desde Europa nororiental a Rusia occidental. En Rusia hoy en día, más del 80 por ciento de la población son eslavos que hablan ruso. Los eslavos son el **grupo mayoritario,** el grupo que controla la mayoría de la riqueza y el poder.

Aproximadamente otros 100 grupos étnicos también viven en Rusia. Cada grupo tiene su propio idioma y cultura particular. A estas gentes se las conoce como los **grupos minoritarios** porque no son el grupo que controla la mayoría de la riqueza y poder de la sociedad.

Cuando existía la Unión Soviética, el gobierno central mantuvo un control estricto sobre sus grupos mayoritarios y minoritarios. Después de la caída de la Unión Soviética, muchas viejas rencillas y errores no olvidados surgieron a la superficie. Muchos de los grupos étnicos que habían sido enemigos en el pasado y cuyas diferencias nunca se resolvieron, reñían los unos con los otros. El gobierno ruso actual encara la tarea de proteger a la gente de los grupos minoritarios, como también promover la colaboración entre los grupos étnicos.

Sin embargo, algunos de los grupos minoritarios quieren formar sus propios países. Entre ellos se encuentran Chechenos, quienes viven en **Chechnya** cerca del Mar Caspio y las Montañas del Cáucaso en el sur de Rusia. Busca Chechnya en el mapa en la página 451. Esta región posee reservas de petróleo y muchos oleoductos atraviesan Chechnya transportando combustible a las ciudades principales de Rusia. Las tropas rusas han combatido a las fuerzas chechenas para mantener a Chechnya como parte de Rusia.

✓ Comprobación de lectura **¿Cuál es el grupo étnico más numeroso y poderoso de Rusia?**

Vida cotidiana

Tal como aprendiste en el capítulo 14, la región más densamente poblada de Rusia es la región situada el oeste de las Montañas Urales, particularmente alrededor de Moscú. Aproximadamente 75 por ciento de los rusos viven apiñados en las ciudades.

La vida urbana y rural Las áreas urbanas rusas o ciudades son grandes y modernas, con edificios de piedra y concreto y calles anchas. Los edificios altos contienen apartamentos que albergan a cientos de familias. Sin embargo, muchos de estos apartamentos son pequeños y estrechos. Un apartamento típico en Rusia tiene un dormitorio, sala, cocina y baño para una familia de cuatro personas. La sala también se puede usar como dormitorio.

Es muy difícil encontrar vivienda en las ciudades. Por este motivo, muchas generaciones pueden compartir el mismo hogar. Esto puede ser útil porque muchas madres rusas trabajan fuera de la casa. La abuela, que se denomina o babushka, puede cocinar, limpiar, hacer compras y cuidar a los niños pequeños. Hacer compras de alimentos puede llevar mucho tiempo porque a menudo significa que hay que esperar en largas filas. Para relajarse, la gente en las ciudades se pasea por los parques o asiste a conciertos, a películas o al circo.

Las ciudades rusas han cambiado en los últimos años. Algunas personas se han beneficiado con los cambios económicos que abarcan al país. Muchas

Lo urbano contra lo rural

La tienda por departamentos estatal GUM (izquierda), es muy similar a un centro comercial en los Estados Unidos. Sin embargo, en algunas áreas rurales la gente aún vive sin calefacción, electricidad y plomería (abajo).

Cultura **¿De qué manera son las áreas urbanas en las ciudades de Rusia como las de Estados Unidos?**

personas prósperas se han agrupado cerca de Moscú. Están construyendo casas grandes fuera de los límites de la ciudad, donde pocas personas han vivido antes. Como consecuencia, Rusia está desarrollando sus primeros suburbios, comunidades pequeñas que rodean a la ciudad.

En las áreas rurales de Rusia o la campiña, la mayoría de la gente vive en casas hechas de madera. Así como en Estados Unidos, la calidad del atención médica y educación es en ocasiones más bajo en las áreas rurales que en las ciudades. A través de los años, mucha gente ha salido de las áreas rurales para buscar trabajo en las ciudades rusas.

La religión en Rusia A pesar de las leyes comunistas que en el pasado han prohibido la práctica de la religión, la Iglesia Ortodoxa Rusa es muy popular. La religión ortodoxa rusa es una fe cristiana. Está encabezada por la persona llamada el patriarca, que en griego significa "padre". La ortodoxia rusa es la responsable de un alfabeto especial llamado Cirílico. De acuerdo a la leyenda, San Cirilo, un sacerdote ortodoxo desarrolló el alfabeto Cirílico para ayudar a los eslavos a leer y a escribir su propio idioma. Él inventó nuevas letras para los sonidos del idioma eslavo que no existían en los idiomas griego o latín.

Aunque más del 70 por ciento de la población rusa pertenece a la iglesia ortodoxa rusa, no quiere decir que sea la única religión en Rusia. Muchos musulmanes (seguidores del Islam), católicos, protestantes, y budistas viven dentro de las fronteras de Rusia. Sin embargo, muchos de los judíos que en

Fuente principal

ALEXANDER SOLZHENITSYN

(1918–)

Durante muchos años, el autor ruso Alexander Solzhenitsyn fue la voz de protesta para su gente, hablando por medio de sus novelas acerca de las injusticias en el sistema comunista de la Unión Soviética. Puesto que la gente no podía ver la libertad por sí mismos, él usó su gran talento literario para traer la verdad a cuanta gente fuera posible.

"El único sustituto para las experiencias que no hemos vivido aún por nosotros mismos es el arte y la literatura", escribió. "Si todo lo demás nos falla, el arte siempre ha ganado la pelea en contra de las mentiras y siempre ganará".

Fuente: *Discurso del ganador del premio Nóbel de 1972* por Alexander Isayevich Solzhenitsyn.

Análisis de las fuentes principales

1. ¿Qué es lo que quiere decir Solzhenitsyn cuando dice que la literatura puede sustituir las experiencias que aún no hemos vivido? ¿Estás de acuerdo?
2. Describe un acontecimiento que hayas "experimentado" por medio del arte. Esto puede incluir una historia de miedo o una escena de una película impactante.

Arte

Peter Carl Fabergé no fue un joyero ruso ordinario. Su exitoso taller diseñó flores enjoyadas extravagantes, figurinas y animales. Su obra más famosa ha sido los huevos de Pascua que creó para el Zar y para otros nobles en Europa y Asia. Cada huevo era único y su creación tardaba un año. Al levantar la tapa del huevo se revelaba una sorpresa. Uno de los huevos Fabergé (se muestra aquí) tenía adentro un barco detallado.

Una mirada de cerca ¿Por qué crees que el taller de Fabergé cerró después de la Revolución Rusa de 1917?

Huevo Fabergé ▲

un tiempo vivieron en Rusia, han emigrado a otras áreas. Menos de un millón de judíos viven hoy en Rusia.

Celebraciones, comidas y deportes Los rusos disfrutan de las pequeñas reuniones familiares al igual que de los días festivos nacionales. La noche de Año Nuevo es uno de los días de fiesta no religiosos más alegres. Los niños rusos decoran un pinabete e intercambian regalos con sus familiares. Los rusos también celebran el primero de mayo con desfiles y discursos. El primero de mayo rinde homenaje a los trabajadores rusos.

Si tú cenaras con una familia rusa, la cena comenzaría con un plato grande de *borscht,* una sopa hecha de remolacha o *shchi,* una sopa hecha de col. Luego, tal vez comieras una empanada de carne llamada *piroshki.* Para el plato principal, lo más seguro es que comas carne, pollo, o pescado con papas cocidas. En ocasiones especiales, a los rusos les gusta comer caviar. Esta golosina se hace con los huevos del esturión, un pez del Mar Caspio.

¿Alguna vez has visto las Olimpiadas? Si lo has hecho, seguramente has visto a los jugadores rusos de hockey, a los patinadores artísticos y a los gimnastas. Debido al clima frío de Rusia, los deportes de invierno y de puertas adentro son populares. Los rusos también disfrutan del fútbol, tenis, excursiones, campamentos y alpinismo.

✓ Comprobación de lectura **¿De qué modo han cambiado las ciudades rusas en años recientes?**

Tradiciones y riquezas culturales

Rusia tiene riquezas en sus tradiciones de literatura, arte y música. La tradición rusa de los narradores de cuentos es una de las más ricas y antiguas del mundo. Estos cuentos o *skazki,* han ido pasando oralmente de generación en generación, hasta finalmente quedar anotados en texto impreso. Las bestias

▲ El ballet en Rusia data de 1738, cuando fue fundada la primera escuela de danza en San Petersburgo.

y criaturas con poderes mágicos son comunes en estas historietas, que han nacido en una tierra con bosques obscuros e inviernos largos y fríos.

Las grandes novelas y obras teatrales rusas reflejan principalmente temas históricos y políticos. La novela de León Tolstoy, *La guerra y la paz,* hace un recuento de cómo los rusos se aliaron para derrotar al emperador francés Napoleón Bonaparte. Fedor Dostoyevsky escribió muchas novelas que exploran la vida en Rusia a finales del siglo XIX. En la década de 1970, Alexander Solzhenitsyn escribió novelas que revelaron las condiciones duras en la sociedad comunista.

Arte y música San Petersburgo tiene hermosos museos y estatuas. Es por eso que se le llama "Venecia del Norte" por la ciudad cultural en el centro de Italia. Una de las compañías de ballet más conocidas de Rusia, tiene sus presentaciones en el teatro Mariinsky en San Petersburgo. Los bailarines de ballet rusos son famosos en todo el mundo. El compositor Peter Tchaikovsky, compuso los ballets más preferidos del mundo incluyendo *La bella durmiente* y *Cascanueces.* Nikolay Rimsky Korsakov usó el cuento popular en la música de sus óperas y en otras obras. *La suite de El pájaro de fuego,* de Igor Stravinsky está basada en una leyenda rusa.

Si te atrae la pintura, definitivamente debes visitar el Museo Hermitage en San Petersburgo. Originalmente fue construido para albergar la colección de arte del Zar, incluyendo los famosos huevos Fabergé. El museo exhibe al público los trabajos de los pintores y escultores rusos y europeos.

✓ Comprobación de lectura ¿Cuál escritor ruso escribió acerca de las condiciones duras en la sociedad comunista?

Sección 2 Evaluación

Definición de términos

1. **Define** democracia, república federal, grupo mayoritario, grupo minoritario.

Recuerdo de hechos

2. **Gobierno** ¿Por qué motivo el gobierno de Rusia envió tropas a Chechnya?
3. **Cultura** ¿Cuál es la religión principal de Rusia?
4. **Cultura** ¿Quién es el compositor ruso que escribió el famoso ballet *Cascanueces?*

Pensamiento crítico

5. **Análisis de la información** Describe los problemas que los rusos encaran al vivir en una democracia después de años de haber tenido un gobierno comunista.
6. **Hacer predicciones** Con frecuencia las ideas en el arte son tomadas de la vida real. ¿Qué temas crees que serán vistos en el arte ruso en el futuro?

Organizador gráfico

7. **Organización de la información** Dibuja un diagrama como éste y enumera dos hechos por cada tema en los cuatro óvalos exteriores.

Aplicación de las habilidades en estudios sociales

8. **Síntesis de la información** Escribe un párrafo y describe las maneras en las cuales las culturas de Rusia y los Estados Unidos son similares y diferentes. Y luego describe como serían las condiciones de vida de tu familia si vivieran en un apartamento típico en Rusia.

Establecer conexiones

ARTE | CIENCIA | **CULTURA** | TECNOLOGÍA

El conde León Tolstoy

El conde León Tolstoy (1828-1910) fue un famoso novelista ruso. Dos de sus más conocidas novelas son *La guerra y la paz* y *Anna Karenina.* Lo que no es tan conocido es que Tolstoy también escribió libros para niños. Él escribió: "[Estos escritos] serán usados para enseñar a las generaciones de niños rusos, desde los del Zar hasta los de los campesinos y de estas lecturas recibirán sus primeras impresiones poéticas, y al haber escrito estos libros, ya puedo morir en paz".

La literatura rusa, inclusive los cuentos para niños, contienen mucho más sufrimiento y tragedia que la que podrían apreciar los niños estadounidenses. Estas historias exaltan las cualidades humanas tales como la ayuda al prójimo, la compasión, la piedad y la justicia. Estos valores son necesarios para poder sobrevivir en tiempos difíciles. Esta historia es un ejemplo de este tipo de literatura.

▲ **Abuelo ruso**

El abuelo y su pequeño nietecito

por el conde León Tolstoy (1828–1910)

El abuelo había envejecido. Sus piernas ya no lo podían sostener, sus ojos ya no podían ver y sus oídos no podían escuchar, y no tenía dientes. Y cuando comía, era sucio. Su hijo y la esposa del hijo, ya no le permitían comer con ellos en su mesa y lo hacían comer cerca a la estufa. Le daban la comida en una taza. Una vez, él trato de mover la taza más cerca y se cayó al piso y se quebró. La nuera regañó al anciano, diciéndole que dañaba todo en la casa y rompía las tazas, y le advirtió que desde ese día la comida le sería servida en un plato de madera. El anciano suspiró y no dijo nada.

Un día el hijo y la nuera del anciano estaban sentados en su choza descansando. Su hijito pequeño jugaba en el piso. Él estaba construyendo algo con pequeños pedacitos de madera. Su padre le preguntó: "¿Qué es lo que haces, Misha?" Y Misha contestó: "Estoy haciendo una cubeta de madera. Cuando tú y mami envejezcan, les daré de comer en esta cubeta de madera".

El joven campesino y su esposa se miraron uno al otro, con lágrimas en los ojos. Tenían vergüenza del modo tan duro en que habían tratado al anciano, y desde entonces comieron de nuevo con él y lo cuidaron mejor.

Fuente: "El abuelo y su pequeño nietecito" de *Recolección de literatura rusa para niños,* editado por Miriam Morton. Derechos de autor © 1967. University of California Press (Berkeley y Los Ángeles, CA)

Establecer la conexión

1. ¿Qué motivo dio Tolstoy para escribir las historias para niños?
2. ¿Qué crees que aprendieron de su hijo el joven campesino y su esposa?
3. **Establecer comparaciones** Compara esta historia con una que has aprendido. ¿En qué son diferentes? ¿En qué son iguales?

Guía de lectura

Idea principal

Las repúblicas del Cáucaso y Asia Central están tratando de construir economías y gobiernos nuevos.

Terminología

- falla
- cultivo comercial
- estepa
- nómada
- oasis
- elevación
- bilingüe

Estrategia de lectura

En un cuadro como éste, escribe dos hechos relativos a cada república del Cáucaso y Asia Central.

País	Hechos
Armenia	
Azerbaiyán	
Georgia	
Kazajstán	
Uzbekistán	
Turkmenistán	
Kirguistán	
Tayikistán	

Sección 3

Surgen las repúblicas

NATIONAL GEOGRAPHIC **Exploración de nuestro mundo**

Durante siglos, la ciudad de Bukhara fue parada obligatoria en una antigua ruta comercial denominada el Camino de la Seda, que se extendía desde China hasta Europa. En el pasado, la preciada seda china era cargada en el lomo de los camellos. La seda aún se vende en los mercados de Bukhara. Sin embargo, hoy en día las comunicaciones comerciales internacionales se llevan a cabo a través de un sistema de cables de fibra óptica que se extienden a lo largo de las antiguas pistas de los camellos del Camino de la Seda.

Las repúblicas euroasiáticas se extienden al sur de Rusia, pero en dos áreas diferentes. Las tres repúblicas del **Cáucaso** se ubican entre el Mar Negro y el Mar Caspio. Las **Montañas del Cáucaso** le dan su nombre a la región. Las cinco repúblicas de **Asia Central** dominan un vasto territorio al este del Mar Caspio. Busca estos ocho países en el mapa de la página 437.

Árabes, turcos, persas y rusos han dominado estos países en diferentes épocas. Muchos de estos pueblos se quedaron, constituyendo así los diferentes grupos étnicos que viven hoy en día en las repúblicas euroasiáticas. Algunos desacuerdos entre estos pueblos han desatado violentos conflictos.

Las repúblicas euroasiáticas fueron una vez parte de la Unión Soviética. Cuando la Unión Soviética se dividió en 1991, estas repúblicas lograron su independencia, algunas de ellas por primera vez en siglos. Desde entonces, han luchado para moverse hacia una economía del libre comercio y un sistema democrático. Lo que hace esta lucha aún más difícil es el enorme reto de limpiar el medio ambiente. La rápida industrialización experimentada durante la era soviética contaminó el aire y el agua. El desvío del agua para la irrigación ha drenado los ríos, y los fertilizantes químicos han dañado gravemente el suelo.

Repúblicas del Cáucaso

Las repúblicas del Cáucaso son **Armenia, Georgia** y **Azerbaiyán**. Tal vez estés pensando que la cercanía de las montañas del Cáucaso ocasionaría un clima frío. De hecho, estos tres países tienen un clima mayormente moderado mediterráneo o clima seco de estepas. El mapa de actividad económica a continuación te muestra que estos climas favorables han originado mucha agricultura comercial. Los granjeros cultivan trigo, frutos, verduras y té en los valles fluviales.

Armenia Los 3.2 millones de personas que habitan en Armenia son en su mayoría armenios étnicos que comparten un idioma y cultura únicos. En el año 301 d.C. un rey armenio convirtió el cristianismo en la religión oficial, y fue el primer país en hacerlo. Alrededor del 94 por ciento de la población pertenecía a la Iglesia Ortodoxa Armenia. Muchos cristianos armenios también viven en un pequeño territorio reclamado por la vecina Azerbaiyán. La lucha por este territorio ha perjudicado las economías de ambos países.

Casi el 70 por ciento de los armenios vive en ciudades. Fundada en 782 a.C., **Ereván,** la capital, es una de las ciudades más antiguas del mundo. Los armenios están orgullosos de sus amplias calles, atractivas fuentes y pintorescos edificios fabricados con piedra volcánica. Aún cuando los volcanes ya no tienen erupción aquí, Armenia se sitúa en una incómoda posición sobre

Nómadas kazajos

El hogar tradicional de los kazajos, denominado yurt, puede ser fácilmente desmontado y trasladado.

Cultura **¿Por qué los mongoles y los kazajos antiguos habrían de necesitar una casa que pudiera trasladarse?**

muchas **fallas,** o grietas de la corteza de la tierra. Con frecuencia sufre grandes terremotos.

Azerbaiyán Azerbaiyán está dividida en dos por el país de Armenia. Muchas personas pertenecen a un grupo denominado azeris y hablan en idioma azeri. Estas personas pertenecen a la religión islámica.

Más de la mitad de los 8.2 millones de habitantes del país viven en ciudades. La capital, **Bakú**, es un puerto del Mar Caspio. Bakú, centro de la industria petrolera y de manufactura del país, es conocida por los fuertes vientos que soplan por la ciudad. Los depósitos de petróleo y gas natural bajo el Mar Caspio son los más prometedores para el futuro de la economía de Azerbaiyán. El país ha firmado acuerdos con empresas extranjeras para desarrollar estos recursos. La agricultura también es importante. Los agricultores de las regiones secas usan la irrigación para cultivar algodón y tabaco como **cultivos comerciales,** o productos que se cultivan para vender y exportar.

Georgia Alrededor del 70 por ciento de los 4.7 millones de habitantes de Georgia son georginos étnicos que están orgullosos de su idioma y alfabeto únicos, y de su herencia cristiana. Al igual que Armenia, Georgia aceptó el cristianismo en los años 300 d.C. Durante los últimos 10 años, se ha desatado un conflicto entre los georginos y los otros grupos étnicos del país que quieren establecer sus propios países.

Tiflis, capital de Georgia, se ubica cerca de las montañas. La ciudad posee manantiales minerales cálidos calentados por las altas temperaturas del interior de la Tierra. Los complejos vacacionales a lo largo de la suave costa del Mar Negro atraen miles de turistas cada año. Georgia posee muchos recursos naturales, tales como cobre, carbón, manganeso y algún petróleo. Los rápidos ríos proveen energía hidroeléctrica para las industrias de Georgia. Los diestros agricultores producen casi un tercio de los alimentos del país.

✓ Comprobación de lectura **¿En qué se diferencia la religión de Azerbaiyán de la de Armenia y Georgia?**

Las Repúblicas de Asia Central

Las repúblicas de Asia Central incluyen a **Kazajstán**, **Uzbekistán**, **Turkmenistán**, **Kirguistán** y **Tayikistán.** Los cinco países siguen la religión islámica.

Kazajstán Kazajstán es la mayor de las repúblicas de Asia Central, y es casi cuatro veces del tamaño de Texas. Hacia el centro del país se extienden las estepas. Una **estepa** es una llanura seca, sin árboles (similar a las Grandes Llanuras de Estados Unidos). La agricultura es difícil en el clima severo, pero la cría de ganado en los ranchos constituye una industria importante. Los recursos minerales de Kazajstán incluyen cobre, manganeso, oro, zinc y petróleo. Las fábricas producen maquinaria y sustancias químicas, y procesan alimentos.

Alrededor de la mitad de los 14.8 millones de habitantes de Kazajstán son kazacos étnicos, cuyos antepasados fueron guerreros a caballo llamados Mongoles. Al igual que los mongoles, los kazacos eran en su mayoría **nómadas,** o pueblos que se trasladaban de un lugar a otro con rebaños de animales. Bajo el dominio soviético, los nómadas kazajos fueron obligados a establecerse en un lugar. El gobierno soviético estableció fábricas ahí, y los trabajadores rusos inundaron al país. Hoy en día, los rusos forman el segundo grupo étnico más numeroso de Kazajstán.

Uzbekistán Al sur de Kazajstán se encuentra Uzbekistán, que es un poco más grande que California. La mayoría de los 25.7 millones de habitantes del país son uzbecos, quienes generalmente viven en valles fértiles y oasis. Un **oasis** es un área fértil o verde de un desierto irrigada por un manantial subterráneo. **Tashkent,** la capital, es la ciudad más grande y centro industrial de Asia Central. Hace aproximadamente 2,000 años, los oasis de Tashkent, Bukhara y Samarkand eran parte de la traficada ruta denominada el Camino de la Seda que enlazaba a China con Europa.

Este país es uno de los mayores productores mundiales de algodón. Este auge del algodón, desafortunadamente, ha tenido efectos desastrosos en el medio ambiente. Las grandes granjas que necesitan irrigación han drenado prácticamente los ríos que desembocan en el **Mar Aral.** Los líderes uzbecos están tratando ahora de añadir variedad a la economía. Ellos quieren usar los depósitos de petróleo, gas y oro recientemente descubiertos.

Turkmenistán Turkmenistán es más grande que la vecina Uzbekistán, pero tiene mucho menos habitantes. ¿Por qué? La mayor parte del territorio de este vasto país es un inmenso desierto llamado el **Garagum**. Observa el mapa de actividad económica en la página 437. El Garagum, que significa "arena negra", está ubicado en las áreas norte y central de Turkmenistán, que poseen "muy poca o ninguna actividad económica". A pesar de la aspereza de la tierra, la cosecha de algodón y la cría de ganado son las actividades económicas principales. Pero no se cultiva lo suficiente como para alimentar a todos los habitantes, y es necesario importar muchos alimentos.

Turkmenistán es importante para los mercados mundiales de energía porque contiene una de las mayores reservas mundiales de gas natural. El país espera que su petróleo y su gas natural le proporcionen un mejor futuro.

Achkabad, la capital, es la ciudad más grande y el centro económico y cultural más importante de Turkmenistán. Sin embargo, más de la mitad de los 5.7 millones de habitantes del país viven en pequeñas poblaciones cercanas a los oasis. Los turkmenos eran nómadas que criaban camellos y otro tipo de ganadería en el desierto. Al igual que los kazajos, los turkmenos fueron obligados por los soviéticos a establecerse en granjas.

Kirguistán La elevada cordillera de **Tian Shan** forma la mayor parte de Kirguistán. El clima de aquí depende de la altura sobre el nivel del mar, o la **elevación** de una región. Los valles y las llanuras más bajas tienen veranos cálidos y secos e inviernos fríos. Las regiones más altas

El Mar Aral

Esta embarcación alguna vez navegó por las aguas del Mar Aral. El mar era inmenso la cuarta masa de agua interior más grande del mundo. Para irrigar los campos de algodón, los líderes soviéticos tomaron el agua de los ríos que desembocaban en el Mar Aral. Este mar se encogió a la mitad de su tamaño original en sólo 40 años. Ahora caminan los camellos en los lugares donde antes nadaban los peces.

poseen veranos frescos e inviernos terriblemente fríos. La falta de suelos fértiles dificulta la labor de los agricultores, pero ellos logran sembrar algodón, verduras y frutas. Muchos de ellos crían ovejas u otro tipo de ganado. Aun cuando el país tiene pocas industrias, sí posee valiosos depósitos de mercurio y oro.

Más de la mitad de los habitantes pertenecen al grupo étnico kirghiz. Las diferencias entre los clanes o grupos de familias, a menudo separan a una parte del país de otra. Kirguistán es un país **bilingüe** o sea, un país con dos idiomas oficiales. Estos son el kirguiz, relacionado al turco, y el ruso. Alrededor del 35 por ciento de los 5 millones de habitantes del país vive en ciudades, tales como la capital, **Bishkek.**

Tayikistán La montañosa Tayikistán se extiende al sur de Kirguistán. La montaña más alta de Asia Central, el **Pico Ismail Samani** está ubicado aquí. Los riachuelos de las montañas irrigan el algodón, arroz y las frutas que se cultivan en los fértiles valles fluviales. Los riachuelos también proveen agua para la producción de energía hidroeléctrica.

La ciudad más grande es **Dushanbe,** la capital. La mayoría de los 6.6 millones de habitantes de Tayikistán son tajiks, que están relacionados a los persas. Otro 25 por ciento son uzbecos, grupo relacionado a los turcos. En 1992, estalló una cruenta guerra civil entre clanes rivales. Muchas personas fueron asesinadas y la economía se perjudicó severamente. A pesar de un convenio de paz firmado en 1997, la situación aún permanece tensa.

✓Comprobación de lectura **Nombra las cinco repúblicas de Asia Central.**

Evaluación

Definición de términos

1. **Define** falla, cultivo comercial, estepa, nómada, oasis, elevación, bilingüe.

Recuerdo de hechos

2. **Región** ¿Qué características comunes hacen una región de los países de Armenia, Azerbaiyán y Georgia?
3. **Economía** ¿Cuál es la parte más prometedora de la economía de Azerbaiyán?
4. **Cultura** ¿Quiénes fueron los antepasados de los kazajos?

Pensamiento crítico

5. **Inferencias** ¿Por qué la mayoría de los turcos viven a lo largo de la frontera sur de Turkmenistán?
6. **Comprensión de causa y efecto** ¿Por qué se ha encogido el Mar Aral?

Organizador gráfico

7. **Organización de la información** Dibuja un cuadro como éste. Llena el cuadro con la información sobre Georgia y Uzbekistán que aprendiste en esta sección.

	Georgia	Uzbekistán
Grupo étnico		
Recursos naturales		
Actividades económicas		

Aplicación de las habilidades en estudios sociales

8. **Análisis de mapas** Mira el mapa político de la página 397 en el **Atlas regional.** ¿Cuáles repúblicas euroasiáticas no tienen frontera con Rusia?

TIME PERSPECTIVES

EXPLORACIÓN DE ASUNTOS MUNDIALES

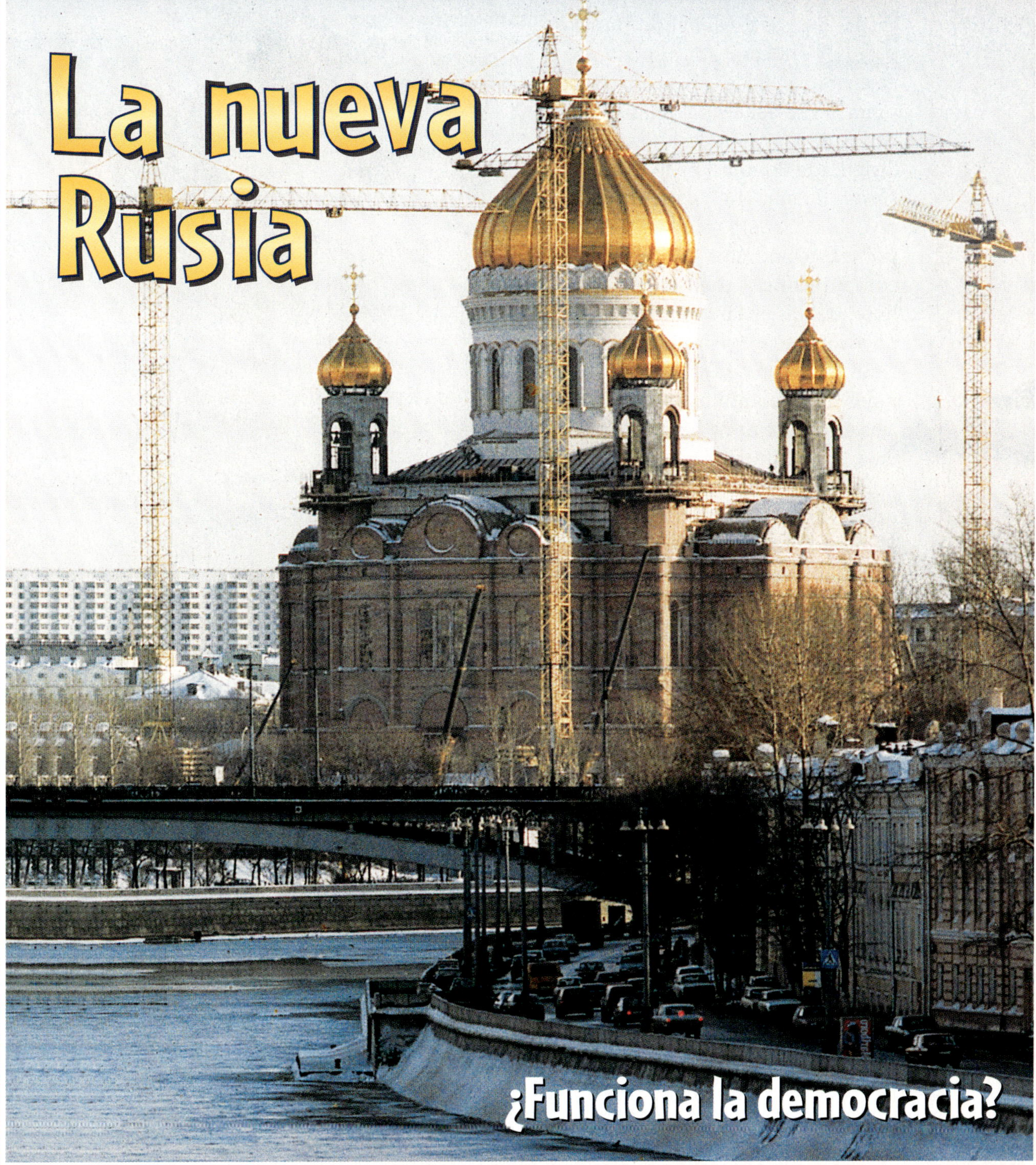

FOTOSOV/FOTOESTE

Recopilado y adaptado de TIME.

En Moscú, una catedral destruida por los comunistas ha sido reconstruida. Los rusos de más edad se sienten especialmente felices.

Una nueva nación y una nueva economía

Daniel Strigin vive en Moscú, capital de Rusia. Ahí comparte un pequeño apartamento de tres cuartos con su mamá, su abuela, su esposa y las partes de un avión de un asiento. Strigin, de 30 años, es lo que los rusos llaman un ***kulibini,*** un inventor de tiempo parcial. De día trabaja como un técnico de computadoras. En su tiempo libre, trabaja en su sueño de volar un avión que él mismo construyó.

Strigin es uno de las decenas de miles de *kulibini* en Rusia. "Hay algo en el alma de un hombre ruso", dice, "que lo impulsa a inventar".

Construcción de viviendas en Provideniya, una ciudad portuaria al oeste de Alaska en el extremo oriental de Rusia.

El impulso de inventar es algo que Rusia necesita desesperadamente en la actualidad. El gobierno comunista se derrumbó en 1991. A partir de entonces, el país de 146 millones de habitantes ha estado luchando por reconstruirse como una democracia con una **economía del libre comercio**.

Progreso sorprendente

La **Federación Rusa,** nombre oficial de Rusia, ha logrado grandes avances:

- Los rusos ahora eligen a sus líderes, algo que nunca antes se les había permitido hacer.
- Las reformas han convertido la economía de Rusia, controlada por el estado, en un sistema del libre comercio que ha crecido sólidamente de 1999 a 2003.
- Las fronteras de Rusia se han reducido. Fue una vez el poder imperante de la Unión Soviética. Pero esa unión se rompió en pedazos. Ahora, las 15 repúblicas anteriores, inclusive Rusia, son naciones independientes.

Rusia aun tiene un largo camino por andar. Sus líderes electos actúan de manera ilegal a veces para silenciar a sus críticos. Las fábricas de acero, así como otras empresas de manufactura, son viejas, y están controladas por un grupo reducido de personas poderosas. No hay suficientes **empresas** de propiedad privada, o negocios. Cada día aumentan las pandillas de delincuentes y la corrupción. Y en Chechnya, parte de la Federación Rusa, los rebeldes han estado en guerra con el gobierno desde 1994.

ESTRELLA NEGRA DEL TIEMPODE CHRISTOPHER MORRIS

Un hombre vota cerca de una estatua de Vladimir Lenin, el primer dictador comunista.

ALEXANDER DEMIANCHUK/ NEWSCOM

Un hombre disfrazado de oso anuncia un nuevo restaurante en San Petersburgo.

IGNATIEV/NETWORK/SABA

Vallas publicitarias cerca de la Catedral de San Basilio son evidencia de la nueva economía rusa

De la miseria a la estabilidad

Las reformas causaron grandes dificultades económicas. Bajo el comunismo, el estado era el propietario de todos los negocios. En el cambio hacia la empresa privada, miles de granjas y fábricas fracasaron. Millones de personas perdieron sus trabajos, y el gobierno no tenía dinero. En 1999, 55 millones de personas, uno de cada tres rusos, subsistían con menos de $6 por mes.

Las reformas se introdujeron para crear una economía del libre mercado más fuerte. Ahora más rusos son dueños de fábricas, comercios y otras empresas. En 1999, el 61% de los rusos trabajaba para empresas privadas, en comparación con solamente el 16% en 1991. Para el año 2003, Rusia había experimentado cuatro años de relativa estabilidad económica y política.

Dónde trabajan los rusos

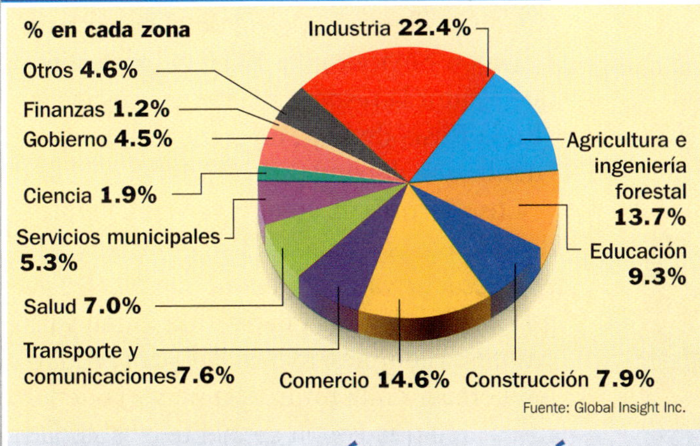

Fuente: Global Insight Inc.

INTERPRETACIÓN DE GRÁFICAS

Explicación ¿Cómo te dice esta gráfica que alrededor de uno de cada cuatro rusos fabrica o vende productos industriales?

EXPLORACIÓN DEL TEMA

1. **Análisis** La autoridad de la ley significa que todos, incluso los funcionarios del gobierno, deben regirse por la ley. ¿Por qué podría este concepto ser difícil de aceptar para los rusos?
2. **Comparación y contraste** Supongamos que todos los estados de Estados Unidos se convirtieran en naciones independientes. ¿Qué similitudes y diferencias habría respecto de lo que ocurrió en la Unión Soviética?

Cambio incierto

Rusia y el mundo esperan ver cuán permanentes van a ser las reformas. El establecimiento de una democracia duradera con una economía de mercado requerirá mucho trabajo. Algunos de los pasos importantes son la formación de instituciones gubernamentales confiables, y la aceptación de la autoridad de la ley por la sociedad rusa.

Rusia tiene muchos puntos fuertes. Es el país más grande del mundo, y su gente tiene buena educación. Los recursos naturales de Rusia, como el petróleo, la madera y los minerales son cuantiosos. Y muchas de las fábricas de propiedad privada han logrado producir productos de primera calidad.

"El ruso es **ingenioso**", dice uno de los amigos *kulibini* de Daniel Strigin porque debe encontrar soluciones en malas condiciones".

Pero hoy Rusia vive bajo condiciones inciertas. El tiempo dirá si su gente continuará teniendo la voluntad y el ingenio para superar tales condiciones.

¿Están mejor ahora los rusos?

Valentina Fedotova llora al contar su historia. En 1946 era estudiante de enfermería en la ciudad ucraniana de Kiev. Un día la policía secreta la arrestó. Nunca le dijeron por qué. Después de un "juicio" de cuatro minutos, fue enviada a la brutalmente fría Siberia en Rusia. Ahí pasó 10 años en un campo de trabajos forzados, trabajando todo el año en las minas de oro. A los 10 años, fue puesta en libertad. Pero su sentencia requería que se quedara en Siberia 10 años más. Al pasar esos años, Fedotova era una mujer destruida. Nunca abandonó el extremo oriental, donde ahora vive sola.

Millones de personas que han vivido la era soviética, de 1917 a 1991, tienen historias similares. El gobierno comunista encabezado por Joseph Stalin entre 1924 y 1953 encarceló, ejecutó o hizo morir de hambre a millones de personas. Los prisioneros en los campos de trabajo forzados construyeron canales, ferrovías, estaciones hidroeléctricas, minas y otras industrias.

EXPLORACIÓN DEL TEMA

1. **Inferencias** ¿Por qué es posible que los rusos más jóvenes encuentren más fácil acostumbrarse a la autodependencia que los rusos de más edad?

2. **Contraste** Los líderes electos tienen menor probabilidad que los dictadores de arrestar y encarcelar a las personas sin causa. ¿Por qué crees que es así?

▼ **Muchos rusos de más edad añoran los tiempos de antes. El héroe de este veterano de la guerra es Joseph Stalin, un brutal dictador.**

CHRISTOPHER MORRIS/ESTRELLA NEGRA

Una nueva autodependencia

Con la libertad que siguió al colapso de la Unión Soviética en 1991, la gente tuvo que asumir la responsabilidad de sus vidas. "En la Rusia de hoy", un comerciante dice, "tienes que depender de ti mismo".

Los rusos son cada vez más autodependientes. Gracias a las reformas y a la empresa privada, la economía de Rusia está creciendo. Los salarios aumentan y las empresas compran materiales para ayudarles a crecer en el futuro. La mayoría de los rusos cree que con la creciente estabilidad política y económica, hoy están mejor que nunca.

El camino hacia algún lugar

A medida que la Unión Soviética terminaba en 1991, se reunían manifestantes en la Plaza Roja de Moscú. Un hombre sostenía un letrero que decía, "70 años hacia ningún lugar". El letrero hablaba de los años pasados bajo el dominio comunista, que habían conducido a una calle sin salida.

¿Qué sucederá durante los próximos 70 años? En primer lugar, en el futuro deberá haber tribunales más justos. Los jueces rusos están acostumbrados a tomar el lado del gobierno. Pronto habrá jurados para decidir muchos casos, trayendo así más justicia a los tribunales.

Salud y trabajo

Probablemente, los rusos del futuro serán más ricos y más saludables que los de hoy. Ahora, los pacientes de los hospitales deben suministrarse sus propios alimentos, sábanas y medicamentos. La expectativa de vida para los hombres ha descendido de 64 años en 1989 a 59 años.

Pero el sistema de salud de Rusia se está fortaleciendo, al igual que la economía de la nación. Una economía más fuerte significará más trabajos y menos pobreza. Los trabajos fijos deberán persuadir a los rusos a dejar el abuso del alcohol. Esa droga está acortando sus vidas.

¿Cuán rápido vendrán esos cambios? Todo depende de cuán rápidamente los rusos cambien su forma de pensar. Los hombres rusos aún no tienen la democracia en sus corazones. No están acostumbrados a votar, ni a tomar parte en los asuntos comunitarios, ya sea como voluntarios o como funcionarios electos. Ellos tienden a pensar que es más importante ayudarse a ellos mismos que a sus vecinos.

EAST NEWS/GETTY IMAGES/NEWSCOM

▲ **Los estudiantes rusos esperan disfrutar las libertades que sus padres nunca conocieron.**

Gobierno de autoservicio

Los empleados del gobierno piensan igual. Pocos se consideran **servidores públicos.** Muchos se sirven primero a ellos mismos. La gente debe dar dinero "por debajo de la mesa" para obtener licencias de conducir, un trato justo por parte de la policía, y permisos para construir casas.

Hoy, el lema de Rusia podría ser "70 años hacia algún lugar". Pero es demasiado pronto para decir cómo será ese "algún lugar".

EXPLORACIÓN DEL TEMA

1. **Explicación** ¿Por qué una economía rusa más fuerte podría conducir a mejores estados de salud?
2. **Resolución de problemas** ¿Qué podría hacer Estados Unidos para ayudar a los rusos a aprender a poner la "democracia en sus corazones"?

Cómo ayudar a la reconstrucción de Rusia: ¿Qué puede hacer una persona?

En julio de 2000, la ex-estrella de hockey Mike Gartner hizo muy felices a los niños de dos clubes rusos de hockey. Un club era en Penza, un pueblo en las afueras de Moscú. El otro club era en el extremo oriental, en Novokuznetsk, una ciudad de Siberia. Gartner le dio a cada club algo que no podían costear: equipos de hockey que valían miles de dólares.

Metas y sueños

Gartner encabeza el programa de Metas y Sueños de la Asociación de Jugadores de la Liga Nacional de Hockey (NHLPA). "No estamos haciendo esto para lograr futuros jugadores de hockey para NGL", dijo Gartner. "La meta es lograr que los niños sean mejores personas".

Ésa es también la meta del líder de hockey de Novokuznetsk. "Estamos trabajando para lograr un estilo de vida más saludable para nuestra juventud", expresó.

Eso no es fácil en una nación con tanta presión como Rusia. El club de Novokuznetsk proporciona a sus miembros alimentos y servicios médicos gratuitos. Pero no le sobra dinero para comprar equipos.

Palabras motivadoras

Puedes ayudar a los rusos simplemente apoyando los esfuerzos como los de NHLPA. No tienes que enviar equipos de deportes. No tienes que enviar dinero. Simplemente envía una carta a esos grupos, y hazles saber que aprecias sus esfuerzos. Los grupos que proveen asistencia a otros cobran fuerzas sólo de saber que las personas les apoyan.

NHLPA

▲ La ex-estrella de hockey Mike Gartner se reúne con miembros de un club ruso de hockey.

Muchos grupos están ayudando actualmente a Rusia. Uno de ellos es la Fundación Eurasia con sede en Washington, D.C. Otro es la Fundación Mundial de Fauna y Flora.

Y no olvides a Metas y Sueños. "Tenemos montones de cartas de niños y sus familiares dándonos las gracias", expresó Mike Gartner. "Éste es un gran trabajo, casi como trabajar de Papá Noel".

REPASO Y EVALUACIÓN

COMPRENSIÓN DEL TEMA

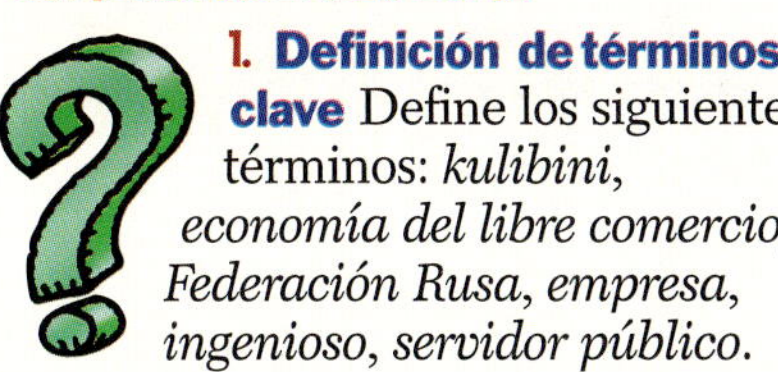

1. **Definición de términos clave** Define los siguientes términos: *kulibini, economía del libre comercio, Federación Rusa, empresa, ingenioso, servidor público.*

2. **Escribe para informar** Imagínate que estás en la escuela media en Rusia. Escríbele una carta a un amigo estadounidense explicándole los retos que enfrenta Rusia. Usa al menos cinco de los términos principales enumerados arriba.

3. **Escribe para persuadir** "En la Rusia de hoy, debes aprender a depender de ti mismo". Escríbele una carta a un amigo ruso imaginario. Explícale por qué la autodependencia es algo bueno.

ACTIVIDAD DE INVESTIGACIÓN EN LÍNEA

4. Las unidades del ejército ruso han "adoptado" unos cuantos miles del millón o dos millones de niños rusos que no tienen hogar. Niños desde edades tan tempranas como 11 años, viven en bases del ejército, usan uniformes y van a la escuela. No son enviados a la guerra. En otras partes, los niños sí van a la guerra. Para aprender sobre ellos, navega por Internet en busca de información, con la ayuda de tu maestra. Enumera las formas en que los verdaderos niños soldados son similares y diferentes a los niños rusos con uniforme. Compara tu lista con la de tus compañeros.

5. Desde 1999, la Biblioteca del Congreso ha traído oficiales rusos a los Estados Unidos para ver cómo funciona la democracia. Navega por Internet para obtener más información sobre este programa de la Biblioteca del Congreso. En una monografía de 250 palabras, describe el programa y explica cómo beneficia tanto a los rusos como a los estadounidenses. ¿Puedes pensar en algunos programas adicionales que guiarían a Rusia?

Lo viejo y lo nuevo reflejan el futuro de Rusia.

SERGEI GUNEYEV/TIMEPIX

MÁS ALLÁ DEL SALÓN DE CLASE

6. **Visita la biblioteca de tu escuela o la biblioteca local** para aprender más sobre la Unión Soviética. Trabajando en grupo, descubre cómo se vivía bajo un gobierno comunista. ¿De qué libertades básicas carecían los rusos? Discute tus hallazgos con tus compañeros.

7. **Investiga sobre otra nación** que haya cambiado el dominio de un partido por la democracia. ¿Qué podrían aprender los rusos de la experiencia de la otra nación? Incorpora tus hallazgos en un informe.

LOS 11 HUSOS HORARIOS DE RUSIA

La tierra está dividida en 24 husos horarios, uno para cada hora del día. Rusia se extiende a través de 11 husos horarios, casi a través de la mitad del mundo. Hemos marcado los husos horarios de Rusia de la A a la K. Hay una hora de diferencia entre cada zona. Siempre es más tarde en el oriente, donde el sol se levanta, que en el occidente.

DESARROLLO DE HABILIDADES EN LA LECTURA DE MAPAS

1. **Interpretación de mapas** Cuando son las 9:00 A.M. en Kaliningrado, ¿qué hora es en Moscú? ¿Qué hora es en Tura, Chita, Vladivostok y Magadan? Imagínate que son las 2:00 A.M., del 20 de enero en Tomsk. ¿Qué hora y qué día son en Samara?

2. **Transferencia de datos** A lo largo de la parte superior de una hoja de papel, escribe el nombre de una ciudad en cada uno de los husos horarios, de Kaliningrado a Anadyr. Dibuja un reloj debajo de cada nombre. Fija el sexto reloj en las doce de la medianoche. Dibuja la hora correcta en los 10 relojes restantes.

PARA ACTUALIZACIONES DE ASUNTOS MUNDIALES, VISITA www.timeclassroom.com/glencoe

Habilidades de estudio y redacción

Uso de fuentes principales y secundarias

Hoy en día tenemos a nuestra disposición mucha información. ¿Cómo puedes analizar esa información para decidir lo que es realmente útil y preciso?

Desarrollo de la habilidad

Hay dos tipos básicos de fuentes de información. Las *fuentes principales* son los registros originales de eventos creados por las personas que los han presenciado. Éstos incluyen cartas, fotos y objetos. Las *fuentes secundarias* son documentos creados después que ha ocurrido un evento. Informan sobre un evento.

Al leer las fuentes, trata de aprender más sobre la persona que escribió la información. La mayoría de las personas tiene un punto de vista, o una predisposición. Esta predisposición influye en la forma de escribir sobre los eventos.

Para analizar información, sigue estos pasos:

- Identifica a la persona que creó el documento y cuándo fue creado.
- Determina si la información proviene de una fuente principal o secundaria.
- Lee el documento. ¿De quién y de qué se trata? ¿Cuál es su propósito y cuáles son sus ideas principales?
- Determina cómo el punto de vista o la predisposición, del autor se refleja en el trabajo.

▼ **Un campo de juego contaminado en Azerbaiyán**

Práctica de la habilidad

Lee el pasaje a continuación, y luego contesta las preguntas que siguen.

> Fui al sur a Kazajstán y, a las 4:45 A.M., tropecé con un tren en Aral y fui al hospital. A partir de la década de 1970, las personas contraían hepatitis, tifus y otras enfermedades. Bebían agua de los ríos, como siempre, pero ahora los ríos reducidos corrían con las aguas de alcan-tarilla, metales industriales y venenos como el DDT. "No era posible mezclar la leche en polvo para bebés con esa agua", expresó un doctor. "Salía una sustancia pegajosa, como el queso suave".
>
> Con frecuencia, las tormentas de polvo duraban días, llevándose toneladas de sales y fertilizantes. Los médicos entonces se preparan para recibir niños con problemas respiratorios. Kazajstán, declaraba un escritor kazajo, fue el "acopio de desechos" de la Unión Soviética.

Adaptado de "El Legado Mortal de la U.R.S.S." por Mike Edwards, *National Geographic,* agosto de 1994.

1. ¿Es ésta una fuente principal o secundaria?
2. ¿Quién es el autor de este pasaje?
3. ¿De qué se trata el documento?
4. ¿Dónde se desarrolla?
5. ¿Cuál es el propósito de este pasaje?
6. Si has encontrado evidencia de predisposición, ¿cuál es?

Aplicación de la habilidad

Analiza una de las cartas al director de tu periódico local. Resume la idea principal, el propósito del escritor, y cualquier fuente principal a la cual haga referencia el escritor.

IR A

Práctica las habilidades clave con **Glencoe Skillbuilder Interactive Workbook, Level 1.**

Repaso de la lectura

Sección 1 Del comunismo al libre comercio

Terminología

economía del libre comercio
industria pesada
industria ligera
energía nuclear
expectativas de vida

Idea principal

Rusia tiene muchos recursos pero enfrenta desafíos para ajustarse a un nuevo sistema económico.

✓ **Economía** El cambio a una economía de libre comercio ha sido un desafío para muchos rusos ya que enfrentan un creciente desempleo y aumentos de precios.

✓ **Economía** Moscú, con muchas industrias, es el centro económico de Rusia.

✓ **Movimiento** Los puertos del noroeste, sudoeste y del este mantienen comercio entre Rusia y otros países.

✓ **Ubicación** Siberia posee muchos recursos, pero la región es tan fría y remota que es difícil explotar estos recursos.

Sección 2 Rusia: su gente y cultura

Terminología

democracia
república federal
grupo mayoritario
grupo minoritario

Idea principal

Los rusos tienen un rico pasado cultural y están aprendiendo a vivir en una democracia.

✓ **Gobierno** Rusia es una república federal con poderes divididos entre los gobiernos nacionales y regionales.

✓ **Cultura** Rusia es un país enorme y populoso con cerca de 100 grupos étnicos diferentes.

✓ **Religión** Los rusos practican diferentes religiones, pero la mayoría son cristianos ortodoxos rusos.

✓ **Cultura** Los artistas, compositores y escritores rusos usaban con frecuencia temas o tradiciones basadas en la historia rusa.

Sección 3 Surgen las repúblicas

Terminología

falla
cultivo comercial
estepa
nómada
oasis
elevación
bilingüe

Idea principal

Las repúblicas del Cáucaso y Asia Central están tratando de crear nuevas economías y gobiernos.

✓ **Economía** Las repúblicas del Cáucaso han luchado por desarrollar sus propias industrias y comercios pero enfrentan muchos conflictos étnicos.

✓ **Medio ambiente** Las repúblicas de Asia central enfrentan enormes desafíos para limpiar su medio ambiente.

✓ **Cultura** Casi todos los habitantes de las cinco repúblicas de Asia Central son musulmanes.

Plaza de la república en Ereván, Armenia ▶

Capítulo 15 Evaluación y actividades

Uso de términos clave

Haz corresponder los términos de la Parte A con sus definiciones de la Parte B.

A.

1. grupo mayoritario
2. industria ligera
3. energía nuclear
4. estepa
5. bilingüe
6. democracia
7. nómada
8. oasis
9. industria pesada
10. república federal

B.

a. gobierno en el cual la gente elige libremente a sus líderes
b. energía producida por medio de una reacción atómica controlada
c. llanura seca, sin árboles
d. grupo que controla la riqueza y el poder
e. área verde en un desierto
f. producción de bienes de consumo
g. gente que se muda de un lugar a otro
h. producción de bienes industriales
i. gobierno en el cual el poder se comparte entre el gobierno nacional y el de los estados
j. que tiene dos idiomas oficiales

Repaso de las ideas principales

Sección 1 Del comunismo al libre comercio

11. **Economía** ¿Qué tipo de sistema económico ha adoptado Rusia?
12. **Economía** ¿Dónde se encuentran las tierras de cultivo más productivas de Rusia?
13. **Movimiento** ¿Qué río lleva casi la mitad del tráfico fluvial de Rusia?
14. **Ubicación** ¿Por qué es difícil explotar los recursos de Siberia?

Sección 2 Rusia: su gente y cultura

15. **Gobierno** ¿Qué desafíos políticos enfrentan los rusos y sus funcionarios?
16. **Cultura** ¿En qué ciudad encontrarías el Museo del Hermitage?
17. **Historia** ¿Qué páso con la religión durante el dominio comunista de Rusia?

Sección 3 Surgen las repúblicas

18. **Lugar** ¿Cuál es la capital de Azerbaiyán?
19. **Lugar** ¿Qué desierto ocupa la mayor parte de Turkmenistán?
20. **Cultura** ¿Qué religión profesan las repúblicas de Asia Central?

Las repúblicas euroasiáticas

Actividad para localizar un lugar

En una hoja de papel aparte, haz corresponder las letras del mapa con los lugares enumerados a continuación.

1. Kazajstán
2. Mar Aral
3. Mar Caspio
4. Turkmenistán
5. Azerbaiyán
6. Armenia
7. Tayikistán
8. Bakú

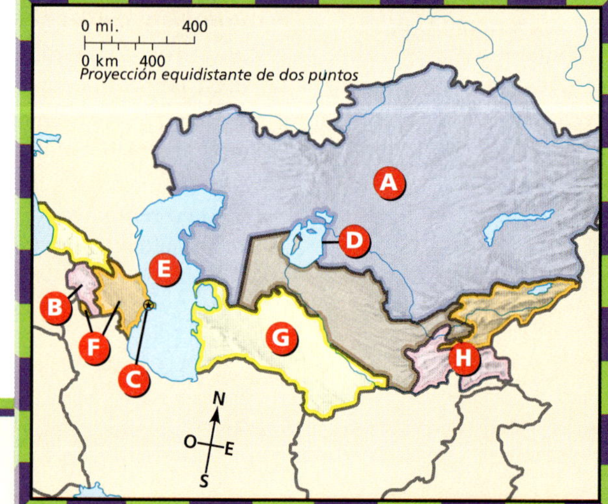

Prueba de autocomprobación Visita el sitio Web ***El mundo y sus gentes*** en twip.glencoe.com y haz clic en **Chapter 15–Self-Check Quizzes** para prepararte para el examen del capítulo.

Pensamiento crítico

21. **Hacer generalizaciones** ¿Cómo han afectado los cambios recientes la economía de Rusia?

22. **Organización de la información** Crea un cuadro como éste. Luego enumera las similitudes y diferencias entre las economías de dos repúblicas de Asia central.

País	Similitudes	Diferencias

Actividad de comparación de las regiones

23. **Cultura** Observa el gráfico circular en la página 443 titulado "Dónde trabajan los rusos". Crea tu propio gráfico circular con el título, "Dónde trabajan los estadounidenses". Busca información en tu libro de texto y en Internet para mostrar los trabajos que la gente realiza en Estados Unidos. ¿Crees que el gráfico ruso se parecerá más al de Estados Unidos algún día? ¿Por qué? o ¿por qué no?

Actividad mental de trazado de mapas

24. **Enfoque en la región** Dibuja un mapa simple del contorno de Rusia y las repúblicas euroasiáticas, y coloca los siguientes rótulos:

- Mar Negro
- Mar Caspio
- Mar Aral
- Río Volga
- Montañas Urales
- Kazajstán
- Armenia
- Lago Baikal

Actividad de habilidades tecnológicas

25. **Uso de Internet** Busca en Internet información sobre los problemas que enfrenta el Mar Aral. Averigua cuáles son las criaturas únicas que viven en el Mar Aral que no pueden encontrarse en ninguna otra parte del mundo. Busca un mapa que muestre los países que bordean el Mar Aral.

Práctica de la prueba estandarizado

Instrucciones: Estudia el mapa de abajo y contesta la pregunta siguiente.

1. **¿Cuál de las siguientes expresiones sobre este mapa NO es verdadera?**

   F Chechnya se extiende sobre la frontera sur de Rusia.

   G Chechnya está ubicada entre el Mar Negro y el Mar Caspio

   H El paisaje de Chechnya es mayormente una tierra de cultivo llana y fértil.

   J El vecino más cercano de Chechnya es Georgia.

Consejo para el examen: Sé cuidadoso cuando veas las palabras NO o EXCEPTO en una pregunta. Lee todas las opciones de respuestas y elige la que *no* va de acuerdo con la pregunta. Elimina rápidamente las respuestas que son verdaderas. Asegúrate que la respuesta que elijas esté apoyada por la información del mapa.

Contenido

¿Qué es el apéndice?

El apéndice es el material adicional que viene normalmente al final de los libros. Esta información te ayudará a saber cómo utilizar el apéndice de *El mundo y sus gentes*.

BANCO DE DATOS DE LAS NACIONES DEL MUNDO

El **Banco de Datos de las Naciones del Mundo** que empieza en la página 510 incluye todos los países del mundo y varias categorías de información sobre cada uno de ellos. Por ejemplo, en el banco de datos se puede encontrar el tipo de gobierno de cada país, su moneda y el índice de alfabetización, entre otros temas.

MANUAL DE HABILIDADES

El **Manual de habilidades para la prueba estandarizada** es para que aprendas y pongas en práctica muchas de las destrezas principales que necesitas para estudiar geografía y otras materias.

ÍNDICE GEOGRÁFICO

El **índice geográfico** es un diccionario geográfico. Incluye muchos rasgos geográficos importantes, casi todos los países y numerosas ciudades del mundo. Cada entrada include también la latitud y la longitud del lugar correspondiente y la página del libro de texto en la que se puede encontrar el mapa de dicha entrada.

GLOSARIO Y GLOSARIO EN ESPAÑOL

El **glosario** es una lista de palabras importantes o difíciles de un libro de texto. El glosario da la definición de las palabras utilizadas en el libro. Como las palabras muchas veces tienen varios significados, tal vez debas consultar un diccionario para encontrar otros usos de la palabra. El glosario también incluye las páginas del libro de texto en las que se utiliza cada palabra. El **glosario en español** es la traducción del glosario inglés al español.

ÍNDICE

El **índice** es la lista alfabética del final de los libros que contiene los temas tratados en el libro y la página en la que se pueden encontrar dichos temas. El índice de este libro también indica las páginas que tienen mapas, gráficos, fotos o imágenes sobre cada tema.

RECONOCIMIENTOS

En esta sección se incluyen los créditos de las fotos y los créditos literarios del libro. Puedes consultar esta sección para ver dónde obtuvo permiso el editor para utilizar las fotografías o las citas de otros libros.

¡Prueba tus conocimientos!

¿Crees que puedes utilizar el apéndice rápidamente y con facilidad? Inténtalo. Busca la respuesta a estas palabras utilizando las siguientes páginas del apéndice.

1. **¿Que significa la palabra *dosel?***
2. **¿Dónde encontraste el significado de la palabra *dosel?***
3. **¿Cómo se dice en español *cassava?***
4. **¿Cuál es la moneda de España?**
5. **¿Cuál es la latitud y la longitud de Moscú?**
6. **¿En qué páginas está la información sobre Cuba?**

Consejo para utilizar el apéndice

Al utilizar el apéndice, asegúrate de fijarte y guiarte por las palabras del margen superior de las páginas. Estas palabras indican la primera y la última entrada de la página correspondiente, por orden alfabético.

Utiliza este manual para explorar otras regiones del mundo.

Hasta ahora, en *El mundo y sus gentes,* has estudiado varias regiones del mundo occidental. Lee este manual especial para aprender acerca de las regiones del mundo oriental, incluyendo África del norte, sudoeste de África, África al sur del Sahara, Asia, Australia, Oceanía, y Antártida.

Conforme leas la información, recuerda que ya has aprendido acerca de la geografía física y cultural de los Estados Unidos y Canadá, Latinoamérica, Europa y Rusia, y utiliza tu conocimiento para comparar las regiones del mundo.

Contents

REGIONES DEL MUNDO ORIENTAL

Nómada en el norte de África

Polinesia

Danza Masai en Tanzania

Canguro rojo en Australia

Arquitectura japonesa

Pirámides en Egipto

Distrito de negocios al anochecer, Dubai, Emiratos Árabes Unidos

Un hombre recorre con la vista la inmensa extensión del Sahara

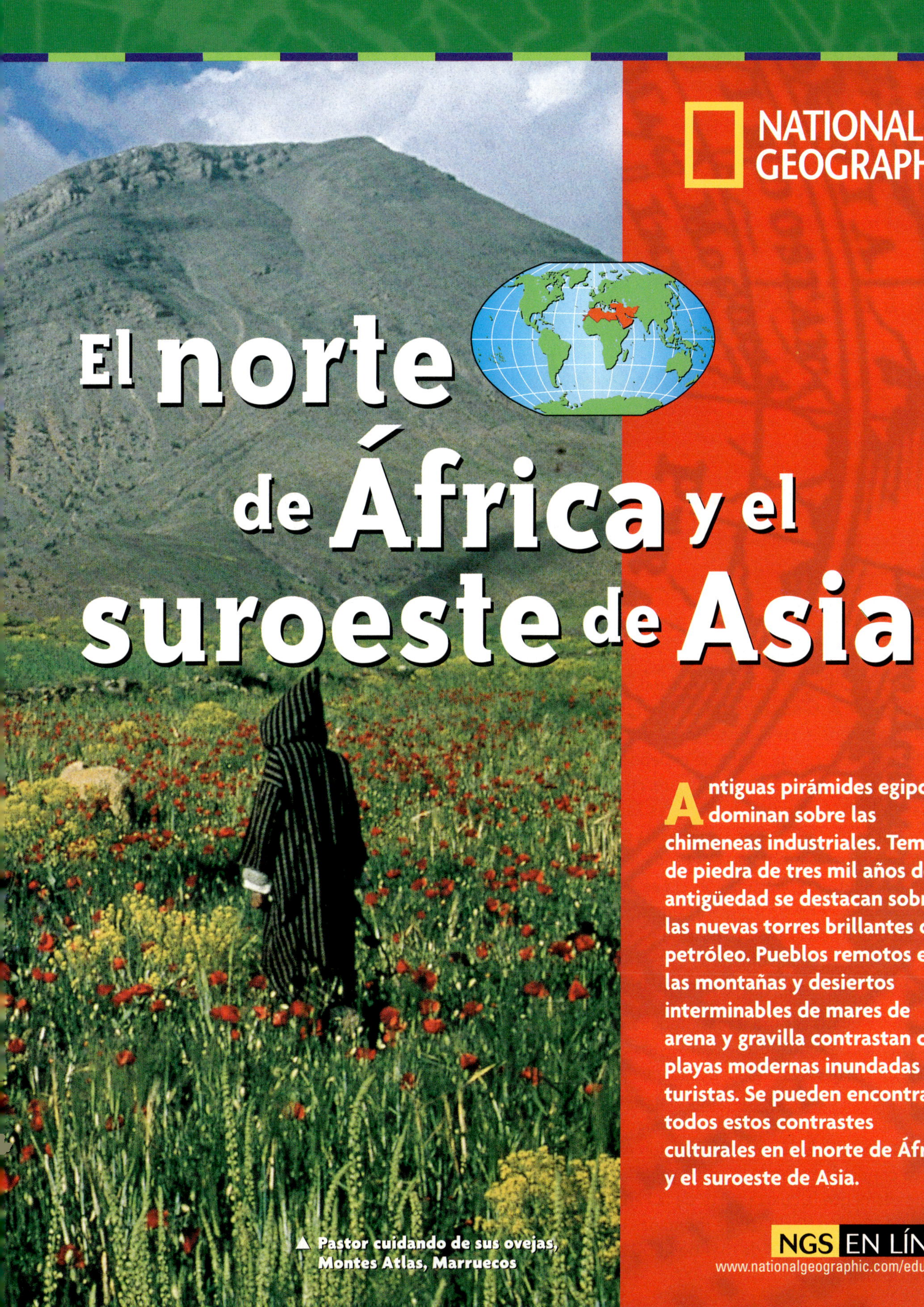

▲ Pastor cuidando de sus ovejas, Montes Atlas, Marruecos

NATIONAL GEOGRAPHIC

El norte de África y el suroeste de Asia

Antiguas pirámides egipcias dominan sobre las chimeneas industriales. Templos de piedra de tres mil años de antigüedad se destacan sobre las nuevas torres brillantes de petróleo. Pueblos remotos en las montañas y desiertos interminables de mares de arena y gravilla contrastan con playas modernas inundadas de turistas. Se pueden encontrar todos estos contrastes culturales en el norte de África y el suroeste de Asia.

NGS EN LÍNEA
www.nationalgeographic.com/education

Enfoca en:

El norte de África y el suroeste de Asia

EN EL CRUCE de Europa, Asia y África, se encuentra esta región de amplia expansión que siempre ha sido un punto de encuentro de diversas gentes y culturas. Problemática por conflictos arraigados y por la escasez de agua, esta zona es extremadamente rica en petróleo y en otros recursos naturales.

La tierra

Un vistazo del mapa físico del norte de África y el suroeste de Asia nos muestra una mezcla de cadenas montañosas. En el oeste, los Montes Atlas, la cordillera más larga de África, se extiende a través de Marruecos y Argelia. Hacia el sureste, cruzando Turquía e Irán, se encuentran los Montes Zagros, zona de frecuentes terremotos. Más hacia el este, en Afganistán, están las montañas del Hindu Kush, una elevada cordillera, compartida con el país vecino de Pakistán, al este. El Paso Khyber atraviesa las montañas del Hindu Kush. Este paso se ha utilizado por siglos como ruta de comercio entre el suroeste de Asia y otras partes del continente asiático.

Mares de arena Las montañas bloquean los vientos húmedos ayudando a crear vastos desiertos en la mayor parte de la región. El Sahara, en el norte de África, es el desierto cálido más grande del mundo. Cubre una superficie equivalente al área de los Estados Unidos continentales. Rub Al Khali, desierto conocido como el "Cuarto Vacío" cubre aproximadamente la cuarta parte de la Península Arábiga. El "Cuarto Vacío" tiene montañas de arena que alcanzan elevaciones de más de 1,000 pies (305 m) de altitud.

Vías navegables vitales Ríos de gran caudal cruzan estos paisajes resecos, transportando el agua tan necesaria para la vida. El río más largo del mundo, el Nilo, que mide 4,160 millas (6,693 km) de longitud, atraviesa Egipto y desemboca en el Mar Mediterráneo. El Tigris y el Éufrates fluyen hacia el sureste recorriendo Turquía, Siria e Iraq. Las primeras civilizaciones nacieron cerca de estos ríos.

El clima

El agua es muy valiosa en la mayor parte de esta región. La mayor parte del área recibe solamente 10 pulgadas (25 cm) o menos de precipitación cada año. En zonas tan secas, la agricultura sólo se puede llevar a cabo en áreas muy limitadas. Crecen cosechas junto a los ríos y los canales de riego o en zonas donde surgen manantiales naturales que crean oasis exuberantes y aislados.

En las regiones de clima de estepa, donde llueve lo suficiente como para que sobreviva la hierba, hay ganadería de ovejas, camellos y cabras. Hay estepas en muchas partes de los países del suroeste de Asia. También hay una estrecha franja de estepa en la parte norte del Sahara.

El río Nilo a su paso por Asuán, Egipto

Las zonas fronterizas con el Mediterráneo, el Mar Negro y el Mar Caspio disfrutan de un clima mediterráneo más leve. Aunque los veranos son calurosos y secos, los meses de invierno traen consigo precipitaciones que convierten las tierras bajas costeras en zonas verdes.

La economía

Los recursos naturales como el agua, se distribuyen de manera irregular por el norte de África y el suroeste de Asia, lo cual crea grandes diferencias de niveles de vida. Esta región cuenta con algunas de las naciones más ricas del mundo, y algunas de las más pobres.

Una región rica en petróleo Algunas zonas contienen enormes reservas de petróleo y gas natural, como por ejemplo, en el centro del norte de África, la zona del Golfo Pérsico y los alrededores del Mar Caspio. Países como Arabia Saudita y Kuwait, que exportan derivados de petróleo a sociedades con una alta exigencia de gasolina, normalmente disfrutan de niveles de vida más altos. El dinero procedente de la exportación del petróleo ha ayudado a construir rascacielos, autopistas modernas, escuelas y hospitales.

Agricultura y pastoreo de ganado En contraste con esto, los países con una economía de base agraria tienen niveles de vida mucho más bajos. Solamente un pequeño porcentaje de la superficie de la región permite el cultivo de cosechas. En los valles de los ríos y en las costas, donde hay agua y la tierra es fértil, los agricultores cultivan cítricos, uvas, dátiles, cereales y algodón. Los pastores nómadas son comunes en las grandes zonas de la región que son demasiado secas para el cultivo.

La gente

Las grandes pirámides, construidas como tumbas para los gobernantes egipcios, se levantan sobre las arenas del desierto. Son un recuerdo de que algunas de las civilizaciones más antiguas del mundo se desarrollaron en esta región. Hace aproximadamente 5,000 años, los antiguos egipcios construyeron un reino en los márgenes del productivo río Nilo. La civilización sumeria, aún más antigua, floreció en el fértil valle formado por los ríos Tigris y Éufrates. Los persas, los griegos, los romanos y los árabes, todos ellos han dejado su marca en las culturas del norte de África y el suroeste de Asia.

Ciudades antiguas, retos modernos El agua sigue dictando el lugar para el asentamiento de la población en esta región. La mayor parte de las ciudades se encuentran en la costa de ríos y mares o cerca de los oasis en el desierto. Algunas de las ciudades más grandes son: El Cairo, en Egipto; Estambul, en Turquía; y Teherán, en Irán. Éstas y otras ciudades han crecido rápidamente a medida que los habitantes de los pueblos se han ido trasladando a ellas en busca de una vida mejor. A causa de

◀ **Construcción de un oleoducto en el desierto de Yemen**

esto, los gobiernos deben esforzarse por encontrar soluciones a los problemas de aglomeración, pobreza y contaminación.

Rivalidades étnicas y religiosas La mayoría de la población del norte de África y el suroeste de Asia es árabe. Pero en esta región también viven muchos otros grupos étnicos, situación que ha suscitado conflictos violentos. A pesar de las rivalidades étnicas, la mayoría de los habitantes de la zona están unidos por la misma religión. La mayoría practica el islamismo, que se desarrolló en esta zona hace muchos siglos. Las otras dos religiones dominantes, el judaísmo y el cristianismo, también se originaron aquí. La nación de Israel es la tierra natal de los judíos. Pero las diferencias entre las religiones son las que han contribuido a los conflictos de lugares como Israel, Cisjordania, Líbano e Iraq.

Habitantes del desierto comparten una comida en Arabia Saudita ▼

Datos interesantes

País	Automóviles por cada 1,000 personas	Televisores por cada cada 1,000 personas
Jordania	50	83
Kuwait	317	480
Líbano	313	355
Marruecos	41	165
Yemen	15	286

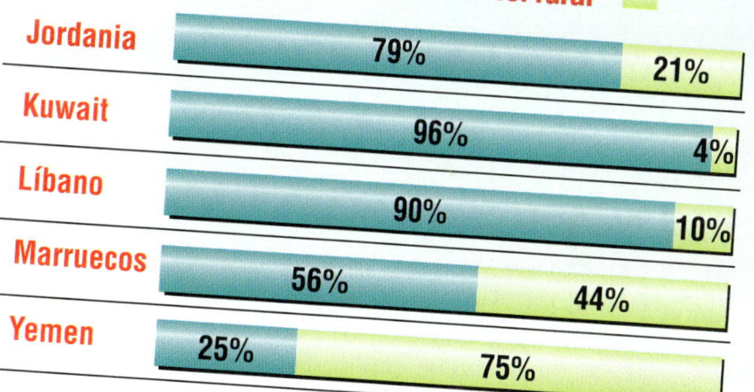

Fuentes: *World Development Indicators (Indicadores Mundiales de Desarrollo)*, 2002; *World Almanac (Almanaque Mundial)*, 2004.

Exploración de la región

1. ¿Cómo ayudan las montañas a crear desiertos en la mayor parte de la región?
2. ¿Qué partes de la región reciben más lluvia?
3. ¿Por qué tienen un alto nivel de vida algunos países de la región ?
4. ¿Qué religión practica la mayoría de la gente de esta región?

El norte de África y el suroeste de Asia

Mapa físico

El norte de África y el suroeste de Asia

ESTUDIO DEL MAPA

1. ¿Qué característica física cubre gran parte del norte de África?
2. ¿Cuál es la capital de Arabia Saudita?

ATLAS REGIONAL

El norte de África y el suroeste de Asia

Producción y distribución de petróleo y gas

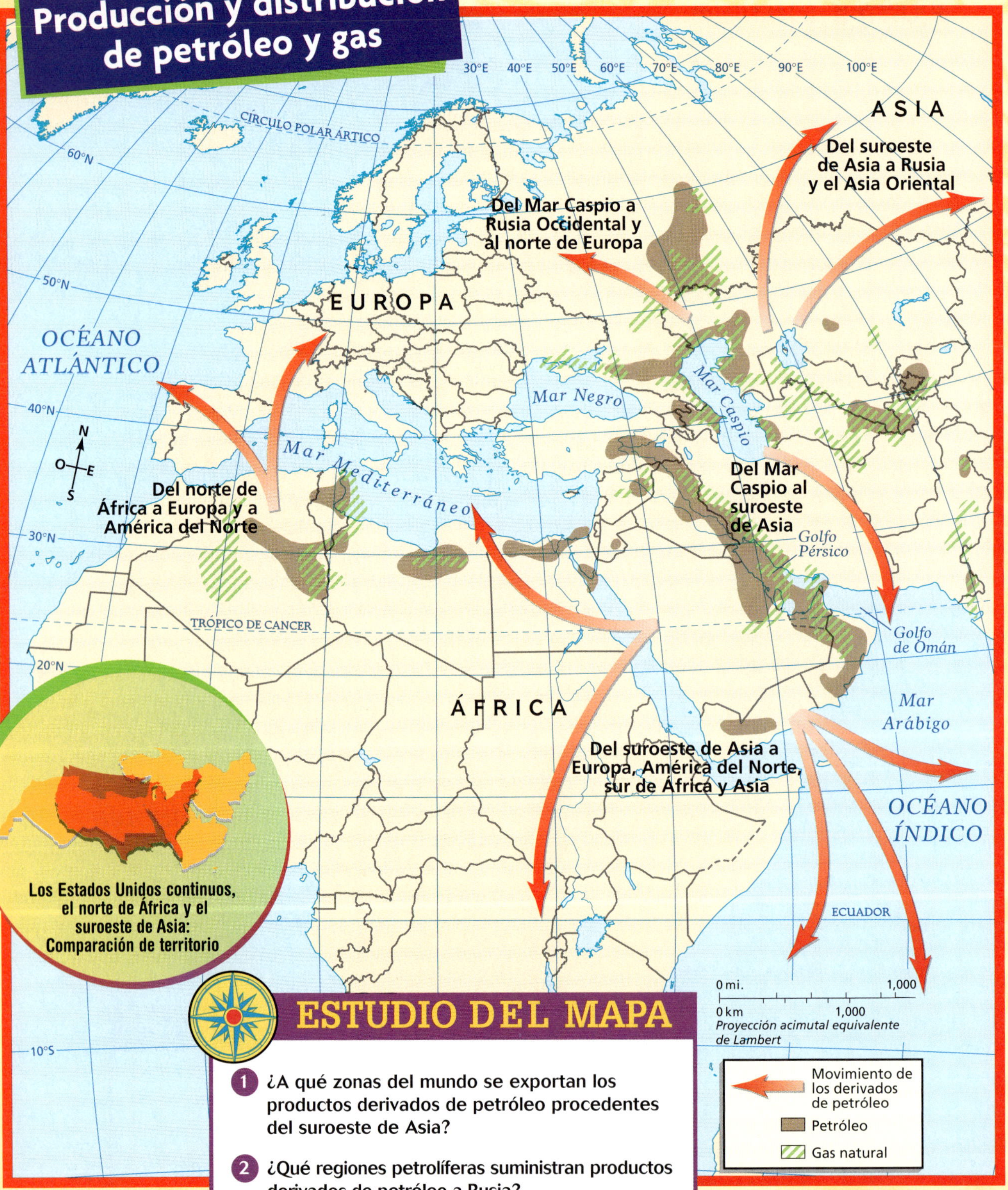

ESTUDIO DEL MAPA

1. ¿A qué zonas del mundo se exportan los productos derivados de petróleo procedentes del suroeste de Asia?
2. ¿Qué regiones petrolíferas suministran productos derivados de petróleo a Rusia?

Extremos geológicos

① **PUNTO MÁS ALTO**
Monte Nowshak
(en la frontera entre Afganistán y Pakistán)
24,551 pies (7,483 m) de altura

② **PUNTO MÁS BAJO**
Mar Muerto
(Israel y Jordania)
1,349 pies (411 m) por debajo del nivel del mar

③ **RÍO MÁS LARGO**
El Nilo
4,160 millas (6,693 km) de largo

④ **LAGO MÁS GRANDE**
Mar Caspio
143,244 mi
(371,000 km)

⑤ **DESIERTO MÁS GRANDE**
El Sahara (norte de África)
3,475,000 mi (9,000,208 km)

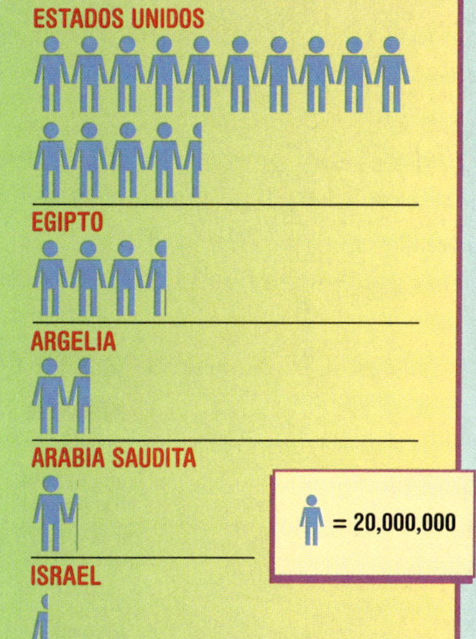

POBLACIONES URBANAS:
Algunas ciudades del norte de África y el suroeste de Asia

ESTAMBUL, TURQUÍA
TEHERÁN, IRÁN
EL CAIRO, EGIPTO
ALEJANDRÍA, EGIPTO
ANKARA, TURQUÍA

= 500,000

Fuente: *World Gazetteer*, 2003.

ESTUDIO DEL GRÁFICO

1. El punto más bajo de la tierra se encuentra en esta región. ¿Dónde está?
2. ¿Cómo se compara la población de El Cairo con la de Teherán? ¿Cómo se compara la población de Ankara con la de El Cairo?

Reseñas de los países

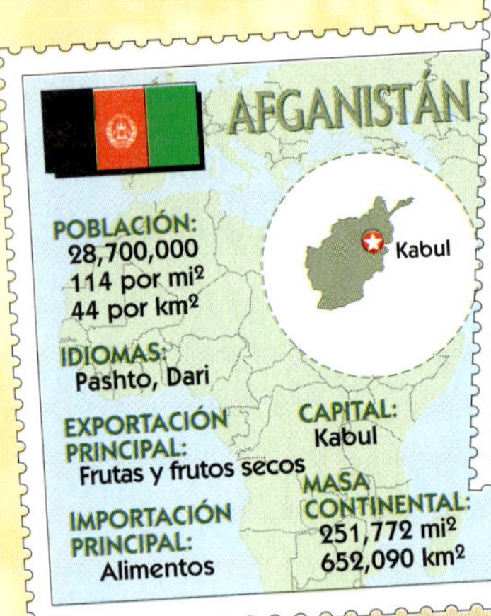

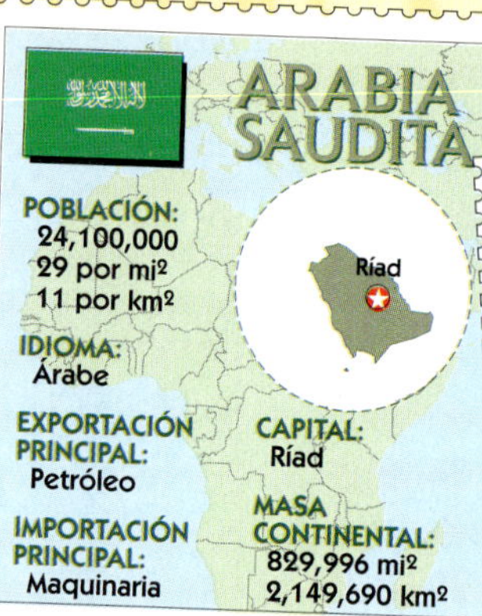

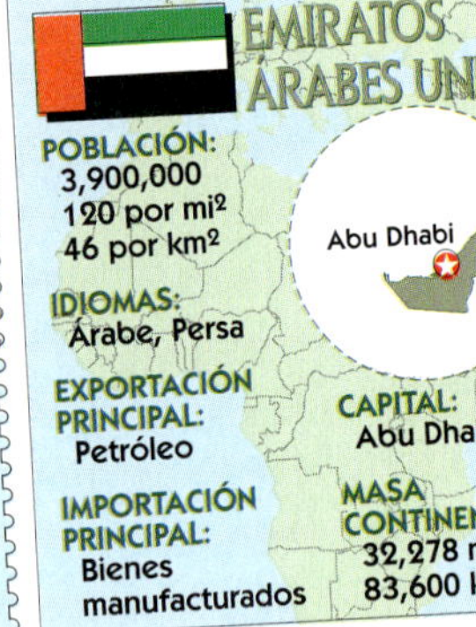

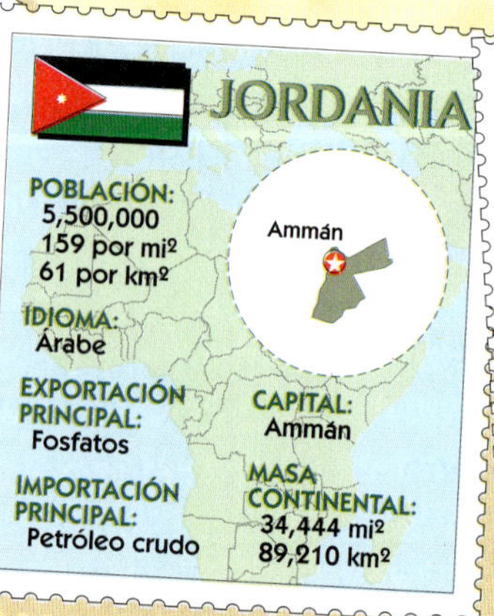

* Israel ha proclamado a Jerusalén como su capital, pero las embajadas de numerosos países se encuentran en Tel Aviv.

Los países y sus banderas no están dibujados a escala

El norte de África y el suroeste de Asia

Para obtener más información acerca de los países de esta región, consulta el Banco de datos de las naciones del mundo en el Apéndice.

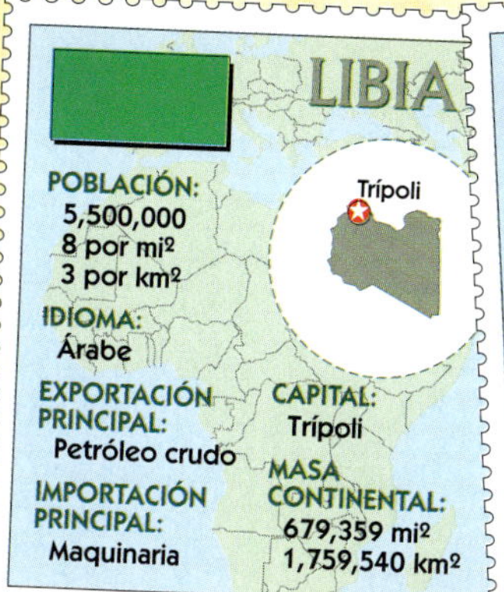

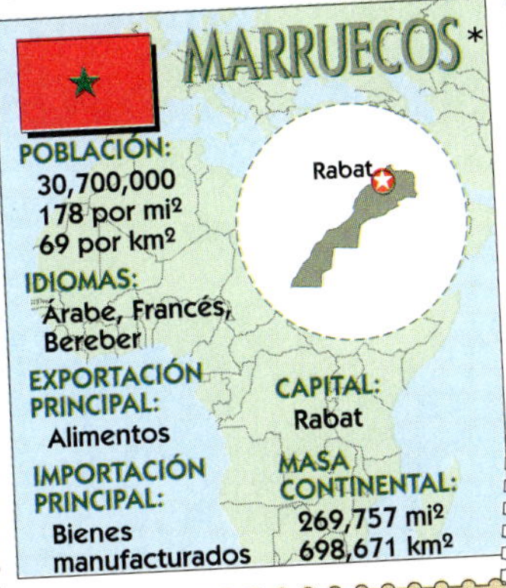

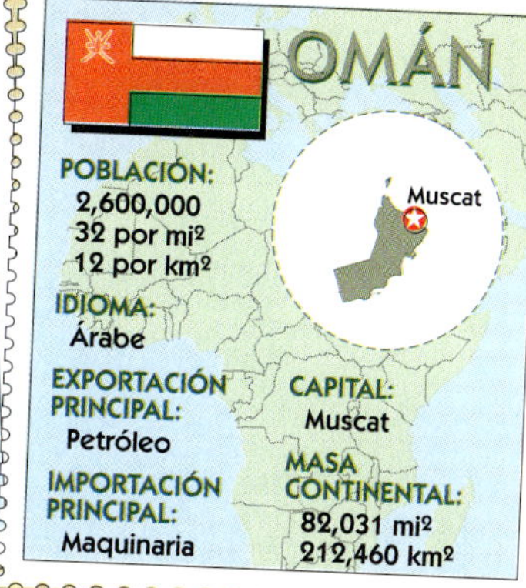

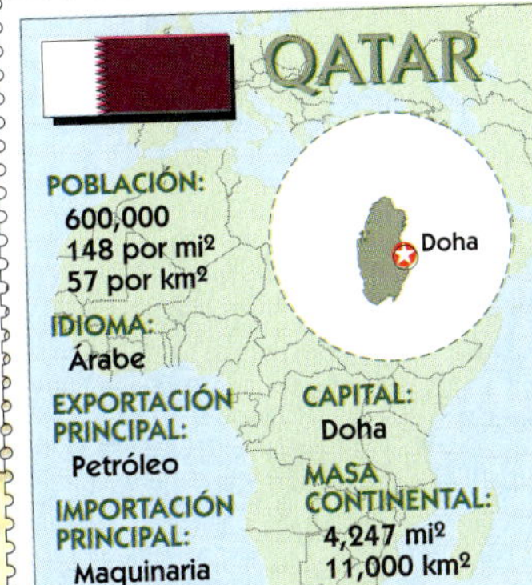

* Marruecos reclama la zona del Sahara Occidental, pero otros países no aceptan esta postura.

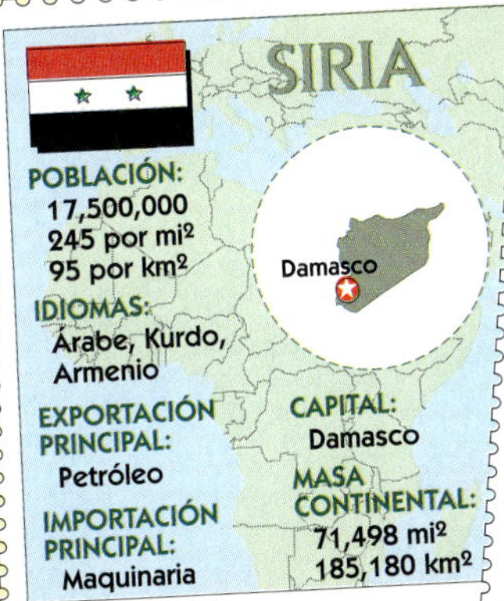

TEMAS DE CIUDADANÍA

Tolerancia religiosa En el suroeste de Asia se encuentran los lugares sagrados de numerosas religiones, que incluyen templos, santuarios, tumbas y mezquitas. Como los musulmanes tienen prohibida la adoración de estatuas o imágenes, los líderes de varios países islámicos han destruido antiguos santuarios y estatuas veneradas por hindúes o budistas.

1. **¿Quién tiene propiedades religiosas en los Estados Unidos?**
2. **¿Crees que los funcionarios del gobierno tienen la responsabilidad de proteger los objetos sagrados y valiosos de todas las religiones?**

Escribe un guión breve que podría leer un periodista de un noticiero de la televisión. El guión debe informar sobre la destrucción de un lugar sagrado por miembros de otra religión. Presenta los dos puntos de vista.

▲ **Estatua budista destruida en Afganistán**

Zona costera de Ciudad del Cabo, Sudáfrica

Mujer haciendo mantequilla en Chad

Jirafa en una llanura en Kenia ▼

África al sur del Sahara

En la región de África al sur del Sahara habitan más de 2,000 grupos étnicos. Sus bosques cálidos y húmedos y sus pastos secos sustentan una variedad de animales salvajes. Tanto la gente como los animales se enfrentan a fuertes desafíos en esta región. La gente está luchando por crear gobiernos y economías estables. Los animales se ven amenazados con la extinción, conforme las actividades humanas destruyen los hábitats naturales.

NGS EN LÍNEA
www.nationalgeographic.com/education

Atlas Regional

Enfoca en:

África al sur del Sahara

EXTENDIÉNDOSE EN EL ECUADOR, África al sur del Sahara está situada casi por completo entre los Trópicos. Famosa por su extraordinaria fauna silvestre, esta región también tiene la población humana de más rápido crecimiento en el mundo. Solucionar las rivalidades étnicas y mejorar los bajos estándares de vida son sólo dos de los desafíos a los que se enfrenta la gente en esta región.

La tierra

La zona de África al sur del Sahara tiene la elevación global más alta de cualquier región del mundo. Una franja angosta de llanuras bajas colinda con las líneas costeras del Océano Atlántico e Índico. En el interior, la tierra se levanta del oeste al este en una serie de mesetas como escalones. Empinados precipicios separan las mesetas. La región no tiene cordilleras largas y tiene pocas cimas muy elevadas, aunque el Mte. Kenia y Kilimanjaro son excepciones. A 19,340 pies (5,895 m), la cumbre de Kilimanjaro es el punto más alto en el continente africano.

Vías navegables atronadoras Ríos grandiosos surgen en las regiones montañosas de esta región. Conforme los ríos se vierten de una meseta a la otra, crean cascadas atronadoras, tales como las espectaculares Cataratas Victoria (página de enfrente). Localmente se conoce como *Mosi oa Tunya*, o "humo que truena". No obstante que el río Nilo es el río más grande de África, el río Congo es un gigante por derecho propio que serpentea 2,715 millas (4,370 km) a través del corazón de África, cerca del Ecuador. Muchos de los ríos de África proporcionan energía hidroeléctrica así como transporte a las áreas demasiado remotas para viajar por tierra.

Grieta continental El Valle de la Gran Grieta surca a través del este de África como un corte amurallado profundo en el continente. El valle, formado por movimientos de la corteza terrestre, se extiende desde el suroeste de Asia en dirección sur hasta el río Zambezi en Mozambique. Abarca una cadena de lagos profundos, algunos de los cuales contienen más especies de peces que cualquier otra masa de agua interior en el mundo.

El clima

Imagínate que estás parado en el Ecuador en África. Si viajas desde allí hacia el norte o sur, pasarías a través de cuatro regiones de climas principales, una después de la otra.

Bosques húmedos y sabanas Los bosques húmedos están situados a lo largo del Ecuador y llenan la extensa cuenca del río Congo en África central y del oeste. Las fuertes tormentas producen

ÁFRICA AL SUR DEL SAHARA

Cataratas Victoria, en el río Zambezi

Elefantes deambulando cerca de Kilimanjaro, Tanzania

80 pulgadas (203 cm) o más de lluvia cada año. La bóveda es la capa principal de los bosques húmedos y tiene una abundancia de flores, frutas, monos, loros y serpientes.

Conforme te alejas del Ecuador, los bosques húmedos se convierten en las sabanas tropicales. En estos pastos extensos habitan algunos de los grandes mamíferos más famosos del continente, incluyendo elefantes, leones, rinocerontes y jirafas.

Climas de estepas y desiertos Conforme te alejas más del Ecuador, las lluvias se hacen más escasas y las sabanas tropicales se convierten en estepas más áridas. Finalmente te encuentras con áreas muy áridas donde los desiertos dominan el paisaje. África está cubierta de más desiertos que cualquier otro continente. Los desiertos más grandes del sur del Sahara son el Namibia y el Kalahari.

La economía

África al sur del Sahara es rica en recursos minerales, sin embargo estos recursos no están distribuidos uniformemente. Nigeria tiene inmensas reservas de petróleo. Sudáfrica tiene depósitos fabulosos de oro y diamantes, convirtiéndolo en el país más rico de la región. En conjunto, sin embargo, África al sur del Sahara tiene el estándar de vida más bajo de cualquier región del mundo.

Lucha por el desarrollo La manufactura desempeña sólo un pequeño papel en la economía de la región. En la antigüedad, los gobernantes de la época colonial utilizaban a África como una fuente de materia prima y dejaron el continente en gran parte sin desarrollar. En la actualidad las naciones al sur del Sahara están luchando por industrializarse.

La mayor parte de la gente en África al sur del Sahara todavía depende de la agricultura o la ganadería a menor escala para su sustento. Generalmente sólo pueden cultivar suficientes alimentos para alimentar a sus familias. Algunos agricultores trabajan en plantaciones que cultivan cosechas para exportarlas a otros países. Dichas cosechas incluyen café, cacao, algodón, maní (cacahuates), té, plátano, y sisal (una fibra). Las sequías son un problema constante para los agricultores de la región.

La gente

Hace miles de años, se crearon grandes reinos e imperios en África al sur del Sahara. En el noreste, un reino extendió su reinado dentro del territorio egipcio. En África Occidental, surgieron ricos imperios intercambiando la sal por el oro.

De reinos a naciones En los siglos XV y XVI, los europeos empezaron a comerciar con comunidades africanas, llevándose piezas de
3 oro, especias, marfil y gente esclavizada. Para fines del siglo XIX, las naciones europeas habían reclamado casi todo África. Para beneficio económico y ventaja política, dividieron el continente en colonias.

◀ **Mujer abonando las cosechas en Zimbabue**

Durante el proceso, destrozaron regiones que antes estaban unidas y mezclaron grupos étnicos que no congeniaban.

La mayoría de las naciones africanas ganaron su independencia a mediados del siglo XX. Muchos de los países que surgieron del reinado colonial tenían inestabilidad política y economías débiles.

Estilos de vida variados En la actualidad más de 711 millones de personas habitan en África al sur del Sahara. Representan a cerca de 2,000 grupos étnicos y hablan 800 idiomas diferentes. Casi tres cuartas partes de la población vive en áreas rurales. Aunque África es el continente menos urbanizado, sus ciudades están creciendo. Atraídos por la promesa de mejores condiciones de vida, mucha gente se está yendo a las ciudades africanas. Estas son unas de las áreas urbanas de más rápido crecimiento en el mundo.

Mercado lleno de gente en Lagos, Nigeria ▼

Datos interesantes

País	Automóviles por cada 1,000 personas	Televisores por cada 1,000 personas
Ghana	5	115
Mauritania	8	95
Sudán	11	173
Tanzania	1	21
Zambia	17	145

Religiones

País	Islam	Cristiana	Creencias tradicionales
Ghana	16%	63%	21%
Mauritania	100%	—	—
Sudán	70%	5%	25%
Tanzania	35%	30%	35%
Zambia	24–49%	50–75%	1%

Fuentes: *Indicadores Mundiales de Desarrollo*, 2002; *Almanaque Mundial*, 2004.

Exploración de la región

1. **¿Qué pasa cuando los ríos de África fluyen de una meseta a otra?**
2. **¿Qué zona climática está centrada en el Ecuador?**
3. **¿Qué hace a Sudáfrica el país más próspero de la región?**
4. **¿Cómo afectó el dominio colonial a África al sur del Sahara?**

África al sur del Sahara

Mapa físico

Azores
OCÉANO ATLÁNTICO
Mar Mediterráneo
N O E S
NORTE DE ÁFRICA
SUROESTE DE ASIA
TRÓPICO DE CÁNCER
MAURITANIA
S A H A R A
Montes Aïr
Montañas Tibesti
Desierto de Nubia
Mar Rojo
CABO VERDE
R. Senegal
R. Níger
NÍGER
CHAD
SUDÁN
ERITREA
SENEGAL
GAMBIA
GUINEA-BISSAU
MALÍ
S A H E L
Lago Chad
R. Nilo
DJIBOUTI
Golfo de Adén
BURKINA FASO
GUINEA
NIGERIA
TIERRAS ALTAS DE ETIOPÍA
SIERRA LEONA
COSTA DE MARFIL
GHANA
BENIN
R. Benue
República Centroafricana
ETIOPÍA
LIBERIA
Lago Volta
CAMERÚN
R. Nilo Blanco
Valle de la Gran Grieta
SOMALIA
TOGO
Golfo de Guinea
GUINEA ECUATORIAL
SANTO TOMÉ Y PRÍNCIPE
Cumbre Margarita 16,763 pies (5,109 m)
UGANDA
KENIA
Mte. Kenia 17,058 pies (5,199 m)
ECUADOR
Cuenca del Congo
R. Congo
RUANDA
Llanura Serengeti
Gabón
CONGO
REPÚBLICA DEMOCRÁTICA DEL CONGO
Lago Victoria
Kilimanjaro 19,340 pies (5,895 m)
OCÉANO ÍNDICO
CABINDA
BURUNDI
Lago Tanganika
SEYCHELLES
TANZANIA
OCÉANO ATLÁNTICO
Lago Malawi
COMORES
ANGOLA
MALAWI
ZAMBIA
R. Zambeze
MOZAMBIQUE
MADAGASCAR
Canal de Mozambique
Desierto de Namibia
NAMIBIA
Cataratas Victoria
ZIMBABUE
BOTSWANA
MAURICIO
TRÓPICO DE CAPRICORNIO
Desierto de Kalahari
SUAZILANDIA
R. Orange
SUDÁFRICA
Cordillera Drakensberg
LESOTHO
Cabo de Buena Esperanza

20°O, 10°O, 0°, 10°E, 20°E, 30°E, 40°E
40°N, 30°N, 20°N, 10°N, 0°, 10°S, 20°S, 30°S

0 mi. 1,000
0 km 1,000
Proyección Lambert de Azimut y área constante

▲ Pico de la montaña

26,247 pies — 8,000 m
19,685 pies — 6,000 m
13,123 pies — 4,000 m
6,562 pies — 2,000 m
0 mi. 500
0 km 500
OCÉANO ÍNDICO
VALLE DE LA GRAN GRIETA
MTE. KENIA
OCÉANO ATLÁNTICO
CUENCA DEL CONGO
LAGO VICTORIA
RÍO CONGO
LIBREVILLE
Nivel del mar

ÁFRICA AL SUR DEL SAHARA

ESTUDIO DEL MAPA

1. ¿Qué llanura comparten Kenia y Tanzania?
2. ¿Cuál es la capital de Nigeria?

África al sur del Sahara

Piedras preciosas y minerales

ESTUDIO DEL MAPA

1. ¿Qué piedras preciosas se encuentran en África al sur del Ecuador?
2. ¿A la orilla de cuál océano al norte del Ecuador se encuentra más oro?

Extremos geológicos

① **PUNTO MÁS ALTO**
Kilimanjaro (Tanzania)
19,340 pies (5,895 m) de altura

② **PUNTO MÁS BAJO**
Lago Assal (Djibouti)
512 pies (156 m) debajo del nivel del mar

③ **RÍO MÁS LARGO**
Río Nilo
4,241 millas (6,825 km) de largo

④ **LAGO MÁS GRANDE**
Lago Victoria (Kenia, Uganda y Tanzania)
26,834 mi^2 (69,500 km^2)

⑤ **ISLA MÁS GRANDE**
Madagascar
226,642 mi^2 (587,000 km^2)

⑥ **LUGAR MÁS CÁLIDO**
Dalol, Depresión Denakil (Etiopía)
93°F (34°C) temperatura anual promedio

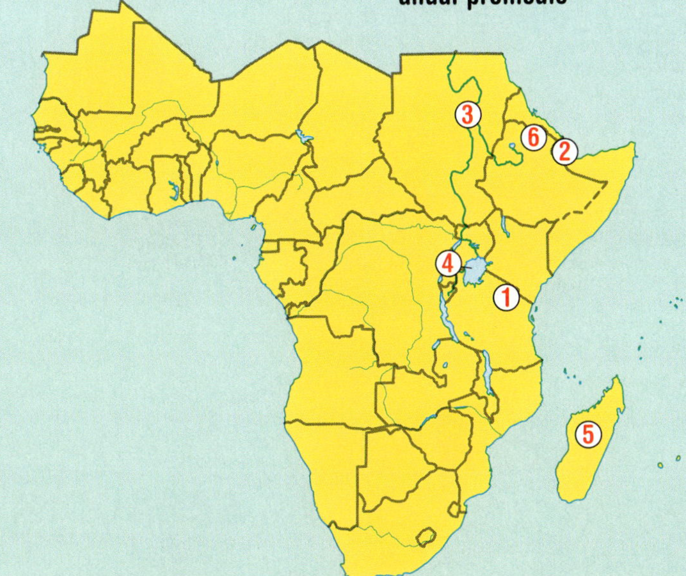

COMPARACIÓN DE LA POBLACIÓN: Estados Unidos y países seleccionados de África al Sur del Sahara

ESTADOS UNIDOS

NIGERIA

REPÚBLICA DEMOCRÁTICA DEL CONGO

SUDÁFRICA

KENIA

SENEGAL

= 30,000,000

Fuente: *Oficina de Referencias Demográficas*, 2003.

POBLACIONES RURALES Y URBANAS SELECCIONADAS: África al Sur del Sahara

	Rural	Urbana
ÁFRICA OCCIDENTAL		
Níger	79%	21%
Cabo Verde	36%	64%
ÁFRICA CENTRAL		
Angola	65%	35%
República Centroafricana	58%	42%
ÁFRICA ORIENTAL		
Ruanda	94%	6%
Djibouti	16%	84%
SUR DE ÁFRICA		
Lesotho	71%	29%
Sudáfrica	42%	58%

Fuente: *El Almanaque Mundial*, 2004.

ESTUDIO DEL GRÁFICO

1. ¿Cuál es el río más largo de África?
2. De los países africanos indicados en el cuadro a la derecha inferior, ¿cuál es el menos urbanizado? ¿Cuál es el más urbanizado?

Reseñas de los países

ANGOLA

POBLACIÓN:
13,100,000
27 por mi²
10 por km²

IDIOMAS:
Portugués, lenguas locales

EXPORTACIÓN PRINCIPAL:
Petróleo crudo

IMPORTACIÓN PRINCIPAL:
Maquinaria

CAPITAL:
Luanda

MASA CONTINENTAL:
481,351 mi²
1,246,699 km²

BENÍN

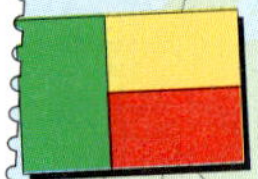

POBLACIÓN:
7,000,000
162 por mi²
63 por km²

IDIOMAS:
Francés, Fon, Yoruba

EXPORTACIÓN PRINCIPAL:
Algodón

IMPORTACIÓN PRINCIPAL:
Alimentos

CAPITAL:
Porto-Novo

MASA CONTINENTAL:
43,483 mi²
112,621 km²

BOTSWANA

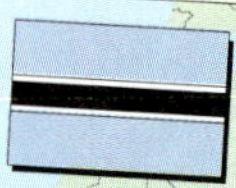

POBLACIÓN:
1,600,000
7 por mi²
3 por km²

IDIOMAS:
Inglés, Setswana

EXPORTACIÓN PRINCIPAL:
Diamantes

IMPORTACIÓN PRINCIPAL:
Alimentos

CAPITAL:
Gaborone

MASA CONTINENTAL:
224,606 mi²
581,730 km²

BURKINA FASO

POBLACIÓN:
13,200,000
125 por mi²
48 por km²

IDIOMAS:
Francés, lenguas locales

EXPORTACIÓN PRINCIPAL:
Algodón

IMPORTACIÓN PRINCIPAL:
Maquinaria

CAPITAL:
Uagadugú

MASA CONTINENTAL:
105,792 mi²
274,001 km²

BURUNDI

POBLACIÓN:
6,100,000
567 por mi²
219 por km²

IDIOMAS:
Kirundi, Francés

EXPORTACIÓN PRINCIPAL:
Café

IMPORTACIÓN PRINCIPAL:
Maquinaria

CAPITAL:
Bujumbura

MASA CONTINENTAL:
10,745 mi²
27,830 km²

CABO VERDE

POBLACIÓN:
500,000
305 por mi²
118 por km²

IDIOMAS:
Portugués, Criollo

EXPORTACIÓN PRINCIPAL:
Zapatos

IMPORTACIÓN PRINCIPAL:
Alimentos

CAPITAL:
Praia

MASA CONTINENTAL:
1,556 mi²
4,030 km²

CAMERÚN

POBLACIÓN:
15,700,000
86 por mi²
33 por km²

IDIOMAS:
Francés, Inglés, lenguas locales

EXPORTACIÓN PRINCIPAL:
Petróleo crudo

IMPORTACIÓN PRINCIPAL:
Maquinaria

CAPITAL:
Yaoundé

MASA CONTINENTAL:
183,568 mi²
475,441 km²

CHAD

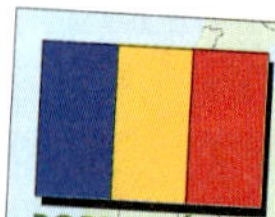

POBLACIÓN:
9,300,000
19 por mi²
7 por km²

IDIOMAS:
Francés, Árabe, Sara, Sango

EXPORTACIÓN PRINCIPAL:
Algodón

IMPORTACIÓN PRINCIPAL:
Maquinaria

CAPITAL:
N'Djamena

MASA CONTINENTAL:
495,753 mi²
1,284,000 km²

COMORES

POBLACIÓN:
600,000
735 por mi²
284 por km²

IDIOMAS:
Árabe, Francés, Comorán

EXPORTACIÓN PRINCIPAL:
Vainilla

IMPORTACIÓN PRINCIPAL:
Arroz

CAPITAL:
Moroni

MASA CONTINENTAL:
861 mi²
2,230 km²

CONGO

POBLACIÓN:
3,700,000
28 por mi²
11 por km²

IDIOMAS:
Francés, Lingala, Monokutuba

EXPORTACIÓN PRINCIPAL:
Petróleo crudo

IMPORTACIÓN PRINCIPAL:
Maquinaria

CAPITAL:
Brazzaville

MASA CONTINENTAL:
132,046 mi²
341,999 km²

CONGO, República Democrática del

POBLACIÓN:
56,600,000
63 por mi²
24 por km²

IDIOMAS:
Francés, Lingala, Kingwana

EXPORTACIÓN PRINCIPAL:
Diamantes

IMPORTACIÓN PRINCIPAL:
Bienes manufacturados

CAPITAL:
Kinshasa

MASA CONTINENTAL:
905,351 mi²
2,344,859 km²

Los países y sus banderas no están dibujados a escala

África al sur del Sahara

Para obtener más información acerca de los países de esta región, consulta el Banco de datos de las naciones del mundo en el Apéndice.

Reseñas de los países

LESOTHO

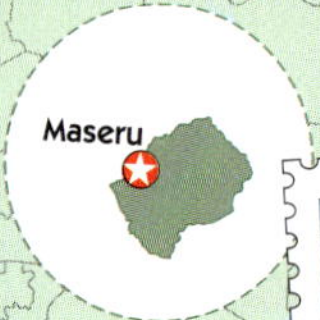

POBLACIÓN: 1,800,000; 153 por mi²; 59 por km²
IDIOMAS: Inglés, Sesoto, Zulú, Xhosa
EXPORTACIÓN PRINCIPAL: Ropa
IMPORTACIÓN PRINCIPAL: Maíz
CAPITAL: Maseru
MASA CONTINENTAL: 11,718 mi²; 30,350 km²

LIBERIA

POBLACIÓN: 3,300,000; 77 por mi²; 30 por km²
IDIOMAS: Inglés, lenguas locales
EXPORTACIÓN PRINCIPAL: Diamantes
IMPORTACIÓN PRINCIPAL: Gas natural
CAPITAL: Monrovia
MASA CONTINENTAL: 43,000 mi²; 111,370 km²

MADAGASCAR

POBLACIÓN: 17,000,000; 75 por mi²; 29 por km²
IDIOMAS: Francés, Malgache
EXPORTACIÓN PRINCIPAL: Café
IMPORTACIÓN PRINCIPAL: Maquinaria
CAPITAL: Antananarivo
MASA CONTINENTAL: 226,656 mi²; 587,039 km²

MALAWI

POBLACIÓN: 11,700,000; 255 por mi²; 98 por km²
IDIOMAS: Chichewa, Inglés
EXPORTACIÓN PRINCIPAL: Tabaco
IMPORTACIÓN PRINCIPAL: Alimentos
CAPITAL: Lilongwe
MASA CONTINENTAL: 45,745 mi²; 118,480 km²

MALÍ

POBLACIÓN: 11,600,000; 24 por mi²; 9 por km²
IDIOMAS: Francés, Bambara
EXPORTACIÓN PRINCIPAL: Algodón
IMPORTACIÓN PRINCIPAL: Maquinaria
CAPITAL: Bamako
MASA CONTINENTAL: 478,838 mi²; 1,240,190 km²

MAURICIO

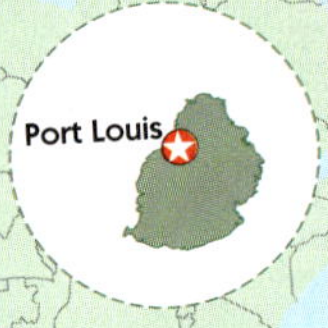

POBLACIÓN: 1,200,000; 1,550 por mi²; 598 por km²
IDIOMAS: Inglés, Criollo, Bhojpuri, Francés
EXPORTACIÓN PRINCIPAL: Azúcar
IMPORTACIÓN PRINCIPAL: Alimentos
CAPITAL: Port Louis
MASA CONTINENTAL: 788 mi²; 2,041 km²

MAURITANIA

POBLACIÓN: 2,900,000; 7 por mi²; 3 por km²
IDIOMAS: Árabe hasaniya, Uolof
EXPORTACIÓN PRINCIPAL: Pescado
IMPORTACIÓN PRINCIPAL: Alimentos
CAPITAL: Nuakchot
MASA CONTINENTAL: 395,954 mi²; 1,025,521 km²

MOZAMBIQUE

POBLACIÓN: 17,500,000; 56 por mi²; 22 por km²
IDIOMAS: Portugués, lenguas locales
EXPORTACIÓN PRINCIPAL: Nuez de cajú
IMPORTACIÓN PRINCIPAL: Alimentos
CAPITAL: Maputo
MASA CONTINENTAL: 309,494 mi²; 801,590 km²

NAMIBIA

POBLACIÓN: 1,900,000; 6 por mi²; 2 por km²
IDIOMAS: Inglés, Afrikaans, lenguas locales
EXPORTACIÓN PRINCIPAL: Diamantes
IMPORTACIÓN PRINCIPAL: Materiales de construcción
CAPITAL: Windhoek
MASA CONTINENTAL: 318,259 mi²; 824,291 km²

NÍGER

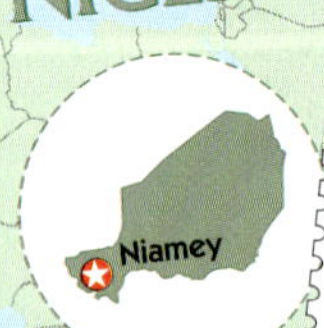

POBLACIÓN: 12,100,000; 25 por mi²; 10 por km²
IDIOMAS: Francés, Hausa, Jerma
EXPORTACIÓN PRINCIPAL: Mineral de uranio
IMPORTACIÓN PRINCIPAL: Bienes manufacturados
CAPITAL: Niamey
MASA CONTINENTAL: 489,189 mi²; 1,267,000 km²

NIGERIA

POBLACIÓN: 133,900,000; 375 por mi²; 145 por km²
IDIOMAS: Inglés, Hausa, Yoruba, Igbo
EXPORTACIÓN PRINCIPAL: Petróleo
IMPORTACIÓN PRINCIPAL: Maquinaria
CAPITAL: Abuja
MASA CONTINENTAL: 356,668 mi²; 923,770 km²

Los países y sus banderas no están dibujados a escala

ÁFRICA AL SUR DEL SAHARA

Para obtener más información acerca de los países de esta región, consulta el Banco de datos de las naciones del mundo en el Apéndice.

Atlas Regional

Reseñas de los países

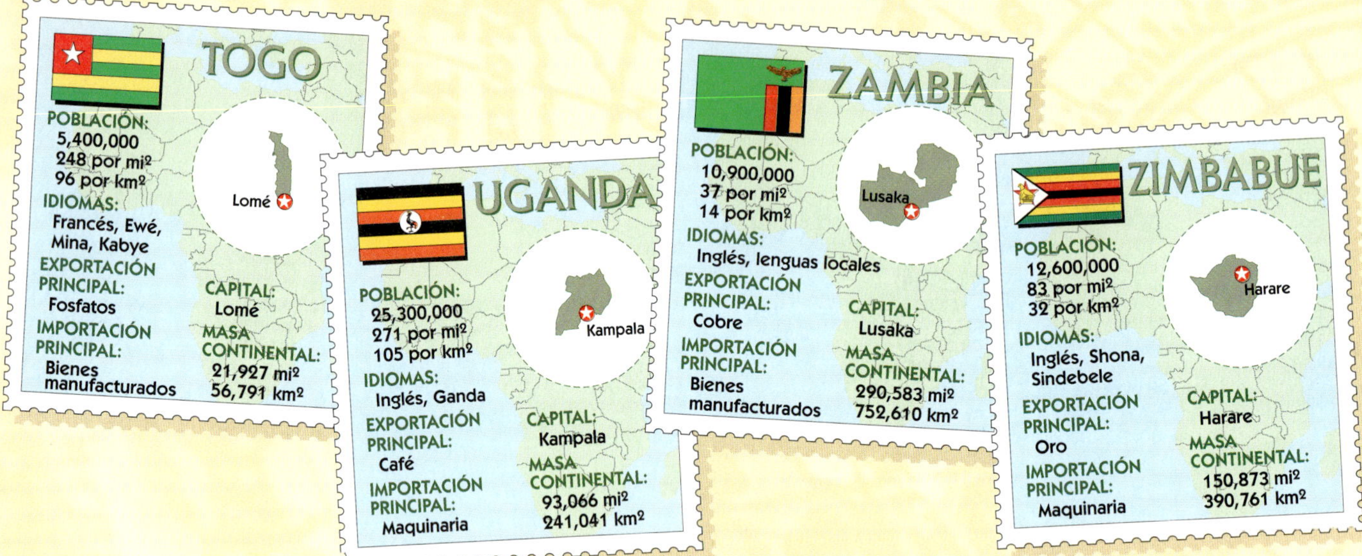

Los países y sus banderas no están dibujados a escala

TEMAS DE CIUDADANÍA

Se cierra la puerta al racismo Para 1994, la política racista de segregación de Sudáfrica había terminado oficialmente. Nelson Mandela se convirtió en la primera persona negra elegida como presidente de Sudáfrica. Justo tres años antes Mandela había salido de la cárcel después de pasar 27 años encarcelado debido a actividades en contra de la segregación. Cuando fue elegido presidente, creó un jurado para otorgar indultos tanto a negros como a blancos que habían admitido cometer crímenes políticos con anterioridad. Mandela creía que solamente "cerrando la puerta" al pasado el país podría continuar con su futuro.

¿Por qué crees que Nelson Mandela deseaba indultar a la gente?

▼ **Mujeres en un mitin en contra de la segregación en Sudáfrica**

ESCRIBE ACERCA DE ELLO

Las banderas de los países africanos a menudo representan la historia o cultura del país. Por ejemplo, la forma "Y" en la bandera de Sudáfrica simboliza un grupo de gente dividida avanzando en unidad. Investiga la bandera de un país africano y escribe un párrafo acerca del significado de la bandera.

África al sur del Sahara

Vista sobre campos en terrazas y pequeños poblados, Kabale, Uganda ▼

Taj Mahal, Agra, la India

Macacos en las fuentes termales, Japón

NATIONAL GEOGRAPHIC

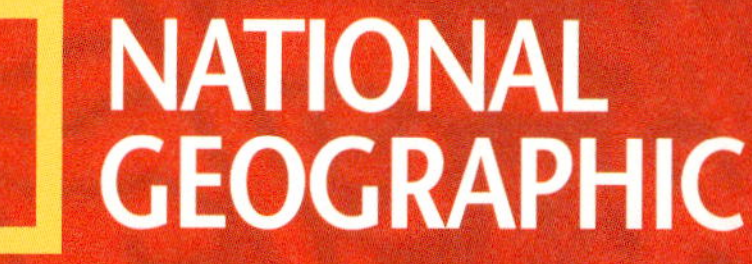

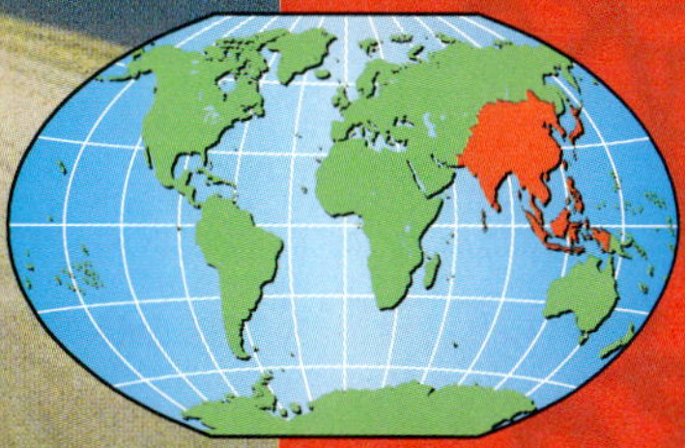

Asia

Para muchos del Hemisferio Occidental, la región de Asia, en el Hemisferio Oriental, les hace pensar en imágenes exóticas. Los antiguos templos se encuentran en densos bosques húmedos. Los agricultores trabajan en los campos de arroz inundados y los osos panda mordisquean los brotes de bambú. Pero también tiene ciudades bulliciosas, relucientes rascacielos y una industria de alta tecnología. Pasa a la siguiente página para aprender más sobre esta región y sobre las más de 3 mil millones de personas que viven aquí.

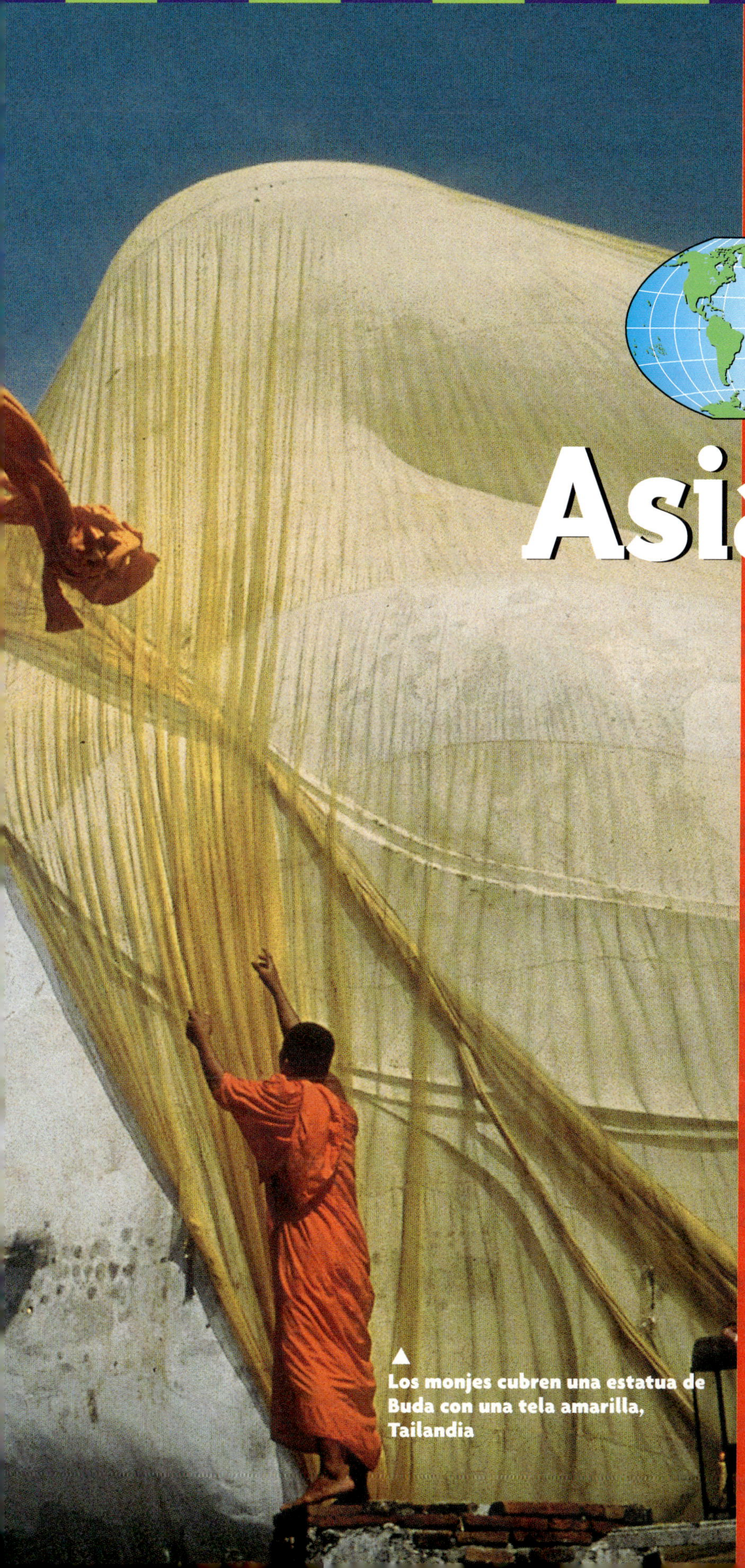

▲ Los monjes cubren una estatua de Buda con una tela amarilla, Tailandia

NGS EN LÍNEA
www.nationalgeographic.com/education

Enfoque en:

Asia

LA REGIÓN DE ASIA es sorprendentemente diversa desde el punto de vista del paisaje. Está formada por una gran parte del continente asiático junto con grupos de islas al borde de las costas meridionales y orientales. Algunas de las civilizaciones y religiones más antiguas del mundo comenzaron en Asia. Hoy, más de 3 mil millones de personas viven en esta región.

La tierra

La región de Asia, que cubre casi 7.8 millones de millas cuadradas (20.2 km^2), se extiende desde las montañas occidentales de Pakistán hasta las costas orientales de Japón, desde las altiplanicies del nordeste de China hasta las islas tropicales de Indonesia. Las largas y tortuosas costas de la región están bañadas por dos grandes océanos, el Índico y el Pacífico, y muchos mares.

Paisaje majestuoso Hay varias cordilleras que atraviesan el centro de Asia. La más famosa es la altísima montaña del Himalaya, donde se encuentra el pico más alto de la Tierra, el Monte Everest. Al norte del Himalaya se encuentra la enorme Meseta del Tíbet, tan alta que incluso se la ha llamado el Techo del Mundo. Detrás de la meseta hay dos inmensos desiertos: el desierto de Taklimakan y el de Gobi.

El Anillo de Fuego Hay otras cordilleras que cruzan el nordeste de China, bajan por la Península Coreana y atraviesan las penínsulas del sudeste de Asia. Japón, Indonesia y otras islas montañosas se encuentran a cierta distancia de la costa cerca del Anillo de Fuego. Ésta es una zona donde las placas colindantes de la corteza terrestre se deslizan y se hunden provocando terremotos y erupciones volcánicas.

Poderosos ríos Los grandes ríos comienzan en el majestuoso centro de Asia. Durante su trayectoria hasta el mar, atraviesan las llanuras fértiles de varios países. Los ríos más importantes son el Indus en Pakistán; el Ganges y Brahmaputra en la India y en Bangladesh; el Yangtzé y el Amarillo en China y el Mekong en el sudeste de Asia.

El clima

Una persona que atraviese Asia necesitaría ropa que se adaptara a todos los climas posibles. En las montañas coronadas de nieve y en las altas mesetas azotadas por los vientos de la parte central y norte de Asia puede hacer un frío glacial. Los desiertos pueden brillar con el calor del día, pero hiela por la noche. En las tierras bajas y en las llanuras del litoral, el clima es más suave. La mayoría de las penínsulas del sudeste de Asia y las islas que se extienden hasta el Ecuador tienen un clima tropical. Éstas están envueltas en densos bosques húmedos. Los vientos estacionales llamados monzones soplan en la mayor parte de Asia, traen un clima seco en el invierno y lluvias torrenciales en el verano.

Campos de arroz en terrazas, Bali, Indonesia

◀ Calle inundada por la lluvia monzónica, Tamil Nadu, la India

La economía

La agricultura es la actividad económica más importante en casi toda Asia. No obstante, las montañas escarpadas y los enormes desiertos de la región indican que hay muy poca cantidad de tierra que sea adecuada para el cultivo. Por ejemplo, sólo el 10 por ciento de la tierra de China se puede usar para la agricultura. Para poder alimentar a la enorme población de la región, los agricultores asiáticos usan hasta el más mínimo trocito de tierra. Los agricultores usan terrazas para poder cultivar arroz en las colinas empinadas. El arroz, que es un producto que crece bien en lugares con temperaturas cálidas y mucha agua, es el cultivo alimenticio más importante en Asia. China, India, Indonesia, y Bangladesh son los principales productores de arroz en el mundo.

La mayoría de las industrias de Asia se encuentran en Japón, Corea del Sur, Taiwán, China y la India.

China y la India son dos países donde abundan el carbón, el mineral de hierro y otros recursos naturales. No obstante, Japón tiene pocos recursos minerales y tiene que importar petróleo y casi todas las materias primas que usa, pero aún así, se ha convertido en uno de los países líderes en la producción de automóviles, aparatos electrónicos y otros productos. En otros países de la región, como por ejemplo Laos, Vietnam y Bhután, la industria está menos desarrollada.

◀ **Un robot soldando la carrocería de los automóviles en una fábrica, Japón**

La gente

Enclavadas en los fértiles valles fluviales, algunas de las civilizaciones más antiguas del mundo surgieron en Asia hace miles de años. Hasta el siglo XVI, Asia estaba más avanzada en cultura y en tecnología que Europa. Los asiáticos del este fundaron ciudades, establecieron estados y se forjaron rutas para el comercio.

Tradiciones religiosas Las antiguas religiones también tienen sus raíces en Asia, como el hinduismo y el budismo, ya que ambas se iniciaron en la India. Los hindúes se quedaron concentrados en la India, pero con el tiempo el budismo se fue propagando a lo largo de la región. La fe que más se ha extendido por la región ha sido el Islam, que comenzó en el sudeste de Asia.

Los europeos llegaron a la región aproximadamente en el siglo XVI, trayendo consigo el cristianismo. Para principios del siglo XIX, ya muchos países asiáticos habían caído bajo el control europeo. Algunos pasaron a ser colonias europeas y las ideas occidentales se extendieron por toda la región.

Épocas modernas A principios del siglo XX, Japón se convirtió en una potencia líder. La Segunda Guerra Mundial acabó derrotando a Japón, pero también acabó con la ocupación europea sobre Asia. Casi todas las tierras asiáticas que estaban gobernadas por países extranjeros se independizaron a mediados del siglo XX.

No obstante, la independencia de Asia

acabó en agitación política y en una serie de conflictos. Una gran parte de la región se vio atrapada en la lucha mundial entre los países comunistas y no comunistas. También hubo países que quedaron destrozados debido a las guerras civiles entre grupos comunistas y no comunistas.

En la actualidad, China, Vietnam y Corea del Norte tienen gobiernos comunistas; Nepal y Bhután están gobernados por monarquías tradicionales; los militares controlan Myanmar; Japón, la India, y las Filipinas son países democráticos.

Cerca de 3.6 mil millones de personas viven en Asia. China, Indonesia, Bangladesh y Japón figuran entre los países más poblados del mundo. Sin embargo, la población de Asia no está distribuida por igual. La mayoría de los asiáticos construyen sus casas en los valles de los ríos o de las montañas o cerca de las costas. Debido a esto, algunas partes de Asia son las más pobladas del mundo, como por ejemplo Bangladesh, el este de China, el norte de la India, el sur de Japón y la isla de Java en Indonesia.

China

Datos interesantes

Automóviles por cada 1,000 person	3
Televisores por cada 1,000 personas	291
VOTO Elecciones democráticas	No

Composición étnica

Clasificación mundial

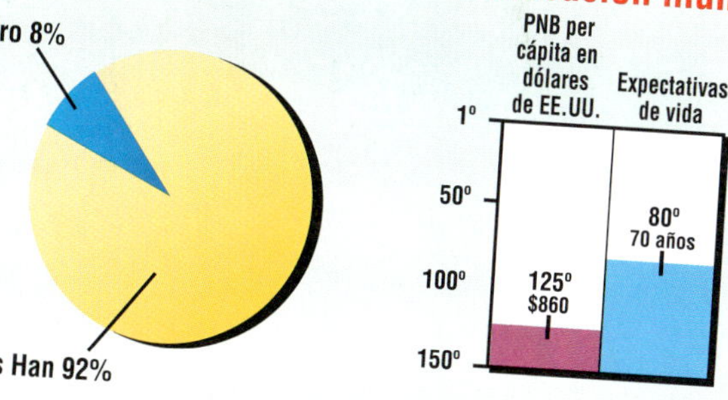

Población: urbana contra rural

urbana	rural
37%	63%

Fuentes: *World Desk Reference (Libro de referencia mundial)*, 2000; *Libro de datos mundiales; The World Factbook*, 2003; *El Almanaque Mundial*, 2004.

Jodhpur, la India ▼

Exploración de la región

1. **¿Por qué se llama la Meseta del Tíbet el Techo del Mundo?**
2. **¿De qué forma afectan los monzones a la región?**
3. **¿Cuál es el cultivo alimenticio más importante de Asia?**
4. **Nombra dos religiones que tuvieran sus inicios en la región.**

Asia

Mapa físico

50°E 60°E 70°E 80°E 90°E 100°E 110°E 120°E 130°E 140°E
50°N 40°N 30°N 20°N 10°N 0° 10°S 20°S

N S E O

ASIA CENTRAL
MONGOLIA
Montañas Altay
GOBI
Llanura de Manchuria
Tian Shan
Desierto Taklimakan
Cordillera Karakoram
K2 28,250 pies (8,611 m)
Hindu Kush
Qilian Shan
KUNLUN SHAN
Meseta del Tibet
HIMALAYA
CHINA
Cuenca Sichuan
Llanura Norte de China
PAKISTÁN
Gran Desierto Índico
NEPAL
Monte Everest 29,035 pies (8,850 m)
BHUTÁN
INDIA
BANGLADESH
MESETA DECÁN
Ghats Occidentales
Ghats Orientales
Mar Arábigo
Golfo de Bengala
SRI LANKA
MALDIVAS
OCÉANO ÍNDICO
MYANMAR (BIRMANIA)
LAOS
TAILANDIA
VIETNAM
CAMBOYA
Is. Andamán
Istmo de Kra
Península de Malaca
MALASIA
SINGAPUR
Sumatra
Borneo
BRUNEI
INDONESIA
Java
Celebes
Molucas
TIMOR ORIENTAL
Pico Jaya 16,500 pies (5,029 m)
Nueva Guinea
AUSTRALIA
ECUADOR
Hainan
Mar de China Meridional
Luzón
Mindoro
FILIPINAS
Mindanao
Mar Filipino
OCÉANO PACÍFICO
TAIWAN
TRÓPICO DE CÁNCER
Mar de China Oriental
Okinawa
Islas Ryu-kyu
Mar Amarillo
COREA DEL NORTE
COREA DEL SUR
Mar de Japón (Mar Oriental)
JAPÓN
Hokkaido
Honshu
Shikoku
Kyushu
Mte. Fuji 12,388 pies (3,776 m)

0 mi. 1,000
0 km 1,000
Proyección equidistante de dos puntos

▲ Pico de la montaña

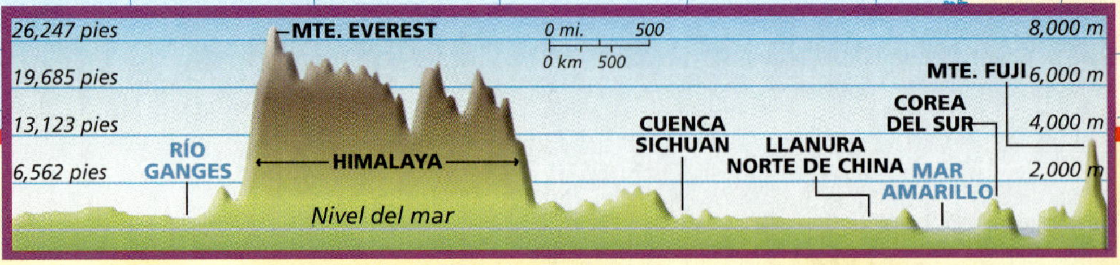

26,247 pies — 8,000 m
19,685 pies — 6,000 m
13,123 pies — 4,000 m
6,562 pies — 2,000 m
0 mi. 500
0 km 500
MTE. EVEREST
HIMALAYA
RÍO GANGES
Nivel del mar
CUENCA SICHUAN
LLANURA NORTE DE CHINA
MAR AMARILLO
COREA DEL SUR
MTE. FUJI

Mapa político

ESTUDIO DEL MAPA

1. ¿Qué río atraviesa la Cuenca Sichuan de China?
2. ¿Cuál es la capital de Tailandia?

ATLAS REGIONAL

Asia

Monzones

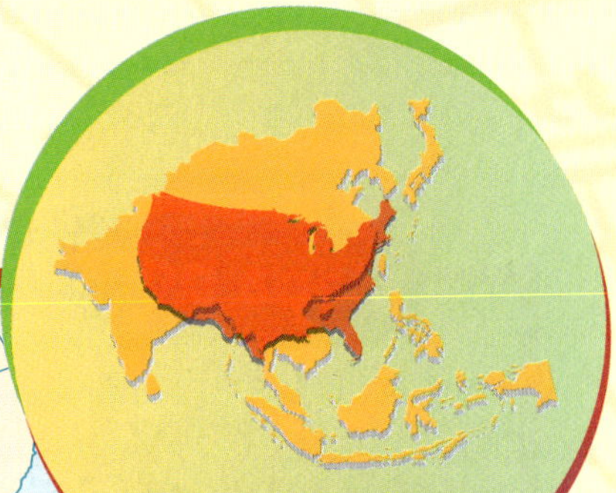

100°E 120°E 140°E

60°N 40°N 20°N 0° 20°S

0 mi. 1,000
0 km 1,000
Proyección equidistante de dos puntos

RUSIA
MONGOLIA
CHINA
COREA DEL NORTE
COREA DEL SUR
JAPÓN
Mar de Japón (Mar Oriental)
Mar Amarillo
Mar de China Oriental
TRÓPICO DE CÁNCER
TAIWAN
AFGANISTÁN
PAKISTÁN
NEPAL
BHUTÁN
BANGLADESH
INDIA
Mar Arábigo
MYANMAR (BIRMANIA)
LAOS
Golfo de Bengala
TAILANDIA
VIETNAM
CAMBOYA
Mar de China Meridional
Mar Filipino
FILIPINAS
OCÉANO PACÍFICO
SRI LANKA
MALDIVAS
BRUNEI
MALASIA
SINGAPUR
ECUADOR
INDONESIA
OCÉANO ÍNDICO
AUSTRALIA
TRÓPICO DE CAPRICORNIO
N O E S

Estados Unidos Continental y Asia: Comparación de territorio

Precipitaciones anuales

Pulgadas	Centímetros
Más de 60	Más de 150
entre 20 y 60	entre 50 y 150
Menos de 20	Menos de 50

Dirección del viento en verano
Dirección del viento en invierno

ESTUDIO DEL MAPA

1. ¿Cuántas pulgadas de precipitación al año cae en Indonesia?
2. ¿A qué dirección generalmente soplan la mayoría de los monzones en el verano?

Extremos geológicos

① **EL PUNTO MÁS ALTO**
Monte Everest (Nepal y Tíbet) 29,035 pies (8,850 m) de altura

② **EL PUNTO MÁS BAJO**
La depresión Turpan (China) 505 pies (154 m) por debajo del nivel del mar

③ **EL RÍO MÁS LARGO**
Yangtzé (China) 3,964 millas (6,380 km) de longitud

④ **EL DESIERTO MÁS GRANDE**
Gobi (Mongolia y China) 500,000 mi^2 (1,295,000 km^2)

⑤ **CATARATA MÁS ALTA**
Mawsmai (India) 1,148 pies (350 m) de altura

⑥ **ISLA MÁS GRANDE**
Nueva Guinea (Indonesia y Papúa Nueva Guinea) 306,000 mi^2 (792,536 km^2)

⑦ **EL SITIO MÁS HÚMEDO**
Mawsynram (India) 467 pulgadas (1,186 cm) promedio de precipitación al año

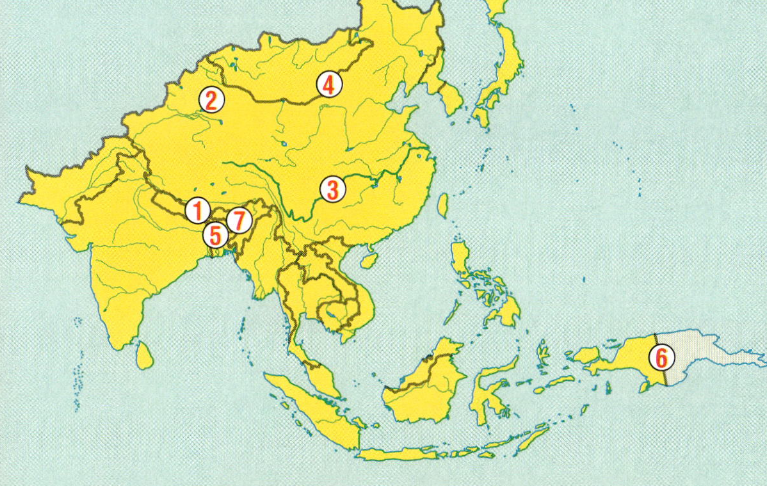

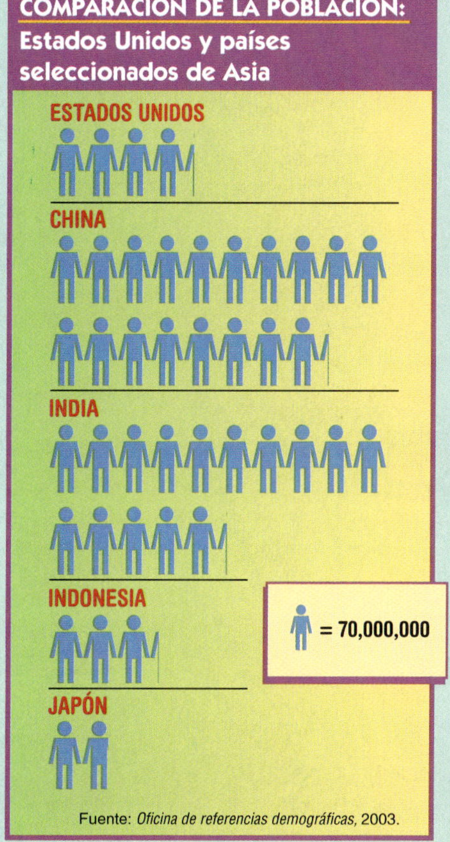

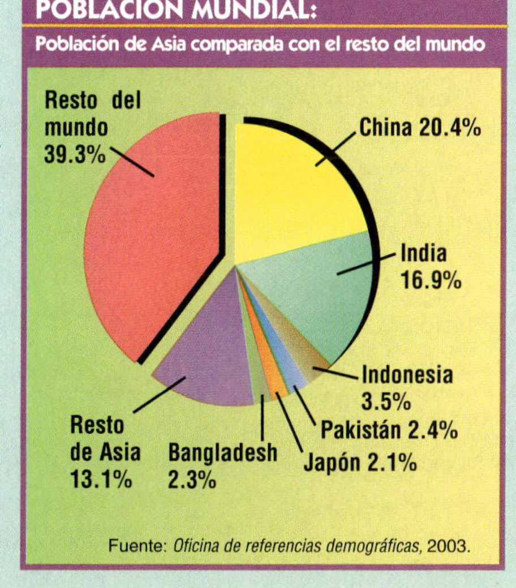

ESTUDIO DEL GRÁFICO

1. El punto más alto de Asia es también el más alto del mundo. ¿Cuál es?
2. ¿Qué porcentaje de la población mundial vive en Asia?

Reseñas de los países

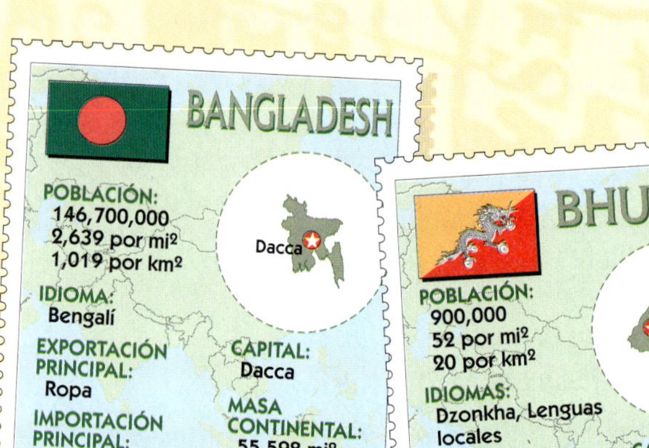

BANGLADESH

POBLACIÓN: 146,700,000; 2,639 por mi²; 1,019 por km²

IDIOMA: Bengalí

EXPORTACIÓN PRINCIPAL: Ropa

IMPORTACIÓN PRINCIPAL: Maquinaria

CAPITAL: Dacca

MASA CONTINENTAL: 55,598 mi²; 143,999 km²

BHUTÁN

POBLACIÓN: 900,000; 52 por mi²; 20 por km²

IDIOMAS: Dzonkha, Lenguas locales

EXPORTACIÓN PRINCIPAL: Cardamomo

IMPORTACIÓN PRINCIPAL: Combustibles

CAPITAL: Timbu

MASA CONTINENTAL: 18,147 mi²; 47,001 km²

BRUNEI

POBLACIÓN: 400,000; 162 por mi²; 63 por km²

IDIOMAS: Malayo, Inglés, Chino

EXPORTACIÓN PRINCIPAL: Petróleo crudo

IMPORTACIÓN PRINCIPAL: Maquinaria

CAPITAL: Bandar Seri Begawan

MASA CONTINENTAL: 2,228 mi²; 5,771 km²

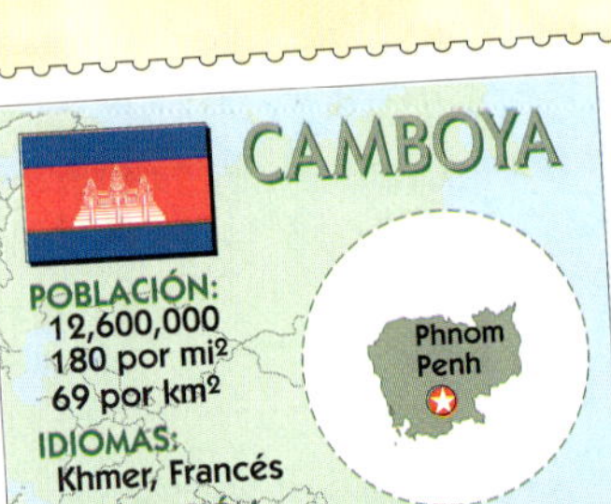

CAMBOYA

POBLACIÓN: 12,600,000; 180 por mi²; 69 por km²

IDIOMAS: Khmer, Francés

EXPORTACIÓN PRINCIPAL: Madera para construcción

IMPORTACIÓN PRINCIPAL: Materiales para construcción

CAPITAL: Phnom Penh

MASA CONTINENTAL: 69,900 mi²; 181,041 km²

CHINA

POBLACIÓN: 1,289,000,000; 349 por mi²; 135 por km²

IDIOMA: Chino mandarín

EXPORTACIÓN PRINCIPAL: Maquinaria

IMPORTACIÓN PRINCIPAL: Maquinaria

CAPITAL: Pekín

MASA CONTINENTAL: 3,696,100 mi²; 9,572,899 km²

COREA DEL NORTE

POBLACIÓN: 22,700,000; 487 por mi²; 188 por km²

IDIOMA: Coreano

EXPORTACIÓN PRINCIPAL: Minerales

IMPORTACIÓN PRINCIPAL: Petróleo

CAPITAL: Pyongyang

MASA CONTINENTAL: 46,541 mi²; 120,541 km²

COREA DEL SUR

POBLACIÓN: 47,900,000; 1,251 por mi²; 483 por km²

IDIOMA: Coreano

EXPORTACIÓN PRINCIPAL: Aparatos electrónicos

IMPORTACIÓN PRINCIPAL: Maquinaria

CAPITAL: Seúl

MASA CONTINENTAL: 38,324 mi²; 99,259 km²

FILIPINAS

POBLACIÓN: 81,600,000; 704 por mi²; 272 por km²

IDIOMAS: Tagalo, Inglés

EXPORTACIÓN PRINCIPAL: Aparatos electrónicos

IMPORTACIÓN PRINCIPAL: Materias primas

CAPITAL: Manila

MASA CONTINENTAL: 115,830 mi²; 300,000 km²

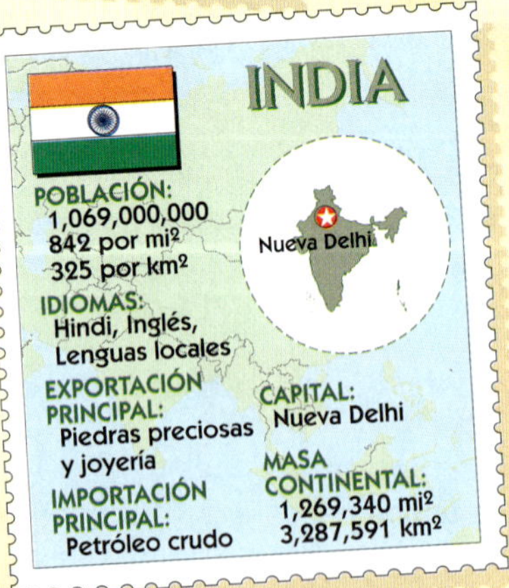

INDIA

POBLACIÓN: 1,069,000,000; 842 por mi²; 325 por km²

IDIOMAS: Hindi, Inglés, Lenguas locales

EXPORTACIÓN PRINCIPAL: Piedras preciosas y joyería

IMPORTACIÓN PRINCIPAL: Petróleo crudo

CAPITAL: Nueva Delhi

MASA CONTINENTAL: 1,269,340 mi²; 3,287,591 km²

INDONESIA

POBLACIÓN: 220,500,000; 300 por mi²; 116 por km²

IDIOMAS: Bahasa indonés, Javanés

EXPORTACIÓN PRINCIPAL: Petróleo crudo

IMPORTACIÓN PRINCIPAL: Bienes manufacturados

CAPITAL: Jakarta

MASA CONTINENTAL: 735,355 mi²; 1,904,569 km²

Los países y las banderas no se muestran a escala

Para más información sobre los países de esta región, consulta el Banco de datos de las naciones del mundo en el Apéndice.

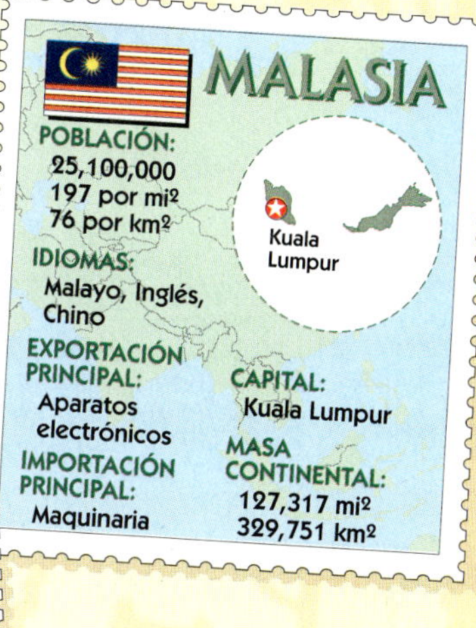

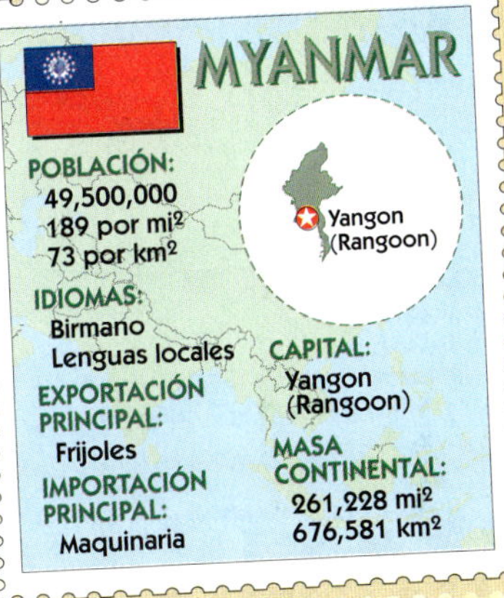

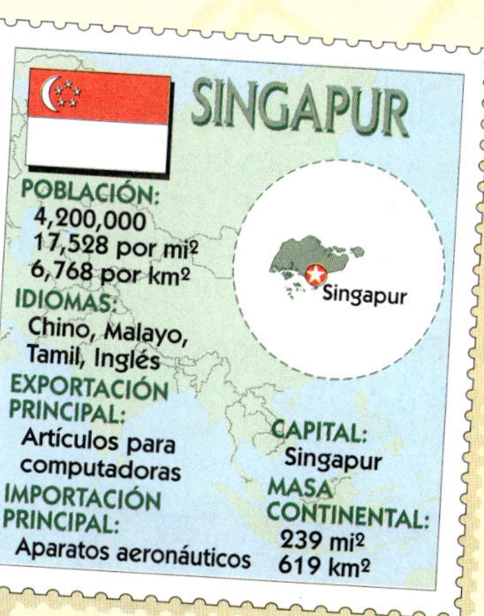

ATLAS REGIONAL

Reseñas de los países

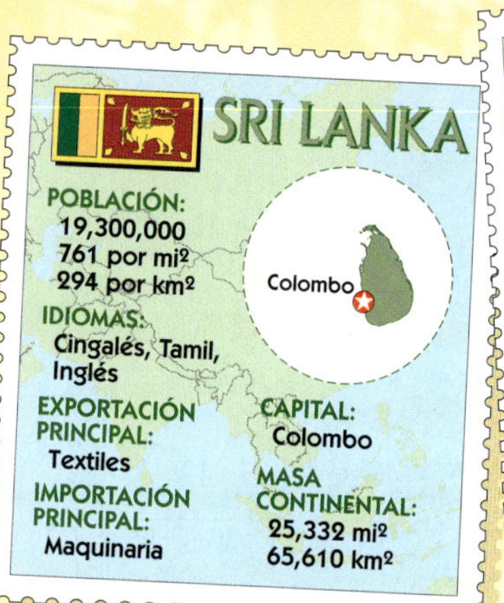

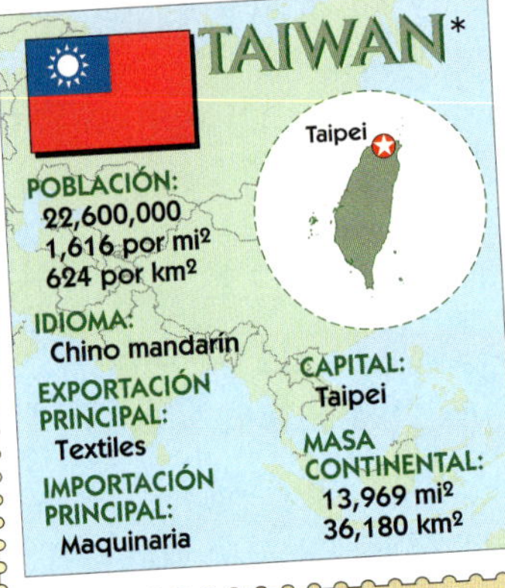

* La República Popular de China reclama Taiwán como su 23ª provincia.

Los países y las banderas no se muestran a escala

TEMAS DE CIUDADANÍA

Los derechos de la mujer No todos los países tienen las mismas leyes para los hombres y para las mujeres. En algunos países, a las mujeres no se les permite tener propiedades, votar, ir a la escuela o trabajar. Una de las razones es que lo que la mujer aporta a la sociedad, es decir la crianza de los hijos y las tareas del hogar, no se reconocen tanto como lo que aporta el hombre.

¿Por qué en Estados Unidos es importante que los hombres y las mujeres tengan los mismos derechos y que estos derechos estén bajo la protección de la ley?

Imagina que eres un estudiante de intercambio de sexto grado que viene de un país asiático. Escríbele una carta a tu hermana que está en casa en la que le describes algunas de las actividades en las que participan las chicas estadounidenses de la misma forma que lo hacen los chicos.

Madre vietnamita y su bebé ►

ASIA

▲ Tres generaciones de una familia china

Cuatro focas en una playa de Antártida

Niño vendiendo pescado en Samoa

NATIONAL GEOGRAPHIC

Australia, Oceanía y Antártida

Australia, Oceanía y Antártida están agrupadas debido a su cercanía, no debido a las similitudes entre sus habitantes. Estas tierras están principalmente en el hemisferio sur. Australia es un continente seco, con una flora y fauna poco común. Las 25,000 islas tropicales de Oceanía se expanden por todo el Océano Pacífico. La congelada Antártida cubre la Tierra a la altura del Polo Sur.

◄ Árbol solitario en la despoblada zona "outback" de Australia

NGS EN LÍNEA
www.nationalgeographic.com/education

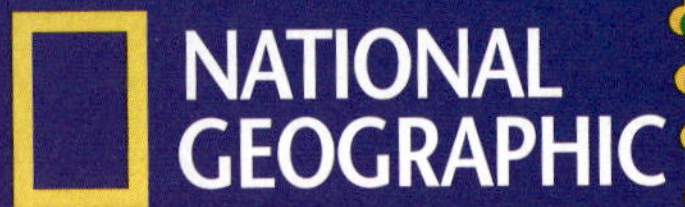

Enfoca en:

Australia, Oceanía y Antártida

SITUADA CASI COMPLETAMENTE en el hemisferio sur, esta región incluye dos continentes y miles de islas dispersas por todo el Océano Pacífico. Cubre, además, una enorme porción del globo terráqueo, desde el Ecuador hasta el Polo Sur, por lo que incluye paisajes que van desde polares hasta tropicales.

La tierra

Australia es un continente y al mismo tiempo un país, con una vasta extensión de tierra llana. Una cadena de lomas y montañas, conocida como la Gran Cordillera Divisoria, baja por todo el borde este del continente. Entre esta cordillera de montañas y el Océano Pacífico queda una estrecha franja de tierra costera. Al oeste de la Gran Cordillera Divisoria se encuentra la parte interior de Australia que es, grande y muy seca, Aquí, en la parte despoblada de Australia (llamada "outback"), hay un infinito número de millas de montes, así como tres enormes desiertos.

A lo largo de la línea costera del nordeste de Australia se encuentra la Gran Barrera de Arrecifes. Esta famosa maravilla natural es la barrera coralina más grande del mundo, donde viven peces tropicales de colores brillantes y criaturas marinas.

A través del Mar de Tasmania desde Australia está Nueva Zelanda, que está formada por dos islas principales, la Isla Norte y la Isla Sur, y muchas otras islas pequeñas. Tanto la Isla Norte como la Isla Sur tienen playas de arena, laderas color esmeralda y montañas de cimas cubiertas de nieve. El resto del paisaje de Nueva Zelanda está dominado por colinas y mesetas.

Oceanía Al norte y este de Nueva Zelanda se encuentra Oceanía. Oceanía tiene cerca de 25,000 islas por todo el Océano Pacífico, a ambos lados del Ecuador. Algunas de estas islas son volcánicas. Otras son enormes formaciones de piedra que han surgido del fondo del océano. Hay otras islas coralinas bajas, rodeadas por arrecifes.

Antártida Antártida es un continente congelado que cubre y rodea al Polo Sur. Está casi completamente enterrado debajo de una enorme capa de hielo. Ese hielo tiene hasta 2 millas (3.2 km) de espesor en algunos lugares y contiene el 70 por ciento del agua dulce del mundo.

El clima

Australia es uno de los continentes más secos del mundo. Su costa oriental no recibe lluvia del Océano Pacífico. Las montañas bloquean esta humedad de forma que no la deja llegar a las áreas interiores del continente. Gran parte del "outback" de Australia tiene un clima desértico.

No hay un lugar en Nueva Zelanda que esté a más de 80 millas (129 km) del mar. Este país tiene una sola región climática que es el clima húmedo

▼ Ovejas pastando cerca del Monte Egmont en Nueva Zelanda

◀ Pingüinos reales en Antártida

marítimo. Esto significa que Nueza Zelanda tiene temperaturas templadas mucha lluvia todo el año.

Las islas de Oceanía tienen principalmente climas tropicales, con temperaturas calientes y estaciones de lluvia y sequía bien definidas. Los bosques húmedos cubren muchas de las islas.

Antártida es uno de los lugares más fríos y con más viento sobre la Tierra, así como uno de los más secos. Recibe tan poca precipitación que es considerada un desierto, el desierto frío más grande del mundo.

La economía

En el paisaje de Australia se pueden ver minas dispersas. Su piedras y suelos, que datan de tiempos antiguos, son ricos en minerales, como uranio, bauxita, mineral de hierro, cobre, níquel y oro. Muy poca parte de su tierra, sin embargo, es apta para la agricultura. En su lugar, vastas fincas, o estaciones, como los australianos las llaman, para el ganado vacuno y ovino se expanden por todo el país. La peor sequía en casi 100 años ocurrió entre el 2002 y 2003, que afectó adversamente a la economía.

La cantidad de ovejas es mucho mayor que la cantidad de personas en Nueva Zelanda, donde los pastos son exuberantes y verdes durante casi todo el año. Nueva Zelanda es uno de los principales criadores de cordero y productores de lana del mundo. Sus cosechas fundamentales incluyen trigo, cebada, papas, frutas y verduras.

Los habitantes de Oceanía dependen principalmente de la pesca y la agricultura. A lo largo de casi toda Oceanía, el suelo y el clima no son favorables para extender la agricultura. Los isleños por lo general producen alimentos suficientes sólo para su abastecimiento propio. Sin embargo, algunas islas más grandes tienen suelos volcánicos fértiles. En esos lugares, se cultivan productos comerciales, como frutas, café y coco, para la exportación.

Se cree que Antártida tiene ricos recursos minerales. Pero para preservarla para la investigación y exploración, muchas naciones han acordado no extraer su riqueza mineral. De hecho, 43 naciones firmaron en el año 1959 el Tratado Antártico, donde se comprometieron a usarla sólo en aras de la paz y la ciencia. Estos países estuvieron incluso de acuerdo en compartir las observaciones y resultados científicos.

La gente

Los primeros colonizadores de esta región venían probablemente de Asia hace miles de años. Los primeros habitantes de Australia, que fueron los antecesores de los aborígenes australianos actuales, posiblemente llegaron ahí hace más de 40,000 años. Sin embargo, no fue hasta cerca de 1000 d.C. que a las islas más alejadas de Oceanía llegaron marineros.

Los ingleses colonizaron a Australia y Nueva Zelanda en los siglos XVIII y XIX. Estos dos países ganaron su independencia a principios del siglo XX. Muchas de las islas del sur del Pacífico no se liberaron de su colonizador hasta después de la Segunda Guerra Mundial. Hoy en día, Australia y Oceanía tienen una mezcla de culturas europeas, tradicionales del Pacífico y asiáticas.

◀ **Niña vendiendo frutas en Polinesia Francesa**

Esta región, a pesar de su gran extensión, es la menos poblada de todas las regiones del mundo. En ella habitan sólo cerca de 32 millones de habitantes. Más de la mitad de ellos viven en Australia, principalmente en las ciudades costeras, como Sydney y Melbourne. Aproximadamente cuatro millones viven en Nueva Zelanda, donde también hay una gran población urbana a lo largo de sus costas. Oceanía está menos urbanizada. En Antártida no hay habitantes permanentes. Grupos de científicos viven y trabajan en el continente congelado por períodos de tiempo breves para realizar su investigación.

▼ **La ciudad de Melbourne, a lo largo de la costa sudeste de Australia**

Australia

Datos interesantes

Automóviles por cada 1,000 personas	485
Televisores por cada 1,000 personas	716
Elecciones democráticas	Sí

Composición étnica

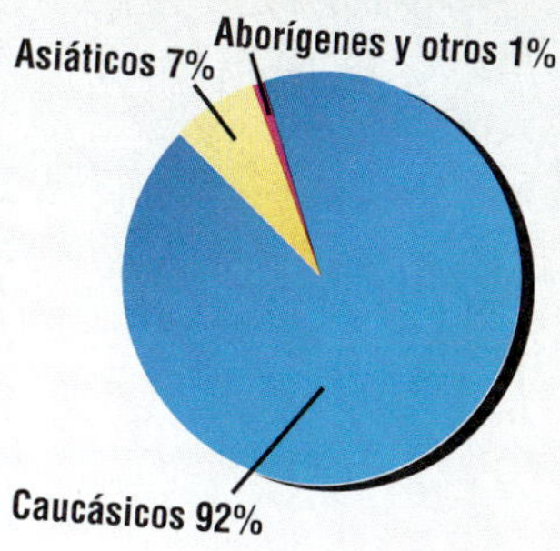

Clasificación mundial

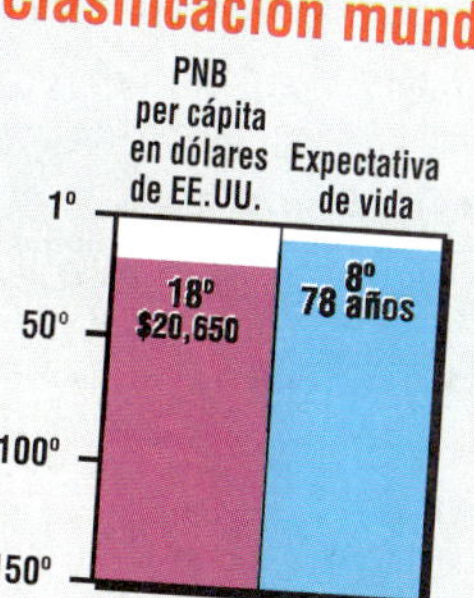

Población: Urbana vs. rural

Urbana 91% — Rural 9%

Fuentes: *World Desk Reference (Libro de Referencia Mundial)*, 2000; *World Development Indicators (Indicadores de Desarrollo Mundial)*; *The World Almanac (El Almanaque Mundial)*, 2004.

Exploración de la región

1. **¿Cuáles son los dos continentes que quedan en esta región?**
2. **¿Por qué la Antártida se considera un desierto?**
3. **¿Por qué sólo una pequeña parte de la tierra de Australia es apta para la agricultura?**
4. **¿Dónde vive la mayor parte de las personas de la región?**

Australia, Oceanía y Antártida

Mapa físico

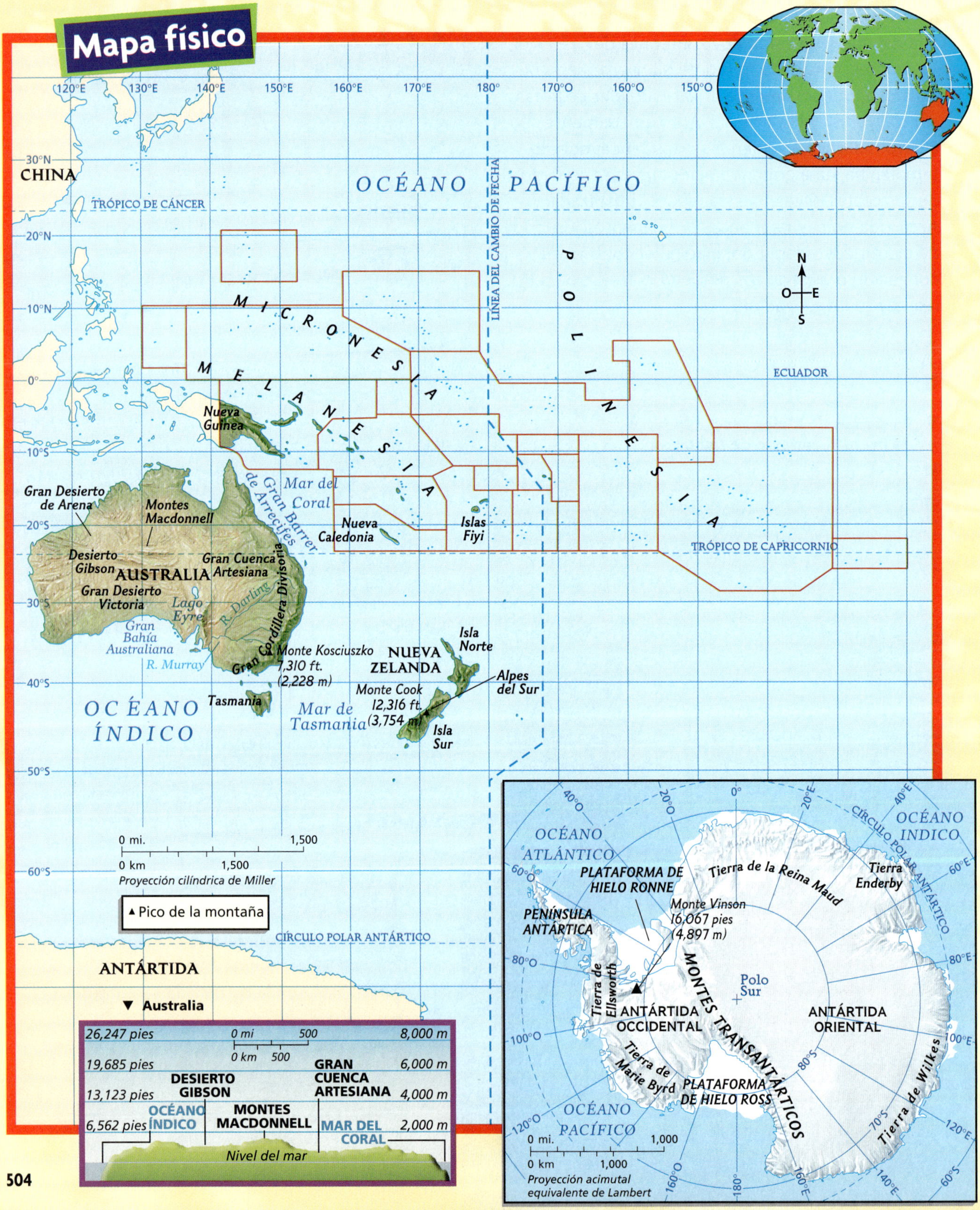

120°E
130°E
140°E
150°E
160°E
170°E
180°
170°O
160°O
150°O
30°N
20°N
10°N
0°
10°S
20°S
30°S
40°S
50°S
60°S

CHINA
TRÓPICO DE CÁNCER
OCÉANO PACÍFICO
LÍNEA DEL CAMBIO DE FECHA
MICRONESIA
MELANESIA
POLINESIA
ECUADOR
N
O
E
S
Nueva Guinea
Gran Desierto de Arena
Montes Macdonnell
Mar del Coral
Gran Barrera de Arrecifes
Nueva Caledonia
Islas Fiyi
TRÓPICO DE CAPRICORNIO
Desierto Gibson
AUSTRALIA
Gran Cuenca Artesiana
Gran Desierto Victoria
Lago Eyre
R. Darling
Gran Cordillera Divisoria
Gran Bahía Australiana
R. Murray
Monte Kosciuszko 7,310 ft. (2,228 m)
NUEVA ZELANDA
Isla Norte
Alpes del Sur
Monte Cook 12,316 ft. (3,754 m)
Isla Sur
Tasmania
Mar de Tasmania
OCÉANO ÍNDICO

0 mi. 1,500
0 km 1,500
Proyección cilíndrica de Miller

▲ Pico de la montaña

CÍRCULO POLAR ANTÁRTICO
ANTÁRTIDA

▼ Australia

26,247 pies
19,685 pies
13,123 pies
6,562 pies
0 mi 500
0 km 500
8,000 m
6,000 m
4,000 m
2,000 m
DESIERTO GIBSON
GRAN CUENCA ARTESIANA
OCÉANO ÍNDICO
MONTES MACDONNELL
MAR DEL CORAL
Nivel del mar

40°O
20°O
0°
20°E
40°E
60°O
60°E
80°O
80°E
100°O
100°E
120°O
120°E
160°O
180°
160°E
140°E
60°S
70°S
80°S
OCÉANO ATLÁNTICO
OCÉANO ÍNDICO
CÍRCULO POLAR ANTÁRTICO
PLATAFORMA DE HIELO RONNE
Tierra de la Reina Maud
Tierra Enderby
PENÍNSULA ANTÁRTICA
Monte Vinson 16,067 pies (4,897 m)
Tierra de Ellsworth
MONTES TRANSANTÁRTICOS
Polo Sur
ANTÁRTIDA OCCIDENTAL
ANTÁRTIDA ORIENTAL
Tierra de Marie Byrd
PLATAFORMA DE HIELO ROSS
Tierra de Wilkes
OCÉANO PACÍFICO
0 mi. 1,000
0 km 1,000
Proyección acimutal equivalente de Lambert

Australia, oceanía y antártida

ESTUDIO DEL MAPA

1. ¿Qué masa de agua separa a Australia de Melanesia?
2. ¿Cuál es la capital de las Islas Fiyi?

ATLAS REGIONAL

Australia, Oceanía y Antártida

Medios ambientes en vías de extinción

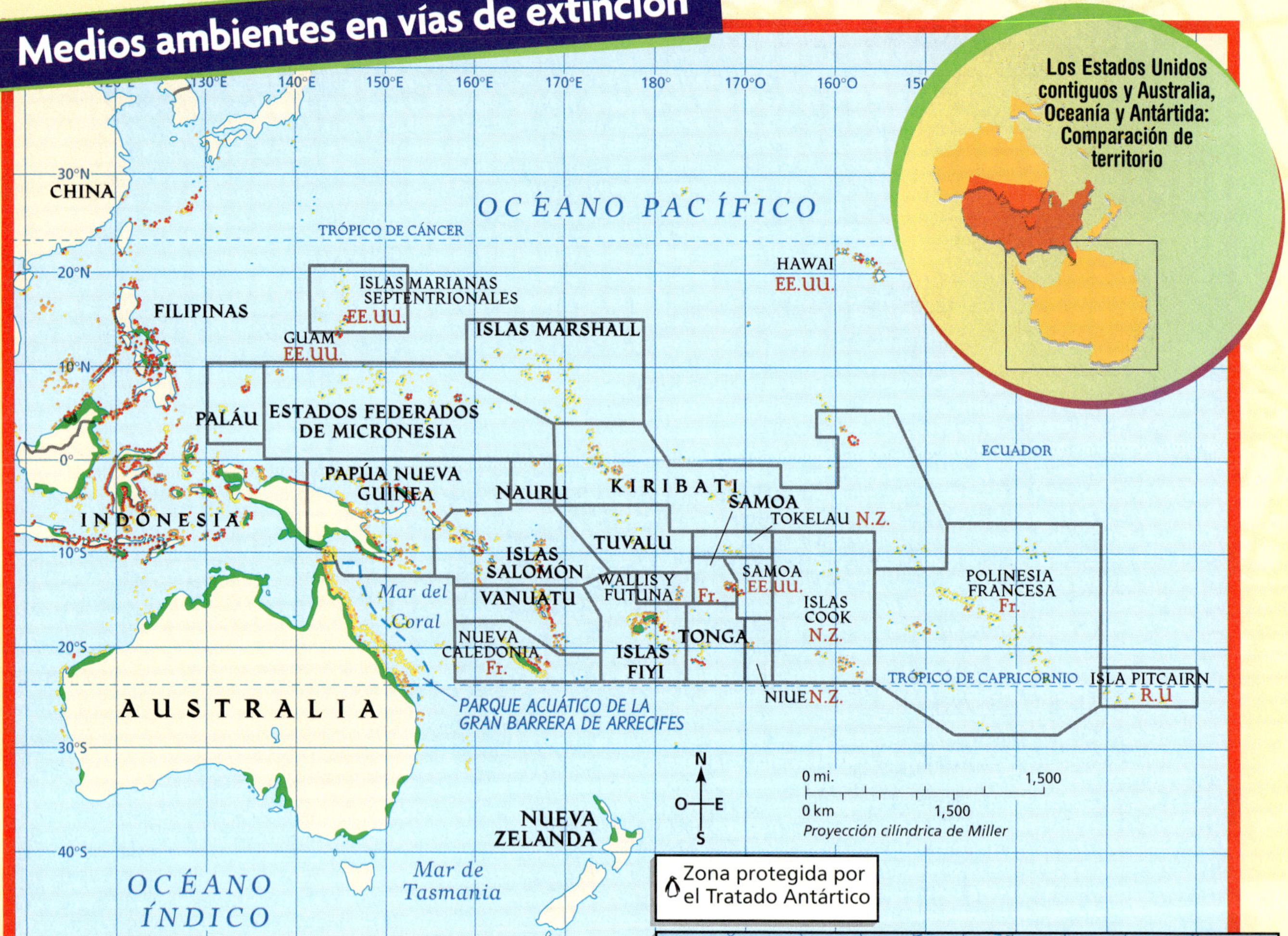

OCÉANO PACÍFICO

TRÓPICO DE CÁNCER

CHINA

FILIPINAS

ISLAS MARIANAS SEPTENTRIONALES EE.UU.

GUAM EE.UU.

ISLAS MARSHALL

HAWAI EE.UU.

PALÁU

ESTADOS FEDERADOS DE MICRONESIA

PAPÚA NUEVA GUINEA

NAURU

KIRIBATI

SAMOA

TOKELAU N.Z.

ECUADOR

INDONESIA

TUVALU

ISLAS SALOMÓN

WALLIS Y FUTUNA Fr.

SAMOA EE.UU.

POLINESIA FRANCESA Fr.

VANUATU

ISLAS COOK N.Z.

Mar del Coral

NUEVA CALEDONIA Fr.

ISLAS FIYI

TONGA

NIUE N.Z.

TRÓPICO DE CAPRICORNIO

ISLA PITCAIRN R.U

AUSTRALIA

PARQUE ACUÁTICO DE LA GRAN BARRERA DE ARRECIFES

NUEVA ZELANDA

Mar de Tasmania

OCÉANO ÍNDICO

CÍRCULO POLAR ANTÁRTICO

ANTÁRTIDA

0 mi. 1,500

0 km 1,500

Proyección cilíndrica de Miller

Los Estados Unidos contiguos y Australia, Oceanía y Antártida: Comparación de territorio

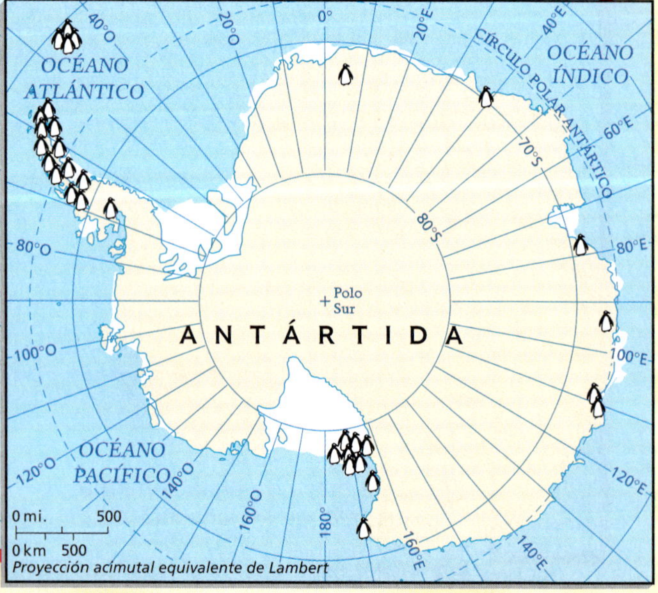

Entornos marinos en peligro

Manglares

Estado de los arrecifes coralinos

Alto riesgo · Riesgo medio · Bajo riesgo

Fuente: Programa de las Naciones Unidas para el Medio Ambiente, Centro Mundial de Control de la Conservación, Cambridge, R.U.

Zona protegida por el Tratado Antártico

OCÉANO ATLÁNTICO

OCÉANO ÍNDICO

CÍRCULO POLAR ANTÁRTICO

Polo Sur

ANTÁRTIDA

OCÉANO PACÍFICO

0 mi. 500

0 km 500

Proyección acimutal equivalente de Lambert

ESTUDIO DE MAPAS

1. ¿Cuál es el estado de peligro del Parque Acuático de la Gran Barrera de Arrecifes?
2. ¿Qué simbolizan los pingüinos en el mapa de Antártida?

Extremos geológicos

① **PUNTO MÁS ALTO**
Monte Vinson (Antártida) 16,067 pies (4,897 m) de altura

② **PUNTO MÁS BAJO**
Zanja subglaciar Bently (Antártida) 8,366 pies (2,550 m) bajo el nivel del mar

③ **RÍO MÁS LARGO**
Murray-Darling (Australia) 2,310 mi (3,718 km) de largo

④ **LAGO MÁS GRANDE**
Lago Eyre (Australia) 3,600 mi^2 (9,324 km^2)

⑤ **DESIERTO CALIENTE MÁS GRANDE**
Gran Victoria (Australia) 134,650 mi^2 (348,742 km^2)

⑥ **DESIERTO FRÍO MÁS GRANDE**
Antártida 5,100,000 mi^2 (13,209,000 km^2)

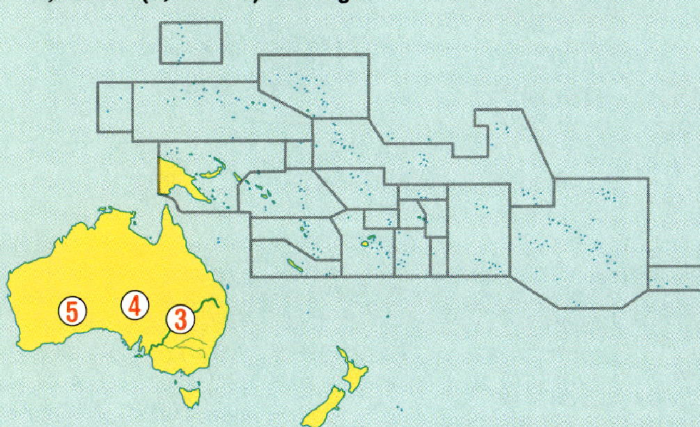

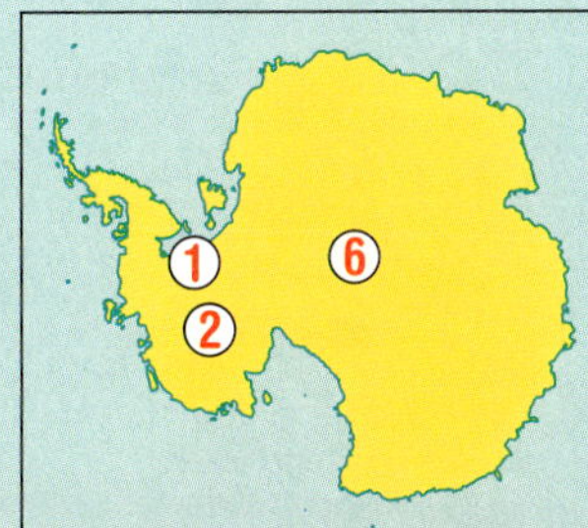

COMPARACIÓN DE LA POBLACIÓN:
Los Estados Unidos y países seleccionados de Australia, Oceanía y Antártida

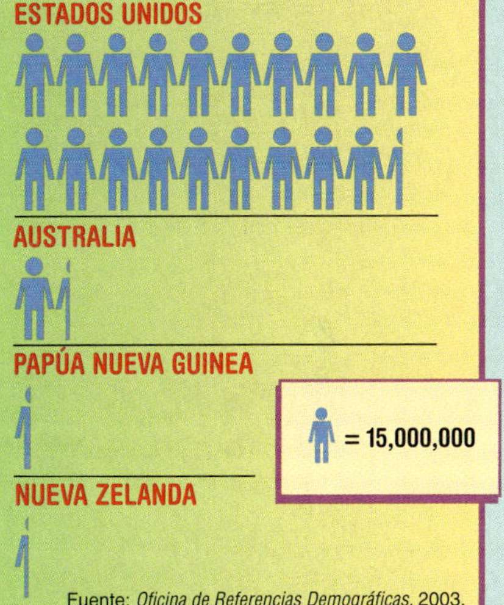

CRECIMIENTO DE LA POBLACIÓN:
Australia, 1958–2008

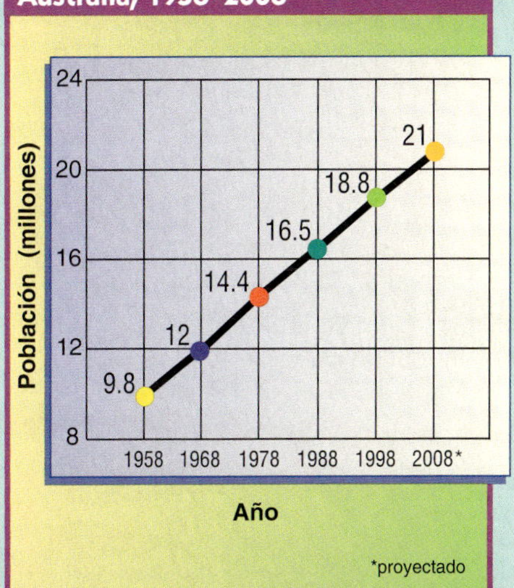

ESTUDIO DEL GRÁFICO

1. El desierto frío más grande en esta región es también el desierto más grande del *mundo*. ¿Cuál es?
2. ¿Cuánto se espera que la población de Australia haya crecido entre 1958 y 2008?

Reseñas de los países

AUSTRALIA

POBLACIÓN: 19,900,000
7 por mi²
3 por km²

IDIOMA: Inglés

EXPORTACIÓN PRINCIPAL: Carbón

IMPORTACIÓN PRINCIPAL: Maquinaria

CAPITAL: Canberra

MASA CONTINENTAL: 2,988,888 mi²
7,741,220 km²

ESTADOS FEDERADOS DE MICRONESIA

POBLACIÓN: 100,000
426 por mi²
164 por km²

IDIOMAS: Inglés, Lenguas locales

EXPORTACIÓN PRINCIPAL: Pescado

IMPORTACIÓN PRINCIPAL: Alimentos

CAPITAL: Palikir

MASA CONTINENTAL: 270 mi²
699 km²

ISLAS FIYI

POBLACIÓN: 900,000
123 por mi²
47 por km²

IDIOMAS: Inglés, Fijano, Hindi

EXPORTACIÓN PRINCIPAL: Azúcar

EXPORTACIÓN PRINCIPAL: Maquinaria

CAPITAL: Suva

MASA CONTINENTAL: 7,054 mi²
18,270 km²

ISLAS MARSHALL

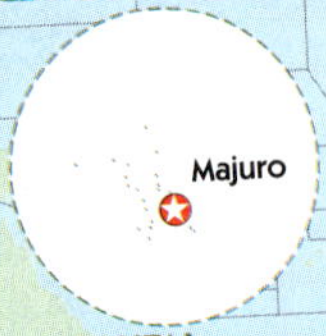

POBLACIÓN: 100,000
791 por mi²
305 por km²

IDIOMAS: Inglés, Lenguas locales

EXPORTACIÓN PRINCIPAL: Derivados del coco

IMPORTACIÓN PRINCIPAL: Alimentos

CAPITAL: Majuro

MASA CONTINENTAL: 69 mi²
179 km²

ISLAS SALOMÓN

POBLACIÓN: 500,000
44 por mi²
17 por km²

IDIOMAS: Inglés, Lenguas locales

EXPORTACIÓN PRINCIPAL: Cacao

IMPORTACIÓN PRINCIPAL: Maquinaria

CAPITAL: Honiara

MASA CONTINENTAL: 11,158 mi²
28,899 km²

KIRIBATI

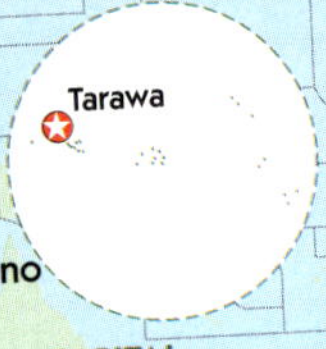

POBLACIÓN: 100,000
348 por mi²
134 por km²

IDIOMAS: Inglés, Gilbertiano

EXPORTACIÓN PRINCIPAL: Derivados del coco

IMPORTACIÓN PRINCIPAL: Alimentos

CAPITAL: Tarawa

MASA CONTINENTAL: 282 mi²
730 km²

NAURU

POBLACIÓN: 10,000
1,412 por mi²
545 por km²

IDIOMAS: Nauruano, Inglés

EXPORTACIÓN PRINCIPAL: Fosfatos

IMPORTACIÓN PRINCIPAL: Alimentos

CAPITAL: Yaren

MASA CONTINENTAL: 9 mi²
23 km²

NUEVA ZELANDA

POBLACIÓN: 4,000,000
38 por mi²
15 por km²

IDIOMA: Inglés

EXPORTACIÓN PRINCIPAL: Lana

IMPORTACIÓN PRINCIPAL: Maquinaria

CAPITAL: Wellington

MASA CONTINENTAL: 104,452 mi²
270,531 km²

PALAU

POBLACIÓN: 20,000
113 por mi²
44 por km²

IDIOMAS: Inglés, Palauano

EXPORTACIÓN PRINCIPAL: Pescado

IMPORTACIÓN PRINCIPAL: Maquinaria

CAPITAL: Koror

MASA CONTINENTAL: 178 mi²
461 km²

PAPÚA NUEVA GUINEA

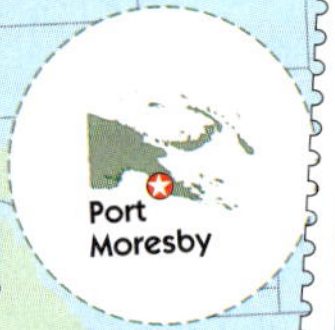

POBLACIÓN: 5,500,000
31 por mi²
12 por km²

IDIOMAS: Inglés, Lenguas locales

EXPORTACIÓN PRINCIPAL: Oro

IMPORTACIÓN PRINCIPAL: Maquinaria

CAPITAL: Port Moresby

MASA CONTINENTAL: 178,703 mi²
462,841 km²

SAMOA

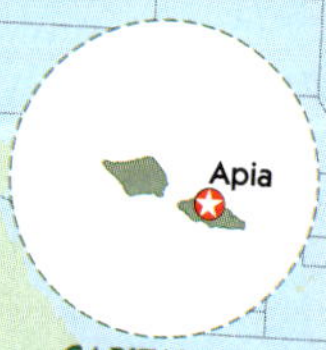

POBLACIÓN: 200,000
157 por mi²
61 por km²

IDIOMAS: Samoano, Inglés

EXPORTACIÓN PRINCIPAL: Derivados del coco

IMPORTACIÓN PRINCIPAL: Alimentos

CAPITAL: Apia

MASA CONTINENTAL: 1,097 mi²
2,841 km²

Los países y las banderas no se muestran a escala

Australia, Oceanía y Antártida

Para más información sobre los países de esta región, consulta el Banco de datos de las naciones del mundo en el Apéndice.

TEMAS DE CIUDADANÍA

Elecciones Casi todas las personas con derecho al voto participan en las elecciones de Australia. Todos los ciudadanos de 18 años de edad o mayores están obligados a votar en todas las elecciones locales, estatales y nacionales. Si no votan, podrían recibir multas de hasta con 50 dólares australianos. Para hacerlo más fácil, las elecciones se celebran los sábados y la votación se hace en escuelas, iglesias y otros lugar de fácil acceso. En los Estados Unidos, sólo la mitad de las personas con derecho al voto vota en las elecciones presidenciales.

¿Por qué tantas personas en los Estados Unidos no ejercen su derecho al voto?

ESCRIBE ACERCA DE ELLO

Votar y participar en actividades políticas es parte importante de ser miembro de una sociedad democrática. Sin embargo, en los Estados Unidos la mayoría de las personas no votan. Imagínate que estés al frente de las elecciones de tu ciudad y que tu responsabilidad sea animar a las personas para que voten en las próximas elecciones de alcalde y ayuntamiento de la ciudad. Diseña un folleto que será enviado a todos los hogares para exhortar a la gente a que vote.

Esta mujer está ejerciendo su derecho al voto. ▼

BANCO DE DATOS

de las naciones del mundo

Hoy estamos aprendiendo a entender el mundo interconectado en el que vivimos. A medida que la tecnología facilita las comunicaciones, hoy más que nunca interactuamos mundialmente. Sin embargo, cada país tiene su propia identidad. El uso de este cuadro te ayudará a comparar y contrastar información sobre los gobiernos, las economías y las culturas.

	GOBIERNO		ECONOMÍA			DATOS SOCIALES Y CULTURALES		
PAÍS Capital	Tipo de gobierno	Fecha de fundación	Lugar según *PNB	PNB per cápita	Moneda	Alfabetiza-ción	Mortalidad infantil**	Religión(es) principal(es)
Afganistán Kabul	República	2001	101º	$270	Afgani	36%	143	Musulmana
Albania Tirana	República	1991	131°	$760	Lek	87%	37	Musulmana, ortodoxa oriental, católica
Alemania Berlín	República federal	1949	3°	$28,280	Euro	99%	4	Protestante, católica
Andorra Andorra la Vieja	Democracia parlamentaria	1993	155°	$15,600	Euro	100%	4	Católica
Angola Luanda	República	1975	126°	$260	Kwanza	42%	194	Indígena, católica, protestante
Antigua y Barbuda St. John's	Democracia parlamentaria	1981	166°	$7,380	Dólar del este del Caribe	89%	21	Protestante, católica
Arabia Saudita Riad	Monarquía tradicional	1932	187°	$7,150	Riyal saudí	79%	48	Musulmana
Argelia Argel	República	1962	52°	$1,500	Dinar argeliano	70%	38	Musulmana
Argentina Buenos Aires	República	1816	17°	$8,950	Peso argentino	97%	16	Católica
Armenia Ereván	República	1991	137°	$560	Dram	99%	41	Ortodoxa oriental
Australia Canberra	Democracia parlamentaria	1901	14°	$20,650	Dólar australiano	100%	5	Protestante, católica

*Producto Nacional Bruto

**muertes por cada 1,000 nacidos vivos

	GOBIERNO		ECONOMÍA			DATOS SOCIALES Y CULTURALES		
PAÍS Capital	Tipo de gobierno	Fecha de fundación	Lugar según *PNB	PNB per cápita	Moneda	Alfabetización	Mortalidad infantil**	Religión(es) principal(es)
Austria Viena	República federal	1918	22°	$27,920	Euro	98%	4	Católica
Azerbaiyán Bakú	República	1991	118°	$510	Manat	97%	82	Musulmana
Bahamas Nassau	Democracia parlamentaria	1973	124°	$11,940	Dólar de las Bahamas	96%	26	Protestante, católica
Bahréin Manama	Monarquía	1971	104°	$7,800	Dinar de Bahréin	89%	19	Musulmana
Bangladesh Dacca	República	1971	51°	$360	Taka	43%	66	Musulmana, hindú
Barbados Bridgetown	Democracia parlamentaria	1966	145°	$6,560	Dólar de Barbados	97%	13	Protestante
Bélgica Bruselas	Monarquía constitucional	1830	19°	$26,730	Euro	98%	5	Católica, protestante
Belice Belmopán	Democracia parlamentaria	1981	162°	$2,670	Dólar beliceño	94%	27	Católica, protestante
Benín Porto-Novo	República	1960	133°	$380	Franco CFA	41%	87	Indígena, cristiana, musulmana
Bhután Timbu	Monarquía constitucional	1907	172°	$430	Ngultrum	42%	105	Budista, hindú
Bielorrusia Minsk	República	1991	61°	$2,150	Rublo bielorruso	100%	14	Ortodoxa oriental
Bolivia La Paz, Sucre	República	1825	91°	$970	Boliviano	87%	56	Católica
Bosnia y Herzegovina Sarajevo	República	1992	160°	$288	Marka	93%	23	Musulmana, ortodoxa oriental, católica
Botswana Gaborone	República	1966	105°	$3,310	Pula	80%	67	Indígena, cristiana
Brasil Brasilia	República federal	1889	8°	$4,790	Real	86%	32	Católica
Brunei Bandar Seri Begawan	Monarquía constitucional	1984	116°	$14,240	Dólar de Brunei	92%	14	Musulmana, budista, cristiana
Bulgaria Sofía	República	1991	82°	$1,170	Lev	99%	14	Ortodoxa oriental, musulmana
Burkina Faso Uagadugú	República	1960	130°	$250	Franco CFA	27%	100	Musulmana, indígena
Burundi Bujumbura	República	1966	157°	$140	Franco de Burundi	52%	72	Cristiana, indígena
Cabo Verde Praia	República	1975	169°	$1,090	Escudo	77%	51	Católica, protestante

*Producto Nacional Bruto

**muertes por cada 1,000 nacidos vivos

	GOBIERNO		ECONOMÍA			DATOS SOCIALES Y CULTURALES		
PAÍS Capital	Tipo de gobierno	Fecha de fundación	Lugar según *PNB	PNB per cápita	Moneda	Alfabetización	Mortalidad infantil**	Religión(es) principal(es)
Camboya Phnom Penh	Monarquía constitucional	1953	125°	$300	Riel	70%	76	Budista
Camerún Yaundé	República	1960	86°	$620	Franco CFA	79%	70	Indígena, cristiana, musulmana
Canadá Ottawa	Democracia parlamentaria	1867	9°	$19,640	Dólar canadiense	97%	5	Católica, protestante
Chad Yamena	República	1960	147°	$230	Franco CFA	48%	96	Musulmana, cristiana
Chile Santiago	República	1823	43°	$4,820	Peso chileno	96%	9	Católica, protestante
China Pekín	Estado comunista	1949	7°	$860	Yuan	82%	25	Ateísta, budista, taoísta, confuciana
Chipre Nicosia	República	1960	92°	$9,400	Libra chipriota	98%	8	Ortodoxa oriental, musulmana
Ciudad del Vaticano —	Estado soberano bajo el Papa	1929	—	—	Euro	100%	—	Católica
Colombia Bogotá	República	1819	39°	$2,180	Peso colombiano	93%	23	Católica
Comores Moroni	República	1975	181°	$400	Franco comorano	57%	80	Musulmana
Congo, República del Brazzaville	República	1960	144°	$670	Franco CFA	84%	95	Cristiana, indígena
Congo, República Democrática del Kinshasa	Dictadura	1960	103°	$110	Franco congoleño	66%	97	Católica, protestante
Corea del Norte Pyongyang	Estado comunista	1948	64°	$1,390	Won	99%	26	Ateísta, budista, confuciana
Corea del Sur Seúl	República	1948	11°	$10,550	Won	98%	7	Cristiana, budista
Costa de Marfil Yamoussoukro, Abidjan	República	1960	81°	$710	Franco CFA	51%	98	Musulmana, indígena, cristiana
Costa Rica San José	República	1838	85°	$2,680	Colón	96%	11	Católica
Croacia Zagreb	República	1991	69°	$4,060	Kuna	99%	7	Católica
Cuba La Habana	Estado comunista	1959	72°	$1,650	Peso cubano	97%	7	Católica
Djibouti Djibouti	República	1977	167°	$750	Franco de Djibouti	68%	107	Musulmana
Dinamarca Copenhague	Monarquía constitucional	1849	25°	$38,890	Corona danesa	100%	5	Protestante
Dominica Roseau	República	1978	179°	$3,040	Dólar del este del Caribe	94%	15	Católica, protestante

*Producto Nacional Bruto

**muertes por cada 1,000 nacidos vivos

	GOBIERNO		ECONOMÍA			DATOS SOCIALES Y CULTURALES		
PAÍS Capital	Tipo de gobierno	Fecha de fundación	Lugar según *PNB	PNB per cápita	Moneda	Alfabetización	Mortalidad infantil**	Religión(es) principal(es)
Ecuador Quito	República	1830	71°	$1,570	Sucre	93%	32	Católica
Egipto El Cairo	República	1953	42°	$1,200	Libra egipcia	58%	35	Musulmana
El Salvador San Salvador	República	1841	78°	$1,810	Colón	80%	27	Católica
Emiratos Árabes Unidos Abu Dhabi	Monarquía federal	1971	53°	$17,400	Dirhem de E.A.U.	78%	16	Musulmana
Eritrea Asmara	República	1993	158°	$230	Nakfa	59%	76	Musulmana, cristiana
Eslovaquia Bratislava	República	1993	66°	$3,680	Corona eslovaca	100%	9	Católica, protestante
Eslovenia Liubliana	República	1991	67°	$9,840	Tolar	100%	4	Católica
España Madrid	Monarquía constitucional	1978	10°	$14,490	Euro	98%	5	Católica
Estados Unidos Washington, D.C.	República federal	1776	1°	$29,080	Dólar de EE. UU.	97%	7	Protestante, católica
Estonia Tallinn	República	1991	107°	$3,360	Corona estonia	100%	12	Protestante
Etiopía Addis Abeba	República federal	1995	99°	$110	Birr	43%	103	Musulmana, ortodoxa oriental, indígena
Filipinas Manila	República	1946	38°	$1,200	Peso filipino	96%	25	Católica
Finlandia Helsinki	República	1917	31°	$24,790	Euro	100%	4	Protestante
Fiyi Suva	República	1987	139°	$2,460	Dólar fiyiano	94%	13	Cristiana, hindú
Francia París	República	1958	4°	$26,300	Euro	99%	4	Católica
Gabón Libreville	República	1960	110°	$4,120	Franco CFA	63%	55	Cristiana
Gambia Banjul	República	1970	170°	$340	Dalasi	40%	75	Musulmana
Georgia Tiflis	República	1991	111°	$860	Lari	99%	51	Ortodoxa oriental, musulmana
Ghana Accra	República	1960	95°	$390	Cedi	75%	53	Cristiana, indígena, musulmana
Granada St. George's	Democracia parlamentaria	1974	174°	$3,140	Dólar del este del Caribe	98%	17	Católica, protestante
Grecia Atenas	República	1975	32°	$11,640	Euro	98%	6	Ortodoxa oriental

*Producto Nacional Bruto

**muertes por cada 1,000 nacidos vivos

PAÍS Capital	GOBIERNO: Tipo de gobierno	Fecha de fundación	ECONOMÍA: Lugar según *PNB	PNB per cápita	Moneda	DATOS SOCIALES Y CULTURALES: Alfabetización	Mortalidad infantil**	Religión(es) principal(es)
Guatemala Guatemala	República	1838	74°	$1,580	Quetzal	71%	38	Católica, protestante
Guinea Conakry	República	1958	119°	$550	Franco guineano	36%	93	Musulmana
Guinea Bissau Bissau	República	1974	176°	$230	Peso guineano	42%	110	Indígena, musulmana
Guinea Ecuatorial Malabo	República	1968	168°	$1,060	Franco CFA	86%	89	Católica
Guyana Georgetown	República	1970	162°	$800	Dólar de Guyana	99%	38	Cristiana, hindú
Haití Puerto Príncipe	República	1804	128°	$380	Gourde	53%	76	Católica, protestante
Honduras Tegucigalpa	República	1838	113°	$740	Lempira	76%	30	Católica
Hungría Budapest	República	1989	50°	$4,510	Forinto	99%	9	Católica, protestante
India Nueva Delhi	República federal	1950	15°	$370	Rupia india	60%	60	Hindú, musulmana
Indonesia Yakarta	República	1949	23°	$1,110	Rupia	89%	38	Musulmana
Irán Teherán	República islámica	1979	34°	$1,780	Rial iraní	79%	44	Musulmana
Iraq Bagdad	Gobierno de transición	1958	65°	$950	Dinar iraquí	40%	55	Musulmana
Irlanda Dublín	República	1949	44°	$17,790	Euro	98%	5	Católica
Islandia Reikiavik	República	1944	94°	$26,580	Corona islandesa	100%	4	Protestante
Islas Marshall Majuro	República	1986	185°	$1,610	Dólar de EE. UU.	94%	32	Protestante
Islas Salomón Honiara	Democracia parlamentaria	1978	171°	$870	Dólar de las islas Salomón	54%	23	Protestante, católica
Israel Jerusalén[1]	República	1948	37°	$16,180	Shékel	95%	7	Judía, musulmana
Italia Roma	República	1946	6°	$20,170	Euro	99%	6	Católica
Jamaica Kingston	Democracia parlamentaria	1962	117°	$1,550	Dólar jamaicano	88%	13	Protestante
Japón Tokio	Monarquía constitucional	1947	2°	$38,160	Yen	99%	3	Sintoísta, budista
Jordania Ammán	Monarquía constitucional	1946	96°	$1,520	Dinar jordano	91%	19	Musulmana

[1] La mayoría de los países mantienen embajadas en Tel Aviv.

*Producto Nacional Bruto

**muertes por cada 1,000 nacidos vivos

PAÍS Capital	Tipo de gobierno	Fecha de fundación	Lugar según *PNB	PNB per cápita	Moneda	Alfabetización	Mortalidad infantil**	Religión(es) principal(es)
	GOBIERNO		**ECONOMÍA**			**DATOS SOCIALES Y CULTURALES**		
Kazajstán Astaná	República	1991	62°	$1,350	Tenge	98%	59	Musulmana, ortodoxa oriental
Kenia Nairobi	República	1964	83°	$340	Chelín keniano	85%	63	Protestante, católica, indígena
Kirguistán Bishkek	República	1991	134°	$480	Som	97%	75	Musulmana, ortodoxa oriental
Kiribati Tarawa	República	1979	188°	$910	Dólar australiano	98%	51	Católica, protestante
Kuwait Kuwait	Monarquía constitucional	1961	58°	$17,390	Dinar kuwaití	84%	11	Musulmana
Laos Vientiane	Estado comunista	1975	142°	$400	Kip	53%	89	Budista
Lesotho Maseru	Monarquía constitucional	1966	150°	$680	Loti	85%	86	Cristiana, indígena
Letonia Rıga	República	1991	100°	$2,430	Lat	100%	15	Protestante, católica, ortodoxa oriental
Líbano Beirut	República	1944	77°	$3,350	Libra libanesa	87%	26	Musulmana, cristiana
Liberia Monrovia	República	1847	154°	$330	Dólar liberiano	58%	132	Indígena, cristiana, musulmana
Libia Trípoli	Dictadura militar	1969	57°	$5,220	Dinar libio	83%	27	Musulmana
Liechtenstein Vaduz	Monarquía constitucional	1719	151°	$40,000	Franco suizo	100%	5	Católica
Lituania Vilna	República	1991	88°	$2,260	Litas	100%	14	Católica
Luxemburgo Luxemburgo	Monarquía constitucional	1868	70°	$45,360	Euro	100%	5	Católica
Macedonia, antigua República Yugoslava de Skopje	República	1991	135°	$1,100	Denar macedonio	94%	12	Ortodoxa oriental, musulmana
Madagascar Antananarivo	República	1960	120°	$250	Ariary	69%	80	Indígena, cristiana
Malasia Kuala Lumpur	Monarquía constitucional	1963	36°	$4,530	Ringgit	89%	19	Musulmana, budista, taoísta, confuciana
Malawi Lilongwe	República	1966	136°	$210	Kwacha	63%	105	Protestante, católica, musulmana
Maldivas Malé	República	1965	173°	$1,180	Rufiyaa	97%	60	Musulmana
Malí Bamako	República	1960	129°	$260	Franco CFA	46%	119	Musulmana
Malta La Valeta	República	1974	122°	$9,330	Lira maltesa	93%	6	Católica

*Producto Nacional Bruto

**muertes por cada 1,000 nacidos vivos

PAÍS Capital	Tipo de gobierno	Fecha de fundación	Lugar según *PNB	PNB per cápita	Moneda	Alfabetización	Mortalidad infantil**	Religión(es) principal(es)
Mauricio Port Louis	República	1992	112°	$3,870	Rupia mauriciana	86%	16	Hindú, católica, musulmana
Mauritania Nuakchot	República islámica	1960	153°	$440	Ouguiya	42%	74	Musulmana
México México, D.F.	República federal	1823	16°	$3,700	Peso mexicano	93%	24	Católica
Micronesia, Estados Federados de Palikir	República	1986	180°	$1,920	Dólar de EE. UU.	89%	32	Católica, protestante
Moldova Chişinău	República	1991	140°	$460	Leu	99%	42	Ortodoxa oriental
Mónaco Mónaco	Monarquía constitucional	1911	106°	$11,000	Euro	99%	6	Católica
Mongolia Ulan Bator	República	1992	156°	$390	Tugrik	99%	57	Budista
Marruecos Rabat	Monarquía constitucional	1956	54°	$1,260	Dirham	52%	45	Musulmana
Mozambique Maputo	República	1975	132°	$140	Metical	48%	199	Indígena, cristiana, musulmana
Myanmar Yangon	Dictadura militar	1948	41°	$1,500	Kyat	83%	70	Budista
Namibia Windhoek	República	1990	123°	$2,110	Dólar namibio	84%	68	Cristiano, indígena
Nauru Yaren	República	1968	187°	$7,270	Dólar australiano	95%	10	Protestante, católica
Nepal Katmandú	Monarquía constitucional	1990	108°	$220	Rupia nepalí	45%	71	Hindú
Nicaragua Managua	República	1838	143°	$410	Córdoba de oro	68%	31	Católica
Níger Niamey	República	1960	141°	$200	Franco CFA	18%	124	Musulmana
Nigeria Abuja	República federal	1963	55°	$280	Naira	68%	71	Musulmana, cristiana, indígena
Noruega Oslo	Monarquía constitucional	1905	27°	$36,100	Corona noruega	100%	4	Protestante
Nueva Zelanda Wellington	Democracia parlamentaria	1907	47°	$15,820	Dólar neozelandés	99%	6	Protestante, católica
Omán Mascate	Monarquía tradicional	1970	79°	$4,820	Rial omaní	76%	21	Musulmana
Países Bajos Amsterdam	Monarquía constitucional	1815	12°	$25,830	Euro	99%	4	Católica, protestante

*Producto Nacional Bruto

**muertes por cada 1,000 nacidos vivos

GOBIERNO			ECONOMÍA			DATOS SOCIALES Y CULTURALES		
PAÍS Capital	Tipo de gobierno	Fecha de fundación	Lugar según *PNB	PNB per cápita	Moneda	Alfabetización	Mortalidad infantil**	Religión(es) principal(es)
Pakistán Islamabad	República federal	1956	45°	$500	Rupia paquistaní	46%	77	Musulmana
Paláu Koror	República	1994	186°	$5,000	Dólar de EE. UU.	92%	16	Cristiana, indígena
Panamá Panamá	República	1903	92°	$2,670	Balboa	93%	21	Católica, protestante
Papúa Nueva Guinea Port Moresby	Democracia parlamentaria	1975	115°	$930	Kina	66%	55	Indígena, católica, protestante
Paraguay Asunción	República	1811	80°	$200	Guaraní	94%	28	Católica
Perú Lima	República	1824	46°	$2,610	Nuevo Sol	91%	37	Católica
Polonia Varsovia	República	1990	29°	$3,590	Zloty	100%	9	Católica
Portugal Lisboa	República	1910	33°	$11,010	Euro	93%	6	Católica
Qatar Doha	Monarquía tradicional	1971	93°	$11,600	Riyal qatarí	83%	20	Musulmana
Reino Unido Londres	Monarquía constitucional	1707	5°	$20,870	Libra esterlina	99%	5	Protestante, católica
República Centroafricana Bangui	República	1960	152°	$320	Franco CFA	51%	93	Indígena, protestante, católica, musulmana
República Checa Praga	República	1993	48°	$5,240	Corona	100%	5	Ateísta, católica
República Dominicana Santo Domingo	República	1865	76°	$1,750	Peso dominicano	85%	34	Católica
Rumania Bucarest	República	1991	56°	$1,410	Leu	99%	18	Ortodoxa oriental
Rusia Moscú	República federal	1991	13°	$2,680	Rublo	99%	20	Ortodoxa oriental
Ruanda Kigali	República	1962	146°	$210	Franco ruandés	70%	103	Católica, protestante
Samoa Apia	Monarquía constitucional	1962	182°	$1,140	Tala	100%	30	Cristiana
San Cristóbal y Nieves Basseterre	Democracia parlamentaria	1983	177°	$6,260	Dólar del este del Caribe	97%	15	Protestante, católica
San Marino San Marino	República	1600	183°	$7,830	Euro	96%	6	Católica

*Producto Nacional Bruto

**muertes por cada 1,000 nacidos vivos

PAÍS Capital	GOBIERNO: Tipo de gobierno	Fecha de fundación	ECONOMÍA: Lugar según *PNB	PNB per cápita	Moneda	DATOS SOCIALES Y CULTURALES: Alfabetización	Mortalidad infantil**	Religión(es) principal(es)
San Vincente y las Granadinas Kingstown	Democracia parlamentaria	1979	175°	$2,420	Dólar del este del Carible	96%	15	Protestante, católica
Santa Lucía Castries	Democracia parlamentaria	1979	163°	$3,510	Dólar del este del Caribe	67%	14	Católica, protestante
Santo Tomé y Príncipe Santo Tomé	República	1975	189°	$290	Dobra	79%	46	Católica, protestante
Senegal Dakar	República	1960	109°	$540	Franco CFA	40%	58	Musulmana
Serbia y Montenegro Belgrado	República	2002	84°	$900	Dinar, euro	93%	17	Ortodoxa oriental, musulmana
Seychelles Victoria	República	1976	165°	$6,910	Rupia de Seychelles	58%	16	Católica
Sierra Leona Freetown	República	1971	161°	$160	Leone	31%	147	Musulmana, indígena, cristiana
Singapur Singapur	República	1965	35°	$32,810	Dólar de Singapur	93%	4	Budista, musulmana
Somalia Mogadiscio	Gobierno de transición	1960	159°	$100	Chelín somalí	38%	120	Musulmana
Sri Lanka Colombo	República	1972	75°	$800	Rupia de Sri Lanka	92%	15	Budista, hindú
Sudáfrica Bloemfontein, Ciudad del Cabo, Pretoria	República	1961	30°	$3,210	Rand	86%	61	Cristiana, indígena
Sudán Jartum	República	1956	90°	$290	Dinar sudanés	61%	66	Musulmana, indígena
Surinam Paramaribo	República	1975	164°	$1,320	Guilder	93%	25	Hindú, protestante, católica, musulmana
Suazilandia Mbabane	Monarquía	1968	149°	$1,520	Lilangeni	82%	67	Cristiana, indígena
Suecia Estocolmo	Monarquía constitucional	1809	21°	$26,210	Corona sueca	99%	3	Protestante
Suiza Berna	República federal	1848	18°	$26,210	Franco suizo	99%	4	Católica, protestante
Siria Damasco	República	1946	73°	$1,120	Libra siria	77%	32	Musulmana
Tailandia Bangkok	Monarquía constitucional	1932	26°	$2,740	Baht	96%	22	Budista
Taiwan Taipei	República	1949	20°	$10,320	Dólar taiwanés	86%	7	Budista, confuciana, taoísta
Tanzania Dar es Salaam	República	1964	97°	$210	Chelín tanzano	78%	104	Musulmana, indígena, cristiana

*Producto Nacional Bruto

**muertes por cada 1,000 nacidos vivos

País / Capital	Gobierno: Tipo de gobierno	Gobierno: Fecha de fundación	Economía: Lugar según *PNB	Economía: PNB per cápita	Economía: Moneda	Datos sociales y culturales: Alfabetización	Datos sociales y culturales: Mortalidad infantil**	Datos sociales y culturales: Religión(es) principal(es)
Tayikistán Dushambé	República	1991	138°	$330	Somoni	99%	113	Musulmana
Timor Oriental Dili	República	2002	—	—	Dólar de EE. UU.	48%	50	Católica
Togo Lomé	República	1960	148°	$340	Franco CFA	61%	69	Indígena, cristiana, musulmana
Tonga Nukúalofa	Monarquía constitucional	1970	184°	$1,810	Pa'anga	99%	13	Cristiana
Trinidad y Tobago Puerto España	República	1976	102°	$4,250	Dólar de Trinidad y Tobago	99%	25	Católica, hindú, protestante
Túnez Túnez	República	1956	68°	$2,110	Dinar tunecino	74%	27	Musulmana
Turkmenistán Achkabad	República	1991	127°	$640	Manat	98%	73	Musulmana
Turquía Ankara	República	1923	24°	$3,130	Lira turca	87%	44	Musulmana
Tuvalu Funafuti	Democracia parlamentaria	1978	190°	$330	Dólar australiano	55%	21	Protestante
Ucrania Kiev	República	1991	49°	$1,335	Hryvnia	100%	21	Ortodoxa oriental
Uganda Kampala	República	1963	98°	$330	Chelín ugandés	70%	88	Católica, protestante, indígena, musulmana
Uruguay Montevideo	República	1828	63°	$6,130	Peso uruguayo	98%	14	Católica
Uzbekistán Tashkent	República	1991	59°	$1,020	Sum	99%	72	Musulmana
Vanuatu Port-Vila	República	1980	178°	$1,340	Vatu	53%	58	Protestante, católica
Venezuela Caracas	República federal	1821	40°	$3,480	Bolívar	93%	24	Católica
Vietnam Hanoi	Estado comunista	1954	60°	$310	Dong	94%	31	Budista
Yemen Sanaa	República	1990	114°	$270	Rial yemení	50%	65	Musulmana
Zambia Lusaka	República	1964	121°	$370	Kwacha de Zambia	81%	99	Cristiana, musulmana, hindú
Zimbabue Harare	República	1980	89°	$720	Dólar de Zimbabue	91%	66	Cristiana, indígena

*Producto Nacional Bruto

**muertes por cada 1,000 nacidos vivos

Manual de Habilidades

para la prueba estandarizada

Los exámenes estandarizados son uno de los mecanismos mediante los cuales los educadores evalúan lo que has aprendido. Este manual ha sido diseñado para ayudar a prepararte para las pruebas estandarizadas en estudios sociales. En las siguientes páginas encontrarás un repaso de las principales habilidades de pensamiento crítico en estudios sociales que necesitas para obtener buenas notas en los exámenes.

Contenido

Interpretación de un mapa

Antes de 1492, los habitantes de Europa, en el hemisferio oriental, no tenían idea de que existían los continentes de América del Norte y del Sur en el hemisferio occidental. En ese año, Cristóbal Colón descubrió las Américas. Su viaje de exploración preparó el camino para otros viajes europeos al hemisferio occidental. Los viajes de los primeros exploradores unieron a dos mundos. Anteriormente esas regiones del planeta no habían tenido contacto entre sí. El comercio entre los hemisferios cambió la vida de los habitantes de ambos lados del Océano Atlántico. El comercio entre los pueblos de los hemisferios oriental y occidental se conoce como el intercambio colombino.

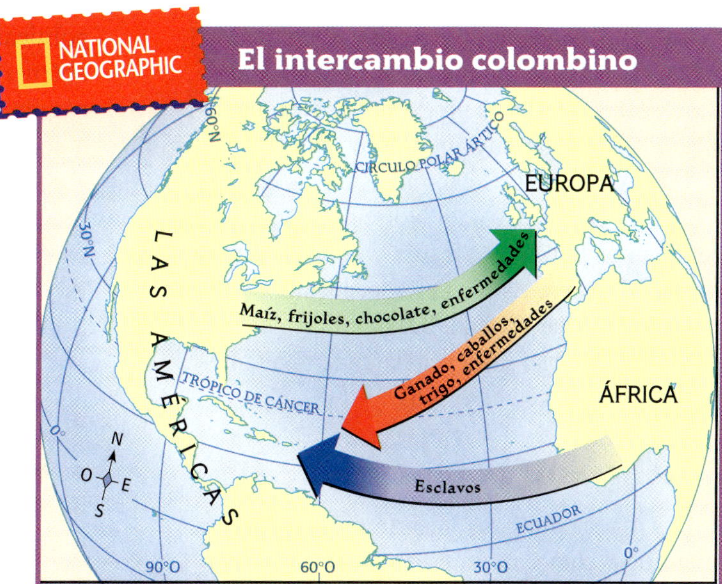

Práctica de habilidades

Aunque los globos son la mejor forma y la más exacta de mostrar las regiones de la Tierra, que es redonda, la gente puede usar mapas planos con más facilidad para representar lugares. Un mapa se prepara tomando datos de un globo redondo y colocándolos en una superficie plana. Para leer un mapa, en primer lugar hay que leer el título para determinar el tema del mapa. Entonces se lee la clave o la leyenda del mapa para saber lo que significan los colores y símbolos del mismo. Se usa la rosa de los vientos para identificar los cuatro puntos cardinales: norte, sur, este y oeste. Estudia el mapa del intercambio colombino y responde a las siguientes preguntas en una hoja separada.

1. ¿Cuál es el tema del mapa?

2. ¿Qué representan las flechas?

3. ¿Cuáles son los continentes que aparecen en el mapa?

4. ¿Qué alimentos obtenían los europeos de las Américas?

5. ¿Qué obtenían las Américas de Europa?

6. ¿Quiénes fueron llevados de África a las Américas?

7. ¿En qué dirección se debe ir a Europa desde las Américas?

Práctica de la Prueba Estandarizada

INSTRUCCIONES: Usa el mapa y tu conocimiento de estudios sociales para responder a la siguiente pregunta en una hoja separada.

1. ¿Cuáles de las siguientes afirmaciones acerca del intercambio colombino son verdaderas?

A Se comerciaban alimentos sólo entre África y las Américas.

B Los europeos adquirían ganado de las Américas.

C Los europeos llevaron el maíz, los tomates y los frijoles a los indígenas americanos.

D Se llevaron esclavos africanos a las Américas.

Interpretación de un mapa político

En 1750, es decir, a la mitad del siglo XVIII, había 13 colonias británicas en América del Norte. Una colonia es un grupo de personas que viven en un lugar, cuyo gobierno se encuentra en un lugar distinto. Los habitantes de las colonias británicas en América del Norte estaban gobernados por la monarquía y el parlamento de la Gran Bretaña. Esto quiere decir que gobernantes que vivían a 3,000 millas de distancia dictaban las leyes para los habitantes de las colonias norteamericanas.

Práctica de habilidades

Los mapas políticos ilustran divisiones entre territorios, como naciones, estados, colonias u otras unidades políticas. Estas divisiones se llaman fronteras. Las líneas representan las fronteras entre áreas políticas. Para interpretar un mapa político, lee el título del mismo para saber a qué área geográfica y período de tiempo se refiere. Identifica las colonias u otras unidades políticas en el mapa. Mira la clave del mapa para obtener más información. Estudia el mapa de esta página y contesta las siguientes preguntas en una hoja separada.

1. Haz una lista de las colonias de Nueva Inglaterra.
2. ¿Cuáles eran las colonias centrales?
3. ¿Cuál era la colonia central ubicada al norte de Pennsylvania?
4. ¿Cuál era la colonia británica que se encontraba más al sur?
5. Indica el nombre de la extensión de agua que marcaba la frontera este de las colonias.
6. ¿Dónde estaba Charles Town?

NATIONAL GEOGRAPHIC

Las trece colonias, 1750

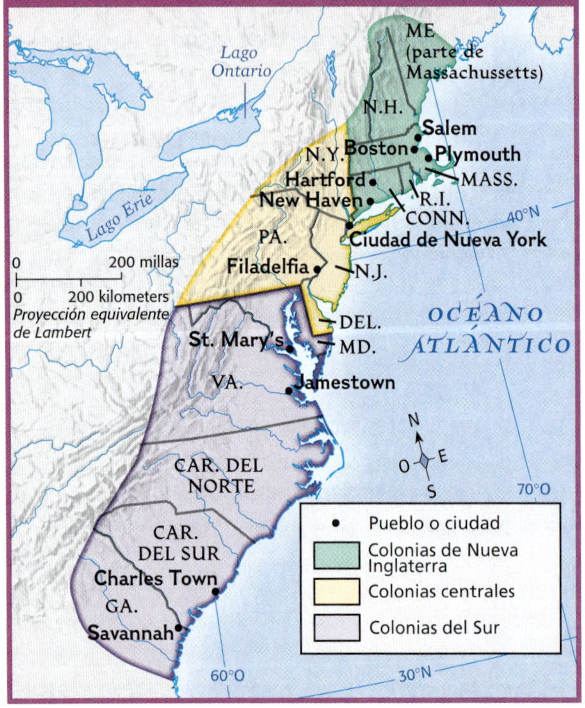

Pueblo o ciudad
Colonias de Nueva Inglaterra
Colonias centrales
Colonias del Sur

Práctica de la prueba estandarizada

INSTRUCCIONES: Usa el mapa y tu conocimiento de estudios sociales para contestar las siguientes preguntas en una hoja separada.

1. La colonia de Nueva Inglaterra con mayor territorio era
   - **A** Virginia.
   - **B** Pennsylvania.
   - **C** Massachusetts.
   - **D** Nueva Hampshire.
2. La colonia central más al norte era el estado actual de
   - **F** Maryland.
   - **G** Nueva York.
   - **H** Massachusetts.
   - **J** Pennsylvania.
3. El asentamiento de Plymouth estaba
   - **A** cerca de Jamestown.
   - **B** en Massachusetts.
   - **C** en las colonias del Sur.
   - **D** en Virginia.

Interpretación de cuadros

El gobierno es una parte necesaria de todas las naciones. Brinda estabilidad a los ciudadanos y les ofrece servicios que muchos de nosotros damos por sentados. Sin embargo, los gobiernos a veces pueden tener demasiado poder.

Estados Unidos se fundó sobre el principio de un gobierno limitado. Los gobiernos limitados exigen que toda la población obedezca las leyes. También los gobernantes deben obedecer las normas establecidas para la sociedad. Una democracia es una forma de gobierno limitado. No todas las formas de gobierno tienen límites. En los gobiernos ilimitados, el poder pertenece al gobernante. No existen leyes que limiten lo que un gobernante puede hacer. Una dictadura es un ejemplo de gobierno ilimitado.

Práctica de habilidades

Los cuadros son gráficos visuales que categorizan la información. Al leer un cuadro, se deben leer todos los encabezados y rótulos. Estudia los cuadros de esta página y contesta las siguientes preguntas en una hoja separada.

1. ¿Qué comparan los cuadros?

2. ¿Qué sistemas políticos son formas de gobierno limitado?

3. ¿Qué forma de gobierno a veces usa la fuerza militar?

4. ¿En qué sistema político el rey o la reina tienen poder absoluto?

Gobiernos limitados

Democracia representativa	Monarquía constitucional
El pueblo elige a sus gobernantes	Se limita el poder del rey o de la reina
Los derechos individuales son importantes	Los derechos individuales son importantes
Hay más de un partido político	Hay más de un partido político
El pueblo da su consentimiento para ser gobernado	El pueblo elige a los miembros del organismo gobernante

Gobiernos ilimitados

Dictadura	Monarquía absoluta
Gobierno de una persona o pequeño grupo	El rey o la reina heredan el poder
Pocas libertades personales	Normalmente hay algunas libertades
Gobierno por la fuerza, a menudo militar	Funcionarios designados por el rey o la reina
El gobernante no tiene que obedecer las reglas	El monarca tiene autoridad plena

Práctica de la prueba estandarizada

INSTRUCCIONES: Usa los cuadros y tu conocimiento de estudios sociales para contestar las siguientes preguntas en una hoja separada.

1. La información de los cuadros demuestra que la forma más restrictiva de gobierno es una

A dictadura.

B democracia representativa.

C monarquía absoluta.

D monarquía constitucional.

2. ¿En qué tipo de gobierno tienen los ciudadanos la mayor cantidad de poder?

F gobierno ilimitado

G gobierno limitado

H monarquía absoluta

J dictadura

3. Un ejemplo de gobierno ilimitado es

A Estados Unidos en la década de 1960.

B Libia en la década de 1970.

C el Reino Unido en la década de 1980.

D México en la década de 1990.

Establecer comparaciones

Las raíces de la democracia representativa en Estados Unidos se remontan a la época colonial. En 1607 colonizadores ingleses fundaron la colonia de Jamestown en lo que hoy es Virginia. A medida que se desarrolló la colonia, empezaron a aparecer problemas. Más adelante, los habitantes de la colonia organizaron una Cámara de Burgueses para ocuparse de esos problemas. Los ciudadanos de Virginia se elegían como representantes de la Cámara de Burgueses. Esta fue la primera legislatura, u organismo creador de leyes, de América.

Hoy, los ciudadanos de Estados Unidos eligen representantes al Congreso. La función principal del Congreso es hacer leyes para la nación. Hay dos cámaras en el Congreso dc EE.UU. Los organismos legislativos que tienen dos cámaras se llaman bicamerales. El Congreso bicameral de Estados Unidos incluye el Senado y la Cámara de Representantes. El Artículo I de la Constitución de EE.UU. describe de qué manera se organiza cada cámara y cómo se eligen sus miembros.

Congreso de EE.UU.

Cámara de Representantes	Senado
Calificaciones: Se debe tener por lo menos 25 años de edad, haber sido ciudadano estadounidense por más de 7 años y vivir en el estado que se representa	**Calificaciones:** Se debe tener por lo menos 30 años de edad, haber sido ciudadano estadounidense por más de 9 años y vivir en el estado que se representa
Cantidad de representantes: 435 representantes en total. La cantidad de representantes por estado se basa en la población del estado	**Cantidad de representantes:** 100 senadores en total. Se eligen dos senadores por cada estado, cualquiera que sea la población del estado
Tiempo de mandato: Mandatos de dos años	**Tiempo de mandato:** Mandatos de seis años

Práctica de habilidades

Al hacer una comparación, uno identifica y examina uno o más grupos, situaciones, acontecimientos o documentos. Se identifica entonces cualquier similitud y diferencia entre los elementos. Estudia la información presentada en el cuadro de esta página y contesta las siguientes preguntas en una hoja separada.

1. ¿Cuáles son las dos cosas que compara el cuadro?
2. ¿En qué se parecen los requisitos para pertenecer a cada cámara del Congreso de EE.UU.?

Práctica de la prueba estandarizada

INSTRUCCIONES: Usa el cuadro y tu conocimiento de estudios sociales para contestar las siguientes preguntas en una hoja separada.

1. ¿Cuáles de las siguientes afirmaciones reflejan mejor la información que aparece en el cuadro?
   - **A** El Senado tiene más miembros que la Cámara de Representantes.
   - **B** Los Representantes de la Cámara se eligen por mandatos de dos años.
   - **C** Los miembros de la Cámara deben haber sido residentes de sus estados desde hace por lo menos 9 años.
   - **D** La población de un estado determina su cantidad de senadores.
2. Una de las inferencias que se puede realizar a partir de la información del cuadro es que
   - **F** Texas elige más senadores que Rhode Island.
   - **G** Texas elige más miembros de la Cámara que Rhode Island.
   - **H** Texas elige menos senadores que Rhode Island.
   - **J** Texas elige menos miembros de la Cámara que Rhode Island.

Interpretación de fuentes principales

Cuando Thomas Jefferson escribió la Declaración de Independencia, usó el término "derechos inalienables". Jefferson se refería a los derechos naturales que tienen todos los seres humanos. Él y otros fundadores de nuestra nación creían que el gobierno no puede quitarle sus derechos a la gente.

Práctica de habilidades

Las fuentes principales son registros de acontecimientos realizados por la gente que fue testigo de los mismos. Un documento histórico como la Declaración de la Independencia es un ejemplo de fuente principal. Lee el pasaje siguiente y contesta las siguientes preguntas en una hoja separada.

> "Creemos que estas verdades son evidentes por sí mismas, que todos los hombres fueron creados iguales; que ellos están dotados por el Creador con determinados derechos inalienables, entre los cuales están la vida, la libertad y la búsqueda de la felicidad. . ."
>
> —Declaración de la Independencia, 4 de julio de 1776

1. ¿Qué dice el documento sobre la igualdad de los hombres?

2. Indica cuáles son los tres derechos naturales, o inalienables, a los que se refiere el documento.

Después de lograr la independencia, los líderes estadounidenses escribieron la Constitución de EE.UU. en 1787. La Declaración de Derechos (en inglés, "Bill of Rights") incluye las primeras 10 enmiendas, o adiciones, a la Constitución. La Primera Enmienda protege cinco derechos básicos de todos los ciudadanos estadounidenses. Estudia el cuadro de esta página y contesta las siguientes preguntas.

1. ¿Qué derecho permite que los estadounidenses se expresen sin temor a ser castigados por el gobierno?

2. ¿Qué derecho permite que los ciudadanos practiquen la religión que quieran?

3. ¿Qué derecho permite que los ciudadanos publiquen un panfleto que critique al presidente?

4. ¿Qué es la Declaración de Derechos?

Derechos protegidos por la Primera Enmienda

Libertad de religión
Cada persona es libre de practicar cualquier religión. No se establece una religión nacional.

Libertad de expresión
Todos pueden expresar sus opiniones sin temor a ser castigados por el gobierno.

Libertad de prensa
Los estadounidenses pueden expresarse en las publicaciones impresas sin interferencias del gobierno.

Libertad de reunión
Los ciudadanos pueden reunirse en grupos, siempre y cuando dichas reuniones sean pacíficas y legales.

Derecho a peticionar ante las autoridades
Los estadounidenses pueden hacer peticiones que expresen sus ideas al gobierno.

Práctica de la prueba estandarizada

INSTRUCCIONES: Usa el cuadro y tu conocimiento de estudios sociales para contestar las siguientes preguntas en una hoja separada.

1. ¿Cuál es el derecho de la Primera Enmienda que protege a los ciudadanos que están participando en una protesta afuera de un edificio público?

   A libertad de expresión

   B libertad de prensa

   C libertad de reunión

   D libertad de religión

Manual de destrezas para la prueba estandarizada

Interpretación de una caricatura política

Así como el gobierno de Estados Unidos tiene poderes limitados, las libertades de las que disfrutan los estadounidenses también tienen límites. La Primera Enmienda no tiene el objetivo de que los estadounidenses hagan lo que quieran sin importar lo que ocurre con los demás. Los límites sobre las libertades son necesarios para mantener el orden en una sociedad con tanta gente. El gobierno puede establecer leyes para limitar ciertos derechos, para proteger la salud, la seguridad o las normas morales de una comunidad. Se pueden restringir derechos para evitar que los de una persona interfieran con los de otra. Por ejemplo, la libertad de expresión no incluye permitir que una persona haga afirmaciones falsas que perjudiquen la reputación de otra.

Práctica de habilidades

Los artistas creadores de caricaturas políticas con frecuencia usan el humor para expresar sus opiniones sobre temas políticos. A veces, estos caricaturistas intentan informar e influir al público sobre un tema determinado. Para interpretar una caricatura política, busca símbolos, rótulos y textos que ofrezcan indicios sobre el mensaje del caricaturista. Analiza estos elementos y saca conclusiones. Estudia la caricatura política de esta página y contesta las siguientes preguntas en una hoja separada.

1. ¿Cuál es el tema de la caricatura?
2. ¿Cuáles son las palabras que dan un indicio sobre el significado de la caricatura?
3. ¿A quién representa la figura en la caricatura?
4. ¿Qué hace la persona?
5. ¿Qué sugieren los pensamientos del personaje sobre la tarea que enfrentan quienes participan en la planificación del gobierno de la nueva nación?
6. ¿Cuáles son los límites de la Primera Enmienda? ¿Por qué son limitados estos derechos?

Práctica de la prueba estandarizada

INSTRUCCIONES: Usa la caricatura política y tu conocimiento de estudios sociales para contestar las siguientes preguntas en una hoja separada.

1. El título más adecuado para la caricatura es
   - **A** Límites del gobierno.
   - **B** Trabajo del parlamento.
   - **C** Limitación de derechos.
   - **D** Gobierno ilimitado.

2. ¿Cuál de las siguientes opciones indica las fuentes de nuestros derechos como ciudadanos de Estados Unidos?
   - **F** La Declaración de la Independencia y la Constitución de EE.UU.
   - **G** La voluntad del presidente
   - **H** Costumbres y tradiciones no escritas
   - **J** La Carta de las Naciones Unidas

Interpretación de una gráfica circular

"E pluribus unum" es una frase en latín que se encuentra en las monedas estadounidenses. Significa "de muchos, uno". Estados Unidos a veces se describe como una "nación de inmigrantes". A menos que seas indígena estadounidense, tus antepasados vinieron a Estados Unidos en los últimos 500 años.

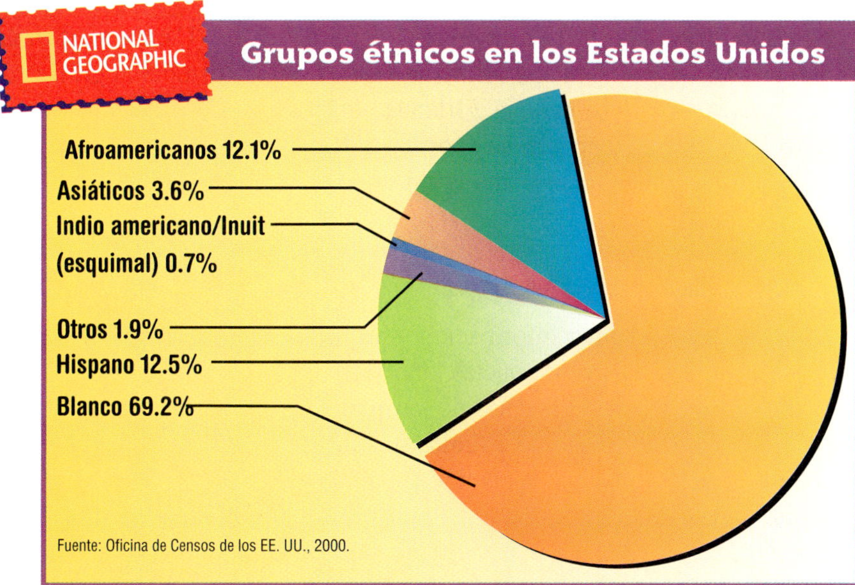

Los grupos de personas que comparten una cultura, idioma o historia se denominan grupos étnicos. Los vecindarios estadounidenses incluyen muchos grupos étnicos diferentes. La gráfica circular de esta página muestra los principales grupos étnicos en Estados Unidos.

Práctica de habilidades

Una gráfica circular muestra porcentajes de una cantidad total. Cada porción de la gráfica representa una parte de la cantidad total. Para leer una gráfica circular, en primer lugar hay que leer el título. Entonces, se estudian los rótulos para saber qué representa cada parte. Compara los tamaños de las porciones del círculo. Estudia la gráfica circular y contesta las siguientes preguntas en una hoja separada.

1. ¿Qué información presenta esta gráfica circular?
2. ¿Qué grupo étnico incluye el porcentaje más grande de estadounidenses?
3. ¿Qué grupos representan menos del 1 por ciento de los habitantes de Estados Unidos?
4. ¿Qué porcentaje de la población de Estados Unidos representan los afroamericanos?
5. El grupo étnico más pequeño es el que ha vivido en Estados Unidos por más tiempo. ¿Cuál es este grupo étnico?

Práctica de la prueba estandarizada

INSTRUCCIONES: Usa la gráfica y tu conocimiento de estudios sociales para contestar las siguientes preguntas en una hoja separada.

1. ¿La población de qué grupo es aproximadamente tres veces mayor que la cantidad de asiáticos?

A Afroamericanos

B Blancos

C Indígenas americanos/Esquimales

D Otros

2. ¿Cómo se compara la población hispana con la afroamericana en Estados Unidos?

F Es más numerosa que la población afroamericana.

G Es el mayor segmento minoritario de la población de Estados Unidos.

H Es menos de la mitad de la población afroamericana.

J Es un poco menos numerosa que la población afroamericana.

Inferencias y conclusiones

A mediados del siglo XIX aumentó la inmigración a Estados Unidos. Gente de los países europeos, como Alemania e Irlanda, viajó a Estados Unidos buscando nuevas oportunidades. Sin embargo, la vida para esos inmigrantes no era fácil.

Práctica de habilidades

Inferir significa evaluar información y llegar a una conclusión. Al hacer inferencias, uno "lee entre líneas". Debes usar los datos de los que dispones y tu conocimiento de estudios sociales para llegar a una conclusión u opinión sobre el material.

Las gráficas lineales son una forma de mostrar números visualmente. A menudo se utilizan para comparar los cambios ocurridos con el tiempo. A veces una gráfica tiene más de una línea. Las líneas muestran diferentes cantidades de un elemento relacionado. Para analizar una gráfica de lineal es necesario leer el título y la información de los ejes horizontal y vertical.

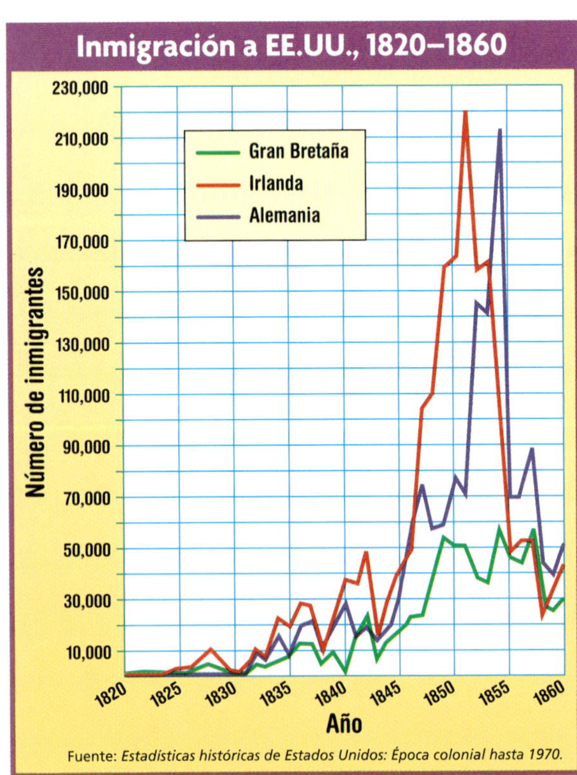

Fuente: *Estadísticas históricas de Estados Unidos: Época colonial hasta 1970.*

Usa esta información para sacar conclusiones. Estudia la gráfica de esta página y responde a las siguientes preguntas en una hoja separada.

1. ¿Cuál es el tema de la gráfica lineal?
2. ¿Qué información se muestra en el eje horizontal?
3. ¿Qué información se muestra en el eje vertical?
4. ¿Por qué crees que esos inmigrantes vinieron a Estados Unidos?

Práctica de la prueba estandarizada

INSTRUCCIONES: Usa la gráfica lineal y tu conocimiento de estudios sociales para contestar las siguientes preguntas en una hoja separada.

1. El país de donde vino la mayor cantidad de inmigrantes a Estados Unidos entre los años 1820 y 1860 fue
   - **A** Gran Bretaña.
   - **B** Irlanda.
   - **C** Alemania.
   - **D** Francia.
2. ¿En qué año, aproximadamente, vino la mayor cantidad de inmigrantes alemanes a Estados Unidos?
   - **F** 1845
   - **G** 1852
   - **H** 1855
   - **J** 1860
3. La migración de irlandeses a Estados Unidos aumentó a mediados del siglo XIX debido a
   - **A** una terrible hambruna en Irlanda.
   - **B** el fracaso de una revolución en Alemania en 1848.
   - **C** el movimiento nativista.
   - **D** la existencia de empleos con bajos salarios en la industria.

Comparación de datos

Las civilizaciones más antiguas del mundo se desarrollaron hace más de 6,000 años. El descubrimiento de la agricultura llevó al surgimiento de las antiguas ciudades de Mesopotamia y el Valle del Nilo. Estas antiguas ciudades compartían una característica importante: surgieron cerca de vías de agua. Como el agua era la forma más fácil de transportar mercaderías, los asentamientos se transformaron en centros de comercio.

Desde entonces las ciudades han crecido en todo el mundo. Cada 10 años, el United States Census Bureau (Departamento del Censo de EE.UU.) reúne datos para determinar cuál es la población de Estados Unidos. (Un censo es un recuento oficial de las personas que viven en un área.) El primer censo se realizó en 1790. En ese momento, había 3.9 millones de personas en los 13 estados originales. El censo más reciente se realizó en el año 2000. El resultado de ese censo demostró que más de 280 millones de personas viven en los 50 estados que componen nuestra nación.

POBLACIÓN DE LAS CINCO CIUDADES MÁS GRANDES DE EE. UU., 1790

Ciudad	Cantidad de habitantes
Nueva York	33,131
Filadelfia	28,522
Boston	18,320
Charleston	16,359
Baltimore	13,503

POBLACIÓN DE LAS CINCO CIUDADES MÁS GRANDES DE EE. UU., 2000*

Ciudad	Cantidad de habitantes
Nueva York	8,008,278
Los Ángeles	3,694,820
Chicago	2,896,016
Houston	1,953,631
Filadelfia	1,517,550

*Los números no incluyen las áreas metropolitanas.

Práctica de habilidades

Los cuadros de esta página muestran el número de habitantes de las cinco ciudades más pobladas de Estados Unidos durante diferentes períodos de tiempo. Al comparar la información en los cuadros no dejes de leer los títulos y encabezados para definir los datos que se comparan. Estudia los cuadros y contesta las siguientes preguntas en una hoja separada.

1. ¿Qué ciudad de EE.UU. tenía la mayor población en 1790?
2. ¿Qué ciudad de EE.UU. tenía la mayor población en 2000?
3. ¿Qué población tenía Filadelfia en 1790?
4. ¿Cuál era la población de Filadelfia en 2000?
5. ¿Cuál era la tercera ciudad más poblada de los EE.UU. en 1790?
6. ¿Qué ciudades se encuentran en ambos listados?

Práctica de la prueba estandarizada

INSTRUCCIONES: Usa los cuadros y tu conocimiento de estudios sociales para contestar las siguientes preguntas en una hoja separada.

1. Una inferencia que se puede obtener de los cuadros es que las ciudades más pobladas de Estados Unidos
   - **A** tienen buen clima.
   - **B** se fundaron durante los orígenes de la nación.
   - **C** son ciudades portuarias.
   - **D** están en el este de Estados Unidos.
2. En 1790 las principales ciudades de Estados Unidos eran todas
   - **F** de más de 20,000 personas.
   - **G** del este del país.
   - **H** del norte del país.
   - **J** de origen religioso.

Categorizar y analizar información

Los sistemas económicos describen las maneras en que las sociedades producen y distribuyen los bienes y servicios. Sociedades tempranas, como la de Mesopotamia, empleaban el trueque como su sistema de comercio. En los siglos XVII y XVIII, los países europeos practicaban el mercantilismo, a través del cual las colonias suministraban riquezas a los países colonizadores. Gran Bretaña utilizó esta idea para adquirir riquezas de sus colonias norteamericanas. La economía de los Estados Unidos se sustenta bajo el principio de la libre empresa. Los norteamericanos tienen la libertad de ser dueños de negocios con ingerencia limitada por parte del gobierno.

Debido a que los norteamericanos trabajan como empleados en industrias diversas, nuestra economía es una de las mayores y más diversas del mundo. La economía de los EE.UU. incluye las partes siguientes:

- La manufactura y la minería representan el 18 por ciento de la economía.
- La agricultura representa el 2 por ciento de la economía.
- Las industrias de servicios e información componen el 80 por ciento de la economía.

Práctica de habilidades

Una manera de hacer que la información se entienda más fácilmente, es agrupándola en categorías. Los sistemas económicos del mundo de hoy pueden clasificarse en cuatro grupos básicos. Estudia el cuadro en esta página y responde a las preguntas siguientes. Utiliza otra hoja de papel.

1. ¿Bajo cuál sistema económico el gobierno tiene el mayor control?

2. ¿Bajo cuál sistema es más probable que las personas tengan el mismo empleo que sus padres?

3. Utiliza la información acerca de la economía de los EE.UU. contenida en esta página para crear un gráfico circular. Entonces responde a esta pregunta: ¿Qué por ciento de la economía de los EE.UU. representa las industrias relacionadas con la agricultura?

SISTEMAS ECONÓMICOS DEL MUNDO

Tradicional	Comando	Mercado	Mixto
Basado en costumbres	El gobierno controla la producción, los precios y los salarios	Los individuos controlan la producción, los precios y los salarios	Los individuos controlan algunos aspectos de la economía
Los oficios se pasan de generaciones en generaciones	Comunismo; el gobierno es el dueño de los negocios	Libre empresa; los individuos son los dueños de los negocios	El gobierno regula industrias específicas restringe otras

Práctica de la prueba estandarizada

INSTRUCCIONES: Usa el cuadro y tus conocimientos de estudios sociales para responder en una hoja de papel separada a la pregunta siguiente.

1. ¿Qué sistema económico ofrece a los individuos la mayor independencia económica?

A tradicional
B de mando
C de mercado
D mixto

2. Los Estados Unidos tienen este tipo de sistema económico.

F tradicional
G de mando
H de mercado
J mixto

Secuencia de acontecimientos

El sistema económico de libre empresa de los Estados Unidos ha alentado a los norteamericanos a inventar y producir nuevas tecnologías a lo largo de la historia de nuestra nación. Al emplear sus abundantes recursos naturales y humanos, los norteamericanos mejoran continuamente la economía mediante la tecnología. El tremendo crecimiento económico de los Estados Unidos durante ciertos tiempos de la historia, tales como después de la Guerra Civil, fue el resultado de las bases creadas durante los años iniciales de la historia de la nación y afecta el crecimiento actual de la economía de los Estados Unidos.

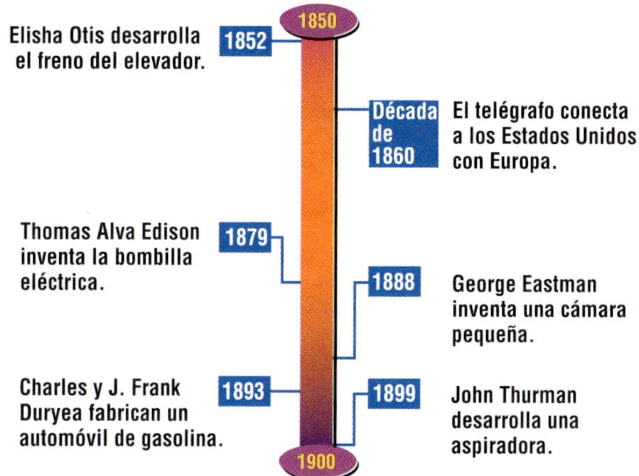

Práctica de habilidades

Hacer una secuencia de la información significa colocar los hechos en el orden en que ocurrieron. A continuación se encuentran los avances tecnológicos que ocurrieron en diferentes momentos de la historia, y que transformaron la economía mundial. Encuentra la fecha de cada invento al estudiar la cronología en la página 98 de tu libro de texto. Toma notas en otra hoja de papel y escribe la fecha junto a cada invento. Después, crea una secuencia de los inventos al escribirlos en el orden en que fueron realizados.

- Teléfono
- Teléfono celular
- Barco de vapor
- Transbordador espacial
- Radio
- Avión
- Automóvil
- Locomotora de vapor
- Internet
- Televisión

A fines del siglo XIX, las innovaciones en la tecnología y nuevas combinaciones empresariales ayudaron a que los Estados Unidos se convirtieran en una potencia industrial. Ya en el año 1900, la producción industrial de los Estados Unidos era la mayor del mundo.

Lee la cronología en esta página. Determina el tema de la cronología y haz un breve resumen. Escribe entonces un título para la cronología en otra hoja de papel.

Práctica de la prueba estandarizada

INSTRUCCIONES: Usa los acontecimientos que has ordenado cronológicamente y tus conocimientos de estudios sociales para responder en una hoja de papel separada a la pregunta siguiente.

1. ¿Cuál de los siguientes inventos ocurrió más recientemente?

A locomotora de vapor
B teléfono
C avión
D barco de vapor

2. Durante las últimas décadas del siglo XVIII, el siglo XIX y principios del siglo XX, nuevos inventos y desarrollos en el área del transporte, como el barco de vapor, la locomotra de vapor y el avión, condujeron a

F un incremento de la pobreza entre los norteamericanos en las áreas urbanas.
G el fin de la migración hacia el oeste.
H la creación de nuevos mercados comerciales.
J el crecimiento rural.

3. A principos del siglo XIX, los barcos de vapor incrementaron grandemente el transporte de bienes y pasajeros

A a lo largo de las carreteras principales.
B a lo largo de los principales ríos interiores.
C entre las Américas y África.
D en el Oeste.

En honor de Estados Unidos

Para los estadounidenses, la bandera siempre ha tenido un significado muy especial. Es un símbolo de la libertad y la democracia de nuestra nación.

Protocolo de la bandera

A través de los años, los estadounidenses han creado normas y costrumbres que corciernen el uso y el despliegue de la bandera. Una de las cosas más importantes que un estadounidense debe recordar es el tratar la bandera con respeto.

- La bandera debe ser izada y bajada manualmente y sólo se debe desplegar desde que sale el sol hasta que se pone. En ocasiones espciales, se puede desplegar por la noche, pero tiene que estar iluminada.
- La bandera puede ser desplegada cualquier día, siempre y cuando el clima lo permita, particularmente durante días feriados nacionales o estatales y en ocasiones históricas y especiales.
- Ninguna bandera puede ser desplegada encima de la bandera estadounidense, a la derecha o a la misma altura.
- La bandera nunca debe tocar el suelo o el piso por debajo de ella.
- La bandera puede ondear a media asta por orden del presidente, generalmente para llorar la muerte de algún funcionario público.
- La bandera puede ondear al revés sólo para indicar disgusto.
- Cuando la bandera se pone vieja o harapienta, se bede quemar para ser destruida. Según la costumbre que ha sido aprobada, primero se corta la Unión (las estrellas sobre el fondo azul) y luego se corta en dos trozos, dejando de ser así una bandera y al final se quema.

La bandera tachonada de estrellas

Oh, decidme, ¿veis la primera luz de la aurora,
Lo que izamos con orgullo al último rayo del crepúsculo,
Cuyas anchas bandas y brillantes estrellas, en la fiera lucha,
Contemplamos ondeando gallardas sobre las murallas?
El resplandor rojizo de los cohetes y el fragor de las bombas,
Probaban que por la noche nuestra bandera aún estaba allí;
Oh decidme, ¿flota todavía la enseña estrellada y lisada
Sobre la tierra de los libres y la patria de los valientes?

Juramento de lealtad a la bandera

Yo prometo lealtad a la bandera de los Estados Unidos de América y a la República que representa, una Nación bajo Dios, entera, con libertad y justicia para todos.

Índice geográfico

El índice geográficoes un diccionario geográfico. Muestra la longitud y latitud de las ciudades y de otros lugares. La latitud y la longitud se indican de esta manera: 48°N 2°E, o 48 grados de latitud norte y dos grados de longitud este. Este índice geográfico incluye muchas características geográficas importantes y la mayoría de los países independientes grandes con sus capitales. Los números de página indican dónde se puede encontrar cada entrada en el mapa de este libro. Para ayudar con la pronunciación, las entradas se escriben como se pronuncian.

Abidján Capital de Costa de Marfil. 5°N 4°O (p. 475)

Abu Dhabi Capital de los Emiratos Árabes Unidos. 24°N 54°E (p. 463)

Abuja Capital de Nigeria. 8°N 9°E (p. 475)

Accra Capital de Ghana. 6°N 0° longitud (p. 475)

Achkabad Capital de Turkmenistán. 38°N 58°E (p. 397)

Addis Abeba Capital de Etiopía. 9°N 39°E (p. 475)

Afganistán País del Asia central, al oeste de Pakistán. 33°N 63°E (p. 463)

Albania País en el Mar Adriático, al sur de Serbia y Montenegro. 42°N 20°E (p. 285)

Alemania País de Europa occidental, situado al sur de Dinamarca, cuyo nombre oficial es República Federal de Alemania. 52°N 10°E (p. 285)

Alpes Cadena de montañas que atraviesa Europa central. 46°N 9°E (p. 284)

Ammán Capital de Jordania. 32°N 36°E (p. 463)

Amsterdam Capital de los Países Bajos. 52°N 5°E (p. 285)

Andorra Pequeño país situado al sur de Europa, entre Francia y España. 43°N 2°E (p. 285)

Angola País del sur de África, al norte de Namibia. 14°S 16°E (p. 475)

Ankara Capital de Turquía. 40°N 33°E (p. 463)

Antananarivo Capital de Madagascar. 19°S 48°E (p. 475)

Arabia Saudita País de la Península Arábiga. 23°N 46°E (p. 463)

Argel Capital de Argelia. 37°N 3°E (p. 463)

Argelia País del norte de África, al este de Marruecos. 29°N 1°E (p. 463)

Argentina País de América del Sur, al este de Chile. 36°S 67°O (p. 181)

Armenia País europeo-asiático que se encuentra entre el Mar Negro y el Mar Caspio. 40°N 45°E (p. 397)

Asmara Capital de Eritrea. 16°N 39°E (p. 475)

Astaná Capital de Kazajstán. 51°N 72°E (p. 397)

Asunción Capital de Paraguay. 25°S 58°O (p. 181)

Atenas Capital de Grecia. 38°N 24°E (p. 285)

Australia País y continente del hemisferio sur. 25°S 135°O (p. 505)

Austria País de Europa occidental al este de Suiza y al sur de Alemania y la República Checa. 47°N 12°E (p. 285)

Azerbaiyán País europeo-asiático a orillas del Mar Caspio. 40°N 47°E (p. 397)

Bagdad Capital de Iraq. 33°N 44°E (p. 463)

Bahamas País formado por muchas islas, situado entre Cuba y los Estados Unidos. 23°N 74°O (p. 180)

Bahréin País del Golfo Pérsico. 26°N 51°E (p. 463)

Bakú Capital de Azerbaiyán. 40°N 50°E (p. 397)

Bamako Capital de Malí. 13°N 8°O (p. 475)

Bangkok Capital de Tailandia. 14°N 100°E (p. 491)

Bangladesh País del sur de Asia, que hace frontera con India y Myanmar. 24°N 90°E (p. 491)

Bangui Capital de la República Centroafricana. 4°N 19°E (p. 475)

Banjul Capital de Gambia. 13°N 17°O (p. 475)

Barbados Isla y país entre el Océano Atlántico y el Mar Caribe. 14°N 59°O (p. 181)

Beirut Capital del Líbano. 34°N 36°E (p. 463)

Bélgica País de la Europa occidental, al sur de los Países Bajos. 51°N 3°E (p. 285)

Belgrado Capital de Serbia y Montenegro. 45°N 21°E (p. 285)

Belice País de América Central al este de Guatemala. 18°N 89°O (p. 181)

Belmopán Capital de Belice. 17°N 89°O (p. 181)

Benín País de África occidental, al oeste de Nigeria. 8°N 2°E (p. 475)

Berlín Capital de Alemania. 53°N 13°E (p. 285)

Berna Capital de Suiza. 47°N 7°E (p. 285)
Bhután País del sur de Asia, situado al nordeste de la India. 27°N 91°E (p. 491)
Bielorrusia País de la Europa oriental, al oeste de Rusia. 54°N 28°E (p. 285)
Bishkek Capital de Kirguistán. 43°N 75°E (p. 397)
Bissau Capital de Guinea-Bissau. 12°N 16°O (p. 475)
Bloemfontein Capital judicial de Sudáfrica. 26°E 29°S (p. 475)
Bogotá Capital de Colombia. 5°N 74°O (p. 181)
Bolivia País de la parte central de América del Sur, situado al norte de Argentina. 17°S 64°O (p. 181)
Bosnia y Herzegovina País del sudeste de Europa, entre Croacia y Serbia y Montenegro. 44°N 18°E (p. 285)
Botswana País del sur de África, al norte de la República de Sudáfrica. 22°S 23°E (p. 475)
Brasil El país más grande de América del Sur. 9°S 53°O (p. 181)
Brasilia Capital de Brasil. 16°S 48°O (p. 181)
Bratislava Capital de Eslovaquia. 48°N 17°E (p. 285)
Brazzaville Capital del Congo. 4°S 15°E (p. 475)
Brunei País del sudeste de Asia, situado en la costa norte de la isla de Borneo. 5°N 114°E (p. 490)
Bruselas Capital de Bélgica. 51°N 4°E (p. 285)
Bucarest Capital de Rumania. 44°N 26°E (p. 285)
Budapest Capital de Hungría. 48°N 19°E (p. 285)
Buenos Aires Capital de Argentina. 34°S 58°O (p. 181)
Bujumbura Capital de Burundi. 3°S 29°E (p. 475)
Bulgaria País del sudeste de Europa, situado al sur de Rumania. 42°N 24°E (p. 285)
Burkina Faso País del África occidental, situado al sur de Malí. 12°N 3°E (p. 475)
Burundi País de África oriental, situado al norte del lago Tanganika. 3°S 30°E (p. 475)

Cabo Verde Isla y país frente a las costas de África occidental, situado en el Océano Atlántico. 15°N 24°O (p. 475)
Camboya País del sudeste de Asia, situado al sur de Tailandia y Laos. 12°N 104°E (p. 491)
Camerún País de África central situado en la costa nordeste del Golfo de Guinea. 6°N 11°E (p. 475)
Canadá El país situado en el extremo norte de América del Norte. 50°N 100°O (p. 119)
Canberra Capital de Australia. 35°S 149°E (p. 505)
Caracas Capital de Venezuela. 11°N 67°O (p. 181)
Chad País situado al oeste de Sudán, en el Sahel africano. 18°N 19°E (p. 475)
Chile País de América del Sur, situado al oeste de Argentina. 35°S 72°O (p. 181)
China País situado en el este y el centro de Asia, conocido oficialmente como la República Popular China. 37°N 93°E (p. 491)
Chipre Isla-país situada al este del Mar Mediterráneo, al sur de Turquía. 35°N 31°E (p. 285)
Ciudad de Guatemala Capital de Guatemala. 15°N 91°O (p. 181)
Ciudad de México Capital de México. 19°N 99°O (p. 181)
Ciudad de Panamá Capital de Panamá. 9°N 79°O (p. 181)
Ciudad del Cabo Capital legislativa de la República de Sudáfrica. 34°S 18°E (p. 475)
Ciudad del Vaticano Sede central de la Iglesia Católica Apostólica Romana, que se encuentra en la ciudad de Roma, en Italia. 42°N 13°E (p. 285)
Colombia País de América del Sur, situado al oeste de Venezuela. 4°N 73°O (p. 491)
Colombo Capital de Sri Lanka. 7°N 80°E (p. 629)
Comores Pequeña isla país situada en el Océano Índico, entre la isla de Madagascar y el sudeste de África 13°S 43°E (p. 475)
Conakry Capital de Guinea. 10°N 14°O (p. 475)
Congo País de África central situado al este de la República Democrática del Congo. 3°S 14°E (p. 475)
Copenhague Capital de Dinamarca. 56°N 12°E (p. 285)
Corea del Norte País de Asia oriental, situado en la parte del extremo norte de la Península de Corea. 40°N 127°E (p. 491)
Corea del Sur País del Asia oriental, situado en la Península de Corea, entre el Mar Amarillo y el Mar de Japón. 36°N 128°E (p. 491)
Costa de Marfil País de África occidental, situado al sur de Malí. 8°N 7°O (p. 475)
Costa Rica País de América Central, situado al sur de Nicaragua. 11°N 85°O (p. 181)
Croacia País del sudeste de Europa, situado a orillas del Mar Adriático. 46°N 16°E (p. 285)
Cuba Isla-país del Mar Caribe. 22°N 79°O (p. 180)

Dacca Capital de Bangladesh. 24°N 90°E (p. 491)
Dakar Capital de Senegal. 15°N 17°O (p. 463)
Damasco Capital de Siria. 34°N 36°E (p. 459)
Dar es Salaam Capital de Tanzania. 7°S 39°E (p. 475)
Dinamarca País del norte de Europa, situado entre el Mar Báltico y el Mar del Norte. 56°N 9°E (p. 285)
Djibouti País de África oriental, situado en el Golfo de Adén. 12°N 43°E (p. 475)

Doha Capital de Qatar. 25°N 51°E (p. 463)
Dublín Capital de Irlanda. 53°N 6°O (p. 285)
Dushambé Capital de Tayikistán. 39°N 69°E (p. 397)

Ecuador País de América del Sur, al suroeste de Colombia. 0° latitud 79°O (p. 181)
Egipto País del norte de África, a orillas del Mar Mediterráneo. 27°N 27°E (p. 463)
El Cairo Capital de Egipto. 31°N 32°E (p. 463)
El Salvador País de América Central, al suroeste de Honduras. 14°N 89°O (p. 181)
Emiratos Árabes Unidos País formado por siete estados, que se encuentra en la parte este de la Península Arábiga. 24°N 54°E (p. 463)
Ereván Capital de Armenia. 40°N 44°E (p. 397)
Eritrea País del Asia oriental, situado al norte de Etiopía. 17°N 39°E (p. 475)
Eslovaquia País de Europa oriental, situado al sur de Polonia. 49°N 19°E (p. 285)
Eslovenia País del sudeste de Europa, situado al sur de Austria, en las costas del Mar Adriático. 46°N 15°E (p. 285)
España País al sur de Europa, que se encuentra en la Península Ibérica. 40°N 4°O (p. 285)
Estados Unidos de América País de América del Norte formado por 50 estados, la mayor parte de ellos entre Canadá y México. 38°N 110°O (p. 119)
Estocolmo Capital de Suecia. 59°N 18°E (p. 285)
Estonia País de la Europa oriental, situado en el Mar Báltico. 59°N 25°E (p. 285)
Etiopía País del África oriental, al norte de Somalia y Kenia. 8°N 38°E (p. 475)

Filipinas Isla y país del Océano Pacífico, situado al sudeste de China. 14°N 125°E (p. 491)
Finlandia País del norte de Europa, situado al este de Suecia. 63°N 26°E (p. 285)
Francia País de Europa occidental, situado al sur del Reino Unido. 47°N 1°E (p. 285)
Freetown Capital de Sierra Leona. 9°N 13°O (p. 475)

Gabón País de África central situado en el Océano Atlántico. 0° latitud 12°E (p. 475)
Gaborone Capital de Botswana. 24°S 26°E (p. 475)
Gambia País de África occidental, situado a orillas del río Gambia. 13°N 16°O (p. 475)
Georgetown Capital de Guyana. 8°N 58°O (p. 181)
Georgia País europeo-asiático a orillas del Mar Negro, situado al sur de Rusia. 42°N 43°E (p. 397)
Ghana País de África occidental, situado en el Golfo de Guinea. 8°N 2°O (p. 475)
Golfo de México Golfo que ocupa parte de la costa sur de América del Norte. 25°N 94°O (p. 118)
Golfo Pérsico Rama del Mar Arábigo, entre Irán y Arabia Saudita. 28°N 51°E (p. 462)
Grandes Llanuras Ladera continental que atraviesa Estados Unidos y Canadá. 45°N 104°O (p. 118)
Grecia País del sur de Europa, situado en la Península de los Balcanes. 39°N 22°E (p. 285)
Groenlandia Isla situada al noroeste del Océano Atlántico; es la isla más grande del mundo. 74°N 40°O (p. 119)
Guatemala País de América Central, al sur de México. 16°N 92°O (p. 181)
Guayana Francesa Territorio francés, situado al norte de América del Sur. 5°N 53°O (p. 181)
Guinea País del África occidental, situado en la costa del Atlántico. 11°N 12°O (p. 475)
Guinea-Bissau País del África occidental, situado en la costa del Atlántico. 12°N 20°O (p. 475)
Guinea Ecuatorial País de África central situado al sur de Camerún. 2°N 8°E (p. 475)
Guyana País de América del Sur, situado entre Venezuela y Surinam. 8°N 59°O (p. 181)

Haití País del Mar Caribe, situado en la parte occidental de la isla de La Española. 19°N 72°O (p. 181)
Hanoi Capital de Vietnam. 21°N 106°E (p. 491)
Harare Capital de Zimbabue. 18°S 31°E (p. 475)
Helsinki Capital de Finlandia. 60°N 24°E (p. 285)
Himalaya Cordillera de montañas del sur de Asia que bordea el subcontinente de la India por el norte. 30°N 85°E (p. 490)
Honduras País de América Central situado en el Mar Caribe. 15°N 88°O (p. 181)
Hong Kong Puerto y centro industrial del sur de China. 22°N 115°E (p. 491)
Hungría País de la Europa oriental, al sur de Eslovaquia. 47°N 18°E (p. 285)

India País del sur de Asia, situado al sur de China y Nepal. 23°N 78°E (p. 491)
Indias Occidentales Islas del Caribe que se encuentran entre América del Norte y América del Sur. 19°N 79°O (p. 180)

Indonesia Isla-país del sudeste de Asia, conocida como la República de Indonesia. 5°S 119°E (p. 491)
Irán País del suroeste de Asia, conocido anteriormente como Persia. 31°N 54°E (p. 463)
Iraq País del suroeste de Asia, situado al oeste de Irán. 32°N 43°E (p. 463)
Irlanda Isla situada al oeste de Gran Bretaña, ocupada por la República de Irlanda y por Irlanda del Norte. 54°N 8°O (p. 285)
Islamabad Capital de Pakistán. 34°N 73°E (p. 491)
Islandia Isla-país situada entre el Atlántico Norte y el Océano Glacial Ártico, 65°N 20°O (p. 285)
Islas del Caribe Islas del Mar Caribe, situadas entre América del Norte y América del Sur. También se las conoce como Indias Occidentales. 19°N 79°O (p. 180)
Islas Fiyi País constituido por un grupo de islas al suroeste del Océano Pacífico. 19°S 175°E (p. 505)
Islas Salomón Isla y país del Océano Pacífico, al nordeste de Australia. 7°S 160°E (p. 505)
Israel País del suroeste de Asia, situado al sur del Líbano. 33°N 34°E (p. 463)
Italia País del sur de Europa, situado al sur de Suiza y al este de Francia. 44°N 11°E (p. 285)

Jamaica Isla y país del Mar Caribe. 18°N 78°O (p. 181)
Japón País del Asia oriental que está formado por cuatro grandes islas: Hokkaido, Honshu, Shikoku y Kyushu, y miles de islas más pequeñas. 37°N 134°E (p. 490)
Jartum Capital de Sudán. 16°N 33°E (p. 475)
Jerusalén Capital de Israel y ciudad sagrada para los cristianos, los judíos y los musulmanes. 32°N 35°E (p. 463)
Jordania País del suroeste de Asia, situado al sur de Siria. 30°N 38°E (p. 463)

Kabul Capital de Afganistán. 35°N 69°E (p. 463)
Kampala Capital de Uganda. 0° latitud 32°E (p. 475)
Katmandú Capital de Nepal. 28°N 85°E (p. 491)
Kazajstán País grande de Asia, situado al sur de Rusia, a orillas del Mar Caspio. 48°N 59°E (p. 397)
Kenia País del África oriental, al sur de Etiopía. 1°N 37°E (p. 475)
Kiev Capital de Ucrania. 50°N 31°E (p. 285)
Kigali Capital de Ruanda. 2°S 30°E (p. 475)
Kingston Capital de Jamaica. 18°N 77°O (p. 181)
Kinshasa Capital de la República Democrática del Congo. 4°S 15°E (p. 475)
Kirguistán País del centro de Asia, en la frontera occidental de China. 41°N 75°E (p. 397)
Kişhinëv Capital de Moldavia. 47°N 29°E (p. 285)
Kuala Lumpur Capital de Malasia. 3°N 102°E (p. 491)
Kuwait País del Golfo Pérsico, entre Arabia Saudita e Iraq. 29°N 48°E (p. 463)

La Habana Capital de Cuba. 23°N 82°O (p. 181)
La Paz Capital administrativa de Bolivia, y la capital más elevada del mundo. 17°S 68°O (p. 181)
Laos País del sudeste de Asia, situado al sur de China y al oeste de Vietnam. 20°N 102°E (p. 491)
Lesotho País del sur de África, que hace frontera con la República de Sudáfrica. 30°S 28°E (p. 475)
Letonia País de la Europa oriental, situado al oeste de Rusia, a orillas del Mar Báltico. 57°N 25°E (p. 285)
Líbano País situado al sur de Siria, a orillas del Mediterráneo. 34°N 34°E (p. 463)
Liberia País del África occidental, situado al sur de Guinea. 7°N 10°O (p. 475)
Libia País del norte de África, situado al oeste de Egipto, a orillas del Mediterráneo. 28°N 15°E (p. 463)
Libreville Capital de Gabón. 1°N 9°E (p. 475)
Liechtenstein Pequeño país de Europa central, situado entre Suiza y Austria. 47°N 10°E (p. 285)
Lilongwe Capital de Malawi. 14°S 34°E (p. 475)
Lima Capital de Perú. 12°S 77°O (p. 181)
Lisboa Capital de Portugal. 39°N 9°O (p. 285)
Lituania País de Europa oriental, situado al noroeste de Bielorrusia, en el Mar Báltico. 56°N 24°E (p. 285)
Liubliana Capital de Eslovenia. 46°N 14°E (p. 285)
Lomé Capital de Togo. 6°N 1°E (p. 475)
Londres Capital del Reino Unido, a orillas del Río Támesis. 52°N 0° longitud (p. 285)
Los Andes Sistema de montañas que se extiende de norte a sur por la parte occidental de América del Sur. 13°S 75°O (p. 180)
Luanda Capital de Angola. 9°S 13°E (p. 475)
Lusaka Capital de Zambia. 15°S 28°E (p. 475)
Luxemburgo Pequeño país europeo situado entre Francia, Bélgica y Alemania. 50°N 7°E (p. 285)

Macao Puerto del sur de China. 22°N 113°E (p. 629)
Macedonia País del sudeste de Europa, situado al norte de Grecia. 42°N 22°E (p. 285). Macedonia se

refiere también a la región geográfica que ocupa el norte de Grecia, el país de Macedonia y parte de Bulgaria.

Madagascar Isla del Océano Índico, a las costas del sudeste de África. 18°S 43°E (p. 475)

Madrid Capital de España. 41°N 4°O (p. 285)

Malabo Capital de Guinea Ecuatorial. 4°N 9°E (p. 475)

Malasia País del sudeste de Asia, con tierras en la Península de Malaca y la isla de Borneo. 4°N 101°E (p. 490)

Malawi País del sur de África, situado al sur de Tanzania y al este de Zambia. 11°S 34°E (p. 475)

Maldivas Isla y país del sudoeste de India, en el Océano Índico. 5°N 42°E (p. 491)

Malí País del África occidental, al este de Mauritania. 16°N 0° longitud (p. 475)

Managua Capital de Nicaragua. 12°N 86°O (p. 181)

Manila Capital de Filipinas. 15°N 121°E (p. 491)

Maputo Capital de Mozambique. 26°S 33°E (p. 475)

Mar Báltico Mar del norte de Europa que conecta con el Mar del Norte. 55°N 17°E (p. 284)

Mar Adriático Extensión del Mar Mediterráneo entre la Península de los Balcanes e Italia. 44°N 14°E (p. 284)

Mar Caribe Parte del Océano Atlántico, rodeado por las Indias Occidentales, América del Sur y América Central. 15°N 76°O (p. 180)

Mar Caspio Lago de agua salada situado entre Europa y Asia, que es la mayor masa de agua tierra adentro. 40°N 52°E (p. 396)

Mar Mediterráneo Mar interior rodeado por Europa, Asia y África. 36°N 13°E (p. 284)

Mar Negro Extenso mar que se sitúa entre Europa y Asia. 43°N 32°E (p. 285)

Marruecos País del norte de África, situado a orillas del Mar Mediterráneo y del Océano Atlántico. 32°N 7°O (p. 463)

Mascate Capital de Omán. 23°N 59°E (p. 463)

Maseru Capital de Lesotho. 29°S 27°E (p. 475)

Mauricio Isla y país del Océano Índico, situada al este de Madagascar. 21°S 58°E (p. 475)

Mauritania País del África occidental, situado al norte de Senegal. 20°N 14°O (p. 475)

Mbabane Capital de Suazilandia. 26°S 31°E (p. 475)

México País de América del Norte, situado al sur de los Estados Unidos. 24°N 104°O (p. 180)

Minsk Capital de Bielorrusia. 54°N 28°E (p. 285)

Mogadiscio Capital de Somalia. 2°N 45°E (p. 475)

Moldavia Pequeño país europeo situado entre Ucrania y Rumania. 48°N 28°E (p. 285)

Mónaco Pequeño país del sur de Europa, situado en la costa francesa del Mediterráneo. 44°N 8°E (p. 285)

Mongolia País asiático situado entre Rusia y China. 46°N 100°E (p. 491)

Monrovia Capital de Liberia. 6°N 11°O (p. 475)

Montañas del Cáucaso Cadena de montañas situada entre el Mar Negro y el Mar Caspio. 43°N 42°E (p. 396)

Montañas Rocosas Cadena de montañas situada al oeste de América del Norte. 50°N 114°O (p. 118)

Monte Everest La montaña más alta del mundo, situada en el Himalaya, entre Nepal y el Tíbet. 28°N 87°E (p. 490)

Montes Atlas Cadena de montañas en el extremo norte del Sahara. 31°N 5°O (p. 462)

Montevideo Capital de Uruguay. 35°S 56°O (p. 181)

Moscú Capital de Rusia. 56°N 38°E (p. 397)

Mozambique País del sur de África, situado al sur de Tanzania. 20°S 34°E (p. 475)

Myanmar País del sudeste de Asia sudoriental, situado al sur de China y de la India, conocido anteriormente como Birmania. 21°N 95°E (p. 491)

Nairobi Capital de Kenia. 1°S 37°E (p. 539)

Namibia País del sur de África, situado al sur de Angola, a orillas del Océano Atlántico. 20°S 16°E (p. 475)

Nassau Capital de las Bahamas. 25°N 77°O (p. 181)

Nepal País montañoso situado entre China y la India. 29°N 83°E (p. 491)

Niamey Capital de Níger. 14°N 2°E (p. 475)

Nicaragua País de América Central, situado al sur de Honduras. 13°N 86°O (p. 181)

Nicosia Capital de Chipre. 35°N 33°E (p. 285)

Níger País de África occidental, situado al norte de Nigeria. 18°N 9°E (p. 475)

Nigeria País del África occidental, situado a orillas del Golfo de Guinea. 9°N 7°E (p. 475)

Noruega País del norte de Europa, situado en la Península Escandinava. 64°N 11°E (p. 285)

Nuakchot Capital de Mauritania. 18°N 16°O (p. 475)

Nueva Delhi Capital de la India. 29°N 77°E (p. 491)

Nueva Zelanda Isla principal y país situado al sudeste de Australia en el Pacífico Sur. 42°S 175°E (p. 505)

Omán País situado en el Mar Arábigo y el Golfo de Omán. 20°N 58°E (p. 459)

Oslo Capital de Noruega. 60°N 11°E (p. 285)

Ottawa Capital de Canadá. 45°N 76°O (p. 119)

Países Bajos País de Europa occidental, situado al norte de Bélgica. 53°N 4°E (p. 285)
Pakistán País del sur de Asia, situado al noroeste de la India, a orillas del Mar Arábigo. 28°N 68°E (p. 491)
Paláu Isla y país del Océano Pacífico. 7°N 135°E (p. 505)
Panamá País de América Central, situado en el Istmo de Panamá. 9°N 81°O (p. 180)
Papúa Nueva Guinea Isla y país del Océano Pacífico, situada al norte de Australia. 7°S 142°E (p. 505)
Paraguay País de América del Sur situado al nordeste de Argentina. 24°S 57°O (p. 181)
Paramaribo Capital de Surinam. 6°N 55°O (p. 181)
París Capital de Francia. 49°N 2°E (p. 285)
Pekín Capital de China. 40°N 116°E (p. 491)
Península Arábiga Península grande que se extiende hasta el Mar Arábigo. 28°N 40°E (p. 462)
Península de los Balcanes Península del sudeste de Europa. 42°N 20°E (p. 284)
Península Ibérica Península situada al suroeste de Europa, que ocupan España y Portugal. 41°N 1°O (p. 284)
Perú País de América del Sur, situado al sur de Ecuador y de Colombia. 10°S 75°O (p. 181)
Phnom Penh Capital de Camboya. 12°N 106°E (p. 491)
Polonia País de Europa oriental, situado a orillas del Mar Báltico. 52°N 18°E (p. 285)
Port Moresby Capital de Papúa Nueva Guinea. 10°S 147°E (p. 505)
Porto-Novo Capital de Benín. 7°N 3°E (p. 475)
Portugal País al oeste de España, en la Península Ibérica. 39°N 8°O (p. 285)
Praga Capital de la República Checa. 51°N 15°E (p. 285)
Pretoria Capital ejecutiva de Sudáfrica. 26°S 28°E (p. 475)
Puerto de España Capital de Trinidad y Tobago. 11°N 62°O (p. 181)
Puerto Príncipe Capital de Haití. 19°N 72°O (p. 181)
Puerto Rico Isla del Mar Caribe; estado libre asociado de los EE.UU. 19°N 67°O (p. 181)
Pyongyang Capital de Corea del Norte. 39°N 126°E (p. 491)

Qatar País de la costa sudoeste del Golfo Pérsico. 25°N 53°E (p. 463)
Quito Capital de Ecuador. 0° latitud 79°O (p. 181)

Rabat Capital de Marruecos. 34°N 7°O (p. 463)
Reikiavik Capital de Islandia. 64°N 22°O (p. 285)
Reino Unido El país y la isla europea más occidental, que se compone de Inglaterra, Escocia, el país de Gales e Irlanda del Norte. 57°N 2°O (p. 285)
República Checa País de Europa oriental, situado al norte de Austria. 50°N 15°E (p. 475)
República Centroafricana País de África central situado al sur de Chad. 8°N 21°E (p. 475)
República democrática del Congo País de África central situado al norte de Zambia y Angola. 1°S 22°E (p. 475)
República Dominicana País del Mar Caribe, situado en la parte oriental de la isla de La Española. 19°N 71°O (p. 181)
Ríad Capital de Arabia Saudita. 25°N 47°E (p. 463)
Riga Capital de Letonia. 57°N 24°E (p. 285)
Río Amarillo Río del norte y este de China, conocido también como el Río Huang He. 35°N 114°E (p. 490)
Río Amazonas El río más grande del mundo en volumen, y el segundo río más grande del mundo en longitud. 2°S 53°O (p. 180)
Río Éufrates Río del suroeste de Asia, que pasa por Siria e Iraq, y confluye con el Río Tigris. 36°N 40°E (p. 462)
Río Grande Río que forma parte de la frontera entre los Estados Unidos y México. 30°N 103°O (p. 119)
Río Indo Río de Asia que nace en el Tíbet y pasa por Pakistán para desembocar en el Mar Arábigo. 27°N 68°E (p. 490)
Río Mekong Río del sudeste de Asia, que nace en el Tíbet y desemboca en el Mar de China Meridional. 18°N 104°E (p. 490)
Río Mississippi Gran sistema fluvial situado en el centro de los Estados Unidos, que desemboca en el Golfo de México. 32°N 92°O (p. 118)
Río Nilo El río más largo del mundo, que fluye en dirección norte hasta el este de África. 19°N 33°E (p. 462)
Río Rin Río de Europa occidental que desemboca en el Mar del Norte. 51°N 7°E (p. 284)
Río San Lorenzo Río que va del Lago Ontario al Océano Atlántico, y que forma parte de la frontera entre Estados Unidos y Canadá. 48°N 70°O (p. 119)
Río Tigris Río del sudeste de Turquía e Iraq, que confluye con el Río Éufrates. 35°N 44°E (p. 462)
Río Yangtzé Principal río de China, que nace en el Tíbet y corre en dirección este hasta el Mar de China Oriental, cerca de Shanghai, conocido también como Chang Jiang. 31°N 117°E (p. 490)

Roma Capital de Italia. 42°N 13°E (p. 285)
Ruanda País de África oriental, situado al sur de Uganda. 2°S 30°E (p. 475)
Rumania País de Europa oriental, situado al este de Hungría. 46°N 23°E (p. 285)
Rusia El país más grande del mundo, que cubre parte de Europa y de Asia. 60°N 90°E (p. 397)

Sahara Desierto del norte de África, que es el desierto caliente más grande del mundo. 24°N 2°O (p. 462)
San José Capital de Costa Rica. 10°N 84°O (p. 181)
San Marino Pequeño país europeo situado en la península de Italia. 44°N 13°E (p. 285)
San Salvador Capital de El Salvador. 14°N 89°O (p. 181)
Sanaa Capital de Yemen. 15°N 44°E (p. 463)
Santiago Capital de Chile. 33°S 71°O (p. 181)
Santo Domingo Capital de la República Dominicana. 19°N 70°O (p. 181)
Santo Tomé y Príncipe Pequeña isla y país del Golfo de Guinea, frente a las costas de África central. 1°N 7°E (p. 475)
Sarajevo Capital de Bosnia y Herzegovina. 43°N 18°E (p. 285)
Senegal País del África occidental, situado en la costa del Atlántico. 15°N 14°O (p. 475)
Serbia y Montenegro País de Europa oriental, situado al sur de Hungría. 44°N 21°E (p. 285)
Seúl Capital de Corea del Sur. 38°N 127°E (p. 491)
Seychelles Pequeña isla y país del Océano Índico, frente a la costa este de África. 6°S 56°E (p. 475)
Sierra Leona País de África occidental, situado al sur de Guinea. 8°N 12°O (p. 475)
Singapur Isla y país del sudeste de Asia, cerca de la punta de la Península del Malaca. 2°N 104°E (p. 491)
Siria País del suroeste de Asia , en la costa este del Mediterráneo. 35°N 37°E (p. 463)
Skopje Capital del país de Macedonia. 42°N 21°E (p. 285)
Sofía Capital de Bulgaria. 43°N 23°E (p. 285)
Somalia País del África oriental, situado en el Golfo de Adén, en el Océano Índico. 3°N 45°E (p. 475)
Sri Lanka País situado en el Océano Índico, al sur de la India, conocido anteriormente como Ceilán. 9°N 83°E (p. 491)
Suazilandia País del sur de África situado al oeste de Mozambique, que se encuentra casi totalmente dentro de la República de Sudáfrica. 27°S 32°E (p. 475)
Sucre Capital constitucional de Bolivia. 19°S 65°O (p. 181)
Sudáfrica País situado en el extremo sur de África, conocido oficialmente como la República de Sudáfrica. 28°S 25°E (p. 475)
Sudán País del África oriental, situado al sur de Egipto. 14°N 28°E (p. 475)
Suecia País del norte de Europa, situado en la parte este de la Península de Escandinavia. 60°N 14°E (p. 285)
Suiza País europeo situado en los Alpes al sur de Alemania. 47°N 8°E (p. 285)
Surinam País de América del Sur, situado entre Guyana y la Guayana Francesa. 4°N 56°O (p. 181)
Suva Capital de las Islas Fiyi 18°S 177°E (p. 505)

Tailandia País del sudeste de Asia, situado al este de Myanmar. 17°N 101°E (p. 491)
Taipei Capital de Taiwan. 25°N 122°E (p. 491)
Taiwan Isla y país que se encuentra frente a las costas del sudeste de China, sede del gobierno nacionalista chino. 24°N 122°E (p. 491)
Tallinn Capital de Estonia. 59°N 25°E (p. 285)
Tanzania País del África oriental, situado al sur de Kenia. 7°S 34°E (p. 475)
Tashkent Capital de Uzbekistán. 41°N 69°E (p. 397)
Tayikistán País del Asia central, situado al este de Turkmenistán. 39°N 70°E (p. 397)
Tegucigalpa Capital de Honduras. 14°N 87°O (p. 181)
Teherán Capital de Irán. 36°N 52°E (p. 463)
Tiflis Capital de la República de Georgia. 42°N 45°E (p. 397)
Timbu Capital de Bhután. 28°N 90°E (p. 491)
Timor Oriental Antigua provincia de Indonesia, actualmente bajo la administración de las Naciones Unidas. 10°S 127°E (p. 491)
Tirana Capital de Albania. 42°N 20°E (p. 285)
Togo País del África occidental, que se encuentra entre Benín y Ghana, en el Golfo de Guinea. 8°N 1°E (p. 475)
Tokio Capital de Japón. 36°N 140°E (p. 491)
Trinidad y Tobago Isla y país cercano a Venezuela, que se encuentra entre el Océano Atlántico y el Mar Caribe. 11°N 61°O (p. 181)
Trípoli Capital de Libia. 33°N 13°E (p. 463)
Túnez Capital de Túnez. 37°N 10°E (p. 463)
Túnez País de África del norte en el Mar Mediterráneo, que se encuentra entre Libia y Argelia. 35°N 10°E (p. 463)
Turkmenistán País del Asia central, a orillas del Mar Caspio. 41°N 56°E (p. 397)
Turquía País que se encuentra en el sudeste de Europa y el oeste de Asia. 39°N 32°E (p. 463)

Uagadugú Capital de Burkina Faso. 12°N 2°O (p. 475)

Ucrania País de la Europa oriental, situado al oeste de Rusia, a orillas del Mar Negro. 49°N 30°E (p. 285)

Uganda País del África oriental, situado al sur de Sudán. 2°N 32°E (p. 475)

Ulan Bator Capital de Mongolia. 48°N 107°E (p. 491)

Uruguay País de América del Sur situado al sur del Brasil, en la costa del Océano Atlántico. 33°S 56°O (p. 181)

Uzbekistán País del Asia central, situado al sur de Kazajstán. 42°N 60°E (p. 397)

Vanuatu País formado por islas del Océano Pacífico, situado al este de Australia. 17°S 170°O (p. 505)

Varsovia Capital de Polonia. 52°N 21°E (p. 285)

Venezuela País de América del Sur, que se encuentra en el Mar Caribe, entre Colombia y Guyana. 8°N 65°O (p. 181)

Viena Capital de Austria. 48°N 16°E (p. 285)

Vientiane Capital de Laos. 18°N 103°E (p. 491)

Vietnam País del sudeste de Asia, situado al este de Laos y Camboya. 18°N 107°E (p. 491)

Vilna Capital de Lituania. 55°N 25°E (p. 285)

Washington, D.C. Capital de los Estados Unidos, en el Distrito de Columbia. 39°N 77°O (p. 119)

Wellington Capital de Nueva Zelanda. 41°S 175°E (p. 505)

Windhoek Capital de Namibia. 22°S 17°E (p. 475)

Yakarta Capital de Indonesia. 6°S 107°E (p. 491)

Yamena Capital de Chad. 12°N 15°E (p. 475)

Yamoussoukro Segunda capital de Costa de Marfil. 7°N 6°O (p. 475)

Yangon Capital de Myanmar, antiguamente Rangoon. 17°N 96°E (p. 491)

Yaundé Capital de Camerún. 4°N 12°E (p. 475)

Yemen País que se encuentra al sur de Arabia Saudita, en la Península Arábiga. 15°N 46°E (p. 463)

Zagreb Capital de Croacia. 46°N 16°E (p. 285)

Zambia País del sur de África, que se encuentra al norte de Zimbaue. 14°S 24°E (p. 475)

Zimbabue País del sur de África, que se encuentra al nordeste de Botswana. 18°S 30°E (p 475)

GLOSSARY

absolute location exact position of a place on the earth's surface (p.5)
acid rain rain containing high amounts of chemical pollutants (pp. 70, 135, 370)
adobe sun-dried clay bricks (p. 202)
airlift system of carrying supplies by aircraft (p. 322)
altiplano large highland plateau (p. 271)
altitude height above sea level (pp. 193, 243)
aquifer underground rock layer that water flows through (p. 50)
archipelago group of islands (p. 219)
artifact object made by early people (p. 27)
atmosphere layer of air surrounding the earth (p. 30)
autobahn superhighway (p. 351)
autonomy self-government (p. 168)
axis imaginary line that runs through the earth's center between the North and South poles (p. 31); *also* horizontal (bottom) or vertical (side) line of measurement on a graph (p. 11)

bar graph graph in which vertical or horizontal bars represent quantities (p. 11)
basin low area surrounded by higher land (p. 232)
bauxite mineral used to make aluminum (p. 220)
bilingual referring to a country that has two official languages (pp. 167, 440)
birthrate number of children born each year for every 1,000 people (p. 88)
blockade to forcibly prevent entry to an area (p. 321)
bog low swampy land (pp. 342, 368)

campesino Colombian farmer (p. 257)
canopy umbrella-like covering formed by the tops of trees in a rain forest (p. 214)
cardinal directions basic directions on the earth: north, south, east, west (p. 8)
cartographer person who makes maps (p. 6)
cash crop product grown to be sold for export (pp. 256, 438)
caudillo military ruler (p. 243)
channel body of water wider than a strait between two pieces of land (p. 42)
chart graphic way of presenting information clearly (p. 12)
charter written agreement guaranteeing privileges and freedoms (p. 302)
circle graph round or pie-shaped graph showing how a whole is divided (p. 12)
civilizations highly developed cultures (p. 84)
classical relating to the ancient Greek and Roman world (p. 294)
climate usual, predictable pattern of weather in an area over a long period of time (p. 52)
climograph combination bar and line graph giving information about temperature and precipitation (p. 13)
coalition government government in which two or more political parties work together to run a country (p. 360)
Cold War period between the late 1940s and late 1980s when the United States and the Soviet Union competed for world influence without actually fighting each other (pp. 319, 414)
collection process in the water cycle during which streams and rivers carry water back to the oceans (p. 49)
colony overseas territory or settlement tied to a parent country (pp. 146, 166)
common law unwritten set of laws based on local customs (p. 300)
commonwealth partly self-governing territory (p. 223)
communism economic, social, and political system based on the teachings of Karl Marx, which advocated the elimination of private property (p. 316)
communist state country whose government has strong control over the economy and society as a whole (pp. 221, 369, 413)
condensation process in which air rises and cools, which makes the water vapor it holds change back into a liquid (p. 49)
conservation careful use of resources so they are not wasted (p. 71)
constitutional monarchy government in which a king or queen is the official head of state, but elected officials run the government (p. 342)
consul elected chief official of the Roman Republic (p. 296)
consumer goods household products, clothing, and other goods people buy to use for themselves (p. 378)
contiguous areas that are joined together inside a common boundary (p. 126)
continent massive land area (p. 35)
continental divide mountainous area from which rivers flow in different directions (p. 352)
continental shelf plateau off each coast of a continent that lies under the ocean and stretches for several miles (p. 40)
cooperative farm owned and operated by the government (p. 222)
coral reef structure at or near the water's surface formed by the skeletons of small sea animals (p. 129)
cordillera group of mountain ranges that run side by side (pp. 160, 254)

GLOSSARY

GLOSSARY

core center of the earth, formed of hot iron mixed with other metals (p. 35)
cottage industry home- or village-based industry in which family members supply their own equipment to make goods (p. 315)
crop rotation varying what is planted in a field to avoid using up all the minerals in the soil (p. 70)
crust uppermost layer of the earth (p. 35)
cultural diffusion the process of spreading new knowledge and skills to other cultures (p. 84)
culture way of life of a group of people who share similar beliefs and customs (p. 80)
culture region different countries that have cultural traits in common (p. 85)
current moving streams of water in the world's oceans (p. 56)
czar name for emperor in Russia's past (p. 411)

death rate number of people out of every 1,000 who die in a year (p. 87)
deforestation widespread cutting of forests (pp. 70, 235)
delta area formed from a soil deposit located at the mouth of a river (p. 42)
democracy government in which leaders rule with consent of the citizens (pp. 83, 294, 429)
deterrence maintenance of military power for the purpose of discouraging an attack (p. 320)
developed country country in which a great deal of manufacturing is carried out (p. 96)
developing country country that is working toward industrialization (p. 96)
dialect local form of a language that differs from the main language in pronunciation or the meaning of words (p. 81)
dictatorship government under the control of one all-powerful leader (p. 83)
divine right of kings belief that royalty ruled by the will of God (p. 306)
dominion self-governing nation that accepts the British monarch as head of state (p. 166)
drought long period of extreme dryness (p. 55)
dry farming method in which the land is left unplanted every few years so that it can store moisture (p. 358)

earthquake violent and sudden movement of the earth's crust (p. 36)
economic system system that sets rules for how people decide what goods and services to produce and how they are exchanged (p. 93)
ecosystem place where the plants and animals are dependent upon one another and their surroundings for survival (p. 72)
ecotourist person who travels to another country to view its natural wonders (p. 215)
elevation height above sea level (pp. 9, 40, 440)
elevation profile cutaway diagram showing changes in elevation of land (p. 13)
El Niño combination of temperature, wind, and water effects in the Pacific Ocean that causes heavy rains in some areas and drought in others (p. 55)
embargo order that restricts or prohibits trade with another country (p. 222)
emigrate to move to another country (p. 91)
emperor absolute ruler of an empire (p. 296)
empire group of lands under one ruler (p. 267)
environment natural surroundings (p. 24)
equinox day when day and night are of equal length in both hemispheres (p. 32)
erosion process of wearing away or moving weathered material on the earth's surface (p. 38)
escarpment steep cliff between higher and lower land (p. 233)
estancia ranch (p. 240)
ethnic cleansing forcing people from a different ethnic group to leave their homes (p. 379)
ethnic group people who share a common history, language, religion, and physical characteristics (p. 81)
euro common currency adopted by countries in the European Union (p. 325)
evaporation process in which the sun's heat turns liquid water into water vapor (p. 48)
export to trade goods to other countries (p. 95)

famine lack of food (p. 88)
fault crack in the earth's crust (pp. 37, 438)
favela slum area (p. 234)
federal republic government divided between national and state powers (pp. 147, 204, 351, 429)
feudalism political and social system in which a lord gave land to a noble to work, govern, and defend, in return for the noble's loyalty (p. 301)
fjord steep-sided valley cut into mountains by the action of glaciers (p. 354)
foothill low hill at the base of a mountain range (p. 267)
fossil preserved remains or impressions of early humans, animals, or plants (p. 27)
fossil fuel coal, oil, or natural gas (p. 135)
free enterprise system economic system in which people start and run businesses with limited government intervention (pp. 131, 415)
free market economy see *free enterprise system* (p. 424)
free trade removing trade barriers so that goods flow freely among countries (pp. 96, 136)
free trade zone area where people can buy goods from other countries without paying extra taxes (p. 223)

gaucho cowhand (p. 240)
genocide mass murder of a people because of their race, religion, ethnicity, politics, or culture (p. 317)
geographic information systems (GIS) special software that helps geographers gather and use information about a place (pp. 6, 25)
geography the study of the earth in all its variety (p. 22)
geothermal energy electricity produced by natural underground sources of steam (p. 357)
geyser spring of water heated by molten rock inside the earth so that, from time to time, it shoots hot water into the air (p. 357)
glacier giant slow-moving sheets of ice (pp. 38, 49, 159)
glasnost Russian policy of "openness" (p. 415)
globalization development of a world culture and an interdependent world economy (p. 100)
Global Positioning System (GPS) group of satellites that travels around the earth which can be used to tell exact locations on the earth (pp. 6, 25)
great circle route ship or airplane route following a great circle; the shortest distance between two points on the earth (p. 6)
greenhouse effect buildup of certain gases in the atmosphere that, like a greenhouse, hold more of the sun's warmth (p. 58)
groundwater water that fills tiny cracks and holes in the rock layers below the earth's surface (p. 50)
guild medieval workers' organization (p. 302)

hacienda large ranch (p. 199)
heavy industry manufactured goods such as machinery, mining equipment, and steel (pp. 356, 426)
hemisphere one-half of the globe; the Equator divides the earth into Northern and Southern Hemispheres; the Prime Meridian divides it into Eastern and Western Hemispheres (p. 4)
hieroglyphics form of writing that uses signs and symbols (p. 198)
Holocaust systematic murder of more than 6 million European Jews and 6 million others by Adolf Hitler and the Nazis during World War II (p. 317)
human resources supply of people who can produce goods (p. 314)
humid continental climate weather pattern characterized by long, cold, snowy winters and short, hot summers (p. 64)
humid subtropical climate weather pattern characterized by hot, humid, rainy summers and short, mild winters (p. 65)
hurricane violent tropical storm with high winds and heavy rains (p. 193)
hydroelectric power electricity generated by flowing water (p. 242)

immigrant person who moves to a new country to make a permanent home (p. 148)
imperialism system of building foreign empires for military and trade advantages (p. 316)
import to buy goods from another country (p. 95)
indulgences pardons for sins, given or sold by the Catholic Church (p. 305)
industrialize to change an economy to rely more on manufacturing and less on farming (pp. 195, 412)
interdependence dependence of countries on one another for goods, raw materials to make goods, and markets in which to sell goods (p. 100)
irrigation farming practice followed in dry areas to collect water and bring it to crops (p. 71)
island body of land smaller than a continent and surrounded by water (p. 40)
isthmus narrow piece of land that connects two larger pieces of land (pp. 40, 212)

jade shiny, usually green gemstone (p. 197)

land bridge narrow strip of land that joins two larger landmasses (p. 190)
landfill area where trash companies dump the waste they collect (p. 136)
landform individual features of the land (p. 23)
landlocked country with no land bordering a sea or an ocean (pp. 271, 372)
La Niña pattern of unusual weather in the Pacific Ocean that has the opposite effects of El Niño (p. 56)
latitude location north or south of the Equator, measured by imaginary lines (parallels) that are numbered in degrees north or south (pp. 5, 192)
leap year year that has an extra day; occurs every fourth year (p. 31)
life expectancy the number of years that an average person is expected to live (p. 428)
light industry making of such goods as clothing, shoes, furniture, and household products (p. 426)
line graph graph in which one or more lines represent changing quantities over time (p. 11)
literacy rate percentage of people who can read and write (p. 215)
llanos grassy plains (p. 242)
local wind pattern of wind caused by landforms in a particular area (p. 56)
longitude location east or west of the Prime Meridian, measured by imaginary lines (meridians) numbered in degrees east or west (p. 5)

magma hot, melted rock that sometimes flows to the earth's surface in a volcanic eruption (p. 35)
maize Native American name for corn (p. 198)
majority group group in society that controls most of the wealth and power, though not always the largest group in numbers (p. 430)
manor feudal estate made up of a manor house or castle and land (p. 301)
mantle rock layer about 1,800 miles (2,897 km) thick between the earth's core and the crust (p. 35)
map key code that explains the lines, symbols, and colors used on a map (p. 8)
maquiladora factory that assembles parts made in other countries (p. 194)
marine west coast climate weather pattern characterized by rainy and mild winters and cool summers (p. 63)
Mediterranean climate weather pattern characterized by mild, rainy winters and hot, dry summers (p. 64)
megalopolis pattern of heavy urban settlement over a large area (p. 127)
meridian see *longitude* (p. 5)
mestizo person with mixed Spanish and Native American background (p. 256)
migrant worker person who travels from place to place when extra help is needed to plant or harvest crops (p. 205)
minority group group of people who are different in some characteristic from the group with the most power and wealth in a region (p. 430)
missionary person who spreads religious views (p. 300)
monarchy form of government in which a king or queen inherits the right to rule (p. 83)
moor treeless, windy highland area with damp ground (p. 340)
mosque place of worship for followers of Islam (p. 380)
multilingual able to speak several languages (p. 348)
multinational company firm that does business in several countries (p. 348)
mural wall painting (p. 198)

national debt money owed by a nation's government (p. 206)
natural resource product of the earth that people use to meet their needs (p. 92)
navigable body of water wide and deep enough to allow the passage of ships (pp. 134, 266, 345)
neutrality refusal to take sides in disagreements and wars between countries (p. 352)
newsprint type of paper used for printing newspapers (p. 163)
nomads people who move from place to place with herds of animals (pp. 373, 439)
nonrenewable resource natural resource such as minerals that cannot be replaced (p. 93)
nuclear energy power made by creating a controlled atomic reaction (p. 428)
nuclear weapon weapon whose destructive power comes from a nuclear reaction (p. 319)

oasis a fertile or green area in a desert (p. 439)
obsidian hard, black glass created by the cooled molten lava of a volcano (p. 198)
orbit path that a body in the solar system travels around the sun (p. 29)

pampas vast treeless, grass-covered plains of South America (p. 240)
parallel see *latitude* (p. 5)
parliamentary democracy government in which voters elect representatives to a lawmaking body which chooses a prime minister to head the government (pp. 166, 216, 341)
peat plants partly decayed in water that can be dried and used for fuel (p. 342)
peninsula piece of land with water on three sides (pp. 40, 191)
perestroika Soviet policy that loosened government controls and permitted its economy to move towards free enterprise (p. 415)
permafrost permanently frozen lower layers of soil in the tundra and subarctic regions (p. 406)
pesticides powerful chemicals that kill crop-destroying insects (p. 71)
pictograph graph in which small symbols represent quantities (p. 12)
plain low-lying stretch of flat or gently rolling land (p. 40)
plantation large farm that grows a single crop for sale (p. 194)
plateau flat land with higher elevation than a plain (p. 40)
plate tectonics theory that the earth's crust is not an unbroken shell but consists of plates, or huge slabs of rock, that move (p. 35)
plaza public square (p. 202)
polder area of land reclaimed from the sea (p. 347)
polis Greek term for "city-state" (p. 294)
pope head of the Roman Catholic Church (pp. 299, 371)
population density average number of people living in a square mile or square kilometer (p. 89)
potash type of mineral salt that is often used in fertilizers (p. 385)
prairie rolling, inland grassy area with very fertile soil (p. 160)
precipitation water that falls back to the earth as rain, snow, sleet, or hail (p. 49)
prime minister official who heads the government in a parliamentary democracy (p. 167)

GLOSSARY

privatize to transfer the ownership of factories from the government to individual citizens (p. 375)
productivity measurement of the amount of work accomplished in a given time (p. 314)
projection in mapmaking, a way of drawing the round Earth on a flat surface (p. 6)
province regional political division similar to states (p. 158)

quota number limit on how many items of a particular product can be imported from a particular country (p. 95)

rain forest dense forest that receives high amounts of rain each year (p. 59)
rain shadow dry area on the inland side of coastal mountains (p. 58)
recycling reusing materials instead of throwing them out (p. 136)
refugee person who flees to another country to escape persecution or disaster (pp. 91, 379)
relief differences in height in a landscape; how flat or rugged the surface is (p. 9)
renewable resource natural resource that cannot be used up or can be replaced naturally or grown again (p. 92)
representative democracy government in which the people are represented by elected leaders (p. 146)
republic strong national government headed by elected leaders (pp. 216, 296)
responsibilities duties owed by citizens to their government and other citizens (p. 99)
reunification bringing together the two parts of Germany under one government (p. 351)
revolution one complete orbit around the sun (p. 31); a great and often violent change (p. 306)
rights benefits and protections guaranteed by law (p. 99)
rural area in the countryside (p. 150)

satellite nation nation politically and economically dominated or controlled by another, more powerful country (p. 321)
sauna wooden room heated by water sizzling on hot stones (p. 356)
savanna broad grassland in the Tropics with few trees (p. 62)
scale bar on a map, a divided line showing the map scale, usually in miles or kilometers (p. 8)
secede to withdraw from a national government (p. 147)
selva tropical rain forests in Brazil (p. 232)
serf farm laborer who could be bought and sold along with the land (pp. 301, 412)
service industry business that provides services to people instead of producing goods (pp. 132, 195, 488)
sirocco hot, dry winds that blow across Italy from North Africa (p. 360)
smog thick haze of fog and chemicals (p. 206)
sodium nitrate chemical used in fertilizer and explosives (p. 274)
solar system Earth, eight other planets, and thousands of smaller bodies that all revolve around the sun (p. 29)
spa resort that has hot mineral springs that people bathe in to regain their health (p. 374)
steppe partly dry grassland often found on the edges of a desert (pp. 67, 383, 406, 438)
strait narrow body of water between two pieces of land (p. 42)
strike refusal to work, usually by a labor organization, until demands are met (p. 315)
subarctic weather pattern characterized by severely cold, bitter winters and short, cool summers (p. 65)
subsistence farm small plot where a farmer grows only enough food to feed his own family (p. 194)
suburb smaller community that surrounds a city (p. 150)
summer solstice day with the most hours of sunlight and the fewest hours of darkness (p. 32)

taiga huge forests of evergreen trees that grow in subarctic regions (p. 406)
tariff tax added to the value of goods that are imported (p. 95)
textiles woven cloth (p. 315)
trench valley in the ocean floor (p. 41)
Tropics low-latitude region between the Tropic of Cancer and the Tropic of Capricorn (p. 53)
tsunami huge sea wave caused by an earthquake on the ocean floor (p. 36)
tundra vast rolling treeless plain in high latitude climates in which only the top few inches of ground thaw in summer (pp. 66, 159, 406)

union labor organization that negotiates for improved worker conditions and pay (p. 315)
urban area in the city (p. 150)
urbanization movement to cities (p. 90)

vaquero cowhand (p. 193)
vassal noble in medieval society who swore loyalty to a lord in return for land (p. 301)

water cycle process in which water moves from the oceans to the air to the ground and finally back to the oceans (p. 48)
water vapor water in the form of gas (p. 48)
weather unpredictable changes in air that take place over a short period of time (p. 52)
weathering natural process that breaks surface rocks into boulders, gravel, sand, and soil (p. 37)
welfare state country that uses tax money to support people who are sick, needy, jobless, or retired (p. 355)
winter solstice day with the fewest hours of sunlight (p. 32)

GLOSSARY

absolute location/ubicación absoluta posición exacta de en lugar en la superficie de la Tierra (pág. 5)
acid rain/lluvia ácida lluvia que contiene grandes cantidades de contaminantes químicos (págs. 70, 135, 370)
adobe/adobe ladrillos secados al Sol (pág. 202)
airlift/puente áereo sistema de transportar suministros por avión (pág. 322)
altiplano/altiplano meseta grande y muy elevada; también se llama altiplanicie (pág. 271)
altitude/altitud altura sobre el nivel del mar (págs. 193, 243)
aquifer/manto acuífero capa de rocas subterránea por la cual corre el agua (pág. 50)
archipelago/archipiélago grupo de islas (pág. 219)
artifact/artefacto objeto construido por pueblos antiguos (pág. 27)
atmosphere/atmósfera capa de aire que rodea la Tierra (pág. 30)
autobahn/autobahn autopista muy rápida (pág. 351)
autonomy/autonomía gobernarse por sí mismo (pág. 168)
axis/eje terrestre línea imaginaria que atraviesa el centro de la Tierra entre el Polo Norte y el Polo Sur (pág. 31); también la línea vertical (del lado) u horizontal (de abajo) de una gráfica que se usa para medir (pág. 11)

bar graph/gráfica de barras gráfica en que franjas verticales u horizontales representan cantidades (pág. 11)
basin/cuenca área baja rodeada de tierras más elevadas (pág. 232)
bauxite/bauxita mineral que se usa para hacer aluminio (pág. 220)
bilingual/bilingüe se refiere a un país que tiene dos idiomas oficiales (págs. 167, 440)
birthrate/índice de natalidad número de niños que nace cada año por cada mil personas (pág. 88)
blockade/bloquear impedir por la fuerza la entrada a un área (pág. 321)
bog/ciénaga tierra baja y pantanosa (págs. 342, 368)

campesino/campesino agricultor (pág. 257)
canopy/bóveda techo formado por las copas de los árboles en los bosques húmedos (pág. 214)
cardinal directions/puntos cardinales cuatro direcciones básicas en la Tierra: norte, sur, este, oeste (pág. 8)
cartographer/cartógrafo persona que hace mapas (pág. 6)
cash crop/cultivo comercial producto que se cultiva para exportación (págs. 256, 438)
caudillo/caudillo gobernante militar (pág. 243)
channel/canal una masa de agua entre dos tierras que tiene más anchura que un estrecho (pág. 42)
chart/cuadro manera gráfica de presentar información con claridad (pág. 12)
charter/cédula acuerdo escrito garantizando privilegios y libertades (pág. 302)
circle graph/gráfica de círculo gráfica redonda que muestra como un todo es dividido (pág. 12)
civilizations/civilizaciones culturas altamente desarrolladas (pág. 84)
Classical/Clásico relacionado a la antigua Roma y Grecia (pág. 294)
climate/clima el patrón que sigue el estado del tiempo en un área durante muchos años (pág. 52)
climograph/gráfica de clima gráfica que combina barras y líneas para dar información sobre la temperatura y la precipitación (pág. 13)
coalition government/gobierno por coalición gobierno en que dos o más partidos trabajan juntos para dirigir un país (pág. 360)
Cold War/Guerra Fría período entre los fines de los 1940 y los fines de los 1980 en que los Estados Unidos y la Unión Soviética compitieron por tener influencia mundial sin pelear uno contra el otro (págs. 319, 414)
collection/drenaje proceso durante el ciclo hidrológico en que los ríos llevan el agua de regreso a los océanos (pág. 49)
colony/colonia territorio o poblado con lazos a un país extranjero (págs. 146, 166)
common law/derecho común grupo de leyes no escritas basadas en costumbres locales (pág. 300)
commonwealth/estado libre asociado territorio que en parte se gobierna por sí solo (pág. 223)
communism/comunismo sistema económico social y político basado en las enseñanzas de Karl Marx, el cual abogaba por la eliminación de propriedades privadas (pág. 316)

SPANISH GLOSSARY

communist state/estado comunista país cuyo gobierno mantiene mucho control sobre la economía y la sociedad en su totalidad (págs. 221, 369, 413)

condensation/condensación proceso en que el aire sube y se enfría, lo cual hace que el vapor de agua que contiene se convierta de nuevo en líquido (pág. 49)

conservation/conservación uso juicioso de los recursos para no malgastarlos (pág. 71)

constitutional monarchy/monarquía constitucional gobierno en que un rey o reina es el jefe de estado oficial pero los gobernantes son elegidos (pág. 342)

consul/cónsul oficial en jefe electo en la república romana (pág. 296)

consumer goods/bienes de consumo productos para la casa, ropa y otras cosas que la gente compra para su uso personal (pág. 378)

contiguous/contiguas áreas adyacentes dentro de la misma frontera (pág. 126)

continent/continente masa de tierra inmensa (pág. 35)

continental divide/línea divisoria continental área montañosa de la cual los ríos desciendan en diferentes direcciones (pág. 352)

continental shelf/plataforma continental meseta formada por parte de un continente que se extiende por varias millas debajo del mar (pág. 40)

cooperative/cooperativa granja que es propiedad y es operada por el gobierno (pág. 222)

coral reef/arrecife coralino estructura formada al nivel del mar o cerca de éste por los esqueletos de pequeños animales marinos (pág. 129)

cordillera/cordillera grupo de cadenas paralelas de montañas (págs. 160, 254)

core/núcleo centro de la Tierra, que está formado de hierro caliente y otros metales (pág. 35)

cottage industry/industria familiar industria basada en una casa o aldea en que los miembros de la familia usan sus propias herramientas para hacer productos (pág. 315)

crop rotation/rotación de cultivos variar lo que se siembra en un terreno para no agotar todos los minerales que tiene el suelo (pág. 70)

crust/corteza capa de afuera de la Tierra (pág. 35)

cultural diffusion/difusión cultural el proceso de esparcir nuevos conocimientos y habilidades a otras culturas (pág. 84)

culture/cultura modo de vida de un grupo de personas que comparten creencias y costumbres similares (pág. 80)

culture region/región cultural países que tienen los mismos rasgos culturales (pág. 85)

current/corriente movimiento de las aguas del mar (pág. 56)

czar/zar título de los antiguos emperadores rusos (pág. 411)

death rate/índice de mortalidad número de personas de cada mil que mueren en un año (pág. 87)

deforestation/deforestación la extensa destrucción de los bosques (págs. 70, 235)

delta/delta área formada por el suelo que deposita un río en su desembocadura (pág. 42)

democracy/democracia gobierno en el cual los líderes gobiernan con el consentimiento de los ciudadanos (págs. 83, 294, 429)

deterrence/disuasión el mantener el poder militar con el propósito de desalentar un ataque (pág. 320)

developed country/país desarrollado país donde hay mucha manufactura de productos (pág. 96)

developing country/país en vías de desarrollo país que está industrializándose (pág. 96)

dialect/dialecto forma local de un idioma que se diferencia del idioma normal por su pronunciación o por el sentido de algunas palabras (pág. 81)

dictatorship/dictadura gobierno bajo el control de un líder que tiene todo el poder (pág. 83)

divine right of kings/derecho divino de los reyes la creencia de que los reyes governaban por la voluntad de Dios (pág. 306)

dominion/dominio naciones que se gobiernan por sí solas que aceptan al monarca británico como jefe de estado (pág. 166)

drought/sequía largos períodos de sequedad (pág. 55)

dry farming/agricultura en seco método de cultivar en que la tierra se deja sin sembrar cada varios años para que almacene humedad (pág. 358)

earthquake/terremoto movimiento violento e inesperado de la corteza de la Tierra (pág. 36)

economic system/sistema económico sistema que establece reglas que determinan cómo las personas deciden cuáles bienes y servicios van a producir y cómo los van a intercambiar (pág. 93)

ecosystem/ecosistema lugar en el cual las plantas y animales dependen unos de otros y de sus alrededores para sobrevivir (pág. 72)

ecotourist/ecoturista persona que viaja a otro país para ver sus bellezas naturales (pág. 215)

elevation/elevación altura por encima del nivel del mar (págs. 9, 40, 440)

elevation profile/perfil de elevaciones diagrama que muestra los cambios en la elevación de la tierra como si se hubiera hecho un corte vertical del área (pág. 13)

El Niño/El Niño combinación de la temperatura, los vientos y los efectos del agua en el océano Pacífico que causa lluvias fuertes en algunas áreas y sequía en otras (pág. 55)

embargo/embargo orden que limita o prohibe el comercio con otro país (pág. 222)
emigrate/emigrar mudarse a otro país (pág. 91)
emperor/emperador gobernante absoluto de un imperio (pág. 296)
empire/imperio grupo de países bajo un gobernante (pág. 267)
environment/medio ambiente alrededores naturales (pág. 24)
equinox/equinoccio día en que el día y la noche tienen la misa duración en los dos hemisferios (pág. 32)
erosion/erosión proceso de mover los materiales desgastados en la superficie de la Tierra (pág. 38)
escarpment/escarpa acantilado empinado entre una área baja y una alta (pág. 233)
***estancia*/estancia** rancho (pág. 240)
ethnic cleansing/limpieza étnica forzar a personas de un grupo étnico distinto a abandonar el lugar donde viven (pág. 379)
ethnic group/grupo étnico personas que tienen el mismo idioma, historia, religión y los mismos rasgos físicos (pág. 81)
euro/eurodólar moneda común adoptada por los países de la Unión Europea (pág. 325)
evaporation/evaporación proceso mediante el cual el calor del sol convierte el agua líquida en vapor de agua (pág. 48)
export/exportar comerciar y mandar bienes a otros países (pág. 95)

famine/hambruna falta de alimentos (pág. 88)
fault/falla fractura en la corteza de la Tierra (págs. 37, 438)
favela/favela barrio pobre y deteriorado (pág. 234)
federal republic/república federal nación en que el poder está dividido entre el gobierno nacional y el de los estados (págs. 147, 204, 351, 429)
feudalism/feudalismo sistema político y social en el cual un lord cedía tierra a un noble para que la trabajara, gobernara y defendiera, obligándose éste rendirle fidelidad (pág. 301)
fjord/fiordo valle creado por el movimiento de glaciares en las montañas que deja laderas sumamente empinadas (pág. 354)
foothill/estribaciones colinas bajas al pie de una cadena de montañas (pág. 267)
fossil/fósil las huellas o restos preservados de seres humanos, animales o plantas antiguos (pág. 27)
fossil fuel/combustibles fósiles carbón, petróleo o gas natural (pág. 135)
free enterprise system/sistema de libre empresa sistema económico en que la gente empieza y administra negocios con poca intervención del gobierno (págs. 131, 415)
free market economy/economía del libre comercio *véase* free enterprise system (pág. 424)
free trade/libre comercio eliminar las barreras al comercio para que se puedan mover productos libremente entre países (págs. 96, 136)
free trade zone/zona de cambio libre área donde la gente puede comprar bienes de otros países sin pagar impuestos adicionales (pág. 233)

gaucho/gaucho vaquero (pág. 240)
genocide/genocidio asesinato en masa de personas a causa de su raza, religión, etnicidad, política o cultura (pág. 317)
geographic information systems (GIS)/sistemas de información geográfica (SIG) programas de computadoras especiales que ayudan a los geógrafos a obtener y usar la información geográfica sobre un lugar (págs. 6, 25)
geography/geografía el estudio de la Tierra y de toda su variedad (pág. 22)
geothermal energy/energía geotérmica electricidad producida por fuentes de vapor subterráneas naturales (pág. 357)
geyser/géiser manantial de agua calentado por rocas fundidas dentro de la Tierra que, de vez en cuando, arroja agua caliente al aire (pág. 357)
glacier/glaciar capa de hielo inmensa que se mueve muy lentamente (págs. 38, 49, 159)
glasnost/glasnost política rusa de "franqueza" (pág. 415)
globalization/globalización desarrollo de una cultura y economía interdependiente mundiales (pág. 100)
Global Positioning System (GPS)/Sistema global de posición (GPS) grupo de satélites que le dan la vuelta a la Tierra y se usan para localizar lugares exactos en la Tierra (págs. 6, 25)
greenhouse effect/efecto invernadero la acumulación de ciertos gases en la atmósfera que mantienen más del calor del Sol, como hace un invernadero (pág. 58)
great circle route/línea de rumbo ruta que sigue un círculo máximo; usada por aviones y barcos porque es la distancia más corta entre dos puntos en la Tierra (pág. 6)
groundwater/agua subterránea agua que llena las rajaduras y hoyos en las capas de roca debajo de la superficie de la Tierra (pág. 50)
guild/gremio organización de trabajadores en la época medieval (pág. 302)

hacienda/hacienda un rancho grande (pág. 199)
heavy industry/industria pesada manufactura de productos como maquinaria, equipo de minería y acero (págs. 356, 426)

hemisphere/hemisferio una mitad del globo terráqueo; el ecuador divide la Tierra en los hemisferios norte y sur; el primer meridiano la divide en hemisferios este y oeste (pág. 4)

hieroglyphics/jeroglíficos forma de escribir que usa signos y símbolos (pág. 198)

Holocaust/Holocausto matanza sistemática de más de 6 millones de judíos europeos y 6 millones de personas más por Adolfo Hitler y los nazis durante la Segunda Guerra Mundial (pág. 317)

human resources/recursos humanos suministro de personas quienes pueden producir bienes de consumo (pág. 314)

humid continental climate/clima húmedo continental patrón del estado del tiempo con inviernos largos, fríos y con mucha nieve y veranos cortos y calurosos (pág. 64)

humid subtropical climate/clima húmedo subtropical patrón del estado del tiempo con veranos calurosos, húmedos y lluviosos e inviernos cortos y templados (pág. 65)

hurricane/huracán tormenta tropical violenta con vientos y lluvias fuertes (pág. 193)

hydroelectric power/energía hidroeléctrica electricidad generada por una corriente de agua (pág. 242)

immigrant/inmigrante persona que se muda permanentemente a un país nuevo (pág. 148)

imperialism/imperialismo el sistema de desarrollar imperios extranjeros para ventaja militar y comercial (pág. 316)

import/importar comprar productos de otro país (pág. 95)

indulgences/indulgencias perdón por los pecados concedido o vendido por la Iglesia Católica (pág. 305)

industrialize/industrializar cambiar una economía de manera que dependa más de la manufactura que de la agricultura (págs. 195, 412)

interdependence/interdependencia países que dependen unos de otros para bienes, materia prima para producir bienes y mercados en los cuales vendan sus productos (pág. 100)

irrigation/irrigación práctica agrícola en áreas secas de colectar agua y llevarla a los cultivos (pág. 71)

island/isla masa de tierra más pequeña que un continente, rodeada de agua (pág. 40)

isthmus/istmo lengua de tierra que conecta a dos masas de tierra más grandes (págs. 40, 212)

jade/jade piedra preciosa reluciente, usualmente de color verde (pág. 197)

land bridge/puente de tierra franja de tierra que une a dos masas de tierra mayores (pág. 190)

landfill/vertedero de basura lugar donde las compañías que recogen la basura botan los residuos que colectan (pág. 136)

landform/accidente geográfico característica particular de la tierra (pág. 23)

landlocked/rodeado de tierra país que no tiene tierras bordeadas por un mar u océano (págs. 271, 372)

La Niña/La Niña patrón infrecuente en el estado del tiempo del océano Pacífico que tiene los efectos contrarios a los de El Niño (pág. 56)

latitude/latitud posición al norte o al sur del ecuador, medida por medio de líneas imaginarias (paralelos) que son numeradas con grados norte o sur (págs. 5, 192)

leap year/año bisiesto año que tiene un día adicional; cada cuarto año (pág. 31)

life expectancy/expectativas de vida el número de años que se espera que viva la persona promedio (pág. 428)

light industry/industria ligera fabricación de productos como muebles, ropa, zapatos y artículos para el hogar (pág. 426)

line graph/gráfica lineal gráfica en que una o varias líneas representan cambios de cantidad a través del tiempo (pág. 11)

literacy rate/índice de alfabetización porcentaje de personas que saben leer y escribir (pág. 215)

llanos/llanos planicie cubierta de hierba (pág. 242)

local wind/vientos locales patrones en los vientos causados por los accidentes geográficos de un área en particular (pág. 56)

longitude/longitud posición al este o el oeste del primer meridiano, medida por medio de líneas imaginarias (meridianos) numeradas con grados este u oeste (pág. 5)

magma/magma roca caliente y fundida que a veces fluye hasta la superficie de la Tierra en erupciones volcánicas (pág. 35)

maize/maíz nombre Native Americano del elote (pág. 198)

majority group/grupo mayoritario grupo en una sociedad que controla la mayoría de la riqueza y el poder, el cual no siempre es el grupo más numeroso (pág. 430)

manor/feudo estado feudal compuesto de una casa solariega o castillo y tierra (pág. 301)

SPANISH GLOSSARY

mantle/manto capa de rocas de 1,800 millas (2,897 km.) de grueso entre el núcleo y la corteza de la Tierra (pág. 35)
map key/leyenda explicación de las líneas, símbolos y colores usados en un mapa; también se llama clave del mapa (pág. 8)
maquiladora/maquiladora fábrica donde se ensamblan piezas hechas en otros países (pág. 194)
marine west coast climate/clima húmedo marítimo patrón del estado del tiempo con inviernos lluviosos y templados y veranos frescos (pág. 65)
Mediterranean climate/clima húmedo mediterráneo patrón del estado del tiempo con inviernos lluviosos y templados y veranos calurosos y secos (pág. 64)
megalopolis/megalópolis área extensa de mucha urbanización (pág. 127)
meridian/meridiano *véase* longitude (pág. 5)
mestizo/mestizo persona cuya ascendencia incluye indios americanos y españoles (pág. 256)
migrant worker/trabajador itinerante persona que viaja a distintos lugares donde hacen falta trabajadores para sembrar y cosechar cultivos (pág. 205)
minority group/grupo minoritario grupo de gente quien es diferente en alguna característica del grupo con mayor poder y riqueza en una región (pág. 430)
missionary/misionero persona que difunde ideas religiosas (pág. 300)
monarchy/monarquía tipo de gobierno en que un rey o reina hereda el derecho de gobernar (pág. 83)
moor/páramo área elevada y sin árboles pero con mucho viento y tierra húmeda (pág. 340)
mosque/mezquita edificio de devoción islámico (pág. 380)
multilingual/multilingüe que puede hablar varios idiomas (pág. 348)
multinational company/multinacional compañía compañía que hace negocios en varios países (pág. 348)
mural/mural pintura hecha sobre una pared (pág. 198)

national debt/deuda pública dinero debido por el gobierno de una nación (pág. 206)
natural resource/recurso natural producto de la Tierra que la gente usa para satisfacer sus necesidades (pág. 92)
navigable/navegable masa de agua ancha y profunda suficiente para que los barcos puedan viajar por ella (págs. 134, 266, 345)
neutrality/neutralidad negarse a ponerse a favor de uno de los adversarios en un desacuerdo o una guerra entre países (pág. 352)
newsprint/papel de periódico tipo de papel en que se imprimen los periódicos (pág. 163)
nomads/nómadas gente que se muda de un lugar a otro con sus manadas o rebaños de animales (págs. 373, 439)
nonrenewable resource/recurso no renovable recurso natural, como minerales, que no puede reemplazarse (pág. 93)
nuclear energy/energía nuclear energía producida por medio de una reacción atómica controlada (pág. 428)
nuclear weapon/arma nuclear arma cuya fuerza destructiva viene de una reacción nuclear (pág. 319)

oasis/oasis área fértil o verde en un desierto (pág. 439)
obsidian/obsidiana piedra vítrea de color negro formada por el enfriamiento de la lava líquida de un volcán (pág. 198)
orbit/órbita trayectoria que los cuerpos en el sistema solar siguen alrededor del Sol (pág. 29)

pampas/pampa llanura de gran extensión en América del Sur sin árboles y cubierta de hierba (pág. 240)
parallel/paralelos *véase* latitude (pág. 5)
parliamentary democracy/democracia parlamentaria gobierno en que los votantes eligen a representantes a un cuerpo que hace las leyes y que selecciona a un primer ministro para que sea el jefe del gobierno (págs. 166, 216, 341)
peat/turba plantas parcialmente descompuestas en agua que se pueden secar y usar como combustible (pág. 342)
peninsula/península masa de tierra con agua alrededor de tres lados (págs. 40, 191)
perestroika/perestroika política soviética que relajó los controles gubernamentales y permitió que la economía se moviera hacia de libre empresa (pág. 415)
permafrost/permafrost capa de suelo congelada en la tundra y las regiones subárticas; también se llama permagel (pág. 406)
pesticides/pesticidas sustancias químicas poderosas que matan a los insectos que destruyen los cultivos (pág. 71)
pictograph/pictograma gráfica en que pequeños símbolos representan cantidades (pág. 12)
plain/llanura extensión de tierra plana u ondulante a elevaciones bajas (pág. 40)
plantation/plantación granja grande en que se siembra un solo cultivo para venderse (pág. 194)

plateau/meseta planicie a elevaciones más altas que las llanuras (pág. 40)
plate tectonics/tectónica de placas teoría que dice que la corteza de la Tierra no es una envoltura enteriza, sino que está formada por placas, o planchas de roca inmensas, que se mueven (pág. 35)
plaza/plaza sitio donde se reúne el público (pág. 202)
polder/pólder área de tierra ganada del mar (pág. 347)
polis/polis término griego para “cuidad estado” (pág. 294)
pope/papa líder de la Iglesia Católica Apostólica Romana (págs. 299, 371)
population density/densidad de población promedio de personas que viven en una milla cuadrada o kilómetro cuadrado (pág. 89)
potash/potasa tipo de sal mineral que a menudo se usa en los abonos (pág. 385)
prairie/pradera área de pastos ondulantes en el interior con suelo muy fértil (pág. 160)
precipitation/precipitación agua que regresa a la Tierra en la forma de lluvia, nieve, aguanieve o granizo (pág. 49)
prime minister/primer ministro líder del gobierno en una democracia parlamentaria (pág. 167)
privatize/privatizar transferir la propiedad de fábricas de las manos del gobierno a las de individuos (pág. 375)
productivity/productividad la medida de la cantidad de trabajo ejecutado en un tiempo dado (pág. 314)
projection/proyección una de las maneras de dibujar la Tierra redonda en una superficie plana para hacer un mapa (pág. 6)
province/provincia división política regional, parecida a un estado (pág. 158)

quota/cuota límite en la cantidad de un producto que se puede importar de un país en particular (pág. 95)

rain forest/bosque húmedo bosque denso que recibe grandes cantidades de lluvia todos los años (pág. 59)
rain shadow/sombra pluviométrica área seca en el lado interior de montañas costeras (pág. 58)
recycling/reciclaje usar materiales de nuevo en vez de botarlos (pág. 136)
refugee/refugiado persona que huye de un país a otro para evitar la persecución o un desastre (págs. 91, 379)
relief/relieve las diferencias en altitud de una zona; lo plana o accidentada que es una superficie (pág. 9)
renewable resource/recurso renovable recurso natural que no se puede gastar, que la naturaleza puede reemplazar o que se puede cultivar de nuevo (pág. 92)
representative democracy/democracia representativa gobierno en que las personas están representadas por dirigentes elegidos (pág. 146)
republic/república gobierno nacional fuerte encabezado por líderes elegidos (págs. 216, 296)
responsibilities/responsabilidades deberes que la genta debe a su gobierno (pág. 99)
reunification/reunificación juntar de nuevo las dos partes de Alemania bajo un mismo gobierno (pág. 351)
revolution/revolución una órbita completa alrededor del Sol (pág. 31); un gran cambio, a menudo violento (pág. 306)
rights/derechos beneficios y protecciones que están garantizados por ley (pág. 99)
rural/rural área en el campo (pág. 150)

satellite nation/nación satélite nación dominada o controlada política y económicamente por otro país más poderoso (pág. 321)
sauna/sauna cuarto de madera calentado por agua que hierve sobre piedras calientes (pág. 356)
savanna/sabana pastos extensos en los Trópicos con pocos árboles (pág. 62)
scale bar/barra de medir la escala en un mapa, línea con divisiones que muestra la escala del mapa, generalmente en millas o kilómetros (pág. 8)
secede/secesión separarse de un gobierno nacional (pág. 147)
***selva*/selva** bosque húmedo tropical, como el de Brasil (pág. 232)
serf/siervo labrador que podía ser comprado y vendido con la tierra (págs. 301, 412)
service industry/industria de servicio negocio que proporciona servicios a la gente en vez de producir productos (págs. 132, 195, 488)
sirocco/siroco vientos calurosos y secos que soplan a través de Italia desde el norte de África (pág. 360)
smog/smog neblina espesa compuesta de niebla y sustancias químicas (pág. 206)
sodium nitrate/nitrato de sodio sustancia química usada en abonos y explosivos (pág. 274)

SPANISH GLOSSARY

solar system/sistema solar la Tierra, ocho planetas adicionales y miles de astros más pequeños que giran alrededor del Sol (pág. 29)
spa/termas balneario con manantiales de agua mineral caliente en que la gente se baña para recobrar su salud (pág. 374)
steppe/estepa pastos parcialmente secos que a menudo se encuentran en los bordes de un desierto (págs. 67, 383, 406, 438)
strait/estrecho masa de agua delgada entre dos masas de tierra (pág. 42)
strike/huelga una negativa a trabajar, usualmente por una organización de trabajo, hasta que las demandas sean solucionadas (pág. 315)
subarctic/subártico patrón del estado del tiempo con inviernos extremadamente fríos y veranos cortos y frescos (pág. 65)
subsistence farm/granja de subsistencia terreno pequeño en el cual un granjero cultiva sólo lo suficiente para alimentar a su propia familia (pág. 194)
suburb/suburbio comunidad pequeña en los alrededores de una ciudad (pág. 150)
summer solstice/solsticio de verano día con más horas de sol y menos horas de oscuridad (pág. 32)

taiga/taiga bosques enormes de árboles de hoja perenne en regiones subárticas (pág. 406)
tariff/arancel impuesto sobre el valor de bienes importados (pág. 95)
textiles/textiles tela tejida (pág. 315)
trench/fosa marina valle en el fondo del mar (pág. 41)
Tropics/Trópicos región entre el Trópico de Cáncer y el Trópico de Capricornio (pág. 53)
tsunami/tsunami ola inmensa causada por un terremoto en el fondo del mar (pág. 36)
tundra/tundra inmensas planicies ondulantes y sin árboles en latitudes altas con climas en que sólo varias pulgadas del suelo de la superficie se deshielan (págs. 66, 159, 406)

union/sindicato organización laboral que negocia para mejorar las condiciones y pago de los trabajadores (pág. 315)
urban/urbano parte de una ciudad (pág. 150)
urbanization/urbanización movimiento hacia las ciudades (pág. 90)

vaquero/vaquero pastor de ganado vacuno (pág. 193)
vassal/vasallo noble en la sociedad medieval quien juraba lealtad a un lord en cambio de tierra (pág. 301)

water cycle/ciclo hidrológico proceso mediante el cual el agua se mueve de los océanos al aire, del aire a la tierra y de la tierra a los océanos una vez más (pág. 48)
water vapor/vapor de agua agua en forma de gas (pág. 48)
weather/estado del tiempo cambios en la atmósfera que son difíciles de pronosticar y tienen lugar durante un período de tiempo corto (pág. 52)
weathering/desgaste proceso natural que rompe la superficie rocosa en peñas, grava, arena y suelo (pág. 37)
welfare state/estado de bienestar social estado que usa el dinero recaudado por los impuestos para mantener a personas que están enfermas, pobres, sin trabajo o retiradas (pág. 355)
winter solstice/solsticio de invierno día con menos horas de sol (pág. 32)

ÍNDICE

c = cuadro   *m = mapa*
d = diagrama   *f = fotografía*
g = gráfica   *p = pintura*

ÍNDICE

ÍNDICE

ÍNDICE

ÍNDICE

ÍNDICE

ÍNDICE

ÍNDICE

ÍNDICE

ÍNDICE

ÍNDICE

ÍNDICE

ÍNDICE

ÍNDICE

RECONOCIMIENTOS

Texto

99 del **Reporte del Milenio, 3 de abril de 2000** por Kofi Annan, secretario-general de las Naciones Unidas. Comunicado de prensa de las Naciones Unidas SG/SM/7343 GA/9705, 3 de abril, 2000. Copyright 2001 por las Naciones Unidas; **152 Survival This Way** por Simon J. Ortiz. Reimpreso con permiso del autor. **I, Too** en *Collected Poems* por Langston Hughes. Copyright 1994 de la Sucesión de Langston Hughes. Reimpreso con permiso de Alfred A. Knopf, División de Random House, Inc; **167 A Declaration of First Nations.** Copyright 2001 por Assembly of First Nations National Indian Brotherhood. (http://www.afn.ca/About%AFN/a_declaration_of_first_nations.htm) **235** De **Botoque, Bringer of Fire** in *Folklore, Myths, and Legends, a World Perspective,* editado por Donna Rosenberg. Copyright 1977. NTC Publishing; **246** De **The Gaucho Martín Fierro** adaptado del español e interpretado al verso en inglés por Walter Owen. Copyright 1936 por Farrar & Rinehart. Reimpreso con permiso de Henry Holt and Company, LLC; **306** De **The Scarlet Pimpernel** por la Baronesa Orzy. Copyright 1961 Doubleday and Company, Inc; **380** De **Zlata's Diary: A Child's Life in Sarajevo** traducido con notas por Christina Pribichevich-Zoric. Copyright de traducción por Fixot et editions Robert Laffont, 1994 Viking, publicado por el Penguin Group, Penguin Books USA Inc. NY; **432** Del **Discurso del ganador del premio Nobel de 1972** por Alexander Isayevich Solzhenitsyn en *Bartlett's Familiar Quotations.* Copyright 1992 por Little, Brown and Company Inc, Boston; **435 The Grandfather and His Little Grandson** por Leo Tolstoy en *A Harvest of Russian Children's Literature,* editado por Miriam Morton. Copyright 1967 por Miriam Morton. University of California Press, Berkeley y Los Angeles, CA. Glencoe desea reconocer a los artistas y agencias que participaron en la ilustración de este programa: Ortelius Design, Inc.

Fotografías

Cubierta (de arriba hacia abajo) AI Interactive, CORBIS, Howard Kingsnorth/Getty Images, CORBIS, Danny Lehman/CORBIS, Keren Su/Getty Images; (fondo) AI Interactive; **ivv** Ken Stimpson/Panoramic Images, Chicago, Reservados Todos los Derechos; **vivii** Getty Images; **viii** Art Wolf; **ix** (sup.) Jeff Schultz/Alaska Stock Images, (inf.) Craig Aurness/CORBIS; **x** (sup.) Robert A. Tyrrell, (inf.) Michael S. Yamashita/CORBIS; **xi** Elaine Shay; **1** (inf.) PhotoDisc, (izq., sup.) Jamie Harron/CORBIS, (der., sup.) Dallas y John Heaton/CORBIS, (inf.) Owen Franken/CORBIS; **23, 16–17** PhotoDisc; **18** (sup.) Wolfgang Kaehler, (inf.) Jerry Kobalenko/Getty Images; **18–19** Yann Arthus-Bertrand/CORBIS; **20–21** Norman Kent Productions/oi2.com; **22** NASA/National Geographic Image Collection; **23** (sup.) Brent Winebrenner/Lonely Planet Images, (inf.) Richard T. Nowitz/National Geographic Image Collection; **25** Galen Rowell/CORBIS; **26** (izq.) Shelly Grossman/Woodfin Camp, (der., sup.) Christie's Images /CORBIS, (der., inf.) Getty Images; **29** Brian Stablyk/Getty Images; **30** Timothy G. Laman/National Geographic Image Collection; **34** Natalie Fobes/National Geographic Image Collection; **37** Michael K. Nichols/National Geographic Image Collection; **39** Bachmann/Photo Researchers, Inc; **40** (izq.) Miles Ertman/Masterfile, (der.) Michael K. Nichols/National Geographic Image Collection; **46–47** Digital Vision/Getty Images; **48** George Grall/National Geographic Image Collection; **51** Southampton Oceanography Centre; **52** V.C.L./Getty Images; **53** Medford Taylor/National Geographic Image Collection; **55** CORBIS; **61** Phil Schermeister/National Geographic Image Collection; **62** (izq.) Michael K. Nichols/National Geographic Image Collection, (der.) Beverly Joubert/National Geographic Image Collection; **65** (izq.) James P. Blair/National Geographic Image Collection, (der., sup.) Annie Griffiths Belt/National Geographic Image Collection, (cent.) Jodi Cobb/National Geographic Image Collection, (der., inf.) Raymond K. Gehman/National Geographic Image Collection; **66** (sup.) Natalie Fobes/National Geographic Image Collection, (cent.) George F. Mobley/National Geographic Image Collection, (inf.) Raymond Gehman/CORBIS; **67** (izq.) James L. Stanfield/National Geographic Image Collection, (der.) Phil Schemeister/National Geographic Image Collection; **68** Pat Jerrold/Papilio/CORBIS; **69** David Frazier/Getty Images; **70** AFP/CORBIS; **71** Bruce Yuan-Yue Bi/Lonely Planet Images; **76** (izq.) Gerry Ellis/ENP Images, (der.) Jose Azel/Aurora/PictureQuest; **77** (sup.) Lisa Hoffner/Wildeye Photography, (cent.) Lisa Hoffner/WildEye Photography, (inf.) Art Wolfe/Getty Images; **78–79** Dean Conger/National Geographic; **80** Kenneth Garrett/National Geographic Image Collection; **87** Gerd Ludwig/National Geographic Image Collection; **90** AFP/CORBIS; **92** Jim Sugar Photography/CORBIS; **93** Steve McCurry/National Geographic Image Collection; **97** AP/Wide World Photo; **98** (izq., sup.) Private Collection/The Bridgeman Art Library, (der., sup., der., inf.) Glencoe file, (izq., inf.) NASA; **99** AFP/CORBIS; **101** Thomas Muller; **102** (izq.) David Alan Harvey/Magnum, (der.) Serge Attal/Getty Images News Services; **103** (izq.) Robin Moyer, (cent.) AP/Wide World Photos, (der.) Reuters/Time Life Pictures/Getty Images; **104** Garwood & Ainsile, Planet Project; **105** Marie Dorigny/Time Life Pictures/Getty Images; **106** David Strick/CORBIS; **107** Getty Images; **108** Bettmann/CORBIS; **112** (izq.) Steve McCurry, (der.) Michael Lewis; **112–113** David R. Stoecklein; **115** (fondo) Susie Post, (inserción) Norbert Rosing; **116** Richard Nowitz/Phototake/PictureQuest; **117** Eugene Fisher y Barbara Brundege; **124–125** Mitchell Funk/Getty Images; **126** David Hiser/National Geographic Image Collection; **128** (izq.) Steven L. Raymer/National Geographic Image Collection, (der.) Vincent Musl/National Geographic Image Collection; **129** Roy Corral/Getty Images; **131** AP/Wide World Photos; **133** Gregory Scott Doramus/Omnigraphix; **134** (izq.) Getty Images, (der.) Marvin E. Newman/Getty Images; **135** Joel Satore/National Geographic Image Collection; **137** Thomas E. Franklin/Record/CORBIS Saba; **138** (izq., sup.) Lisa Rudy Hoke/Black Star, (der., sup.) Scott Peters/Getty Images News Services, (inf.) James Nachtwey/VII for Time; **139** (izq.) Malcolm Linton/Getty Images News Services, (cent.) AP/Wide World Photos, (der.) AP/Wide World Photos; **140** Alexandra Boulat/VII; **141** Mark Richards; **142** Chris Usher; **143** Terry Barner/Silver Image; **145** CORBIS; **146** Ira Block/National Geographic Image Collection; **147** The White House Historical Association; **150** Mary Kate Denny/PhotoEdit; **152** CORBIS; **156–157** SuperStock; **158** Raymond K. Gehman/National Geographic Image Collection; **160** Diaphor Agency/Index Stock; **162** David A. Harvey/National Geographic Image Collection; **164** (izq.) Daniel J. Wiener/National Geographic Image Collection, (der.) Aaron Haupt; **165** Marie-Louise Brimberg/National Geographic Image Collection; **166** Michael Evan Sewell/Visual Pursuit; **167** Index Stock Imagery/PictureQuest; **168** Marie-Louise Brimberg/National Geographic Image Collection; **170** Reuters NewMedia Inc./CORBIS; **171** Richard T. Nowitz/National Geographic Image Collection; **174** (izq.) David Levy/Getty Images, (der.) Oliver Benn/Getty Images; **174–175** Kenneth Garrett/National Geographic Society Image Collection; **177** (fondo) Norbert Wu/Getty Images, (inserción) William J. Hebert/Getty Images; **178** Sisse Brimberg; **179** Chad Ehlers/Getty Images; **187** Michael K. Nichols/National Geographic Image Collection; **188–189** Randy Faris/CORBIS; **190** Bettmann/CORBIS; **192** Albert Moldvay/National Geographic Image Collection; **194** Joel Satore/National Geographic Image Collection; **197** Tomasz Tomaszewski/National Geographic Image Collection; **199** Vladimir Pcholkin/Getty Images; **201** James L. Amos/National Geographic Image Collection; **202** David A. Harvey/National Geographic Image Collection; **203** Peter Menzel/Stock Boston; **204** Tomas Tomaszewski/National Geographic Image Collection; **210–211** Sylvain Grandadam/Getty Images; **212** Art Wolfe; **215** (sup.) Jan Butchofsky-Houser/CORBIS, (inf.) Vincent Musl/National Geographic Image Collection; **216** Michael S. Yamashita/CORBIS; **219** Jonathan Blair/National Geographic Image Collection; **221** (izq.) Tony Arruza/CORBIS, (der.) Michael K. Nichols/National Geographic Image Collection; **222** © 1990 Robert A. Tyrrell; **225** George Mobley/National Geographic Image Collection; **228** (izq.) Getty Images, (der.) Giraudon/Art Resource, NY; **229** Loren McIntyre; **230–231** Layne Kennedy/CORBIS; **232** Alex Webb/Magnum; **235** Kennan Ward/CORBIS Stock Market; **236** (izq.) Jim Zuckerman/CORBIS, (der.) Yann Arthus-Bertrand/CORBIS; **238** Jeremy Horner/CORBIS; **239** Louis O. Mazzatenta/National Geographic Image Collection; **242** Robert Caputo/Aurora; **243** Pablo Corral V/CORBIS; **244** Jacques Jangoux/Getty Images; **246** Kit Houghton Photography/CORBIS; **247** Winfield I. Parks, Jr./National Geographic Image Collection; **250–251** Stuart Franklin; **250** (sup.) Michael & Patricia Fogden, (inf.) William Albert Allard; **251** (sup.) Marc Van Roosmalen/Conservation International, (inf.) Michael Doolittle; **256** Richard S. Durrance/National Geographic Image Collection; **266** Frank & Helen Schreider/National Geographic Image Collection; **268** Michael J. Doolittle/The Image Works; **270** Art Wolfe; **271** Maria Stenzel/National Geographic Image Collection; **272** (izq.) Richard T. Nowitz/National Geographic Image Collection, (der.) James L. Stanfield/National Geographic Image Collection; **275** William A. Allard/National Geographic Image Collection; **278** (sup.) IFA-Bilderteam-Travel/Bruce Coleman Inc., (inf.) Robert Everts/Getty

RECONOCIMIENTOS

Images; **278–279** SuperStock; **281** (fondo) D.C. Lowe/Getty Images, (inserción) Chris Haigh/Getty Images; **282** Bert Blokhuis/Getty Images; **283** Ron Sanford/Getty Images; **291** Mary Kate Denny/PhotoEdit; **292–293** Christian Sarramon/CORBIS; **294** Ira Block/National Geographic Image Collection; **295** Vanni Archive/CORBIS; **296** Richard T. Nowitz/National Geographic Image Collection; **297** Museo della Civilta Romana, Rome/Art Resource, NY; **299** Richard List/CORBIS; **302** Archivo Iconográfico, SA/CORBIS; **303** David Lees/CORBIS; **304** Sistine Chapel, Vatican, Rome/Fratelli Alinari/SuperStock; **305** The Art Archive; **306** Matt Meadows; **308** (izq.) Bettmann/CORBIS, (der.) Gianni Dagli Orti/CORBIS; **312–313** Philippa Lewis/CORBIS; **314** The Art Archive/Dagli Orti/Musee National d'Art Moderne, Paris; **315** Culver Pictures, Inc.; **316** (izq.) CORBIS, (der.) Craig Aurness/CORBIS; 317 Hulton-Deutsch Collection/CORBIS; **318** V. Yudin/Sovfoto/Eastfoto/PictureQuest; **319** Owen Franken/CORBIS; **322** (izq.) Culver Pictures/PictureQuest, (der.) Bettmann/CORBIS; **324** James Stanfield/National Geographic Image Collection; **325** AFP/CORBIS; **338–339** Photowood, Inc./CORBIS Stock Market; **340** London Aerial Photo Library/CORBIS; **342** Stephen Beer/Getty Images; **343** Tim Thompson/CORBIS; **344** Adam Woolfitt/CORBIS; **345** James L. Stanfield/National Geographic Image Collection; **346** (sup.) Brand X/Getty Images, (inf.) James P. Blair/National Geographic Image Collection; **347** Michael John Kielty/CORBIS; **350** Ric Ergenbright/CORBIS; **351** Owen Franken/CORBIS; **352** Sisse Brimberg/National Geographic Image Collection; **353** AFP/CORBIS; **354** Tomasz Tomaszewski/National Geographic Image Collection; **355** (izq.) Buddy May/CORBIS, (der.) Richard S. Durrance/National Geographic Image Collection; **356** Sisse Brimberg/National Geographic Image Collection; **357** SuperStock; **358** David Cumming/Eye Ubiquitous/CORBIS; **359** Gerard Degeorge/CORBIS; **360** (sup.) Getty Images, (inf.) Vittoriano Rastelli/CORBIS; **361** Louis O. Mazzatenta/National Geographic Image Collection; **362** A. Ramey/PhotoEdit; **366–367** Foto World/Getty Images; **368** Tomasz Tomaszewski/National Geographic Image Collection; **370** James L. Stanfield/National Geographic Image Collection; **371** Steven L. Raymer/National Geographic Image Collection; **372** Peter Blakely/CORBIS Saba; **373** Dean Conger/CORBIS; **374** Stephanie Heimann/Sovfoto; **376** James Stanfield/National Geographic Image Collection; **377** Steve Raymer/CORBIS; **378** Peter Wilson/CORBIS; **379** Francoise de Mulder/CORBIS; **380** Aaron Haupt; **381** Catherine Karnow/CORBIS; **382** (izq.) Kelly-Mooney Photography/CORBIS, (der.) Craig Aurness/CORBIS; **383** Gerd Ludwig/National Geographic Image Collection; **390** (izq.) Bruce Dale, (der.) Alain Le Garsmeur/Getty Images; **390–391** Marc Moritsch/National Geographic Society Image Collection; **393** (fondo) Simeone Huber/Getty Images, (inserción) Jay Dickman; **394** B. Klipinitsen/M. Moshkov/Sovfoto/Eastfoto/PictureQuest; **395** Michael Nichols/National Geographic Image Collection; **400** Paul Harris/Getty Images; **401** KS Studios; **402–403** Bryan & Cherry Alexander; **404** Tom Brakefield/CORBIS; **406** John Lamb/Getty Images; **407** (izq.) Andre Gallant/Getty Images, (cent.) Wolfgang Kaehler/CORBIS, (der.) A. Solomonov/Sovfoto/Easfoto/PictureQuest; **409** Stock Montage; **410** Giraudon/Art Resource, NY; **411** (izq.) NASA, (der.) Stock Montage; **414** Marc Garanger/CORBIS; **415** David & Peter Turnley/CORBIS; **416** Farrell Grehan/CORBIS; **417** Wolfgang Kaehler/CORBIS; **420** Giraudon/Art Resource, NY; **421** Sovfoto/Eastfoto/PictureQuest; **422–423** David & Peter Turnley/CORBIS; **424** Gerd Ludwig/National Geographic Image Collection; **427** Steve Kokker/Lonely Planet Images; **429** Sisse Brimberg/National Geographic Image Collection; **430** Shone/Sipa Press; **431** (izq.) Marc Garanger/CORBIS, (der.) David Turnley/CORBIS; **432** Richard Howard/Black Star Publishing/PictureQuest; **433** Kremlin Museums Moscow Russia/Bridgeman Art Library; **434** Bob Krist/CORBIS; **435** Roger-Viollet/Musee du Petit Palais, Paris/Bridgeman Art Library, London/New York; **436** Wolfgang Kaehler; **438** Index Stock Imagery/PictureQuest; **439** Gerd Ludwig/National Geographic Image Collection; **441** Sovfoto/Eastfoto; **442** (izq., sup.) Sovfoto/Eastfoto, (der., sup.) Christopher Morris/Black Star, (inf.) Wolfgang Kaehler/CORBIS; **443** (izq.) Christopher Morris/Black Star, (der.) Ignatiev/Network/Saba, (cent.) Alexander Demianchuk/Newscom; **444** Christopher Morris/Black Star; **445** East News/Getty Images/Newscom; **446** NHLPA; **447** Sergei Guneyev/Timepix; **448** Gerd Ludwig/National Geographic Image Collection; **449** Michael S. Yamashita /CORBIS; **452** Getty Images; **454–455** CORBIS **456–457** X. Richer/Hoaqui, Photo Researchers; **456** (izq.) Hugh Sitton/Getty Images, (der.) David Coulson; **459** James Strachan/Getty Images; **460** Getty Images; **461** Wayne Eastep/Getty Images; **467** AP/Wide World Photo; **468** (izq.) Hugh Sitton/Getty Images, (der.) Jacques Jangoux/Getty Images; **468–469** Manoj Shah/Getty Images; **471** (fondo) Ian Murphy/Getty Images, (inserción) Renee Lynn/Getty Images; **472** Ian Murphy/Getty Images; **473** Will Curtis/Getty Images; **482** David & Peter Turnley/CORBIS; **483** Nicholas Parfitt/Getty Images; **484** (izq.) Tim Davis/Getty Images, (der.) David Sutherland/Getty Images; **484–485** Waranun Chutchawan-Tipakorn; **487** (fondo) Hilarie Kavanagh/Getty Images, (inserción) Martin Puddy/Getty Images; **488** Paul Chesley/Getty Images; **489** Steve McCurry/National Geographic Image Collection; **496** Steve Raymer/CORBIS; **497** Keren Su/Getty Images; **498** (izq.) David Madison/Getty Images, (der.) David Hiser/Getty Images; **498–499** Oliver Strewe/Getty Images; **501** (fondo) Oliver Strewe/Getty Images, (inserción) Johnny Johnson/Getty Images; **502** Nicholas DeVore/Getty Images; **503** Glen Allison/Getty Images; **509** Elaine Shay.